Gutenberg-Jahrbuch 1997

# Gutenberg-Jahrbuch

# 1997

72. Jahrgang des Gutenberg-Jahrbuchs

Begründet von Aloys Ruppel
Im Auftrag der Gutenberg-Gesellschaft
herausgegeben von Stephan Füssel

**Gutenberg-Gesellschaft Mainz**

Gutenberg-Jahrbuch 1997,
72. Jahrgang.
Im Selbstverlag der Gutenberg-Gesellschaft,
Internationale Vereinigung für Geschichte und Gegenwart der Druckkunst e. V., Mainz.
ISBN 3-7755-1997-1
Herausgeber:
Univ.-Prof. Dr. Stephan Füssel
Redaktion: Dr. Ute Schneider M.A.
*Anschrift von Herausgeber und Redaktion:*
*Institut für Buchwissenschaft*
*Johannes Gutenberg-Universität*
*D-55099 Mainz*
*Telefon (0 61 31) 39 25 80*
*Telefax (0 61 31) 39 54 87*
*e-mail:*
*fuessel@goofy.zdv.uni-mainz.de*

Das Gutenberg-Jahrbuch veröffentlicht Beiträge in deutscher, englischer, französischer, italienischer und spanischer Sprache. Die Autorinnen und Autoren werden gebeten, ihre Manuskripte in druckreifer Form, möglichst mit beigefügter Diskette, dem Herausgeber vorzulegen. Merkblätter über die Manuskriptgestaltung können angefordert werden. Letzter Einsendetermin ist der 31. Juli jeden Vorjahres.


Typographische Konzeption: Friedrich Forssman, Kassel.
Satz: SZ Satzherstellung GmbH, Darmstadt.
Schriften: Stone Serif, Stone Informal, Stone Sans mit kursiv, halbfett und Kapitälchen.
Lithos und Druck: Eduard Roether KG, Darmstadt.
Bindearbeiten: Großbuchbinderei Hollmann GmbH, Darmstadt.
Einbandmaterial: Buchleinen IRIS der Bamberger Kaliko GmbH, Bamberg.
Text- und Vorsatzpapier: Büttenpapierfabrik Hahnemühle, Dassel.

## Grußwort

Es gehört zu den satzungsgemäßen Aufgaben der Internationalen Gutenberg-Gesellschaft, die Erforschung des Druck- und Buchwesens zu fördern, eine Aufgabe, der sich die Gesellschaft seit mehr als neun Jahrzehnten mit großem Erfolg widmet. Die Ergebnisse dieser erfolgreichen Förderung sind in den bisher vorliegenden 72 Bänden des 1926 begründeten Gutenberg-Jahrbuchs überzeugend dokumentiert. Allein in den letzten zehn Jahren sind Autoren aus dreißig Ländern mit Forschungsbeiträgen vertreten und legen damit beredtes Zeugnis ab von der Internationalität der wissenschaftlichen Fördertätigkeit unserer Gesellschaft. Heute gehört das Gutenberg-Jahrbuch zu den weltweit führenden fachwissenschaftlichen Periodika. In den einundsiebzig Jahren seit seinem ersten Erscheinen wurde es nicht nur von Tausenden von Mitgliedern der Gutenberg-Gesellschaft in der ganzen Welt gelesen, es liegt auch in nahezu allen großen Bibliotheken, an Universitäten, Hochschulen und vielen anderen wissenschaftlichen Institutionen in weit über vierzig Ländern vor.

Wir freuen uns, Ihnen auch in diesem Jahr einen inhaltsreichen, vorzüglich gestalteten Band vorlegen zu können. Unser herzlicher Dank gilt Senator Wolfgang C.-O. Kurz, der die Drucklegung des Jahrbuches in sehr großzügiger Weise finanziell unterstützte, und der Büttenpapierfabrik Hahnemühle, die gemeinsam mit dem Hause Japico Drissler Feinpapiere wieder einen großen Teil des Papiers stiftete. Wir danken allen am Jahrbuch Beteiligten: den Autoren, dem Herausgeber, Univ.-Prof. Dr. Stephan Füssel, der Redakteurin, Dr. Ute Schneider M. A., und den Damen Anita Fabry und Dr. Doris Lösch M. A. sowie Friedrich Forssman, in dessen Händen wiederum die typographische Betreuung des Jahrbuchs lag, der SZ Satzherstellung GmbH, der Druckerei Eduard Roether KG und der Großbuchbinderei Hollmann in Darmstadt.

*Jens Beutel*
Präsident der Gutenberg-Gesellschaft
Oberbürgermeister der Stadt Mainz

*Herman-Hartmut Weyel*
Ehrenpräsident

# Vorwort

Zu den vornehmsten Aufgaben des Gutenberg-Jahrbuches gehört es sicherlich, über Besonderheiten der Gutenberg-Forschung zu berichten. So können wir in diesem Jahr das lange als verschollen gegoltene Pergament-Exemplar der Gutenberg-Bibel aus dem Deutschen Buch- und Schriftmuseum in Leipzig, das sich z.Zt. in der Russischen Staatsbibliothek in Moskau befindet, vorstellen. Wir sind der Leiterin der Abteilung Rarer Bücher, Frau Dr.Tatiana Dolgodrova, verbunden, daß sie ein Verzeichnis der Miniaturen aus diesem wohl schönsten illuminierten Pergament-Exemplar vorstellt.

Die Bibel war zusammen mit anderen wertvollen Museumsbeständen im Januar 1945 vom Deutschen Buchgewerbeverein als dem Träger des Deutschen Buch- und Schriftmuseums, Leipzig, nach Schloß Rauenstein im Erzgebirge ausgelagert worden. Im September 1945 waren die 20 Kisten des Buchmuseums von Soldaten der Roten Armee auf Lastwagen nach Berlin abtransportiert worden. Offiziell verliert sich damit jede Spur. Wir freuen uns sehr, daß wir dieses herausragende Exemplar der B 42 nun wiederum der buchwissenschaftlichen Forschung zugänglich machen können, während zeitgleich die Bundesregierung und der Direktor der Deutschen Bibliothek über eine Rückführung, zusammen mit dem anderen wertvollen Bestand, nach Leipzig verhandeln.

Leider haben viele andere Bücher die Kriegs- und Nachkriegswirren nicht überlebt, wie Bernt Ture von zur Mühlen am Beispiel der Bibliotheken der ehemaligen Fürsten- und Landesschulen in Schulpforta, Grimma und Meißen in einem anderen Beitrag des Jahrbuches nachweist.

Im Mittelpunkt von Gutenbergs Erfindungen steht die Schriftgießerei. So ist es von einem hohen symbolischen Wert, daß zu Beginn der siebziger Jahre der Verein der Schriftgießereien sich selbst auflöste. Dieses Ende der »Bleizeit« zeichnet aus bisher ungehobenen Archivalien des Vereins, die im Institut für Buchwissenschaft der Johannes Gutenberg-Universität in Mainz lagern, Leonie Tafelmaier detailliert nach. Eine sinnvolle inhaltliche Ergänzung findet dieser Beitrag durch den Forschungsbericht von Roger Münch, der sich mit den ersten experimentellen Anfängen des Fotosatzes beschäftigt. Gerade diese Frühzeit des Fotosatzes war bisher weitgehend unbeachtet geblieben.

Die generelle Einführung von Fotosetzmaschinen in den sechziger- und siebziger Jahren, parallel mit dem Aufkommen der Offset-Druckmaschinen, kennzeichnet den vorletzten Umbruch im Satz- und Druckbereich, der im Moment durch digitalisierte Satz- und Druckverfahren bereits wieder eine weitere, noch einschneidendere Veränderung erfährt. Konsequenterweise beschäftigen sich in diesem Jahrbuch erstmals zwei Aufsätze mit elektronischen Editionen im Internet.

Die oft beschworene Verdrängung der Bücher durch das Fernsehen wird in einem Beitrag von Barbara König und Jürgen Wilke aus der entgegengesetzten Richtung thematisiert, da sie untersuchen, welche stützenden Funktionen die Buchberichterstattung im Fernsehen für den Buchmarkt haben kann. Oft gehörte, pauschale Urteile, z.B. über die Wirkungen des »Literarischen Quartetts« für die Absatzzahlen, werden in dieser Studie differenziert.

Der Aufgabe des Jahrbuches gemäß, dokumentieren wir die Festveranstaltung zur Vergabe des Gutenberg-Preises, den die Stadt Mainz und die Internationale Gutenberg-Gesellschaft im Rahmen einer partnerschaftlichen Vereinbarung mit der Buchstadt Leipzig im Jahre 1996 an den englischen Typographen und Druckhistoriker John G. Dreyfus verlieh.

Der Themenbogen reicht in diesem Jahr vom Übergang der Handschrift zum Buchdruck bis in die Druckgeschichte der Gegenwart. Wir hoffen damit, im 50. Jahr der akademischen buchwissenschaftlichen Forschung in Mainz der internationalen Leserschaft wiederum Informationen und Analysen zum Wesen und Wandel des Buches in Geschichte und Gegenwart zur Verfügung zu stellen.

Mainz, am 3. Februar 1997

*Stephan Füssel*
Herausgeber

# Inhaltsverzeichnis

# Abkürzungsverzeichnis von häufig zitierten Bibliographien, Nachschlagewerken und Zeitschriften

Bei Inkunabelbibliographien richtet sich die Zitierweise im allgemeinen nach dem Verzeichnis: Abkürzungen für angeführte Quellen. In: Gesamtkatalog der Wiegendrucke. Neuausgabe. Bd 8. Stuttgart, Berlin, New York 1978, S. *14–*38.

ADAMS
: Herbert Mayow Adams: Catalogue of books printed on the continent of Europe, 1501–1600 in Cambridge libraries. Vol. 1.2. Cambridge 1967.

ADB
: Allgemeine Deutsche Biographie. Hrsg. durch die Historische Commission bei der Königl. Akademie der Wissenschaften (München). Bd 1–56. Leipzig 1875 bis 1912. (Repr. Berlin 1967–1971.)

AGB
: Archiv für Geschichte des Buchwesens. Hrsg. von der Historischen Kommission des Börsenvereins des Deutschen Buchhandels. Bd 1 ff. Frankfurt/M. 1956 ff.

BAUDRIER
: Henri Louis Baudrier: Bibliographie lyonnaise. Vol. 1–12. Lyon 1895–1921. [Nebst] Tables. Genève 1950 (Travaux d'humanisme et renaissance. 1). (Repr. Sér. 1–13. Paris 1964–1965.)

BBL
: Börsenblatt für den deutschen Buchhandel.

BENZING
: Josef Benzing: Die Buchdrucker des 16. und 17. Jahrhunderts im deutschen Sprachgebiet. 2., verb. und erg. Aufl. Wiesbaden 1982 (Beiträge zum Buch- und Bibliothekswesen. 12).

BL
: The British Library. General Catalogue of printed books to 1975. Vol. 1–360; Suppl. 1–6. London, München, New York, Paris 1979–1987; 1987–1988. — ... 1976 to 1982. Vol. 1–50. London 1983. — ... 1982 to 1985. Vol. 1–26. London 1986 [...]

BMC
: Catalogue of books printed in the 15th century now in the British Museum. P. 1–10 und P. 12. London 1908–1971 und 1985. (Repr. P. 1–6, Facs. P. 1/3, 4/7. London 1963.)

BORCHLING/CLAUSSEN
: Conrad Borchling und Bruno Claussen: Niederdeutsche Bibliographie. Gesamtverzeichnis der niederdeutschen Drucke bis zum Jahre 1800. Bd 1.2.3, Lfg 1. Neumünster 1931–1957.

BRUNET
: Jacques Charles Brunet: Manuel du libraire et de l'amateur de livres. 5. éd. T. 1–6 [Nebst] Suppl. T. 1.2. Paris 1860–1880. (Repr. Berlin 1921; New York 1923; Paris 1923 und 1928.)

BSB–Ink.
: Bayerische Staatsbibliothek München. Inkunabelkatalog. Wiesbaden 1988 ff.

C
: Walter A. Copinger: Supplement to Hain's Repertorium bibliographicum. P. 1.2, vol. 1.2. [Nebst] Index. London 1895–1902. (Repr. Berlin 1926; Milano 1950).

CA
: Marinus Frederick Andries Gerardus Campbell: Annales de la typographie néerlandaise au 15e siècle. [Nebst] Suppl. 1–4. Le Haye 1874–1890.

CAT. GEN.
: Catalogue général des livres imprimés de la Bibliothèque nationale. T. 1 ff. Paris 1897 ff.

CLAUDIN
: Anatole Claudin: L'histoire de l'imprimerie en France au 15e et au 16e siècle. T. 1–4. Paris 1900–1914. T. 5: Tables alphabétiques. Red. sous la dir. de L. Delisle par Paul Lacombe. Paris 1917. (Repr. Nendeln/Liechtenstein 1971 bis 1976.)

EINBL.
: Einblattdrucke des 15. Jahrhunderts. Ein bibliographisches Verzeichnis. Hrsg. von der Kommission für den Gesamtkatalog der Wiegendrucke. Leipzig 1914 (Sammlung bibliothekswissenschaftlicher Arbeiten. 35/36). (Repr. Nendeln/Liechtenstein und Wiesbaden 1968.)

GELDNER
: Ferdinand Geldner: Die deutschen Inkunabeldrucker: Ein Handbuch der deutschen Buchdrucker des 15. Jahrhunderts nach Druckorten. Bd 1.2. Stuttgart 1968–1970.

GJ
: Gutenberg-Jahrbuch. Begründet von Aloys Ruppel. Jg. 1 ff. Mainz 1926 ff.

GK
: Gesamtkatalog der Preußischen Bibliotheken mit Nachweis des identischen Besitzes der Bayerischen Staatsbibliothek in München und der Nationalbibliothek in Wien. Hrsg. von der Preußischen Staatsbibliothek. Bd 1–8 [Buchst. A.]. Berlin 1931–1935. [Forts.:] Deutscher Gesamtkatalog. Hrsg. von der Preußischen Staatsbibliothek. Bd 9–14 [bis Beethordnung]. Berlin 1936–1939.

GOFF
: Frederick Richmond Goff: Incunabula in American libraries. A third census of fifteenth-century books recorded in North American collections. 1.2 (Suppl.). New York 1964–1972.

GRAESSE
: Jean George Théodore Graesse: Trésor de livres rares et précieux ou nouveau dictionnaire bibliographique. T. 1–7. Dresde 1859–1869. (Repr. Paris 1900 bis 1901; Berlin 1922; Milano 1950; New York 1950–1951.)

GW
: Gesamtkatalog der Wiegendrucke. Hrsg. von der Kommission für den Gesamtkatalog der Wiegendrucke. Bd 1–8, Lfg 1. Leipzig 1925–1940. – 2. Aufl. (Durchgesehener Neudruck der 1. Aufl.) Bd 1–7. Stuttgart 1968. – Neuausgabe Bd 8 ff. Stuttgart 1978 ff.

H
Ludwig Hain: Repertorium bibliographicum, in quo libri omnes ab arte typographica inventa usque ad annum MD. typis expressi ... recensentur. Vol. 1, P. 1.2; Vol. 2, P. 1.2. Stuttgartiae & Lutetiae Par. 1826–1838. (Repr. Frankfurt/M. 1920; Berlin 1925; Milano 1948 und 1964.) [Nebst] Register von Konrad Burger. Leipzig 1891 (Zentralblatt f. Bibliothekswesen [ZfB]. Beih. 8).

Haebler/Schunke
Konrad Haebler: Rollen- und Plattenstempel des 16. Jahrhunderts. Unter Mitwirkung von Ilse Schunke. Bd 1.2. Leipzig 1928–1929 (Sammlung bibliothekswissenschaftlicher Arbeiten. 41. 42.) (Repr. Wiesbaden 1968.)

Helwig
Hellmuth Helwig: Handbuch der Einbandkunde. Bd 1–3. Hamburg 1953–1955.

IGI
Indice generale degli incunaboli delle biblioteche d'Italia. Comp. da Teresa Maria Guarnaschelli. Vol. 1–6. Roma 1942–1981 (Ministero dell'educazione nazionale. Indice et cataloghi. N.S.I, 1–6).

(Johnson/Scholderer:) STC
Alfred Forbes Johnson – Victor Scholderer: Short-title catalogue of books printed in the German-speaking countries and German books printed in other countries from 1455 to 1600 now in the British Museum. London 1962.

(Johnson/Scholderer/Clarke:) STC
Alfred Forbes Johnson – Victor Scholderer – Derek Ashdown Clarke: Short-title catalogue of books printed in Italy and of Italian books printed in other countries from 1465 to 1600 now in the British Museum. London 1958 [1959].

Isaac
Franc Isaac: An index to the early printed books in the British Museum. P. 2: 1501 to 1520, Section 2/3: Italy, Switzerland and Eastern Europe. London 1938.

ISTC
The British Library. Incunabula Short Title Catalogue. London 1980 ff.

Kyriss
Ernst Kyriß: Verzierte gotische Einbände im alten deutschen Sprachgebiet. Text- [nebst] Tafel-Bd 1–3. Stuttgart 1951–1958.

LGB[2]
Lexikon des gesamten Buchwesens (LGB[2]). 2., völlig neubearbeitete und erweiterte Auflage. Hrsg. von Severin Corsten, Stephan Füssel, Günther Pflug und Friedrich-A. Schmidt-Künsemüller †. Bd 1 ff. Stuttgart 1987 ff.

NDB
Neue deutsche Biographie. Hrsg. von der Historischen Kommission bei der Bayerischen Akademie der Wissenschaften. Bd 1 ff. Berlin 1953 ff.

Nijhoff/Kronenberg
Wouter Nijhoff en Maria Elizabeth Kronenberg: Niederlandsche Bibliographie van 1500 tot 1540. Deel 1–3, 3. [Nebst] Suppl. 1–3. 's-Gravenhage 1923–1971.

NUC
The National Union Catalog. A cumulative author list represented by Library of Congress printed cards and titles reported by other American libraries. Vol. 1 ff. Washington 1956 ff. ... 1952–1955 imprints. Vol. 1–30. Ann Arbor, Mich. 1961; ... 1982. Vol. 1–21. Washington 1983.

Oates
John Claud Trewinard Oates: Catalogue of the fifteenth-century printed books in the University Library Cambridge. Cambridge 1954.

PA
Georg Wolfgang Panzer: Annales typographici ab artis inventae origine ad annum MD. Vol. 1–11. Norimbergae 1793–1803. (Repr. Hildesheim 1963.)

PDA
Georg Wolfgang Panzer: Annalen der älteren deutschen Literatur ... welche von Erfindung der Buchdruckerkunst bis 1526 in deutscher Sprache gedruckt worden sind. Bd 1.2 [und] Zusätze. Nürnberg (& Leipzig) 1788–1802. (Repr. Hildesheim 1961–1962.)

Pellechet/Polain
Marie Pellechet: Catalogue général des incunables des bibliothèques publiques de France. T. 1.2 et 3 cont. par Marie-Louis Polain. Paris 1897–1909. (Repr. Nendeln/Liechtenstein 1970.)

Polain
Marie-Louis Polain: Catalogue des livres imprimés au 15e siècle des bibliothèques de Belgique, 1932–1978. T. 1–4. [Nebst] Suppl. Bruxelles 1932–1979.

(Pollard/Redgrave:) RSTC
Alfred William Pollard – Gilbert Richard Redgrave: A short-title catalogue of books printed in England, Scotland and Ireland and of English books printed abroad 1475–1640. (First print 1926, repr. 1946, 1948, 1950.) London 1950. – 2nd ed., revised and enlarged by W. A. Jackson and F. S. Ferguson, completed by Katharine F. Pantzer. Vol. 1: A–H. London 1986. Vol. 2: I–Z. London 1976.

Pr
Robert Proctor: An index to the early printed books in the British Museum ... to the year 1520. With notes of those in the Bodleian Library. P. 1.2. Suppl. 1–4. London 1898–1903. (Repr. in 1 Bd: London 1960.)

R
Dietrich Reichling: Appendices ad Hainii-Copingeri Repertorium bibliographicum. Additiones et emendationes. Fasc. 1–6. [Nebst] Indices and Suppl. Monachii (Suppl.: Monasterii Guestph.) 1905–1914. (Repr. Milano 1953.)

Renouard
Philippe Renouard: Répertoire des imprimeurs parisiens jusqu'à la fin du seizième siècle. Paris 1898. (Repr. 1965.)

Ritter: Incun./15e et 16e siècle
François Ritter: Répertoire bibliographique des livres imprimés en Alsace aux 15e et 16e siècles. Fasc. hors Sér. I–V (Partie prélim.): Les incunables. P. 1.2, vol. 1–4. P. 3.4. Strasbourg 1932–1960.

Rouzet
Anne Rouzet: Dictionnaire des imprimeurs, libraires et éditeurs de 15e et 16e siècles dans les limites géographiques de la Belgique actuelle. Nieuwkoop 1975 (Collection du Centre national de l'archéologie et de l'histoire du livre. Publ. 3).

Schr
Wilhelm Ludwig Schreiber: Manuel de l'amateur de la gravure sur bois et sur métal au 15e siècle. T. 1–8. Berlin (4–8: Leipzig) 1891–1910.

Schramm
Albert Schramm: Der Bilderschmuck der Frühdrucke. Bd 1–23. Leipzig 1920–1943.

SCHREIBER: Handbuch
Wilhelm Ludwig Schreiber: Handbuch der Holz- und Metallschnitte des 15. Jahrhunderts. Stark vermehrte und bis zu den neuesten Funden ergänzte Umarbeitung des Manuel de l'amateur de la gravure sur bois et sur métal au 15e siècle. Bd 1–8. Leipzig 1926–1930. – 3. Aufl. (Vollst. Neudruck des Gesamtwerkes.) Bd 1–10. Stuttgart 1969; Bd 11 [Abbildungsband zum Gesamtwerk]: Heinrich Theodor Musper: Der Einblattholzschnitt und die Blockbücher des 15. Jahrhunderts. Stuttgart 1976.

STEVENSON
Enrico Stevenson: Inventario dei libri stampati Palatino-Vaticani. Vol. 1, 1.2; 2, 1.2. Roma 1886–1889.

THOMAS: STC
Henry Thomas: Short-title Catalogue of books printed in France and of French books printed in other countries from 1470 to 1600 now in the British Museum. London 1924. (Repr. London 1966.)

VD 16
Verzeichnis der im deutschen Sprachbereich erschienenen Drucke des 16. Jahrhunderts. Hrsg. von der BSB in München in Verb. mit der HAB in Wolfenbüttel. Redaktion Irmgard Bezzel. I. Abt.: Verfasser – Körperschaften – Anonyma. Bd 1–22. Stuttgart 1983–1995.

VGT
Veröffentlichungen der Gesellschaft der Typenkunde des 15. Jahrhunderts. Jg. 1–33 (2460 Tafeln). Halle/S. und Berlin & Leipzig 1907–1939. (Repr. Osnabrück 1966.) Typenregister zu Tafel 1–2460 von Rudolf Juchhoff und E. von Kathen. Osnabrück 1966.

WEALE / BOHATTA
W. H. Jacobus Weale – Hanns Bohatta: Catalogus Missalium ritus Latini ab anno MCCCCLXXIV impressorum. London & Leipzig 1928. (Repr. Stuttgart 1990.)

WELLER
Emil Weller: Repertorium typographicum. Die deutsche Literatur im ersten Viertel des 16. Jahrhunderts. [Nebst] Suppl. [1.] 2. Nördlingen 1864–1885. (Repr. Hildesheim 1961.)

WING: STC
Donald Wing: Short-title catalogue of books printed in England, Scotland, Ireland, Wales and British America and of English books printed in other countries 1641 to 1700. Vol. 1–3. New York 1945–1951. – 2nd rev. and enlarged ed. Vol. 1. New York 1972.

## Abkürzungsverzeichnis für Archive, Bibliotheken, Museen und Universitäten

| | |
|---|---|
| Arch. | Archiv |
| B | Bibliotheca, Bibliothek, Bibliothèque, Bücherei |
| BC | Bibliotheca centrale, Bibliothèque centrale |
| BL | British Library London (früher British Museum Library) |
| BM | British Museum London |
| B mun. | Biblioteca, Bibliothèque municipale |
| BN | Biblioteca nacional, Biblioteca nazionale, Bibliothèque nationale |
| BNC | Biblioteca Nazionale Centrale |
| BR | Bibliothèque royale |
| BSB | Bayerische Staatsbibliothek München |
| Coll. | College, Collège |
| DB | Die Deutsche Bibliothek (Deutsche Bücherei Leipzig, Deutsche Bibliothek Frankfurt/Main) |
| FB | Fachbibliothek, Fachbücherei |
| FHSB | Fachhochschulbibliothek |
| FLB | Forschungs- und Landesbibliothek |
| GHB | Gesamthochschulbibliothek |
| GNM | Germanisches Nationalmuseum Nürnberg |
| HAB | Herzog August Bibliothek Wolfenbüttel |
| HSB | Hochschulbibliothek |
| Kgl. B | Königliche Bibliothek |
| L | Library |
| LB | Landesbibliothek |
| LC | Library of Congress Washington |
| LuHSB | Landes- und Hochschulbibliothek |
| LuStB | Landes- und Stadtbibliothek |
| M | Museum |
| NB | Nationalbibliothek |
| NL | National Library |
| NSuUB | Niedersächsische Staats- und Universitätsbibliothek Göttingen |
| ÖB | Öffentliche Bibliothek, Öffentliche Bücherei |
| ÖNB | Österreichische Nationalbibliothek Wien |
| PL | Public Library |
| SArch. | Staatsarchiv |
| SB | Staatsbibliothek |
| SB PK | Staatsbibliothek zu Berlin – Preußischer Kulturbesitz – |
| SBB-PK | Staatsbibliothek zu Berlin – Preußischer Kulturbesitz – (seit 1992) |
| Staatl. B | Staatliche Bibliothek, Staatliche Bücherei |
| StArch. | Stadtarchiv |
| StB | Stadtbibliothek |
| StuLB | Stadt- und Landesbibliothek |
| StuUB | Stadt- und Universitätsbibliothek |
| SuStB | Staats- und Stadtbibliothek |
| SuUB | Staats- und Universitätsbibliothek |
| TH | Technische Hochschule |
| THB | Bibliothek der Technischen Hochschule |
| TU | Technische Universität |
| TUB | Bibliothek der Technischen Universität |
| U | Universität, University usw. |
| UB | Universitätsbibliothek |
| UL | University Library |
| UuLB | Universitäts- und Landesbibliothek |
| UuStB | Universitäts- und Stadtbibliothek |
| Wiss. StB | Wissenschaftliche Stadtbibliothek |
| ZArch. | Zentralarchiv |
| ZB | Zentralbibliothek, Zentralbücherei |

# Preisträger John G. Dreyfus

Am 22. Juni 1996 wurde zum elften Mal der 1968 gemeinsam von der Stadt Mainz und der Internationalen Gutenberg-Gesellschaft gestiftete Gutenberg-Preis verliehen, zum zweiten Mal im Rahmen einer partnerschaftlichen Vereinbarung mit der Buchstadt Leipzig.

Das Kuratorium für die Vergabe des Preises entschied sich in diesem Jahr für den englischen Typographen und Druckhistoriker John G. Dreyfus, da auf diese Weise sowohl der internationale Charakter des Preises wie auch seine Ausrichtung auf typographische Meisterleistungen in der Folge Gutenbergs und die wissenschaftliche Erhellung der Druckhistorie gewährleistet werden konnten.

Dreyfus wurde 1918 in London geboren, nach dem Studium der Wirtschaftswissenschaften in Cambridge war er von 1946 bis 1959 Assistant University Printer der Cambridge University Press, dabei verantwortlich für Gestaltung und Herstellung aller dort gedruckten Bücher und einer Vielzahl von Veröffentlichungen anderer Verlage in Großbritannien und den USA; seit 1954 war er als Nachfolger von Stanley Morison typographischer Berater der Monotype Corporation, ferner Berater des Limited Editions Clubs in New York für den gesamten europäischen Raum. Er wurde Gründungsvizepräsident der Association Typographique Internationale, von 1967 bis 1973 ihr Präsident, seither ist er Ehrenpräsident der A.TYP.I., seit 1975 Präsident der Printing Historical Society in London.

1963 organisierte er die Ausstellung »Printing and the Mind of Man«, die noch heute als die umfassendste kulturgeschichtliche Darstellung der Kunst Gutenbergs gilt. Er ist ferner einer der führenden Fachschriftsteller auf den Gebieten der Typographie, der unter anderem Bücher über Stanley Morison, Jan Tschichold, Giovanni Mardersteig, Eric Gill, über berühmte Pressendrucker und ihre Pressen (z. B. die Cranach Presse), über Schriftentwurf und Schriftherstellung verfaßt hat.

John Dreyfus ist unter anderem Träger des Frederic W. Goudy Award des Rochester Instituts of Technology 1984 und des Preises der American Printing History Association.

Die Laudatio, die nachstehend abgedruckt wird, hielt sein langjähriger Freund Hermann Zapf. Grußworte sprachen bei der Vergabe der Kulturdezernent der Stadt Mainz, Peter Krawietz, und der britische Generalkonsul Collin Bright. *Hrsg.*

Hermann Zapf

# Laudatio auf den Gutenberg-Preisträger 1996, John G. Dreyfus

In John G. Dreyfus ehrt die Stadt Mainz und die Internationale Gutenberg-Gesellschaft eine Persönlichkeit mit dem Gutenberg-Preis, die nicht nur besonders eng mit Gutenberg verbunden ist, sondern auch mit den Wandlungen seiner Kunst in unserer Zeit. John G. Dreyfus erlebte den dramatischen Übergang vom klassischen Buchdruck, vom gegossenen Bleibuchstaben zum digital erzeugten Alphabet; von den Anfängen, ausgelöst durch die erste Lumitype-Photosetzmaschine kurz nach Kriegsende, bis zum Laserdruck unserer Tage. In Wort und Schrift hat er in all den Jahren immer wieder auf die weitreichenden Auswirkungen der neuen Techniken hingewiesen, mit denen wir heute konfrontiert sind.

John G. Dreyfus, 1918 in London geboren, erlernte in der Cambridge University Press noch die soliden Regeln einer über Jahrhunderte verfeinerten Satzgestaltung: die klassische Typographie. Zu ihr gehörte noch ganz selbstverständlich das Wissen um die Formen der verschiedenen Alphabete und deren Anwendung. Ebenso der Aufbau und die Proportionen eines Satzspiegels neben all den vielen satztechnischen Details. Alles wichtige Voraussetzungen für eine gute Buchtypographie.

Seine Kenntnisse konnte John G. Dreyfus schon bald bei der Gestaltung des Kataloges für die Gutenberg-Jubiläumsausstellung anwenden, die 1940 das Fitzwilliam Museum in Cambridge veranstaltete. Sie wurde am 6. Mai 1940 eröffnet und sollte 6 Wochen dauern. Aber bereits nach 10 Tagen wurde sie abgebaut, weil am 10. Mai 1940 die deutsche Armee in Belgien, Luxemburg und in die Niederlande einmarschierte. Nachdem Rotterdam rücksichtslos bombardiert wurde, befürchtete man auch Luftangriffe auf englische Städte. Die 1940 abgebrochene Ausstellung zu Ehren von Johannes Gutenberg konnte 1963 in einem erweiterten Umfang in London unter dem Titel »Printing and the Mind of Man« nachgeholt werden. An der Planung war John G. Dreyfus wiederum beteiligt, und er war auch verantwortlich für die beiden Kataloge.

Erwähnt sei auch die Ausstellung »William Morris and the Art of the Book« in der Pierpont Morgan Library im Jahre 1976, an der er mitarbeitete und in dem umfangreichen Katalog William Morris als Buchkünstler vorstellte.

Zum 100. Todestag von William Morris findet derzeit im Victoria & Albert Museum in London wieder eine Ausstellung statt. Auch hier wurde John G. Dreyfus beauftragt, am Aufbau und am Katalog mitzuarbeiten. Es sind immer wieder Themen der Typographie, der Schrift- und Buchgestaltung und die damit verbundenen Persönlichkeiten, die John G. Dreyfus faszinieren. Historische Entdeckungen gehören dazu und sorgfältige Beobachtungen der Folgen der derzeitigen Metamorphose von Gutenbergs Erfindung, die wir heute erleben.

Als typographischer Berater der Cambridge University Press und der Monotype Corporation in London bestimmte er über viele Jahre bis 1983 den typographischen Stil der Bücher und Drucksachen der Cambridge University Press. Ich möchte nur die *Library Edition of the New English Bible* der Cambridge University Press herausstellen und eine bibliophile Kostbarkeit, die 1966 als Weihnachtsdruck unter dem Titel *Italic Quartet* erschien. Dreyfus beschreibt darin die Zusammenarbeit zwischen Harry Graf Kessler, Edward Johnston, Emery Walker und dem Stempelschneider Edward Prince bei der Realisierung der Kursiv für die Cranach Presse von Harry Graf Kessler in Weimar. Die Schrift wurde noch in der traditionellen Kunst des Stahlstempelschnitts ausgeführt und als Handsatztype gegossen.

In den 70er Jahren wurde der Bleisatz vom Photosatz verdrängt. In wenigen Jahren veränderte sich die Technik der Satzherstellung. Dies führte 1987 zur Auflösung der Monotype Abteilung innerhalb der Cambridge University Press. Mit einer Erinnerungsmedaille, gegossen aus der letzten Metall-Legierung der Monotype Gießmaschine, wurde das Ende einer über 400 Jahre alten Bleisatztradition in Cambridge eingeleitet.

Zurück zu Johannes Gutenberg. Mit Gutenbergs Erfindung begannen auch die Probleme mit unrechtmäßigen Nachdrucken von Druckerzeugnissen. Viele Buchdrucker beklagten bereits im 15. Jahrhundert den mangelnden Schutz ihrer Werke. Zu einem wirklichen Ärgernis wurde aber das Kopieren von Schriften in unserer Zeit.

Vergeblich hatte bereits um die Jahrhundertwende Peter Jessen – der damalige Leiter der Bibliothek des Berliner Kunstgewerbemuseums – den geistigen Diebstahl auf künstlerischem Gebiet angeprangert. Es änderte wenig in den vergangenen Jahrzehnten.

Vertraut mit den wirtschaftlichen Auswirkungen unerlaubter Nachahmungen hat sich John G. Dreyfus seit vielen Jahren für die Respektierung der Arbeit der Schriftkünstler eingesetzt. Er tat dies mit seiner ganzen Autorität. Wir Typographen sehen in der Verleihung des Gutenberg-Preises daher auch eine Anerkennung seiner internationalen Bemühungen auf diesem Gebiet.

John G. Dreyfus mag keine Lobreden. Meine Aufgabe einer Laudatio ist also gar nicht so einfach. Ich versuche daher, ihn in das derzeitige typographische Umfeld einzuordnen, in das seine Persönlichkeit hineinwirkt. Dazu einige Erläuterungen, weil sie auch mit unserer langjährigen Freundschaft verbunden sind, die kurz nach dem Krieg begann.

1957 erfolgte die Gründung der Association Typographique Internationale in Lausanne. Ihr ursprüngliches Ziel war, ein gemeinsames Vorgehen der Schriftgießer und Schriftentwerfer gegen Schriftpiraterie zu erreichen. John G. Dreyfus, seit der Gründung aktiv dabei, erreichte unter seiner Präsidentschaft von 1968–1973 das Internationale Wiener Abkommen über den Schutz typographischer Schriftzeichen. Es war aber auf Bleisatz-Alphabete ausgerichtet und blieb nach jahrelangen Verhandlungen und Diskussionen lediglich auf dem technischen Stand vom Anfang der 70er Jahre.

Die Entwicklung ging jedoch weiter. Der Association Typographique Internationale gelang es später nicht mehr, eine zusätzliche Übereinkunft gegen das Kopieren der Alphabete für den Photosatz zu erreichen, besonders in dem neuen digitalen Anwendungsbereich, in dem die Auswirkungen weit größer sind.

Wir sind nun bei unseren Betrachtungen bereits im digitalen Abschnitt von Gutenbergs Erfindung. Ein Gutenberg-Preisträger aus dem Jahre 1977 muß jetzt genannt werden: Dr. Rudolf Hell. Seine fundamentalen Erfindungen auf dem Gebiet der digitalen Technik veränderten alle Bereiche der Bild und Wortübermittlung. Hells Erfindung war nicht eine technische Zäsur, wie beispielsweise der Übergang vom Handsatz zum Maschinensatz vom Schriftguß zum Photosatz, sondern die digitale Technik brachte einen grundlegenden Wandel in allen Bereichen, im Schriftentwurf, in der automatisierten Satzherstellung bis zum digitalen Druck, der bereits Realität geworden ist.

In Kürze werden wir die digitale Photographie ebenso selbstverständlich finden, wie heute die digitale Wiedergabe von Schriftzeichen. Unabhängig von den Verlagerungen in neue Bereiche der Buchherstellung durch digitale Hilfsmittel änderte sich bis in die 80er Jahre nichts am eigentlichen Grundkonzept Gutenbergs, wie wir es kennen: bestehend aus dem ersten Teil in der Erstellung der typographischen Anordnung eines Textes zu einer Buchseite und dann im zweiten Teil, in der Druckwiedergabe auf Papier. Jetzt allerdings nicht mehr auf einer Handpresse wie bei Gutenberg oder später auf einer Druckmaschine, sondern jetzt durch einen digital arbeitenden Laserdrucker. Der direkte Transfer von Texten und graphischen Gestaltungen von Computer zu Computer über Datennetze fand damals im zivilen oder industriellen Sektor noch nicht statt.

Die Menschen, welche die Veränderungen in der Satz- und Drucktechnik in den letzten Jahrzehnten bewußt miterlebt haben, entwickelten ein besonders sensibles Verhältnis gegenüber den hochgesteckten Prognosen der Fachpresse über die weiteren Fortschritte. Diese Leute sind realistischer in ihren Wertungen und lassen sich nicht von der derzeitigen Euphorie anstecken. In einem Vortrag in Los Angeles im Jahre 1987 hat John G. Dreyfus auf die großen Auswirkungen computergestützter Buchherstellung in der Zukunft hingewiesen. Es war eine gemeinsame Veranstaltung von uns beiden unter dem Titel »Classical Typography in the Computer Age«.

John G. Dreyfus behandelte die Einbeziehung der Computer in die Buchproduktion durch Desktop Publishing, insbesondere die Auswirkungen auf die typographischen Abläufe und in bezug auf die Schriftwiedergabe. Für Desktop Publishing bekam Paul Brainerd den Gutenberg-Preis 1994.

Seit der Mitte der 80er Jahre begann die Textverarbeitung über Personal Computer in Universitäten und Industrieunternehmen immer mehr an Boden zu gewinnen. Bürokräfte und Nichtfachleute bekamen mit Hilfe von vorgefertigten Satzprogrammen die Möglichkeit, ohne großen Kostenaufwand durchaus brauchbare typographische Lösungen zu erarbeiten.

Seit unserer Veranstaltung in Kalifornien sind inzwischen fast 10 Jahre vergangen. Eine lange Zeitspanne in der rasanten Entwicklung elektronischer Systeme. Neuartige attraktive Medien versuchen heute Gutenbergs Erfindung in den Hintergrund zu drängen. Das sog. Internet (International Network) ermöglicht heute den weltweiten Zugriff zu Texten und Informationen, die aus den verschiedensten Quellen dargeboten werden. Sie haben den großen Vorteil, daß die Texte jeweils auf dem neuesten Stand sind gegenüber einem gedruckten Buch. Denn oftmals ist ein Buch, wenn es vom Buchbinder kommt, bereits überholt, beispielsweise ein Lexikon. Während des Druckes und der buchbinderischen Verarbeitung haben sich Daten verändert, sind neue Ereignisse eingetreten.

Wir befinden uns am Anfang einer schrankenlosen Datenflut. Man ist in der Lage, über Personal Computer jederzeit Datennetze anzuwählen. Eines Tages werden wir Internet drahtlos bekommen und die heutigen On-line Systeme werden dann schon wieder überholt sein. Wir vermögen die sozialen und gesellschaftlichen Veränderungen in ihren Ausmaßen noch gar nicht abzuschätzen.

Die Angst vor Veränderungen alter, bisheriger Gepflogenheiten und Tätigkeiten verbreitet sich mehr und mehr. Vielleicht hat Gutenbergs Erfindung in der Mitte des 15. Jahrhunderts ähnliche Reaktionen ausgelöst. Der Bibeldruck und mehr noch die Herstellung der Ablaßbriefe in großen Auflagen zeigten schon damals die Wirkungen auf weite Bevölkerungskreise. Darüber hinaus belegt die Nutzung von Gutenbergs Erfindung für politische Zwecke durch die Ablaßbriefe bereits die negative Seite der Buchdruckerkunst.

Ein Mißbrauch seiner Kunst, die Gutenberg ursprünglich zum Lobpreis Gottes erfand – und so schön im Schlußtext des Catholicon beschrieben wurde – ein Mißbrauch, konnte in der Folgezeit nicht verhindert werden. Auch die Liste der verbotenen Bücher, die erstmals 100 Jahre nach Gutenberg von der Kirche veröffentlicht wurde, blieb ohne Wirkung – ich erinnere nur an Galilei. Unangenehme Wahrheiten waren es nicht allein, die im Laufe der Jahrhunderte auf dem Index standen. Natürlich waren auch zersetzende, ja gefährliche Schriften darunter.

Aber auf der anderen Seite war in der Buchdruckerkunst ein wirksames Instrument geschaffen worden, das Wort Gottes jedermann zugänglich zu machen, wissenschaftliche Erkenntnisse zu verbreiten und ebenso Literatur, Handel und Forschung zu fördern. Gutenbergs Zeitgenossen sahen sicher zuerst nur den Nutzen und erst später entdeckte man den Sprengstoff in seiner Erfindung. Nicht nur gute Ideen konnte man in gedruckter Form verbreiten, sondern auch schlechte.

Wir haben heute ähnliche Probleme mit dem derzeitigen Angebot an Informationen mit guten und schlechten Inhalten und Absichten. Schon will man den Mißbrauch von On-line Diensten und Datenbanken durch Gesetze verhindern oder zumindest einschränken. Dies ist international natürlich kaum durchführbar. Es würde aber schon genügen, die vorhandenen Gesetze anzuwenden, um die schlimmsten Auswüchse zu vermindern.

Der freie und uneingeschränkte Zugriff zu Daten ist ein Stück unserer Freiheit, selbst zu bestimmen, was wir wissen oder sehen wollen. Auch den Mißbrauch dieser Freiheit müssen wir in Kauf nehmen, wenn er auch oft unter dem Begriff »Fortschritt« dargeboten wird.

Grenzenlose Freiheit durch die neuen digitalen Medien bedeutet aber auch ein grenzenloses Angebot positiver und negativer Einflüsse. Die destruktive Seite sollten wir nicht unterschätzen. Haben wir doch die Freiheit und die Auswirkungen des gedruckten Wortes noch gar nicht richtig verarbeitet. Wenn aber bei den täglichen Bildern von Gewalt im Fernsehen keine Gefahren der Nachahmung durch den Zuschauer bestehen, dann kann auch das Internet mit der Einspeisung und der globalen Verbreitung von schlechten Beispielen keinen allzugroßen Schaden anrichten. Schließlich hat der Benutzer von Internet nicht nur die Möglichkeit, neue Ideen kennenzulernen, sondern sich auch mit ihnen auseinanderzusetzen. Im Dialog können falsche Argumente durch überzeugende Beweise widerlegt werden, einfach durch Fakten und Vergleiche. Vielleicht kann es sogar falsche Ideologien korrigieren.

Ein solcher Dialog fand in der Vergangenheit auch mit gedruckten Büchern statt, das sollten wir nicht vergessen, nur ging alles sehr viel langsamer. Wieder können wir hier die heutige Situation mit Gutenbergs Erfindung vergleichen, denn das gedruckte Wort hat es beispielsweise möglich gemacht, daß die politischen Katastrophen von 1917 in Rußland und 1933 in Deutschland geschehen konnten.

Als der Rundfunk die politischen Grenzen überwand und Nachrichten überall zugänglich wurden, halfen in den 30er Jahren weder Verbote noch Strafen. Das Radio wurde für politische Propaganda bedenkenlos mißbraucht. Auf der anderen Seite glaubte man, dieser offene Nachrichtenzugang würde dazu beitragen, eine bessere Zukunft zu schaffen.

Bestärkt durch die Nachrichten über den Straßburger Sender glaubten meine Eltern nach 1933 fest daran, daß die grenzüberschreitende freie Berichterstattung Kriege in der Zukunft verhindern würde. Der Lauf der Geschichte hat uns leider das Gegenteil gezeigt.

Das Fernsehen ist ein anderes Beispiel. Wir wissen heute, daß Bilder manipuliert werden können. In der raschen Bildfolge kann niemand Fälschungen sofort erkennen. Unser alter Glaube, daß eine photographische Darstellung ein authentisches Dokument ist, hat die digitale Technik in den vergangenen Jahren völlig zerstört.

Eine virtuelle, unreale Welt breitet sich um uns aus und begeistert viele durch ihre technischen Phantasien und ihre Neuartigkeit. Die Frage nach dem Fortbestand des gedruckten Wortes oder des gedruckten Bildes wird immer wieder gestellt. Ist Gutenberg noch zeitgemäß?

Die papierlose Information, die oft nur für einen Augenblick benötigt wird und nicht in gedruckter Form festgehalten werden muß, gewinnt zusehends an Bedeutung. Farbige Grafik, Ton und Videosequenzen verdrängen die herkömmlichen Darbietungen eines Textes. Dazu gehört noch eine bedeutsame Beobachtung. Der Text selbst wird allmählich sekundär, weil man visuelle Präsentationen erstellen kann, die bis in dreidimensionale räumliche Darstellungen reichen.

Das sind gänzlich neuartige Wiedergaben komplexer Vorgänge und von wissenschaftlichen Methoden, die bisher gar nicht möglich waren. Die Vernetzung der Datenbanken und Computerinstallationen wird fortschreiten, zumal auch gewaltige wirtschaftliche Interessen dahinter stehen, die unbequeme Fragen beiseite schieben. Der unkontrollierbare Austausch von Texten und bildlichen Darstellungen provoziert aber noch ganz andere Fragen: Es gibt für das Internet kaum internationale Richtlinien zum Schutz geistigen Eigentums – um ein besonderes Anliegen von John G. Dreyfus aufzugreifen. In dieser Beziehung haben wir bisher keinen Fortschritt in der digitalen Welt zu verzeichnen. Die bewußte Mißachtung und der tägliche Mißbrauch der schöpferischen Leistung, der geistigen Urheberschaft z.B. an kreativ erarbeiteten Darstellungen, ist nicht kontrollierbar.

Durch den Datenverbund und dem freien Austausch von Textteilen beim Internet ist die Festlegung und das Feststellen von Urheberrechten an einer Information oder einer Textstelle kaum möglich.

Auch statistische und bildliche Vorlagen gehören dazu, zumal ein Original bedenkenlos durch Verzerren, über Farbveränderungen und durch Ineinanderkopieren derartig verändert werden kann, daß die ursprüngliche Form oder Bildfolge nicht mehr erkennbar ist.

Ich habe deshalb diese Entwicklungen etwas ausführlicher dargestellt, weil sie besonders den typographischen Interessenbereich von John G. Dreyfus unmittelbar berühren: Die Form der Schriftzeichen, für die er sich seit den 50er Jahren engagierte.

Die digitale Technik macht es möglich, Modifikationen an vorhandenen Schriftzeichen vorzunehmen und Alphabete ohne großen Arbeitsaufwand durch Kopien wirtschaftlich auszubeuten. Eine umsatzstarke und dabei unkontrollierbare Industrie ist mittlerweile in vielen Ländern entstanden. Früher war auch die unerlaubte Herstellung einer Drucktype in der Technik Gutenbergs eine überaus aufwendige und zeitintensive Angelegenheit. Heute dagegen ist die Kopie einer Schriftdiskette ohne großen Einsatz von Mitteln möglich.

Diese Entwicklung mußte zwangsläufig auch zu einer Verwilderung der Alphabete führen, da sie allzu oft von Unkundigen hergestellt werden. Auch die Typographie bleibt davon nicht verschont, denn die Schriftzeichen sind ihre gestalterischen Bausteine. – Ist Gutenberg noch zeitgemäß?

Noch immer ist Gutenbergs Erfindung die Grundlage für eine leserfreundliche Typographie. Seine Schrifttypen und die Proportionen seiner Bibeldrucke waren funktionsgerecht, und sie blieben in ihrer grundsätzlichen Festlegung auch beispielhaft für seine Nachfolger, bis in unsere Zeit.

Es mag heute manchmal den Anschein haben, daß die klassische Typographie durch die modernen Ausdrucksmittel unzeitgemäß, ja überholt sei. Dazu eine Anmerkung von John G. Dreyfus aus dem Jahre 1988: »Wir stimmen sicher überein, daß wir unter der Bezeichnung klassisch jene Qualitäten verstehen, wie Reinheit der Form, die Harmonie der Proportionen und jene Einfachheit, wie sie oft in der griechischen und römischen Kultur zu finden ist.«

Diese Grundlagen der Typographie können nicht einfach durch modische Einflüsse im Bereich der Buchgestaltung ignoriert werden. Um nicht mißverstanden zu werden: Ich spreche von Buchtypographie und nicht von der Werbetypographie, die meist anderen Gesetzen folgt.

Nach diesem Exkurs zurück zur Laudatio für John G. Dreyfus. *Into Print* war der Titel einer Zusammenfassung seiner Vorträge und Veröffentlichungen, herausgegeben von der British Library in London. Sie erschien vor zwei Jahren zusammen mit einer Bibliographie der Veröffentlichungen von John G. Dreyfus. Sie umfaßt für den Zeitraum von 1947 bis 1993 insgesamt 159 Nummern. Es sind zum Teil recht umfangreiche Veröffentlichungen, u. a. über John Baskerville, Stanley Morison, Jan van Krimpen und seinen Freund Giovanni Mardersteig, dem ersten Mainzer Gutenberg-Preisträger 1968.

John G. Dreyfus befaßt sich bei seinen Themen neben historischen Zusammenhängen insbesondere mit dem derzeitigen Zeitabschnitt in der Geschichte von Gutenbergs Erfindung, der die größten Veränderungen mit sich brachte und darüber hinaus, das Verschwinden alter handwerklicher und künstlerischer Tätigkeiten.

Immer war das lesegerechte Buch im Mittelpunkt seiner Betrachtungen. Der Lesbarkeit, dem schnellen Erfassen des Inhalts eines Buches galt stets sein Augenmerk. Schöne Schriftzeichen und eine einwandfreie Druckwiedergabe sind für John G. Dreyfus seit seinen Jahren in der Cambridge University Press die wichtigsten Kriterien für ein gut gestaltetes Buch. Das sind feste Bezugsgrößen gerade heute, wo die Computer Typographie keine Überlieferungen anerkennen will, ja in Neuland vorzustoßen versucht und die Lesbarkeit der Texte auf dem Bildschirm und in Computerausdrucken als unwichtig betrachtet.

Manchmal absorbiert ein unruhiger mitunter aufdringlicher Hintergrund zu sehr die Aufmerksamkeit des Lesers. Schrift wird nur als Bildzeichen benutzt, und man vergißt dabei ihre eigentliche Funktion als Übermittler des Textes, eine Brücke zu sein vom Autor zum Leser. So finden wir vielerorts typographische Lösungen, die ein rasches Erfassen des Textinhaltes erschweren und die Arbeiten und Lesbarkeitsuntersuchungen von Willem Ovink außer acht lassen, der 1983 für seine Forschungen den Gutenberg-Preis bekam.

Ich muß immer wieder auf die heutige technische Situation zurückkommen, um zu erinnern, wie wichtig gerade solche Fachleute wie John G. Dreyfus heute sind.

Jede neue Technik versucht die Vergangenheit zu überwinden. Die digitalen Medien bleiben sicher nicht ohne Einfluß auf unsere Lesegewohnheiten. Wir verlagern einen Teil unserer Informationen in die kurzzeitig aufgerufene Darstellung auf den Bildschirm. Wir nehmen dabei sogar eine reduzierte Lesbarkeit in Kauf.

Was sind die Folgen? Es entsteht die Gefahr, daß wir allmählich die Kriterien für eine einwandfreie Wiedergabe eines Textes verlieren. Abstumpfen gegenüber dem ästhetischen Erscheinungsbild eines Textes. Es geht hier um die eigentliche Form, um die Kontur und die Buchstabenabstände der Schriftzeichen. Gegen dieses Tolerieren von schlechter Qualität, die man mit effektvollen Darstellungen eines Textes auszugleichen versucht, sind die Veröffentlichungen von John G. Dreyfus eine gute Orientierung.

Die Verbindung der Regeln einer über Jahrhunderte gewachsenen Tradition mit den Notwendigkeiten von heute, finden wir in den Arbeiten von John G. Dreyfus. Er ist kein akademischer Theoretiker, sondern seine kritischen Analysen kommen aus seiner jahrelangen gestalterischen Tätigkeit und aus seinem Wissen um die geschichtlichen Zusammenhänge. Sein Herz gehört dem gedruckten Buch, dem schön gedruckten Buch und den Ausdrucksformen des Alphabets.

Wir sollten die Vorteile – und es sind überzeugende Vorteile – des gedruckten Buches gegenüber jeglicher Bildschirmdarstellung nicht vergessen. Man betrachte einmal etwas aufmerksamer die Wiedergabe der Schriftzeichen auf dem Monitor eines Macintosh oder PC. Der Bildschirmhintergrund zeigt in den meisten Fällen ein kaltes Weiß bis hin zu den verschiedensten Abstufungen von Grau.

Legen wir ein gut gedrucktes Buch daneben, dann bemerken wir erst den leicht getönten Farbton des Papiers. Empfinden ihn plötzlich als eine Wohltat für das Auge, und fast unbeabsichtigt ist man in den Text vertieft. Ohne Anstrengung wird ein Buch gelesen, dagegen sind 50 Seiten am grellen Bildschirm wahrhaftig kein Lesevergnügen.

Noch ein kurzes Lob des gedruckten Buches für seine Daseinsberechtigung in einer digitalen Umgebung. Man kann ein Buch bequem in der Eisenbahn, am Strand oder zu Hause im Bett lesen, weil es handlich und lesegerecht ist. Dagegen vermag eine normale Bildschirmdarstellung kaum eine ganze Textseite oder gar eine Doppelseite zeigen. Ein Buch kann ich überall benutzen. Aber zum Lesen eines umfangreicheren Textes in der einfachsten Bildschirmwiedergabe brauche ich einen verhältnismäßig großen technischen Aufwand, den ich praktisch nur in einem Büro verfügbar habe.

Hier sind die Grenzen sichtbar. Die Erfindung Gutenbergs wird also nicht überflüssig werden oder in der modernen Welt bald überholt sein, im Gegenteil, sie erfährt nur eine Erweiterung, eine visuelle Veränderung, im Grunde eigentlich nur eine Verlagerung auf digitaler Basis.

Ein weiteres Argument für Gutenbergs Erfindung: Eine Morgenzeitung, auf herkömmliche Art typographisch gestaltet und gedruckt, wird man einer Bildschirmaufbereitung und dem automatischem Ausdruck auf einem Bogen weißen Schreibmaschinenpapiers stets den Vorzug geben.

Dem Leser einer Zeitung oder eines Buches werden auch nicht die oftmals digital zerfressenen Buchstaben einer Bildschirmwiedergabe zugemutet. Die Textzeilen haben ausgewogene Buchstabenabstände. Kurzum: Das Lesen bleibt ein ästhetischer Genuß.

Gutenberg ist noch zeitgemäß. Die Anwender der digitalen Technik, die vielleicht glauben, auf das dauerhafte Festhalten eines Textes oder von Illustrationen in gedruckter Form nicht angewiesen zu sein, können auf das Buch und damit auf die klassische Typographie nicht verzichten. Eine Bildschirmwiedergabe – und mag sie mit der Zeit noch so verfeinert und perfektioniert werden – vermag niemals jenes spezifische Gefühl zu vermitteln oder gar zu ersetzen, das der Benutzer eines Buches empfindet, wenn er die Oberfläche des Papiers zwischen den Fingern spürt und die Schönheit eines gedruckten Textes mit seinen Augen ohne Anstrengung erleben kann. Hat er doch obendrein die Möglichkeit, das Tempo seines Lesevorganges selbst zu bestimmen. Er kann einfach zurückblättern, um eine schwierige Textstelle noch einmal langsam zu lesen oder um Details einer Abbildung zu studieren. All dies ohne den Zwang der raschen Bildfolge an einem Monitor.

Als Leser bleibt ihm die Zeit zum Nachdenken, zum Begreifen des Inhaltes, und es ist diese Zeit – ich möchte eigentlich das altmodische Wort Muße gebrauchen –, die in der Hast der Bildschirm-Abläufe in einer digitalen Welt fehlen wird.

John G. Dreyfus

# 1996 Gutenberg Prize Acceptance Remarks

Lord Mayor, President of the Gutenberg-Gesellschaft, ladies and gentlemen:

To receive the Gutenberg Prize moves me more than any other honour that has been conferred upon me. And let me add that the Laudatio spoken with such insight and understanding by my friend Hermann Zapf has added immeasurably to my pleasure, as have the remarks made by the other speakers at today's ceremony.

At the outset of my career in printing I was deeply influenced by learning of Gutenberg's achievements and their impact upon civilisation. His life might never have affected my own to such a marked degree if my debut in printing had not coincided with preparations which were being made at that time to celebrate the quincentenary of Gutenberg's invention.

Since the sixteenth century, the fortieth year in each century has been chosen to celebrate Gutenberg's invention. I became involved with the plans for a celebration of that event to be held at the Fitzwilliam Museum in Cambridge. This came about because I started my training in printing in that city at the moment when plans for an exhibition in honour of Gutenberg's invention were being drafted by the Assistant Printer at Cambridge University Press. His name was Brooke Crutchley and it was he who directed my work when I was accepted as a graduate trainee in 1939.

To my intense delight he asked me to design the exhibition catalogue as well as the publicity material needed to attract the public to the Fitzwilliam Museum, where five galleries were cleared to provide space to display 641 exhibits. These were extremely diverse because they were to show not only the techniques used by Gutenberg and later printers, but also to demonstrate how far-reaching the impact of printing had been on civilisation. Consequently, as Brooke Crutchley explained, "wherever civilisation has called upon the craft of printing from movable type to promote its ends, there were 15 subject-matter for this exhibition".

The opportunity I was given to collaborate on the planning and mounting of the Fitzwilliam Museum exhibition led me to handle and examine a remarkable variety of printed matter, much of it lent by private individuals. There were also considerable loans from the University Library, and from college libraries in Cambridge. Furthermore my work brought me into contact with some of the foremost printing historians, book collectors, librarians, bibliographers, and experts in many fields, who helped to choose and annotate the exhibits. At this period began my friendship with Stanley Morison, Beatrice Warde, John Carter and Graham Pollard who contributed so richly to my knowledge of the printing arts.

As I am privileged to speak today in Mainz, I would like you to know that the 1940 Fitzwilliam Museum exhibition owed its origin to the initiative taken in 1937 by Dr. Ruppel, a former director of the Gutenberg-Museum. The letter he wrote to the Vice-Chancellor of Cambridge University seeded the idea for the exhibition which affected me so deeply in 1940.

I became particularly fascinated by three aspects of the fine exhibition. The first was the view it conveyed of the technical development of printing, starting in the first gallery with a display of the origins and outcome of Gutenberg's invention. From this I learned the importance of the two-piece adjustable mould. When I studied this wonderfully ingenious device in 1940, the impression it made on me was all the stronger because the moulds from which type was cast then at the University Press were recognizably refinements of Gutenberg's invention, as were the types which I learnt to set by hand. So I was able to see a direct link between Gutenberg's inventions and the printing equipment used in 1940 at the University Press.

The second aspect of the exhibition which I found particularly stimulating was the view it presented of the aesthetics of printing. I had already developed a deep interest in this subject through designing various categories of printed matter needed by departments of Cambridge University whose needs were served by the University Printing-House. The exhibition showed masterpieces printed during the five centuries since Gutenberg made his invention. When the exhibits were being arranged in the show-cases, I was able to examine many of them in detail while deciding which pages to put on view.

Next I want to explain why I was so engrossed by a third aspect of this exhibition, namely how it demonstrated the continuing importance of Gutenberg's invention to our civilization. In 1940 that continuity had not yet come under threat from the host of rival methods and media which began to appear on the scene from 1946. So the examples of printing shown at the Fitzwilliam Museum in 1940 impressed me deeply as examples of what printing had helped to achieve in the space of 500 years. At the time, none of those exhibits led me to doubt that further refinements and improvements to Gutenberg's invention would be enough to maintain printing's pre-eminent position as the medium which contributed most to the progress of civilization.

I resumed my printing career in 1946, a momentous year marked by two events in the USA which were to have a great significance in the history of printing. One was the appearance of the first electronic computer, known by its acronym ENIAC which stands in English for Electronic Numerical Integrator and Calculator, for which the French with their customary logic invented a new word – l'ordinateur. The other significant event of that year was the installation of a battery of Intertype Fotosetters at the Government Printing Office in Washington. Although these rather crude adaptations of metal typesetting machines were later superseded by computerised typesetters using digitised techniques, the Fotosetters installed in 1946 heralded the start of a new era in printing technology, and the application of electronic computers heralded the appearance of new media which have become rivals to printing. As that is a topic which was admirably covered two years ago by Paul Brainerd when he accepted the Gutenberg Prize, I will not cover the same ground. Instead I will turn to two activities which have occupied a great deal of time. Both are international in scope and share the concern of the Gutenberg-Gesellschaft with the history and present state of the art of printing. They relate to my part in the Association Typographique and my views on present trends in printing history.

As there are fourteen syllables in the name Association Typographique Internationale, from this point on I will refer to it by the abbreviation A.TYP.I. My involvement began before its formal creation in 1957 because its founder, Charles Peignot, asked for my opinion on his plans before he put them into effect. Many of you may not know that Charles Peignot came from a distinguished family of Parisian typefounders. He had been born in 1897 so he was old enough to have been my father; but he treated me more like a younger brother.

I admired his achievements as a typefounder from 1921, and was also greatly impressed by the very fine periodical named *Arts et Métiers Graphiques* which he founded in 1927. He took a lively personal interest in the fine and applied arts, collected contemporary paintings and painted for his own pleasure. He was very serious in taking responsibility for his family's typefoundry, of which he became Président Directeur General in 1952. Regretting that his predecessors had never entered into a formal relationship with any manufacturer of typesetting machines, as other foundries had done in Germany, France and Holland, he was determined not to miss new opportunities which he anticipated would arise if he associated his typefoundry with the manufacturer of a new photographic or electronic typesetting device. He therefore went to the USA to obtain backing for an invention of this kind made by two French telephone engineers during World War II. The machine was named the Photon in the USA. Peignot negotiated the rights to sell it in France where it was named the Lumitype. He also obtained a contract to design typefaces for the new machine, and to manufacture them on glass discs.

While making these arrangements, he realised that many of the people with whom he was dealing had no previous knowledge of typography or type design. In Peignot's view, such ignorance might easily lead to a decline in typographical standards, and to a disregard of property rights in typeface designs. So he consulted me about his plan to create a new international association whose aims would be "to bring together, co-ordinate the ideas and give effect to the wishes of all those whose profession or interests were connected with the art of typography". Membership involved joining a united effort "to promote good typography and to extend a critical knowledge of the subject". Members were also required to support the Association's aim "to fight by all means in its power ... against unauthorized copying of typefaces": this was to be carried out by promoting a separate international agreement for the protection of typeface designs, and by setting up a moral code among the members.

Peignot sought my opinion on creating A.TYP.I. partly because we had been good friends since 1949. In that year I had been appointed Assistant University Printer at Cambridge and had started negotiations which led to Peignot presenting the punches of John Baskerville to the University of Cambridge, where Baskerville had printed his masterpiece, a folio Bible while he held the post of University Printer. My ability to help Peignot was broadened by my appointment as typographical adviser to the Monotype Corporation in 1955, and my appointment a year later as European Consultant to the Limited Editions Club of New York, which commissioned illustrators, book designers and printers all over the world for their monthly books.

To help focus attention on the changing situation in type design during a period of rapid technological change, I agreed to read a paper during the 9th International Congress of Master Printers held in June 1957 at Lausanne, where the inaugural meeting of A.TYP.I. was held in the same week. I also agreed with Peignot to stand for election as one of his two vice-presidents. At a packed meeting, A.TYP.I. was voted into existence, and Peignot and I were voted into office.

For ten years Peignot presided over A.TYP.I. with great vision, skill, diplomacy and charm. He persuaded the major German typefounders to join, and they supported A.TYP.I.'s efforts to obtain new international laws to protect typefaces with the help of the World Industrial Property Office in Geneva. A better understanding of typography was helped by organising various congresses and working seminars in Europe and the USA. Mainz, by the way, was chosen for staging a Typographic Forum in 1966. A year later the first decade of activities ended with a major international congress held in Paris at the headquarters of UNESCO, after which I took over the office of President.

I had planned to hold a major congress in Prague, opening early in September 1968; but after some 200,000 Soviet and satellite troops invaded Czechoslovakia late in August, I decided to postpone our congress. A year later we were able to reach Prague to hear a panel of highly qualified speakers discuss "Typographical Opportunities in the Computer Age". From then on A.TYP.I. took a livelier interest in educational matters; but it continued to devote much of its resources to obtaining better legal protection for typefaces. After serving six years as President, I decided that a suitable time to resign would be after taking part in the Diplomatic Congress held in 1973 at Vienna, where ten countries signed a Special Arrangement for the Protection of Typefaces and their International Deposit. This was the measure on which Peignot and I had pinned our hopes; but to our intense disappointment, the Special Arrangement was never ratified by the required minimum of five countries, so it never came into force. Our only consolation was that it had led countries such as Germany, France and the United Kingdom to alter its internal legislation to provide better protection than before for typeface design.

A.TYP.I. taught me how hard it is to organise meetings where a common language is not spoken by everyone present. That problem was only overcome through the cheerful and expert help of skilled linguist members, among whom was Gertraude Benöhr, my friend for nearly forty years. At this point, I want to thank her for having translated my speech so sensitively. I'll now bring it to a close with some remarks about printing history – a subject in which the city of Mainz is steeped, and in which I have taken a particular interest.

In the last forty years, a new approach to the history of printing has broadened the scope and significance of the subject. It has also led to a closer and friendlier collaboration between individuals throughout the world who share an interest in printing history.

How much this new approach owes to French scholars and publishers is indicated by the fact that printing historians in many countries all use the phrase *histoire du livre* when they adopt this fresh approach to the subject. The French phrase implies taking a broad view of how books were written, printed, published and used. It has developed into an international and interdisciplinary approach, with the object of revealing the role of the printed word as a force in history.

A landmark book in establishing this concept of *histoire du livre* was published in 1958. *L'Apparition du Livre* written by Lucien Febvre and Henri-Jean Martin appeared as volume 49 in an ambitious series of 100 titles in a series called *The Evolution of Humanity.* Martin later shared responsibility with Roger Chartier for directing an extensive history of French publishing from the Middle Ages to the middle of the twentieth century. This four-volume work successfully combined three aspects of printing history which had hitherto been treated separately. These were the techniques of book production, the history of printed matter, and the history of reading. The general editors hoped that their work would lead to completing a great project of comparative history, embodying in one book, as Chartier put it, 'the warm friendship of the republic of letters which exists among historians of the book'.

Plans are already well advanced for national histories in several other European countries, as well as in the USA and in the Antipodes. The impetus given by France in advancing *l'histoire du livre* has been boosted since 1991 by two excellent international newsletters. One is published in the USA by the Society for the History of Authorship, Reading and Publishing – known in the English-speaking countries by its acronym SHARP, and therefore titled *Sharp News*. The other is published jointly in Göttingen and Paris with the title *In Octavo*, this is a bi-annual bulletin circulating information about the history of books and publishing. Together these two publications spread news far and wide of what has been completed and what is being planned to increase our comprehension of *l'histoire du livre*.

I began by explaining my early involvement in helping my fellow-countrymen to appreciate how deeply Gutenberg's invention affected our civilization. So you will now readily understand why I am so delighted by the present fever of activity in promoting the concept of *l'histoire du livre*. Moreover you will realise that I did not exaggerate when I said that your award to me today moves me more than any other honour bestowed on me. Your generosity encourages me to continue my research and my writing.

*The text was translated*
*and the speech was delivered in German.*

Tilo Brandis

# Die Handschrift zwischen Mittelalter und Neuzeit

## Versuch einer Typologie

Die Untersuchung setzt sich zum Ziel, Beobachtungen zu den verschiedenen Typen von Handschriften als Überlieferungsträgern aus dem Spätmittelalter und der beginnenden Neuzeit, wie sie sich in Bibliotheken vornehmlich der deutschsprachigen Länder in großer Zahl erhalten haben, in ihrer Gesamtheit vorzuführen und in einem Überblick die wesentlichen Charakteristika dieses Mediums herauszuarbeiten. Das Augenmerk soll dabei sowohl auf das Äußere der Handschriften als auch besonders auf die Inhalte gerichtet werden. Selbstverständlich lassen sich bei einem derart weitgesteckten Ziel, wenn überhaupt, nur große Linien als Ergebnis zeichnen und allgemeinere Erkenntnisse konstatieren. Diese sollen aber durch konkrete Beispiele, zum Teil mit Abbildungen, veranschaulicht und auch durch statistische Erhebungen belegt werden.

Ausgangspunkt soll die in der neueren buchkundlichen Literatur über das 15. und frühe 16. Jahrhundert gelegentlich zu lesende Behauptung sein, daß bereits um 1480 eine wesentliche Veränderung auf dem Gebiet der Buchproduktion stattgefunden habe, daß die Handschrift seit dieser Zeit mehr und mehr von dem gedruckten Buch verdrängt werde und daß letzteres selbst ein ganz anderes Aussehen bekommen habe als in den ersten Jahrzehnten seit der Erfindung der Buchdruckkunst durch Gutenberg[1]. Ich selbst

1 Zur Umbruchszeit »um 1480« vgl. z. B. HANS LÜLFING: Johannes Gutenberg und das Buchwesen des 14. und 15. Jahrhunderts. München-Pullach 1969, S. 123, 142 u. ö.,

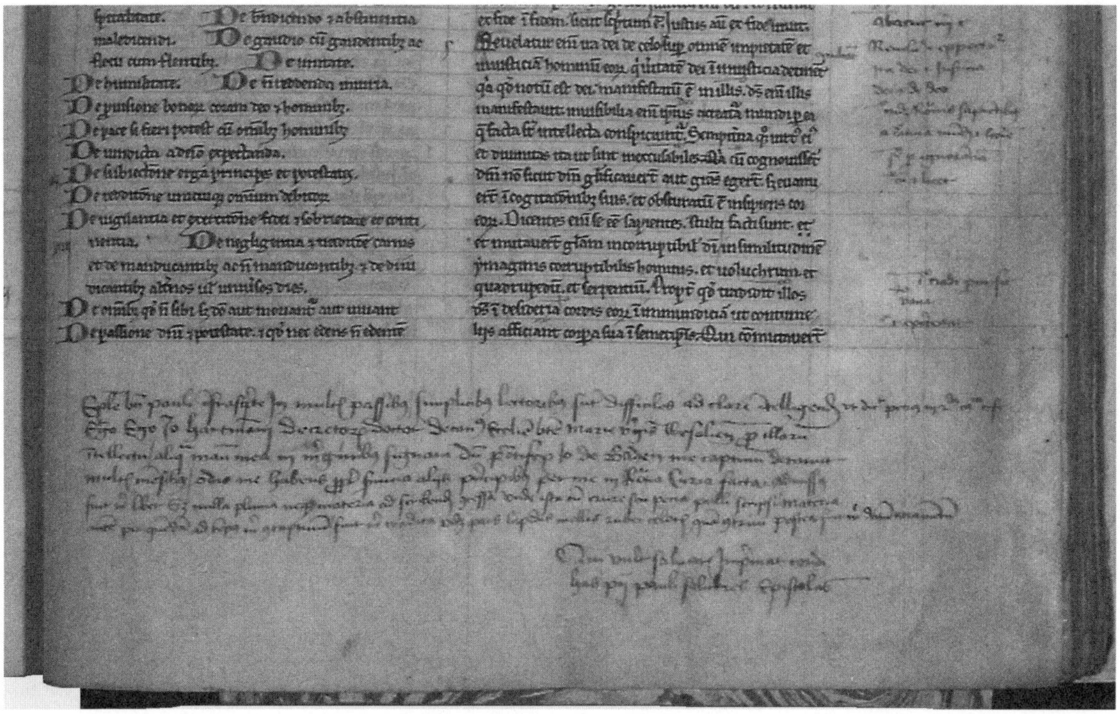

**Abb. 1** *Notiz über Bibelkommentierung, 1466,* von Johannes Hartmanni aus Oberwesel in einer Bibelhandschrift des 14. Jahrhunderts (Hamburg SUB Cod. 54 in scrin., 265[r])

hatte diese Feststellungen einmal in einem Symposiumsbeitrag über Handschriften- und Buchproduktion im 15. und frühen 16. Jahrhundert zu der These zusammengefaßt – und vielfach dabei Zustimmung gefunden –, daß sich bereits um 1480, und nicht wie üblicherweise um 1500 oder gar erst 1520 angesetzt, der entscheidende Übergang vom mittelalterlichen zum neuzeitlich-modernen Buch bis in alle Einzelheiten hinein vollzogen habe[2]. Die Belege dafür – z. B. das Buch als Massenartikel gegenüber dem individuell gestalteten Buch, das Aufhören der Vielfalt der Typen und Druckverfahren, das Aufkommen des Titelblatts, das Vorherrschen des kleinen Formats u.a.– hatte ich allerdings überwiegend nur aus der Druckgeschichte bringen können. Die darüber hinaus aufgestellte These, daß sich die Handschrift in demselben Maße nach der Zeit um 1480 verändert habe, daß die sogenannte mittelalterliche Gebrauchshandschrift aufhörte zu existieren und nicht mehr denselben Quellenwert wie die früheren beanspruchen könnte, konnte nur als Frage formuliert und mußte als ungesicherte Hypothese angesehen werden, da der weitgehend noch unaufgearbeitete und nicht zentral zugängliche Bestand an spätmittelalterlichen Handschriften keine konkreteren Aussagen zuließ.

Hier möchte ich anknüpfen und Antwort auf die Frage zu geben versuchen: Wie sieht das um 1480–1500 mit der Hand geschriebene Buch aus? Die Betrachtung soll nicht auf dem üblicherweise begangenen literarhistorischen Weg durch Überprüfung ausgewählter Textüberlieferungen erfolgen (man würde hierbei niemals den relevanten Bereich möglicher Handschriftenüberlieferungen repräsentativ einkreisen und erfassen können!), sondern – wie es einem Bibliothekar erlaubt sein mag – ganz empirisch von der Masse der erhaltenen handschriftlichen Textzeugen dieses Zeitraums aus. Das heißt, es soll zunächst die statistische Methode zugrundegelegt werden.

Der Zugang zu den neueren, wissenschaftlich erarbeiteten Katalogen mittelalterlicher Handschriften ist seit wenigen Jahren durch den *Gesamtindex mittelalterlicher Handschriftenkataloge*[3], der inzwischen als online-abfragbare Datenbank vorliegt, sehr erleichtert worden. Globale Fragestellungen zum Handschriftenwesen sind mit ihm eigentlich erst möglich geworden. Durch punktuelles Suchen etwa nach den Jahren »1480«, »1481«... oder »Ende des 15. Jahrhunderts« bekommt man die in dem Registersammeleintrag »Datierung der Handschriften« enthaltenen Datumsangaben zur Entstehungszeit umfassend präsentiert. So konnte ich in kurzer Zeit am Bildschirm aus über 130 Katalogregistern die Signaturen aller datierten und datierbaren Handschriften aus den letzten beiden Jahrzehnten des 15. Jahrhunderts ermitteln. Nach der Durchsicht dieser Kataloge selbst und weiterer wichtiger Kataloge älterer Zeit und aus den Nachbarländern Deutschlands[4] habe ich rund 1380 Handschriften

Wieland Schmidt: Zur deutschen Erbauungsliteratur des späten Mittelalters. In: Ders.: Kleine Schriften. Wiesbaden 1969, S. 198–215, bes. S. 202, Hans-Jörg Künast: Die Augsburger Frühdrucker und ihre Textauswahl. Oder: Machten die Drucker die Schreiber arbeitslos? In: Literarisches Leben in Augsburg während des 15. Jahrhunderts. Hrsg. von Johannes Janota und Werner Williams-Krapp. Tübingen 1995 (Studia Augustana. Bd 7), S. 47–57, bes. S. 48 und S. 52. – Vgl. auch die Statistiken zur Handschriftenproduktion außerhalb Deutschlands bei: Johan Peter Gumbert: Manuscrits datés conservés dans les Pays-Bas. Leiden usw. 1988, S. 48–49 (nur die datierten Handschriften) und Carla Bozzolo und Ezio Ornato: Pour une histoire du livre manuscrit au moyen âge. Trois essais de codicologie quantitative. Paris 1980, I. La production du livre manuscrit en France du Nord, S. 103. In den Tabellen ist deutlich ein starker Rückgang der Handschriftenproduktion um 1480 ablesbar.

2 Tilo Brandis: Handschriften- und Buchproduktion im 15. und frühen 16. Jahrhundert. In: Literatur und Laienbildung im Spätmittelalter und in der Reformationszeit. Symposion Wolfenbüttel 1981. Hrsg. von Ludger Grenzmann und Karl Stackmann. Stuttgart 1984, S. 176–196, bes. S. 188–189 und S. 194–196 (Diskussionsbericht).

3 Der *Gesamtindex mittelalterlicher Handschriftenkataloge* wird vom Deutschen Bibliotheksinstitut als »DBI-LINK-Datenbank Handschriften des Mittelalters« online über Datex-P, das WIN-Netz und das Internet (Telnet) weltweit angeboten. Nähere Informationen über die Zugangsmöglichkeiten sowie das Handbuch sind beim DBI, Altmoabit 101 A, 10559 Berlin erhältlich. Vgl. Bernd Michael: Der Gesamtindex ... In: Bibliotheksdienst 27 (1993), S. 1700–1709. Eine Mikroficheausgabe mit Stand vom 1. 7. 1995 ist erschienen unter dem Titel: Bernd Michael, Ruthild Willhardt: Gesamtindex mittelalterlicher Handschriftenkataloge. Kumulation der Register der seit 1945 in der Bundesrepublik Deutschland erschienenen Handschriftenkataloge. Wiesbaden 1995.

4 Die Auswertung der Register und Beschreibungsteile von Handschriftenkatalogen erstreckte sich über die im *Gesamtindex* erfaßten Kataloge hinaus besonders auf die der ehem. DDR (u. a. Dessau, Dresden, Gotha, Halle, Jena, Leipzig, Wittenberg, Zwickau), den Handschriftencensus Rheinland. Hrsg. von Günter Gattermann. Bd 1–3. Wiesbaden 1993 (Schriften der ULB Düsseldorf. 18), die älteren großen Kataloge der SB zu Berlin und der BSB München sowie die wichtigsten Kataloge von österreichischen (u. a. Wien, Innsbruck, Salzburg), Schweizer (u. a. Basel, Solothurn, St. Gallen, Zürich) und ungarischen Handschriftensammlungen. Vgl. die Katalogbibliographien in: Richtlinien Handschriftenkatalogisierung der DFG. 5. Aufl. Bonn 1992, S. 63–88, Johannes Hansel: Bücherkunde für Germanisten. Berlin 1959, S. 177–219, Paul Oskar Kristeller: Latin manuscript books before 1600. 4. ed. by Sigrid Krämer. München 1993 (Monumenta Germaniae Historica. Hilfsmittel 13).

**Abb. 2** *Bibeldruck, 1481,* Straßburg: Adolf Rusch, GW 4282, mit umgreifender (Glossa ordinaria) und interlinearer Glosse (Anselm von Laon) in Nachbildung von Handschriften, dazu gemalte Initialen und Blumenbordüre (Berlin SBB-PK 2° Inc. 2133, Bd 1: Mos. 1, 1)

**Abb. 3** *Bibelhandschrift, 1511–1514,* 4 Bde, in Folio, kalligraphische Nachbildung älterer Handschriften, geschrieben von Hermann Roelvynck in Marienfrede bei Wesel (Berlin SBB-PK Ms. theol. lat. fol. 6, 6$^{v}$: Mos. 1, 1)

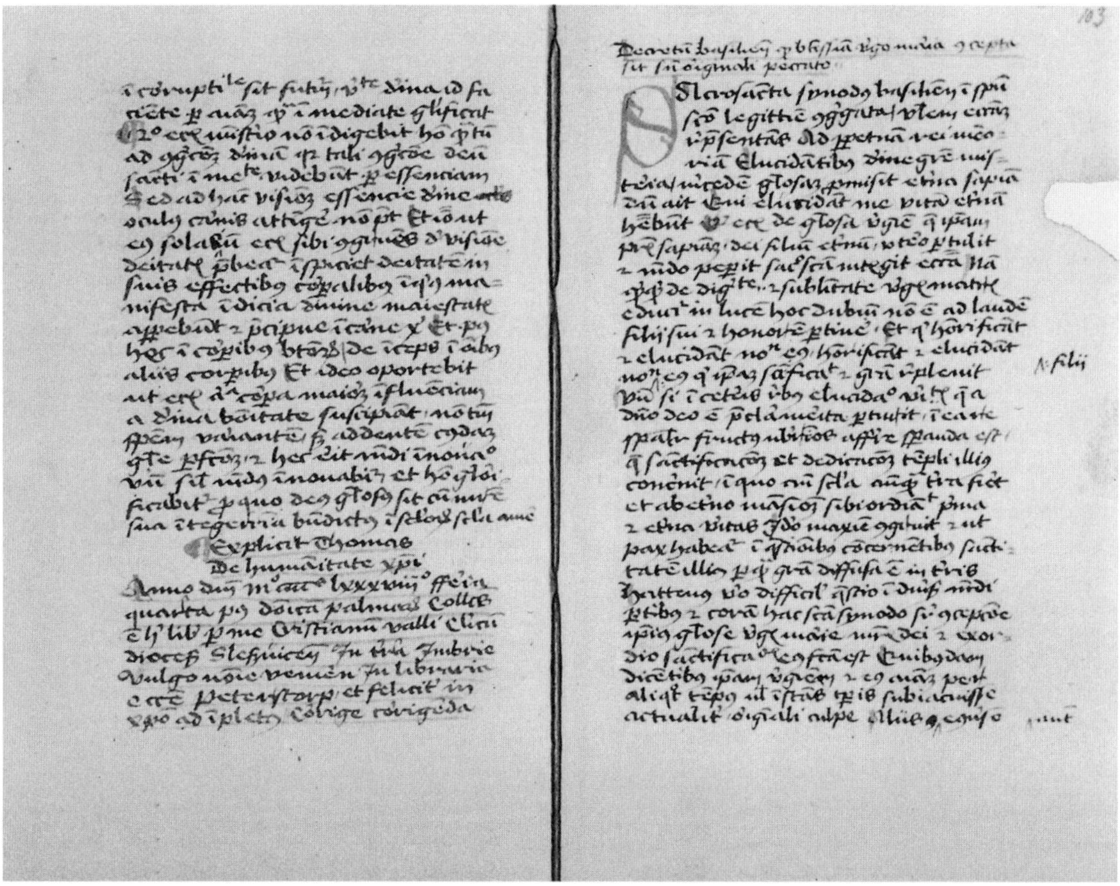

**Abb. 4** *Theologische Traktatehandschrift, 1488,* Petersdorf auf Fehmarn, zusammengestellt und geschrieben von Cristianus Valli (Berlin SBB-PK Ms. theol. lat. oct. 175, 102$^{v}$/103$^{r}$: Kolophon)

des Zeitraums jeweils mit Inhaltsschlagwort, Entstehungsort und -jahr oder Zeitspanne, gegebenenfalls Schreiber und Auftraggeber, Format und Schrift herausnotiert und damit eine brauchbare Grundlage aus circa 17.850 beschriebenen mittelalterlichen Handschriften in 132 Katalogen gewonnen.

Das Zahlenverhältnis allein sagt noch wenig aus; immerhin doch so viel, daß das Medium Handschrift in dem zu untersuchenden Zeitraum durchaus noch vorhanden und keineswegs etwa durch den Druck schon ganz abgelöst worden ist. Innerhalb der Handschriftenbestände des 15. Jahrhunderts, die den Löwenanteil (vorsichtig geschätzt um 60%) der erhaltenen mittelalterlichen Handschriften überhaupt ausmachen, sind diejenigen der letzten beiden Jahrzehnte allerdings in erheblich geringerem Ausmaß als die der ersten acht des Jahrhunderts vertreten. Das ist keine neuartige Erkenntnis, aber doch eine Bestätigung des oben gezeichneten Bildes: der Druck löst die Handschrift mehr und mehr ab. Im Detail verändert sich aber, wie im folgenden gezeigt werden soll, der Eindruck von der Häufigkeit der Handschrift nach 1480 sehr wesentlich.

Sehen wir zuerst auf die **Bibel**, das Buch der Bücher, zu dem uns ein Randeintrag von 1466 eines Dekans und Rechtslehrers aus Oberwesel am Mittelrhein in einer Hamburger Bibelhandschrift des 14. Jahrhunderts[5] anschaulich hinführen kann: »Epistole beati Pauli infrascripte in multis passibus simplicibus lectoribus sunt difficiles ad clare intelligendum. Ergo ego Johannes Hartmanni ... pro illorum intellectu aliqua manu mea in marginibus signavi«, d. i. »Die nachfolgenden Paulusbriefe sind an vielen Stellen für einfache Leser schwierig zu verstehen. Deshalb habe ich, Johannes Hartmanni,

5 Hamburg SUB Cod. 54 in scrin., 265$^{r}$, vgl. Tilo Brandis: Die Codices in scrinio der SUB Hamburg 1–110. Hamburg 1972 (Katalog der Handschriften der SUB Hamburg. Bd 7), S. 112–114.

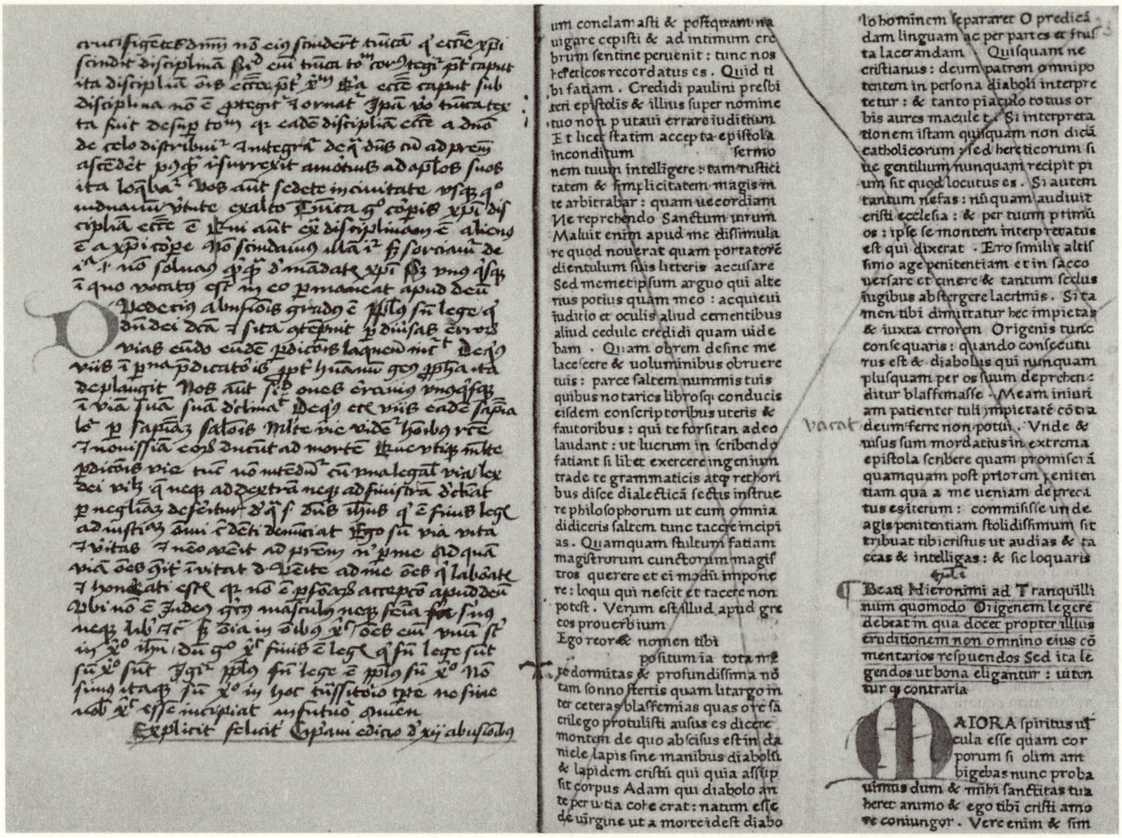

**Abb. 5** *Theologische Sammelhandschrift, 1471,* des Cristianus Valli, zusammengestellt aus handschriftlichen und gedruckten Textteilen (Berlin SBB-PK Ms. theol. lat. qu. 335, $72^{v}/73^{r}$: Ps. Cyprian und Hieronymus)

…, damit sie jene Stellen besser verstehen, einiges eigenhändig an den Rändern notiert«. Er fährt fort, daß er dazu viele Monate Zeit gehabt habe, als er von dem Erzbischof von Trier, Johann von Baden, gefangengehalten wurde, weil er in der römischen Kurie anderen geistlichen Führern gedient hätte. »Admissus fuit mihi liber«, d. i. diese Bibel ist ihm zur erbaulichen Lektüre zugestanden worden, doch Feder und Tinte seien ihm versagt worden. Deswegen habe er sich als Schreibwerkzeug ein Bein bzw. Knöchelchen eines Huhns durch einen Mitgefangenen verschafft und Tinte durch Mahlen eines weichen roten Steins selbst hergestellt. Später sei ihm Tinte gegeben worden. – Zahlreiche rötliche und schwarze kommentierende Glossen, besonders zu den Episteln des Neuen Testaments, zeigen den missionarischen Drang des gelehrten Geistlichen, zum breiteren Verständnis der Bibel beizutragen (Abb. 1).

Die derart annotierte Handschrift stellt ein charakteristisches Zeugnis für das mittelalterliche Buchwesen dar, in dem bekanntlich die Bibel von frühchristlicher Zeit über alle Jahrhunderte bis zur Epoche der Reformation nie ihre beherrschende Rolle verloren hat und immer wieder neu abgeschrieben wurde und zur Auslegung aufforderte. Umso erstaunter stellen wir fest, daß in unserer Katalogdurchsicht bis auf eine einzige Ausnahme (eine Nürnberger deutsche Bibelhandschrift von 1483, und zwar eine Abschrift nur der ersten alttestamentlichen Bücher aus einer Inkunabel)[6] keine lateinische und auch keine deutsche Vollbibelhandschrift mehr nachweisbar ist.

Auch Teile der Bibel und einzelne Bücher – wenn man von den zahlreichen für das Gebet benötigten Psalterien absieht –, ebenso wie Vers- und Reimbibeln und vor allem die großen Postillen und glos-

6 Nürnberg StB Solg. Ms. 17. 2°. Altes Testament: Gn-Ps, dt., Schwaben 1483, Buchkursive eines Marx Pflum, vgl. KARIN SCHNEIDER: Die deutschen mittelalterlichen Handschriften. Wiesbaden 1965 (Die Handschriften der StB Nürnberg. Bd 1), S. 481–482. Der Vorlagedruck ist bibliographisch nicht ermittelt.

**Abb. 6** *Einband einer Kollektaneenhandschrift, 1470–1475,* des Cristianus Valli mit eingeklebten Registerzeichen als Merkern für die Vielzahl der Kleintexte (Berlin SBB-PK Ms. theol. lat. qu. 334)

sierten Bibeln z. B. eines Nicolaus von Lyra, Hugo von St. Cher oder Nicolaus von Gorran treten als Handschrift nicht mehr auf. Die Großwerke waren inzwischen in ausreichender Menge im Druck erschienen (Abb. 2), so daß die aufwendigen Schreibaufträge nicht mehr lohnten. Wenige Ausnahmen, besonders einige deutschsprachige Paulusbriefe in der Umgebung von Andachtsliteratur und lateinische Kommentare zum Hohenlied, zu den Psalmen und Paulusbriefen[7] vermögen die Erkenntnis nicht zu erschüttern, daß die Bibel selbst und die großen mittelalterlichen Werke zu ihrer Exegese Ende des 15. Jahrhunderts nicht mehr in handgeschriebenen Bänden benötigt wurden. – Vollständige Bibelabschriften treten erst wieder in dem zweiten Jahrzehnt des 16. Jahrhunderts auf, z. B. eine Berliner vierbändige Prachthandschrift von 1511–1514 aus Kloster Marienfrede bei Wesel am Niederrhein, ge-

7 Z. B. die Sammelhandschriften mit Expositiones in Canticum: Frankfurt/Main StUB Ms. Praed. 92 (Schreiber Johannes Lenglin, Medingen 1499–1505), Stuttgart Württembergische LB HB IV 14 (Robertus de Tumbalena, Bodenseegebiet um 1490), in Psalmos: Mainz StB I 45 (Hieronymus, Ende 15. Jahrhundert), in Epistolas Pauli: München UB 2° Cod. ms. 12 (Hieronymus und Ps. Hieronymus, Regensburg 1490/91), Mainz StB I 45, $5^r$–$164^v$ (Origenes, Ende 15. Jahrhundert), Berlin SBB-PK Ms. theol. lat. fol. 714 und 715 (Autograph von Werner Rolevinck, Köln 1485–1500).

**Abb. 7** *Nachlaß des Cristianus Valli, Ende 15. Jahrhundert,*
Ensemble seiner selbst geschriebenen und gesammelten Handschriften, in Holzdeckel gebunden
(Berlin SBB-PK [stehend von links:] Ms. theol. lat. qu. 331, 335, 334, [davor:] oct. 173, 187, [liegend:] qu. 360, oct. 185, 175)

schrieben von Hermann Roelvynck aus Bocholt in betont konservativer Kalligraphie, zu der die gotisierende Buchmalerei paßt (Abb. 3)[8]. Auch eine zweibändige Bibel von 1515–1521 ist hier zu nennen, die Leonhard Weinlin nach alter klösterlicher Tradition für St. Ulrich und Afra in Augsburg abgeschrieben hat[9].

Wenden wir uns den großen Bereichen der **theologischen und wissenschaftlichen Literatur** überhaupt zu, der im 15. Jahrhundert schier unübersehbar gewordenen Masse an dogmatischen, moral- und pastoraltheologischen, philosophischen, grammatischen, enzyklopädischen, kirchengeschichtlichen, rechts- und naturwissenschaftlichen Texthandschriften, so konstatieren wir für die letzten beiden Jahrzehnte denselben negativen Befund wie bei der Bibel, daß nämlich die handschriftliche Überlieferung der grundlegenden Textcorpora sowie aller umfangreicheren Standardwerke und kompendienartigen Zusammenfassungen nahezu ausnahmslos fehlt. Die bis in die siebziger Jahre immer wieder neuangelegten, meist auf Pergament geschriebenen und großformatigen Sammelbände patristischer Opera, z. B. von Augustin, Hieronymus oder Gregor dem Großen, die scholastischen Summen eines Thomas von Aquin, Hugo von St. Viktor, Bonaventura, das Sentenzenwerk des Petrus Lombardus, das *Elucidarium* des Honorius Augustodunensis, das *Speculum maius* des Vinzenz von Beauvais, die naturkundliche Enzyklopädie des Thomas

8 Berlin SBB-PK Ms. theol. lat. fol. 6, vgl. Valentin Rose: Verzeichniß der lateinischen Handschriften der Königlichen Bibliothek zu Berlin. 2. Die Handschriften der kurfürstlichen Bibliothek und der kurfürstlichen Lande. 1–3. Berlin 1901–1905, Bd 2,1 Nr. 246. Zum Schreiber vgl. Colophons de manuscrits occidentaux des origines au XVIe siècle. T. 1–6. Fribourg 1965–1982 (Spicilegii Friburgensis subsidia. Vol. 2–7), Nr. 7034 sowie die Eintragungen eines Hermannus de Bocholdia in Berlin SBB-PK Ms. theol. lat. fol. 171 von 1473 (Colophons Nr. 6972) und Lüttich UB 731 und 732 von 1458 (Colophons Nr. 6971 und 6970) aus demselben Kreuzherrenkloster Marienfrede, in dem offensichtlich über Jahrzehnte großer Wert auf repräsentative Schreibkultur gelegt wurde.

9 Augsburg SStB 2° Cod. 55a/b, vgl. Herrad Spilling: Die Handschriften der SStB Augsburg 2° Cod. 1–100. Wiesbaden 1978 (Handschriftenkataloge der SStB Augsburg. Bd 2), S. 82–84.

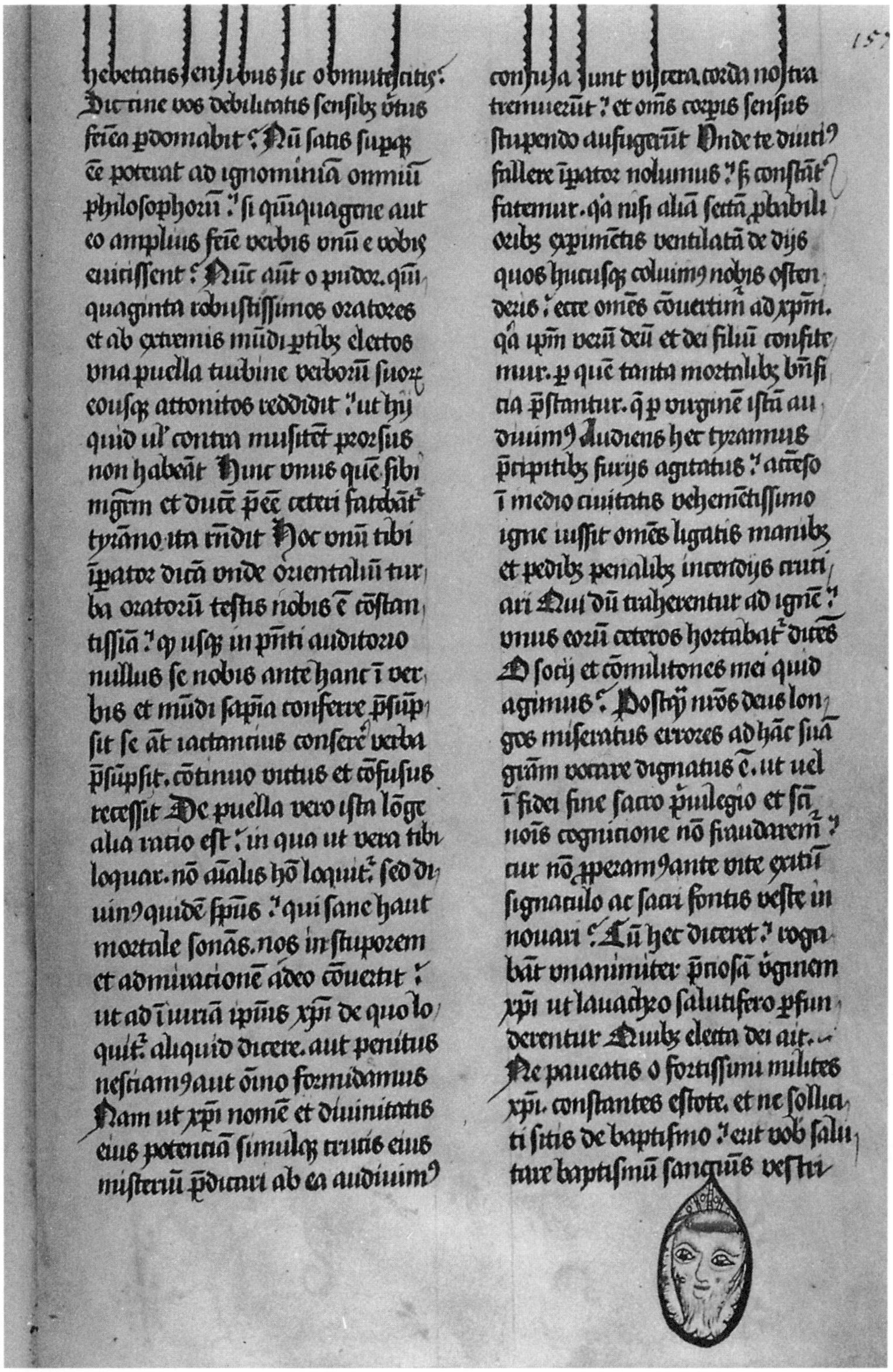

**Abb. 8** *Predigt- und Heiligenlebenhandschrift, 1486,* Köln, Groß St. Martin, geschrieben in traditioneller Aufmachung mittelalterlicher Skriptorien (Köln HistA GB f° 28, $157^{r}$ Passio St. Catharinae)

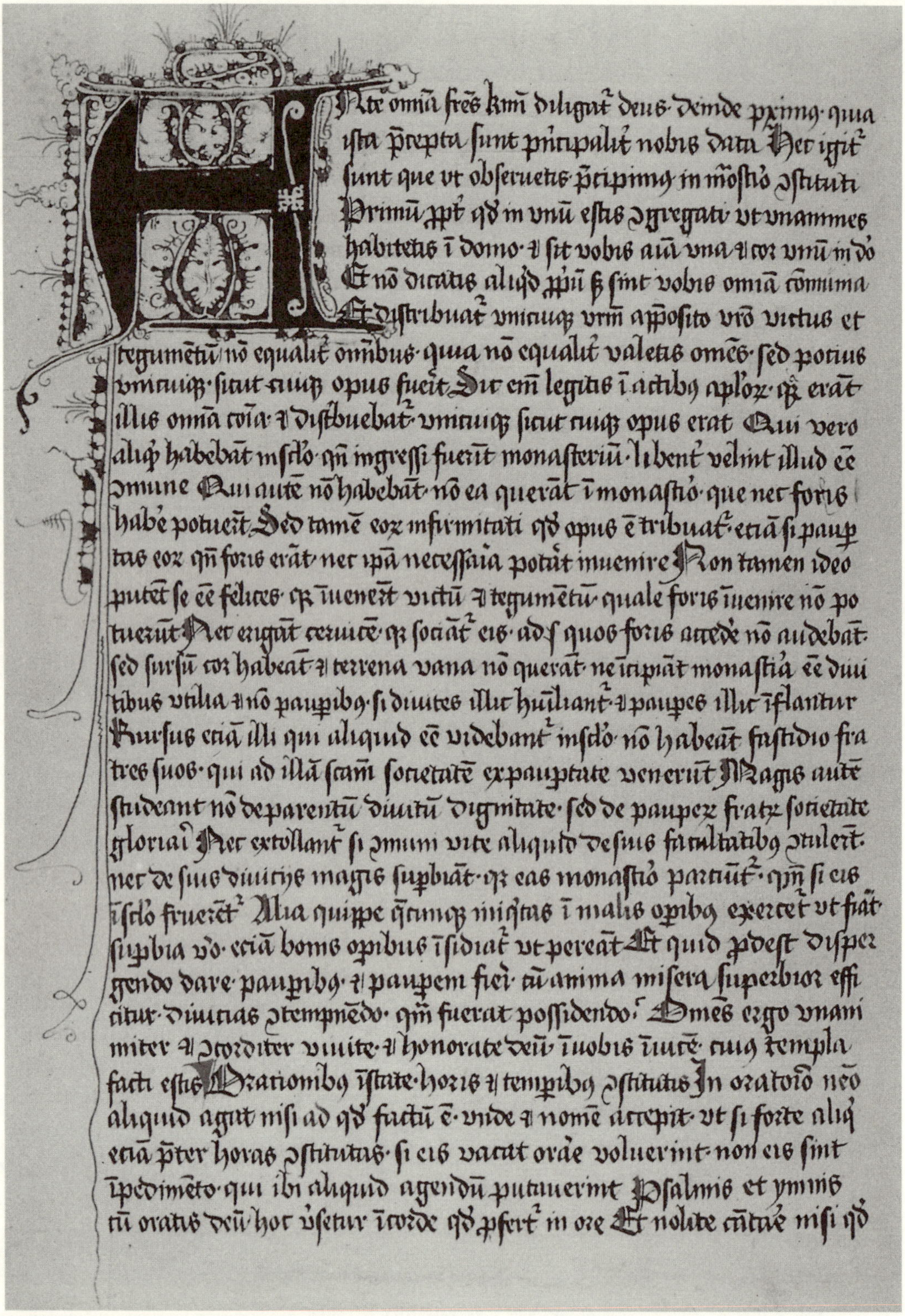

**Abb. 9** *Augustinerregel-Handschrift, 1470–1480,* Köln, Groß St. Martin, geschrieben in traditioneller geformter Schrift mit mehrfarbiger Fleuronnéeinitiale (Köln HistA GB f° 59, 174$^{v}$)

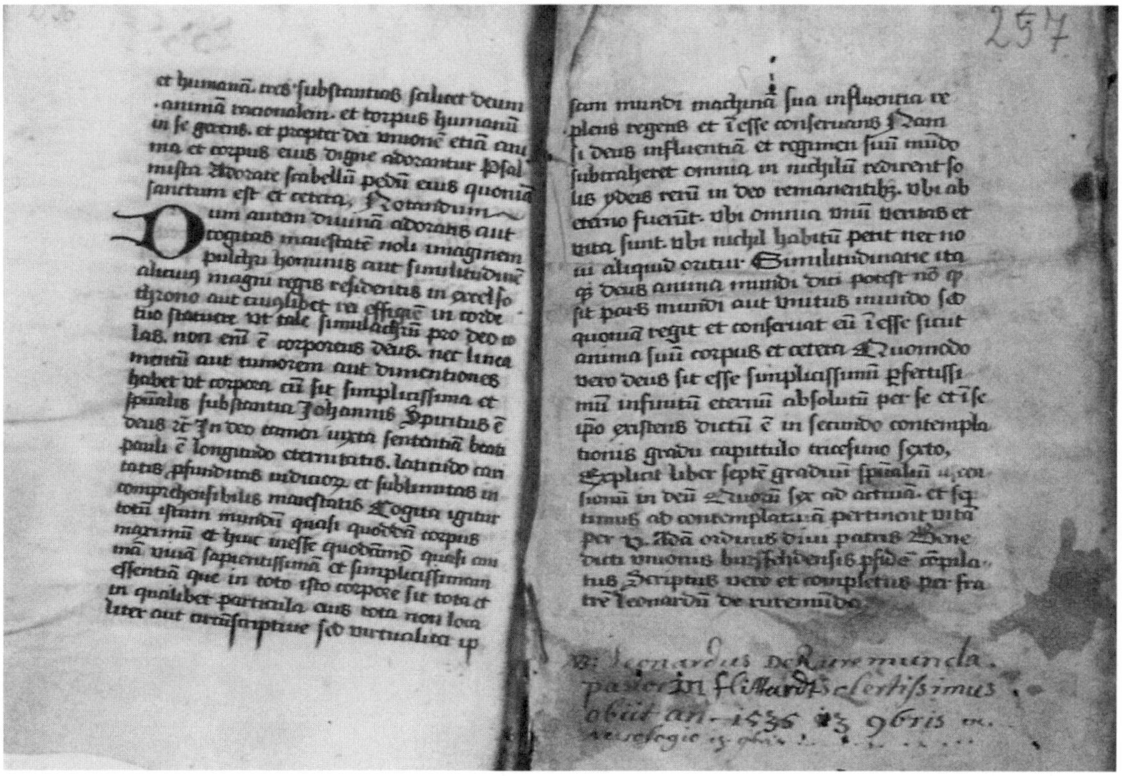

**Abb. 10** *Handschrift eines aszetischen Traktats, 1497,* des Adam Villicus gen. Meyer, Köln, Groß St. Martin: *Liber septem graduum spiritualium ascensionum in deum,* geschrieben von Leonard Roermond (Köln HistA W*379, S. 256/257: Kolophon mit zugefügter biographischer Notiz von Oliver Legipont, 18. Jahrhundert)

von Cantimpré, die Predigtsammlung Bernhards von Clairvaux, die *Legenda aurea* des Jakob von Voragine, die Episteln des Petrus von Blois, vor allem auch die kanonistischen und römisch-rechtlichen Entscheidungssammlungen Gratians, Gregors IX., Justinians usw. mit deren Glossen gibt es nach 1480 nicht mehr in Handschriften.

Auch repräsentative geschlossene Traktate-, Sermones- und Schultextsammlungen jüngerer Autoren, z. B. von Jean Gerson, Nikolaus von Dinkelsbühl, Thomas Ebendorfer oder Jakob von Jüterbog, die in überaus großer Anzahl zu dickleibigen Volumina im Folioformat – nun freilich meist auf Papier – immer wieder neu zusammengestellt wurden, treten am Ende des Jahrhunderts in Handschriften nur noch ganz selten auf; ebenso die deutschsprachigen theologischen und anderen wissenschaftlichen Standardwerke, etwa der Passionstraktat Heinrichs von St. Gallen, die Rechtssumme Bertholds von Freiburg, der Heiligen Leben, der Vocabularius Ex quo, die Traktate Marquards von Lindau, Thomas' von Kempen oder Heinrich Seuses sowie die Rechtscodices *Sachsenspiegel, Schwabenspiegel* und vieles andere.

Nahezu alle diese Werke – es sind die gängigsten, die Bestseller des späteren Mittelalters – lagen in der Zeit um 1470–1480 in mehr oder weniger umfangreichen Druckausgaben vor. Auch wenn wichtige Texte nicht im Druck erschienen waren, erachtete man es offenbar nicht mehr für notwendig, sie durch Schreibaufträge größeren Ausmaßes herstellen zu lassen und auf diese traditionelle Weise Lücken in den Bibliotheken zu schließen. Eine plausible Erklärung dafür ist bekanntlich auch das Fehlen von Skriptorien und Berufsschreibern, die mehr und mehr zum Druckerberuf übergewechselt waren.

Natürlich gibt es, um keinen falschen Eindruck entstehen zu lassen, nach 1480 noch theologische und andere wissenschaftliche Texthandschriften, sogar etliche mit Texten der genannten Autoren des Mittelalters, wie nunmehr überhaupt der Blick auf das Vorhandene in dem besagten Zeitraum gerichtet werden soll. Diese Handschriften sehen aber in ihrer Anlage und Zusammensetzung und von ihrem

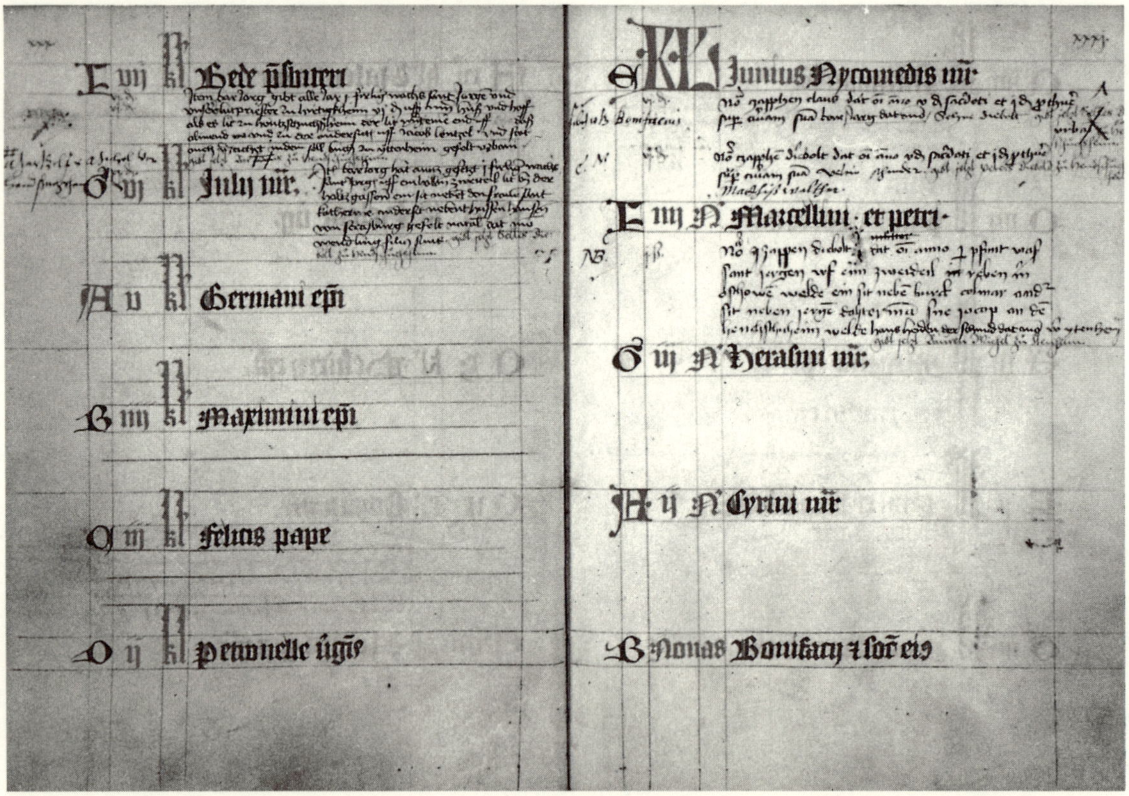

**Abb. 11** *Gültbuch-Handschrift, 1475 und später,* aus Handschuhheim / Elsaß. Eintragungen verschiedener Hände zu Zahlungs- und Abgabeterminen für Priester (Berlin SBB-PK Hdschr. 217, S. 30/31: Kalenderformular 27. Mai—5. Juni)

Äußeren her in der Regel ganz anders aus. Es handelt sich nun durchweg um kleinere Einzeltexte — nicht mehr um Summen und Corpussammlungen —, d. i. um Einführungen und Kurzkommentare, Exzerpte, Kompilationen unter thematischen Gesichtspunkten, um Tabulae, Register, Glossen u. a. Hilfstexte, bald zusammengefaßt in Sammelbänden, vermischt mit Druckschriften, bald im Anhang an umfangreiche Drucke, bald als selbständige, in Kopert, d. i. Pergamentumschlag, gebundene Bändchen[10]. Beschreibstoff ist ausschließlich Papier im Quart- oder Oktavformat; die Schrift erscheint kursiv ohne Aufwand für die Schreibeinrichtung der Blätter und für eine Schmuckausstattung.

Einen Hinweis auf diesen im späten 15. Jahrhundert aufgekommenen und bald — besonders natürlich im Umkreis der Universitäten — vorherrschenden Typus der wissenschaftlichen Handschrift erhalten wir schon aus dem erwähnten Eintrag von 1466 des Johannes Hartmanni aus Oberwesel, der aus eigener Gelehrsamkeit die Paulusbriefe an schwierigen Stellen erklären will und dafür nicht althergebrachte kanonisierte exegetische Texte anbietet. An den Anfang seiner Glossen setzt er das Ich: »Ego Johannes Hartmanni manu mea signavi« mit Beruf, Titel, Herkunft und akkurater Beschreibung der näheren Umstände der Abfassung bis hin zu dem Hühnerbein und erweist sich damit als durchaus moderner, sich seiner Individualität bewußter Mensch (wie dies wohl auch aus der Tatsache hervorgehen mag, daß er wegen zu selbständigen, vielleicht sogar aufsässigen Handelns gefangengehalten wurde). Der neuartige wissenschaftliche Handschriftentyp kann am treffendsten wohl als Glossen- und Kollektaneenband individueller Prägung, als Arbeits- und Notizenbuch, als Sammelband mit eigenen und selbst zusammengestellten Textabschriften und glossier-

10 Über den Kopertband, der mit Sicherheit allgemeiner als der repräsentative, handwerklich solide Holzdeckeleinband im Spätmittelalter verbreitet war, vgl. WIELAND SCHMIDT: In einem Kopert gebunden. In: DERS.: Kleine Schriften (siehe Anm. 1), S. 64—85.

**Abb. 12** *Missale-Handschrift, um 1525,* Nürnberg. Prachthandschrift mit Buchmalereien aus der Werkstatt des Nicolaus Glockendon. Pergament in Großquart (Berlin SBB-PK Ms. theol. lat. fol. 148, 88$^{v}$/89$^{r}$: Initiale S mit Pfingstbild)

ten älteren Handschriften und Drucken charakterisiert werden. Das Autograph – als solches deutlich gekennzeichnet – wird typisch für die späte Handschriftenproduktion des 15. Jahrhunderts, zumindest im Wissenschaftsbereich.

Paradigmatisch dafür steht der Komplex von acht Sammelhandschriften von 1470–1502 und einigen Inkunabeln, heute in der Berliner Staatsbibliothek, geschrieben bzw. zusammengestellt von einem Kleriker und Kaplan Cristianus Valli aus Staßfurt bei Halberstadt[11]. Valli hat sich für seine eigenen Predigten eine Auswahl der gängigen Traktateliteratur seiner Zeit, besonders pseudoaugustinische Schriften, zusammengeschrieben und beschafft und immer wieder seinen Namen mit Jahr und Ort des jeweiligen Aufenthaltes seiner langjährigen Wanderpredigerzeit in Klöstern verschiedener Orden, in Pfarrkirchen und Bibliotheken dazunotiert. Sein Weg führte ihn von Staßfurt nach Lübeck, Petersdorf und Landkirchen auf Fehmarn, Cölbigk, Magdeburg, Egeln, Palästina auf See und wieder nach Lübeck. Sein Beruf ist nicht mehr – wie in der Literatur angegeben – als Schreiber zu bezeichnen: er ist vielmehr Autor, Theologe, Prediger, und seine Bücher vertreten – freilich nicht in Kopert, sondern in besser schützende Holzdeckeleinbände mit einheitlichem Stempelschmuck gebunden – den modernen Kompilations- und Kollektaneentyp (Abb. 4–7).

Ein ähnlicher Nachlaß – diese moderne Sammelbezeichnung für den neu aufgekommenen, wenigstens ab dieser Zeit vielfach erhaltenen schriftlichen

11 Berlin SBB-PK Ms. theol. lat. qu. 331, 334, 335, 360, Ms. theol. lat. oct. 173, 175, 185, 187, vgl. Hermann Knaus: Ein wandernder Schreiber und Buchbinder des ausgehenden Mittelalters. In: GJ 1973, S. 63–70. Die Bände haben sich in der Klosterbibliothek der Benediktinerabtei Ammensleben, Diözese Magdeburg, erhalten und sind mit anderen Beständen 1897 an die Kgl. Bibl. Berlin gekommen. Zu einzelnen Sammelbänden vgl. auch Gerard Achten: Die theologischen lateinischen Handschriften in Quarto der SBPK Berlin. T. 2. Wiesbaden 1984 (SBPK. Kataloge der Handschriftenabteilung. R. 1, Bd 1), S. 138–139, 141–149, 199–201.

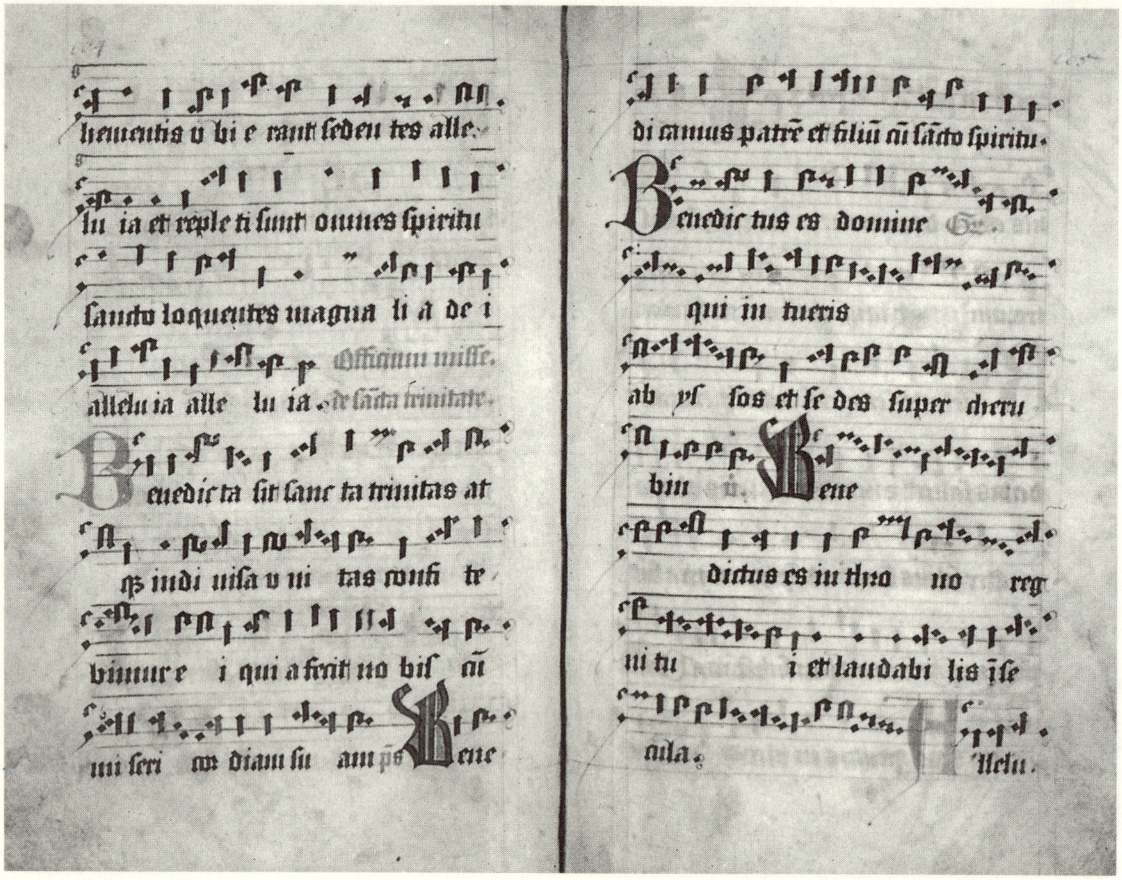

**Abb. 13** *Graduale-Handschrift, 1496,* Cond / Mosel. Pergamenthandschrift in Folio mit schlichten roten und blauen Initialen und Cadellen (Berlin SBB-PK Hdschr. 274, S. 104/105: Offizium zum Trinitätssonntag)

Überlieferungstypus ist hier mit Recht zu gebrauchen – hat sich in den neun Bänden der Österreichischen Nationalbibliothek des Mondseer Benediktiners und Stiftsbibliothekars Johann Hauser erhalten mit originellen Texten wie Wort-für-Wort-Übersetzungen und -kommentierungen von schwierigen Stellen in Bibel und Lektionar, mit alphabetischen Sachregistern zur Bibel und zu den Kirchenvätern, mit umfangreichen Sammlungen von lateinischen und deutschen Liedern, Gebeten, Sprüchen, Rätseln, Lehrgedichten, Allegorien, Streitgesprächen und Spielen, alles aus den Jahren 1482 bis zum Tod Hausers 1518[12].

Natürlich ist hier, ohne daß ich näher darauf eingehen möchte, besonders auf die allgemein besser erforschten Nachlässe der großen fortschrittlichen Geister der Zeit, der meist an den deutschen Universitäten wirkenden berühmten Philosophen, Polyhistoren, Medizinern und Humanisten, hinzuweisen, etwa von Gabriel Biel, Konrad Celtis, Stephan Fridolin, Johann Heynlin vom Stein, Erhard Knab, Dietrich von Plieningen, Martin Rentz, Hartmann Schedel, Johannes Trithemius oder Johann Virdung von Hasfurt. Ihre Manuskripte, Abschriften- und Kollektaneenbände, die sich heute in den Bibliotheken z. B. von Basel, Gießen, Heidelberg bzw. dem Vatikan, München, Stuttgart und Würzburg befin-

12 Vgl. Hedwig Heger: Hauser, Johann. In: Die deutsche Literatur des Mittelalters. Verfasserlexikon. 2. Aufl. Bd 1 ff., Berlin, New York 1978 ff. (abgek. VL), Bd 3, 1981, Sp. 551–552. Der Nachlaß befindet sich seit 1791 in Wien. Er umfaßte ursprünglich 20 Bände; erhalten haben sich: Wien ÖNB Cod. 2853, 3566, 3618, 3699, 4110, 4117–4120. Darüber hinaus sind in den 8 Mondseer Handschriften: Wien ÖNB Cod. 3027, 3594, 3604, 3650, 3654–3656 und 3835 noch Abschriften einzelner Texte von der Hand Hausers enthalten, vgl. Hermann Menhardt: Verzeichnis der altdeutschen literarischen Handschriften der ÖNB. Bd 1–3. Berlin 1960–1961 (Deutsche Akademie der Wissenschaften zu Berlin. Veröffentlichungen des Instituts für Deutsche Sprache und Literatur. 13), S. 1585 s. v. Hauser.

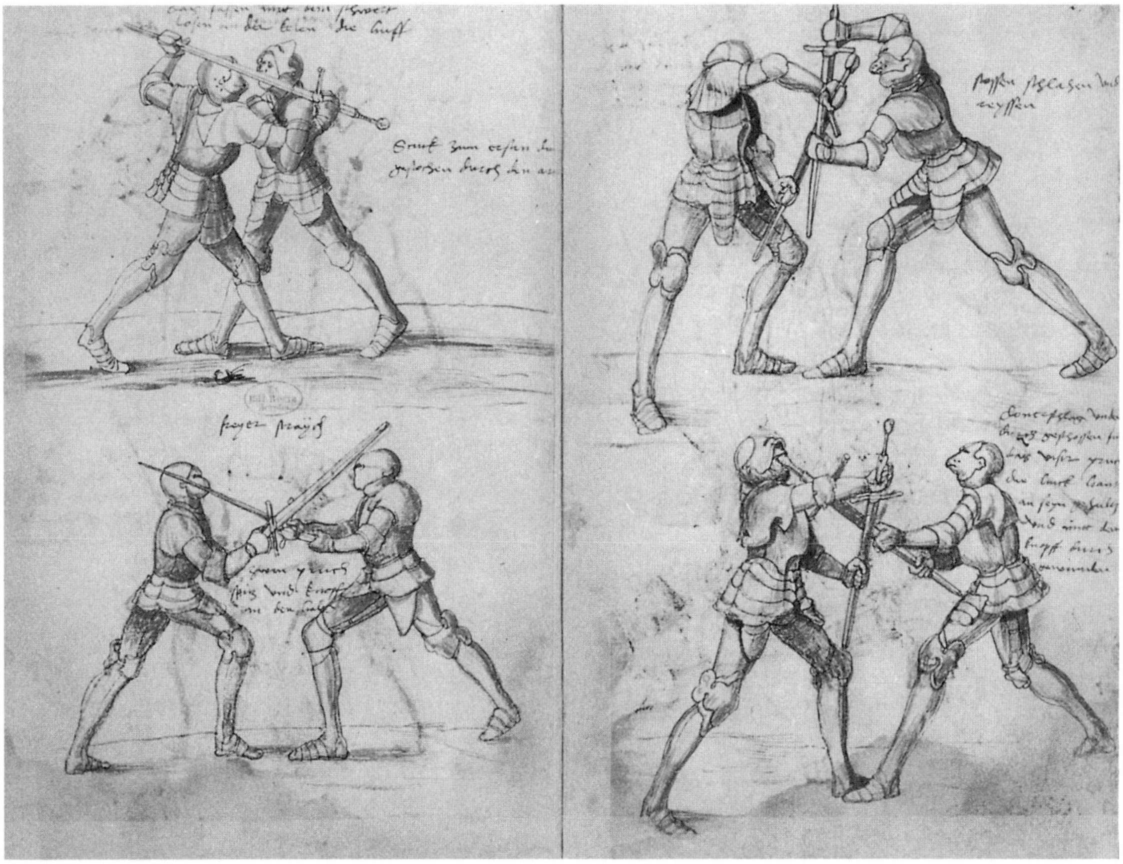

**Abb. 14** *Fechtbuch-Bilderhandschrift, 1495–1500,* Süddeutschland, Zyklus von Zweikampfpositionen mit verschiedenen Waffen. Beischriften eines Besitzers, Mitte 16. Jahrhundert (Berlin SBB-PK Libr. pict. A 83, $1^v/2^r$: Schwertkampf in voller Rüstung)

den[13], stammen zum Teil schon aus den sechziger und siebziger Jahren, im wesentlichen jedoch aus der Zeit ab 1480 und machen einen bemerkenswerten Teil innerhalb meiner Erhebung der späten Handschriften des 15. Jahrhunderts aus.

Es ist jetzt an der Zeit, auf die Ausnahmen, auf die in dieser Erhebung doch noch auftretenden Gruppen traditioneller mittelalterlicher Handschriften hinzuweisen. Tatsächlich gibt es in dem besagten Zeitraum noch die bekannte Gebrauchshandschrift nach dem Typus der Schreiberhandschrift, wie sie im ganzen Mittelalter, in übergroßer Anzahl dann im frühen und mittleren 15. Jahrhundert, hergestellt worden ist und allgemein üblich war. Gemeint ist die für die Vergrößerung der Bibliothek in Auftrag gegebene und unter Aufsicht in Gemeinschaft mit mehreren Schreibern gefertigte Kopie von benötigten, meist noch nicht im Druck vorliegenden theologischen und anderen wissenschaftlichen Texten in solider, von handwerklicher Kunstfertigkeit bestimmter Aufmachung. Wir finden sie nur noch in Klöstern, und zwar keineswegs allgemein – so läßt sich bei meinem Katalogdurchgang von Bibliotheken ganzer Klosterlandschaften, z. B. vom Tiroler Inntal, von Ansbach, Quedlinburg oder Hamburg, keine einzige Handschrift nach 1470/1480 mehr nachweisen –, sondern nur in einigen wenigen, die als geistige Zentren im späten 15. Jahrhun-

13 Eine ausführliche Beschreibung und Würdigung solcher Gelehrtennachlässe gibt es z. B. zu Erhard Knab und dessen Schüler Martin Rentz, vgl. Colette Jeudy, Ludwig Schuba: Erhard Knab und die Heidelberger Universität im Spiegel von Handschriften und Akteneinträgen. In: Quellen und Forschungen aus italienischen Archiven und Bibliotheken 61 (1981), S. 60–108 und Ludwig Schuba: Die medizinischen Handschriften der Codices Palatini Latini in der Vatikan. Bibliothek Wiesbaden 1981 (Kataloge der UB Heidelberg. Bd 1), S. XXXIII und die einzelnen Beschreibungen S. 525 s. v. Erardus Knab und S. 549 s. v. Martinus Rentz.

**Abb. 15** *Schembartbuch-Bilderhandschrift, um 1590,* Nürnberg. Darstellungen von Volksszenen, Tänzen, Turnieren, Läufern und Höllenschlitten (Hamburg SUB Cod. 55b in scrin., 114$^r$: Hölle mit Feuerwerk)

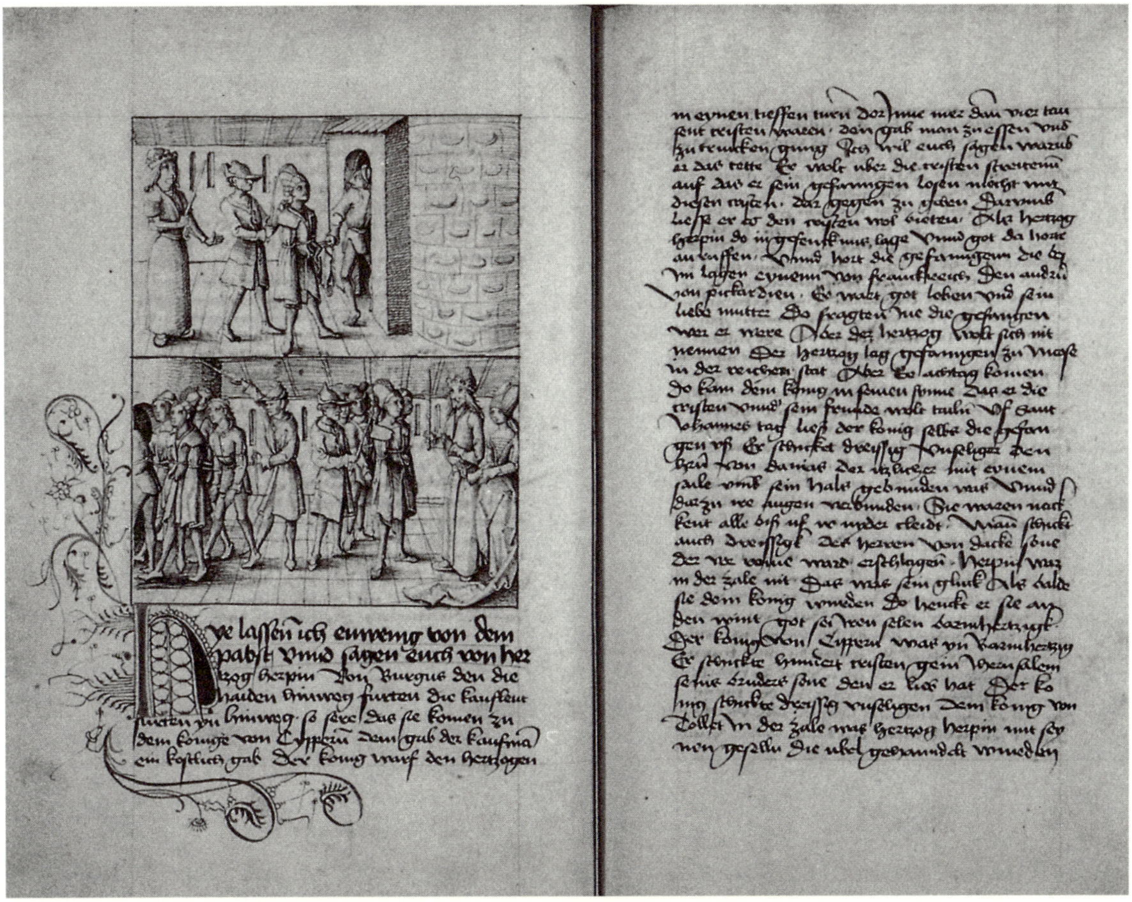

**Abb. 16** *Handschrift des Herzog-Herpin-Romans, 1487,* Franken, deutscher Roman aus dem Sagenkreis um Karl den Großen von Elisabeth von Nassau-Saarbrücken, Illustrationen aus der Wolgemut-Schule (Berlin SBB-PK Ms. germ. fol. 464, S. 103/104: Herpin vor dem König von Zypern und Gefangennahme)

dert lebendig geblieben sind; das sind z. B. Klöster verschiedener Orden in Köln, Frankfurt am Main, Augsburg und Nürnberg sowie die Franziskaner-Observantenvikarie in Straßburg, die während ihrer wechselnden Aufenthalte in süddeutschen Klöstern zahlreiche Handschriften für den Unterricht und die Seelsorge benötigte[14].

Die Aufrechterhaltung, manchenorts sogar Forcierung der Handschriftenproduktion in den Klöstern mag einerseits der ernsteren Erfüllung von Ordenspflichten gedient haben und als Wiederaufleben und Reformierung der Askese interpretiert werden, ist aber andererseits sicher auch Ausdruck einer intellektuell konservativen Einstellung zum Buch. Dies geht besonders deutlich aus einer Gruppe von 18 Texthandschriften des Benediktinerklosters Groß St. Martin in Köln hervor[15]. Sie sind im Auftrag des für das Bursfelder Reformprogramm engagiert tätigen bekannten Abtes Adam Meyer in den Jahren 1480–1500 von mehreren Schreibern

14 Vgl. Natalia Daniel: Die lateinischen mittelalterlichen Handschriften der UB München. Die Handschriften aus der Oktavreihe. Wiesbaden 1989 (Die Handschriften der UB München. Bd 4), S. IX–X.

15 Köln Hist. Arch. GB f° 2–4, 28, 44, 59, 65, 4° 82, 90, 173, W* 379, Köln DiözB Ms. St. Martin, Brüssel BR 428–442, 670–672, 1800, 2376–2381, Paris BN Lat. 10667, 11413, vgl. Richard B. Marks: A Cologne Benedictine Scriptorium ca. 1490 and Trithemius' ›De laude scriptorum‹. In: Mittellateinisches Jahrbuch 15 (1980), S. 162–171. Einige der Kölner Handschriften sind beschrieben von Joachim Vennebusch: Die theologischen Handschriften des StA Köln. Köln, Wien. T. 1, 1976, S. 7–9, 35–39, 46–47, T. 2, 1980, S. 95–96, 187–189, T. 5, 1989, S. 74–76 und von dems.: Die homiletischen und hagiographischen Handschriften des StA Köln. Köln, Wien. T. 1, 1993, S. 3–6, 10–18 (Mitteilungen aus dem StA von Köln. Sonderreihe: Die Handschriften des Archivs. 1. 2. 5. 6).

**Abb. 17** *Handschrift didaktischer Reimpaarreden, 1472,* Augsburg, von Heinrich dem Teichner, geschrieben von Konrad Bollstatter (Berlin SBB-PK Ms. germ. fol. 564, $7^{v}/8^{r}$: Autorenbild und Anfang)

nach mittelalterlichem Brauch hergestellt worden. Es handelt sich um durchweg großformatige Codices meist aus Pergament, geschrieben in zwei Spalten in kalligraphisch geformten, texturaähnlichen Schriften mit einheitlicher dekorativer Ausschmükkung. Enthalten sind keine großen Texte, Kommentare und Standardwerke, sondern kürzere Gebrauchstexte wie Ordensregeln, Ordenshistorie, Heiligenleben, Predigten, einzelne Schriften von Bernhard von Clairvaux, Hugo von St. Viktor und Thomas von Kempen sowie Traktate zeitgenössischer Autoren, die für Predigt und Seelsorge benötigt wurden und überwiegend nicht im Druck erschienen waren. Sie stellen also keine eigentliche Ausnahme innerhalb des von mir dargestellten Bildes der modernen Texthandschriften dar, sondern bestätigen vom Inhalt her den neuen Handschriftentypus mit kleinteiligen Texten aufs eindrücklichste. Andersartig sind nur das altmodische Gewand und die herkömmliche Herstellungsweise im Skriptorium, die Zeugnis von einer bewußt auf die Ehrwürdigkeit der Tradition hinweisenden Ideologie ablegen. Nach dem Tod des Abtes 1499 hört die Produktion derartiger Handschriften in Groß St. Martin schlagartig auf. Eine Schreibtätigkeit des eifrigsten Schreibers Leonard von Roermond, der noch bis 1535 gelebt hat, ist nach 1500 nicht mehr nachgewiesen[16]. Die Handschriftengruppe muß also als individuell-eigenwilliges Werk Adam Meyers und nicht als Beleg für das Weiterleben überhaupt der mittelalterlichen klösterlichen Schreibtradition bezeichnet werden (Abb. 8–10). Ähnlich ist die Handschriftenproduktion derselben Zeit im Dominikanerkloster Frank-

16 Vgl. MARKS (siehe Anm. 15), S. 164–166, bes. Anm. 11 und 18 und Eintrag des Kölner Historikers und Bibliothekars Oliver Legipont (1698–1758) in der Handschrift Köln HistA W* 379, S. 257, siehe unten Abb. 10.

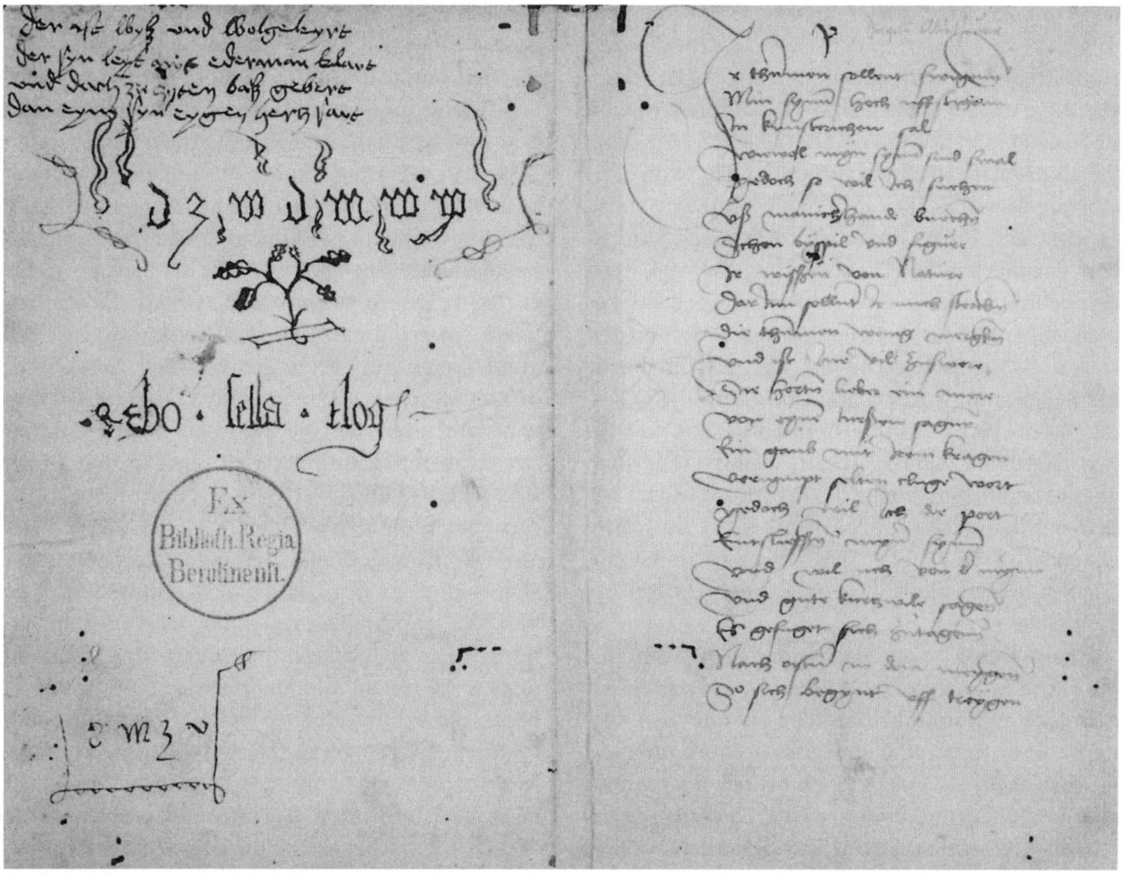

**Abb. 18** *Literarische Sammelhandschrift, 1470–1490,* rheinfränkisch, deutsche Minnereden, Lieder (Königsteiner Liederbuch) und Gebete von mehreren Händen, ohne farbliche Ausstattung
(Berlin SBB-PK Ms. germ. qu. 719, $1^v/2^r$: Hermann von Sachsenheim: Der Spiegel)

furt am Main[17] und in St. Ulrich und Afra in Augsburg[18] zu interpretieren.

Bisher widmete sich die Untersuchung einer einzigen, freilich mit 40% größten Handschriftengruppe innerhalb der Gesamtheit der handgeschriebenen Zeugnisse des späten 15. Jahrhunderts: dem Typus der wissenschaftlichen Gebrauchshandschrift. Die ausführliche Beschäftigung mit dieser im ganzen sehr homogenen Gruppe und die auflistende Feststellung des Vorhandenseins bzw. Fehlens von bestimmten Textgattungen erschienen gerechtfertigt, da damit die kennzeichnenden Veränderungen im Bild des Überlieferungsträgers der mittelalterlichen Handschrift deutlich gemacht werden konnten. Es gilt nun, das globale Bild der Spätzeithandschrift durch Betrachtung der übrigen Gruppen, die sich bei der Durchsicht der 132 Kataloge herausgestellt haben, zu vervollständigen.

Zunächst seien die zahlreichen Amts- und Geschäftsbücher, die **Handschriftenbände aus dem wirtschaftlich-rechtlichen Leben** genannt: die Urkundenkopiare, Briefregister, Protokolle, Urbare, Steuerlisten, Gült- und Zinsbücher, Pfründenmanuale, Einnahme- und Ausgabenbücher, Bruderschafts-, Begräbnisbücher usw.; dann Stadtrechte und -chroniken, Gerichtsbücher sowie Kloster- und Kollegienstatuten, Privilegien, Gründungslegenden, Bibliothekskataloge, Verzeichnisse aller Art, Verträge und historische Sammelbände der differenziertesten Zusammensetzung aus handschriftlichen und gedruckten Kleinschriften. Sie machen inner-

17 Vgl. GERHARDT POWITZ: Die Handschriften des Dominikanerklosters und des Leonhardstifts in Frankfurt a. M. Frankfurt/Main 1968 (Kataloge der StUB Frankfurt a. M. Bd 2,1), S. XII–XXVIII.

18 Vgl. die Abschnitte ›St. Ulrich und Afra‹ in den Einleitungen von HERRAD SPILLING, WOLF GEHRT: Die Handschriften der SStB Augsburg. 4 Bde. Wiesbaden 1978–1993 (Handschriftenkataloge der SStB Augsburg. 2–5).

halb meiner Erhebung immerhin einen Teil von 10% aus. Sie standen in denselben lederbezogenen Holzdeckeleinbänden wie die theologischen Handschriften in den Kloster- und Pfarrlibrereien, auch städtischen und Kollegienbibliotheken, und gelangten als Säkularisationsgut zumeist in die Archive, zu einem großen Teil aber auch in die heutigen Staats-, Landes- und Universitätsbibliotheken und sind in den entsprechenden Handschriftenkatalogen mitverzeichnet. Wegen ihres überwiegend lokal begrenzten Interesses eigneten sie sich nicht für den Druck. Als Handschriftentypus (Abb. 11) sind die für die Behauptung von Rechtsansprüchen, die Dokumentation von historischen Tatbeständen und für wirtschaftliche Alltagsgeschäfte selbstverständlich überall benötigten Bände, da sie vorher wie nachher in derselben Weise vorkommen, nicht irgendwie charakteristisch für das Spätmittelalter und brauchen deswegen hier nur genannt, nicht näher behandelt zu werden.

Ebensowenig sollen die häufig, d.h. auch mit etwa 10% in unserer Durchsicht noch auftretenden **liturgischen Handschriften** näher besprochen werden, die in traditioneller Weise in Großformaten, vielfach sogar als Prachthandschriften hochmittelalterlicher Prägung, fast immer in schweren Texturschriften geschrieben und mit anspruchsvollerer Farbausstattung hergestellt wurden, obwohl diese Gottesdienstbücher zunehmend auch im Buchdruck erschienen. Ihre Anzahl nimmt etwa in demselben Verhältnis, wie die Drucke zunehmen, zum Ende des Jahrhunderts hin deutlich ab. Als Handschriften begegnen uns hauptsächlich Missalien, Ordinarien und Direktorien für Messen und Prozessionen, Antiphonalien, Gradualien, Lektionare bzw. Perikopenbücher mit den üblichen Teilbänden der Epistolare und Evangelistare sowie auch Breviere, diese zumeist im Quartformat. Sie sind vielfach für den lokalen Gebrauch eingerichtet und deswegen nur zögernd zum Druck gebracht worden. Auffällig ist, daß im Gegensatz zum früheren liturgischen Buch, das in der Regel eine anonyme Allgemeingültigkeit beanspruchte, die spätmittelalterlichen Handschriften sehr häufig datiert und lokalisiert sind. Auch bei diesem konservativen Handschriftentypus (Abb. 12–13) ist somit eine gewisse Individualisierung festzustellen.

Ein kurzer Blick ist auch auf den in Einzelexemplaren immer wieder anzutreffenden Typus der repräsentativen **technischen Bilderhandschrift**, der Fechtkunst-, Rüst-, Kriegsmaschinen- und Feuerwerksbücher zu werfen, die in Adels- oder Patrizierkreisen nach wie vor benötigt und in Auftrag gegeben wurden. Diese großformatigen, aus technischen Anweisungen und kolorierten oder lavierten Zeichnungen von Figuren in Übungspositionen sowie Waffen- und Kriegsgeräten bestehenden Bilderhandschriften stammen durchweg aus der schriftlichen Tradition einiger berühmter deutscher Meister, vor allem des Konrad Kyeser, Johann Lichtenauer und Hans Thalhofer aus dem späten 14. bis zur Mitte des 15. Jahrhunderts. Die vielfach erhaltenen späten Abschriften und Neufassungen[19] dokumentieren ein lebendiges Nachleben des weltlich-technischen Buchtyps (Abb. 14), ohne neu und charakteristisch für die Handschriftenproduktion am Ende des Jahrhunderts zu sein. In den Druck sind derartige Bilderwerke im 15. Jahrhundert m.W. nicht übernommen worden, vielleicht wegen des großen Aufwands der Herstellung, wahrscheinlicher aber, weil sie in den Bereich der Kriegswissenschaft bzw. der ursprünglich geheimen Kunst der Pulverherstellung und -anwendung durch den Büchsenmeister gehörten und man ein elitäres Interesse hatte, diese Künste unter Aufsicht der Höfe oder städtischen Behörden zu belassen. Im frühen 16. Jahrhundert wurden handschriftliche (und vereinzelt dann auch gedruckte) Fechtbücher und als neuer Typ Turnierbücher im Rahmen des von Kaiser Maximilian geförderten ritterlichen Turnierwesens weit verbreitete Mode. Auch die Feuerwerksbücher lebten noch lange in Handschriften weiter, u.a. in den zahlreichen Schembartbüchern[20], den beliebten Bilderbüchern zu dem traditionellen Fastnachtsaufzug des Nürnberger Patriziats (Abb. 15).

Auf dem Gebiet der **deutschsprachigen Dichtung** des Mittelalters, der Epik, Romanprosa, der vielfältigen erzählenden und unterhaltend-belehrenden literarischen Kleinformen in Reimpaaren oder Prosa, auch der Lied- und Spruchdichtung sowie der Schauspiele beobachten wir wie schon bei mehreren anderen Textgattungen in dieser Gesamtschau, daß in dem untersuchten Zeitraum kaum noch Hand-

19 Z. B. eine Messerfechtlehre von Hans Lecküchner: München BSB Cgm 582 (1482), vgl. HANS-PETER HILS: Lecküchner, Hans. In: VL 5, 1985, Sp. 641–644, die Fechtbücher: Salzburg BStPeter M I 29 (1491) und Berlin SBB-PK Libr. pict. A 83 (1495–1500) sowie die Kriegsmaschinen- und Feuerwerksbücher: Frankfurt/Main StUB Ms. qu. 14 (um 1500), München BSB Cgm 356 (Ende 15. Jahrhundert) und Wolfenbüttel HAB 161 Blankenb. (15./16. Jahrhundert).

20 Vgl. HANS-ULRICH ROLLER: Der Nürnberger Schembartlauf. Studien zum Fest- und Maskenwesen des späten Mittelalters. Tübingen 1965 (Volksleben. Bd 11) mit weiterer Literatur. Zum Feuerwerk siehe bes. S. 46, 100–101.

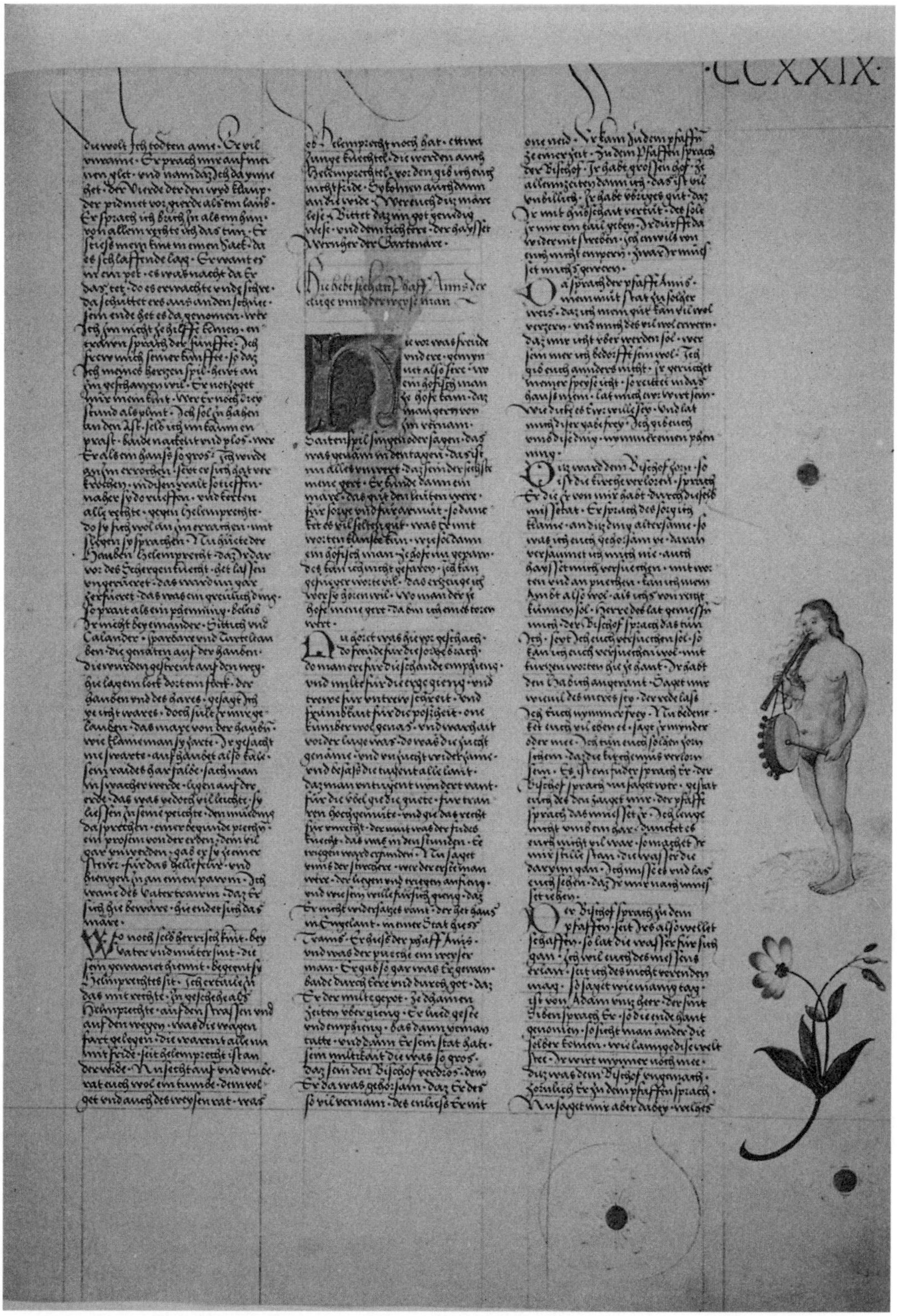


**Abb. 19** *Ambraser Heldenbuch-Handschrift, 1504–1516,* Bozen. Heldenepische, höfische und kleinepische Dichtungen, geschrieben im Auftrag Kaiser Maximilians von Hans Ried, mit Buchmalereien
(Wien ÖNB Ser. n. 2663, $229^{r}$: Stricker: Der Pfaffe Amis, mit Aktfigur)

schriften vorhanden sind. In meiner Durchsicht zähle ich ganze 4%. Viele Gattungen waren ohnehin im literarischen Leben der Zeit längst im Rückzug begriffen, um neuen Literaturformen meist unter dem Einfluß des Humanismus Platz zu machen, und dies jetzt überwiegend im Druck. Umfangreichere Sammlungen mittelhochdeutscher Dichtung hatten sich noch bis in die siebziger Jahre großer Beliebtheit erfreut. Einen letzten Aufschwung erlebten die meist von adligen Familien in Auftrag gegebenen, von Lohnschreibern noch ganz nach mittelalterlicher Skriptoriumstätigkeit hergestellten Sammlungen besonders im nordalemannischen-schwäbischen Raum. Mit dem Tod der bekanntesten und fleißigsten Auftragsschreiber, z.B. Klara Hätzlerin in Augsburg um 1476[21], Konrad Bollstatter ebenfalls in Augsburg 1482[22] und Gabriel Sattler-Lindenast von Pfullendorf um 1483[23], verschwindet der Handschriftentypus der repräsentativen Anthologie von Literaturgattungen (Abb.16–17) – bis auf wenige Ausnahmen in konservativen Adelskreisen – ganz abrupt. Danach begegnen wir in der Regel nur noch einzelnen Dichtungen kürzeren Umfangs hauptsächlich mit Texten der erzählenden Literatur, vielfach in schmale Faszikel geschrieben und anderen Handschriften beigebunden, z.B. der *Melusine* Thürings von Ringoltingen, dem Roman *Friedrich von Schwaben*, einer Bearbeitung des *Tundalus*, den Romanen der Elisabeth von Nassau-Saarbrücken, dem *Rennewart* Ulrichs von Türheim, der *Jagd* Hadamars von Laber sowie anderen einzelnen Minnereden und -allegorien, gelegentlich auch noch kleineren Spruch- und Gesangdichtungssammlungen, alles in gänzlich schmuckloser Form (Abb.18).

Die Abschriftenbände aus den Jahren 1486–1496 des Augsburger Literaturliebhabers Claus Span[24], dabei eine Sammlung von Fastnachtspielen, Spruchgedichten und medizinischen Texten, vertreten ganz offensichtlich den modernen Handschriftentypus der Spätzeit, den für den eigenen Gebrauch zusammengestellten, mit eigenen Schriften untermischten Sammelband, den wir als Kollektaneentyp bereits bei der wissenschaftlichen Literatur näher beschrieben haben. In dem berühmten voluminösen *Ambraser Heldenbuch*, das von 1504–1516 entstanden ist[25], haben wir dann vollends eine »neuzeitliche« Sammelhandschrift mittelalterlicher Literatur vor uns, die – wie die Turnierbücher – dem auf das ritterliche Mittelalter gerichteten Geist am Hofe Maximilians verpflichtet ist und bewußt als antiquarisch-bibliophile Kostbarkeit, als elitäres unikales Buch mit Blick nach rückwärts auf die Vergangenheit initiiert und hergestellt worden ist (Abb.19).

Um das Bild der spätmittelalterlichen Handschrift nach seinen verschiedenen Typen zu vervollständigen und abzurunden, müssen noch zwei von der Anzahl her bedeutende Gruppen besprochen werden: zum einen die Gebet-, Andachts- und Erbauungsbücher und zum anderen die Arbeits- und Handbücher der in praktischen Berufen wirkenden städtischen Bürger.

Über das **Gebetbuch**, das handschriftliche Büchlein für die private Andacht, sollen, da es im Grunde Thema für einen eigenen Vortrag zu sein verdiente, nur wenige Worte gesagt werden. Während es mit seinen vielfältigen Erscheinungsformen in bezug auf den charakteristischen Bordürenschmuck und die Illustrationszyklen von kunsthistorischer Seite her in vielen sehr guten Spezialuntersuchungen und Katalogen aller Art, besonders auch in höchst wertvollen Antiquariatskatalogen, eine intensive Beschäftigung erfahren hat und in mehreren gerade in jüngster Zeit neuangefangenen Großprojekten umfassend behandelt wird[26], gibt es über die Gebetstexte selbst und die Textzusammenstellungen noch keine befriedigend aufgearbeitete Quellengrundlage oder gar zusammenfassende Darstellungen und Systematisierungen. Über den Typus lassen sich aber doch aufgrund des reichen Befunds in den modernen Handschriftenkatalogen einige allgemeine Bemerkungen machen.

21 Vgl. INGEBORG GLIER: Hätzlerin, Klara. In: VL3, 1981, Sp.547–549.

22 Vgl. KARIN SCHNEIDER: Bollstatter, Konrad. In: VL1, 1978, Sp.931–933.

23 Vgl. MENHARDT (siehe Anm.12), S.303 und S.1587 s.v. Sattler-Lindenast Gabriel von Pfullendorf.

24 Vgl. ROLF MAX KULLY: Spaun (Span), Claus. In: VL9, 1995, Sp.32–35.

25 Wien ÖNB Ser.n.2663, vgl. Ambraser Heldenbuch. Vollst. Faks.-Ausg. im Originalformat. Komm.: FRANZ UNTERKIRCHER. Graz 1973 (Codices selecti.43) und JOHANNES JANOTA: ›Ambraser Heldenbuch‹. In: VL1, 1978, Sp.323–327.

26 Z.B. das 1986 von der Koninklijke Bibliotheek Den Haag initiierte Inventarisierungsprojekt aller niederländischen illuminierten Handschriften: ›Alexander Willem Byvanck Genootschap‹, vgl. ANNE S. KORTEWEG: Het Alexander Willem Byvanck Genootschap. In: Middeleeuwse handschriftenkunde in de Nederlanden 1988. Verslag van de Groningse Codicologendagen. Uitg. door JOS. M. M. HERMANS. Grave 1989 (Nijmeegse codicologische cahiers. 10–12), S.327–329 sowie das vom Kunsthistorischen Institut der Freien Universität Berlin unter Eberhard König 1996 angefangene Projekt: ›Gedruckte Pariser Stundenbücher und die Buchkunst der frühen Neuzeit. Erfassung der Drucke in Berliner Sammlungen‹.

**Abb. 20** *Lateinische Gebetbuchhandschrift, um 1500,* Flandern, Prachthandschrift in Quarto des Tiroler Adligen Nicolas von Firmian mit Buchmalereien aus der Gent-Brügger Schule (Berlin SBB-PK Hdschr. 241, 19v/20r: Pfingstbild, Blumenbordüren)

Das Gebetbuch[27] erlebte in der in Frage stehenden Zeitspanne einen ungeheuren Aufschwung, der mit dem Wiederaufblühen der Frauenmystik am Ende des Mittelalters in Zusammenhang steht. Ausgehend von den Zisterziensern hatte im Hochmittelalter eine Erneuerung der Gebetstexte für den Laien, der nicht wie die Mönche an die feststehenden liturgischen Gebete gebunden war, stattgefunden. Das individuelle Gebet erfreute sich in den Ordensgemeinschaften der Bettelorden, der Franziskaner, Zisterzienser, Dominikaner und Augustinereremiten und weit verbreitet in Laienkreisen unter dem Einfluß der Devotio moderna bis ins Spätmittelalter größten Interesses und ständig wachsender Beliebtheit. Besonders in den vielen reformierten und neugegründeten Nonnenklöstern wurden die lateinischen und – zunehmend, ja bald ausschließlich – deutschen bzw. volkssprachigen Gebet- und Andachtsbücher, dazu Erbauungsbücher mit Nachfolge-Christi- und Passionsbetrachtungen in staunenswerter Vielfalt und in übergroßer Anzahl geschrieben und ausgemalt. Innerhalb meiner Auszählung von Späthandschriften gehört jede dritte bis vierte (etwa 28–30%) diesem Typus an, der sich äußerlich, wenn man hier von den Prachtexemplaren hochgestellter adliger Besteller und Bestellerinnen absieht (Abb. 20), durch das kleine Format, in älterer Zeit den Quartband, dann mehr und mehr das Oktav- und Sedezbüchlein, und die flüchtig einfache Rubrizierung und Ornamentierung sowie die naiv-symbolisierenden Miniaturen aus der Lebens- und Leidensgeschichte Christi recht einheitlich darstellt (Abb. 21).

Das kleine, häufig sehr voluminöse deutschsprachige Gebetbuch ist wahrhaft charakteristisch für

27 Vgl. die zusammenfassende Darstellung von GERARD ACHTEN: Das christliche Gebetbuch im Mittelalter. Andachts- und Stundenbücher in Handschrift und Frühdruck. 2. verb. u. verm. Aufl. Berlin 1987 (SBPK. Ausstellungskataloge. 13), S. 7–44.

**Abb. 21** *Deutsche und lateinische Gebetbuchhandschriften, 1480–1500,* in Kleinformaten, teilweise mit Miniaturen oder eingeklebten Holzschnittillustrationen, in Kopert- und Holzdeckeleinbänden (Berlin SBB-PK Bände aus den Reihen Ms. theol. lat., germ. und Hdschr., [aufgeschlagen:] Ms. germ. oct. 703, $44^v/45^r$ und Ms. germ. oct. 560, $102^v/103^r$)

die untersuchte Zeitspanne. Der privaten Sphäre zugehörig, ist es – anders als das Brevier mit den liturgischen Gebeten – nur sehr zögernd in den Buchdruck übernommen worden; in größerem Umfang überhaupt erst in den letzten Jahren des Jahrhunderts, besonders in den Niederlanden und in Nordfrankreich, als sich die Stundenbuchdrucke, die *Horae Beatae Mariae Virginis,* mit dem festen, allgemein verbreiteten Gebetskanon und dem standardisierten Vorrat an Holz- oder Metallschnittbordüren und -illustrationen als Verkaufsschlager erwiesen (Abb. 22). Also auch hier die Beobachtung, daß das individuelle Buch nach 1480 bis weit ins 16. Jahrhundert hinein als Handschrift bestehen bleibt, ja sogar – wie wiederum in den Niederlanden, wo es eine Auf-Vorrat-Produktion von handschriftlichen Gebetbüchern gab – einen neuen Aufschwung nimmt, die Standardausgabe aber im Druck bevorzugt wird.

Zuletzt ist ein Blick auf die **Handbücher aus dem praktischen Berufsleben** zu werfen. Es sind die in den Katalogen so zahlreich auftretenden – innerhalb meiner Auszählung immerhin 8% –, überwiegend deutschsprachigen Rezept- und Arzneibücher, Aderlaßregeln, Pestregimen, Wundarztmanuale, Algorithmen, Astrolabien und andere mathematische und astronomische Texte, Kalender, Wettervorhersagen, Mond- und Festtagstabellen, Kochbücher sowie mannigfaltige Texte für den elementaren Schulunterricht; kurz die ohne aufwendige Schmuckausstattung aus Einzelzetteln, Einzellagen und handschriftlichen wie gedruckten Kleinschriften zusammengestellten Notizen-, Sammel- und Arbeitsbücher für die medizinische, pharmazeutische, astronomisch-astrologische, alchemistische und auch schulpädagogische Alltagspraxis.

Notizen- und Sammelbände dieser Art sind – wie wir es bei den Kollektaneenbänden der Theologen, Humanisten und Gelehrten aus Universitätskreisen gesehen haben – ein durchaus moderner Buchtypus. Derartige persönlich zugeschnittene Vademecum-Bände und Practica des einfachen, in heilenden, helfenden und unterrichtenden Berufen tätigen Stadtbürgers mag es in früheren Jahrzehnten

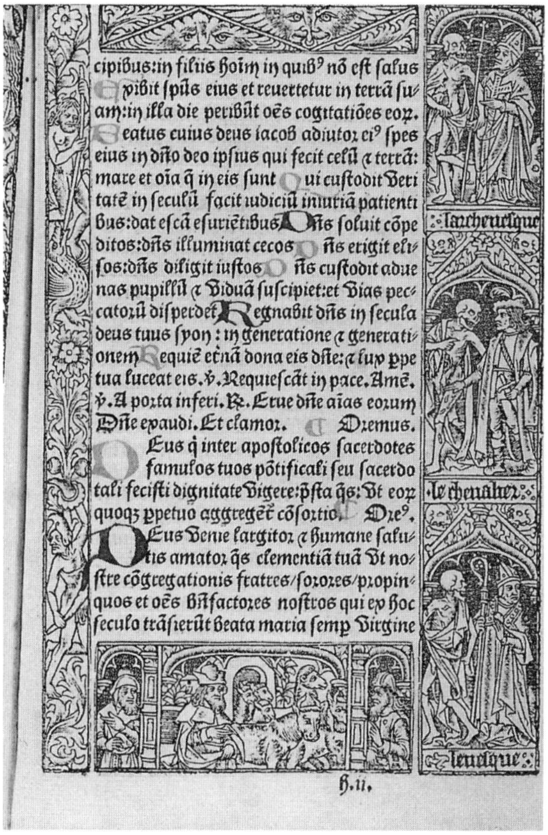

**Abb. 22** *Französischer und lateinischer Stundenbuch-Druck, 1500,* Paris: Ph. Pigouchet, mit Metallschnittbordüren und -illustrationen (Berlin SBB-PK Wgdr. 23, Bl. h 2: Totenoffizium mit Totentanzbordüre)

bei zunehmender Alphabetisierung des Bürgertums auch schon gegeben haben; sie sind so früh aber nicht überliefert und waren wohl auch nicht für aufhebenswert gehalten worden. Aufbewahrt wurden sie dann aber, als durch die Verbreitung durch den Druck Bücher in dieser Bevölkerungsschicht überhaupt einen ganz anderen Stellenwert, den nämlich der Bildung im Gefolge der Humanismustendenzen, bekommen hatten. Man hat diese Arbeits- und Alltagsbücher wie die gehobene Literatur sorgfältig in Leder über Holzdeckel gebunden oder in Pergamentkoperte geheftet und als gleichwertiges Schriftgut in die Bibliotheken eingereiht. So sind sie denn auch bis auf den heutigen Tag erhalten geblieben.

Mit der Vorführung zweier Beispiele des Handbuchtyps möchte ich den Versuch einer Typologie der Handschrift des späten 15. Jahrhunderts abschließen.

In Wolfenbüttel hat sich das Konzeptbuch eines in Wesel praktizierenden Privatschulmeisters, Peter van Zirn, mit Einträgen aus den Jahren 1496–1500 erhalten[28], das einen hervorragenden Einblick in den Elementarunterricht der Zeit, d.h. den deutschen Lese-, Schreib- und Rechenunterricht, gibt. Es enthält zum einen eine gedruckte, mit Lesenotizen des Lehrers versehene deutsche Rhetorik, zum anderen zahlreiche handschriftliche Texte – sämtlich deutsch in niederrheinischer Mundart –, besonders Briefmuster, mit denen die im Geschäftsverkehr allenthalben benötigte Schriftprosa mit den gängigen Gruß- und Schlußformeln gelehrt wurde, ferner in bunter Vielfalt Lese- und Memoriertexte in Prosa oder Reimpaarversen, darunter eine *Ars moriendi,* der Cato, eine Temperamentenlehre und Priameln sowie schließlich Darstellungen der Grundrechenarten, des Bruchrechnens, der Quadratzahlen, des Dreisatzes, dazu der Währungs- und Kalenderberechnungen. Von besonderem Interesse sind die eingestreuten persönlichen Aufzeichnungen: eine Unterrichtsankündigung, ein Stundenplan für Gebet und Unterricht, Schüler- und Schulgeld- bzw. Abgabelisten, Examensfragen und andere für den Bildungsbetrieb der Zeit aussagekräftige Notizen (Abb. 23–24).

Dieses sehr persönlich gehaltene, völlig ungeordnete, mehr zufällig aus vielfach unvollständigen Texten zusammengestellte Lehrstoff- und Notizenbuch stellt sich äußerlich als ein durchaus respektabler Foliocodex traditioneller Prägung dar, geschrieben in gleichmäßiger Schrift verschiedener Bastardaarten mit gelegentlicher Rubrikation, ja sogar auf einigen Seiten mit feinen Schreibmeisterinitialen, sogenannten Cadellen, die der Schulmeister und Winkelschreiber für Unterricht und Schreibaufträge als Gelegenheitsverdienste parat hatte (Abb. 25). Das Konvolut von einzelnen Doppelblättern und schmalen Lagen ist in einen soliden Holzdeckeleinband mit Kalbslederüberzug, der Stempel- und Linienschmuck aufweist, und Metallschließen gebunden, vielleicht von ihm selbst oder von seinem Sohn, dem zweimal genannten Junker Johann van Zirn veranlaßt.

Anders erscheint das zweite nicht weniger interessante Beispiel, das im Gegensatz zu dem heute

28 Wolfenbüttel HAB Cod. 535.16 Novi, vgl. Ruth Franke: Peter van Zirns Handschrift. Ein deutsches Schulbuch vom Ende des 15. Jahrhunderts. Berlin 1932. Repr. Nendeln 1967 (Germanistische Studien. H. 127), Hans Butzmann: Die mittelalterlichen Handschriften der Gruppen Extravagantes, Novi und Novissimi. Frankfurt/Main 1972 (Kataloge der HAB Wolfenbüttel. N.R. 15), S. 344–348 und Nikolaus Henkel: Peter van Zirn. In: VL 7, 1989, Sp. 464–466.

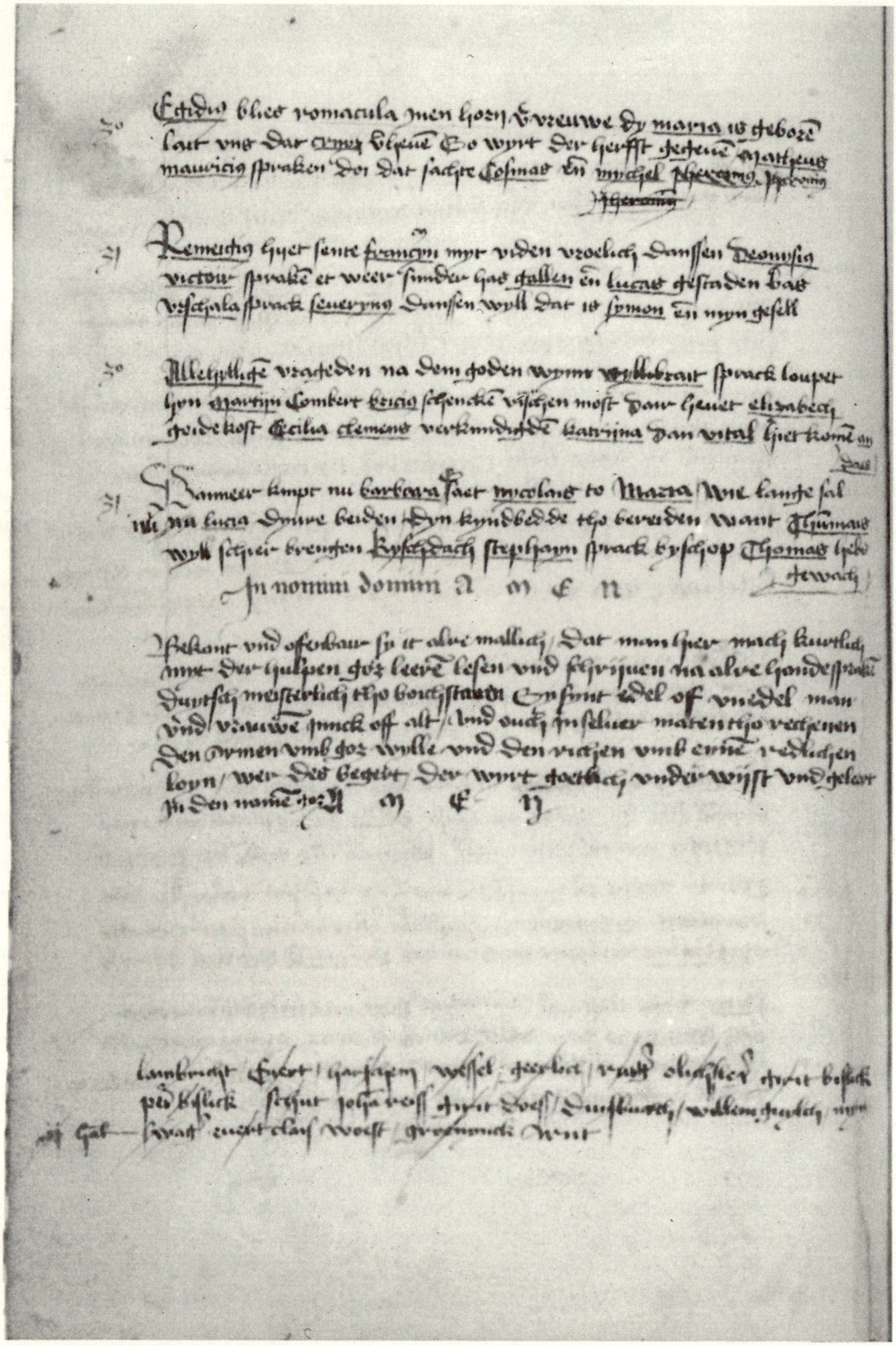

**Abb. 23** *Unterrichtsankündigung in einem Konzeptbuch, 1496–1500,* niederfränkisch, des Schullehrers Peter van Zirn. Zwischen Cisiojanus und Vornamenliste:
*Bekant vnd offenbair sy . . . dat man hier mach . . . leeren lesen vnd schrijuen . . . vmb eynen redliche loyn . . .*
(Wolfenbüttel HAB Cod. 535.16 Novi, 38ᵛ)

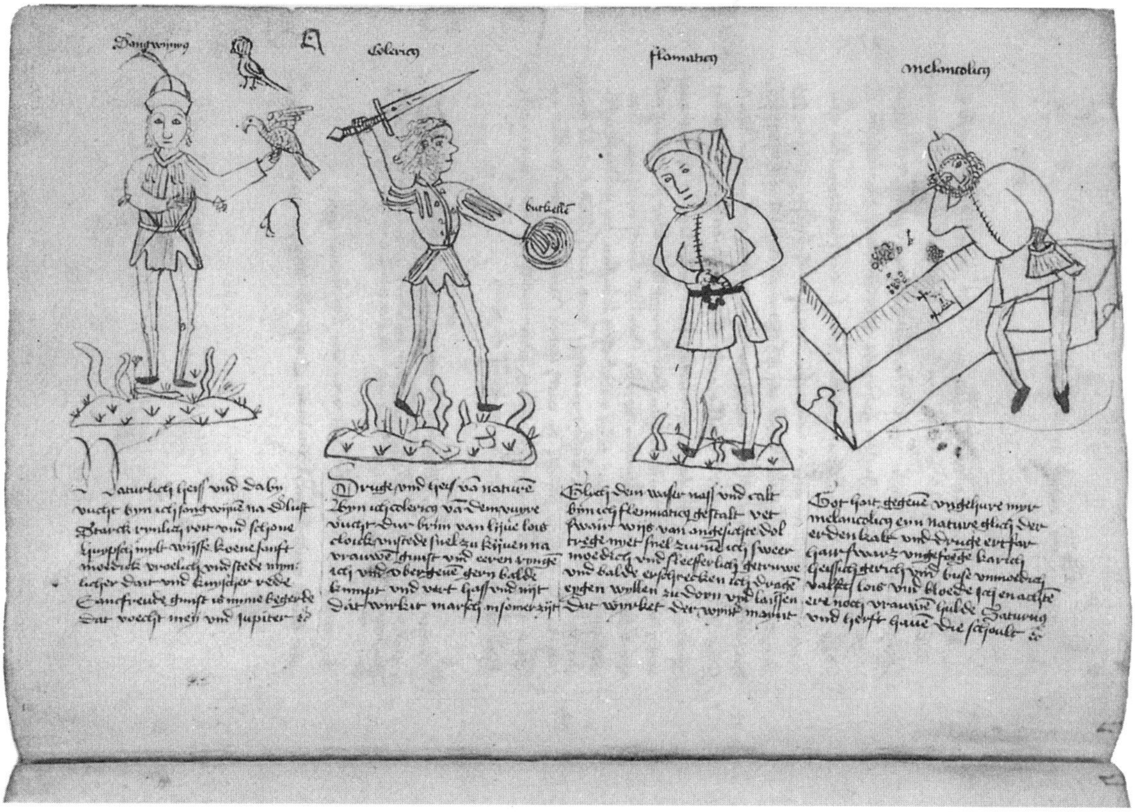

**Abb. 24** *Temperamentenlehre in demselben Konzeptbuch, 1496–1500,* deutsche Reimpaargedichte als Lehrtexte mit unbeholfenen Strichzeichnungen (Wolfenbüttel HAB Cod. 535.16 Novi, 16v)

weithin bekannten, für die Frühgeschichte der Pädagogik in Deutschland bedeutenden Handbuch des Peter van Zirn, ganz unbekannt ist, wenn man von einem Lexikoneintrag und einem gerade herausgegebenen Neuerwerbungsbericht absieht. Es ist der Nachlaß eines Berufsastrologen, mit Namen Meister Jörg, aus Regensburg[29], der vor kurzem von der Staatsbibliothek zu Berlin innerhalb eines spektakulären Kaufs von 40 mittelhochdeutschen illustrierten Handschriften und Fragmenten erworben werden konnte. Es handelt sich dabei um ein Notizheft in Folio sowie einen ansehnlichen Stapel von Einzelzetteln in Kleinformaten mit Horoskopentwürfen für verschiedenste Anlässe, mit Geburtsgestirnungen, Tabellen der Planetenörter, Breitengraden und Aszendenten einiger süddeutscher und europäischer Städte, mit Tierkreiszeichen und ihren Deutungen und mit Finsternisvorhersagen. Durch verschiedene Einträge und erwähnte zeitgeschichtliche Ereignisse sind die gänzlich schmucklosen Papiere auf die Zeit von 1475 bis 1500, d.i. genau der von mir untersuchte Zeitraum, zu datieren (Abb. 26). Mitüberliefert ist – ebenfalls in Heftchen und ungebundenen Einzellagen – die dazugehörige handgeschriebene Bibliothek und Materialsammlung mit älterer und zeitgenössischer astronomisch-astrologischer Fachliteratur in Deutsch oder Latein, z.B. Ephemeridentabellen, Almanache, eine Zeichnung der Planetenuhr, ein Losbuch, eine Geomantie sowie Sonnen- und Mondzyklusberechnungen. Die älteren Werke sind dabei nach dem üblichen mittelalterlichen Schreiberbrauch häufig mit farbiger Ausstattung versehen, ganz abgesehen von den für die Berechnungen notwendigen Tabellen, Scheibeninstrumenten und Symbolzeichnungen, die oft sehr dekorativ und phantasievoll gestaltet sind (Abb. 27).

29 Berlin SBB-PK Hdschr. 384a–i und Hdschr. 386, vgl. Peter Jörg Becker, Tilo Brandis: Eine Sammlung von vierzig altdeutschen Handschriften für die Staatsbibliothek. In: Jahrbuch Preußischer Kulturbesitz 30 (1993), S. 247–280, bes. S. 275–278 und geringfügig erweitert in: Staatsbibl. zu Berlin-Preuß. Kulturbesitz. Altdeutsche Handschriften. Berlin 1995 (Kulturstiftung der Länder. Patrimonia. 87), S. 9–40, bes. S. 35–38. Vgl. auch Gundolf Keil: Ortenburger Prognostiker (Meister Jörg?). In: VL 7, 1989, Sp. 52–53.

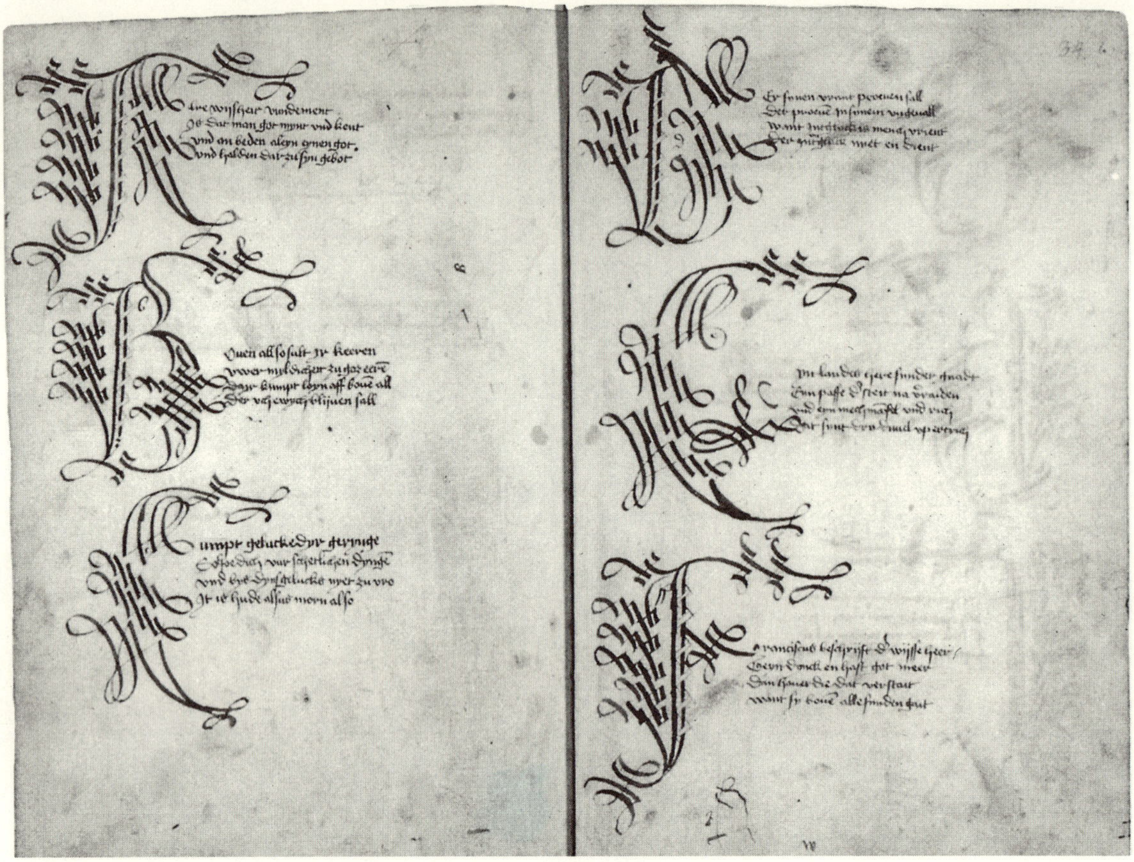

**Abb. 25** *Spruchalphabet in demselben Konzeptbuch, 1496–1500,* mit Schreibmeisterbuchstaben, sog. Cadellen (Wolfenbüttel HAB Cod. 535.16 Novi, $33^{v}/34^{r}$: A–F)

In der Gesamtheit dieser losen Papiere erkennen wir den schriftlichen Arbeitsnachlaß als neuzeitlich modernen Handschriftentypus des späten 15. Jahrhunderts, wie er ab dieser Zeit bei Schriftstellern, Wissenschaftlern und Praktikern bis in heutige Tage üblich wird. Es ist erstaunlich und als Glücksfall zu betrachten, daß diese Papiere des Regensburger Prognostikers über so viele Jahrhunderte erhalten geblieben sind. Das konnte in dem sicheren Gewahrsam einer Adelsbibliothek geschehen, in diesem Fall der der bayerischen Grafen von Ortenburg, die im 19. Jahrhundert in das Schloß Tambach in Oberfranken überführt und erst vor wenigen Jahren aufgelöst worden ist.

Mit Sicherheit darf angenommen werden, daß wie beim Schulmeister aus Wesel und den vielen erwähnten Gelehrtennachlässen auch hier Drucke zu den Arbeitsmaterialien gehörten; denn für den lesekundigen und schreibend tätigen Menschen der Zeit war es gleichgültig, ob der Wissensstoff, den er brauchte, handgeschrieben oder gedruckt geboten wurde. Wie überall werden hier die frühen, meist schmalen Druckschriften herausgenommen und gesondert verwaltet oder verkauft worden sein. Auf der Suche nach Zeugnissen zur Erfindung und frühen Ausbreitung des Buchdrucks zogen sie schon seit dem 17./18. Jahrhundert das besondere Interesse von Sammlern und Bibliothekaren auf sich.

Damit ist ein Problem, ein gewisser Zweifel angesprochen, ob nämlich meine Themenstellung einer reinen Handschriftentypologie des späten 15. Jahrhunderts überhaupt sinnvoll und erlaubt ist, ob nicht vielmehr bei allen Untersuchungen zur Buchproduktion, zum Lesen und Schreiben dieser Zeit nur das Ensemble von geschriebenen und gedruckten Texten zugrundegelegt werden muß bzw. darf. Ein Versuch, so denke ich, durfte immerhin gewagt werden, und er ist auch zu rechtfertigen. Er hat ganz deutlich ergeben, daß die Handschrift für sich nur

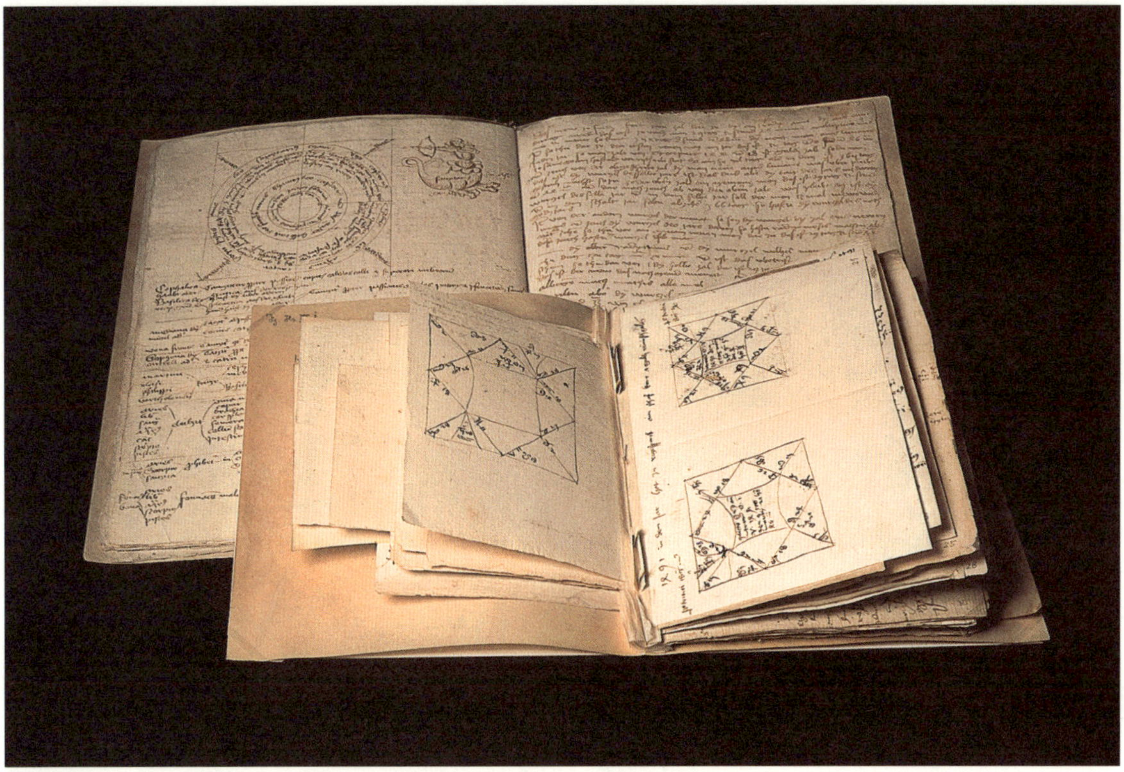

**Abb. 26** *Werkstattpapiere aus einem Astrologennachlaß, 1475–1500.* Notizheft und Einzelzettel mit Horoskopentwürfen und Prognostiken eines Meister Jörg aus Regensburg (Berlin SBB-PK Hdschr. 384c, $8^v/9^r$ und Hdschr. 384i)

noch ganz selten als eigenständiges alleiniges Medium gesehen werden kann; eigentlich nur bei denjenigen Textgattungen, mit denen Tradition gewahrt und konservativ-bibliophile Einstellung demonstriert werden sollte, namentlich bei den liturgischen Handschriften, bei theologischen und kirchenrechtlichen Handschriften, die bewußt nach altem Vorbild klösterlicher Skriptoriumszucht hergestellt wurden, bei höfischen Illustrationswerken, den technischen Feuerwerks-, Fecht-, Jagdbüchern sowie bei der jetzt massenhaft, besonders im Bereich der Frauenorden aufgekommenen deutschen Gebets- und Andachtsliteratur, deren individuelle Zusammenstellung und privater Charakter eine Drucklegung verboten.

Bei allen anderen Textgattungen, insbesondere der Literatur aus Universität, Schule, humanistischer Gelehrsamkeit sowie aus medizinischer und divinatorischer Praxis konnte die Kollektaneen- und Miszellaneenform, die Sammlung aus kleinteiligen Schriften und damit das Miteinander von Handschrift und Druck als wesensbestimmend erkannt werden.

Nach dem Durchgang und der statistischen Auswertung der verschiedenen Typen hat sich die These bestätigt, daß das Buch tatsächlich bereits um und ab 1480 einen anderen Charakter gegenüber der mittelalterlichen Handschrift und dem frühesten Inkunabeldruck angenommen hat, daß in der gesamten Textüberlieferung gerade in den beiden Jahrzehnten bis 1500 die Nahtstelle zwischen Mittelalter und Neuzeit sichtbar wird. Der Druck übernimmt jetzt nahezu ausschließlich (wie im Mittelalter der große handschriftliche Codex) die Bewahrung und Verbreitung der Literatur schlechthin, und zwar der wissenschaftlichen Standardwerke wie auch der Gebrauchs- und Unterhaltungsliteratur – z.B. auch des gesamten Repertoires der Texte des klassischen Altertums –, während die Handschrift – vielfach als Autograph mit Betonung auf αὐτός – mehr und mehr dem privaten Studium, der individuellen Arbeitsaufzeichnung, der Ergänzung von Sammlungen und natürlich dem aktuellen, lokal eingeengten Geschäftsverkehr sowie der privaten Frömmigkeit vorbehalten bleibt.

Eine Beschäftigung mit der Geistesgeschichte

**Abb. 27** *Fachliteraturhandschriften aus demselben Nachlaß, Anfang 15. Jahrhundert – 1470.*
Losbuch, Zaubertexte auf goldenen Amulettringen, Ephemeridentabelle von 1432 mit Annotationen des Regensburger Prognostikers (Berlin SBB-PK Hdschr. 386, 20$^r$, Hdschr. 384f, 3$^v$/4$^r$, Hdschr. 384g, 2$^r$)

und Bildung in der Umbruchzeit vom Mittelalter zur Neuzeit kann – als eindeutige Antwort auf den angedeuteten Zweifel und als Ergebnis meiner Untersuchung – nur auf der Quellengrundlage beider Medien, der Handschrift und dem Druck, unter Berücksichtigung ihrer mannigfaltigen Wechselbeziehungen erfolgen. Es soll dabei mit Nachdruck propagiert werden, daß für diese Zeit, d.h. ab 1480 nicht weiterhin die mittelalterliche Handschriftenkunde und die Inkunabelkunde als gesonderte hilfswissenschaftliche Disziplinen fortgeschrieben und gelehrt werden, die doch nur einzelne Aspekte, etwa die Schriftformentwicklung in der Paläographie bzw. Typenkunde oder die Druckgeschichte, einseitig hervorheben und überbetonen würden, den Blick aber auf gegenseitige Abhängigkeiten und größere Zusammenhänge eher verstellen.

Selbstverständlich ist diese Erkenntnis bzw. Forderung nicht neu. Es gibt gerade aus jüngster Zeit großangelegte Forschungsprojekte über das Miteinander von Handschrift und Druck[30], es gibt vorbildliche Inkunabelkataloge mit Berücksichtigung aller exemplarspezifischen Merkmale und handschriftlichen Eintragungen[31] ebenso wie höchst informative Handschriftenkataloge, die die Beziehungen zu Drucken, ob Vorlage, Abschrift, Teil eines Sammelbandes, Anhang usw. zugleich mit der Zweckbestimmung oder dem Charakter der Handschrift, ob Leitfaden, Studienhandschrift, Vorleseband, Führer, Schulbuch, Notizheft, autographe Reinschrift usw. herausarbeiten[32]. Dennoch sei am Schluß meiner Ausführungen die Empfehlung ausgesprochen, sich in dieser Spätzeit des Mittelalters nicht einseitig auf Handschrift oder Inkunabel als Quelle zu beschränken. Sie ist gerichtet an die Forscher, die die Quellen benutzen, besonders aber auch an die Bibliothekare, Antiquare und Sammler, die die Spuren zur Rekonstruktion von Ensembles und Nachlässen, d.i. dem neuentstandenen Quellentypus aus dem Spätmittelalter, sichern und in Einzelkatalogen wie in vielseitig recherchierbaren Gesamtkatalogen, heute vornehmlich per EDV, verfügbar machen sollen; dies besonders auch in Wiedergutmachung der jahrhundertelang begangenen Sünde des Auseinanderreißens gewachsener Textsammlungen! Die Erforschung der Kultur- und Geistesgeschichte des Spätmittelalters und der frühen Neuzeit wird großen Gewinn daraus ziehen.

30 Vgl. z.B. NIKOLAUS HENKEL: Deutsche Übersetzungen lateinischer Schultexte. Ihre Verbreitung und Funktion im Mittelalter und in der frühen Neuzeit. München 1988 (Münchener Texte und Untersuchungen. 90), bes. S. 148–193 (Formen der Überlieferung der deutschen Schultext-Übersetzungen) und VOLKER HONEMANN: Textierte Einblattdrucke im Deutschen Reich bis 1500 als Ausdruck pragmatischer Schriftlichkeit, d.i. Teilprojekt N innerhalb des Sonderforschungsbereichs 231 der DFG: ›Träger, Felder, Formen pragmatischer Schriftlichkeit im Mittelalter‹ der Westfälischen Wilhelms-Universität, dargestellt in: Arbeits- und Ergebnisbericht SFB 231 1994–1996. Münster 1996, S. 163–177, bes. S. 169–172 (Verhältnis Handschrift – Druck).

31 Vgl. z.B. VERA SACK: Die Inkunabeln der UB und anderer öffentlicher Sammlungen in Freiburg i. Br. und Umgebung. T. 1–3. Wiesbaden 1985 (Kataloge der UB Freiburg i. Br. Bd 2), bes. T. 1, S. LXXXII f. und Bayerische Staatsbibliothek. Inkunabelkatalog. Bd 1 ff., Wiesbaden 1988 ff., bes. Bd 1, S. XXXII f. (jeweils zu den Exemplarbeschreibungen).

32 Vgl. z.B. die aufschlußreichen Handschriftenbeschreibungen Köln StA GB f° 5, 194, 4° 139, W 152, 217, München BSB Clm 27324, 27447, Frankfurt/Main StUB Ms. Barth. 44, 63, Ms. Carm. 13 in den Katalogen von JOACHIM VENNEBUSCH (siehe Anm. 15), T. 1. 2. 4, HERMANN HAUKE: Katalog der lateinischen Handschriften der BSB München. Bd 5 und 7. Wiesbaden 1975 und 1986 (Catalogus codicum manuscriptorum Bibliothecae Monacensis. IV 5 und IV 7) und GERHARDT POWITZ und HERBERT BUCK: Die Handschriften des Bartholomäusstifts und des Karmeliterklosters in Frankfurt a. M. Frankfurt/Main 1974 (Kataloge der StUB Frankfurt a. M. Bd 3,2).

Herbert E. Brekle

# Das typographische Prinzip

## Versuch einer Begriffsklärung

### Etymologisches, Begriffliches und Technisch-Handwerkliches

Der kürzlich verstorbene Kommunikationsphilosoph Vilém Flusser hat sich 1992 in seinem geistreichen Essay *Die Schrift* in einem weiten philosophischen und kommunikationskritischen Kontext auch mit dem Begriff Typographie auseinandergesetzt. Er versteht darunter »weniger eine Technik zur Herstellung von Drucksachen . . . [als] vielmehr . . . eine neue Art des Schreibens und Denkens.«[1] Gleichwohl nähert sich Flusser seinem Thema erst einmal etymologisch: griechisch τύπος bedeute zunächst einmal »Spur«, γραφειν »graben«; somit sei das Wort Typographie »im Grunde ein Pleonasmus, der mit »Grubengraben« oder »Schriftzeichenschreiben« übersetzt werden könnte«[2]. Flusser konstruiert hier also – grammatisch-semantisch gesprochen – τύπος als inneres effiziertes Objekt von γραφειν.

Sieht man genauer hin, ist τύπος als resultatives nomen acti von τύπτειν »schlagen« also als »Etwas durch Schlagen Erzeugtes«, als »Abdruck«, »Abbild« oder »Prägung« zu verstehen. Begrifflich-semantisch ist *Abdruck* etc. als relationales Substantiv zu kategorisieren, bei dem eine Argumentposition nicht besetzt ist; sie wird implizit mitgedacht: »Abdruck« ist ja immer »Abdruck von etwas«.

Versucht man nun die semantischen Umgewichtungen und Veränderungen, die sich durch die Zeiten an lehnwörtlichen Reflexen von τύπος im Lateinischen und in praktisch allen europäischen Sprachen feststellen lassen, auch nur grob zu rekonstruieren[3], dann stößt man auf einen grundlegenden qualitativen semantischen Schritt, nämlich den Übergang von »Abdruck(en)« auf das, wovon sie Abdrucke sind, und das ist die moderne Grundbedeutung von *Typus* und seinen einzelsprachlichen Varianten. Eine Explikation dieses Schrittes könnte folgendermaßen aussehen: Menschen, die mit Abdrucken einer Hand, eines Fußes oder irgendeines Artefakts (Brandeisen, Stempel etc.) konfrontiert sind, erkennen, daß mehrfache Abdrucke eines Gegenstandes einander im wesentlichen gleich sind. Dieser induktive Generalisierungsprozeß bildet die Voraussetzung für die neue Bedeutung von *Typus:* es geht nicht mehr um Abdruck(e) von etwas, sondern um das, wovon es Abdrucke sind, nämlich von einem Typus. Ein Typus – konkret-materiell oder abstrakt – kann sich also in indefinit vielen Abdrucken oder Exemplaren manifestieren; alle zeigen das ihnen »typisch« Gemeinsame.

Die Bedeutung von *Typographie* als einer Wortprägung der Neuzeit[4] läßt sich nicht mehr – wie Flusser es tut – einfach als Pleonasmus deuten, vielmehr waren sich die ersten Schriftschneider, -gießer, -setzer und Buchdrucker der Beziehung zwischen Typ (genauer Patrize etc.) und dessen mehrfach geschichteter Instantiierung als Matrizen, Lettern und Abdrucken von Lettern auf Papier schon von ihrer handwerklichen Praxis her voll bewußt[5].

Streng genommen sind jedoch Patrizen (siehe Abb. 1), die zwar als materielle Ausgangsformen für den komplexen typographischen Prozeß gelten können, nicht als die Urtypen für bestimmte typographisch zu realisierende Buchstabenformen anzusehen. Der Patrizenschneider mußte sich nämlich seinerseits Vorbilder für die Buchstabenformen, die er seitenverkehrt in Stahlstempel schnitt, auswählen; dies konnten – wie im Falle Gutenbergs – handschriftliche Vorbilder einer bestimmten Schriftart – z. B. der »klerikalen« Textura[6], die er fast sklavisch nachzuahmen suchte – sein; dem Patrizenschneider konnte jedoch auch eine bestimmte Schriftart *in abstracto* als Menge von Buchstabenformen vorschweben; dies wären dann die eigent-

1 FLUSSER, S. 44.

2 Ebd., S. 44f.

3 Vgl. z. B. die Artikel *type, prototype* und *archétype* in der großen *Encyclopédie*.

4 Vgl. MASON 1920, S. 466: »The word 'typographus' seems first to have appeared in print in the preface of the first edition of the 'Astronomicon' of Manilius, by P. Stephanus Dulcinius Scolae, printed at Milan in 1488.«

5 Vgl. zu Details BREKLE 1994b, S. 205ff. und HUPP 1929 für historisch-technische Varianten der Letternherstellung.

6 Vgl. BREKLE 1994a, S. 231f.

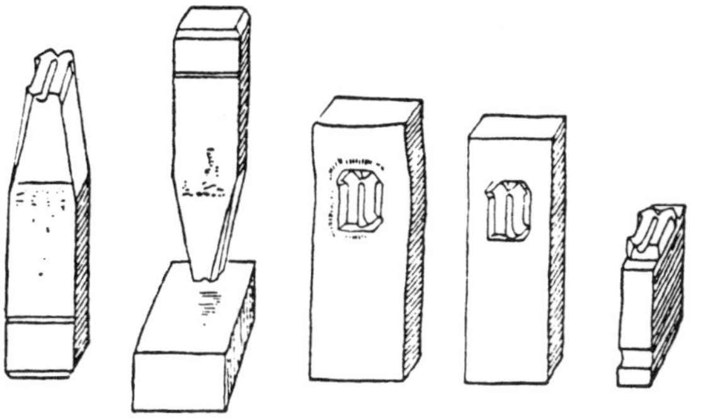

**Abb. 1** Patrize — Matrize — Letter

lichen Typen. Im letzteren Falle[7] mußte er eine eidetisch in seinem Gehirn gespeicherte Schriftart — mit all den für diese »typischen« Buchstabenformen — in seine konkret-materielle Ziselierarbeit am Patrizenstempel umsetzen.

Vorläufig kann festgehalten werden, daß durch die Gutenberg-Technologie das typographische Prinzip auf der Basis der westlichen Alphabetschrift um die Mitte des 15. Jahrhunderts in technisch ausgereifter Form realisiert war. Trotz einiger Weiterentwicklungen in der technischen Peripherie[8] war diese Art der typographischen Repräsentation und Vervielfältigung von Texten bis in die Mitte des 20. Jahrhunderts vorherrschend.

Es verdient festgehalten zu werden, daß mit der Gutenberg-Technologie ein technisches Verfahren erfunden, ausgeführt und auch gleich optimiert wurde, das zugleich auch das für spätere Industrialisierungsprozesse und das heutige ökonomische System bestimmende Prinzip der Massenproduktion realisiert. Der maschinellen massenhaften Produktion von Gütern liegt — wie der Gutenberg-Technologie — die Relation zwischen Typ und Exemplar zugrunde. Fast alle Artefakte (Exemplare) in unserer Umgebung stammen aus der typgesteuerten Massenproduktion; Ausnahmen sind aufgrund individueller Intentionen gefertigte Unikate.

### Definitionsversuch

Als definitorische Bestimmungen des typographischen Prinzips können gelten:

- Es ist ein wegen der eindeutigen physikalisch geregelten Abbildungsbedingungen besonders klarer Fall der allgemeineren Typ-Exemplar (type-token)-Relation;
- die Menge der zum Zwecke von Textrepräsentationen verwendeten Typen ist jeweils die Extension eines bestimmten graphemischen Systems, das hinsichtlich seiner Abbildungsbeziehungen auf morphologische, syllabische oder phonologische Systeme grundsätzlich als autonom angesehen werden kann[9]. Im wesentlichen können drei Arten von graphemischen Systemen unterschieden werden:
  1. (logo)morphographische
     (z. B. die chinesische Schrift)
  2. syllabographische
     (z. B. die japanische katakana-Schrift
     [mit kanji-Zeichen aus 1. gemischt])
  3. alphabetische
     (z. B. semitische/westliche) Schriften.

  Bei 1. repräsentieren die Grapheme grundsätzlich lexikalische, bei 2. silbische und bei 3. phonologische Einheiten der jeweiligen Sprache. Eine 1:1-Abbildung der jeweiligen alphabetischen Grapheme auf Einheiten der gesprochenen Sprache kann, muß jedoch nicht gegeben sein.
- Alle in einer typographisch realisierten Textrepräsentation vorkommenden Graphemformexemplare (»tokens«), die einen Text als Serie von Figur-Grund-Differenzen visuell (auch taktil oder haptisch) wahrnehmbar konstituieren, müssen hinsichtlich ihrer Formeigenschaften mit jenen des ihnen jeweils zugrunde liegenden Graphemtyps (der Type oder Letter) identisch sein.
- Die Identität der Formeigenschaften von gedruckten Graphemformexemplaren (alle zu einer bestimmten Schriftart gehörend) mit jenen ihrer jeweiligen Typen muß durch die Anwendung physikalisch-mechanischer — heute durch optoelektronische/digital-elektronische — Techniken (bzw. durch die diesen Techniken zugrundeliegenden »Naturgesetze«) gesichert sein[10].
- Grundsätzlich müssen typographisch realisierte Textrepräsentationen aus Sequenzen von das jeweilige graphematische System konstituierenden minimalen Einheiten bestehen, d. h. diese Ein-

7 Vgl. die Diskussion um die Entstehung von Druck-Antiquaschriften in Brekle 1993b.

8 Vgl. Brekle 1994b, S. 209f.

9 Vgl. Brekle 1994a, S. 19ff.

10 Damit sind — trivialerweise — handschriftlich hergestellte Textrepräsentationen ausgeschlossen; beim Schreiben werden bekanntlich neuronal verankerte schreibmotorische Programme aktiviert, deren Ergebnisse in der Regel eine beträchtliche Varianzbreite aufweisen (inter- und intraindividuell). Im Falle der kalligraphischen Textrepräsentation kann die Varianzbreite allerdings gegen Null gehen. Gleichwohl bleiben die qualitativen Unterschiede zwischen den typographischen hardware- und den handschriftlichen »wetware«-Herstellungsbedingungen natürlich bestehen. — Vgl. Brekle 1994b, S. 210 für Einzelheiten.

**Abb. 2** Diskos von Phaistos (Ausschnitt); Fotos: Brekle

heiten müssen sich auch materiell als einzelne (»bewegliche«) Lettern erweisen (siehe unten für Gegenbeispiele).

Wenn man das Minimalitätskriterium der einzelnen »beweglichen«, d.h. mehrfach in neuen Kombinationen verwendbaren Lettern aufgibt, dann wären Abdrucke von Ganztext- bzw. Ganzwortstempeln, Schablonen, Blockbuchplatten immer noch typographisch hergestellt; allerdings mit der wichtigen Einschränkung, daß sich durch die von Hand z.B. auf einer Holzplatte geschnitzten »Lettern« für ein und dieselbe Buchstabenform genau genommen ein Variantenraum eröffnet. Das heißt, daß sich die Identität zwischen Type und Exemplar (= jeweiliger Abdruck einer aus der Holzplatte individuell herausgearbeiteten »Letter«) auf die jeweilige Formvariante einer solchen »Letter«, die auf einer Holzplatte nur einmal vorkommt, beschränkt. Der Typus einer Buchstabenform wäre in diesem Fall also in der einmaligen Formgebung einer solchen Unikat-Letter gegeben, während in der Gutenberg-Technologie der Typus an der Patrizenform eines Buchstabens festzumachen ist und die Typ-Exemplar-Identität über Matrize(n), Letter(n) bis zu den Abdrucken zwangsweise gewährleistet ist.

## Historische Randbemerkungen und Beispiele aus der Zeit vor Gutenberg

Das Verfahren, von irgendwelchen Gegenständen Abdrucke herzustellen, war sicherlich schon in grauer vorhistorischer Zeit bekannt. Eines der frühen klaren Beispiele für die Realisierung des typographischen Prinzips bietet der berühmt-berüchtigte, unentzifferte Diskos von Phaistos (ca. -1800 bis -1600, Fundort: Kreta; siehe Abb. 2). Sollte die Vermutung zutreffen, daß es sich dabei um eine (logographische?) Textrepräsentation handelt, so hätten wir es tatsächlich mit einem »gedruckten« Text zu tun, bei dem alle definitorischen Kriterien des typographischen Prinzips erfüllt sind[11]. Entscheidend ist, daß

11 Die spiralige Sequenzierung der Exemplare graphematischer Einheiten, die Tatsache, daß sie in eine Tonscheibe eingedrückt (Blindprägung!) und nicht aufgedruckt sind, stellen lediglich Varianten im Möglichkeitsraum der technischen Randbedingungen der Textrepräsentation dar.

**Abb. 3** Schablonendruck in der Kirche von Urschalling

materielle »Typen« sich mehrfach instantiiert auf der Tonscheibe nachweisen lassen.

Hupp[12] diskutiert fachkompetent die typographische Herstellungstechnik kurzer Texte auf antikrömischen Fingerringen und auf spätmittelalterlichen Siegeln. Die Eindrücke der Buchstabenformen wurden durch das Einschlagen einzelner »Punzen« (= Letternstempel, die das Buchstabenbild natürlich seitenverkehrt zeigten) erzeugt. Daneben wurden Inschriften auch sozusagen handschriftlich graviert, d.h. jede einzelne Buchstabenform wurde vom Graveur jeweils mit einem Grab- oder Punktierstichel neu »geschrieben« (quasi »gepixelt«). Vor kurzem hat Lipinski[13] auf kurze, mittels einzelner Buchstabenpunzen erzeugte, Inschriften auf einem silbernen Altaraufsatz in Cividale aufmerksam gemacht, der um 1200 zu datieren ist.

In einem qualitativ deutlichen Ausmaß wird das genannte typographische Kriterium der Minimalität bei verschiedenen Arten von Siegelstempeln, Herstellerstempeln, »Apothekerstempeln« u.ä. aus verschiedenen Epochen des Altertums und des Mittelalters verletzt: hier handelt es sich um Ganzwortstempel – vergleichbar den heute noch verwendeten Logotypen wie »&« – oder gar um Ganztextstempel bzw. deren Abdrucke.

Beispiele für diesen im strengen Sinne nichttypographischen Herstellungsmodus von Wort-, Satz- und Textrepräsentionen finden sich im Mittelalter sowohl in Europa wie auch im Nahen und Fernen Osten[14]. Im europäischen Raum gehören dazu vor allem die im späten Mittelalter hergestellten Blockbücher. Ihr Kennzeichen ist, daß in eine kompakte Holzplatte Bilder und Texte geschnitten und – nach der Einführung des Papiers Ende des 14. Jahrhunderts – auf dieses ökonomisch und technisch günstige Medium seitenweise gedruckt wurden.

Seltener trifft man Beispiele für Schablonendruck. In der wegen ihrer romanischen Fresken berühmten Kirche von Urschalling am Chiemsee findet sich in der jüngeren Malschicht (um 1400) ein umlaufendes Schriftband, das aus iterierten Abdrucken einer Schablone besteht. Diese zeigt in ausgeschnittenen Textura-Minuskeln zweimal die Formel »Ave Maria«[15] (siehe Abb. 3). Auch hier ist das Kriterium einer aus einzelnen Lettern bzw. deren serialisierten Abdrucken bestehenden Textrepräsentation nicht erfüllt. Die anderen das typographische Prinzip bestimmenden Kriterien (siehe oben) sind dagegen erfüllt.

Über eine besondere Spielart der typographischen Textrepräsentation berichtet Lehmann-Haupt[16]. Aus der 2. Hälfte des 13. Jahrhunderts sind

12 Hupp 1929, S. 52ff.
13 Lipinski 1986, S. 75–80.
14 Zur Geschichte des Blockbuchdrucks und des Drucks mittels einzelner (»beweglicher«) Lettern in China und Korea vgl. z. B. Carter 1925, Ting 1929 und Sohn 1987.
15 Kloos 1980, S. 85, irrt, wenn er von dem »fortwährend wiederholten Namen Mariä« spricht.
16 Lehmann-Haupt 1940, S. 93–97.

**Abb. 4** Prüfeninger Weiheinschrift (Ausschnitt)

in England (Surrey, Oxford, Birmingham) eine große Anzahl von Pflasterziegeln erhalten[17], die jeweils den Eindruck einer Buchstabenform zeigen. Durch entsprechende Aneinanderreihung konnten im Fußboden von Kirchen und Abteien Inschriften erzeugt werden. Die typographietechnische Besonderheit dieses Verfahrens besteht darin, daß die Sequenzierung von Buchstabenformen zu Wörtern und Sätzen nicht mittels Lettern oder Punzen auf einem passenden Material erfolgt, sondern die Sequenzierung eine Repräsentationsstufe weiter stattfindet: erst die mit Ab- bzw. Eindrücken von Holzlettern versehenen Pflasterziegel werden zu Texten zusammengesetzt. Dasselbe Verfahren wird heute noch beim »Scrabble«-Spiel und in aus einzelnen ausgeschnittenen Buchstabenabdrucken zusammengesetzten Texten (z. B. anonyme Erpresserbriefe) angewendet. Gleichwohl sind alle definitorischen Kriterien des typographischen Prinzips erfüllt.

Abschließend soll ein im mittelalterlich-europäischen Raum seltener Fall von typographischer Textrepräsentation vorgestellt werden, bei dem ebenfalls alle Kriterien für die Anwendung des typographischen Prinzips erfüllt sind. Es geht um die mit dem Jahre 1119 datierte Weiheinschrift des Klosters St. Georg in Regensburg-Prüfening (siehe Abb. 4). Die Inschrift befindet sich auf einer gebrannten Tonplatte (ca. 260 mm breit, ca. 410 mm hoch, ca. 30 mm dick). Der Text besteht aus 17 Zeilen Blocksatz, die nach dem Brennen der Platte alternierend weiß-rot übermalt wurden[18]. In Brekle (1993 a) wird analytisch detailliert nachgewiesen, daß

1. die für den »Druck« verwendeten Lettern einzeln aus einem geeigneten Material (vermutlich Holz) geschnitzt wurden,
2. diese Lettern *in sequentia* textzeilenbildend in eine weiche Tonplatte eingedrückt wurden.

Typographietechnisch gesehen heißt dies, daß der Satz- und Druckvorgang gleichzeitig abgelaufen ist. Daraus folgt, daß der Prüfeninger Typograph für jedes Vorkommen eines Graphems immer dieselbe Letter verwenden konnte. Aus der Sicht der fast 350 Jahre später entwickelten Gutenberg-Technik hieße dies, daß die Fächer des Prüfeninger Setzkastens grundsätzlich jeweils mit nur einer Letter belegt waren. Wiederum im Vergleich mit der weitaus komplexeren Gutenberg-Technik mußte der Prüfeninger Typograph den mehrfach geschichteten Herstellungsprozeß materieller Buchstabentypen (Patrize → Matrizen → Lettern [→ Abdrucke von Lettern]) nicht durchlaufen; ihm genügte pro Buchstabentyp (Graphem) grundsätzlich die Herstellung genau einer Letter (Unikat!), mittels derer er — auch in ein und derselben Zeile — beliebig viele Graphemexemplare durch Eindrücken erzeugen konnte (mechanisiert läuft dasselbe Verfahren bekanntlich bei der klassischen Schreibmaschine ab).

17 Vgl. Haberly 1937.

18 Vgl. die Widmungsseite (fol. 1$^{v}$) des etwa 100 Jahre älteren Perikopenbuchs Heinrichs II. (Katalog Nr. 63 der Bayerischen Staatsbibliothek für die Ausstellung vom 20. 10. 94—15. 1. 1995 im Bayerischen Nationalmuseum München). Dort wurde dasselbe Mittel zur optischen Gliederung einer Buchseite verwendet (Goldschriftzeilen auf rotem Grund, Durchschußzeilen weiß).

Diese Ausführungen lassen leicht erkennen, daß der Herstellungsmodus der Prüfeninger Weiheinschrift den für das typographische Prinzip aufgestellten Kriterien vollauf genügt.

Im übrigen konnte durch ein kürzlich im Städtischen Museum Regensburg wieder aufgetauchtes Tontafelfragment, das Letterneindrücke einer etwas anderen Schriftart und Schriftgröße aufweist, nachgewiesen werden, daß es sich bei der Prüfeninger Weiheinschrift von 1119 um keinen einmaligen typographischen Kraftakt gehandelt hat[19].

## Variabilität der Randbedingungen bei konkreten Anwendungen des typographischen Prinzips

Aus der hier vorgeschlagenen hinlänglich abstrakten Formulierung des typographischen Prinzips und den knapp vorgestellten Beispielen aus der Zeit vor Gutenberg ergibt sich, daß verschiedene materielle Realisierungen der Stufen eines typographischen Prozesses die für das Prinzip konstitutiven Kriterien nicht tangieren.

1. Es ist gleichgültig, in welcher Materieart sich Graphemtypen eines Schriftsystems manifestieren (Holz, Metall ... digital-elektronische Impulsmengen);

2. es ist gleichgültig, auf welches sinnlich wahrnehmbare Medium Exemplare von Graphemtypen projiziert werden: Eindrucke (Einbrennen) in weiche Materie, Aufdrucke mittels Farbe auf Papier, Textilien, Metalloberflächen etc.; die Graphemexemplare eines Textes können vertieft, flach oder erhaben realisiert sein, sie können per Laserstrahlen in ein nichtfestes Medium projiziert werden. Graphemexemplare können auch taktil (Braille-Schrift) oder dreidimensional haptisch erfahrbar gemacht werden.

19 Vgl. BREKLE 1995.

### Literaturverzeichnis

BREKLE 1993a
Herbert E. Brekle: Typographie A.D. MCXVIIII im Kloster Prüfening. Regensburg 1993.

BREKLE 1993b
Herbert E. Brekle: Anmerkungen zur Klassifikations- und Prioritätsdiskussion um die frühesten Druck-Antiquaschriften in Deutschland und Italien. In: GJ 1993, S. 30–43.

BREKLE 1994a
Herbert E. Brekle: Die Antiqualinie von ca. -1500 bis ca. +1500. Untersuchungen zur Morphogenese des westlichen Alphabets auf kognitivistischer Basis. Münster 1994.

BREKLE 1994b
Herbert E. Brekle: Typographie. In: Hartmut Günther und Otto Ludwig (Hrsg.): Schrift und Schriftlichkeit. 1. Halbband. Berlin, New York 1994, S. 204–227.

BREKLE 1995
Herbert E. Brekle: Eine weitere Spur einer typographischen Werkstatt beim Kloster Prüfening im 12. Jahrhundert. In: GJ 1995, S. 23–26.

CARTER 1925
Thomas F. Carter: The invention of printing in China and its spread westward. New York 1925.

FILLITZ 1994
Herman Fillitz et al. (Hrsg.): Zierde für ewige Zeit. Das Perikopenbuch Heinrichs II. Frankfurt/Main 1994 (= Katalog Nr. 63 der Bayerischen Staatsbibliothek für die Ausstellung vom 20. 10. 1994–15. 1. 1995 im Bayerischen Nationalmuseum München).

FLUSSER 1992
Vilém Flusser: Die Schrift. Hat Schreiben Zukunft? Frankfurt/Main 1992.

HABERLY 1937
Loyd Haberly: Medieval English Pavingtiles. Oxford 1937.

HUPP 1929
Otto Hupp: Gutenberg und die Nacherfinder. In: GJ 1929, S. 31 ff.

KLOOS 1980
Rudolf M. Kloos: Einführung in die Epigraphik des Mittelalters und der frühen Neuzeit. Darmstadt 1980.

LEHMANN-HAUPT 1940
Hellmut Lehmann-Haupt: Englische Holzstempelalphabete des XIII. Jahrhunders. In: GJ 1940, S. 93–97.

LIPINSKY 1986
Angelo Lipinsky: La pala argentea del patriarca Pellegrino nella collegiata di Cividale e le sue iscrizioni con caratteri mobili. In: Ateneo Veneto. N.S. 24, S. 75–80.

MASON 1920
William A. Mason: A history of the art of writing. New York 1920.

SOHN 1987
Pow-key Sohn: Early Korean typography. Seoul 1987.

TING 1929
Wen-Yuan Ting: Von der alten chinesischen Buchdruckkunst. In: GJ 1929, S. 9–17.

Tatiana Dolgodrova

# Die Miniaturen der Leipziger Pergament-Ausgabe der Gutenberg-Bibel — zur Zeit in der Russischen Staatsbibliothek, Moskau* — ein hervorragendes Denkmal der Buchkunst

**D**ie 42zeilige Gutenberg-Bibel kam 1945[1] in die Russische Staatsbibliothek (RSB) mit weiteren Büchern aus dem Deutschen Buch- und Schriftmuseum in Leipzig. Fast ein halbes Jahrhundert war es hier unmöglich, eine Veröffentlichung dazu zu publizieren, die bloße Tatsache ihres Vorhandenseins in der Bibliothek wurde geheimgehalten.

Die B 42 gilt als das erste großformatige gedruckte Buch. Sie weist wie alle anderen Druckerzeugnisse Gutenbergs kein Impressum auf. Der Zeitpunkt der Arbeitsvollendung (Herbst 1454) ist aber durch Enea Silvio Piccolomini brieflich bezeugt[2].

Es wird angenommen, daß insgesamt 150 Exemplare auf Papier und 30 auf Pergament gedruckt wurden. Erhalten sind nur 48 Exemplare der B 42[3], davon 12 auf Pergament. Die Bibel in der RSB ist eines von nur vier vollständigen Pergament-Exemplaren. (Im GW wird fälschlicherweise erwähnt, daß dem 1. Bd Fol. 5 fehlt[4].)

Das Schicksal eines jeden Exemplars der B 42 erweckt reges Interesse seit dem 17. Jahrhundert: jedes der erhaltenen Exemplare ist in Bibliographien aufgeführt. Über diese Bibel ist bekannt, daß sie 1878 in Spanien in der Sammlung des Bücherliebhabers M. Miro entdeckt wurde. Nach Frankreich gebracht und in Paris ausgestellt, wurde das Buch vom Bibliophilen Emile Lecat[5] erworben. Später ging die Bibel über den Bücherantiquar aus Berlin, Albert Kohn, an Heinrich Klemm[6] über. Dieser verkaufte sie in den 80er Jahren des 19. Jahrhunderts dem sächsischen Staat, der sie an das Deutsche Buch- und Schriftmuseum zur Nutzung weitergab.

* *Anmerkungen des Herausgebers:*
Im Westen hat es immer wieder Spekulationen über den Verbleib der Gutenberg-Bibel gegeben, deren Geschichte Lieselotte Reuschel (»Die verschollene Gutenberg-Bibel des Deutschen Buch- und Schriftmuseums in Leipzig und ihre Abbildungen«) im Leipziger Jahrbuch für Buchgeschichte 1992, S. 35–42, nachzeichnete. Die Bibel war aber nicht aus der wissenschaftlichen Diskussion verschwunden, da es einige schwarzweiße und farbige Abbildungen gab. Reuschel konnte präzise nachweisen, daß es sich bei Farbabbildungen einzelner Seiten, gerade von der ersten Seite des 2. Bandes, um Nachbildungen mit Neusatz handelte, den z. B. die Schriftgießerei D. Stempel AG offensichtlich zu verschiedenen Zeiten und in unterschiedlicher Ausführung des Textdruckes und Farbschmuckes hergestellt hat. Aufgrund dieser Nachdrucke ist z. B. immer wieder spekuliert worden, ob Gutenberg nicht noch weitergehender mit Farbdruck experimentiert habe, da bei diesen Nachdrucken einige in Rot mit Hand im Original geschriebenen Partien nachgesetzt wurden! In einer Variante des Neudrucks durch die Fa. Stempel wurde z. B. die Bordüre entfernt und — in einer freien Erfindung — eine große Initiale »I« schwungvoll in kräftigem Blau gemalt. Allein schon dieser kurze Hinweis auf die Forschungssituation veranlaßt uns, die Zusammenstellung der Miniaturen von Tatiana Dolgodrova im Gutenberg-Jahrbuch aufzunehmen und in einer Farbreproduktion Blatt 11 des zweiten Bandes (Abb. 1) wiederzugeben, da diese Seite mehrfach Objekt von Fehlinterpretationen aufgrund der Nach-Drucke war.

1 Vgl. Lothar Poethe: Variationen zu Habent sua fata libelli — 20 Kisten aus Leipzig und der Bestand kyrillisch L in Moskau. In: Zeitschrift für Bibliothekswesen und Bibliographie 41 (1994), S. 449–453.

2 Ferdinand Geldner: Enea Silvio de' Piccolomini und Dr. Paulus Paulirinus aus Prag als Zeugen für die beiden ältesten Bibeldrucke. In: GJ 1984, S. 133–139.

3 Seymour de Ricci: Catalogue raisonné des premières impressions de Mayence, 1443–1467. Mainz 1911, S. 25–33. — E. Lazare: Die Gutenberg-Bibel: Ein Census. Wien 1951. — R. Stöwesand: Noch unbekannte Gutenberg-Bibeln und ein Überblick über die Entwicklung der Registrierung. In: AGB Bd I (1958), S. 490–512. — D. C. Norman: The 500th Anniversary Pictorial Census Of The Gutenberg Bible. Chicago 1961. — J. Stummvoll: Die Gutenberg-Bibel. Eine Census-Übersicht. In: Biblos 20 (1971), S. 19. — Kurt Hans Staub: Die Immenhäuser Gutenbergbibel. In: GJ 1976, S. 74–84; Е. П. Немировкий — Иоганн Гутенберг. Москва 1989, с. 162–187

4 GW 4201.

5 A. Ruble: Notice des principaux livres manuscrits et imprimés que ont fait partie du l'exposition de l'art ancien ou Trocadero. Paris 1879, S. 47–48; N° 87.

6 Ricci (siehe Anm. 2), S. 31, N° 25. — Lazare (siehe Anm. 2), S. 5, N° 11. — Stöwesand (siehe Anm. 2), Bd 1, S. 490–512, N° 8.

Beide Bände haben einen aus verschiedenfarbigen Holzarten zusammengesetzten Einband von 1878; von Heinrich Klemm bestellt, ist er wie alle seine Einbände nicht von allzu feinem Geschmack. Um diese Zeit soll das Exemplar vom Kalligraphen Pilinsky[7] »wieder aufgefrischt« worden sein. Beim Einbinden wurde der Kopfsteg bedauerlicherweise barbarisch abgeschnitten, manchmal sogar mit einem Teil des Kolumnentitels, wodurch die Seiten disproportioniert wirken. Kurze bibliographische Beschreibungen des Exemplars gibt es in vielen Katalogen; die Miniaturenanzahl ist aber darin oft unrichtig angegeben, und ihre Sujets sind nicht bestimmt. Aus diesem Grund möchte ich in dieser Arbeit auf das noch nicht Erforschte aufmerksam machen, d.h. auf einige Besonderheiten, auf die Ikonographie seiner Miniaturen sowie deren Zugehörigkeit zu den Meistern bestimmter Schulen hinweisen.

Alle erhaltenen 48 Exemplare der B 42 unterscheiden sich voneinander. Unterschiedliche Zeichensetzung und Rechtschreibung zeugen von der Arbeit mehrerer Setzer. Vor allem unterscheiden sie sich aber durch die Zeilenzahl: 18 von den erhaltenen Exemplaren haben 40 Zeilen auf den ersten neun und Fol. 129–132 des ersten Bandes, Fol. 10 hat 41 Zeilen, weitere Blätter sind mit 42 Zeilen gedruckt – das ist die sogenannte »erste Auflage«, zu der auch unser Exemplar gehört. In einigen Exemplaren trifft man in den ersten Lagen auf Rubrikzeilen und Titel von wiederholtem Durchpressen, andere Zeilen sind mit der Hand rubriziert. So wird auch durch diese B 42 bestätigt, daß Johannes Gutenberg schon bei diesem Druckwerk versuchte, mit mehreren Farben zu drucken. Dies gab er jedoch später auf, wahrscheinlich weil der Vorgang sehr zeit- und kraftraubend war. So sind die Titel auf Fol. 1, 4, 5, 129, 130 des ersten Bandes in Zinnober abgezogen. Daß der Wiegendruck eine völlige Nachahmung des Manuskriptes sein sollte, wird auch durch die mit roter Tinte linierten Blätter deutlich, wie es bei handschriftlichen Kodizes zur Erleichterung der Arbeit des Schreibkünstlers üblich war. Beim Drucken ist das Liniieren überflüssig. In der B 42 habe ich die den handschriftlichen Kodizes entlehnten Fehler des Rubrikators entdeckt: im Buch Tobit (Bd 1) ist das Kapitel XII falsch als XIII bezeichnet, so wie das Buch Tobit XV Kapitel anstatt XIV besitzt. Im Evangelium nach Lukas (Bd 2) steht auf Bl. 231 Kapitel XXII statt XX, das Kapitel IX auf Bl. 184 ist mit dem Bleistift gezeichnet: Der Rubrikator vergaß, es mit Zinnober zu umreißen.

Die Exemplare unterscheiden sich nicht nur textuell, sondern auch durch das handschriftliche Dekor, d.h. durch Randmalereien, Initialbuchstaben und – höchst selten – Miniaturen. Jedes Exemplar zog die Aufmerksamkeit der Forscher auf sich, so hat Ricci in seinem Katalog Mainzer Wiegendrucke von 41 ihm bekannter Exemplare angegeben[8].

40 Jahre danach veröffentlichte E. Lazare[9] seinerseits kurze Beschreibungen von 46 Exemplaren. Laut Ricci gibt es nur noch eine Bibel mit Miniaturmalerei neben diesem Exemplar: das Exemplar aus der ehemaligen Königlichen Bibliothek zu Berlin, welches die Miniaturen im 1. Bd auf Fol. 1 und 9 hat (insgesamt 9 Miniaturen)[10]. Daraus folgt, daß das vorliegende Exemplar nicht nur eines der vier vollständigen Pergamentexemplare, sondern auch das beste und prachtvollste unter allen erhaltenen ist. Es ist auf ausgesucht schön bearbeitetem Pergament gedruckt, die Einsetzungen, die darin vorkommen, sind äußerst sorgfältig gemacht und nur schwer erkennbar. Der erste Band ist mit 212 Miniaturen, der zweite mit 40 geschmückt; sie befinden sich alle am Fußsteg der Blattseite und gehören zum sogenannten »marginalen« Typ, der in Manuskripten gebräuchlich ist. Die Miniaturen sind mit keinen Erläuterungen bzw. Kapitelvermerken versehen, aus diesem Grund hatte ich deren Ikonographie zu bestimmen, d.h. deren Sujets zu formulieren und entsprechende Bibelstellen anzugeben. In der Regel gehören die Illustrationen in den Bibelmanuskripten zur »traditionellen« Ikonographie, die sich in verschiedenen Kodizes vielmals wiederholt, obwohl die Miniaturmaler manchmal neue Sujets einführten, indem sie deren Ikonographie selbständig ausarbeiteten. Man kann meinen, 282 Miniaturen in der B 42 seien nicht so viel, weil handschriftliche Bibelkodizes mit Tausenden von bildlichen Darstellungen bekannt sind, wie z.B. die Bibel aus dem 14. Jahrhundert in der Nationalbibliothek zu Paris, deren Anzahl der Miniaturen sich auf 5212 beläuft[11]. Aber im 14. Jahrhundert hat man die letzterwähnten in die Initialen eingemalt. Die sogenannten Miniaturinitialen waren nicht so groß und die Sujets darin erst angedeutet. In unserem Fall handelt es sich um vollwertige Temperaminiaturen, in denen die Hand-

7 Ricci (siehe Anm. 2), S. 31, N° 25.
8 Lazare (siehe Anm. 2), S. 5, N° 11.
9 Ebd.
10 Ricci (siehe Anm. 2), S. 30, N° 21.
11 A. de Labord: Étude sur la Bible moralisée illustrée. Paris 1927, S. 92–102. – Fr. Avril: L'enluminure à la Cour de France au XIV^e siècle. New York 1978, S. 77–78, pl. 19–20.

**Abb. 1** Fol. 1r (Bd 2) Mahnungen der Weisheit

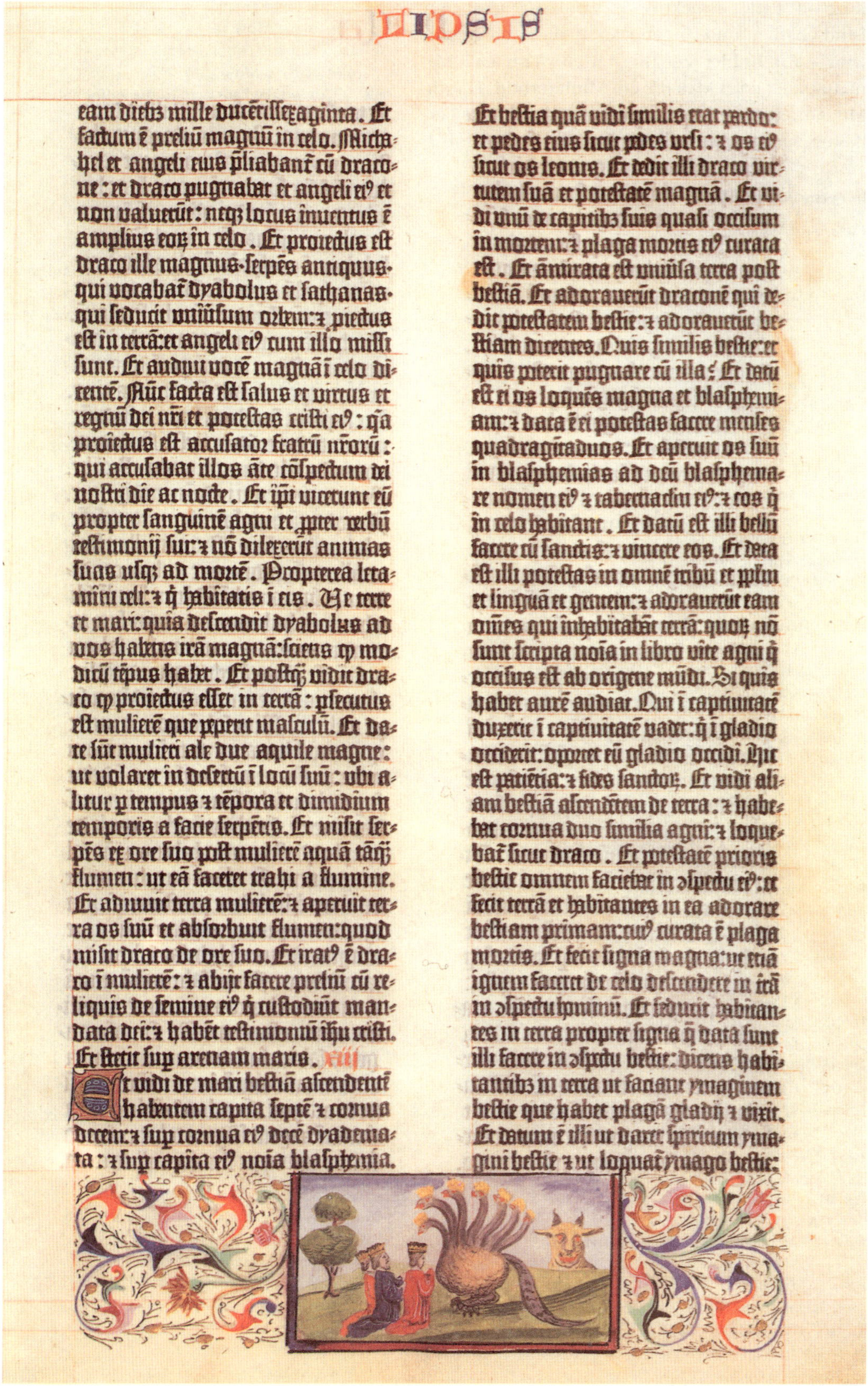

**ṔIPSIS**

eam diebz mille ducētillexaginta. Et factum ē prelium magnum in celo. Michahel et angeli eius pliabant cū dracone: et draco pugnabat et angeli eius et non valuerūt: neqz locus inuentus ē amplius eoz in celo. Et proiectus est draco ille magnus⸳ serpēs antiquus⸳ qui vocabaȝ dyabolus et sathanas⸳ qui seducit vniūsum ozbem:ȝ piectus est in terrā:et angeli eius cum illo missi sunt. Et audiui vocē magnā ī celo dicentē. Nūc facta est salus et virtus et regnū dei nri et potestas cristi eius: q̄a proiectus est accusator fratrū nrorū: qui accusabat illos āte cōspectum dei nostrū die ac nocte. Et ipi vicerūt eū propter sanguinē agni et ꝓpter verbū testimonij sui:ȝ nō dilexerūt animas suas usqz ad mortē. Propterea letamini celi:ȝ q̃ habitatis ī eis. Ve terre et mari:quia descendit dyabolus ad vos habens irā magnā:sciens ꝙ modicū tempus habet. Et postq̄ vidit draco ꝙ proiectus esset in terrā: psecutus est mulierē que ꝑperit masculū. Et date sūt mulieri ale due aquile magne: ut volaret in desertū ī locū suū: ubi alitur p tempus ȝ tepora et dimidium temporis a facie serpētis. Et misit serpēs ex ore suo post mulierē aquā tāq̄ flumen: ut eā faceret trahi a flumine. Et adiuuit terra mulierē:ȝ aperuit terra os suū et absoluit flumen:quod misit draco de ore suo. Et iratꝰ ē draco ī mulierē:ȝ abijt facere prelium cū reliquis de semine eius q̃ custodiūt mandata dei:ȝ habēt testimoniū ihū cristi. Et stetit sup arenam maris. xiij

Et vidi de mari bestiā ascendentē habentem capita septē ȝ cornua decem:ȝ sup cornua eius decē dyademata:ȝ sup capita eius noīa blasphemia.

Et bestia quā vidi similis erat pardo: et pedes eius sicut pedes ursi:ȝ os eius sicut os leonis. Et dedit illi draco virtutem suā et potestatē magnā. Et vidi vnū de capitibz suis quasi occisum in mortem:ȝ plaga mortis eius curata est. Et ammirata est vniūsa terra post bestiā. Et adorauerūt draconē qui dedit potestatem bestie:ȝ adorauerūt bestiam dicentes. Quis similis bestie: et quis poterit pugnare cū illa? Et datū est ei os loquēs magna et blasphemiam:ȝ data ē ei potestas facere menses quadraginta duos. Et aperuit os suū in blasphemias ad deū blasphemare nomen eius ȝ tabernaculū eius:ȝ eos q̃ in celo habitant. Et datū est illi bellū facere cū sanctis:ȝ vincere eos. Et data est illi potestas in omnē tribū et plm et linguā et gentem:ȝ adorauerūt eam oēs qui inhabitabāt terrā:quoȝ nō sunt scripta noīa in libro vite agni q̃ occisus est ab origene mūdi. Si quis habet aurē audiat. Qui ī captiuitatē duxerit ī captiuitatē vadet: q̃ ī gladio occiderit: oportet eū gladio occidi. Hic est patiētia:ȝ fides sanctoȝ. Et vidi aliam bestiā ascendētem de terra:ȝ habebat cornua duo similia agni:ȝ loquebaȝ sicut draco. Et potestatē prioris bestie omnem faciebat in aspectu eius: et fecit terrā et habitantes in ea adorare bestiam primam:cuius curata ē plaga mortis. Et fecit signa magna:ut etiā ignem faceret de celo descendere in terrā in aspectu hominū. Et seducit habitantes in terra propter signa q̃ data sunt illi facere in aspectu bestie: dicens habitantibz in terra ut faciant ymaginem bestie que habet plagā gladij ȝ vixit. Et datum ē illi ut daret spiritum ymagini bestie ȝ ut loquaȝ ymago bestie:

Abb. 2 Fol. 314ʳ (Bd 2) Der Drache mit den sieben Köpfen

lung in den perspektivisch wohlausgearbeiteten Landschaften und Innendekorationen dargestellt wird – also ist hier jede Illustration wenn auch Miniatur, aber doch Malerei: ein Miniaturbild. Für die Miniaturen in unserem Exemplar ist das direkte Verhältnis zum Text kennzeichnend.

**Der erste Band der B 42**

*Das 1. Buch Mose (Fol. 1–28)*

Fol. 5 Die Erschaffung Evas
(9×4,5 cm) (1. Mose 2, 22–23)
Fol. 5v Adam und Eva.
Der Baum der Erkenntnis des Guten und Bösen
(9×5 cm) (1. Mose 3, 1–7)
Fol. 6 Kain und Abel
(9×4 cm) (1. Mose 4,2)
Fol. 7 Die Abfahrt der Arche Noahs
(8,5×4,5 cm) (1. Mose 7, 13–16)
Fol. 7v Das Ende der Fahrt Noahs
(8,5×5 cm) (1. Mose 8, 6–11)
Fol. 8 Die Segnung Noahs und seiner Söhne
(8,5×4,7 cm) (1. Mose 9, 1–14)
Fol. 9 Der Turmbau zu Babel
(9×4,7 cm) (1. Mose 11,4)
Fol. 10 Lot und Abraham
(9,5×5 cm) (1. Mose 13, 8–9)
Fol. 10v Der Engel verkündet Hagar die Geburt Ismaels
(10×6 cm) (1. Mose 16, 7–12)
Fol. 11v Die alttestamentarische Dreieinigkeit
(9×4,5 cm) (1. Mose 18, 1–2)
Fol. 12 Lots Weib
(8,5×4,5 cm) (1. Mose 19, 26)
Fol. 12v Lot und seine Töchter
(8,7×4,7 cm) (1. Mose 19, 32–34)
Fol. 13v Abrahams Opfer
(9×4,5 cm) (1. Mose 22, 2–3)
Fol. 14v Der Knecht Abrahams begegnet Rebekka am Brunnen
(9×4,9 cm) (1. Mose 24, 15–20)
Fol. 15v Esaus und Jakobs Geburt
(9×4,7 cm) (1. Mose 25, 24–26)
Fol. 16 Esau vor Isaak
(9,5×4,7 cm) (1. Mose 27, 32)
Fol. 17 Jakobs Traum
(9,5×4,5 cm) (1. Mose 28, 12–15)
Fol. 18 Labans Vieh – Jakobs Rache
(9×4,3 cm) (1. Mose 30, 31–43)
Fol. 18v Jakob und Esaus Heer
(8,5×4,5 cm) (1. Mose 32, 6–12)
Fol. 19 Das Treffen Jakobs mit Esau
(8,7×4,5 cm) (1. Mose 33, 1–4)
Fol. 19v Jakobs Kampf mit dem Engel
(9,3×4,3 cm) (1. Mose 32, 24–28)
Fol. 20v Simeon und Levi
(9×5 cm) (1. Mose 34, 25–27)
Fol. 21 Jakob richtet das Grabmal Rachels auf
(9×5,3 cm) (1. Mose 35, 19–20)
Fol. 22 2 Miniaturen:
1. Joseph in der Grube
(9×5 cm) (1. Mose 37, 23–25);
2. Jakobs Brüder mit seinem Rock
(9×5 cm) (1. Mose 37, 31–33)
Fol. 22v Juda und Thamar
(9×5 cm) (1. Mose 38, 14–18)
Fol. 23 Joseph und Potiphars Frau
(9×5,5 cm) (1. Mose 39, 7–10)
Fol. 23v Joseph wird aus dem Hause Potiphars vertrieben
(9,3×5 cm) (1. Mose 39, 15–19)
Fol. 24 Der Traum des Pharao
(9,3×4,7 cm) (1. Mose 41, 17–28)
Fol. 24v Joseph und seine Brüder in Ägypten
(9,3×5 cm) (1. Mose 42, 5–8)
Fol. 26 Joseph vor dem Pharao
(9×4,8 cm) (1. Mose 41, 14–15)
Fol. 26v Joseph schickt seine Brüder nach dem Lande Kanaan
(9,5×5 cm) (1. Mose 48, 8–20)
Fol. 28 Jakob segnet Josephs Söhne Ephraim und Manasse
(9×5 cm) (1. Mose 48, 8–20)
Fol. 28v Die Übertragung der Leiche Jakobs nach Kanaan
(9,3×4,7 cm) (1. Mose 50, 5–13)

*Das 2. Buch Mose (Fol. 29–48)*

Fol. 29 Die Hebammen Schiphra und Pua vor dem Pharao
(9×4,5 cm) (2. Mose 1, 15–16)
Fol. 29v 2 Miniaturen:
1. Das Kind Mose und die Tochter des Pharao
(8,7×4,7 cm) (2. Mose 2,5–8);
2. Der feurige Dornbusch
(8,7×4,7 cm) (2. Mose 3, 2–5)
Fol. 30 Moses Stab
(9×4,3 cm) (2. Mose 4, 2–5)
Fol. 30v Mose und Aaron vor dem Pharao
(8,7×4,5 cm) (2. Mose 5, 1–3)
Fol. 31 Das Tagewerk an Ziegeln
(8,9×4,7cm) (2. Mose 5, 17–19)
Fol. 31v Moses Stab und die ägyptischen Zauberer
(9×5 cm) (2. Mose 7, 9–10)
Fol. 32 Die zweite Plage über Ägypten: Frösche
(8,7×4,5 cm) (2. Mose 8, 2–6)
Fol. 32v Die dritte Plage: Stechmücken
(8,8×4,5 cm) (2. Mose 8, 6–18)
Fol. 33v Die vierte Plage: Stechfliegen
(9×4,2 cm) (2. Mose 8, 21–24)
Fol. 34 Die Tötung der Erstgeburt Ägyptens
(8,8×3,9 cm) (2. Mose 12, 12–13)
Fol. 34v Das Passafest
(9×4,5 cm) (2. Mose 12, 12–14)
Fol. 35 Der Auszug aus Ägypten
(9×4,7 cm) (2. Mose 12, 29–33)
Fol. 35v Die Ertränkung der Ägypter
(9,5×5 cm) (2. Mose 14, 16–29)
Fol. 36 Mirjam mit der Pauke und Mose
(9,5×4,7 cm) (2. Mose 17, 8–13)
Fol. 36v Die Speisung mit Manna
(9×4 cm) (2. Mose 16, 14–19)
Fol. 37 Der Sieg über die Amalekiter
(9×4,7 cm) (2. Mose 17, 8–13)
Fol. 37v Mose schlägt das Wasser aus dem Fels
(9×4,7 cm) (2. Mose 17, 6)
Fol. 38 Mose empfängt die Gesetzestafeln
(9,7×4,7 cm) (2. Mose 24, 12–17)
Fol. 39 Mose, vom Engel geführt
(8,6×4,7 cm) (2. Mose 23, 23–24)
Fol. 40 Mose vor der Bundeslade
(9×4,5 cm) (2. Mose 25, 9–22)

Fol. 41 Der goldene Tisch aus Akazienholz
(9,5 × 5 cm) (2. Mose 25, 23–28)
Fol. 41v Der Tisch aus Akazienholz und die goldenen Kannen
(9,5 × 5 cm) (2. Mose 25, 29)
Fol. 43 Aaron in Priesterkleidung
(9,9 × 4,8 cm) (2. Mose 28, 1–43)
Fol. 44 Bezalel und Oholiab
(9 × 4,7 cm) (2. Mose 31, 1–6)
Fol. 44v 2 Miniaturen:
1. Die Anbetung des goldenen Stierbildes
(8,8 × 4 cm) (2. Mose 32, 4–6);
2. Mose, vom Berge Sinai hinabgestiegen, und Aaron
(9 × 3,7 cm) (2. Mose 34, 30–31)
Fol. 45 Des Herrn Gebot. Die Ausstoßung der Amoriter
(9 × 4,2 cm) (2. Mose 34, 11)
Fol. 45v Mose empfängt neue Gesetzestafeln auf dem Berge Sinai (9 × 4,7 cm) (2. Mose 34, 27–29)
Fol. 46 Mose, vom Berge Sinai hinabgestiegen
(8,9 × 4,6 cm) (2. Mose 34, 29)

*Das 3. Buch Mose (Fol. 49–63v)*
Fol. 52v Aaron schlachtet das Opfertier
(9 × 4,5 cm) (3. Mose 9, 1–9)
Fol. 53 Nadab und Abuhi mit den Rauchpfannen
(9 × 4,5 cm) (3. Mose 10, 1)
Fol. 61 Die Steinigung des Gotteslästerers
(9 × 4,5 cm) (3. Mose 24, 11–14)

*Das 4. Buch Mose (Fol. 63v–83)*
Fol. 64 Mose und die gezählten Kinder Israel
(9 × 4,5 cm) (3. Mose 2, 1–4)
Fol. 70 Mose und die silbernen Trompeten
(9 × 4,5 cm) (4. Mose 10, 1–8)
Fol. 71 Die Weintraube Kanaans. Josua und Kaleb
(9 × 5 cm) (4. Mose 13, 21–25)
Fol. 72v Die Steinigung des Sabbatschänders
(9 × 4,5 cm) (4. Mose 15, 32–34)
Fol. 73 Die Erde verschlingt Korah, Dathan und Abiram
(8,8 × 4,5 cm) (4. Mose 16, 31–33)
Fol. 73v Mose und Aaron vor der Bundeslade
(9,2 × 4,6 cm) (4. Mose 17, 8–10)
Fol. 75v Die eherne Schlange
(9,4 × 5 cm) (4. Mose 21, 8–9)
Fol. 76 Sihon und die Schlacht Israels mit den Amoritern
(9,5 × 4,8 cm) (4. Mose 21, 21–23)
Fol. 77 Der fragende Bileam
(9,2 × 5,4 cm) (4. Mose 23, 3–4)
Fol. 78 Pinhas durchsticht Simri und die Midianiterin
(9 × 5 cm) (4. Mose 25, 6–15)
Fol. 79 Mose segnet Josua
(9 × 4,9 cm) (4. Mose 27, 18–23)

*Das 5. Buch Mose (Fol. 84–101)*
Fol. 84 Moses Gebote im Jordantal der Moabiter
(9 × 4,3 cm) (4. Mose 36; 5. Mose 1, 1–18)
Fol. 85v Sihons Niederlage
(9 × 4,4 cm) (5. Mose 2, 30–34)
Fol. 101v Moses Tod
(9,3 × 4,5 cm) (5. Mose 34, 5–7)

*Das Buch Josua (Fol. 102–114v)*
Fol. 103 Priester tragen die Bundeslade
(9 × 4,5 cm) (Jos 3, 6)
Fol. 104 Die Eroberung von Jericho
(9 × 4,3 cm) (Jos 6, 1–20)
Fol. 107 Die fünf Könige der Amoriter, an den Bäumen gehängt (8,7 × 4,6 cm) (Jos 10, 22–26)
Fol. 107v Josuas Sieg am Wasser von Merom
(8,8 × 4,7 cm) (Jos 11, 1–9)

*Das Buch der Richter (Fol. 114v–127)*
Fol. 115 Die Erscheinung des Engels des Herrn den Kindern Israel (9,3 × 4,6 cm) (Richt 2, 1–4)
Fol. 116 Eglons Ermordung durch Ehud
(8,9 × 4,5 cm) (Richt 3, 20–22)
Fol. 117v Die Erscheinung des Engels dem Gideon
(9,3 × 5,3 cm) (Richt 6, 11–18)
Fol. 118 Gideon mit dem Ziegenböcklein
(9,2 × 4,6 cm) (Richt 6, 19–23)
Fol. 118v Gideon im Lager der Midianiter
(9 × 4,7 cm) (Richt 7, 11–14)
Fol. 119 Abimelech an den Mauern von Sichem
(9 × 4,9 cm) (Richt 9, 34–35)
Fol. 121 Jephtah, von seiner Tochter getroffen
(9,2 × 4,5 cm) (Richt 11, 34)
Fol. 121v Jephtahs Tochter
(8,7 × 4,5 cm) (Richt 11, 36–39)
Fol. 122v Der Engel erscheint der Frau Manoahs
(8,9 × 4,2 cm) (Richt 13, 2–5)
Fol. 123 Simson schlägt die Philister mit dem Eselskinnbacken
(8,9 × 4,5 cm) (Richt 15, 15–16)
Fol. 123v Die Quelle des Rufenden
(9 × 4,7 cm) (Richt 15, 18–19)
Fol. 124 Simson zerstört das Haus in Gaza
(9,1 × 4,6 cm) (Richt 16, 29–30)
Fol. 126v Die Männer Israel schlagen die Stadt Gibea
(9,3 × 5 cm) (Richt 20, 48)
Fol. 127 Israel gibt den Benjamitern seine Töchter zu Frauen
(9,2 × 4,5 cm) (Richt 21, 12–23)

*Das Buch Ruth (Fol. 127–128)*
Fol. 127v Ruth vor Boas
(9,4 × 5 cm) (Ruth 2, 2–8)
Fol. 128 Ruth und Naëmi
(9,2 × 4,8 cm) (Ruth 2, 18–20)
Fol. 128v Boas nimmt Ruth zur Frau
(9 × 5,4 cm) (Ruth 4, 8–10)

*Das 1. Buch der Könige (Fol. 129–147)*
Fol. 120 2 Miniaturen:
1. Hanna vor Eli
(9 × 5 cm) (1. Kön 1, 1–15);
2. Die Einführung Samuels in das Haus des Herrn
(9 × 4,9 cm) (1. Kön 1, 20–28)
Fol. 130v Samuels Dienst vor dem Herrn
(8,9 × 4,7 cm) (1. Kön 2, 18)
Fol. 131v Judith und Holofernes
(8,8 × 4,5 cm) (Judith 13)
(Die Abbildung tritt als eine Parallele zu »Simson und Delila« auf.)
Fol. 132 Die Fortschaffung der Baale und Astarten
(8,7 × 4,7 cm) (1. Kön 7, 4)

Fol. 132$^{v}$ Der Wagen der Philister mit der Bundeslade (8,9×5 cm) (1. Kön 6, 1–22)
Fol. 133 Die Niederlage der Philister (9,1×4,7 cm) (1. Kön 7, 10–11)
Fol. 134 Die Salbung Sauls zum König (9,2×4,9 cm) (1. Kön 10, 1)
Fol. 134$^{v}$ Samuel verkündigt Saul zum König (9,2×4,6 cm) (1. Kön 10, 17–25)
Fol. 137 Simson zerreißt den Löwenrachen (8,9×4,5 cm) (Richt 14, 5–9)
Fol. 137$^{v}$ Samuel tötet Agag (8,9×5,2 cm) (1. Kön 15, 32–55)
Fol. 138 Simson und Delila (8,4×4,9 cm) (Richt 16, 4–19)
Fol. 138$^{v}$ Simson zerstört das Haus in Gaza (8,7×5,4 cm) (Richt 16, 29–30)
Fol. 139 David erschlägt Goliath (9,1×5,2 cm) (1. Kön 17, 41–51)
Fol. 139$^{v}$ 2 Miniaturen:
1. David mit Goliaths Kopf (9×5 cm) (1. Kön 17, 41–51);
2. Saul wirft den Spieß nach David (9,2×4,8 cm) (1. Kön 19, 9–10)
Fol. 140 David und Michal (9×4,8 cm) (1. Kön 19, 11–13)
Fol. 141$^{v}$ Davids Knechte im Hause Nabals (9,3×4,7 cm) (1. Kön 25, 2–11)
Fol. 142 David rettet die Bürger von Kegila vor den Philistern (9,3×4,3 cm) (1. Kön 23, 1–13)
Fol. 143 David und Abner (9,2×4,7 cm) (1. Kön 26, 6–16)
Fol. 144 David und Abigail (9,2×4,7 cm) (1. Kön 25, 18–32)
Fol. 144$^{v}$ David im Lager Sauls (9×4,8 cm) (1. Kön 26, 6–7)
Fol. 145$^{v}$ Saul und die Totenbeschwörerin aus Endor (9,4×4,5 cm) (1. Kön 28, 5–18)
Fol. 146 Sauls Selbstmord (9,1×4,6 cm) (1. Kön 31, 1–4)

*Das 2. Buch der Könige (Fol. 147–160)*
Fol. 148$^{v}$ Abners Ermordung durch Joab (9,1×4 cm) (2. Kön 3, 22–27)
Fol. 149$^{v}$ Die Lade Gottes wird aus dem Hause Abinadals geholt (8,9×4,5 cm) (2. Kön 6, 1–5)
Fol. 151 Hanun läßt den Gesandten Davids die Bärte abschneiden (9×4,6 cm) (2. Kön 10, 1–4)
Fol. 151$^{v}$ David und Bathseba (8,7×4,9 cm) (2. Kön 11, 1–4)
Fol. 152 David sucht Gott um des Kindes willen (9,1×5 cm) (2. Kön 12, 14–17)
Fol. 153 Amnon und Thamar (8,8×5 cm) (2. Kön 15, 1–14)
Fol. 153$^{v}$ Die Leute Absaloms töten Amnon (9,2×5 cm) (2. Kön 12, 28–29)

**Abb. 3** Fol. 5 (Bd 1) Die Erschaffung Evas

Fol. 154 Joab vor David
(9×4,5 cm) (2. Kön 14, 21–22)
Fol. 154$^{v}$ David flieht aus Jerusalem vor Absalom
(9×4,5 cm) (2. Kön 15, 13–16)
Fol. 156$^{v}$ Absaloms Tod
(9×4,7 cm) (2. Kön 18, 9–15)
Fol. 157$^{v}$ Simeï trifft David
(9×4,9 cm) (2. Kön 19, 16–20)
Fol. 158 Die Ermordung Amasas durch Joab
(9×4,6 cm) (2. Kön 20, 5–10)
Fol. 159$^{v}$ David gießt das Wasser für den Herrn
(8,9×4,8 cm) (2. Kön 23, 13–17)
Fol. 160 David ersucht den Herrn um Gnade
(9×4,8 cm) (2. Kön 24, 10)

*Das 3. Buch der Könige (Fol. 160$^{v}$–176)*
Fol. 161 Die Salbung Salomos zum König
(8,7×5,5 cm) (3. Kön 1, 34–40)
Fol. 161$^{v}$ Bethseba vor David
(9×4,8 cm) (3. Kön 1, 15–31)
Fol. 162 Joabs Tod
(9×4,9 cm) (3. Kön 2, 28–34)
Fol. 162$^{v}$ Davids Tod
(9×4,5 cm) (3. Kön 2, 10)
Fol. 163 Salomos Urteil
(9×4 ,7 cm) (3. Kön 5, 16–27)
Fol. 165$^{v}$ Die Lade Gottes wird nach Jerusalem gebracht
(9×4,5 cm) (3. Kön 8, 1–6)
Fol. 166$^{v}$ Salomos Gebet
(9×4 ,9 cm) (3. Kön 8, 22–53)
Fol. 167$^{v}$ Die Ankunft der Königin von Saba
(9×4,5 cm) (3. Kön 10, 1–2)
Fol. 168 Salomo und die Königin von Saba
(9,2×5 cm) (3. Kön 10, 1–2)
Fol. 169 Ahia zerreißt seinen Mantel
(8,6×5,3 cm) (3. Kön 11, 29–33)
Fol. 169$^{v}$ Das goldene Kalb Jerobeams
(8,9×5 cm) (3. Kön 12, 25–33)
Fol. 170 2 Miniaturen:
1. Der geborstene Altar
(8,9×5 cm) (3. Kön 13, 1–5);
2. Der Mann Gottes von Juda im Hause des Propheten
(8,9×5 cm) (3. Kön 13, 11–12)
Fol. 170$^{v}$ Jerobeams Frau im Hause Ahias
(9×5 cm) (3. Kön 14, 1–6)
Fol. 171 Der Krieg zwischen Abia und Jerobeam
(9,1×5 cm) (3. Kön 15, 1–7)
Fol. 171$^{v}$ Asa zerschlägt die Götzenbilder
(9×4,5 cm) (3. Kön 15, 11–13)
Fol. 172 Simris Tod
(8,7×5,4 cm) (3. Kön 16, 9–8)
Fol. 172$^{v}$ 2 Miniaturen:
1. Elisa am Bach Krith (9×4,6 cm) (3. Kön 17, 1–6);
2. Elisa und die Witwe am Tore Zarpaths (9×4,6 cm)
(3. Kön 17, 7–10)

**Abb. 4** Fol. 205$^{v}$ (Bd 2) Das Heilige Abendmahl

Fol. 173 Elisa weckt den toten Knaben
(9×5 cm) (3. Kön 17, 17–24)
Fol. 173$^{v}$ Elisa vor Ahab
(9×4,7 cm) (3. Kön 18, 16–18)
Fol. 174 2 Miniaturen:
1. Der Engel erscheint Elia
(8,9×4,9 cm) (3. Kön 19, 5–7);
2. Elia mit Baal und zwei Opferstieren
(9×4,8 cm) (3. Kön 18, 22–26)
Fol. 174$^{v}$ Die Schlacht Ahabs mit Benhadad
(9×4,5 cm) (3. Kön 20, 1–20)
Fol. 175 Der Löwe schlägt den Ungehorsamen
(8,7×4,8 cm) (3. Kön 20, 35–36)
Fol. 175$^{v}$ Die Steinigung Nabots
(9×4,7 cm) (3. Kön 21, 6–13)
Fol. 176 Ahab wird tödlich verwundet
(9×4,5 cm) (3. Kön 22, 29–35)

*Das 4. Buch der Könige (Fol. 177–192)*
Fol. 177$^{v}$ 2 Miniaturen (mit dem Doppelsujet):
1. Ahasias fünfzig Mann vor Elia / Der Engel erscheint Elia
(9×5 cm) (4. Kön 1, 8–16);
2. Elisa teilt das Wasser Jordans von Elias Gnaden / Elia, vom feurigen Wagen getragen
(9×4,9 cm) (4. Kön 2, 8–14)
Fol. 178 Elisa auf dem Weg nach Bethel und die Knaben, die ihn verspotten (8,6×5 cm) (4. Kön 2, 23–24)
Fol. 178$^{v}$ Das Doppelsujet: Elisa und die Witwe / Die Frau gießt Öl in die Gefäße (9×5 cm) (4. Kön 4, 1–6)
Fol. 179 Das Doppelsujet: Elisa und die Sunamiterin / Die Sunamiterin mit ihrem Sohn (9×5,9 cm) (4. Kön 4, 8–17)
Fol. 179$^{v}$ Elisa weckt das tote Kind der Sunamiterin
(9×4,7 cm) (4. Kön 4, 19–36)
Fol. 180 2 Miniaturen (mit dem Doppelsujet):
Naëman vor Elisa / Die Heilung Naëmans
(8,9×4,5 cm) (4. Kön 5, 8–14);
2. Gehasi nimmt die Gaben von Naëman / Gehasi vor Elisa
(8,9×5,2 cm) (4. Kön 5, 20–27)
Fol. 181 2 Miniaturen:
1. Elisa nimmt die Blindheit Benhadad, dem König von Aram, ab (9×4,9 cm) (4. Kön 6, 20);
2. Mehl und Weizen im Tor von Samaria
(9,1×4,8 cm) (4. Kön 7, 18–19)
Fol. 182$^{v}$ Isebel wird von den Kämmerern aus dem Fenster gestürzt (9×5 cm) (4. Kön 9, 30–33)
Fol. 184$^{v}$ Elisas Gebeine, die den Toten auferweckt haben
(9×4,9 cm) (4. Kön 13, 20–21)
Fol. 185 Elisa und Joas, der aus dem Bogen schießt
(9×5 cm) (4. Kön 13, 14–19)
Fol. 186$^{v}$ Der König Ahas vor dem Altar des Priesters Uria
(9,2×4,7 cm) (4. Kön 16, 11–16)
Fol. 187 Sanherib, der König Assyriens, belagert Jerusalem
(9,4×5,5 cm) (4. Kön 18, 13–17)
Fol. 189 Der Engel des Herrn schlägt das Lager der Assyrier
(9,3×4,9 cm) (4. Kön 19, 35)
Fol. 192 Nebukadnezar, der König von Babel, belagert Jerusalem (9,5×5 cm) (4. Kön 25, 1–4)

*Das 1. Buch der Chronik (Fol. 139–207)*
Fol. 199 David gießt das Wasser als Trankopfer für den Herrn aus (8,8×4,4 cm) (1. Chron 11, 17–19)
(Die Wiederholung des Sujets, siehe 2. Kön und 1. Chron)

*Das 2. Buch der Chronik (Fol. 209–225)*
Fol. 212$^{v}$ Die Niederlage Jerobeams (oder: Israel wird von Juda geschlagen) (9,3×4,8 cm) (2. Chron 13, 11–15)
Fol. 215$^{v}$ Das Doppelsujet:
Zedekia schlägt Micha auf die Backe /
Micha, von den Rittern Ahabs genommen
(9×4,5 cm) (2. Chron 18, 14–26)
Fol. 216 Josaphat, tödlich verwundet (oder: Der Tod Josaphats, des Königs von Juda) (9×4,2 cm) (2. Chron 18, 28–34)
Fol. 223 Der Engel des Herrn vertilgt die Assyrier
(9,1×4,5 cm) (2. Chron 33, 11–12)
Fol. 223$^{v}$ Das Doppelsujet: Manasse, gefangengenommen und ins Gefängnis zu Babel gebracht
(9,3×4 cm) (2. Chron 33, 11–12)
Fol. 225 Die Beisetzung Josias, des Königs von Juda
(8,3×4,3 cm) (2. Chron 35, 22–24)

*Das Buch Nehemia (Fol. 231$^{v}$–238)*
Fol. 233 Die Reinigung der Kammer
(9×5,4 cm) (Neh 13, 4–9)

*Das 2. Buch Esra (Fol. 239–246)*
Fol. 241$^{v}$ Der Tempelbau zu Jerusalem
(8,5×5 cm) (2. Esra 5, 54–62)
Fol. 243 Sisinni und Saphravysan vor dem Serubabel
(8,7×4,2 cm) (2. Esra 6, 3–4)

*Das Buch Tobit (Fol. 261–266)*
Fol. 261$^{v}$ Tobit und die Sperlinge
(9,3×4,6 cm) (Tob 2, 9–10)
Fol. 262$^{v}$ Tobias und der Engel Raphael vor Tobit
(9×4,4 cm) (Tob 5, 4–16)
Fol. 263 Tobit fängt den Fisch am Fluß Tigris
(8,8×4,4 cm) (Tob 6, 2–6)
Fol. 264$^{v}$ Tobias heilt die Blindheit seines Vaters (oder: Tobit erlangt das Augenlicht wieder) (8,3×4,6 cm) (Tob 2, 1–12)
Fol. 265 Der Engel erscheint Tobit und Tobias
(8,8×4,2 cm) (Tob 12)

*Das Buch Judith (Fol. 266–272)*
Fol. 266$^{v}$ Juda vor dem Heer des Nebukadnezar
(9×4,5 cm) (Judith 3)

*Das Buch Esther (Fol. 273–279)*
Fol. 273 Mardochai und die Kämmerer
(8,8×4,7 cm) (Esth 2, 21–22)
Fol. 273$^{v}$ Esther vor Ahasveros
(9,2×4,9 cm) (Esth 2, 15–17)
Fol. 275 Esther lädt Ahasveros zum Gastmahl
(9,2×4,9 cm) (Esth 5, 1–4)
Fol. 276 Das Schreiben über das Purimfest
(8,8×4,7 cm) (Esth 9, 20–31)
Fol. 276$^{v}$ Die Hinrichtung der Kämmerer Bigthan und Teresch
(8,9×4,5 cm) (Esth 2, 23)

*Das Buch Hiob (Fol. 279–293$^{v}$)*
Fol. 280 Hiob in der Asche
(9×4,7 cm) (Hiob 2, 7–10)
Fol. 281 Hiob mit den Freunden
(9×4 cm) (Hiob 2, 11–13)

*Der Psalter (Fol. 293$^{v}$–324)*
Fol. 304 Der Psalmensänger David (8,6×4,4 cm) (Ps 1–150)
Fol. 324$^{v}$ Der König David (14,5×8,5 cm) (Ps 1–150)

**Der 2. Band der B 42**

*Die Sprüche Salomos (Fol. 1–11$^{v}$)*
Fol. 1 Die Miniatur »Mahnungen der Weisheit« ist in die Rahmenborte eingemalt (8,5×6,5 cm) (Spr 1–3)
Keine Miniaturen finden sich auf Fol. 11–97.

*Der Prophet Jeremia (Fol. 70$^{v}$–99)*
Fol. 98 Zedekia vor Nebukadnezar, dem König von Babel (9,2×4,6 cm) (Jer 52, 1–9)
Keine Miniaturen finden sich auf Fol. 99–132.

*Der Prophet Daniel (Fol. 131–142)*
Fol. 133$^{v}$ Die drei Männer im Feuerofen (9×4,7 cm) (Dan 3, 12–23)
Fol. 134 Daniel deutet Nebukadnezars Traum (8,8×4,6 cm) (Dan 4, 1–24)
Fol. 135$^{v}$ Belsazers Gastmahl (8,9×4,8 cm) (Dan 5, 1–28)
Fol. 136$^{v}$ Daniel in der Löwengrube (8,7×4,6 cm) (Dan 6, 16–22)
Fol. 137$^{v}$ Daniels Vision vom Widder und Ziegenbock (9×4,7 cm) (Dan 1–13)
Keine Miniaturen finden sich auf Fol. 138–162.

*Das 1. Makkabäerbuch (Fol. 162–178)*
Fol. 163$^{v}$ Mattathias bekämpft das Heer Antiochus am Sabbat (9×5 cm) (1. Makk 2, 39–48)
Fol. 164 Judas der Makkabäer schlägt Apollonius (8,6×5,3 cm) (1. Makk 3, 10–12)
Fol. 167 Judas Makkabäus, als erster den Wasserfluß in der Schlacht gegen Timotheus übergangen (8,7 × 4,5 cm) (1. Makk 5, 37–43)
Fol. 169 Die Judäer hauen Nikanor den Kopf und den rechten Arm ab (9×4,7 cm) (1. Makk 7, 45–47)
Fol. 170 Der Tod Judas des Makkabäers (9×5 cm) (1. Makk 9, 17–19)
Fol. 171 Jonathan erhält den Brief des Königs Alexander (8,8×4,6 cm) (1. Makk 10, 17–20)
Fol. 174$^{v}$ Die Ermordung Jonathans durch die Ptolemäer (9×4,5 cm) (1. Makk 12, 46–48)
Fol. 177$^{v}$ Die Niederlage des Kendebäus (8,9×4,6 cm) (1. Makk 16, 4–10)

*Das 2. Makkabäerbuch (Fol. 178–189)*
Fol. 178$^{v}$ Das wunderbare Feueropfer Nehemias (9×5 cm) (2. Makk 1, 18–22)
Fol. 179$^{v}$ Die wunderbare Schlagung Heliodors (8,8×4,6 cm) (2. Makk 3, 24–29)
Fol. 180$^{v}$ Andronikus tötet Onias (9×4,9 cm) (2. Makk 4, 21–34)
Fol. 182 Die Unterdrückung der Judäer durch Antiochus (oder: Zwei judäische Mütter werden aus dem Fenster hinausgestürzt) (8,9×5 cm) (2. Makk 6, 10)
Fol. 182$^{v}$ Die Hinrichtung des Judäers, der das Schweinefleisch nicht essen wollte (8,9×5 cm) (2. Makk 7, 1–8)
Fol. 183$^{v}$ Judas der Makkabäer schlägt das Heer Nikanors (9×5 cm) (2. Makk 8, 23–24)
Fol. 184 Antiochus stürzt vom Wagen (8,9×4,9 cm) (2. Makk 9, 1–7)
Fol. 186$^{v}$ 2 Miniaturen:
1. Die Niederlage des Heers Lysias (9×4,6 cm) (2. Makk 11, 11–12);
2. Das Heer Judas des Makkabäers bestürmt die Stadt Kasopin (9×5 cm) (2. Makk 12, 13–16)

Fol. 187 Der Tod des Razias (8,8×5 cm) (2. Makk 13, 4–8)
Fol. 188$^{v}$ Der Tod des Menelaos (9×5 cm) (2. Makk 14, 28–30)
Fol. 189 Nikanor werden der Kopf und der Arm abgehauen (9×5,4 cm) (2. Makk 15, 28–30)

*Das Neue Testament (Fol. 190–370)*
*Der Brief des Hl. Hieronimus zu den Evangelien (Fol. 190–190$^{v}$)*
*Das Evangelium des Matthäus (Fol. 190$^{v}$–207)*
Fol. 190$^{v}$ Josephs Traum (oder: Der Engel erscheint Joseph im Traum) (8,6×4,4 cm) (Matth 1, 19–21)
Fol. 191 Die Weisen vom Morgenland vor dem König Herodes (8,5×4,5 cm) (Matth 2, 7–8)
Fol. 191$^{v}$ 2 Miniaturen:
Die Flucht nach Ägypten (8,5×4,5 cm) (Matth 2, 13–14);
2. Die Taufe Jesu (8,7×4,5 cm) (Matth 3, 13–15)

Fol. 193$^{v}$ »Gehet ein durch die enge Pforte ...« (8,6×4,7 cm) (Matth 7, 13)
Fol. 200 Jesus im Himmelreich und die Söhne des Zebedäus (die Apostel Iohann und Jakob) (8,2×4,5 cm) (Matth 20–21)
Fol. 205$^{v}$ Das Heilige Abendmahl (8,6×4,4 cm) (Matth 26, 20–23)
Fol. 206$^{v}$ Die Auferstehung Jesu von den Toten (8,5×4,4 cm) (Matth 28, 1–7)

*Das Evangelium des Markus (Fol. 207–217$^{v}$)*
Fol. 209 Das Gleichnis vom Säemann (8,9×4,4 cm) (Mark 4, 1–20)
Fol. 210 Die Wandelung auf dem Meer (8,3×4,3 cm) (Mark 6, 45–52)
Fol. 212$^{v}$ Die Speisung mit sieben Broten (8,6×4,5 cm) (1–6)
Fol. 217 Christus erscheint Maria Magdalena (9×4 cm) (Mark 16, 9)

*Das Evangelium nach Lukas (Fol. 217$^{v}$–235)*
Fol. 218 Lukas der Evangelist (8,8×3,9 cm)
Fol. 219 Die Weisen vom Morgenland beten das Kind Jesus an (9×4 cm) (Die Überlieferung fehlt bei Lukas und Markus, siehe aber Matth 2, 9–11)
Fol. 222$^{v}$ Maria, die Schwester Lazarus', salbt Jesu die Füße (8,9×4,4 cm) (Die Überlieferung fehlt im Evangelium des Lukas; siehe Mark 14, 3, Joh 12, 3–5.)
Fol. 224 »... der ... nehme sein Kreuz auf sich täglich und folge mir nach« (8,5×4,2 cm) (Luk 9, 23)
Fol. 230$^{v}$ Heil widerfährt dem Zöllner Zachäus (8,7×4,5 cm) (Luk 19, 1–10)

Fol. 233ᵛ Jesus vor Pilatus
(8,9×4,5 cm) (Luk 23, 1–7)
Fol. 234 Die Kreuzigung
(8,7×4,7 cm) (Luk 25, 33)
Fol. 234ᵛ Die Himmelfahrt Jesu
(8,9×4,5 cm) (Luk 24, 50–51)
(Zur Ikonographie dieser Miniatur gehören die Hüter, die im Ev. nach Lukas fehlen, siehe aber Matth 27, 66 und 28.)

*Das Evangelium des Johannes (Fol. 235–248)*
Fol. 235ᵛ Der Evangelist Johannes
(mit seinem Symbol, dem Adler) (8,9×4,9 cm)
Fol. 246 Jesus vor Pilatus
(8,8×4,5 cm) (Joh 18, 28–38)
Fol. 246ᵛ Die Geißelung Jesu
(8,9×4,3 cm) (Joh 19, 1–3)

*Die Briefe des Paulus (Fol. 248–284)*
*An die Römer (Fol. 248–256)*
Fol. 250 Der Apostel Paulus
(8,7×4,3 cm) (Röm)

*Der 1. Brief an die Korinther (Fol. 256–262)*
*Der 1. Brief an die Thessalonicher (Fol. 262–263)*
Fol. 262ᵛ »... wir ... werden hingerückt werden in den Wolken dem Herrn entgegen in die Luft ...«
(8,7×3,8 cm) (1. Thess 4, 17)

*Der 2. Brief an die Thessalonicher (Fol. 263–264)*
Fol. 263ᵛ »Und deshalb beten wir auch allezeit für euch ...«
(8,5×3,9 cm) (2. Thess 1, 11)

*Der 2. Brief an Timotheus (Fol. 265ᵛ–267)*
Fol. 266 Maria mit dem Kind und der heiligen Barbara und das allegorische Bildnis der Themis und der katholischen Kirche (8,8×4 cm).

*Der Brief an die Philipper (Fol. 281–283)*
Fol. 281 »... lasset eure Bitten im Gebet und Flehen mit Danksagung vor Gott kund werden!« (8,8×3,8 cm) (Phil 4, 6)

*Der 2. Brief des Petrus (Fol. 305ᵛ–306ᵛ)*
Fol. 306 »... und so wird euch reichlich dargereicht werden der Eingang zu dem ewigen Reich unseres Herrn und Heilandes Jesus Christus« (8,3×4 cm) (2. Petr 1, 11)

*Der 1. Brief Johannes (Fol. 308–308ᵛ)*
Fol. 307 »Und das ist die Botschaft ... daß Gott Licht ist ...«
(8,2×4,3 cm) (1. Joh 1, 5)

*Die Offenbarung des Johannes (Fol. 310–317)*
Fol. 312 2 Miniaturen:
1. Der Reiter, dessen Name heißt Tod
(8,8×4,5 cm) (Offb 6, 8);
2. »... die Sonne ward finster wie ein schwarzer Sack, und der Mond ward wie Blut«
(8,9×4,4 cm) (Offb 6, 12–17)
Fol. 312ᵛ »Und der erste Engel posaunte; und es ward ein Hagel und Feuer ...« (8,8×4,5 cm) (Offb 8, 7)
Fol. 313 Die Engel, die den dritten Teil der Menschen töten
(8,5×4,4 cm) (Offb 9, 15)
Fol. 313ᵛ Die Heuschrecken der Apokalypse
(8,8×4,8 cm) (Offb 9, 3–10)
Fol. 314 Der Drache mit sieben Häuptern
(8,9×4,5 cm) (Offb 9, 3–10)
Fol. 315ᵛ »Das Tier, das du gesehen hast, ist gewesen und ist nicht und wird wieder emporsteigen aus dem Abgrund und wird fahren in die Verdammnis ...«
(8,8×4,7 cm) (Offb 9, 3–10)
Fol. 316 Das brennende Babel
(8,4×4,9 cm) (Offb 18, 8)
Fol. 316ᵛ Das Neue Jerusalem
(8,1×4,4 cm) (Offb 21)
Fol. 317 Der Engel wirft den Satan in den Abgrund
(8,5×4,2 cm) (Offb 20, 1–3)
Fol. 317ᵛ Johann auf der Insel Patmos
(9,1×4,6 cm) (Offb 1, 9–11)

In seltenen Fällen dienen die Miniaturen nicht zur Veranschaulichung des Textes, sondern zur dessen Ergänzung, indem sie gewisse Parallelen ziehen, wie es am Beispiel der Miniatur »Judith und Holofernes« zu beobachten ist, die sich im 1. Buch der Könige auf Fol. 131ᵛ des 1. Bandes befindet; dabei fehlt eine Miniatur vom gleichen Inhalt im Buch Judith, obwohl gerade für das Buch Judith dieses Sujet grundlegend ist. Diese Szene tritt hier als eine Parallele zum Sujet »Simson und Delila« auf, das seinerseits dem Buch der Richter entstammt. Das heißt, daß sich in unserem Fall dasselbe Prinzip des Vorgreifens und der Parallelen feststellen läßt, wie in der Biblia Pauperum, einem Buch, welches ganz auf solche Parallelen aufgebaut ist.

Man trifft auf die Wiederholungen einiger Sujets an verschiedenen Stellen des Textes, so wird z. B. das Sujet »David gießt das Wasser aus für den Herrn« zweimal gebraucht: im 2. Buch der Könige: Fol. 159ᵛ, und im 1. Buch der Chronik auf Fol. 199 des 1. Bandes; aber es sind keine Kopien – im Unterschied zu den Wiederholungen der Holzschnitte in den späteren illustrierten Inkunabeln, – sondern verschiedene Interpretationen eines Sujets. Die Miniaturen der B 42 lassen sich nach der Art deren Ausführung drei verschiedenen deutschen Miniaturmalern zuschreiben, die durch gute Schulung, hohes Können sowie feine Formenausarbeitung hervorstechen. An diesem Exemplar hat offensichtlich ein Meister mit Lehrlingen gearbeitet. Die Miniaturen sind in ihrem Aufbau ziemlich monoton und durch sparsame deutsche Zusammenstellung – blau, grün, braun, rosa – von den öfter stark mit Weiß verdünnten Farbstoffen gekennzeichnet. Aber einige Miniaturen, z. B. die auf Fol. 169, 170, 171 u. a. im 1. Bd, stechen durch besondere Meisterschaft und Lebendigkeit, eine vollkommenere Wiedergabe von Gesichtern, Figuren und Landschaften hervor. Manche aus dieser Gruppe von Miniaturen nähern sich der französischen Malerei an, was die Wahl der Farbenskala und die Ausarbeitung der Komposition anbetrifft – wahrscheinlich war der Meister mit der französischen Schule bekannt. Die technischen Qualitäten des zweiten Malers sind von geringerem Maß. Die dritte Gruppe der Miniaturen stammt offensichtlich von einem Lehrling; diese sind sehr schülerhaft, so die Abbildungen auf Fol. 191$^{v}$, 211$^{v}$, 217 u.a. des 1. Bandes.

Die Miniaturbilder befinden sich am Fußsteg unterhalb der Kolumnen – entweder in der Mitte oder je zwei auf einer Seite.

Die Miniaturen der handschriftlichen Kodizes sind fast alle anonym geblieben; es lassen sich Zeit und Ort ihrer Entstehung, nicht aber die Autorschaft feststellen. Die Manuskripte haben nur selten Meisterzeichen; ebenso selten wie die im Auftrag der Könige und Herzöge von berühmten Meistern ausgeführten Kodizes: in diesem Fall ist die Bestätigung deren Autorschaft in Archiven zu finden. Aus diesem Grund wird die Attribution der Miniaturen der B 42 kaum gelingen, obwohl entsprechende Versuche möglich sind; diese würden aber schon die nächste Arbeitsetappe darstellen.

Die B 42 ist auch mit Randmalereien illuminiert, die sich vorwiegend am Anfang der Bibelabschnitte befinden und die die für den Dekor der handschriftlichen Kodizes typischen Elemente beinhalten: Akanthus, Blumen usw. Die Bordüren (11 im ersten und 21 im zweiten Band) sind je nach der Art der Ausführung unterschiedlich. An den wichtigsten Stellen – so z.B. die ersten Blätter beider Bände, Fol. 131 im 2. Bd – sind sie nach französischer, genauer gesagt, nach Pariser Tradition gemacht: das ist Akanthus, vorwiegend in Lasurblau, Grün, Zinnoberrot und Gold, den reinen Farbstoffen, die für die Pariser Schule charakteristisch sind. Feine Durcharbeitung kleiner Akanthusblätter, der Hintergrund, mit kleinen goldenen Kügelchen dicht ausgefüllt, u.a. sind Merkmale der Pariser Schule. Dies ist überaus interessant, weil am Druck der Bibel auch Peter Schöffer, der künftige zweite Buchdrucker Europas, als Lehrling Gutenbergs beteiligt war. Zu dieser Zeit hatte er schon eine zehnjährige Schulung als Schreibkünstler, Buchilluminator und Miniaturmaler in Paris[12] hinter sich. Meiner Vermutung nach sind diese Umrahmungen unter unmittelbarer Leitung Schöffers oder sogar von ihm selbst gemacht, da er, wie wir wissen, an der Buchausstattung beteiligt war.

Außer dem ersten Meister »aus Paris«, der durch Feinheit der Arbeit und verkleinerte Formen hervorsticht, läßt sich auch die Manier von noch drei weiteren Meistern hervorheben. Die zweite, besonders zahlreiche Gruppe von Bordüren (Fol. 4, 5, 20 im 1. Band u.a.), verrät den unverkennbar deutschen Stil: die Akanthusblätter größerer Formen, der Hintergrund ist mit goldenen Kügelchen recht sparsam ausgefüllt, die Farbenskala läuft meistens auf einen von deutschen Meistern bevorzugten Zusammenklang von Grün und Weinrot hinaus, der Farbstoff ist manchmal stark geblichen. Für den ersten Meister ist das rein französische Motiv der Vase kennzeichnend, die von den Akanthusblättern gebildet wird. Als spezifisches Merkmal des zweiten Meisters tritt der Gebrauch von Erdbeeren und Rosenblumen in seinen Bordüren auf. Die Borten des dritten Meisters weisen gewisse formelle Grobheit auf: die Akanthusblätter sind zu groß, die Linien nachlässig expressiv (Fol. 7, 9, 10 im 1. Bd u.a.). Dieser Meister gebraucht ebenfalls Erdbeeren und Blumen, obwohl von etwas größeren Formen, bevorzugt aber Vergißmeinnichtblumen (auf Fol. 176, 212, 233 u.a. im 1. Bd). Das Vergißmeinnicht-Motiv ist eben den Bordüren der deutschen Schule eigen; die schlichte Einfachheit dieser Blume, die als Sinnbild der Mutter Gottes gilt, war für den deutschen Betrachter ganz besonders anziehend.

Außerdem hat die B 42 138 große (3 × 2,8 bis 4,5 × 4,2 cm) und 1326 kleine handschriftliche Initialbuchstaben, die unter Anwendung von Blattgold, Zinnoberrot und Lasurblau gemalt sind. Die gleiche Farbenzusammenstellung war insbesondere für die französischen Manuskripte charakteristisch. Alle Initialen in den beiden Bänden sind einwandfrei ausgeführt, mit großer Sorgfältigkeit und Eleganz, offenbar nach französischer Art. Sie stammen von einem Meister, entweder aus Frankreich oder von einem, der lange Zeit in Paris in der Lehre war. Da kommt der Name Peter Schöffers wiederum in Erinnerung. Alle Initialen sind erstklassig.

Auf Fol. 324$^{v}$ des ersten Bandes finden wir das handschriftliche Datum »1453«, sicher im 15. Jahrhundert geschrieben. Es kann ein Zeugnis dafür sein, daß der erste Band (der vorliegenden ersten Auflage) 1453 gedruckt worden ist.

12 A. Budinszky: Die Universität Paris und die Fremden im Mittelalter. Berlin 1876, S. 155–156.

Martin Boghardt

# Ein spezieller Schachtelbogen im Berliner Exemplar des Psalterium Benedictinum von 1459

## I Schachtelblätter im Psalterium Benedictinum

Das *Psalterium Benedictinum,* [Mainz:] Johannes Fust und Peter Schöffer, 29. August 1459, Regal-2°, Pergament, H 13480, ISTC po1 062 000, weist sechs Stellen auf, an denen eines oder mehrere seiner 13 relativ komplett erhaltenen Exemplare[1] nicht aus vollen Pergamentbogen bestehen – im folgenden sei es erlaubt, auch beim Pergament von Bogen zu sprechen –, sondern aus zwei Hälften zusammengesetzt sind, die sich in der Mitte, im Buchbund, überlappen und durch die Heftung zusammengehalten werden. (Vgl. Skizze.) Solche Substitute unversehrter Bogen nenne ich – im Folioformat – »Schachtelbogen«, ihre beiden Teile »Schachtelblätter« und die Art der Zusammenfügung »Schachteltechnik«[2]. Tritt die Erscheinung nur in einem einzigen Exemplar auf, so handelt es sich um einen *speziellen* Fall, zeigt sie sich in der Mehrzahl der Exemplare, so liegt ein *generelles* Phänomen vor.

Für das Zustandekommen der Schachtelbogen gibt es grundsätzlich zwei Möglichkeiten, wobei in Betracht zu ziehen ist, daß in der Frühzeit des Buchdrucks noch nicht bogenweise, sondern, jedenfalls im Folioformat, blattseitenweise gedruckt wurde, so daß also jeder Foliobogen viermal unter die Presse gebracht werden mußte: Entweder es sind von vornherein zwei Halbbogen zu einem Doppelblatt zusammengefügt worden, weil man zum Beispiel die noch brauchbaren Hälften von zwei partiellen Fehldruckbogen nutzen wollte, oder von einem ursprünglich vorhandenen unversehrten Doppelblatt wurde aus Korrekturgründen die eine Hälfte unter Belassung eines Reststreifens am Buchbund entfernt und durch ein Austauschblatt ersetzt. Ein solches Blatt wird üblicherweise als cancel, Cancellans oder Karton bezeichnet, das zu tilgende oder getilgte

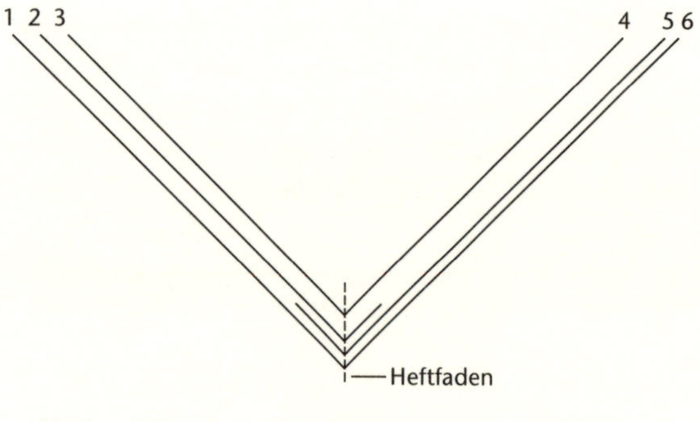


Ternio mit Bogen 1.6, Schachtelbogen 2–5 und Bogen 3.4

1 Die Exemplarnachweise gibt DE RICCI, p. 57–59, No. 1–13. Das Exemplar aus Holkham (DE RICCI 4) befindet sich seit 1951 in der BL London (IC. 74), das zweite Exemplar der BN Paris (vélins 226, DE RICCI 6) seit 1970 in der Scheide Library zu Princeton, N. J. Für den vorliegenden Zusammenhang ist es wichtig, daß sich nur noch die Exemplare in Bautzen (DE RICCI 12), Berlin (DE RICCI 9), Gotha (DE RICCI 11), München (DE RICCI 10) und Oxford (DE RICCI 3) in ihren alten Holzdeckeleinbänden befinden, während der Holzdeckelband in Mainz (DE RICCI 8) restauriert ist (16. Jahrhundert?) und die Exemplare in Den Haag, London, Manchester, Paris und New York Maroquin-Einbände vom Ende des 18. bzw. Anfang des 19. Jahrhunderts haben. Das Exemplar in Princeton besitzt einen Halbledereinband vom Anfang des 19. Jahrhunderts, dessen Pappdeckel mit rotem Papier bezogen sind.

2 Zur Sache und zur Terminologie vgl. BOGHARDT, Erforschung, S. 152–161 und 172–174 sowie besonders BOGHARDT, Blattersetzung, S. 60. Neben der bisher wenig beachteten Schachtelmethode gibt es auch die später weit verbreitete »Klebetechnik«, bei der nur eines der beiden Entsprechungsblätter einen überstehenden Falz hat, an den das andere Blatt angeklebt ist. Hier spreche ich von »Klebebogen« und »Klebeblättern«. Die Schachteltechnik scheint in Foliodrucken die ältere zu sein, welche nur dadurch des öfteren unkenntlich wurde, daß man beim Neubinden einzelner Exemplare den einen (oder gar beide) Falze beseitigte – in diesen Fällen ist die Klebetechnik also sekundär. Andererseits gibt es aber auch schon im Mainzer *Catholicon* (GW 3182, ISTC boo 020 000) von 1460 (und/oder später) – neben eindeutigen Belegen für das Schachtelprinzip – mehrere Beispiele für eine konsequente und daher sicherlich ursprüngliche Anwendung der Klebetechnik, so daß man also nach den Gründen für die Wahl der jeweiligen Methode fragen muß. Hier liegt die Überlegung nahe, daß geschachtelte Blätter nur so lange eingefügt werden konnten, wie die betreffenden Bogen und Lagen noch lose waren, wohingegen ein primäres Klebeverfahren darauf hindeutet, daß die entsprechenden Exemplare bereits geheftet waren und man deshalb zu Messer und Klebstoff greifen mußte. Vgl. BOGHARDT, Blattersetzung, S. 83.

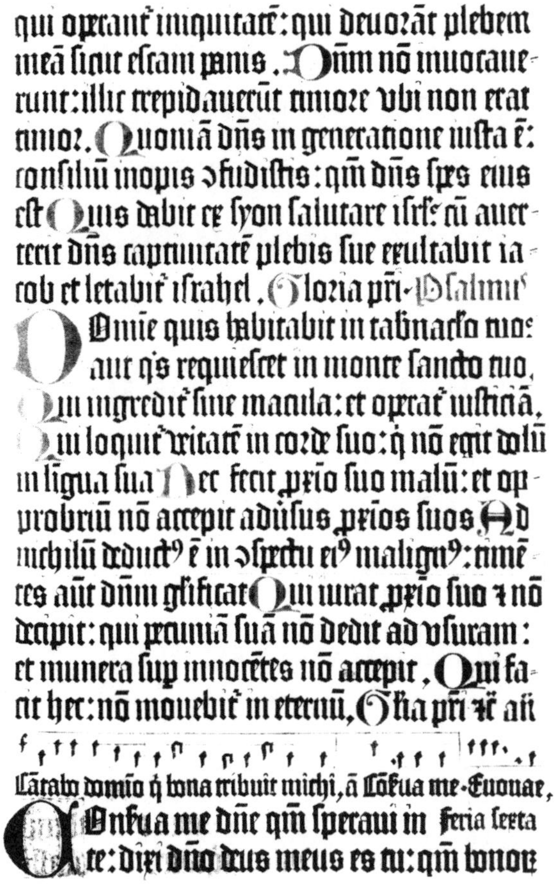
qui operant̄ iniquitatē: qui deuorāt plebem
meā sicut escam panis. Dn̄m nō inuocaue-
runt: illic trepidauerūt timore vbi non erat
timor. Quoniā dn̄s in generatione iusta ē:
consiliū inopis ɔfudistis: qm̄ dn̄s spes eius
est. Quis dabit ex syon salutare isrl̄: cū auer-
terit dn̄s captiuitatē plebis sue exultabit ia-
cob et letabit̄ israhel. Gloria pr̄i. Psalmus
Domine quis habitabit in tabnaclo tuo:
aut qs requiescet in monte sancto tuo.
Qui ingredit̄ sine macula: et operat̄ iusticiā.
Qui loquit̄ veritatē in corde suo: q nō egit dolū
in lingua sua. Nec fecit ꝓximo suo malū: et opprobriū nō accepit adūsus ꝓximos suos. Ad
nichilū deduct⁹ ē in ɔspectu ei⁹ malign⁹: time-
tes aūt dn̄m glificat. Qui iurat ꝓximo suo ⁊ nō
decipit: qui pecuniā suā nō dedit ad vsuram:
et munera sup innocētes nō accepit. Qui facit hec: nō mouebit̄ in eternū. Gl̄ia pr̄i ꝛc̄ an
Cātabo domīo q bona tribuit michi, ā Cōfua me-Euouae.
Onfua me dn̄e qm̄ speraui in feria sexta
te: dixi dn̄o deus meus es tu: qm̄ bonor

**Abb. 1** Bl. 7r des *Psalterium Benedictinum* aus dem Exemplar der FLB Gotha. (Diese und die entsprechenden folgenden Reproduktionen mit freundlicher Genehmigung der FLB Gotha)

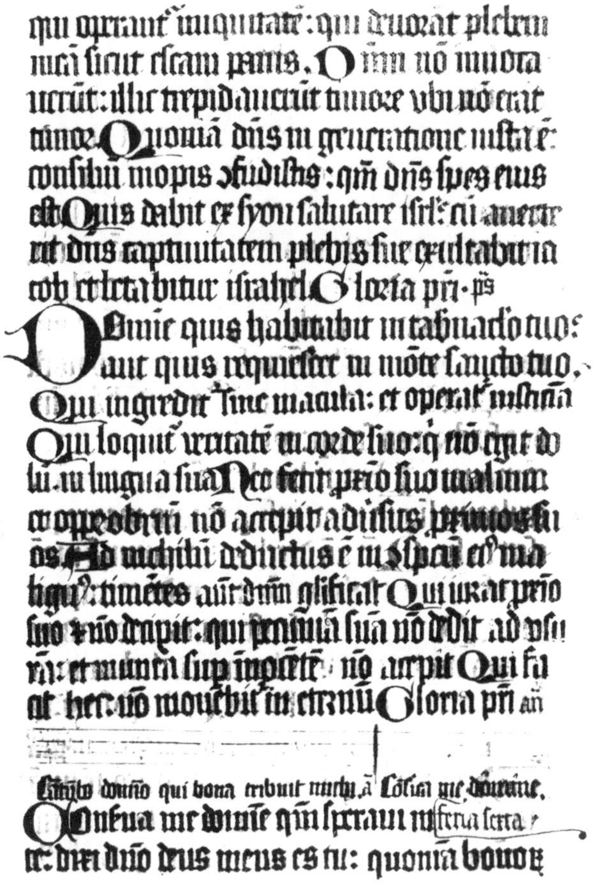
qui operant̄ iniquitatē: qui deuorat plebem
meā sicut escam panis. Dn̄m nō inuoca-
uerūt: illic trepidauerūt timore vbi nō erat
timor. Quoniā dn̄s in generatione iusta ē:
consiliū inopis ɔfudistis: qm̄ dn̄s spes eius
est. Quis dabit ex syon salutare isrl̄: cū auerte-
rit dn̄s captiuitatem plebis sue exultabit ia-
cob et letabitur israhel. Gloria pr̄i. ps
Domine quis habitabit in tabnaclo tuo:
aut quis requiescet in mōte sancto tuo.
Qui ingredit̄ sine macula: et operat̄ iusticiā
Qui loquit̄ veritatē in corde suo: q nō egit do
lū in lingua sua. Nec fecit ꝓximo suo malum
et opprobriū nō accepit aduersus ꝓximos su
os. Ad nichilū deductus ē in ɔspectu ei⁹ ma
lign⁹: timētes aūt dn̄m glificat. Qui iurat ꝓximo
suo ⁊ nō decipit: qui pecuniā suā nō dedit ad vsu
rā: et munera sup innocētes nō accepit. Qui fa
cit hec: nō mouebit in eternū. Gloria pr̄i an
Cātabo domīo qui bona tribuit michi ā Cōfua me Euouae.
Onfua me domine qm̄ speraui in feria sexta
te: dixi dn̄o deus meus es tu: quoniā bonor

**Abb. 2** Bl. 7r des *Psalterium Benedictinum* aus dem Exemplar der John Rylands UL Manchester. (Reproduktion mit freundlicher Genehmigung der JRUL Manchester)

Blatt hingegen als Cancellandum bzw. Cancellatum. Den Vorgang selbst nennt man Cancellation[3]. Bei der zuerst erwähnten Entstehungsweise, der originären Zusammensetzung von zwei Einzelblättern, könnte man demgegenüber von Pseudocancellation und Pseudocancellantia oder Scheinkartons sprechen, Paul Needham bezeichnet solche Blätter, wenn sie noch vom Originalsatz stammen, »for want of a better term«, wie er sagt, als quasi-cancels[4].

Am auffallendsten ist die Ersetzung von Blatt 51, die wegen eines Setzerversehens erfolgte und schon 1908 von Alfred W. Pollard im ersten Band des British Museum Catalogue vermerkt wurde[5]. Wegen der versehentlichen Auslassung eines Textstückes im ursprünglichen Satz ist das erste Blatt des sechsten Quinio (Lage 6/Blatt 1)[6] in den meisten Exemplaren unter Belassung eines Restfalzes von seinem Entsprechungsblatt, Blatt 60 (6/10), abgetrennt und durch ein Einzelblatt mit überstehendem Falz ersetzt worden, das auf korrigiertem Neusatz beruht und mit Blatt 60 verschachtelt wurde[7]. Es handelt

3 Vgl. CHAPMAN, Preface, p. 6.

4 NEEDHAM, p. 336.

5 BMC I, p. xxiv, 20. Vgl. auch BOGHARDT, Disturbance, p. 12–14, und BOGHARDT, Blattersetzung, S. 70 und 81–82.

6 Im folgenden bezeichne ich die Lagen mit arabischen Ziffern und füge das gemeinte Blatt der Lage mit Virgel an. Zwei unmittelbar zusammenhängende Blätter notiere ich, wie üblich, mit einer Punktierung, die Zusammensetzung von Einzelblättern hingegen wird durch einen Bindestrich angezeigt. Bogen 6/1.10 würde also den unversehrten Außenbogen der sechsten Lage meinen, wie er sich nur noch in dem Spencer-Exemplar findet, während die entsprechenden Blätter in den übrigen Exemplaren, soweit vorhanden, auf Grund der Cancellation als 6/1–10 zu kennzeichnen wären.

7 Deutlich zu erkennen ist die Schachtelung noch heute in den Exemplaren von Bautzen, Berlin, Gotha, Den Haag und New York. Im Münchener Exemplar hat Blatt 60 einen vor Blatt 52 überstehenden Falz, während Blatt 51 fehlt, in dem restaurierten Mainzer Exemplar erkennt man nur noch nach Blatt 60 einen Druck- oder Kleberand, und in dem Exemplar

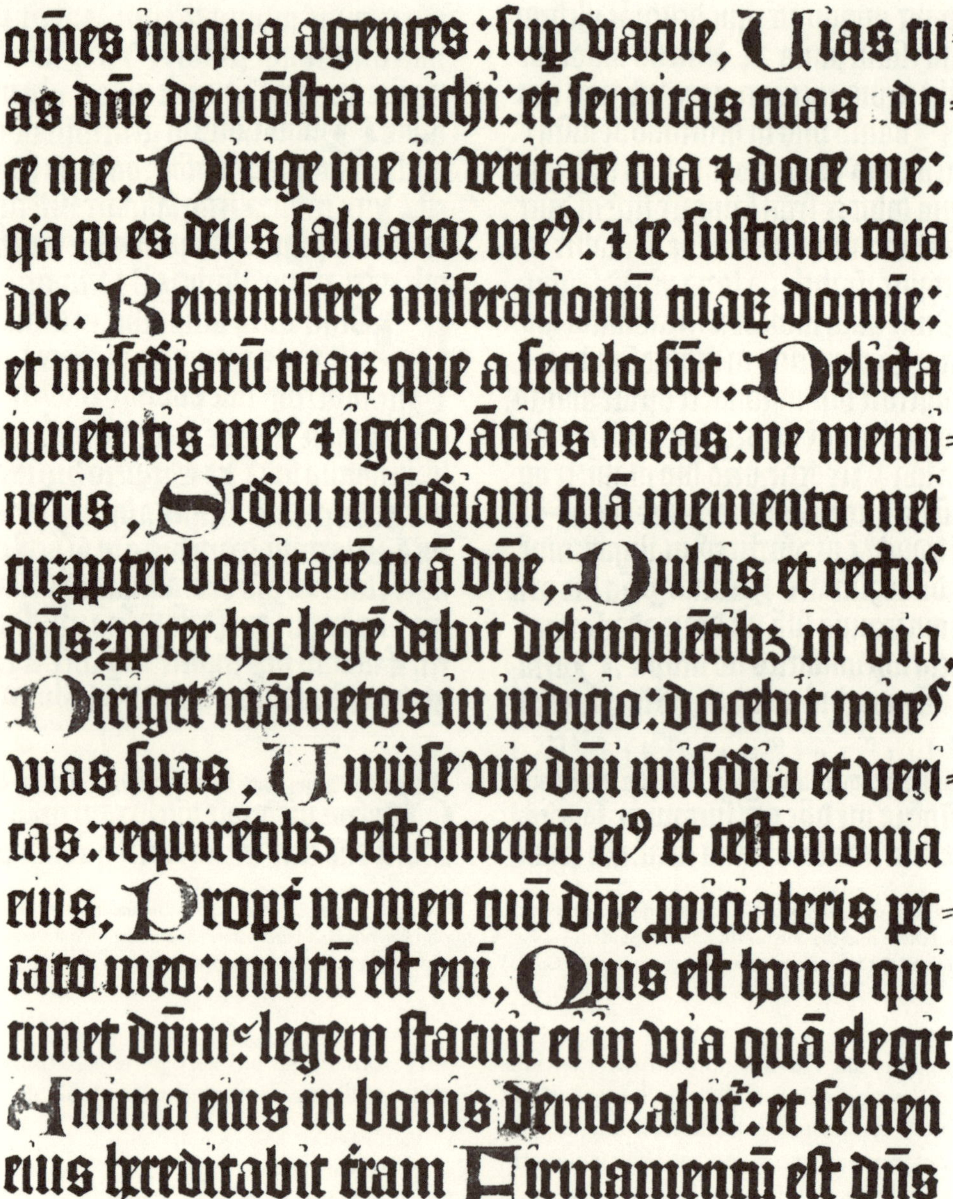

oı̃es iniqua agentes: sup vacue. Uias tu=
as dñe demõstra michi: et semitas tuas :do=
ce me. Dirige me in veritate tua ⁊ doce me:
q̃a tu es deus saluator me⁹: ⁊ te sustinui tota
die. Reminiscere miserationũ tuaꝝ domĩe:
et miscdiarũ tuaꝝ que a seculo sũt. Delicta
iuuẽtutis mee ⁊ ignorãtias meas: ne memi=
neris. Scdm miscdiam tuã memento mei
tu: ꝓpter bonitatẽ tuã dñe. Dulcis et rectus
dñs: ꝓpter hoc legẽ dabit delinquẽtibꝫ in via.
Diriget mãsuetos in iudicio: docebit mites
vias suas. Uniuse vie dñi miscdia et veri=
tas: requirẽtibꝫ testamentũ ei⁹ et testimonia
eius. Propt nomen tuũ dñe ꝓpiciabis pec=
cato meo: multũ est eñi. Quis est homo qui
timet dñm: legem statuit ei in via quã elegit
Anima eius in bonis demorabit: et semen
eius hereditabit trãm. Firmamentũ est dñs
timẽtibꝫ eũ: et testamentũ ipi⁹ ut manifestet
illis. Oculi mei semp ad dñm: quoniã ipe
euellet de laqueo pedes meos. Respice in me
et miserẽ mei: q̃a unicus ⁊ paup sũ ego. Tri=
bulationes cordis mei multiplicate sunt: de

**Abb. 3** Bl. 14[r] des *Psalterium Benedictinum* aus dem Exemplar der FLB Gotha.
Zeile 2: das gedruckte *e* von *edo*=|*ce* ist durch Rasur getilgt und handschriftlich wieder eingesetzt.
Auf dem Abzug in Bautzen kann man das ursprünglich gedruckte *e* noch erkennen.

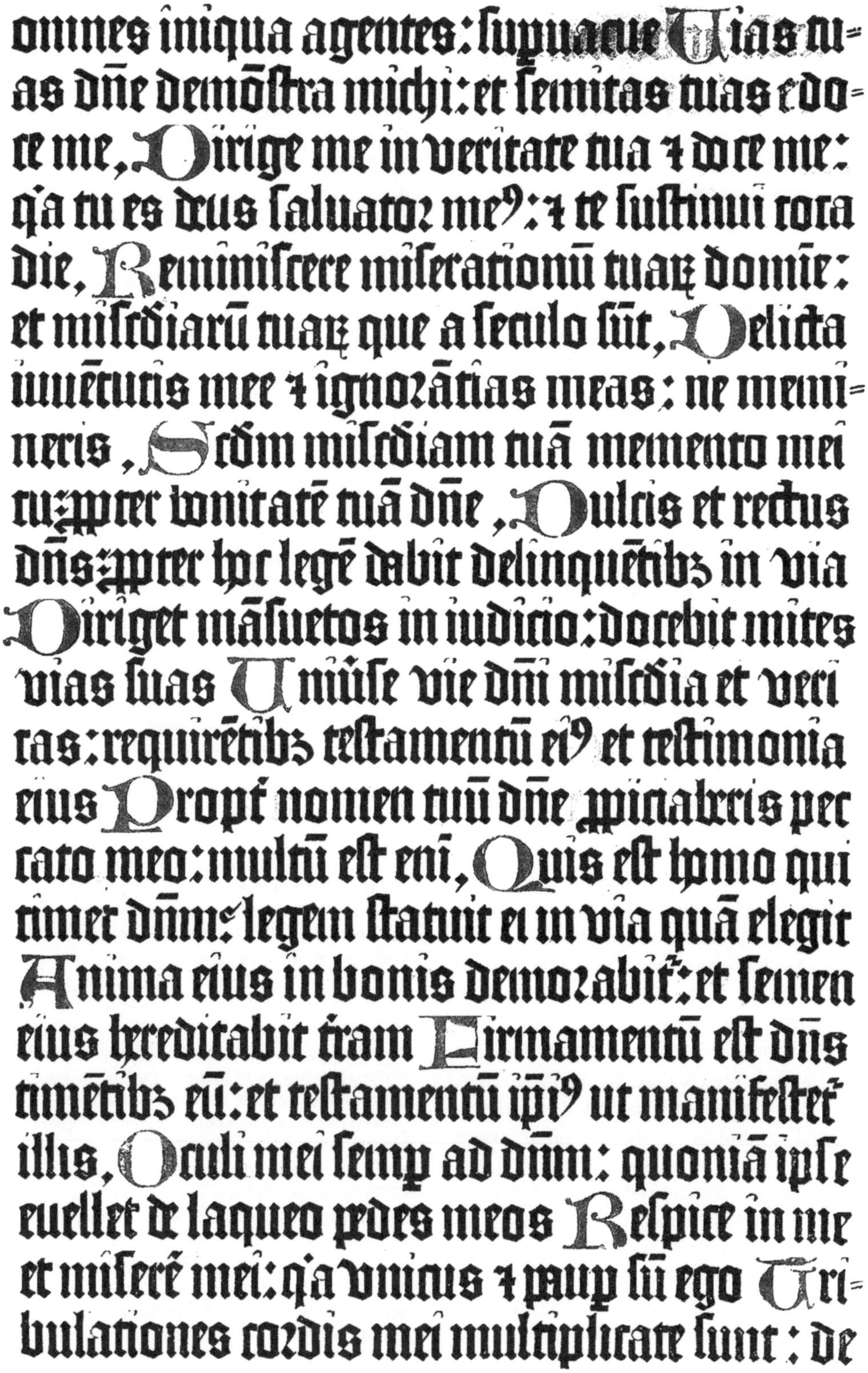
omnes iniqua agentes: supuacue Vias tu-
as dñe demōstra michi: et semitas tuas edo-
ce me. Dirige me in veritate tua ⁊ doce me:
q̄a tu es deus saluator me⁹: ⁊ te sustinui tota
die. Reminiscere miserationū tuaꝝ domīe:
et misc̄diarū tuaꝝ que a seculo sūt. Delicta
iuuētutis mee ⁊ ignorātias meas: ne memi-
neris. Scd̄m misc̄diam tuā memento mei
ꝓpter bonitatē tuā dñe. Dulcis et rectus
dñs: ꝓpter hoc legē dabit delinquētibꝫ in via
Diriget māsuetos in iudicio: docebit mites
vias suas Uniūse vie dñi misc̄dia et veri
tas: requirētibꝫ testamentū ei⁹ et testimonia
eius Propt̄ nomen tuū dñe ꝓpiciabis pec
cato meo: multū est eni. Quis est homo qui
timet dñm: legem statuit ei in via quā elegit
Anima eius in bonis demorabit̄: et semen
eius hereditabit t̄ram Firmamentū est dñs
timētibꝫ eū: et testamentū ipi⁹ ut manifestet̄
illis. Oculi mei semp̄ ad dñm: quoniā ipse
euellet de laqueo pedes meos Respice in me
et miserē mei: q̄a vnicus ⁊ paup̄ sū ego Tri-
bulationes cordis mei multiplicate sunt: de

**Abb. 4** Bl. 14r des *Psalterium Benedictinum* aus dem Exemplar der SBPK Berlin.
(Diese und die entsprechenden folgenden Reproduktionen mit freundlicher Genehmigung der SBPK Berlin)
Z. 2: *e* in *edo*=|*ce* handschriftlich auf Rasur. Das *e* war also wahrscheinlich auch hier gesetzt und gedruckt.

sich dabei um die erste generelle Blattersetzung überhaupt, die in der Geschichte des gedruckten Buches bekannt ist.

Eine merkwürdige Ausnahmestellung nimmt eine andere Cancellation ein, die ebenfalls im sechsten Quinio des *Psalterium Benedictinum* vorgenommen wurde und Blatt 56 betroffen hat. Dieses zweite Blatt des Innenbogens der Lage 6 (Blatt 6/6) ist in 6 von 13 Exemplaren getilgt und durch ein Neusatzblatt ersetzt worden, ohne daß sich ein Grund für die Maßnahme erkennen ließe. Irgendein mißlicher Umstand außertextlicher Art muß den Eingriff veranlaßt haben[8].

Zwei weitere Blattersetzungen oder Halbbogenergänzungen sind spezieller Art, sie finden sich nur in einem einzigen der dreizehn erhaltenen Exemplare. Wie schon Sir Irvine Masson erkannt hat, sind Blatt 10 (1/10) und Blatt 121 (13/3) im Spencer-Exemplar der John Rylands University Library Manchester Neusatzblätter, die jedoch offensichtlich nicht aus Korrekturgründen angefertigt wurden, sondern vermutlich als Ersatz für partielle Fehldrucke beziehungsweise für später verschmutzte oder beschädigte Bogenhälften dienen sollten[9].

Einen speziellen Schachtelbogen besonderer Art bilden die Blätter vier und sieben (1/4–7) im genannten Exemplar aus der Sammlung des zweiten Earl Spencer[10]. Auf Blatt $7^r$ ist der Text nicht abgedruckt, sondern abgeschrieben worden, wobei man sich mit beträchtlichem Erfolg bemüht hat, die Schriftform der Drucktypen nachzuahmen (vgl. Abb. 1 und 2). Dieser Befund kann nun allerdings nicht einfach nur dadurch zustande gekommen sein, daß man den Abdruck auf einer der vier Blattseiten eines vollen Bogens vergessen und deshalb später handschriftlich nachgetragen hätte, denn dann hätte man die Blätter nicht zu schachteln brauchen. Vielmehr muß ein ziemlich komplizierter Prozeß stattgefunden haben, der das Zusammentreffen von mindestens drei Umständen voraussetzt:

1) Als man die Bogen für das Exemplar zusammenlegte, kann für 1/4.7 – ebenso wie für 1/1.10 und 13/3.8 – kein unversehrter und makellos bedruckter Bogen mehr vorhanden gewesen sein, weil man ihn andernfalls für das Exemplar benutzt hätte.

2) Als man die zweite Hälfte dieses speziellen Bogens, aus welchen Gründen auch immer, tilgte, hat offenbar, vielleicht von einem anderen Fehldruckexemplar desselben Bogens, ein Ersatzblatt zur Verfügung gestanden, dessen Rückseite von demselben Satz abgezogen war wie alle übrigen Exemplare, dessen Vorderseite aber unbedruckt geblieben war.

3) Dieser Defekt ist wahrscheinlich erst bemerkt und handschriftlich behoben worden, als das Exemplar bereits die Offizin verlassen hatte und womöglich gar schon gebunden war, denn die entsprechenden Typen sind bei Schöffer noch 1490 in Gebrauch gewesen und hätten deshalb für einen Nachdruck der Seite ohne weiteres verwendet werden können[11].

Im Unterschied zu den Blättern 10 und 121 des Spencer-Exemplars, die ganz und gar von Neusatz herrühren, stammt Blatt 7 also mit seiner Rückseite

der Bodleian Library Oxford sind die Blätter 51–53 entfernt und durch diejenigen eines anderen Exemplares ersetzt, aus dem auch die arabisch foliierten Blätter des Scheide-Exemplares in Princeton stammen (vgl. Boghardt, Disturbance, Anm. 17, 1). Erst beim Neubinden getilgt wurden die Schachtelfalze sehr wahrscheinlich in den beiden Exemplaren der BL London sowie in dem Exemplar der BN Paris. Das Spencer-Exemplar in Manchester hat als einziges das Cancellandum, während sich drei weitere Einzelblattexemplare des getilgten Blattes in London und Den Haag erhalten haben. (Vgl. BMC I, p. 20, IC. 76, IC. 77 und MMW, S. 250/251, Nr. 592.)

8 Vgl. Boghardt, Disturbance, p. 14–21.

9 Vgl. Masson, p. 64; Boghardt, Disturbance, p. 9–12. Masson sagt, auch die Blätter 10 und 121 gehörten zu denen, »of which the first settings were found betimes to be fault«, doch halte ich dies für einen Lapsus, der ihm nur en passant und in unmittelbarem Zusammenhang mit dem Hinweis auf Blatt 51 unterlaufen ist, für das die Bemerkung stimmt. Für die Blätter 10 und 121 ist seine Feststellung sicherlich falsch (vgl. meinen genannten Aufsatz), aber ich glaube nicht, daß er, auf sie angesprochen, auf ihr bestanden hätte. Was die buchtechnische Einfügung der Neusatzblätter 10 und 121 in das Spencer-Exemplar angeht, so ist Blatt 121 noch heute mit seinem Entsprechungsblatt 126 geschachtelt, während man bei Blatt 10 keinerlei Spuren einer wie auch immer gearteten Einfügetechnik erkennen kann. Mit seinem Entsprechungsblatt 1 ist es vielleicht einmal verschachtelt gewesen, doch da man vermutlich einen Falz nach oder gar vor dem ersten Blatt des ganzen Bandes vermeiden wollte, wäre es auch vorstellbar, daß Blatt 1 ursprünglich mit einem überstehenden Falz um die Blätter 2.9 und Blatt 10 ebenso um die ganze zweite Lage mit den Blättern 11.20 herumgelegt gewesen wäre, wie dies bei mehreren Exemplaren der 36zeiligen Bibel der Fall ist (vgl. Boghardt, Blattersetzung, S. 65–67). In dem eng gebundenen roten Maroquin-Einband, der das Spencer-Exemplar heute ziert, läßt sich freilich weder erkennen, wie Blatt 10 früher eingefügt war, noch wie es beim letzten Binden befestigt wurde.

10 Das Spencer-Exemplar weist also gleich vier Besonderheiten auf, die in den gegenwärtigen Zusammenhang gehören: es ist das einzige, welches das Cancellandum von Blatt 51 enthält, und es besitzt drei spezielle Schachtelblätter, die entweder teilweise handbeschrieben sind (Blatt $7^r$) oder ganz und gar auf Neusatz zurückgehen (Blatt 10 und 121).

11 Für das *Psalterium Benedictinum*, Mainz: Peter Schöffer, 31. August 1490, Regal-2°, H 13494, ISTC po1062500, standen sie noch zur Verfügung. Vgl. BMC I 19 und I 36.

aus dem anfänglichen, regulären Setz- und Druckprozeß des Werkes und kann deshalb ebenso als spezieller Scheinkarton wie auch als echtes spezielles Cancellans gedient haben sollen, das dann mit Blatt 3 verschachtelt wurde. In beiden Fällen wäre jedoch übersehen worden, daß die Vorderseite des Blattes noch leer war und der Text deshalb später handschriftlich nachgetragen werden mußte.

## II Der Schachtelbogen 2/4—7 im Berliner Exemplar

Alle bisher genannten zusammengesetzten Bogen, der generelle Schachtelbogen 6/1—10, der sozusagen halbgenerellen Schachtelbogen 6/5—6 sowie die speziellen Schachtelbogen 1/1—10 (präsumptiv, vgl. Anm. 9), 1/4—7 und 13/3—8 haben gemeinsam, daß jeweils nur eine ihrer beiden Hälften Merkmale aufweist, durch die sie von den übrigen Exemplaren abweichen. Demgegenüber gibt es einen weiteren Beleg, in dem beide Entsprechungsblätter aus dem Rahmen des allgemeinen Erscheinungsbildes herausfallen, und das ist der spezielle Schachtelbogen 2/4—7 in dem Exemplar der Staatsbibliothek zu Berlin — Preußischer Kulturbesitz. Blatt 14 (2/4) und 17 (2/7) differieren jedoch in unterschiedlicher Weise von den Vergleichsexemplaren und sind daher zunächst getrennt zu betrachten.

Blatt 14 stammt mit seiner Rückseite — ähnlich wie Blatt $7^v$ des Spencer-Exemplars — eindeutig aus demselben Setz- und Druckprozeß wie alle übrigen Exemplare, während es auf seiner Vorderseite ebenso eindeutig auf einen Sondersatz zurückgeht (vgl. Abb. 3 und 4). Die Satzbilder Bl. $14^r$ sind klar erkennbar deckungsungleich, und auch eine Reihe von insgesamt 14 Varianten ist vorhanden. Abgesehen von handschriftlichen Veränderungen, die ich in den Bildlegenden vermerkt habe, sind es folgende[12]:

| Zeile | Exemplar Gotha u. a. | Berlin |
|---|---|---|
| 1 | om̄es | omnes |
| | sup vacue | supuacue |
| 3 | doce | doce |
| 9 | bonitatē | bonitatē |
| | rectu5 | rectus |
| 10 | via. | via |
| 11 | mite5 | mites |
| 12 | suas. | suas |
| 12 | veri =\| | veri\| |
| 14 | eius. | eius |
| 14 | pec =\| | pec\| |
| 18 | Firmamentū ($a_{10}$, nicht bei ZEDLER) | Firmamentū ($a_1$) |
| 19 | manifestet# ($a_4$) | manifestet# ($a_1$) |
| 20 | ip̄e | ipse |

Wie man sieht, sind die meisten Abweichungen rein typographischer Art, sie beruhen lediglich auf unterschiedlichem Gebrauch von Einzellettern, Ligaturen, Kontraktionen und Abbreviaturen. Daneben gibt es drei Interpunktionsvarianten (Z. 10, 12, 14), wobei jeweils im Berliner Exemplar ein Punkt als Abschluß des Verses fehlt, der jedoch auch schon durch die stets folgende Unziale gekennzeichnet ist, und zweimal fehlt, gleichfalls im Berliner Exemplar, das erforderliche Trennungszeichen (Z. 12, 14). Der Satz für das Berliner Exemplar ist also insgesamt etwas fehlerhafter als derjenige, der für die übrigen Exemplare benutzt wurde, doch sind die festgestellten Flüchtigkeiten keinesfalls derart gravierend, daß man in ihnen das Motiv für einen korrigierenden Neusatz sehen dürfte. Vielmehr passen sie zu der Beobachtung, die man immer wieder machen kann, daß nämlich ein Setzer, der nach der Vorlage eines bereits gedruckten Textes einen Zweitsatz herstellt, zwar eventuell vorhandene offenkundige Fehler korrigiert, im übrigen aber eher weitere Versehen in den Text hineinbringt, weshalb man die durchaus einleuchtende Faustregel aufgestellt hat, daß der fehlerhaftere von zwei Sätzen, die stemmatisch voneinander abhängen, der spätere sei[13]. Blatt 14 des Berliner Exemplars könnte demnach die noch ver-

12 Hier und in den folgenden Variantenverzeichnissen bedeuten:

| | |
|---|---|
| hs. | handschriftlich |
| Überstreichung | Kontraktion, meist für fehlenden Nasallaut, aber auch für andere fehlende Zeichen |
| Überpunktung | Kontraktionen verschiedener Art |
| Unterstreichung | Ligatur |
| \| | Zeilenende |
| & | Zeichen für »et« |
| 9 | Abkürzungszeichen für »con-«, »com-« |
| l' | Abkürzungszeichen für l-Verbindungen (»ul«, »ael«, »lor«) |
| p | Abkürzungszeichen für »per« |
| # | Abkürzungszeichen für »-ur« |
| 3 | Abkürzungszeichen für »-ue«, »-us« |
| 5 | Abkürzungszeichen für »-s« |
| 9 | Abkürzungszeichen für »-us« |

Die in Klammern numerierten Typenformen sind bei Zedler abgebildet, und zwar diejenigen der großen Psaltertype auf Seite 71, diejenigen der kleinen Psaltertype auf Seite 73 und diejenigen der beiden Unzialalphabete auf Seite 77.

13 Vgl. BOGHARDT, Blattersetzung, Anm. 41.

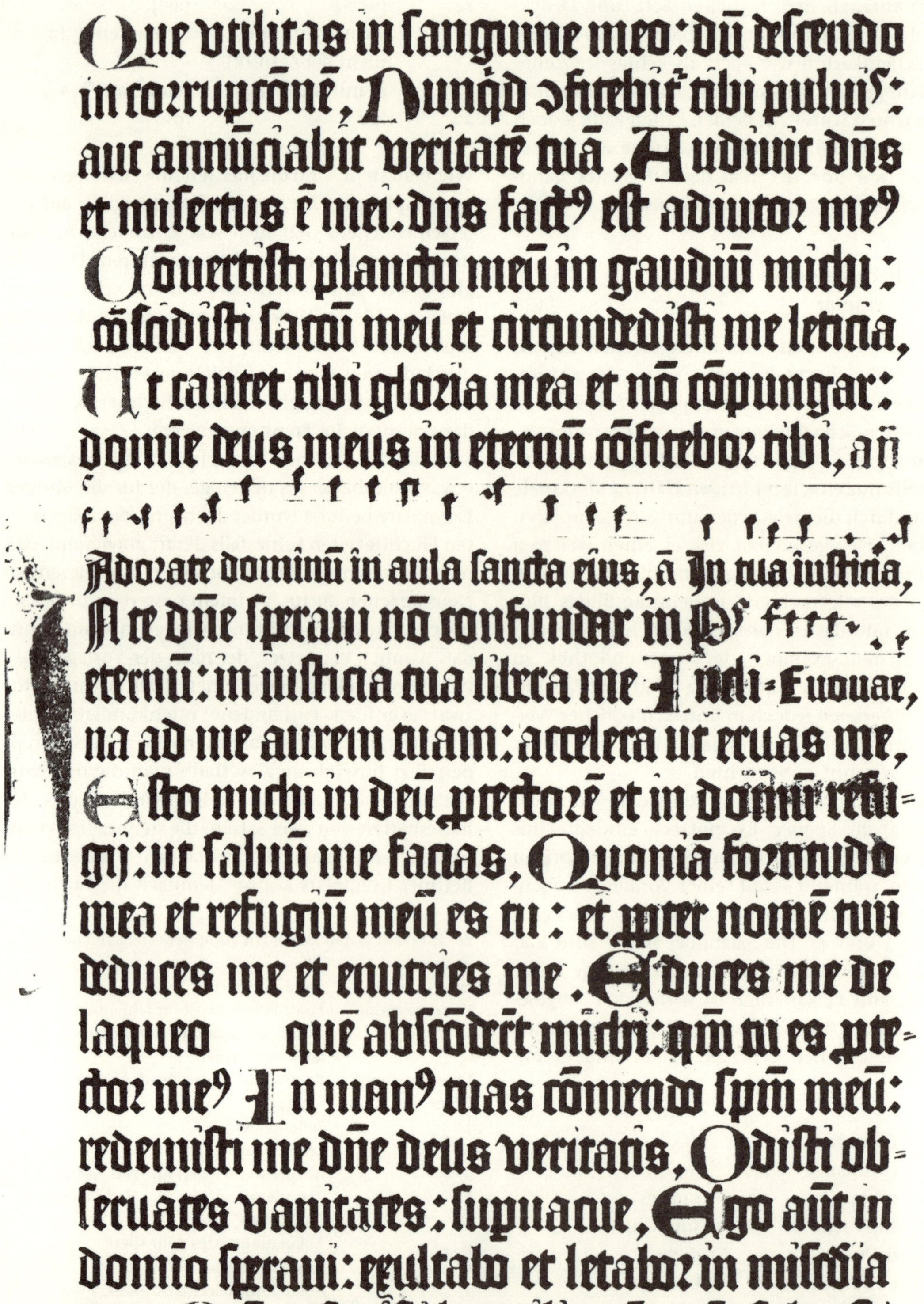
Que utilitas in sanguine meo: dū descendo
in corrupcōnē. Nunqd cōfitebit̄ tibi pulvis:
aut annūciabit veritatē tuā. Audivit dn̄s
et misertus ē mei: dn̄s fact⁹ est adiutor me⁹
Cōuertisti planctū meū in gaudiū michi:
cōscidisti saccū meū et circumdedisti me leticia.
Ut cantet tibi gloria mea et nō cōpungar:
domine deus meus in eternū cōfitebor tibi. aī
Adorate dominū in aula sancta eius. ā In tua iusticia.
In te dn̄e speravi nō confundar in Ps
eternū: in iusticia tua libera me. Incli- Euouae.
na ad me aurem tuam: accelera ut eruas me.
Esto michi in deū ꝓtectorē et in domū refu-
gij: ut saluū me facias. Quoniā fortitudo
mea et refugiū meū es tu: et ꝓpter nomē tuū
deduces me et enutries me. Educes me de
laqueo quē abscōderūt michi: qm̄ tu es ꝓte-
ctor me⁹. In man⁹ tuas cōmendo spm̄ meū:
redemisti me dn̄e deus veritatis. Odisti ob-
servātes vanitates: supvacue. Ego aūt in
domino speravi: exultabo et letabor in misc̄dia
tua. Qm̄ respexisti humilitatē meā: saluasti

**Abb. 5** Bl. 17r der FLB Gotha. Noten und Notenlinien handschriftlich. Die I-Initiale ist im Gothaer Exemplar nur schwach abgedruckt, man kann jedoch am Original erkennen, daß sich auch die beiden senkrechten Zierlinien rechts neben dem Letternkern, welche auf der Kopie nicht mehr zu sehen sind, noch außerhalb des Satzspiegels befinden. Z. 6: fälschlich gedruckt war *concidisti,* wie es im Bautzener Exemplar noch erhalten ist.
Hier hs. auf Rasur verbessert in *conscidisti.* Z. 18: nach *laqueo* durch Rasur getilgt wurde *hoc,* das im Bautzener Exemplar noch erkennbar ist.

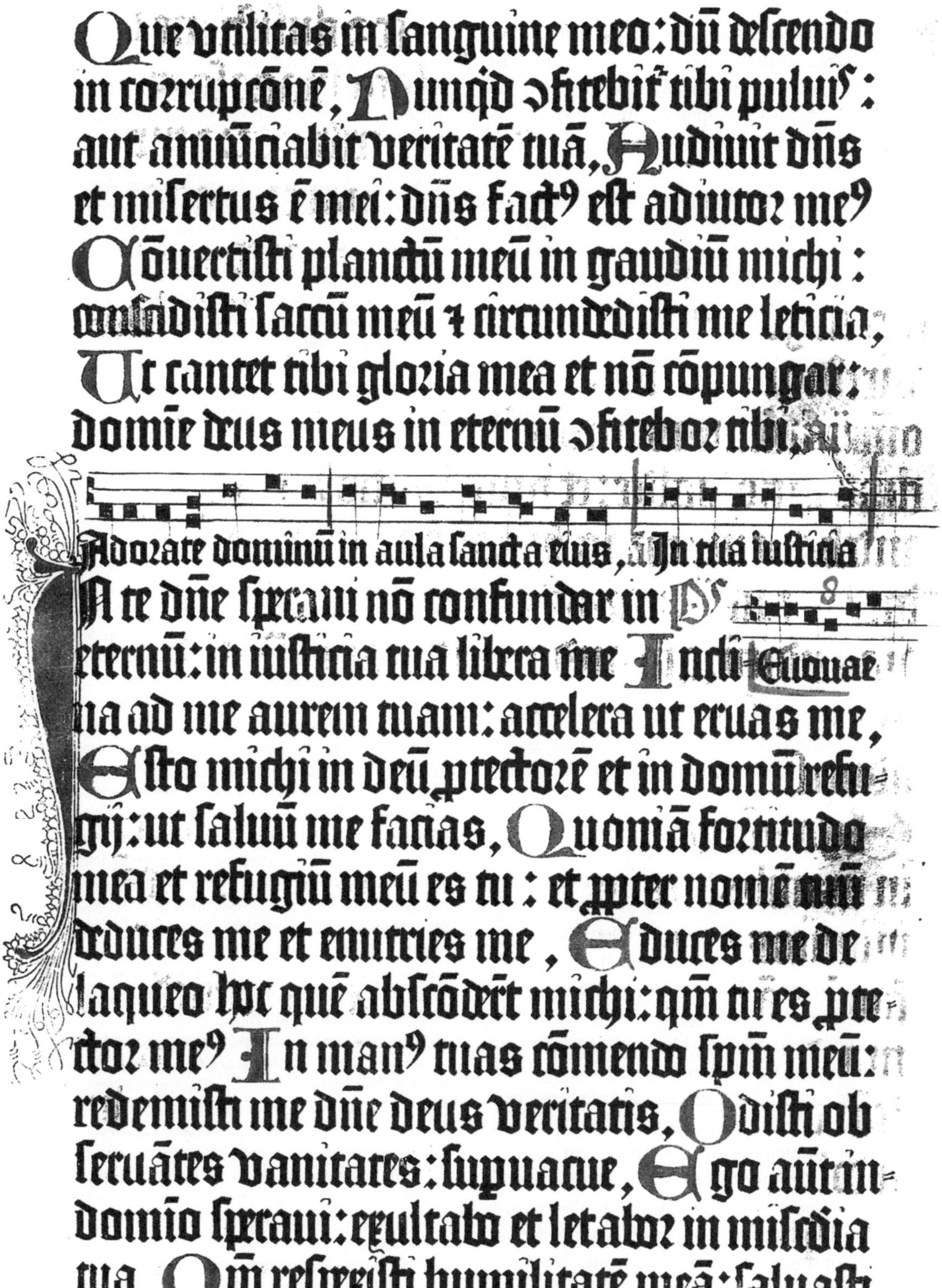

Que vtilitas in sanguine meo: dū descendo
in corrupcōnē. Numqd cōfitebit tibi puluis:
aut annūciabit veritatē tuā. Audiuit dn̄s
et misertus ē mei: dn̄s fact$^9$ est adiutor me$^9$
Conuertisti planctū meū in gaudiū michi:
conscidisti saccū meū ⁊ circumdedisti me leticia.
Ut cantet tibi gloria mea et nō cōpungar:
domine deus meus in eternū cōfitebor tibi. añ

Adorate dominū in aula sancta eius. In tua iusticia
In te dn̄e speraui nō confundar in P$^5$
eternū: in iusticia tua libera me. Incli Euouae
na ad me aurem tuam: accelera ut eruas me.
Esto michi in deū ptectorē et in domū refu-
gij: ut saluū me facias. Quoniā fortitudo
mea et refugiū meū es tu: et pter nomē tuū
deduces me et enutries me. Educes me de
laqueo hoc quē abscōderūt michi: qm̄ tu es pte-
ctor me$^9$ In man$^9$ tuas cōmendo spm̄ meū:
redemisti me dn̄e deus veritatis. Odisti ob
seruātes vanitates: supuacue. Ego aūt in
domino speraui: exultabo et letabor in misercdia
tua. Qm̄ respexisti humilitatē meā: saluasti

**Abb. 6** Bl. 17$^r$ der SBPK Berlin. Noten und Notenlinien handschriftlich; ebenso Z. 8: añ; Z. 10: ā; Z. 11: P$^5$. Z. 6: *conscidisti* hs. auf Rasur, vermutlich ebenfalls aus gedrucktem *concidisti.* Z. 18: *hoc* hs. auf Rasur, vermutlich war auch hier *hoc* ursprünglich gedruckt. Z. 19: *a* in *man$^9$* handschriftlich verdeutlicht oder aus einem *n* hergestellt; wegen dieser Unklarheit nicht als Druckvariante aufgeführt.

wertbare Hälfte eines Fehldruckbogens gewesen sein, deren Rückseite schon regulär und makelfrei abgezogen war, während ihre Vorderseite zunächst aus Gründen, die wir nicht kennen, ebenso wie bei Blatt $7^{r}$ des Spencer-Exemplars unbedruckt geblieben war und deshalb später einen Neusatz veranlaßte.

Blatt 17 des Berliner Exemplars zeigt nicht nur auf einer, sondern auf beiden Seiten Auffälligkeiten, durch die es von den entsprechenden Kolumnen der übrigen Exemplare absticht, aber darüber hinaus wird bei ihm eine Frage zum Problem, die man üblicherweise unschwer beantworten kann und als Voraussetzung für die Erklärung des Zustandekommens aller weiteren Befunde auch möglichst vorab beantworten muß[14], die Frage nämlich nach der Identität des typographischen Satzes. Mir ist bisher noch kein Beispiel begegnet, für das in dieser Hinsicht derart widersprüchliche Indizien zu ermitteln waren wie hier[15], und auch wenn letzten Endes eine begründete Entscheidung erfolgen wird, so dürfte dennoch der Eindruck bestehen bleiben, daß der festgestellte Sachverhalt in seinem Erscheinungsbild und seiner Entstehungsweise anders beschaffen sei, als es gemeinhin der Fall ist.

Auf drei Gebieten sind die Hinweise zu finden, um die es geht: auf dem Bezugsfeld der typographischen Zeichen, auf dem Spurenfeld identischer Lettern und auf dem Variationsfeld individuell verschiedener Lettern bzw. unterschiedlicher Typen. Betrachten wir zunächst die Vorderseite von Blatt 17.

Die Grundfrage, die beim Vergleich von zwei Druckexemplaren, seien es nun einzelne Blätter, volle Bogen oder ganze Lagen, geklärt werden muß, ist, wie gesagt, diejenige nach der Identität des typographischen Satzes, und für ihre Beantwortung gibt es, wie gleichfalls bereits vermerkt, in der Regel keine besonderen Schwierigkeiten. Die Konfiguration der Zeichen in den Druckformen hinterläßt auf den Abzügen, die von ihnen gemacht werden, entsprechende Gegenbilder, die fast immer unschwer zu erkennen geben, ob sie miteinander deckungsgleich oder -ungleich sind und somit von demselben Satz stammen oder nicht. Dies gilt unabhängig von mehr oder weniger punktuellen Abweichungen, die auch in generell deckungsgleicher Umgebung vorkommen und auf satzinterne Veränderungen, auf satzinterne Korrekturen (sogenannte Preßkorrekturen) oder Korruptele (Preßkorruptele) nach schon begonnenem Druck zurückgehen. Auch der vorliegende Fall scheint hier zunächst keine Ausnahme zu bilden.

Denkt man sich zum Beispiel im Berliner und im Gothaer Exemplar, das hier stellvertretend für die übrigen abgebildet wird (vgl. Abb. 5 und 6), die folgenden Zeichen, welche in variantenfreiem Umfeld stehen und daher keine variantenbedingten Ver-

14 An dieser Stelle nenne ich einen Aufsatz, dem offenbar großer Kollationsfleiß zugrundeliegt, der aber seinem Gegenstand trotzdem in keiner Weise gerecht wird. In der Sache bringt er nichts Neues, während er die wichtigste Vorarbeit, die Monographie nämlich von Irvine Masson, in sträflicher Weise vernachlässigt. Man könnte ihn daher unerwähnt lassen, wenn er nicht in seiner methodischen Verfehltheit von geradezu exemplarischer Bedeutung wäre. »Kann man aufgrund von Satzvarianten verschiedene Auflagen erschließen?«, hat 1989 Anke Böhm im Gutenberg-Jahrbuch programmatisch gefragt und unter diesem Gesichtspunkt das *Psalterium Moguntinum,* [Mainz:] Johannes Fust und Peter Schöffer, 14. August 1457, Regal-2°, Pergament, H 13479, ISTC po1 036 000, anhand des Darmstädter Exemplars und der Faksimile-Ausgabe des Wiener Exemplars von Otto Mazal, Zürich 1969, untersuchen wollen. Die Art, wie sie dabei mit Massons Buch umgeht, indem sie dessen Ergebnisse weitgehend unberücksichtigt läßt, ist ärgerlich, aber sie schadet auch ihrem eigenen Anliegen. Denn gerade, wenn man prüfen will, ob es Varianten gibt, die nicht sowohl satzintern als auch neusatzbedingt entstanden sein können, sondern mit großer Wahrscheinlichkeit oder gar mit Sicherheit doppelten Satz voraussetzen und somit auf die Existenz einer partiellen oder totalen Neuauflage schließen lassen, muß man zunächst einmal verschiedene Vergleichspartien haben, die nachgewiesenermaßen teils nur in einem und teilweise in zwei verschiedenen typographischen Sätzen vorliegen, um sodann die hier und dort auftretenden Varianten nach Zahl und Art miteinander vergleichen zu können. Insofern hätte Anke Böhm durch die grundlegende Arbeit von Masson, der diese verschiedenen Partien im *Psalterium Moguntinum* bereits ermittelt hatte, eine ideale Ausgangsbasis für ihre Untersuchung gehabt, doch hat sie sie, wie gesagt, nicht genutzt. An ihrem Aufsatz wird ex negativo deutlich, wie wichtig für jede Druckanalyse die methodische Forderung ist, die Frage nach der Satzidentität, wenn irgend möglich, zunächst unabhängig vom Variantenbefund zu klären.

15 Eine ähnliche Schwierigkeit scheint im Verhältnis zwischen dem Nachdruckbogen 5/5.6 von Band I der 42zeiligen Bibel in dem Irwin-Exemplar der Pierpont Morgan Library New York und dem sogenannten Korrekturblatt I 5/5 der Lilly Library Bloomington, IN, vorzuliegen. Vgl. NEEDHAM, p. 335, wo er schreibt, das Blatt der Lilly Library könne einen unkorrigierten, frühen Satzzustand des entsprechenden Abdrucks im Irwin-Exemplar wiedergeben, auch wenn er es wahrscheinlichkeitshalber für bedenkenswert halte, ob nicht das Irwin-Exemplar einen korrigierten Neusatz der Textvorlage des Lilly-Blattes biete. »However that may be«, so fährt er fort, ». . . I am sorry to sound so foggy about what may strike the reader as a question easily answered«. Aber, um es noch einmal zu betonen, derartige Schwierigkeiten sind wirklich ganz seltene Ausnahmen und setzen keineswegs die methodische Forderung außer Kraft, grundsätzlich an erster Stelle die Frage nach der Satzidentität zu klären.

schiebungen erfahren haben können, jeweils nach oben verlängert –

in Zeile 5 das zweite *t* von *Convertisti*,
in Zeile 14 das *h* von *michi*, das *d* von *deum*, das zweite *t* von *protectorem*, das *t* von *et* sowie das *d* und das *u* von *domum* (Esto michi in deum protectorem et in domum),
in Zeile 18 das *q* und *e* von *quem*, das *b* und *t* von *absconderunt* oder das *m* von *michi* (quem absconderunt michi),
in Zeile 22 das *l* von *letabor*,
in Zeile 23 das zweite *s* in *respexisti* sowie das erste *s* in *salvasti* –,

so erkennt man, daß diese Letternabdrücke auf den beiden Reproduktionen jeweils verschiedene Positionen einnehmen und demnach von doppeltem Satz herrühren müßten. Ebenso zeigt ein Blick auf die Abbildungen 9–11, auf denen jeweils Ausschnitte von Bl. 17$^{r}$ des Berliner und des Gothaer Exemplars mit Hilfe des elektronischen Bildvergleichsprogrammes SIS[16] verschieden eingefärbt und möglichst genau aufeinanderprojiziert wurden, daß es nur an einigen Stellen gelungen ist, die Satzbilder einigermaßen zur Deckung zu bringen und deshalb farbkontrastarm in Erscheinung treten zu lassen, während sich für andere Partien eine solche Übereinstimmung nicht herstellen ließ und daher starke Farbeffekte das Bild prägen. Haben wir es also mit zweifachem Satz zu tun? Hierzu ist folgende Gegenüberlegung anzustellen.

Abgesehen davon, daß der Druckträger für alle Exemplare des *Psalterium Benedictinum* aus Pergament besteht, welches erheblich mehr als Papier dazu neigt, sich im Laufe der Zeit unter unterschiedlichen Bedingungen unterschiedlich zu verändern, so daß also manche Inkongruenzen durch spätere, äußere Einflüsse verursacht sein könnten, weist das Druckbild des Berliner Exemplars zwei besondere Eigentümlichkeiten auf, die geeignet wären, es trotz der genannten Indizien für Doppelsatz als den frühen Abzug von einer einzigen, noch unfertigen Kolumne anzusehen, die man dann durch Eingriffe außertextlicher Art in ihrer satztechnischen Qualität verbessert hätte. Es handelt sich um zwei Mängel, die auf der linken Seite der Kolumne die I-Initiale und auf der rechten die Zeilenlängen betreffen.

Unter den berühmten Initialen der beiden frühen Psalterien von Fust und Schöffer kommt dem »I« des öfteren eine Sonderstellung zu. Denn während die übrigen Schmuckmajuskeln – abgesehen von dem sechszeiligen »B« (Beatus vir) am Anfang – eine Höhe von zwei oder vier Zeilen besitzen und sowohl mit dem Letternkern als auch zumindest mit einem Teil ihres Zierwerks in den Satzblock eingefügt sind[17], gibt es von dem »I« neben der zweizeiligen Standardausführung eine Großform, welche eine Höhe von elf Zeilen einnimmt und vollständig außerhalb der Kolumne steht, obwohl sie ebenso wie die anderen Initialen rot-blau oder blau-rot eingefärbt wurde und – von satztechnisch bedingten Ausnahmen abgesehen – gemeinsam mit dem Textsatz unter die Presse kam[18]. Auf dem Berliner Abzug von Blatt 17$^{r}$ jedoch erscheint dieses »I« nicht rotblau, sondern rot-schwarz, und die Druckerschwärze der Zierlinien überschneidet teilweise das Textfeld, so daß also die Initiale in diesem Falle erst nachträglich, und zwar eben auch noch falsch eingefärbt, auf das Pergament aufgedruckt worden sein kann. Da nun die Großform des »I« an dieser Stelle des *Psalterium Benedictinum* überhaupt zum ersten Mal vorkommt und somit hier zum ersten Mal eine Satztechnik des Beifügens und nicht des Einfügens verlangt wurde, ließe sich vermuten, daß die Initiale vom Setzer zunächst vergessen und erst in Verbesserung eines mangelhaften Satzzustandes, wie ihn das Berliner Exemplar zeigt, an die Kolumne angefügt worden wäre.

In dieselbe Erklärungsrichtung scheint der schlechte Randausgleich zu deuten, den das Berliner Exemplar auf der rechten Seite von Blatt 17$^{r}$ aufweist. Zwar ist eine wirklich exakte Gleichheit der Zeilenlängen in den Schöfferschen Psalterien ohnehin noch nicht vorhanden, aber die Unregelmäßigkeiten des Berliner Exemplars auf Blatt 17$^{r}$ sind doch auffallend groß. Die vielen Deckungsungleichheiten, welche zwischen dem Berliner Abzug und den übrigen Exemplaren festgestellt wurden, könnten demnach derart zustande gekommen sein, daß man eine schlechte Frühgestaltung der Kolumne durch Veränderung der Zeilenlängen zu verbessern gesucht hätte.

Auf dem Spurenfeld der Abdrücke von identischen Lettern wiederholt sich die Widersprüchlichkeit der Befunde, die sich auf dem Bezugsfeld der Zeichen ergeben hat.

16 Vgl. BOGHARDT, Druckanalyse, S. 208/209 und 214/215.
17 Vgl. zum Beispiel Plate II und III bei Masson oder das Faksimile des *Psalterium Moguntinum* von Mazal.
18 Zur vieldiskutierten Satz- und Drucktechnik der Schöfferschen Psalterien vgl. MASSON, p. 23–58, die frühere Literatur dort auf S. 72.

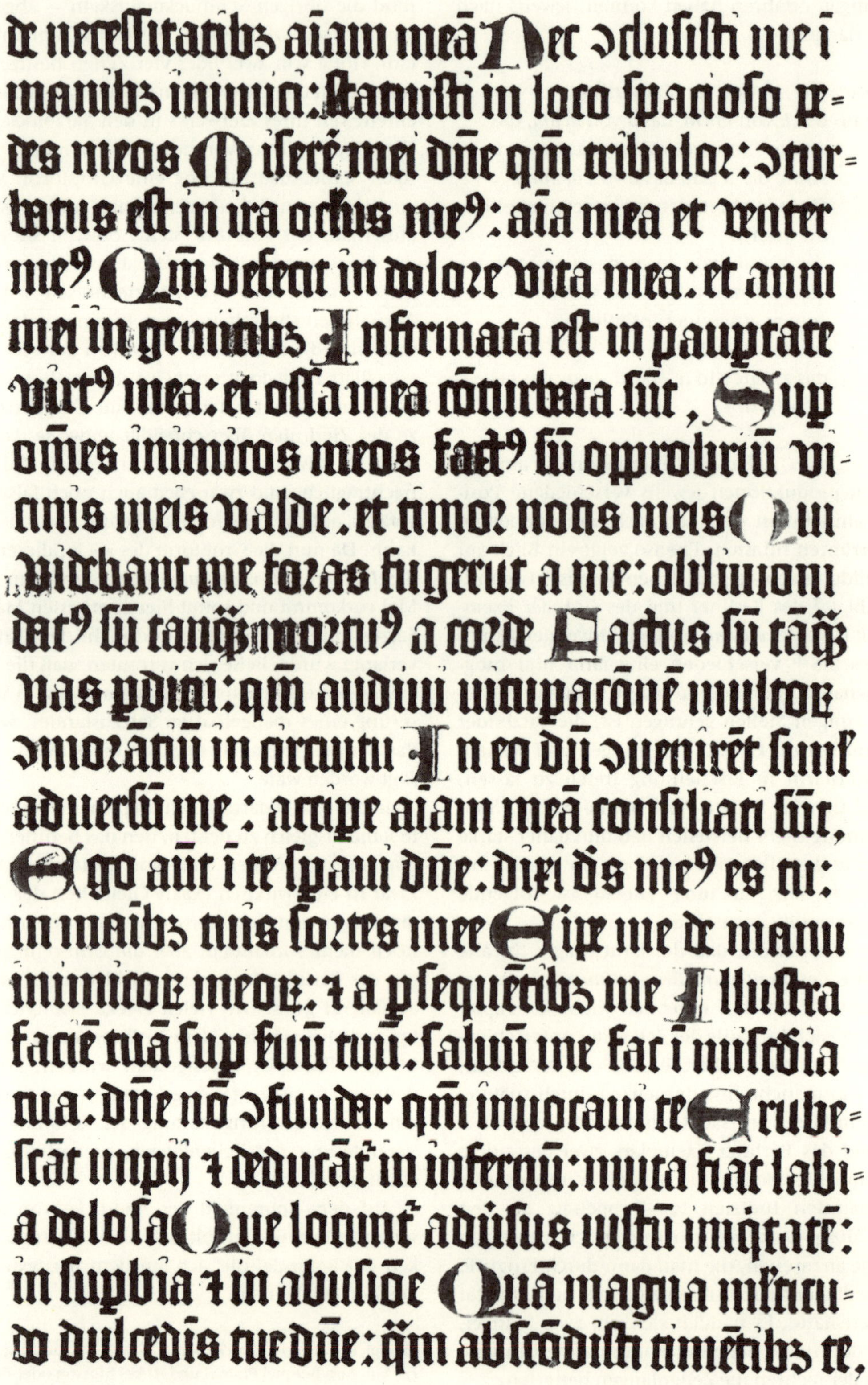
de necessitatibz aīam meā Nec ɔclusisti me ī
manibz inimici: statuisti in loco spacioso pedes meos Miserē mei dn̄e qm̄ tribulor: ɔtur-
batus est in ira ocłus me⁹: aīa mea et venter
me⁹ Qm̄ defecit in dolore vita mea: et anni
mei in gemitibz Infirmata est in paupertate
virt⁹ mea: et ossa mea ɔturbata sūt. Sup
om̄es inimicos meos fact⁹ sū opprobriū vi-
cinis meis valde: et timor notis meis Qui
videbant me foras fugerūt a me: oblivioni
dat⁹ sū tanq̄ȝ mortu⁹ a corde Factus sū tāq̄ȝ
vas pditū: qm̄ audivi vituperacōnē multoꝝ
ɔmorātiū in circuitu In eo dū ɔvenirēt simł
adversū me: accipe aīam meā consiliati sūt.
Ego aūt ī te spavi dn̄e: dixi d̄s me⁹ es tu:
in maībz tuis sortes mee Eripe me de manu
inimicoꝝ meoꝝ: ⁊ a psequētibz me Illustra
faciē tuā sup servū tuū: salvū me fac ī miscdia
tua: dn̄e nō ɔfundar qm̄ invocavi te Erube-
scāt impii ⁊ deducāt in infernū: muta fiāt labi-
a dolosa Que locunt᷑ adv̄sus iustū iniq̄tatē:
in supbia ⁊ in abusiōe Quā magna multitu-
do dulcedis tue dn̄e: q̄m abscōdisti timētibz te.

**Abb. 7** Bl. 17v der FLB Gotha. Z. 23: *e* in *tue* hs. auf Rasur; wohl, wie in anderen Exemplaren auch, aus *i*. In den Exemplaren von Bautzen, Oxford und Princeton ist das ursprünglich gedruckte *i* noch teilweise zu erkennen.

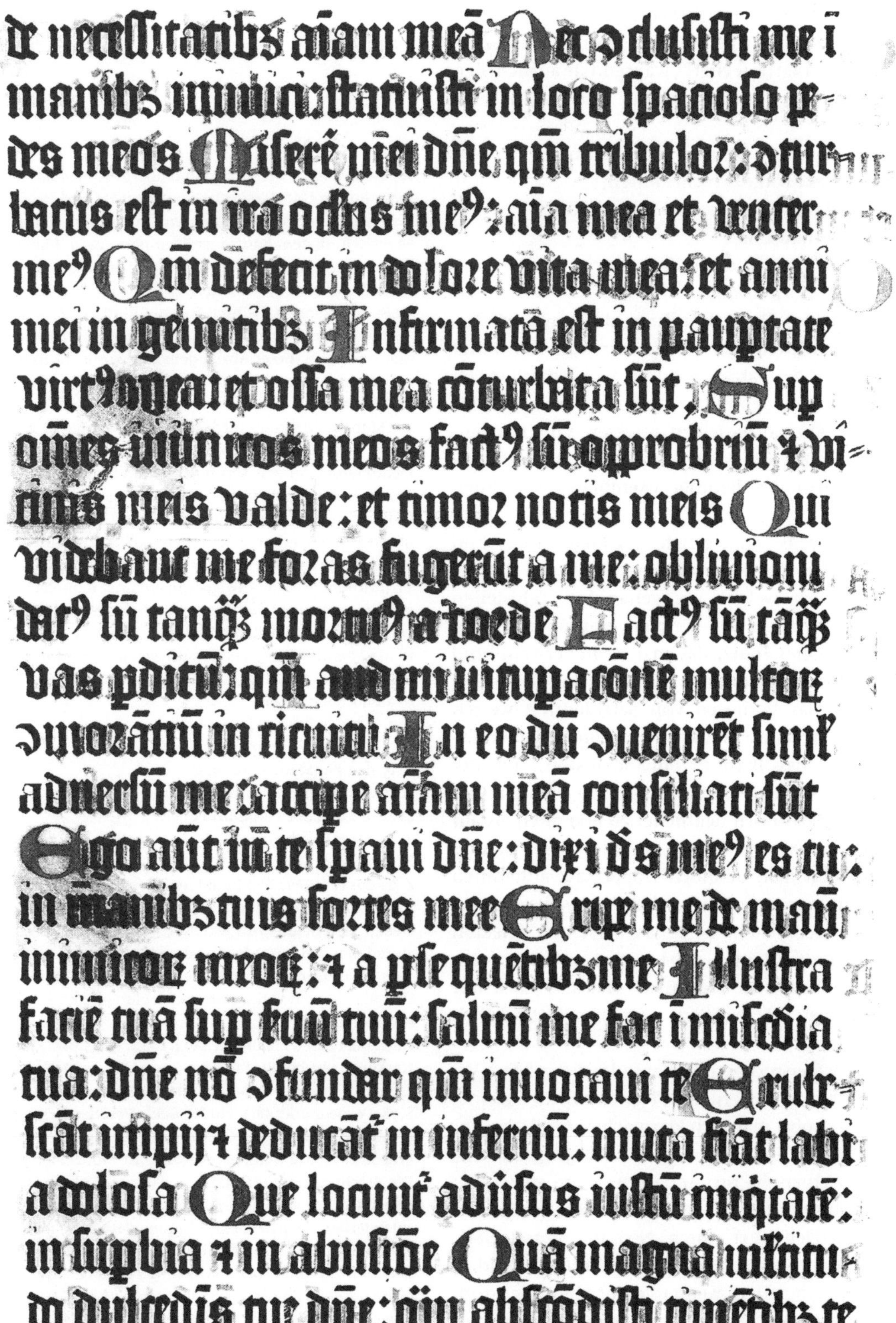
de necessitatibꝫ aīam meā Nec ɔclusisti me ī
manibꝫ inimici: statuisti in loco spacioso pedes meos Miserere mei dn̄e qm̄ tribulor: ɔtur-
batus est in ira oculus meꝰ: aīa mea et venter
meꝰ Qm̄ defecit in dolore vita mea: et anni
mei in gemitibꝫ Infirmata est in paupertate
virtꝰ mea: et ossa mea ɔturbata sūt. Sup
omnes inimicos meos factꝰ sū opprobriū ⁊ vi-
cinis meis valde: et timor notis meis Qui
videbant me foras fugerūt a me: oblivioni
datꝰ sū tanq̄ȝ mortuꝰ a corde Factꝰ sū tāq̄ȝ
vas pditū: qm̄ audivi vitupacōnē multoꝝ
ɔmorātiū in circuitu In eo dū ɔvenirēt simul
adversū me: accipe aīam meā consiliati sūt
Ego aūt in te spavi dn̄e: dixi d̄s meꝰ es tu:
in manibꝫ tuis sortes mee Eripe me de manu
inimicoꝝ meoꝝ: ⁊ a psequētibꝫ me Illustra
faciē tuā sup servū tuū: salvū me fac i misc̄dia
tua: dn̄e nō ɔfundar qm̄ invocavi te Erube-
scāt impii ⁊ deducāt in infernū: muta fiāt labi
a dolosa Que loquunt adūsus iustū iniq̄tatē:
in supbia ⁊ in abusiōe Quā magna multitu-
do dulcedis tue dn̄e: qm̄ abscōdisti timētibꝫ te.

**Abb. 8** Bl. 17$^{v}$ der SBPK Berlin. Z. 3: Doppelpunkt nach *tribulor* mit Tinte. Z. 8: *& vi* = mit Tinte; ob und gegebenenfalls was dort vorher gedruckt war, ist nicht zu erkennen, daher nicht als Druckvariante aufgeführt. Z. 15: Doppelpunkt nach *dñe* hs. auf Rasur, gedruckt war vermutlich zuvor auch ein Doppelpunkt. Z. 18: Doppelpunkt nach *tuū* mit Tinte. Z. 23: *e* von *tue* hs. aus *i*.

Einerseits gibt es im Gothaer Exemplar vier fehlerhafte Letternabdrücke, welchen man auch in anderen Exemplaren begegnet[19], während sie auf dem Berliner Abzug nicht zu finden sind. Man vergleiche in

Zeile 3 das *n* von *dominus* rechts unten,
Zeile 7 das *t* von *tibi* rechts unten,
Zeile 16 das *g* von *refugium* rechts auf der Grundlinie,
Zeile 19 das *m* von *manus* links unten.

Diese defekten Abdrücke rühren, da sie sich wiederholen, sicherlich nicht etwa nur von schlechter Einfärbung des Satzes, sondern von lädierten Lettern her, die demnach offenbar zumindest für mehrere Abzüge dieselben gewesen sein müssen, während man, wie gesagt, ihre Spuren an den gleichen Stellen des Berliner Exemplares vergeblich sucht.

Andererseits zeugt gerade das Erscheinungsbild des Berliner Abzugs von einer kräftigen Einfärbung, durch welche die genannten Fehlstellen überdeckt worden sein könnten, und überdies gibt es ein weiteres Indiz, das man üblicherweise und für sich allein genommen als ein untrügliches Zeichen für das Vorliegen von Satzidentität werten würde[20]. In Zeile 4 ist das *o* von *adiutor* in allen Exemplaren, das Berliner eingeschlossen, auf der rechten Seite in gleicher Weise lädiert – in den Originalen ist das noch deutlicher zu erkennen als auf den reproduzierten Kopien –, und dieser Befund wäre, wenn man dennoch Doppelsatz annehmen wollte, nur so zu erklären, daß der Zweitsetzer für genau dieselbe Stelle zu genau derselben defekten Letter gegriffen hätte – eine höchst unwahrscheinliche Duplizität der Ereignisse! Hat also doch nur ein einziger Satz existiert, den man beträchtlich modifizierte?

Dem widersprechen die Befunde, die auf dem Variationsfeld der Lettern- und Typenwahl zu registrieren sind, wobei man sich klarmachen muß, wie unterschiedlich für den Setzer die Ausgangslage ist, wenn er einerseits nur Änderungen am stehenden Satz vornimmt oder andererseits einen bereits einmal gesetzten Text durch Neusatz reproduziert. Denn in eine schon vorhandene Kolumne wird er nur dann eingreifen, wenn es dafür plausible Gründe gibt, während er bei Neusatz die Wahlfreiheit zwischen verschiedenen Kontraktionen, Abbreviaturen, Ligaturen sowie Einzellettern hat und zudem die Möglichkeit besitzt, offenkundige Fehler der gedruckten Vorlage zu vermeiden, aber seinerseits auch Gefahr läuft, neue Fehler in den Text hineinzubringen.

19 Noch einmal verglichen und überprüft wurden für die fehlerhaften Letternabdrücke auf Blatt $17^r$ und $17^v$ des Gothaer Exemplars die Exemplare in Bautzen, Mainz und München. In dem Bautzener Exemplar, das auf Blatt $17^r$ und $17^v$ sehr prägnante und farbkräftige Abdrücke zeigt, sind die Defekte auf Blatt $17^r$, Z.7 und auf Blatt $17^v$, Z.16 nur ansatzweise zu erkennen, während sie auf Blatt $17^r$, Z.19 und $17^v$, Z.17 gar nicht in Erscheinung treten. Entweder sie waren an den Typen, als dieser Abzug gemacht wurde, noch nicht vorhanden, oder sie wurden durch die kräftige Einfärbung überdeckt.

20 Manchmal schläft auch Homer, der blinde Sänger, und wenn, dann gründlich. Dieter Kranz, dem als erstem in Deutschland der von Bernhard Fabian für das Institutum Erasmianum der Universität Münster angeschaffte Hinman Collator zur Verfügung stand, meint mit Hilfe dieses Gerätes gleich zweimal erkannt zu haben, daß satzidentische Seiten aus je zwei Exemplaren von Drucken des 15. bzw. 18. Jahrhunderts keineswegs von ein und demselben Satz stammten, obwohl das Gegenteil an der Wiederkehr defekter Letternabdrücke auch mit bloßen Augen erkennbar ist bzw. in der Literatur bereits nachgewiesen wurde. Man vergleiche bei KRANZ, S.74, die folgenden lädierten Buchstaben in beiden Abbildungen:
Z.5 das *o* in *liebkoßt* links unten;
das *n* mit Innenpunkt in *oren*
Z.15 den Punkt im *w* von *woll*
Z.16 das kleine *o* über dem *u* von *zu* links oben
Z.21 das *o* in *Doch* links und oben
Z.22 das *tz* in *schmytzt*
Z.24 das *D* in *Das*
Z.25 das *D* in *Der;* den Punkt im *u* von *gut;* das *m* in *müssig.*
Angesichts dieses Befundes kann kein Zweifel daran bestehen, daß beide Abzüge auf denselben Satz zurückgehen, zumal man bei ihnen keine generelle Deckungsungleichheit feststellen kann und sich eventuell unter dem Hinman Collator zeigende Minimalverschiebungen als kopiebedingt erweisen dürften.
Auch die beiden Satzbilder bei KRANZ, S.75, sind identischer Herkunft, wie bereits bei BOGHARDT, Druckforschung, S.39, 54, 58–76, nachgewiesen und bei BOGHARDT/SCHMIDT, S.784, erneut erläutert wurde. Beide Veröffentlichungen, gegen die er sich ja auf Grund seiner vermeintlichen Erkenntnis hätte wenden müssen, läßt Kranz unerwähnt. Die Brechung der Verszeile 6, von der ab deshalb dann angeblich Neusatz vorliegen soll, beruht ebenso auf einem satzinternen Eingriff wie die Tilgung des Sternchens an der Bogensignatur. Die Maßnahmen dienten dazu, die Kolumne der Quartausgabe (bei KRANZ links) für eine entsprechende Oktavausgabe (rechts) herzurichten. Die Satzidentität erweist sich dem bloßen Auge an dem defekten Ausrufungszeichen am Ende von Vers 15 nach *damit.*
Ich bedauere es aufrichtig, daß Dieter Kranz, dem ich die erste Einführung in die praktische Arbeit am Hinman Collator verdanke, solche Fehlbeurteilungen unterlaufen konnten.

Folgende Varianten gibt es auf Blatt 17$^{r}$:

| Zeile | | Gotha u.a. | Berlin |
|---|---|---|---|
| 2 | | Nunq̇d ($q_5$) | Nunq̇d ($q_6$) |
| 3 | | Audiuit (Unziale $A_2$) | Audiuit (Unziale $A_3$) |
| 4 | | misertus ($u_2$) | misertus ($u_3$) |
| 6 | | et | & |
| 8 | | cōfitebor | 9fitebor |
| 8 | [rot:] | an̈ [antiphonium] | [hs. rot: an̈] |
| 10 | [rot:] | ā [amen] | [hs. rot: ā] |
| 10 | | iusticia. | iusticia |
| 11 | [rot:] | P5 [Psalmus] | [hs. rot: P5] |
| 12 | | Euouae [seculorum amen] ($E_3$ der kleineren Psaltertype) | Euouae ($E_1$ der kleineren Psaltertype) |
| 12 | | Euouae. | Euouae |
| 20\|21 | | ob =\|seruātes | ob\|seruātes |
| 21 | | in\|domīo | in =\|domīo |

Dreierlei ist diesem Verzeichnis zu entnehmen:

1) Keine der Varianten ist derart schwerwiegend oder gar textverändernd, daß man in ihr den Anlaß für eine Cancellation sehen könnte. Abgesehen davon, daß in einem solchen Falle der Karton nicht nur in einem, sondern in nahezu allen Exemplaren zu erwarten wäre, scheidet also auch vom Variantenbefund her die Möglichkeit aus, daß die Kolumne für Blatt 17$^{r}$ des Berliner Exemplars aus Korrekturgründen satzintern verändert oder neugesetzt worden wäre.

2) Das Berliner Exemplar ist mit den nur handschriftlich nachgetragenen Abkürzungen in den Zeilen 8, 10 und 11, mit den fehlenden Punkten in Zeile 10 und 12 (vor und nach der Schlußklausel *Euouae* steht sonst üblicherweise eine Interpunktion) sowie den beiden unkorrekten Abschlüssen der Zeilen 20 und 21 etwas fehlerhafter als die übrigen Exemplare, was man ebenso als satzinterne Korrektur (Entstehungsfolge: Berlin – Gotha u. a.) wie als Neusatznachlässigkeit (Entstehungsfolge: Gotha u. a. – Berlin) deuten kann.

3) Für die übrigen Varianten gibt es, wenn man lediglich satzinterne Varianz voraussetzen will, keinen plausiblen Entstehungsgrund. Warum sollte ein Setzer sich die Mühe machen, & in *et* und *9* in *cō* zu ändern, zumal ihm das für eine eventuell angestrebte Verkürzung oder Verlängerung der Zeilen kaum etwas gebracht hätte? Warum sollte er zwei verschiedene Akürzungsformen für *qui,* zwei verschiedene Typen der Unziale *A* und ebenso zwei verschieden u-Minuskeln gegeneinander austauschen, obwohl sonst beide q-Punktierungen als Abbreviaturen, beide A-Formen als Versalien am Versanfang und beide u-Typen mit ihrem glatten linken Senkrechtstrich als Anschlußbuchstaben unterschiedslos verwendet werden? Diese Varianten werden nur verständlich, wenn man Neusatz annimmt, bei dem der Setzer über eine erhebliche Wahlfreiheit verfügte.

Die Rückseite von Blatt 17 des Berliner Exemplars bietet die gleiche Problematik wie seine Vorderseite, auch hier ist zunächst nicht eindeutig zu erkennen, ob der Abzug von demselben, wenngleich noch verbesserungsbedürftigen Satzblock herrührt wie die übrigen Exemplare oder von einem späteren, schlechten Neusatz. Wiederum gibt es widersprüchliche Indizien.

Auf dem Konfigurationsfeld der Zeichen (vgl. Abb. 7 und 8) kann man sich zum Beispiel

in Zeile 2 den Doppelpunkt und das folgende erste *st* von *statuisti,*
in Zeile 3 das *l* von *tribulor,*
in Zeile 6 das ganze Wort *est,*
in Zeile 9 das *t* von *et,*
in Zeile 10 das *l* von *obliuioni*

nach oben verlängert denken, oder man kann auf den Abbildungen 12–14 die farbkontrastarmen mit den farbkontrastreichen Partien vergleichen und wird Positionsveränderungen erkennen, die auf Neusatz deuten. Andererseits sind auch auf Blatt 17$^{v}$ des Berliner Exemplars die Zeilenlängen sehr unausgeglichen, so daß die kräftigen Satzverschiebungen durch das Streben nach besserem Randausgleich motiviert sein könnten.

Auf dem Spurenfeld identischer Lettern gibt es Abdrücke von defekten Buchstaben, die man in mehreren anderen Exemplaren wiederfinden kann[19], während sie im Berliner Exemplar fehlen und insofern gleichfalls doppelten Satz bezeugen würden. Man vergleiche

in Zeile 16 das *m* von *me* links unten,
in Zeile 17 das *u* von *Illustra* rechts unten,
in Zeile 18 das zweite *u* von *tuum* innen links unten,
in Zeile 20 den Kopf des *i* von *labi=,*
in Zeile 21 das zweite *u* von *iustum* links oben.

Sollten all diese Fehlstellen nur durch eine starke Einfärbung verdeckt worden sein, die allerdings auch auf der Rückseite von Blatt 17 des Berliner Abzugs in Erscheinung tritt?

**Abb. 9–11** Ausschnitte von Bl. 17r des Gothaer und Berliner Exemplars, mit Hilfe des elektronischen Bildvergleichsprogrammes SIS rot (Gotha) bzw. grün (Berlin) eingefärbt und möglichst genau aufeinanderprojiziert.

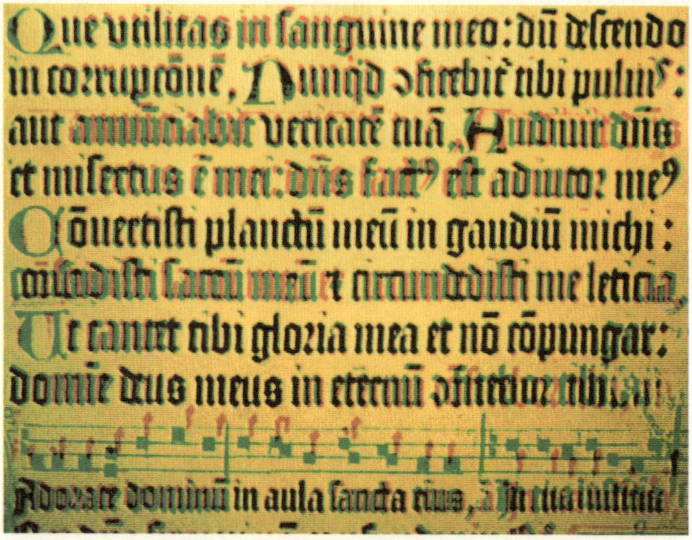

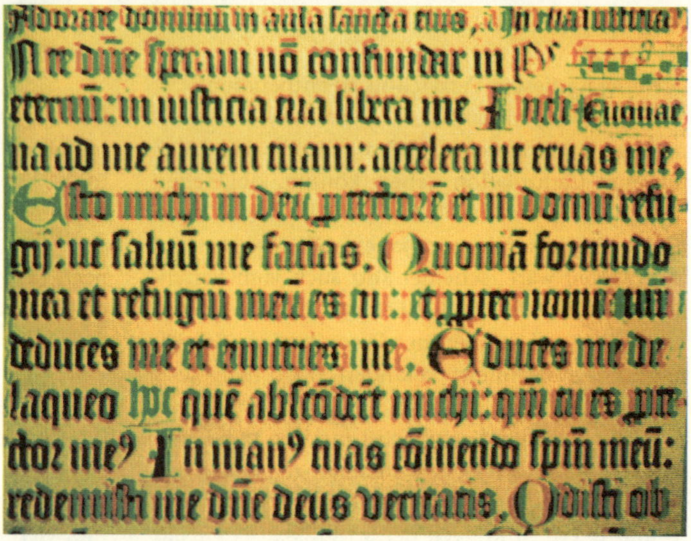

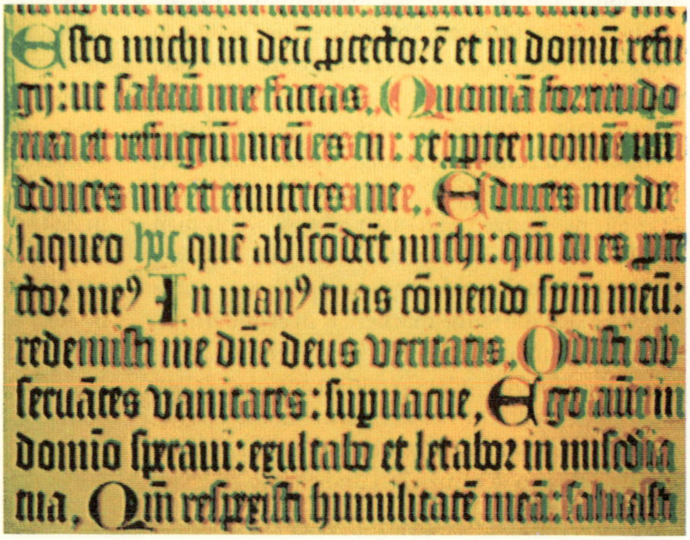

**Abb. 12–14** Ausschnitte von Bl. 17v des Gothaer und Berliner Exemplars, mit Hilfe des elektronischen Bildvergleichsprogrammes SIS rot (Gotha) bzw. grün (Berlin) eingefärbt und möglichst genau aufeinanderprojiziert.

Und umgekehrt: sollten die Beschädigungen, die in dem Berliner Exemplar an einigen Abdrücken trotz der ausreichenden Druckerschwärze zu sehen sind –

in Zeile 11 das *u* von ersten *sum* unten links innen,
in Zeile 16 das erste *e* in *mee* links in der Mitte,
in Zeile 17 das erste *l* in *Illustra* oben –

sollten diese Beschädigungen auf anderen Abzügen rein zufällig nicht zu entdecken sein?

Andererseits jedoch gibt es in Zeile 6 mit dem *st* in *est* eine Ligatur, die in markanter Weise lädiert ist[21] und sowohl auf dem Berliner Abzug als auch in den übrigen Exemplaren ihren unverwechselbaren Abdruck hinterlassen hat. Üblicherweise würde ein solcher Befund – ähnlich wie das defekte *o* in *adiutor* auf Blatt 17$^r$, Z. 4 – auf das Vorliegen von generell identischem Satz schließen lassen, es sei denn, daß auch hier ein Zweitsetzer aus purem Zufall an der gleichen Stelle zu ein und demselben Bleistück gegriffen hätte.

Die Setzervarianten auf Blatt 17$^v$ sind folgende:

| | Gotha u.a. | | Berlin | |
|---|---|---|---|---|
| 2 | manib$_3$ | (a$_4$) | manib$_3$ | (a$_{10}$) |
| 3 | Miserė | (i$_1$) | Miserė | (i$_2$) |
| 3 | tribulor: | | tribulor [Doppelpunkt mit Tinte] | |
| 5 | vita | (v$_1$) | vita | (v$_2$) |
| 10 | obli | (i$_1$) | obli | (i$_2$) |
| 11 | corde | | corde | |
| 11 | Factus | | Fact9 | |
| 13 | circuitu | | cicuitu | |
| 14 | sūt. | | sūt | |
| 15 | ī te | | in te | |
| 15 | dixi | (i$_4$) | dixi | (i$_1$) |
| 16 | maīb$_3$ | (a$_4$) | manib$_3$ | (a$_{1,2,3}$?) |
| 16 | maīb$_3$ | | manib$_3$ | |
| 16 | Eipe | | Eripe | |
| 16 | manu | (a$_4$) | maū | (a$_{10}$) |
| 16 | manu | | maū | |
| 17 | psequētib$_3$ | (i$_4$) | psequētib$_3$ | (i$_3$) |
| 18 | faciē | (i$_4$) | faciē | (i$_2$) |
| 18 | tuū: | | tuū [Doppelpunkt mit Tinte] | |
| 19 | Erube= | | Erube= | |
| 20 | fiāt | (i$_5$) | fiāt | (i$_3$) |
| 20 | labi=\| | | labi\| | |
| 22 | ml'titu= | (i$_4$) | ml'titu= | (i$_2$) |
| 23 | q̈m [quoniam] | (q$_7$) | q̈m | (q$_8$) |

Die Varianten sind hier, wie man sieht, erheblich zahlreicher als auf Blatt 17$^r$, aber im übrigen gilt für ihre Einordnung und Bewertung das gleiche wie für jene:

1) Schwerwiegende Veränderungen, die der Anlaß zu einer Cancellation gewesen sein könnten, gibt es nicht.

2) Der Berliner Abzug ist in einer Reihe von Kleinigkeiten fehlerhafter als die übrigen. Es finden sich drei Verstöße gegen die Regel der Anschlußbuchstaben (Z. 3, 10, 15) sowie fünf weitere Setzerfehler (Z. 3, 14, 18: fehlende Interpunktion; Z. 13: Auslassung eines Buchstabens; Z. 20: fehlendes Divis), von denen zwei (Z. 3, 18) per Hand korrigiert sind.

3) Die übrigen 16 Varianten sind rein typographischer Art, und ihr Zustandekommen läßt sich wiederum nur erklären, wenn man Neusatz voraussetzt, bei dem eine wechselnde Zeichenwahl freistand. Als satzinterne Änderungen würden sie, mit zwei Ausnahmen vielleicht, bei denen, in Zeile 15 und 19, ein besserer Randausgleich das Ziel gewesen sein könnte, jeder Motivation entbehren.

## III Zusammenfassung

Vergleicht man, nachdem die Unterschiede zwischen dem Berliner Schachtelbogen 2/4–7 und den entsprechenden Bogen der übrigen Exemplare erörtert wurden, die Kolumnen 14$^r$, 17$^r$ und 17$^v$ des Berliner Exemplars untereinander und fragt nach dem Zweck ihrer Herstellung, so ist davon auszugehen, daß sie alle drei, wie sich gezeigt hat, von gänzlich anderem Satz stammen als ihre Gegenstücke und nicht etwa nur, wie man bei Blatt 17$^r$ und 17$^v$ meinen könnte, auf abweichende Satzzustände zurückgehen. Ihr Satz ist fehlerhafter und muß deshalb der spätere gewesen sein, da man andernfalls die Mängel und Versehen, die er enthielt, durch interne Eingriffe hätte beseitigen können. Die Möglichkeit, daß die Neusatzkolumnen für die Berliner Abzüge aus Korrekturgründen angefertigt wurden, wie es zur Anfertigung von Kartons geschieht, entfällt ebenfalls, da sie, wie gesagt, fehlerhafter sind. Der Druck der Berliner Schachtelblätter 14 und 17 muß daher durch einen Umstand veranlaßt worden sein, den wir nicht mit Sicherheit kennen – durch eine zu geringe Bogenauflage zum Beispiel, durch einen unbemerkten Fehldruck oder durch nachträg-

21 Diese beschädigte Ligatur kommt auch sonst vor, vgl. zum Beispiel *testimonia* auf Blatt 14r, Z. 13, des Berliner Exemplars (Abb. 4).

liche Verschmutzung bzw. Beschädigung eines Bogens –, doch ist der Neusatz, wie sich ebenfalls erwiesen hat, auf recht verschiedene und teilweise nicht ganz zu klärende Weise erfolgt.

Denn Blatt 14, das mit seiner Rückseite noch aus dem regulären Setz- und Druckprozeß hervorgegangen ist, bietet auf der Vorderseite ein Neusatzbild (vgl. Abb. 4), welches zwar, wie bemerkt, textlich etwas fehlerhafter ist als der Altsatz, aber typographisch ausgeglichen und korrekt wirkt, während die Gestaltung der beiden Neusatzkolumnen für Blatt 17, textlich fehlerhafter als ihre Vorlagen auch sie, zumindest von großer Eile, aber wahrscheinlich doch auch von mangelhaftem handwerklichen Können zeugt. Die erst nachträglich eingedruckte Initiale[22] auf Blatt $17^{r}$, der schlechte Randausgleich auf beiden Seiten sowie die falschen Anschlußbuchstaben auf Blatt $17^{v}$ belegen es.

Unter der Presse hat sich diese Nachlässigkeit oder schädliche Hast dann noch fortgesetzt, denn das Register, die gegengleiche Entsprechung von Schön- und Widerdruck, ist, so muß man schon sagen, miserabel: die beiden Satzspiegel sind oben seitlich um 16 mm gegeneinander verschoben, unten jedoch auf der einen Seite nur um 5 mm und auf der anderen Seite gar nicht, so daß sich also nicht nur eine laterale, sondern auch eine die Zeilenrichtung verändernde Abweichung ergibt, welche auf dem durchscheinenden Pergament außerordentlich störend wirkt. Wie die unterschiedliche Neusatzgestaltung für Blatt $14^{r}$ einerseits sowie für Blatt $17^{r/v}$ andererseits zustandegekommen sein mag, muß offen bleiben.

Unbeantwortet bleibt ferner die Frage, wie die beiden Indizien für die Satzidentität aller Exemplare von Blatt 17, das lädierte *o* in *adiutor* auf Blatt $17^{r}$, Z. 4, und das defekte *st* in *est* auf Blatt $17^{v}$, Z. 6, zu erklären sind, da man doch am Tatbestand des Doppelsatzes auf Grund von anderen Befunden nicht zweifeln kann. Soll man wirklich glauben, daß der Nachsetzer rein zufällig gleich zweimal an denselben Stellen zu individuell identischen Lettern gegriffen hat? Oder ergibt sich eine Lösung, wenn man annimmt, daß zum Zeitpunkt des Neusatzes, der dann nicht erst am Ende des gesamten Druckprozesses, sondern in baldigem Anschluß an den ersten Auflagendruck von Blatt 17 erfolgt sein müßte, einzelne Teile des Altsatzes noch vorhanden waren und deshalb samt den fehlerhaften Zeichen in den Neusatz übernommen werden konnten? Diese Erklärung[23] würde sicherlich überzeugen, wenn die hypothetischen Stehsatzfragmente weniger klein wären oder zumindest doch den zusammenhängenden Anfang oder das entsprechende Ende der betreffenden Kolumnen ausmachten. Da sie jedoch durch Varianten begrenzt sind, die sich nur durch Neusatz erklären lassen, könnte der noch nicht abgelegte Satz auf Blatt $17^{r}$ höchstens von *ē mei* in Zeile 4 bis *meū* in Zeile 6 und auf Blatt $17^{v}$ allenfalls von *mea* in Zeile 5 bis *me* in Zeile 10 gereicht haben, Bedingungen also, welche die Hypothese vom Reststehsatz denn doch wieder in ein zweifelhaftes Licht rücken. Ich lasse die Frage daher ebenfalls offen.

Zum Schluß dieser Untersuchung kehre ich an ihren Ausgangspunkt zurück und bringe den Sonderfall des Berliner Schachtelbogens 2/4–7 rückblickend noch einmal in Zusammenhang mit dem Gesamtphänomen der Schachtelblätter im *Psalterium Benedictinum*. Es ergibt sich folgendes Bild:

Das generelle Schachtelblatt 51 (6/1) ist ein echter Karton, für den aus Korrekturgründen beidseitiger Neusatz angefertigt wurde.

Auch das »halbgenerelle« Schachtelblatt 56 (6/6) beruht beidseitig auf Neusatz, ohne daß man den Grund für den partiellen Austausch des Blattes erkennen kann.

Im Spencer-Exemplar gibt es mit den Halbbogen 1/10 (= Bl. 10) und 13/3 (Bl. 121) zwei spezielle Schachtelblätter, die gleichfalls beidseitig auf Neusatz zurückgehen und zum Ersatz für defekte Originale mit ihren Gegenblättern 1 (1/1) bzw. 126 (13/8) zusammengefügt worden sein dürften.

Blatt 7 (1/7) des Spencer-Exemplars und Blatt 14 (2/4) des Berliner Exemplars sind spezielle Schach-

22 Das ursprüngliche Fehlen der Initiale auf dem Nachdruckblatt 17 könnte allerdings auch mit einer Besonderheit des Berliner Exemplars zusammenhängen, die auf Blatt $19^{v}$ beginnt. Von dieser Seite an sind die Zierinitialen – und von Blatt $20^{r}$ an auch die kleinen Unzialen, mit denen jeder Vers beginnt – mit wenigen Ausnahmen (Blatt $56^{r/v}$ [späteres Kartonblatt], Blatt $93^{v}$, Blatt $99^{r}$, Blatt $119^{v}$, Blatt $136^{v}$ [Kolophon]) nicht mehr gedruckt, sondern mit roter Tinte gezeichnet. Dies kann keineswegs ein Zufall oder ein Versehen sein, sondern setzt absichtsvolles Handeln voraus, da sich andernfalls die Eigentümlichkeit nicht so konsequent nur in einem einzigen Exemplar fände. In einer Beschreibung des Frankfurter Antiquariats Baer wird vermutet, daß man hier wohl einen »besonderen Wunsch des Bestellers« voraussetzen müsse (Baer, Anm. 1). In diesem Zusammenhang könnte die Initiale auf dem Nachdruckblatt 17 demnach zunächst auch absichtlich fortgelassen und dann nachträglich eingedruckt worden sein.

23 Sie wurde von Roger Münch vorgeschlagen, als er im Juni 1996 mit einer Gruppe von Studenten der Geschichte des Buchwesens an der Johannes Gutenberg-Universität Mainz gemeinsam mit mir in der HAB Wolfenbüttel ein Gastseminar abhielt.

telblätter, die beide mit ihrem Verso noch aus dem regulären Setz- und Druckprozeß stammen, während ihre Rektos zunächst unbedruckt blieben und später per Hand bzw. per Neusatz mit dem fehlenden Text versehen worden sind.

Blatt 14 des Berliner Exemplars ist zudem mit einem Gegenblatt verschachtelt, das seinerseits auf beiden Seiten von neuem Satz stammt und somit ebenfalls als Ersatz- oder Zusatzblatt fungiert. Der spezielle Schachtelbogen 2/4–7 des Berliner Exemplars bietet also das Beispiel für ein Doppelsubstitut, das aus verschiedenen Phasen des Produktionsprozesses stammt und auf unterschiedliche Weise hergestellt worden ist.

#### Literaturverzeichnis

BAER
Das Psalterium von 1459. Frankfurt/Main: Joseph Baer & Co [1904]. [Antiquariatsbeschreibung des späteren Berliner Exemplars.]

BÖHM
Böhm, Anke: Das Psalterium Moguntinum. Kann man aufgrund von Satzvarianten verschiedene Auflagen erschließen? In: GJ 1989, S. 30–38.

BOGHARDT, Druckforschung
Boghardt, Martin: Analytische Druckforschung. Ein methodischer Beitrag zu Buchkunde und Textkritik. Hamburg 1977.

BOGHARDT, Erforschung
Ders.: Die bibliographische Erforschung der ersten ›Catholicon‹-Ausgabe(n). In: Wolfenbütteler Notizen zur Buchgeschichte XIII (1988), S. 138–176.

BOGHARDT, Disturbance
Ders.: The second disturbance in quire F: an unsolved mystery in Fust and Schöffer's *Psalterium Benedictinum* of 1459. In: The German Book 1450–1750. Studies presented to David L. Paisey in his retirement. Edited by John L. Flood and William A. Kelly. London 1995, p. 9–21.

BOGHARDT, Druckanalyse
Ders.: Druckanalyse und Druckbeschreibung. Zur Ermittlung und Bezeichnung von Satzidentität und satzinterner Varianz. In: GJ 1995, S. 202–221.

BOGHARDT, Blattersetzung
Ders.: Blattersetzung und Neusatz in frühen Inkunabeln. In: Bibliothek und Wissenschaft 30 (1997), S. 57–90.

BOGHARDT/SCHMIDT
Boghardt, Christiane; Boghardt, Martin; Schmidt, Rainer: Die zeitgenössischen Drucke von Klopstocks Werken. Eine deskriptive Bibliographie. Bd 1.2. Berlin, New York 1981. (Hamburger Klopstock-Ausgabe. Abt. Addenda III 1.2.)

CHAPMAN
Chapman, Robert William: Cancels. London, New York 1930 (Bibliographia, Studies in Book History and Book Structure 1750–1900, ed. by Michael Sadleir, [3]).

KRANZ
Kranz, Dieter: Kann die Verwendung des Hinman-Collators der Gutenberg-Forschung weiterhelfen? In: GJ 1983, S. 68–78.

MARTINEAU
Martineau, Russell: The Mainz Psalter of 1457. In: Bibliographica I, London 1895 (Reprint: Westport, CT, 1970), p. 308–323.

MASSON
Masson, Irvine: The Mainz Psalters and Canon Missae 1457–1459. London 1954.

MAZAL
Der Mainzer Psalter von 1457. [Faksimile nach dem Exemplar der ÖNB Wien.] Kommentar zum Faksimiledruck von Otto Mazal. Mit einem Vorwort von Aloys Ruppel. Dietikon-Zürich 1969.

MMW
Museum Meermanno Westreenianum. Catalogus van de Incunabelen II. 'S Gravenhage 1920.

NEEDHAM
Needham, Paul: The Paper Supply of the Gutenberg Bible. In: The Papers of the Bibliographical Society of America 79 (1985), p. 303–374.

DE RICCI
De Ricci, Seymour: Catalogue raisonné des premières impressions de Mayence (1445–1467). Mainz 1911 (Veröffentlichungen der Gutenberg-Gesellschaft. VIII–IX).

ZEDLER
Zedler, Gottfried: Die Typen des Fust-Schöfferschen Psalteriums. In: GJ 1938, S. 69–77.

Christoph Reske

# Eine neue Entdeckung zur Druckgeschichte der Schedelschen Weltchronik

## Eine Analyse

»[...] nemlich so soll ich, Anthoni Koburger, [...] das gemelt puch in ain[er] zale, der wir unns mit||ainander vereinenn, nach den exemplarn, so sie mir deßhalbenn uberantwortenn || werdenn, *mit ainer gutten, inen gefellige[n] geschrifft* gerecht, in ainem besundern || unnd verspertenn gemach meins haws trucken oder getruckt zuwerd[en] verfugen [...]«[1].

In diesem Vertragsauszug vom 16.3.1492 zum *Liber chronicarum* des Hartmann Schedel[2], besser bekannt als *Schedelsche Weltchronik,* vereinbart der Nürnberger Drucker Anton Koberger mit den Nürnberger Kaufleuten Sebald Schreyer und Sebastian Kammermeister sowie den Nürnberger Malern Michael Wolgemut und Wilhelm Pleydenwurff, daß er für das anstehende Werk eine gute, ihnen zusagende Schrift verwenden wolle. Für den lateinischen Druck wählte er eine Rotunda (Abb.1)[3], die für Drucke in lateinischer Sprache äußerst beliebt war[4]. Der deutsche Druck zeigt eine Schwabacher (Abb.2)[5], die acht Jahre zuvor bei dem Nürnberger Drucker Johann Creussner erstmals in einem Druck Verwendung fand[6].

Im Jahre 1983 mußten an einem der beiden lateinischen Exemplare der *Schedelschen Weltchronik* der Stadtbibliothek von Limoges Restaurierungsarbeiten durchgeführt werden[7]. Dabei entdeckte man

1 SArchiv. Nürnberg, Kopialbuch B des Sebald Schreyer, Nr.302, Rep.52a. Fol.168r. (Kursiv vom Autor).

2 Die lateinische Ausgabe erschien am 12.7.1493 (HC*14508), die deutsche am 23.12.1493 (HC*14510). Literaturauswahl: ELISABETH RÜCKER: Die Schedelsche Weltchronik. München 1973. – Inhaltlich nahezu unverändert: DIES.: Hartmann Schedels Weltchronik. Das größte Buchunternehmen der Dürer-Zeit. Mit einem Katalog der Städteansichten. München 1988, vgl. Rezensionen: STEPHAN FÜSSEL, in: Pirckheimer Jahrbuch 1989/90, S.157–159 sowie PETER ZAHN, in: Codices Manuscripti 15 (1990), S.42–44. – PETER ZAHN: Neue Funde zur Entstehung der Schedelschen Weltchronik 1493. Nürnberg 1973. – ADRIAN WILSON: The making of the Nuremberg Chronicle. Amsterdam 1976, 2.Aufl.1978; Rezension: WYTZE HELLINGA/K.G.BOON, in: Quaerendo 8 (1978), S.166–169/169–171. – PETER ZAHN: Die Endabrechnung über den Druck der Schedelschen Weltchronik (1493) vom 22.Juni 1509. Text und Analyse. In: GJ 1991, S.177–213. – STEPHAN FÜSSEL (Hrsg.): 500 Jahre Schedelsche Weltchronik : Akten des interdisziplinären Symposions vom 23./24. April 1993 in Nürnberg. Nürnberg 1994 (= Pirckheimer Jahrbuch 1994). – KURT-ULRICH JÄSCHKE: Zur Ausstellung der Schedelschen Weltchronik – eine Hinführung. In: Hartmann Schedels Weltchronik. Eine Ausstellung in der UuLB Saarbrücken. Saarbrücken 1995 (= Saarbrücker Universitätsreden 39), S.8–31. – PETER ZAHN: Hartmann Schedels Weltchronik. Bilanz der jüngeren Forschung. In: Bibliotheksforum Bayern 24 (1996), S.230–248. – STEPHAN FÜSSEL: Die Welt im Buch. Buchkünstlerischer und humanistischer Kontext der Schedelschen Weltchronik von 1493. Mainz 1996 (= Kleiner Druck der Gutenberg-Gesellschaft. 111).

3 VGT, Tafel 1158, M 89, Type 16. Nach der Haebler-Proctorschen Methode betragen 20 Zeilen 110 mm (gemessen am Exemplar der StB Mainz, Ink 1205a, Fol. Xv, verwahrt im Gutenberg-Museum [GM] Mainz).

4 Johann Koelhoff setzte erstmals 1472 eine Rotunda in Deutschland ein, die hier keine handschriftliche Tradition besaß. Vgl. OTTO MAZAL: Paläographie und Paläotypie: Zur Geschichte der Schrift im Zeitalter der Inkunabeln. Stuttgart 1984, S.113. – Bei diesem Druck handelt es sich um Niders *Praeceptorium legis* (HC 11786). Mitte der 80er Jahre des 15.Jahrhunderts ging man in Deutschland für Drucke in lateinischer Sprache von der Gotico-Antiqua zur Rotunda über. Vgl. BERNHARD BISCHOFF: Paläographie des römischen Altertums und des abendländischen Mittelalters. 2.Aufl. Berlin 1986, S.201. – Die zehn Rotundaschriften, die Erhard Ratdolt 1486 aus Venedig mitgebracht hatte, verhalfen, so OTTO MAZAL (ebd.), S.114, der Rotunda in Deutschland zum Durchbruch.

5 VGT, Tafel 1165, M 81, Type 24. Nach der Haebler-Proctorschen Methode betragen 20 Zeilen 109 mm (gemessen am Exemplar der StB Mainz, Ink 1206a, Bl. Xv, verwahrt im GM Mainz).

6 1485 verwendete Creussner für Stephanus Fliscus' *Sententiarum variationes sive synonyma*, lateinisch-deutsch (GW 10008) die Type 4:87 (= Nr.4, 20 Zeilen messen 87 mm; VGT Tafel 649, M 81), die große Ähnlichkeit mit Kobergers Schwabacher Type 24:109 aufweist.

7 Lateinischer Druck mit der Signatur RES.P INC 13, 41 Blätter fehlen, Exlibris des Jesuitenkollegs Limoges aus dem 17.Jahrhundert. Restauriert von der Werkstatt der Bibliothèque Nationale de France in Sablé-sur-Sarthe.

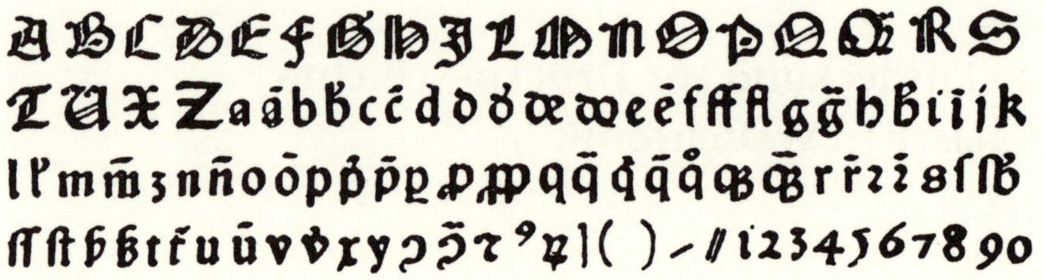

**Abb. 1** Koberger Type Nr. 16 »Rotunda«

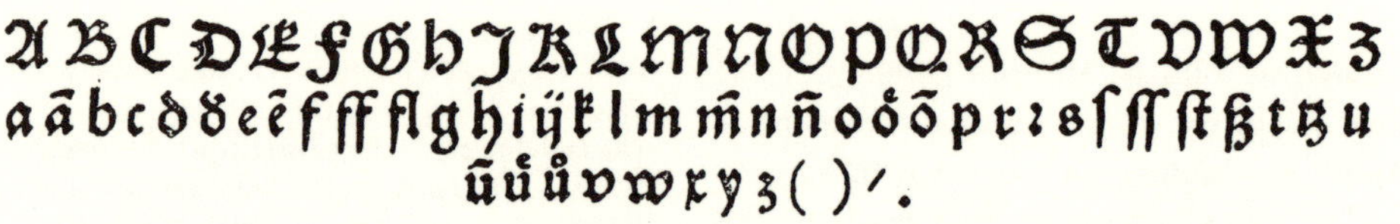

**Abb. 2** Koberger Type Nr. 24 »Schwabacher«

eingeklebt auf dem Spiegel des Vorderdeckels des aus dem späten 19. Jahrhundert stammenden Pappeinbandes ein bedrucktes Blatt, das die Wahl der Schrift für den deutschen Druck der *Weltchronik* in einem deutlich komplexeren Licht erscheinen läßt (Abb. 3)[8]. Das in der Stadtbibliothek Limoges unter der Signatur RES. P INC 25 verwahrte Blatt korrespondiert mit der Seite X$^v$ des deutschen Druckes (Abb. 4) – einzige Ausnahme: es wurde eine andere Schrift verwendet!

Zur Analyse des Limoger Blattes werden im folgenden das Papier, eine Aufschrift auf der ansonsten leeren Rückseite (Abb. 5), das Typenmaterial, die Holzschnitte und der Text herangezogen.

### Papier

Das Papier des nahezu planen Blattes weist Löcher und Risse auf. Die Löcher sind einerseits bei der Ablösung des Blattes vom Spiegel entstanden[9], andererseits handelt es sich um Wurmlöcher. Einige Löcher sowie die Risse sind restauriert worden[10]. So auch zwei größere Partien am oberen linken und rechten Rand des Blattes von recto gesehen in 60 beziehungsweise 24 mm Breite. Dieser Blattverlust läßt sich, wegen der Schmutzspuren, bereits im Pappeinband von INC 13 erkennen. Aufgrund der unregelmäßigen Ränder variiert die Höhe des Limoger Blattes zwischen 395 und 387 mm, die Breite zwischen 259 und 253 mm[11].

Das Blatt läßt visuell kein Wasserzeichen und keine Stege beziehungsweise Rippen erkennen[12]. Eine Datierung des Papiers ist deshalb nicht möglich. Es hat eine gelbbraune Färbung, die mit der des Titelblattes [Fol. 1$^r$] von INC 13 korrespondiert und als typische Gebrauchsspur eines Spiegelblattes zu interpretieren ist. Eine Papierdickenmessung zeigte,

8 Erste Erwähnung des Fundes, jedoch ohne Abbildung, bei Hélène Richard: Catalogues régionaux des incunables des bibliothèques publiques de France. Vol. 14. Région Poitou-Charente-Région Limousin. Avec la collaboration de Pierre Campagne. Rhône 1996, S. 140/141.

9 Freundliche Auskunft von Pierre Campagne, Bibliothekar der StB Limoges, dem ich für die mir erwiesene außergewöhnliche Kooperationsbereitschaft während der Korrespondenz und bei meinem Aufenthalt in Limoges herzlich danke.

10 Nicht geschlossen wurde ein 3 × 3 mm großes Loch, das am oberen Rand in der Mitte des Blattes zu sehen ist und dessen Entstehung nicht geklärt ist.

11 Der Satzspiegel ohne Kolumnentitel und Holzschnittleiste beträgt 313 × 164–165 mm; mit Kolumnentitel ergibt sich eine Höhe von 320 mm; die Holzschnittleiste hat die Abmessungen 320 × 57 mm. Ein Vergleich mit den Abmessungen des deutschen Druckes, des deutschen Layouts (= handschriftliche Druckvorlage, StB Nürnberg, Cent. II, 99, Bl. 25$^v$) und der Entwurfszeichnung (StB Nürnberg, Solg. 69, Fol. 3$^r$) ergab zwar Differenzen, ist in dieser Untersuchung aber von keinerlei Bedeutung.

12 Möglicherweise könnte eine elektronenradiographische Untersuchung, die in der Lage ist, auch visuell nicht sichtbare Charakteristika des Papiers abzubilden, hier weiterhelfen. Vgl. hierzu Dierk Schnitger/Eva Ziesche/Eberhard Mundry: Elektronenradiographie als Hilfsmittel für die Identifizierung schwer oder nicht erkennbarer Wasserzeichen. In: GJ 1983, S. 49–67.

daß das Blatt eine dem Papier der deutschen Ausgabe vergleichbare Stärke besitzt[13].

## Aufschrift

Auf dem unbedruckten Verso des Blattes sind am linken Rand nach rechts gestürzt, vermutlich von einer Hand des späten 15. Jahrhunderts, mit Tinte die Wörter »Liber Cronicar[um]« geschrieben worden[14].

Die Position am linken Rand und der leichte Anschnitt sprechen für ein ursprünglich größeres Format des Blattes. Ein Blick auf das Lagenschema des deutschen Druckes zeigt, daß das Blatt X mit dem Blatt VII einen zusammenhängenden Bogen bildet, den äußeren Bogen der 3. Lage[15]:

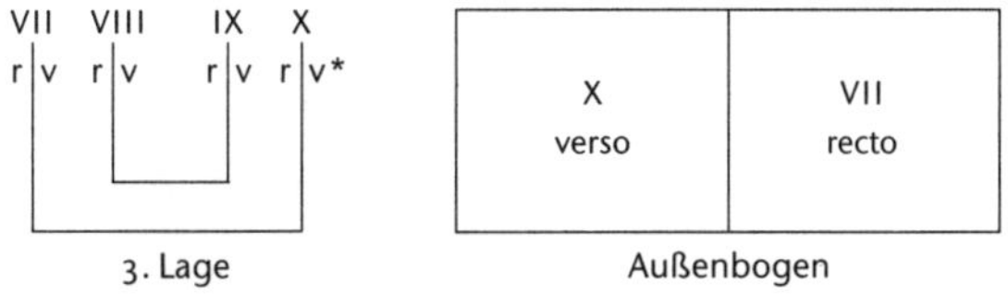


VII–X = Blätter
* = $X^v$ (entspr. Limoger Blatt)
r = recto
v = verso

Auf dem geöffneten Bogen liegt der Seite $X^v$ die Seite $VII^r$ mit der Illustration von »Adam und Eva im Paradies/Vertreibung aus dem Paradies« gegenüber. Rein hypothetisch könnte die Seite $VII^r$ ebenfalls abgedruckt worden sein, die andere Bogenseite mit $VII^v$ und $X^r$ blieb unbedruckt und wurde so im Bund gefaltet, daß die bedruckten Seiten geschützt vor fremden Blicken[16] innen lagen, die unbedruckten Seiten nach außen zeigten und die Aufschrift »Liber Cronicar[um]« zur Identifizierung erhielten. Später müßten die Blätter dann getrennt worden sein. Bis auf weitere Funde bleibt diese Vermutung allerdings reine Spekulation.

## Typen

Die Type für den Grundtext ist eine deutsche Druckbastarda (Abb. 6)[17], die Anton Koberger insgesamt viermal einsetzte: das erste Mal bei der am 17. 2. 1483 erschienenen sogenannten »9. deutschen Bibel« (GW 4303)[18], ein Jahr später am 5. 6. 1484 ohne die charakteristischen Schleifen bei der *Reformation der Stadt Nürnberg* (H* 13716)[19], dann am 5. 12. 1488 bei Jacobus de Voragines *Passional oder Leben der Heiligen* (H* 9981) und zum letzten Mal am 18. 11. 1491 bei Stephan Fridolins *Schatzbehalter* (GW 10329)[20]. Einzige Abweichung: das Limoger Blatt weist mit 110 mm für 20 Zeilen, gemessen nach der Haebler-Proctorschen Methode, gegenüber 120 mm für 20 Zeilen bei den vier anderen Koberger-Drucken, einen geringeren Zeilenabstand auf[21]. Dies scheint

13 Dies spricht gegen die Aussage von Richard (siehe Anm. 8), S. 140: »Le feuillet est constitué d'un papier plus mince et plus ordinaire que celui des éditions commercialisées.« Papierdicke Limoger Blatt mit Blick auf recto unter Auslassung der Papierrestaurierungen: oben von links nach rechts 240–210 µm, links 230 µm, rechts oben nach unten 220–210 µm, unten von links nach rechts 240–190 µm. Papierdicke deutscher Druck StB Mainz, Ink 1206a, Bl. X, verwahrt im GM Mainz: oben 240 µm, Außenseite 220 µm, unten 210 µm.

14 Das L hat eine Höhe von 12 mm, die beiden Wörter sind zusammen 70 mm breit.

15 Lagenformel: [2°: $*^{10}$ $a^6$ b–$d^4$ e–$h^6$ $i^2$ $k^4$ l–$n^6$ $o^2$ p–$q^6$ r–$y^4$ $z^6$ aa–$cc^6$ $dd^2$ $ee^6$ $ff^4$ gg–$ii^6$ $kk^2$ $ll^4$ mm–$zz^6$ A–$C^6$ D–$E^4$ F–$H^6$ $I^{6+2}$].

16 Die Furcht der Beteiligten vor einer vorzeitigen Bekanntmachung ist aus dem Vertrag vom 16. 3. 1492 ersichtlich: »[...] selber [Koberger] darob sein [in der Werkstatt], damit von solichenn puchernn und figuren haimlich unnd on || der obgenanten wissenn unnd willenn nichtz abgetruckt, abgetzogen noch sunst ab||hendig gemacht, [...]«. Siehe Anm. 1, Fol. $165^v$.

17 VGT, Tafel 931, M 24, Type 10. Ab den 70er Jahren des 15. Jahrhunderts wurden in Deutschland Bastardaschriften immer häufiger verwendet. Dabei zeichnen sich die frühen Formen durch große Varianz aus. In den 80er Jahren nahm ihre Verbreitung zu und neben der Differenzierung in verschiedene Schriftarten, u. a. die Schwabacher, erfolgte eine stärkere Vereinheitlichung. Vgl. Mazal (siehe Anm. 4), S. 158/159.

18 Abbildungen bei Walter Eichenberger/Henning Wendland: Deutsche Bibeln vor Luther. Die Buchkunst der achtzehn deutschen Bibeln zwischen 1466 und 1522. Hamburg 1977, S. 91–96.

19 Weder auf der Tafel 931 der VGT noch in dem eingesehenen Exemplar in der StuUB Frankfurt am Main, Inc. qu. 1305 konnten Gemeine mit Schleifen entdeckt werden.

20 Teilfaksimile bei Richard Bellm: P. Stephan Fridolin. Der Schatzbehalter. Ein Andachts- und Erbauungsbuch aus dem Jahre 1491. 2 Bde. Wiesbaden 1962.

21 »9. deutsche Bibel« (StuUB Frankfurt/M., Inc. fol. 156, Bd 1), Folia $1^{ra}$, $39^{va}$, $40^{ra}$, $40^{rb}$: jeweils 120 mm. – *Reformation der Stadt Nürnberg* (StuUB Frankfurt/M., Inc. qu. 1305), Folia [$42^r$], [$207^r$]: jeweils 120 mm; Folium [$67^v$]: 121 mm. – *Passional* (StuUB Frankfurt/M., Inc. fol. 348), Folia $55^{va}$, $178^{va}$: jeweils 119 mm; Folia $179^{ra}$, $205^{ra}$: jeweils 120 mm. – *Schatzbehalter* (StuUB Frankfurt/M., Inc. fol. 136), Signatur $c3^{vb}$, $i2^{ra}$, $s3^{va}$: jeweils 120 mm. Beim Limoger Blatt konnten durch einen Versatz um jeweils eine Zeile insgesamt 35 Messungen vorgenommen werden. Von diesen betrugen 20 Messungen genau 110 mm, 14 Messungen waren eher etwas größer und nur eine Messung war eher etwas kleiner als 110 mm. Auf geringe Größenschwankungen durch einen unterschiedlichen Verlauf des Trocknungsprozesses, selbst bei

## Das erst alter der welt

alech der sun Caynans der soul ist.als pflantzug gottes in d̄.liny.cristi ist ge
ein in dem.lxx.iar seins vaters:vnd im.vij.iar der werlt vnd starb.viij.lxx
lxxv.iar alt. Augustinus spricht.das vil menschen vor der sintfluß.viij.iar er
raicht iarn. Aber nyemands sey zu tausent iarn komē:vnd dieselb lang des alters ist gewest
durch gotlichs wunderwerck das menschlich geschlecht zemerē:vnd die anfenge der kunst
zeerfindn:vnd ist auch gewest auß der natur. Dañ die menschen warn seselmals besserer
complex vnnd grösserer krefft:wañ ettlich heten vil grössere gepayn dañ yetz:vnnd als
auch Plinius spricht. Ye mer d̄ lauff diser werlt hingeet:ye klayner leyb die natur bringt
vnnd das die grösse der Rysen nyemande vnglaublich sey.als die heilig schrift sagt. So
spricht er das er gesehn hab eine stockzan:auß dem vnser zeit hundert nach vnsrer mas
sen hett mügen gemacht werdn:vnd Augustinus spricht auch: das dē nit zuglauben
sey die so sagn das in dem obgenantn langen alter ye zehn iar allain ein iar:vnd neun
hundert allain neunzige machen. Dañ plinius spricht. das noch hewt völcker seyen die
zwayhundert iar leben.

Iareth der sun Malalechs der ein absteygender oder sterckender oder slaffendma
chender außgelegt wirdt.ist nach inhalt des buchs der geschöpff. Jm.lxv.iar sey
nes vaters vnd im.iiij.lx.iar nach Hebreyscher warhayt aber nach sag der.lxx.außleger
Jm.viij.lxxvi.iar der werlt geporn:vn̄ lebet.viij.lxij.iar. Augustinus spricht.das vil
von Seth.vnnd auch von Cayn geporn sind:die doch die schrift eylend vberlauft: vmb
des willen:das sie pald kū auff Noe.da beder geschlecht vn̄ stett.gottes. vn̄ des teufls
vnderschaid vnd erkantnus gemeldet wirde.vnd auff Abraham: dem so geschahe dye
gluebdnus oder verhayssung.das geporn solt werden cristus. Der da ist der anfang vnnd
das ende: vn̄ sind auch nit alle die. die erstgepornen.die die schrift benēnet. Dañ wiewol
die schrift seczt: das Cayn sein weib erkant: vnd den Enoch geporn hab: so ist doch dar
auß nit zebeschliessen.das Enoch des Cayns erst geboren sey.vn̄ also ist es auch mit den
andern.gestalt zu des zeytn̄. haben die kinder Seth die dañ gar frum man warn vnd in
den geboten irs vars mit einfeltigkait des herczens beharreten. von den bösen kinderen
Cayns.die in alle fleischliche begird gefallen warn.vil vbels erlidden.

Enoch der sun Iareths.ist.als das buch der geschöpf seczt inj.lxij.iar seines va
ters: vn̄ nach sag der hebreische im.vi.xij.iar:vn̄ nach deß iß lern im j m
j c.xxij. der werlt geporn:vnd lebet.iij.lxv.iar. diser Enoch der sybend von Adam gesiel
got.vnd ist in das paradeyß gezuckt.vnd wirde die siben ruc genant.zu der ein yeder ge
zuckt wirde.der an dem sechstn tag im sechstn alter der werlt.als in der zukunft gott ge
formt worde.vnd der selb Enoch lebt in dem paradyß in gerukayt des leybs vnd gaysts
mit Helia. Biß zu der zeit Antichristi:so werden sie alsden zu beschirmung des gelaubens
herauß geen. Vnd zulerst mit der marter bekrönet. Der appostel Judas sagt in seyner
epistel das diser Enoch geschriben hab ettlich ding die von alter des angenomen glau
bens von den vätern verworffen sind.

Matusalem der sun Enochs ist in dem.lxv.iar seines vaters vnd nach sag der.lxx
außleger in dem m.f.lxxvij.iar der werlt geborn vn̄ lebet. viij c.lxvij.iar:vnd
ist gewest der elltist vnder allen den. der die schrift gedenckt.von seine iarn sind
mancherlay wone: dañ nach der.lxx.außleger rechnung.het er.xiiij.iar nach der sindtfluß
gelebt. Aber mā list mit das er in der archn Noe gewest sey. doch spricht Theronimus
das er in dem selben iar der sintfluß sey gestorben vnd siben tag vor der sintfluß begra
ben worden. Aber ettlich wollen.das er mit seinem vater Enoch in das paradyß genome
vnd also der sintfluß entgangen sey. Als augustinus. Rabanus. vnd Isidorus seczn: die
alle wollen an allen zweyfl.das er nit gelebt hab.xiiij.iar nach der sintfluß.dan alda war
den allain ache sele behalten.

Lamech der sun Matusalem ist nach anzaigung des buchs der geschöpf im hun
dert.lxxvij.iar seins vaters.vnd nach sag der.lxx.außleger im tausent. iiij c. liij.iar
der werlt geporn.vnd lebt. vij c.lxxvij.iar. So diser Lamech f.lxxij.iar alt ward da gepar
er den Noe vnd sprach. Diser Noe wirt vns trösten von den arbayten vnsrer hend. in
der erden.der. Der herr gefluecht hat vnd Lamech gepare ausserhalb Noe.sün vnd töch
ter. vnd So er.viij.lxxvij.iar gelebt het. So vberantwurtet er Noe seinem sün das fürstē
thumb.vnd starb. Zu den selbn zeytn waren Rysen oder helden auf erden.die waren be
rumbt.vnd vnglaublicher mechtigkayt.vnd wysten zestreyten.

**Abb. 3** Limoger Blatt, recto

Das erst alter

Malaleel der sun Caynans. der souil ist als pflantzung gottes in der lini cristi ist
geporn in dem. lxv. iar seines vaters. vnd im. vij$^{c}$. lxxxv. iar der werlt. vnd
starb. viij$^{c}$. lxxxxv. iar alt. Augustinus spricht das vil menschen vor d sintfluss. viiij$^{c}$:
iar erraichten. aber nyemant sey zu tausent iaren komen. vnd die selb lenge des alters
ist gewest durch götlichs wunderwerck das menschlich geschlecht zemeren. vñ die
anfenge der kunst zeerfinden. vnd ist auch gewest auß der natur. dañ die menschen
waren des mals besserer complex vnd grösserer krefft. wann ettlich hetten vil grös
serer gepayn deñ yetz. vnd als auch Plinius spricht. ye mer der lawff diser werlt hin
geet ye kleiner leib die natur bringt. vnd das die grösse d rysen nymant vnglewplich
sey als die heilig schrifft sagt so spricht er das er gesehē hab einē stockzan auß dē vns
rer zen hundert. nach vnsrer maßen hettē mügen gemacht werden. vñ Augustinus
spricht auch das den nit zeglawbē sey die do sagen das in dem obgenantē langen al
ter ye zehen iar allein ein iar vnd newnhundert allein newntzig machē. dañ Plinius
spricht das noch hewt völcker seyen die zwayhundert iar leben.

Jareth der sun Malaleels. der ein absteigender oder ein sterckēder od schlaffend/
machender außgelegt wird. ist nach inhalt des buchs der geschöpff im. lxv. iar
seins vaters. vnd im. iiij$^{c}$. lx. iar nach hebreyscher warheit. aber nach sag der. lxx. auß
leger im. viij$^{c}$. lxxvi. iar der werlt geporn. vñ lebet. viij$^{c}$. lxij. iar. Augustinus spricht
das vil vō Seth vñ auch von Cayn geporn sind die doch die schrifft eylends über
lawfft vmb des willen das sie pald kum̄ auff noe do beder geslecht vnd stett gotts
vnd des teufels vnderschayd vnd erkantnus gemeldet wirdt. vnd auff abrahā dē
do beschahe die gelübbnus oder verheyssung das geporn solt werden cristus. der
do ist d anfang vñ das ende. vñ sind auch nit alle die. die erstgepornen die die schrifft
benennet. dañ wiewol die schrifft setzt das Cayn sein weib erkant vnd den Enoch
geporn hab so ist doch darauß nit zebeschliessen dz Enoch des Cayns erstgeporner
sey. vnd also ist es auch mit den andern gestalt. Zu des zeiten haben die kinder Seth
die dañ gar frum mañ waren vnd in dē gepotē irs vaters mit eynfeltigkeit des her/
tzens beharreten vō dē böstē kindern cayms die in alle fleischliche begird gefallē wa
ren vil übels erliden.

Enoch der sun Jareth ist. als das buch der geschöpff setzt im. c. lxij. iar seins va/
ters. vnd nach sag der hebreyschen im. vi$^{c}$. xxij. iar. vñ nach den. lxx. außlegern
im j$^{m}$. c. xxij. iar der werlt geporn. vnd lebet. iij$^{c}$. lxv. iar. Diser Enoch der sybend vō
adam gefiel got vnd ist in das paradis gezuckt. vnd wirdt die sybend rue genent. zu
der ein yder gezuckt wird der an dem sechsten tag im sechsten alter der werlt. als in
d zukunft cristi geformt wirdt vnd d selb enoch lebt in dē paradis in gerwigkeit des
leibs vñ geysts mit Helia bis zu d zeit anticristi. so werdē sie alßdeñ zu beschirmūg
des glawbens herauß geen. vnd zu letst mit der marter bekronet. Der apostel Ju
das sagt in seiner epistel das diser enoch geschriben hab ettliche ding die von alter
des angenomen glawbens von den vetern verworffen sind.

Mathusalē der sun Enochs ist in dem. lxv. iar seins vaters. vnd nach sag der. lxx
außleger in dem. j$^{m}$. c. lxxxvij. iar der werlt geporn. vnd lebet. ix$^{c}$. lxviij. iar. vñ
ist gewest der eltist vnder allen den der die schrifft gedenckt. von seinē iarē sind man/
cherlay wone. dañ nach der. lxx. außleger rechnung het er. xiiij. iar nach der sintfluss
gelebt. aber man liset nit das er in der archen noe gewest sey. Doch spricht Jheroni/
mus das er in dem selben iar der sintfluss sey gestorben vnd syben tag vor der sint/
fluss begraben worden. Aber ettlich wollen das er mit seinē vater enoch in das pa
radis genomen vnd also der sindtfluss entgangen sey. Als Augustinus Rabanus
vnd ysidorus setzen. die alle wöllē an allē zweifel das er nit gelebt hab. xiiij. iar nach
der sintfluss. dañ alda warden allein acht sele behalten.

Lamech der sun Mathusalem ist nach anzeigung des buchs der geschöpff im
c. lxxxvij. iar seins vaters. vnd nach sag der. lxx. außleger im. j$^{m}$. iiij$^{c}$. liiij. iar der
werlt geporn. vnd lebet. vij$^{c}$. lxxvij. iar. Do diser Lamech. c. lxxxij. iar alt ward do ge
par er den noe. vnd sprach. diser noe wird vns trösten von den arbeytē vnsrer hend
in der erden der der herr gefluchet hat. vnd Lamech gepar außerhalb noe sün vnd
töchter. vñ do er. vij$^{c}$. lxxvij. iar gelebt het. do überantwurtet er noe seinē sun dz für
stenthumb vnd starb. Zu den selben zeiten waren risen oder helden auff erden. die
waren berümbt vñ vnglauplicher mechtigkeit. vnd wißten zu streyten.



Abb. 4 *Schedelsche Weltchronik*, deutscher Druck, Bl. X$^{v}$

Abb. 5 Limoger Blatt, verso

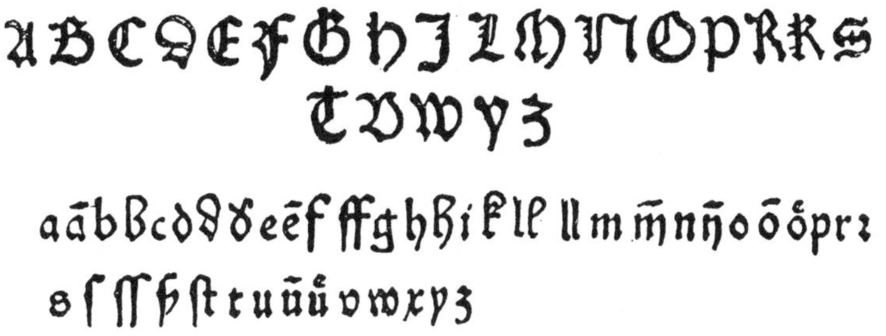

**Abb. 6** Koberger Type Nr. 10 »Druckbastarda«

auf einen kleineren Schriftgrad beim Limoger Blatt hinzuweisen. Schriftgrad-Messungen an verschiedenen Typen des Grundtextes, verglichen mit den vier anderen Drucken, zeigen jedoch Übereinstimmungen in den Meßwerten[22]. Genaue Betrachtungen des Limoger Blattes lassen an Stellen, wo Oberlängen und Unterlängen aneinanderstoßen, Schriftlinien-Verschiebungen erkennen[23]. Wo diese nicht aneinanderstoßen, reichen die Ober- und Unterlängen in die Kegelbereiche der oberen respektive unteren Zeile hinein[24]. Aus diesen Analysen ist zu schließen, daß es sich zwar um die gleiche Schrift wie bei den vier anderen Koberger-Drucken handelt, diese aber einen um 0,5 mm kleineren Kegel aufweist[25]. Da ein Neuguß aus technischen Gründen auszuschließen ist[26], bleibt als einzige Erklärung: vorhandenes Typenmaterial für den Satz des *Schatzbehalters* von 1491 wurde mittels Feile entsprechend abgeschliffen[27]. Dabei blieb es nicht aus, daß auch druckende Elemente der Typen angeschliffen wurden[28].

Ein Vergleich der Grundtype des Limoger Blattes (Abb. 3+6) mit der Schrift auf Blatt 25$^{v}$ des deutschen Layouts (Abb. 7)[29], läßt die enge Verwandt-

derselben Papiersorte, verweist bereits KONRAD HAEBLER: Typenrepertorium der Wiegendrucke. Abt. I. Halle a. S. 1905. Neudruck: Nendeln und Wiesbaden 1968, S. XI/XII. – Diese betragen aber selten mehr als 2 mm.

22 Gemessen wurden A (1. Limoges: <5 mm / 2. Bibel (1. Bd, Fol. 39$^{v}$, 40$^{r}$, 40$^{v}$): 5 mm/3. Reformation (Fol. 42$^{r}$, 68$^{r}$, 206$^{r}$, 207$^{r}$): 5 mm/4. Passional (Fol. 17$^{r}$, 205$^{r}$): 5 mm/5. Schatzbehalter (Sign. s3$^{v}$, s3$^{r}$, m4$^{v}$): <5 mm). – J (6/6/6/6/6). – M (<6/6/6/6/6). – N (5/5/5/5/5). – b[Schleife] (5/5/–/5/5). – d (4/4/4/4/4). – d[Schleife] (5/5/–/5/5). – ff (<6/6/6/<6/6). – g (5/5/5/5/5). – h (<6/6/6/6/6). – h[Schleife] (<6/6/–/6/6). – k (5/5/5/5/5). – l (5/<5/5/<5/<5). – l[Schleife] (<5/<5/–/<5/5). – p (4/4/4/4/4). – s[lang] (<6/6/6/6/6). – ß (<6/6/6/6/6). – z (4/4/>4/4/4). < oder > vor dem Meßwert bedeutet, daß dieser minimal kleiner oder größer wirkt, meßtechnisch aber nicht befriedigend zu quantifizieren ist.

23 Z. B. 1. Absatz, 5. Zeile: »g«esla[e]cht und 6. Zeile: »d«an[n]. – 1. Absatz, 12. Zeile: ob»g«enannt[e]n und 13. Zeile: mac»h«en. – 2. Absatz, 7. Zeile: »g«emeldet und 8. Zeile: »d«as. – 3. Absatz, 5. Zeile: ta»g« und 6. Zeile: »l«ebt. – 5. Absatz, 1. Zeile: anzai»g«un»g« und 2. Zeile: »d«er. – 5. Absatz, 2. Zeile: »s«a»g« und 3. Zeile: »d«i»s«er. u. a.

24 Z. B. 1. Absatz, 6. Zeile: »g«ewest und 7. Zeile: »k«refft. – 4. Absatz, 8. Zeile au»g«u»s«tinus und 9. Zeile gele»b«t »h«a»b«. – 5. Absatz, 3. Zeile »g«epar und 4. Zeile »h«end. u. a.

25 120 mm dividiert durch 20 Zeilen = 6 mm; 110 mm dividiert durch 20 Zeilen = 5,5 mm. Dies entspricht einer 16-Didotpunkt-Schrift auf dem Kegel einer weniger als 15-Didotpunkt großen Schrift.

26 Die Typen mit ihrem über den Kegel hinausragenden Schriftbild würden sich nach dem Guß nicht von den Matrizen abdrücken lassen. Vgl. WALTER WILKES: Das Schriftgießen. Von Stempelschnitt, Matrizenfertigung und Letternguß. Eine Dokumentation. Stuttgart 1990, S. 106. Gegen Neuguß und der damit verbundenen neuen Zurichtung des Gießinstruments, die eine Varianz in den Dickten der Typen nach sich ziehen würde, sprechen auch die Messungen der Breiten von verschiedenen Wörtern in den fünf zu vergleichenden Drucken: und (1. Limoges: 7 mm/2. Bibel (1. Bd, Fol. 40$^{r}$): 7 mm/3. Reformation (Fol. 207$^{r}$): 7 mm/4. Passional (Fol. 205$^{r}$, 207$^{r}$): 7 mm/ 5. Schatzbehalter (Sign. s3$^{v}$, i2$^{r}$, m4$^{v}$): 7 mm). – unnd (>9/>9/–/>9/–). – all[Schleife]e (7/<7/–/<7/<7). – d[Schleife]ie (6/6/–/6/6). – d[Schleife]er (>6/>6/–/6/6). – d[Schleife]as (7/7/–/7/7). – d[Schleife]em (8/8/–/8/8). Zur Zurichtung des Gießinstruments vgl. WILKES (ebd.), S. 94/95.

27 Bereits bei den Typen der Gutenberg-Bibel ist das Abschleifen zwecks Kegelverringerung praktiziert worden. Vgl. SEVERIN CORSTEN: Die Drucklegung der zweiundvierzigzeiligen Bibel: technische und chronologische Probleme. In: Johannes Gutenbergs zweiundvierzigzeilige Bibel – Kommentarband. München 1979, S. 44. Zur Problematik der Kegelverringerung vgl. die kritisch zu lesende Monographie von GOTTFRIED ZEDLER: Die sogenannte Gutenbergbibel sowie die mit der 42-zeiligen Bibeltype ausgeführten kleineren Drucke. Mainz 1929, S. 50–60 besonders S. 54.

28 Z. B. 1. Absatz, 2. Zeile: star»b«. – 2. Absatz, 1. Zeile: »M«alaleels. – 5. Absatz, 5. Zeile: »N«oe.

29 Vgl. Anm. 11.

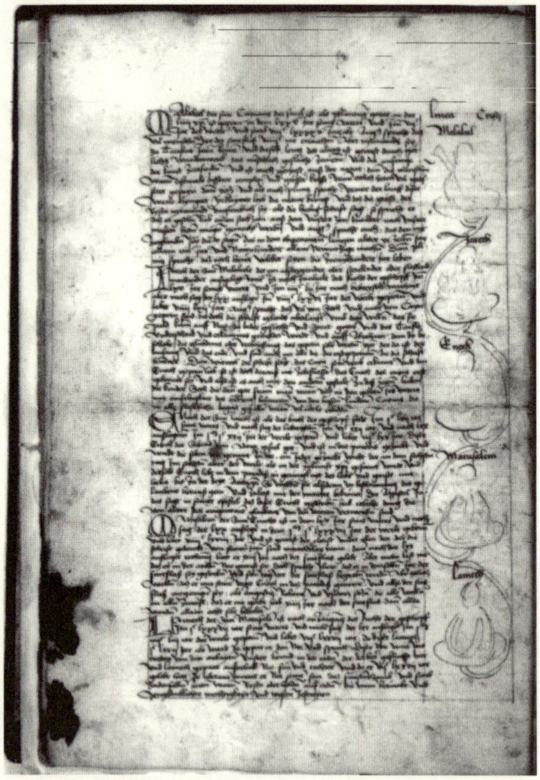

**Abb. 7** *Schedelsche Weltchronik,* deutsches Layout, Bl. 25$^v$

schaft der Bastarda des Losungsschreibers Georg Alt, der auch die Übersetzung des lateinischen Textes ins Frühneuhochdeutsche vornahm, mit der Bastarda-Type des Limoger Blattes erkennen. Eine Auswahl dieser Druckbastarda für eine deutsche Druckausgabe lag also nahe[30].

Die Typenanalyse läßt aber noch weitere Aussagen zu. Im Jahre 1492 wurde bei Johann Amerbach in Basel Bertholdus' *Zeitglöcklein des Lebens und Leidens Christi* gedruckt[31]. Bei dem größeren der beiden verwendeten Schriftgrade handelt es sich um die Amerbach-Type 21 : 122, die identisch ist mit der Koberger-Type 10 : 120 – der Druckbastarda des Limoger Blattes[32]. Eine Schriftgrad-Messung zeigt völlige Übereinstimmung mit den vier Koberger-Drucken und dem Limoger Blatt[33]. Abweichungen ergeben sich in dem zwei Millimeter größeren Zeilenabstand für 20 Zeilen und in der größeren Dickte der Typen[34]. Hieraus läßt sich schließen, daß es sich zwar nicht um dasselbe Typenmaterial handelt, wohl aber um dieselben Matrizen[35]. Koberger muß also seine Druckbastarda an Amerbach weitergegeben haben[36]. Da das *Zeitglöcklein* mit 1492 nur grob datiert ist, bleibt als dessen letzter möglicher Erscheinungstermin der 24.12.1492[37]. Das Limoger Blatt muß also deutlich vor diesem Datum entstanden sein. Als terminus post quem für das Limoger Blatt muß meiner Meinung nach der Vertragsabschluß von Schreyer, Kammermaister, Wolgemut und Pleydenwurff mit Koberger vom 16.3.1492 gelten. Koberger hatte dem Konsortium bereits vor diesem Vertragsabschluß Papier vorgelegt, auf dessen unzureichende Qualität im Vertrag explizit hinge-

30 Auf den Vorbildcharakter der örtlichen geschriebenen Schriften auf die Drucktypen, beispielsweise bei der Bastarda, verweist auch BISCHOFF (siehe Anm. 4), S. 193.

31 GW 4167 mit einem Anhang *Birgitta: Orationes,* deutsch. *Lob der Glieder Mariae* und GW 4168. Das eingesehene Exemplar im Gutenberg-Museum Mainz, GM Ink 265 (GW 4168) besitzt ebenfalls den Annex *Birgitta.*

32 VGT, Tafel 894/895 mit acht Abbildungen aus dem *Zeitglöcklein,* Amerbach-Type Nr. 21, 20 Zeilen = 122 mm, mit Verweis auf Koberger-Type Nr. 10.

33 GM Ink 265, Sign. f$^r$ und [b1$^r$]: d = 4 mm. – d[Schleife] = 5 mm. – b[Schleife] = 5 mm. – h[Schleife] = <6 mm. – k = 5 mm. – l = <5 mm. – g = 5 mm. Vgl. hierzu die Werte in Anm. 22.

34 GM Ink 265, Sign. f$^r$ und [b1$^r$]: und = 8 mm. – d[Schleife]em = 9 mm. – d[Schleife]ie = <7 mm. – d[Schleife]er = 7 mm. Vgl. hierzu die Werte in Anm. 26.

35 Die »d« aus dem *Zeitglöcklein* zeigen im Vergleich mit den vier Koberger-Drucken und dem Limoger Blatt eine leichte Linksneigung, was auf eine mangelhafte Justierung der Matrizen und/oder des Gießinstruments hindeutet. Vgl. hierzu ALEXANDER WALDOW: Illustrierte Encyklopädie der graphischen Künste und der verwandten Zweige. Leipzig 1884 (Reprint 1993), S. 434 sowie Wilkes (siehe Anm. 26), S. 95. Es dürfte demnach wahrscheinlicher sein, daß Matrizen und nicht Stempel von Koberger weitergereicht wurden, was sich auch deckt, mit den Quellenbelegen zur Weitergabe von Schriften bei KONRAD HAEBLER: Handbuch der Inkunabelkunde. Leipzig 1925, S. 86 sowie DERS.: Schriftguß und Schriftenhandel in der Frühdruckzeit. In: Zentralblatt für Bibliothekswesen 41 (1924), S. 81–104, besonders S. 89.

36 Diese Vermutung äußerte bereits CARL WEHMER (Bearb.): Deutsche Buchdrucker des 15. Jahrhunderts. Wiesbaden 1971. [erstmals 1940 erschienen], Tafel 61: »Für die deutsche Fassung der Weltchronik Hartmann Schedels (Tafel 84) war sie [die Druckbastarda] ihm [Koberger] wohl nicht mehr modern genug. Er [Koberger] hatte sie vorher an seinen Geschäftsfreund Amerbach in Basel weitergegeben, wie man aus dem vereinzelten und letzten Vorkommen in dem hübschen Baseler *Zeitglöcklein* von 1492 (VGT 894,895) schließen darf.« Demgegenüber vertritt MAZAL (siehe Anm. 4), S. 165 die Meinung, daß die für das *Zeitglöcklein* 1492 benutzte größere Type nur eine Parallele zu Kobergers Schrift ist.

37 GM Ink 265, Bl. 202$^r$: »Ze basel truckt man mich ‖ Do man zalt Mccccxcij«. Im Bistum Basel begann das neue Jahr mit dem 25. Dezember. Vgl. HERMANN GROTEFEND: Taschenbuch der Zeitrechnung des deutschen Mittelalters und der Neuzeit. 12. Aufl. Hannover 1982, S. 14.

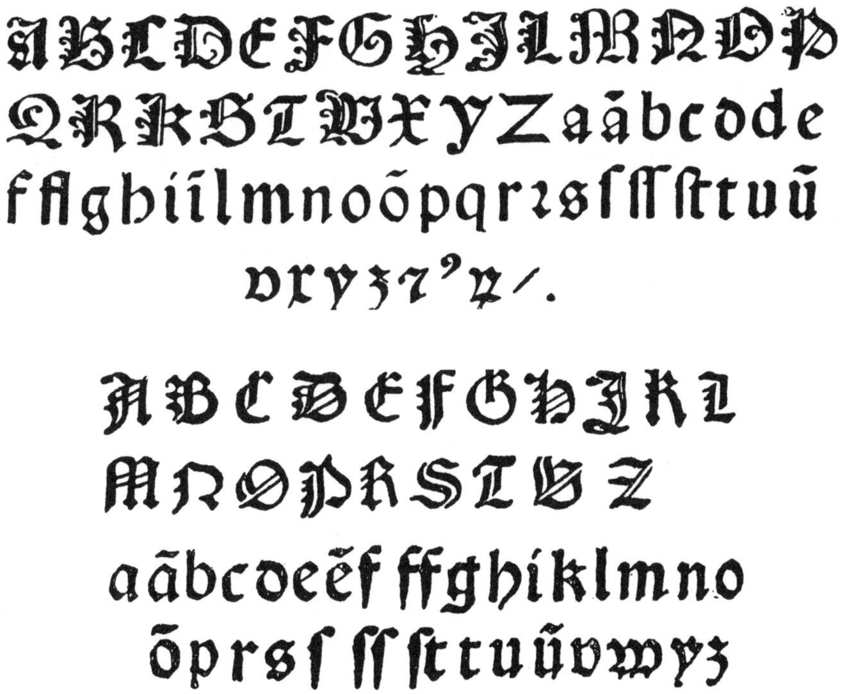

**Abb. 8** Koberger Type Nr. 9 (oben) und Nr. 11 (unten)

wiesen wurde[38]. Für die Wahl der Typen ist dagegen nur von »ainer gutten, inen gefellige[n] geschriftt« die Rede, es lagen also noch keine Proben vor. Denkbar wäre deshalb folgende Chronologie: Koberger fertigte direkt nach dem Vertragsabschluß den Probedruck mit seiner Druckbastarda (Type 10) an, nach dem Entschluß diese nicht zu verwenden, wurde die Herstellung der Schwabacher in Auftrag gegeben und die nicht verwendete Druckbastarda an Amerbach weitergereicht. Das Limoger Blatt dürfte demnach im zweiten Viertel des Jahres 1492 entstanden sein.

Die Schrift des Kolumnentitels »Das erst alter der welt« und die Überschrift der Holzschnittleiste »Linea Chris[ti] || Malaleel« stellen eine Mischung aus den Koberger-Typen 9 und 11 dar (Abb. 8)[39]. Die erstgenannte ist eine Rotunda, die man für die Kolumnentitel der lateinischen und deutschen Ausgaben der *Weltchronik* verwendete[40]. Sie wurde für die Versalien »D«, »L«, »C«, »M« und für das gemeine »w« benutzt. Obwohl viele Gemeine der Type 9 starke Ähnlichkeit mit denen der Type 11 haben, stammen das einbäuchige »a«, das »s[lang]« und das »h« eindeutig aus der letztgenannten Schrift. Bei einem Vergleich mit den Aufstellungen der Gesellschaft für Typenkunde fehlen allerdings die Typen »d« und »l« mit den charakteristischen Schleifen[41]. Diese sind aber vorhanden bei der »9. deutschen Bibel«, dem

38 »[...] nemlich so soll ich, Anthoni Koburger, zu dem ge|| meltenn truck das pappir, Supperregal g[ena]nt gut und gerecht an || großen unnd weyßenn, nit geringe[r], sunder er peßer, dan[n] das muster ge||weßenn ist, so ich den obestimbten Schreyer, Kamermaistern, Wolgemüt unnd Pleidenwurff davon gegeben hab, [...]«. Siehe Anm. 1, Fol. 168[r].

39 VGT, Tafel 1154, M 60, Type 9 (10 Zeilen = 80 mm). – VGT, Tafel 932, M 62, Type 11 (10 Zeilen = 85 mm). Die Typen entsprechen einem Schriftgrad von 24 Didotpunkt.

40 Koberger setzte diese u. a. ein für: Biblia latina, 31.12.1482 (GW 4250). – Gratianus: Decretum, 28.2.1483 (GW 11366). – Clavasio: Summa angelica, 28.8.1488 (GW 1927) und 10.2.1492 (GW 1933) sowie Voragine: Legenda aurea, 6.11.1492 (C.iii.6457).

41 Dies führte vermutlich bei RICHARD (siehe Anm. 8), S. 140 zu der Annahme, daß beim Limoger Blatt auch unbekannte Typen Kobergers verwendet wurden: »Selon divers spécialistes, la page présente des caractères typographiques connus chez Koberger et d'autres inconnus chez cet imprimeur.« Auch Peter Amelung weist in seinem konstruktiven Aufsatz: Methoden der Bestimmung und Datierung unfirmierter Inkunabeln. In: Buch und Text im 15. Jahrhundert: Arbeitsgespräch in der Herzog August Bibliothek Wolfenbüttel vom 1. bis 3. März 1978. Vorträge hrsg. von LOTTE HELLINGA und HELMAR HÄRTEL. Hamburg 1981, S. 92, darauf hin, daß man bei den Typenalphabeten in den VGT keine Vollständigkeit voraussetzen darf.

*Passional* und beim *Schatzbehalter*[42]. Sie fehlen jedoch bei der *Reformation der Stadt Nürnberg*, wo generell keine Typen mit Schleifen eingesetzt wurden. Die Mischung der Type 11, einschließlich der Buchstaben mit Schleife, mit der Type 9 zeigt die Bemühung Kobergers, auch den großen Schriftgrad an die Druckbastarda des Grundtextes anzupassen. Beim Kolumnentitel fällt außerdem auf, daß der Text mit »Das erst alter der welt« dem »etas prima mundi« des lateinischen Druckes der *Weltchronik* folgt und nicht dem deutschen mit der Teilung des Textes auf verso (»Das erst alter«) und recto (»der werlt«).

Die drei- und zweizeiligen Initialen gleichen denen des deutschen und lateinischen Druckes der *Weltchronik*[43]. Erscheinen im lateinischen Druck auf Fol. $X^v$ generell dreizeilige Initialen, sind im deutschen Druck nur zweizeilige vorhanden. Im Gegensatz hierzu weist das Limoger Blatt zwei dreizeilige und drei zweizeilige Initialen auf. Den dreizeiligen im lateinischen Druck wurden im deutschen Druck, da das Deutsche sprachlich bedingt umfangreicher ausfällt als das Lateinische, platzsparende zweizeilige Initialen vorgezogen. Dies weist zumindest auf ein früheres Stadium des Limoger Blattes als das des deutschen Druckes.

### Holzschnitte

Die fünf Holzschnitte in der rechten Leiste des Limoger Blattes entsprechen denen im lateinischen und deutschen Druck der *Weltchronik* auf Fol. $X^v$[44]. Beim Holzschnitt für Malaleel fehlen im Vergleich zum deutschen und lateinischen Druck oben etwas vom Ast sowie links Teile vom wehenden Tuch und vom Blattwerk. Auch beim Holzstock von Lamech fehlt links und unten etwas vom Blattwerk. Eine Analyse des Blattes zeigte, daß die Holzschnitte Malaleel und Lamech mangelhaft ausgedruckt worden sind, denn für die gesamte zu druckende Fläche beider Holzschnitte war ein schlechtes Farbannahmeverhalten festzustellen. Nur einige Partien der Holzstöcke befanden sich beim Druckvorgang auf der gleichen Schrifthöhe wie die anderen Druckelemente und konnten daher ausdrucken, die anderen Elemente lagen zu tief und berührten das Papier minimal oder gar nicht. Dies spricht für eine schlechte Justierung respektive Zurichtung der beiden Holzstöcke[45], was nicht nur die drei anderen gut ausgedruckten Holzschnitte, sondern auch das sehr stark ins Papier eingedrückte Wort »Malaleel« oben und die ebenfalls deutlich ins Papier eingetiefte waagerechte Linie unten dokumentieren. Ein Defekt der Holzschnitte, wie es zunächst den Anschein hat, ist daher auszuschließen. Die mangelhafte Zurichtung, die im lateinischen und deutschen Druck nicht mehr festzustellen ist, deutet auf ein frühes Stadium des Limoger Blattes.

### Text

Der Text des deutschen Layouts wurde mit dem des Limoger Blattes und dem des deutschen Druckes verglichen. Exemplarisch soll die folgende Gegenüberstellung die auftretenden Divergenzen verdeutlichen:

| deutsches Layout | Limoger Blatt | deutscher Druck |
|---|---|---|
| 2. Absatz, 1. Zeile | | |
| [...] absteygender oder<br>sterckender oder<br>slaffend‖machender [...] | [...] absteygender oder<br>sterckender oder<br>slaffendma-‖chender [...] | [...] absteigender oder<br>ein stercke[n]der od[er]<br>schlaffend-‖machender [...] |
| 2. Absatz, 6. Zeile | | |
| [...] die schrift<br>eylends uberlauft [...] | [...] die schrift<br>eylend uberlauft [...] | [...] die schrifft<br>eylends u[e]ber‖lawfft [...] |

42 Folgende Schriftgrade wurden gemessen: a (1. Limoges: 5 mm / 2. Bibel (1. Bd., Fol. $40^r$): 5 mm / 3. Reformation (Fol. $207^r$): 5 mm / 4. Passional (Fol. $183^r$, $205^r$): 5 mm / 5. Schatzbehalter (1. Figur, 71. Figur): 5 mm). – e (5/5/5/5/5). – l[Schleife] (7/7/–/7/–). s[lang] (8/8/>8/8/8). – d[Schleife] (8/<8/–/<8/8).

43 VGT, Tafel 1166, Initial a (= dreizeilig). – b (= zweizeilig). Initial a bei HAEBLER (siehe Anm. 21), S. 73 ca. 15 mm hoch, das Initial b hat eine Höhe von 9–10 mm. Limoger Blatt: das dreizeilige M (4. Absatz) ist >15 mm hoch; das zweizeilige I (2. Absatz) hat eine Höhe von >9 mm.

44 Malaleel und Matusalem werden im deutschen Druck auf den Blättern $XVI^v$ und $XL^r$ unter anderem Namen erneut verwendet, Lamech noch einmal auf Blatt $XL^r$. Jareth sowie Enoch kommen nur auf dieser Seite vor.

45 Zur Justierung und Zurichtung von Holzstöcken vgl. WALDOW (siehe Anm. 35), S. 434–436 und 887–895.

| | | |
|---|---|---|
| 3. Absatz, 3. Zeile<br>[...] Jm j^m j^c xxij<br>Jar der werlt<br>geporn[n] [...] | [...] im j^m. ‖ j^c.xxij.<br>der werlt<br>geporn [...] | [...] im j^m.c.xxij.<br>iar der werlt<br>geporn [...] |
| 3. Absatz, 8. Zeile<br>[...] So werd[e]n sie<br>alßdenn zu beschir-<br>mung des ge‖laubens<br>herauß geen [...] | [...] so werden sie<br>alßden zu beschir-<br>mung des gelaubens ‖<br>herauß geen [...] | [...] so werde[n] sie<br>alßden[n] zu beschir-<br>mu[n]g ‖ des glawbens<br>herauß geen [...] |
| 5. Absatz, 2. Zeile<br>[...] Jm j^m ‖ iiij^c<br>liij iar der werlt<br>geporn[n] [...] | [...] im tausent.iiij^c.<br>liij. iar ‖ der werlt<br>geporn [...] | [...] im j^m. iiij^c.<br>liij. iar der ‖ werlt<br>geporn [...] |

Einen vollständigen Textvergleich des deutschen Layouts mit dem Limoger Blatt und dem deutschen Druck gibt die folgende Tabelle wieder. Neben der jeweils benötigten Zeilenzahl pro Absatz enthält sie sämtliche Abweichungen der beiden Drucke gegenüber dem deutschen Layout. Unter Abweichungen werden hier eine andere Verwendung von Abbreviaturen oder sprachliche Divergenzen verstanden, Interpunktionsabweichungen bleiben unberücksichtigt.

| | deutsches Layout | Limoger Blatt | | | | deutscher Druck | | | |
|---|---|---|---|---|---|---|---|---|---|
| Absatz | Zeilen | Zeilen | Abweichungen | | | Zeilen | Abweichungen | | |
| | | | ∑ | Abbreviatur | sprachlich[a] | | ∑ | Abbreviatur[b] | sprachlich[c] |
| 1 | 16 | 14 | 25 | 14 | 11 | 14[f] | 63 | 32 | 31 |
| 2 | 16 | 14[d] | 36 | 19 | 17 | 15[g] | 76 | 37 | 39 |
| 3 | 11 | 10[e] | 28 | 10 | 18 | 10[h] | 42 | 20 | 22 |
| 4 | 11 | 10 | 39 | 23 | 16 | 10[i] | 49 | 26 | 23 |
| 5 | 9 | 8 | 19 | 13 | 6 | 8[k] | 36 | 16 | 20 |
| ∑ | 63 | 56 | 147 | 79 | 68 | 57 | 266 | 131 | 135 |

a = i → y; n → nn; z → s; tz → cz; s → ß
b = [e]n → e[n]; der → δ
c = i → y; y → i; z → s; u → w; f → ff; b → p; a → e; a → o
d = 1 Ergänzung (»c«)
e = 1 Ergänzung (»de[n]«), 1 Auslassung (»Jar«)
f = 1 Ergänzung (»lxxxxv«)
g = 2 Ergänzungen (»ein«, »c«)
h = 2 Auslassungen (»i«, »i«), 1 Ergänzung (»den«)
i = 1 Auslassung (»i«)
k = 2 Auslassungen (»i«, »i«)

Die Gegenüberstellung und die tabellarische Auflistung geben folgendes Bild: Die 63 Zeilen des deutschen Layouts ließen sich im Limoger Blatt auf 56[46] und im deutschen Druck auf 57 Zeilen reduzieren[47]. Bei den Abweichungen der Drucke zum Layout fällt auf, daß sich der Setzer des Limoger Blattes sowohl sprachlich als auch im Umgang mit Abbreviaturen mit insgesamt 147 Abweichungen deutlich präziser am Layout orientiert hat als der Setzer des deutschen Druckes mit insgesamt 266 Abweichungen. Die Art dieser Abweichungen zeigt außerdem, daß weder das Limoger Blatt vom deutschen Druck noch der deutsche Druck vom Limoger Blatt abhängen, son-

46 Zwischen dem 2. und 3. Absatz befindet sich eine Leerzeile, die weder im deutschen Layout, noch im deutschen Druck zu finden ist. Im Holzschnitt-Textbezug ist diese völlig unnötig, ohne sie wäre der Bezug sogar geglückter. Im Layout fällt an dieser Stelle ein horizontaler Schmutzstreifen auf, der vermutlich durch die Knickung der Vorlage entstanden ist. Diese Stelle könnte also eine Zäsur im Setzablauf darstellen, die Leerzeile erklärt dies jedoch nicht.

47 Zu den Bemaßungen vgl. Anm. 11. Das lateinische Layout (StB Nürnberg, Cent. II, 98) weist 15+13+8+10+8=54 Zeilen auf, der lateinische Druck (StB Mainz, Ink. 1205a, verwahrt im GM Mainz) 14+12+8+10+8=52 Zeilen.

dern beide Drucke das deutsche Layout als direkte Vorlage benutzten. Das Limoger Blatt folgt der Vorlage zwar genauer, ein früheres Stadium ist daraus aber nicht zu schließen.

### Fazit

Resümierend läßt sich für das Limoger Blatt folgendes feststellen:

1. Das Papier ist wegen des fehlenden Wasserzeichens nicht zu datieren. Die graugelbe Färbung des Blattes dürfte in erster Linie auf eine natürliche Verschmutzung, hervorgerufen durch die Verwendung als Makulatur im Spiegel eines Einbandes, zurückzuführen sein. Die Papierqualität ist vergleichbar mit der des deutschen Druckes der *Weltchronik.*

Die Bemaßungen entsprechen im großen und ganzen denen des deutschen Druckes, lassen also keine weitergehenden Schlüsse zu.

2. Eine Handschriftenanalyse des Titels auf dem Verso des Blattes ist bei nur zwei Wörtern unmöglich. Die Art und Plazierung der Schrift würde aber die Vermutung des aus Sichherheitsgründen nach innen gefalteten Bogens unterstützen.

3. Koberger, der sich im Vertrag verpflichtet hatte, eine gefällige Schrift einzusetzen, machte das Nächstliegende: Er versuchte eine vorhandene Type seiner Offizin zu verwenden, die sich bereits mehrfach für deutschsprachige Drucke bewährt hatte. Die Planungen für die *Weltchronik* sahen aber, wie der lateinische und deutsche Druck zeigen, einen geringeren Zeilenabstand vor[48]. Koberger versuchte deshalb durch Abschleifen, diese Type auf die geringeren Maße anzupassen. Das Blatt mit seiner »tanzenden« Schriftlinie zeigt, daß dieser Versuch nicht befriedigend gelang. Für eine Nichtverwendung beim deutschen Druck bleiben zwei Möglichkeiten: Entweder hat das Konsortium, das seine Kritikfähigkeit im Vertrag vom 16.3.1492 bereits bei der mangelnden Papierqualität unter Beweis gestellt hatte, die Schrift abgelehnt und/oder die technische Vernunft gebot hier Einhalt, da der komplizierte Satz der *Weltchronik* (zumindest an deren Anfang) nicht auch noch durch problematisches Typenmaterial erschwert werden sollte. Nach Mißlingen des Probedruckes, gab Koberger die Druckbastarda an seinen Geschäftspartner Amerbach in Basel weiter, der diese für den Druck des *Zeitglöckleins* verwendete. Mit dem Vertrag vom 16.3.1492 als terminus post quem ist der Probedruck in das zweite Viertel des Jahres 1492 zu datieren und die Weitergabe der Schrift an Amerbach direkt danach, also um die Mitte desselben Jahres, anzusetzen. Das *Zeitglöcklein* müßte demnach in der zweiten Hälfte des Jahres 1492 gedruckt worden sein.

Auch den größeren Schriftgrad für den Kolumnentitel sowie die Überschrift der Holzschnittleiste versuchte Koberger durch Mischung seiner Typen 9 und 11 an die geschwungene, mit Schleifen versehene Druckbastarda des Grundtextes anzupassen. Der zusammenhängende Text des Kolumnentitels orientiert sich dabei eher am lateinischen Druck als am späteren deutschen.

Dies dürfte ebenso für ein früheres Stadium des Limoger Blattes gegenüber dem deutschen Druck sprechen, wie die Verwendung von dreizeiligen Initialen, die auf Blatt $X^v$ im deutschen Druck nicht vorkommen, wohl aber auf Fol. $X^v$ im lateinischen.

4. Zwei der insgesamt fünf Holzschnitte zeigen im Gegensatz zu dem ansonsten gut ausgedruckten Blatt eine mangelhafte Zurichtung, was wiederum auf ein frühes Stadium des Limoger Blattes in der Chronologie der *Weltchronik* weist und das Fehlen von Teilen im Druckbild erklärt.

5. Der Textvergleich zeigt schließlich, daß sowohl das Limoger Blatt als auch der deutsche Druck vom deutschen Layout abhängen. Der Limoger Druck hält sich sprachlich und im Umgang mit Abbreviaturen enger am Layout. Dies spricht aber nur für eine gewissenhaftere Umsetzung des Limoger Blattes durch den Setzer, eine zeitliche Abfolge ist hieraus nicht abzuleiten.

Das Limoger Blatt stellt mit großer Wahrscheinlichkeit einen Probedruck zur deutschen Ausgabe der *Schedelschen Weltchronik* dar, das aufgrund der Analysen in das zweite Viertel des Jahres 1492 zu datieren ist und unser Wissen zur Genese dieser bedeutenden Inkunabel beträchtlich erweitert.

48 Dies bot beispielsweise die Möglichkeit, mehr Text auf gleichem Raum unterzubringen, was eine durchaus übliche Tendenz am Ende des 15. Jahrhunderts war. Eine Verkleinerung ging jedoch auf Kosten der Lesbarkeit. Vgl. HAEBLER (siehe Anm. 35), S. 69/72. – Die Verwendung der Schwabacher als, so MAZAL (siehe Anm. 4), S. 159, »eine der am besten lesbaren gotischen Schriften«, steuerte dem optimal entgegen. Als typische Schriftgröße für große Foliowerke gibt Mazal etwa 106 mm für 20 Zeilen an.

Detlef Mauss

# Der Rubrikator PW

**D**as Buch des 15. Jahrhunderts verließ die Presse unfertig, d.h. es mußte noch rubriziert werden. Es wurden die Spatien für die Initialen mit den entsprechenden Buchstaben ausgemalt, entweder schlicht in Rot oder Blau oder in den jeweiligen Gegenfarben, eventuell mit Zierschwüngen, je nach Geschmack und Geldbeutel des Erwerbers. Über diese sogenannten Rubrikatoren wissen wir recht wenig, weil diese sich fast nie namentlich genannt haben. Ausnahme ist das berühmte Beispiel der B42 in der Bibliothèque Nationale in Paris, wo der Vikar Krämer sich mit Datum genannt hat, ein unersetzliches Hilfsmittel zur Datierung der Gutenberg-Bibel. In der Handschriftenzeit war es ab und an üblich sich zu verewigen, meist im Kolophon, also am Schluß des Buches. Dort konnte z.B. stehen: »Amen« oder »Sic est laus deo« oder »Et sic est finis«. Selten kam es vor, daß der Schreiber seine Mühen ausdrückte, z.B.: »Tres digiti scribunt tamen corpus omne laborat«[1].

Aus der Fürstlich Fürstenbergischen Bibliothek Donaueschingen konnte ich im Juli 1994 eine Inkunabel erwerben, wo der Rubrikator sich unter dem Explicit einschrieb mit einem Monogramm, darunter PW. Mit diesem Rubrikator hat sich zuerst Ernst Kyriß beschäftigt und etwa 21 Drucke nachgewiesen[2].

Kyriß hat wohl als erster darauf aufmerksam gemacht, daß alle Bücher mit alten Einbänden aus der Werkstatt des Johannes Zoll aus Tübingen stammen. Spätere Forschungen haben diese Vermutung bestätigt. Es müssen also Beziehungen zwischen Johannes Zoll und dem Rubrikator PW bestanden haben, über die wir leider nichts wissen. Es ist zu vermuten, daß es sich um einen Bekannten (?) des Johannes Zoll gehandelt hat, der wahrscheinlich von den Erwerbern gefragt wurde, ob er denn jemanden wisse, der schön rubrizieren könne, darauf hat er vielleicht auf Herrn PW verwiesen und dann den Band auch gebunden. Kyriß verweist auf etwa 21 Bände mit festem Standort (Tübingen und Stuttgart je 8, Donaueschingen – jetzt Mauss – und Sigmaringen je 2 und Heilbronn sowie Prag je 1 Band), da in der Zwischenzeit aber einige weitere Bände mit dem Zeichen PW (insbesondere im Handel) aufgetaucht sind und, soweit die Einbände vorhanden sind, von Johannes Zoll gebunden wurden, soll nun versucht werden, die Bände zu erarbeiten, die heute noch nachweisbar sind.

1. *Statua provincialia Moguntinensia,* ohne Ort, Drucker und Jahr, C5620, zu finden in Michelstadt, Nr. 133[3]. Es handelt sich um einen Sammelband, gebunden mit Michelstadt Nr. 120, der alte Einband ist erhalten, Staub verweist richtig auf KYRISS, Werkstatt Nr. 70[4].
2. Bonifaz VIII, *Liber sextus decretalium,* mit der Glosse des Johannes Andreä, Venedig, Nikolaus Jenson, 23.–24.11.1479, GW4864, HC3958, Goff B–991, Heilbronn Nr. 54[5]. Am Schluß des Textes befindet sich dort das Monogramm unseres Rubrikators: »P:W:«. Hummel verweist bezüglich des Einbandes auf Johannes Zoll, Tübingen, KYRISS, Werkstatt Nr. 70 und KYRISS II Nr. 123. Hummel hat seinem Katalog eine Abbildung angefügt, man sieht das Monogramm, darunter PW und rechts und links vom Monogramm: »Sichs End An«. Zwar hat Hummel dies unter der Nr. 54 in Heilbronn leider nicht vermerkt, man muß deshalb die Abbildung auch studieren, um den deutschen Text zu erkennen. Dies hat Amelung getan in der Besprechung des Kataloges von Heilbronn unter Hinweis darauf, daß das Monogramm RF (?) die lateinische Übersetzung des obigen deutschen Spruches sein könne, nämlich »Respice finem«[6].

1 Dieses Zitat findet sich merkwürdigerweise in Nikolaus de Lyra, *postilla super totam bibliam,* Straßburg: Mentelin 1472, H10366, Goff N–133, Bd 2, S. 8 und 9, mit einem weiteren Seufzer: »Scribere qui nescit nullam putat esse laborem«.

2 Aus der Welt des Buches. Festgabe zum 70. Geburtstag von Georg Leyh, 75. Beiheft zum Zentralblatt für Bibliothekswesen. Leipzig 1950, S. 84–93.

3 KURT HANS STAUB unter Mitarbeit von CHRISTA STAUB: Die Inkunabeln der Nikolaus-Matz-Bibliothek in Michelstadt. Michelstadt 1984, S. 79.

4 STAUB (siehe Anm. 3), S. 69, verweist auf das Rubrikatoren-Signet mit dem Zusatz PW und bildet dies auf Abbildung XI ab.

5 HERIBERT HUMMEL: Katalog der Inkunabeln des Stadtarc hives Heilbronn. Heilbronn 1981, S. 148.

6 Dies bemerkt Peter Amelung in der Besprechung des Kataloges von Hummel in der *Zeitschrift für Württembergische Landesgeschichte,* 49. Jahrgang, S. 598.

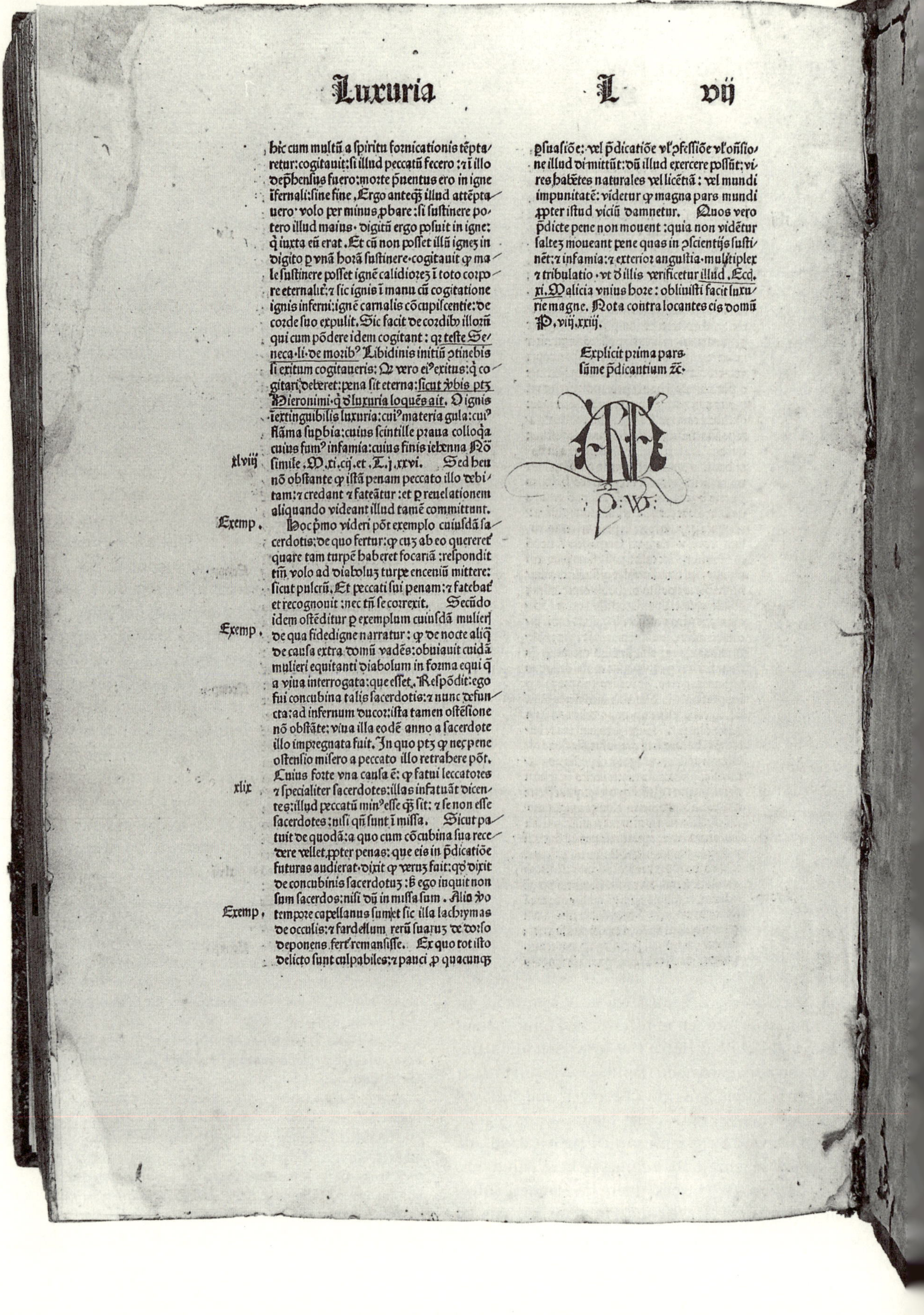

Luxuria L vij

hic cum multũ a spiritu fornicationis tẽpta-
retur: cogitauit: si illud peccatũ fecero: ⁊ ĩ illo
dep̄hensus fuero: morte p̄uentus ero in igne
ĩfernali: sine fine. Ergo anteq̃ȝ illud attẽpta-
uero: volo per minus ꝓbare: si sustinere po-
tero illud maius. digitũ ergo posuit in igne:
q̇ iuxta eũ erat. Et cũ non posset illũ igneȝ in
digito p vnã horã sustinere. cogitauit ꝙ male sustinere posset ignẽ calidioreȝ ĩ toto corpo-
re eternalit: ⁊ sic ignis ĩ manu cũ cogitatione
ignis inferni: ignẽ carnalis cõcupiscentie: de
corde suo expulit. Sic facit de cordib' illorũ
qui cum põdere idem cogitant: q̃r teste Seneca. li. de morib' Libidinis initiũ ꝯtinebis
si exitum cogitaueris: Q̃r vero ei' exitus: q̇ co-
gitari deberet: pena sit eterna: sicut verbis ptȝ
Hieronimi. q̇ d' luxuria loquẽs ait. O ignis
ĩextinguibilis luxuria: cui' materia gula: cui'
flãma supbia: cuius scintille praua colloq̇a
cuius fum' infamia: cuius finis iehenna. Nõ
xlviij simile. M. xi. cij. et. L. j. xxvi. Sed heu
nõ obstante ꝙ istã penam peccato illo debi-
tam: ⁊ credant ⁊ fateãtur: et p reuelationem
aliquando videant illud tamẽ committunt.
Exemp. Hoc p̄mo videri põt exemplo cuiusdã sacerdotis: de quo fertur: ꝙ cuȝ ab eo quereret
quare tam turpẽ haberet focariã: respondit
tñ volo ad diaboluȝ turpe enceniũ mittere:
sicut pulcrũ. Et peccati sui penam: ⁊ fatebat'
et recognouit: nec tñ se correxit. Secũdo
idem ostẽditur p exemplum cuiusdã mulier[is]
Exemp. de qua fidedigne narratur: ꝙ de nocte aliq̃
de causa extra domũ vadẽs: obuiauit cuidã
mulieri equitanti diabolum in forma equi q̃
a viua interrogata: que esset. Respõdit: ego
fui concubina talis sacerdotis: ⁊ nunc defun-
cta: ad infernum ducor: ista tamen ostẽsione
nõ obstãte: viua illa eodẽ anno a sacerdote
illo impregnata fuit. In quo ptȝ ꝙ nec pene
ostensio misero a peccato illo retrahere põt.
Cuius forte vna causa ẽ: ꝙ fatui leccatores
xlix ⁊ specialiter sacerdotes: illas infatuãt dicentes: illud peccatũ min' esse q̃ȝ sit: ⁊ se non esse
sacerdotes: nisi qñ sunt ĩ missa. Sicut pa-
tuit de quodã: a quo cum cõcubina sua rece-
dere vellet, ꝓpter penas: que eis in p̄dicatiõe
futuras audierat. dixit ꝙ veruȝ fuit: qđ dixit
de concubinis sacerdotuȝ: ꝫ ego inquit non
sum sacerdos: nisi dũ in missa sum. Alio vo
Exemp. tempore capellanus sum et sic illa lachrymas
de occulis: ⁊ fardellum rerũ suaruȝ de dorso
deponens. fert' remansisse. Ex quo tot isto
delicto sunt culpabiles: ⁊ pauci p quacunq̃ȝ

ꝑsuasiõe: vel p̄dicatiõe vl' ꝯfessiõe vl' oñsio-
ne illud dimittũt: dũ illud exercere possũt: vi-
res habẽtes naturales vel licẽtiã: vel mundi
impunitatẽ: videtur ꝙ magna pars mundi
ꝓpter istud viciũ damnetur. Quos vero
p̄dicte pene non mouent: quia non videtur
salteȝ moueant pene quas in ꝯscientijs susti-
nẽt: ⁊ infamia: ⁊ exterior angustia. multiplex
⁊ tribulatio. vt d' illis verificetur illud. Eccl.
xi. Malicia vnius hore: obliuisti facit luxu-
rie magne. Nota contra locantes eis domũ
P. viij. xxiij.

Explicit prima pars
sũme p̄dicantium ⁊c.

3. Petrus de Monte, *Repertorium utriusque iuris,* Nürnberg, Johannes Sensenschmidt und Andreas Frissner, 14.10.1476, H 11588, Goff M—843, Nr. 2501 der Universitätsbibliothek, Freiburg[7]. Am Schluß des Buches findet sich wieder unser PW mit dem Monogramm, wobei Sack noch Maria vermutete. Wieder ist der Einband nach Sack gebunden worden von Johannes Zoll, also KYRISS, Werkstatt 70.
4. Petrus Hispanus, *summulae logicales,* Reutlingen, Johann Ottmar, 1486, H 8680, IBB 3198, Freiburg 2781. Unter der Schlußschrift finden wir den Rubrikatorenvermerk PW, allerdings sogar mit der Jahreszahl 1486. Über den Einband hat Sack nichts vermerkt.
5. Johannes Gerson, *opera,* Straßburg, Johann Grüninger, 3.7.—10.9.1488, HC 7622, Goff G—168, Frankfurt 1207[8]. Am Schluß des Bandes finden wir wieder das Monogramm, darunter PW mit Jahreszahl 1493.
6. Johannes Nider, *sermones de tempore et de sanctis cum quadragesimali,* Reutlingen, Michael Greyff, nicht nach 1480, HC 11798, Goff N—219, Frankfurt 2147. Unter dem Monogramm, als wahrscheinlich Maria bezeichnet, PW. Der Einband ist noch erhalten, es wird auf KYRISS, Werkstatt Nr. 70 hingewiesen.
7. *Corpus iuris civilis, Digesta iustiniani, digestum vetus,* 4.8.1488, H 9553, Goff J—555, Harvard Nr. 1928[9]. Hier ist das Monogramm auch vorhanden, Walsh versucht es aufzulösen mit: IRF, ohne natürlich eine Erklärung geben zu können. Neben dem Zeichen des Rubrikators die Jahreszahl 1492.
8. Petrus Lombardus, *sententiarum libri IV,* Basel, Nikolaus Kessler, 23.5.1487, HC 10194, Goff P—490, Reutlingen Nr. 7810. Am Schluß ist das blaue (!) Rubrikatorenzeichen PW mit 1488 vermerkt. Der Einband stammt wiederum von Johannes Zoll unter Hinweis auf Werkstatt Nr. 70. Amelung nennt drei passende Namen, ohne (natürlich) einen bestimmten Hinweis geben zu können:
   a) Petrus Wieland aus Tuttlingen,
   b) Paul Wentzelhuser aus Stuttgart,
   c) Petrus Widmann aus Neubulach bei Calw.
   Er meint, einer der drei Herren könne der Rubrikator sein, leider ist dies kein Beweis.
9. Bartholomäus Platina, *vitae pontificum,* Venedig, Johannes von Köln und Johannes von Manthen, 11.6.1479, H 13049, Goff P—768, Prag Nr. 794[11]. Am Schluß findet sich PW, da der Einband aus dem 19. Jahrhundert stammt, ist ein Hinweis auf Zoll leider nicht möglich.
10. *Corpus iuris civilis,* Basel, Michael Wenssler, 31.5.1476, H 9500, GW 7594, Lindau Nr. 47[12]. Es handelt sich um einen Sammelband, am Ende findet sich das Signet des Rubrikators, bestehend aus dem Monogramm und darunter PW.
11. *Viola Sanctorum,* Straßburg, Prüss, 1487, H 10870, Darmstadt, II, 285[13]. Es handelt sich wieder um die Werkstatt von Johannes Zoll, KYRISS, Werkstatt Nr. 70. Unter dem PW findet sich die Jahreszahl 1490.
12. Gabriel Biel, *sacri canonis missae expositio,* Reutlingen, Johann Ottmar, 15.11.1488, HC 3178, GW 4332, Rottenburg Nr. 142[14]. Am Schluß des Bandes PW mit der Jahreszahl 1489. Der blind geprägte Lederband wurde gebunden von Johannes Zoll, Tübingen, Hinweis auf KYRISS, Werkstatt Nr. 70.
13. Johannes Herolt, *sermonis discipuli de tempore et de sanctis,* Straßburg, Drucker des Jordanus (= Georg Hussner), 1483, H 8486, Goff H—108, Rottenburg 314. Auf Blatt 405b Vermerk des Rubrikators FRA pw 1484, wobei das FRA wohl nicht richtig ist, auch die Auflösung mit Maria begegnet Schwierigkeiten. Der Einband wurde gefertigt von Johannes Zoll, Tübingen, wieder Hinweis auf KYRISS, Werkstatt Nr. 70.
14. *Homiliarius doctorum a paulo diacono collectus,* Basel, Nikolaus Kessler, 30.9.1493, HC 8791, Goff H—317, Rottenburg 335. Am Schluß PW 1494.
15. Thomas (de Argentina) *Scripta super libros sententiarum,* Straßburg, Martin Flach, 1490, C 603, Goff T—343, Rottenburg 595. Auf Blatt 212a von Pars 4 FRA mit PW 1493.

7 VERA SACK: Die Inkunabeln der Universitätsbibliothek und anderer öffentlicher Sammlungen in Freiburg i.Br. und Umgebung. Wiesbaden 1985, S. 847.

8 KURT OHLY und VERA SACK: Inkunabelkatalog der Stadt- und Universitätsbibliothek und anderer öffentlicher Sammlungen in Frankfurt/Main. Frankfurt/Main 1967, S. 395.

9 JAMES E. WALCH: Catalogue of the 15th Century Books in the Harvard University Library. New York 1995, S. 247.

10 PETER AMELUNG: Katalog der Inkunabeln der Stadtbücherei Reutlingen Reutlingen 1976, S. 53.

11 JAROSLAV VRCHOTKA: Inkunabelkatalog der Schloß- und Burgenbibliothek in der Tschechischen Republik. 1991, S. 215.

12 KARL HEINZ BURMEISTER und WERNER DOBRASS: Die Wiegendrucke der ehemals reichstädtischen Bibliothek Lindau. Sigmaringen 1976, S. 35.

13 Ich danke Herrn Dr. Kurt Hans Staub, Darmstadt, für diese mündliche Mitteilung.

14 HERIBERT HUMMEL und THOMAS WILHELMI: Katalog der Inkunabeln in Bibliotheken der Diözese Rottenburg-Stuttgart. Wiesbaden 1993, S. 158.

16. Johannes des Bromyard, *Summa praedicantium,* Basel, Johann Amerbach, nicht 1484, HC 3993, Goff J–260, (ehemals) Donaueschingen 119, jetzt Sammlung Mauss, Wiesbaden. Am Schluß in Rot das Monogramm, darunter PW.
17. Antoninus Florentinus, *Summa theologica,* Straßburg, Johann Grüninger, 3.7.–4.12.1490, HC 1248, Goff A–877, ehemals Donaueschingen, Inc. 33, jetzt Stuttgart: unter dem Kolophon P W, 1497[15].
18. Josef Baer, Frankfurt, Lagerkatalog 424, 1899, Nr. 261 = Katalog 500, Frankfurt 1905, Nr. 279 = Baer, Katalog 585, Frankfurt 1910, Nr. 273: Bonaventura, *Sermones de tempore et de sanctis,* Reutlingen, Johann Ottmar, 1484. H 3515. Am Schluß des Textes und des Registers das Monogramm PW 1485. Baer verweist zwar auf den »herrlichen« Schweinslederband mit gotischer Pressung, leider kein Hinweis auf den Buchbinder.
19. Nikolaus de Lyra, *Biblia latina cum postillis,* Venedig, Octavianus Scotus, 1489, H 3165, BMC V, 437, Antiquariat Emil Hirsch, Katalog 52, ca. 1926, Nr. 135. Hinweis des Antiquariats auf den Rubrikator am Schluß mit dem Monogramm der Maria (sicherlich eine Möglichkeit), dann P W 1493. Es hat sich gehandelt um ein »recht gutes Exemplar in schönem, gotischem Einbande«, leider ist der Buchbinder nicht erwähnt worden. Dieses Exemplar wurde übrigens angeboten vom Auktionshaus Hauswedell und Nolte, Hamburg, Auktion 296, 26.6.1992, Nr. 343.
20. Hugo de Prato Florido, *Sermones de sanctis,* Heidelberg, Drucker des Lindelbach = Heinrich Knoblochtzer, 21.1.1485, HC 9009, Goff H–513, angeboten vom Antiquariat Kocher-Bensing, Stuttgart, Katalog 108, 1980, Nr. 8 mit Abbildung, woraus wieder das Monogramm zu ersehen ist mit P W und der Jahreszahl 1491. Das Antiquariat erwähnt einen schönen Schweinsleder-Holzdeckelband der Zeit mit Streicheisenlinien und Einzelstempeln, meinte jedoch, den Stempel nicht bei Kyriß nachweisen zu können. Man war der Ansicht, stilistisch gehöre der Einband in den fränkischen Raum, es kann also sich doch um ein Werk des Buchbinders Johannes Zoll gehandelt haben.
21. Gregor I, *Moralia in Job,* Venedig, Reinald von Nimwjegen, 14.6.1480, H 7930, angeboten vom Auktionshaus Venator und Hanstein, Köln, September 1989, Nr. 1957. In Rot findet sich unter dem Kolophon das bekannte Monogramm mit den Buchstaben P W, wobei das Auktionshaus meinte, es könne sich um einen Ort handeln. Daneben die Jahreszahl 1481. Der Einband war sehr schlecht erhalten, wohl waren die Einzelstempel noch zu erkennen, der Verfasser des Kataloges meinte, diese seien möglicherweise Nürnberger Ursprungs.
22. Bartholus de Saxoferrato, *Consiliar, Quaestiones, Tractatus,* Lyon, Johannes Siber, nicht nach 1492, BMC VIII, 254. Es findet sich, wie immer, das Monogramm und daneben PW mit dem Datum 1492. Es handelt sich um einen Sammelband, der BMC verweist auf einen geprägten deutschen Schweinsledereinband, leider wird jeder Hinweis auf den Buchbinder unterlassen.

Wir können also feststellen, daß PW mindestens in der Zeit zwischen 1481 und 1493 als Rubrikator gearbeitet hat. Da alle mit einem alten Einband erhaltenen Bände von Johannes Zoll aus Tübingen gebunden worden sind, kann man als sicher annehmen, daß PW in Tübingen oder Umgebung zumindest während dieser Zeit gelebt haben muß. Die Vermutung ist nicht abwegig, daß es sich um einen Studenten gehandelt hat, der sich etwas Geld damit verdient hat, Inkunabeln zu rubrizieren. Warum er nach jetziger Kenntnis nur Einbände von Johannes Zoll rubriziert hat, läßt sich leider nicht erklären. Vielleicht war er ja nicht nur (allein) Student, sondern auch noch Gehilfe beim Buchbinder Zoll während seiner Tätigkeit als Student. Ungewöhnlich war es keineswegs, daß die Studenten ihre Bücher nicht nur selbst rubrizierten, sondern auch selbst mit einem Einband versahen.

*Ich danke Herrn Immo Wegmann, Bundeskriminalamt Wiesbaden, für die Anfertigung des Bildes.*

15 Sotheby's, New York, Versteigerung der Bibliothek Donaueschingen, 1.7.1994, Appendix, S. 262.

Frieder Schanze

# Der angebliche Erstdruck der Bauernpraktik von 1508

Die sogenannte *Bauernpraktik*, ein populäres Wetterbüchlein, war in der frühen Neuzeit das bekannteste aller metereologischen Bücher. Es bot jedermann, sofern er nur lesen konnte, die Möglichkeit, ohne den wissenschaftlichen Aufwand der gelehrten Prognostik Wettervorhersagen und sonstige Prophezeiungen für das ganze Jahr aufzustellen. In zahlreichen deutschen Drucken des 16. bis 18. Jahrhunderts fand sie weite Verbreitung und wurde auch in andere europäische Sprachen übersetzt. Eine Bearbeitung druckte man sogar noch im 19. Jahrhundert. Die früheste bekannte Überlieferung des Textes findet sich in einer Handschrift des ausgehenden 15. Jahrhunderts, die im östlichen Schwaben, vielleicht in Augsburg, entstanden ist[1].

Als ältester Druck gilt in der Forschung eine Ausgabe, die am Schluß das Datum 1508 trägt, deren Drucker sich aber nicht genannt hat. Gustav Hellmann hat diese Ausgabe 1896 im Faksimile veröffentlicht und eine umfangreiche Einleitung einschließlich einer Bibliographie der Drucke beigegeben[2]; zum Entstehungsort des faksimilierten Druckes hat er sich nicht geäußert. Nachdem bereits Helmut Rosenfeld Herkunft aus Augsburg vermutet hatte[3], wird der Druck im VD 16 (B-794) jetzt Johann Schönsperger d. J. in Augsburg zugeschrieben. Das läßt sich freilich mit dessen Tätigkeitszeit nicht vereinbaren, denn vor 1510 sind sonst keine von ihm hergestellten Drucke bekannt[4]. Gleichwohl zeigt die Überprüfung der Typen, daß es sich tatsächlich um einen Druck des jüngeren Schönsperger handelt, denn es kann kein Zweifel daran sein, daß seine Typen 1 (Auszeichnungsschrift) und 2 (Text) verwendet sind. Müssen wir demnach annehmen, daß seine Druckertätigkeit bereits 1508 einsetzte? Oder war dem Setzer nur ein Fehler unterlaufen? Hätte die Jahreszahl womöglich gar nicht 1508 *(.M.CCCCC.viij.)* lauten sollen, sondern beispielsweise 1518 *(.M.CCCCC.xviij.)*?

Für diese auf den ersten Blick etwas gewagt erscheinende Hypothese lassen sich in der Tat zwei Argumente anführen. Das eine betrifft den Titelholzschnitt der angeblichen Erstausgabe. Er besteht aus einem selbständigen ornamentalen Rahmen, in dessen leere Mitte ein hl. Eustachius eingesetzt ist. Auf zwei anderen, den Typen nach ebenfalls vom jüngeren Schönsperger hergestellten Ausgaben der *Bauernpraktik* aus den Jahren 1513 und 1514 (Hellmann, S. 10, Nr. 4 und 6 = VD 16 B-797 und B-799, mit falscher Zuschreibung an den älteren Schönsperger) ist in denselben Rahmen ein anderes Bild eingesetzt, das besser zum Inhalt der Schrift paßt: ein Bauer deutet mit der Rechten zum Himmel auf Sonne, Mond und Sterne, eine Bäuerin weist auf den Bauern (Abb. 1). Offensichtlich war dieser Holzschnitt eigens für die *Bauernpraktik* angefertigt worden, während der anscheinend am Rand beschnittene Eustachius-Holzschnitt zuvor anderen Zwecken gedient hatte. Schon deswegen wird man geneigt sein, den Ausgaben von 1513 und 1514 Priorität zuzubilligen. Bestätigt wird das durch den Rahmen, denn diese Ausgaben zeigen ihn in etwas besserem Zustand als diejenige mit dem Datum 1508.

Das andere Argument ergibt sich aus dem Typenvergleich. Die in allen drei Ausgaben verwendete Texttype, Schönspergers Type 2, weist im Lauf der Jahre leichte Unterschiede in der Form der Virgel und

1 Berlin SBPK: Ms. germ. quart. 1258, Bl. 36r–45r. Nachgewiesen von Hartmut Beckers (Hrsg.): Bauernpraktik und Bauernklage. Faksimileausgabe des Volksbuches von 1515/18, gedruckt zu Köln bei Sankt Lupus durch Arnd von Aich. Mit Einleitung, Übersetzung und Anmerkungen sowie einem neuen Gesamtverzeichnis der Lupuspressendrucke. Köln 1985 (Alte Kölner Volksbücher um 1500, 5. Druck), S. 15 und 42f., Anm. 18–21. – Die Handschrift ist zu ergänzen bei Hellmut Rosenfeld: ›Bauernpraktik‹. In: Die deutsche Literatur des Mittelalters. Verfasserlexikon. 2. Aufl. Hrsg. von Kurt Ruh u. a. Bd I. Berlin 1978, Sp. 640–642.

2 Gustav Hellmann (Hrsg.): Die Bauern-Praktik. Facsimiledruck mit einer Einleitung. Berlin 1896 (Neudrucke von Schriften und Karten über Meteorologie und Erdmagnetismus. 5). – Einen Abdruck des Textes dieser Ausgabe bietet Hellmut Rosenfeld: Kalender, Einblattkalender, Bauernkalender und Bauernpraktik. In: Bayerisches Jahrbuch für Volkskunde 1962, S. 7–24, hier S. 11–13.

3 Hellmut Rosenfeld: Die Titelholzschnitte der Bauernpraktik von 1508–1600 als soziologische Selbstinterpretation. In: Festschrift für Josef Benzing. Wiesbaden 1964, S. 373–389, hier S. 374 und Anm. 3.

4 Benzing, S. 15.

Abb. 1 *Notiz über Bibelkommentierung, 1466,* von Johannes Hartmanni aus Oberwesel in einer Bibelhandschrift des 14. Jahrhunderts (Hamburg SUB Cod. 54 in scrin., $265^{r}$)

Abb. 2 *Bauernpraktik* [Augsburg: Johann Sittich] 1512 (München BSB)

des Divis auf. Die frühesten Schönsperger-Drucke seit dem Jahr 1510 haben eine relativ kurze Virgel, während ab 1513 eine etwas längere und steilere Form Verwendung findet. 1513/14 stellt sich auch eine neue Form des Divis ein, dessen Striche kürzer sind und weiter auseinander liegen. In beiden Punkten erweist sich die angeblich 1508 entstandene Ausgabe der *Bauernpraktik* als ein Produkt aus der Zeit nach 1513. Aufschlußreich ist schließlich die Tatsache, daß in dieser Ausgabe, anders als in den Ausgaben von 1513 und 1514 und in den übrigen frühen Drucken Schönspergers, neben dem in der Type üblicherweise gebrauchten Rubrikzeichen eine fettere Variante mit nach unten verlängertem Vertikalstrich auftritt. Diese Variante finde ich sonst erst in Drucken ab 1521 (wobei etwas frühere Verwendung nicht ausgeschlossen ist). Wann immer die auf 1508 datierte Ausgabe entstanden sein mag, die Erstausgabe der *Bauernpraktik* kann sie nicht gewesen sein.

Welche von den erhalten gebliebenen Ausgaben aber hat dann als die älteste zu gelten? Wenn nicht alles täuscht, ist der wirkliche Erstdruck im Jahr 1512 erschienen. Die Ausgabe, die dieses Datum trägt (bei Hellmann Nr. 3), sticht schon durch ihren großen Titelholzschnitt hervor, der einen Gelehrten im Studio mit Büchern und einem Himmelsglobus zeigt (Abb. 2). Der Holzschnitt verleiht der Schrift, anders als es bei den übrigen Ausgaben der Fall ist, einen gelehrten Anspruch, und man kann vermuten, daß er gezielt mit der Absicht hergestellt wurde, dem Büchlein gerade anläßlich der Erstveröffentlichung ein ordentliches Renommee zu verschaffen. Unabhängig davon fällt auf, daß der Druck von 1512 am Anfang einer relativ kontinuierlichen Reihe von Ausgaben steht, die sich über die nächsten Jahre verteilen. Außerdem gibt es keine einzige Ausgabe, die früher als 1512 angesetzt werden müßte. Wir dürfen also den Druck von 1512 unbedenklich als Erstdruck ansehen.

Als Urheber der Ausgabe von 1512 wird im VD 16 Hieronymus Höltzel in Nürnberg genannt (VD 16 B-795). Das ist jedoch sicher nicht richtig, denn weder die Auszeichnungstype noch die Texttype dieses Drucks stimmen mit den entsprechenden Typen Höltzels überein. Dessen Auszeichnungs-Rotunda (Type 2) hat zum Teil ganz andere Versalien (vgl. VGT 941: M, V, W usw.), und die Schwabacher (Type 4) hat zwar bis 1510 ein ähnliches Rubrikzeichen (vgl. die Abb. bei Proctor[5], S. 227, fig. 59), aber das der *Bauernpraktik* von 1512 ist größer, und ohnehin verwendete Höltzel 1512 bereits ein ganz anderes Rubrum. Er kann demnach den Druck nicht hergestellt haben. Das Verdienst, die *Bauernpraktik* erstmals auf den Markt gebracht zu haben, kommt vielmehr einem Augsburger Drucker zu. Nur war es nicht Johann Schönsperger d. J., sondern Johann Sittich. Die Typen der *Bauernpraktik* stimmen jedenfalls in allen Einzelheiten mit dessen Typen 1 (Auszeichnungsschrift) und 3 (Text, vgl. Abb. 3) überein.

Ich füge abschließend eine Liste der bekannten Ausgaben der *Bauernpraktik* bis um 1520 an. Sie beruht im wesentlichen auf HELLMANN und VD 16, enthält aber einige notwendige Korrekturen[6]:

1 [Augsburg: Johann Sittich] 1512
HELLMANN, S. 10 Nr. 3; VD 16 B-795 (Zuschreibung an Hieronymus Höltzel in Nürnberg). Vgl. Abb. 2 und 3.

2 [Augsburg: Johann Schönsperger d. J.] 1513
HELLMANN, S. 11 Nr. 4; VD 16 B-797 (Zuschreibung an Johann Schönsperger d. Ä.).

3 [München: Johann Schobser] nach 24. Aug. 1513
HELLMANN, S. 10 Nr. 5; VD 16 B-798.

4 [Augsburg: Johann Schönsperger d. J.] 1514
HELLMANN, S. 10 Nr. 6; VD 16 B-799 (Zuschreibung an Johann Schönsperger d. Ä.).

5 Erfurt: Matthes Maler [um 1515?]
HELLMANN, S. 17 Nr. 2; VD 16 B-800.

6 Straßburg: [Matthias Hüpfuff, 1516]
Nicht bei HELLMANN; VD 16 B-801 (zu ergänzen ein weiteres Exemplar in Gießen UB: Ink. W 47950/21). – Der Drucker war nicht Matthias Schürer (so VD 16), sondern Matthias Hüpfuff: Die Auszeichnungstype ist dessen Type 11; die Texttype, eine Schwabacher mit $M^{44}$ und 102 mm auf 20 Zeilen (von PROCTOR [Anm. 5] nicht verzeichnet), findet sich in firmierten Hüpfuff-Drucken von 1516, z. B. in Brants *Klagspiegel* (VD 16 B-7085) und in Leonhard Reynmanns *Wetterbüchlein* (JOSEF BENZING: Bibliographie Strasbourgeoise. Baden-Baden 1981, Nr. 1550); auch die Initialen sind für Hüpfuff verbürgt.

7 Leipzig: [Martin Landsberg] 1517
Nicht bei HELLMANN; VD 16 B-803 (ohne Drukkerbestimmung).

8 [Basel: Nikolaus Lamparter, 1517]
HELLMANN, S. 17 Nr. 3; VD 16 B-802.

9 [Köln: Arnd von Aich, 1515/18]
Nicht bei HELLMANN und im VD 16; vgl. das Faksimile bei BECKER (Anm. 1) und ebd., S. 98 Nr. 7.

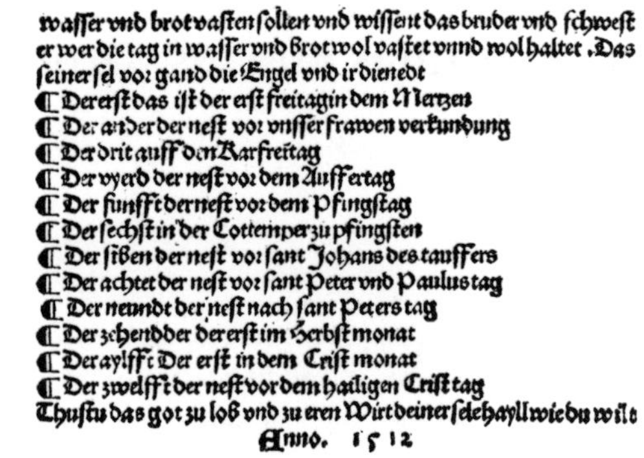
waſſer vnd brot vaſten ſollen vnd wiſſent das bruder vnd ſchweſt
er wer die tag in waſſer vnd brot wol vaſtet vnnd wol haltet. Das
ſeiner ſel vor gand die Engel vnd ir dienedt
¶ Der erſt das iſt der erſt freitag in dem Mertzen
¶ Der ander der neſt vor vnſſer frawen verkundung
¶ Der drit auff den Karfreitag
¶ Der vyerd der neſt vor dem Auffertag
¶ Der funfft der neſt vor dem Pfingſtag
¶ Der ſechſt in der Cottemper zu pfingſten
¶ Der ſiben der neſt vor ſant Johans des tauffers
¶ Der achtet der neſt vor ſant Peter vnd Paulus tag
¶ Der newndt der neſt nach ſant Peters tag
¶ Der zehend der der erſt im Herbſt monat
¶ Der aylfft Der erſt in dem Criſt monat
¶ Der zwelfft der neſt vor dem hailigen Criſt tag
Thuſtu das got zu loß vnd zu eren Wirt deiner ſele hayll wie du wilt
Anno. 1512

**Abb. 3** *Bauernpraktik* [Augsburg: Johann Sittich] 1512 (München BSB)

10 [Augsburg: Johann Schönsperger d. J.] 1508 [recte 1518?]
HELLMANN, S. 8 Nr. 1 [und 2?]; VD 16 B-794.

11 Straßburg: M[atthias] S[chürer, 1519]
HELLMANN, S. 16 Nr. 1; VD 16 B-798 (= B-807?). – Die Datierung auf um 1512 (so HELLMANN und VD16 nach WELLER) ist falsch, denn die Texttype ist nicht Schürers Type 6, sondern seine Type 15, die anscheinend nicht vor 1519 auftritt. Da der Druck Schürers Initialen aufweist, muß er noch 1519 entstanden sein, denn in diesem Jahr ist Schürer gestorben.

12 [Basel: Adam Petri, um oder nach 1520]
HELLMANN, S. 16 Nr. 4; VD 16 B-804. – Die dortige Datierung auf 1518 ist unzutreffend, da die Texttype von Petri offenbar nicht vor 1519 und regelmäßig erst ab 1520 benutzt wurde.

13 Zürich: [Christoph Froschauer, um oder nach 1520]
HELLMANN, S. 18 Nr. 5; VD 16 B-808 = B-811.

14 Erfurt: Matthes Maler, 1521
Nicht bei HELLMANN; VD 16 B-809.

15 Straßburg: [Matthias Schüres Erben, nach 1520]
VD 16 B-807; JEAN MULLER: Bibliographie Strasbourgeoise. Baden-Baden 1985, S. 208, Nr. 19.

5 ROBERT PROCTOR: Index of German books 1501–1520 in the British Museum. London 1903.
6 Die beiden Drucke mit dem Titel *Laienregel und Practica allwegen während* (VD 16 B-805 und 806) sind mit um 1520 entschieden zu früh datiert und bleiben hier außer Betracht; von der Ausgabe VD 16 B-806 ist anscheinend kein Exemplar erhalten, da die beiden bei HELLMANN, S. 19, Nr. 6 angeführten Exemplare im Krieg verlorengegangen sind.

Irmgard Bezzel

# Petrus Littinus Buscius, Drucker in Köln von 1527 bis 1531

Im *Verzeichnis der im deutschen Sprachbereich erschienenen Drucke des 16. Jahrhunderts* (VD 16), das die Kenntnis über die Tätigkeit mancher Offizin erweitert hat, ist der Kölner Drucker Petrus Buscius mit keiner Schrift vertreten. Nicht einmal die beiden Druckwerke aus den Jahren 1529 und 1530, die seit Johann Jakob Merlos Studie von 1895 in der Fachliteratur zitiert werden[2], konnten beschrieben werden. Erst in den letzten Jahren, als in der zweiten Projektphase des VD 16 u. a. die Bestände der Universitäts- und Stadtbibliothek Köln, der Stadtbibliothek Trier und der Universitätsbibliothek Freiburg erfaßt wurden, gewannen einige kleinere Kölner Pressen wie die des Petrus Buscius schärferes Profil. Etwa zur gleichen Zeit gelang es der Bayerischen Staatsbibliothek in München, über den Antiquariatshandel vier Schriften seiner Werkstatt anzukaufen. Aufschlußreich ist vor allem ein 1994 erworbener Sammelband[3] in zeitgenössischem blindgepreßtem Ledereinband. Er enthält drei Druckwerke des Petrus Buscius von 1527 und 1529 im Sedezformat, die durchgehend von der gleichen Hand, wohl des unbekannten Erstbesitzers, rubriziert wurden.

Als wichtige und willkommene Neuentdeckung können die 1527 erschienenen *Meditationes* des Augustinus[4] gelten. Wenngleich sie nicht firmiert sind, so ist doch durch die beiden anderen Drucke des Sammelbandes die Zuschreibung an Buscius gesichert. Auf der letzten Seite des Büchleins wandte sich außerdem der Drucker, unterzeichnend mit den Initialen P. B., an den Leser. Er stellte den Erstling seiner Offizin vor und umriß sein künftiges Verlagsprogramm. Die Bedeutung dieser Worte war bereits dem früheren Eigentümer des Bändchens aufgefallen, der sie durch Rotunterstreichung hervorhob. In deutscher Übersetzung lauten sie: »Du erhältst hier, frommer Leser, das Buch der Betrachtungen oder stillen Gebete des heiligen Augustinus, des Bischofs von Hippo, das mit außerordentlicher Sorgfalt in seinem ursprünglichen Glanz wieder hergestellt wurde (Wie verderbt bisher der Text war, beklagten gerade die Besten). Bald wirst du weitere kleine Schriften des gleichen geistigen Gehalts bekommen, wenn wir erfahren, daß unsere Arbeit den Gottesfürchtigen und Frommen nicht mißfällt.«[5]

Der bisher unbekannte Erstdruck, der den Beginn der Druckertätigkeit für 1527 und nicht erst für 1529 bezeugt, regt dazu an, die Produktion der kleinen Presse näher zu untersuchen und nach der Persönlichkeit ihres Leiters zu fragen.

Für den Einstieg in die Buchdruckerkunst wählte Buscius mit Bedacht ein aszetisches Werk und entschied sich für das bei Gebetbüchern beliebte Sedezformat. Schriften des Augustinus wurden zwar in Köln häufig gedruckt – 1527 waren allein bei Hero Fuchs fünf Titel erschienen – aber die *Meditationes* fehlten auf dem lokalen Buchmarkt. Wie weit Buscius den Anspruch erfüllte, einen gereinigten und verbesserten Text zu bieten, kann hier nicht erörtert werden. Im Vergleich mit älteren Ausgaben[6] fällt jedoch auf, daß viele Kapitelüberschriften – von Buscius? – neu formuliert wurden und zwar im Sinn einer verinnerlichten Frömmigkeit. Statt »Hominis conquestio, qui propter inobedientiam a domino non auditur« hieß die Inhaltsangabe des dritten Kapitels jetzt »Peccatoris planctus, quod propter suam maliciam ...«[7] und statt »Oratio ad sanctam trinitatem« jetzt »Adoratio superbenedictae trinitatis« die Überschrift des elften Kapitels[8]. Als sachliche Korrektur wurde der »Hymnus de gloria paradisi« dem

1 Johann Jakob Merlo: Kölnische Künstler in alter und neuer Zeit. Neu bearb. und erw. Hrsg. von Eduard Firmenich-Richartz und Hermann Keussen. Düsseldorf 1895, Nr. 446a.

2 Z. B. Benzing, S. 239.

3 München BSB: P. lat. 2322 t. Angezeigt in: Galerie Gerda Bassenge. Auktionskatalog 63. (Berlin 1994), Nr. 538.

4 Vgl. bibliographischer Anhang 1 und Abb. 1.

5 Augustinus: Meditationes, Bl. Q7$^{v}$. (Siehe Abb. 2).

6 Zum Vergleich herangezogen wurde hier und im folgenden die in Brescia 1498 bei Angelus Britannicus erschienene Sammelausgabe mit den *Meditationes, Soliloquia* und *Manuale* des Augustinus; H 1951; GW 2972. Die dort gegebenen Kapitelüberschriften wurden in zahlreiche Ausgaben des 16. Jahrhunderts übernommen.

7 Augustinus: Meditationes, Bl. A 6$^{r}$.

8 Augustinus: Meditationes, Bl. C 8$^{v}$.

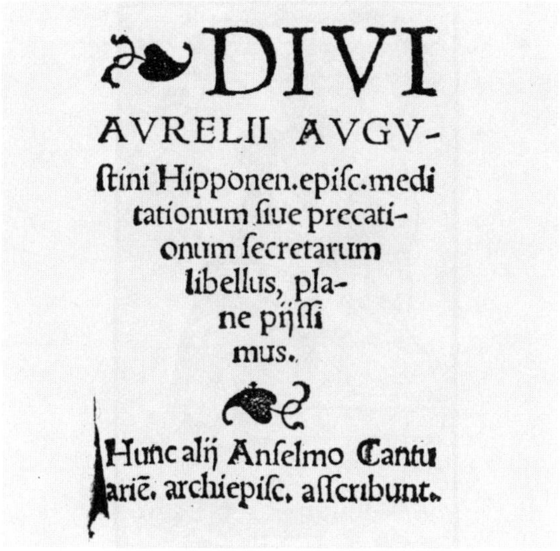
DIVI
AVRELII AVGV-
ſtini Hipponen.epiſc.medi
tationum ſiue precati-
onum ſecretarum
libellus, pla-
ne pijſſi
mus.

Hunc alij Anſelmo Cantu
arieñ. archiepiſc. aſſcribunt.

**Abb. 1** Titelblatt des Erstdrucks, Köln 1527 (München BSB: P.lat.2322 t)

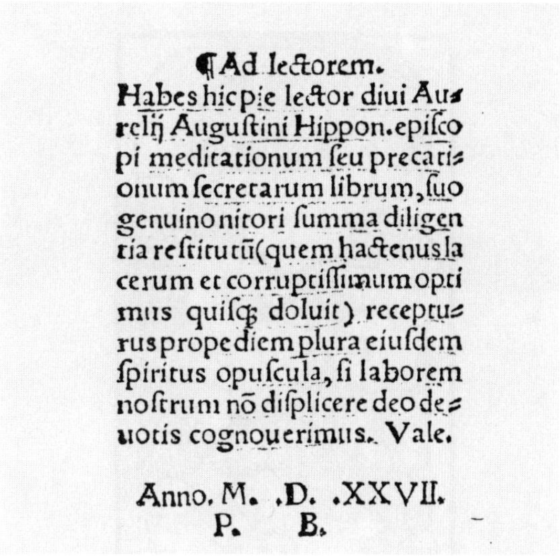
¶Ad lectorem.
Habes hic pie lector diui Au-
relij Auguſtini Hippon.epiſco
pi meditationum ſeu precati-
onum ſecretarum librum, ſuo
genuino nitori ſumma diligen
tia reſtitutũ(quem hactenus la
cerum et corruptiſſimum opti
mus quiſq; doluit) receptu-
rus propediem plura eiuſdem
ſpiritus opuſcula, ſi laborem
noſtrum nõ diſplicere deo de-
uotis cognouerimus. Vale.

Anno. M. .D. .XXVII.
P. B.

**Abb. 2** Geleitwort des Petrus Buscius zu den *Meditationes* des Augustinus (München BSB: P. lat. 2322 t, Bl. Q 7$^{v}$)

Reformtheologen des 11. Jahrhunderts Petrus Damiani zugeschrieben[9].

In der von Buscius besorgten, durch die veränderten Zwischentitel charakterisierten Fassung wurden die *Meditationes* des Augustinus 1530 von Johann Soter[10] in Köln nachgedruckt, wiederum im Sedezformat. Weitere Nachdrucke erschienen u. a. 1539 in Antwerpen bei Gilles Coppens[11] und 1543 bei Sébastien Gryphius[12] in Lyon. Wie bei Buscius wurde auf den Titelblättern jeweils die frühere, in Ausgaben des 15. Jahrhunderts gebräuchliche Zuweisung des Büchleins an Anselmus von Canterbury erwähnt. Die meisten Auflagen der pseudoaugustinischen Schrift hielten sich jedoch an die tradierten Worte der Kapitelüberschriften[13].

Aus dem Jahr 1529 sind drei Druckwerke des Petrus Buscius erhalten, davon zwei im Sedezformat. Der Satzspiegel wurde gegenüber dem Erstdruck (6,8 × 4,5 cm) geringfügig verkleinert (6,6 × 4,4 cm); kleinere Typen erlaubten es, 20 statt 18 Zeilen auf einer Seite unterzubringen. Neu war die Verwendung von Holz- und Metallschnitten und von Zierinitialen.

Gewissermaßen als Fortsetzung der *Meditationes* brachte Buscius die *Soliloquia* heraus, die damals ebenfalls als Schrift des großen Bischofs von Hippo angesehen wurden. Sie sollten, wie er auf dem Titelblatt vermerkte, zur Gotteserkenntnis und Gottesliebe hinführen[14]. Den Selbstgesprächen vorangestellt war ein Inhaltsverzeichnis, abgeschlossen wurden sie durch ein Gebet des Kirchenvaters Cyprian[15]. Wiederum wurden nicht wenige der bisher üblichen Kapitelüberschriften gegen neue Formulierungen ausgetauscht, die Ausdruck einer bestimmten Frömmigkeitsrichtung waren[16]. In dieser Bearbei-

9 AUGUSTINUS: Meditationes, Kap. 26 (H 3$^{v}$–H 6$^{r}$). Die Zuschreibung an Petrus Damiani gilt als gesichert. Vgl. Analecta hymnica medii aevi. Hrsg. von CLEMENS BLUME und GUIDO M. DREVES. Bd 48. Leipzig 1905, S. 66–67.

10 Die Titelfassung stimmt mit der Ausgabe des Buscius von 1527 überein. Coloniae apud Io. Soterem, Anno M. D. XXX. (Wolfenbüttel HAB: Yv 1542. 8° Helmst. (2)). Neu hinzugefügt wurde ein Inhaltsverzeichnis (A 1$^{v}$–A 2$^{v}$). Zu Soter vgl.: WOLFGANG SCHMITZ: Das humanistische Verlagsprogramm Johannes Soters. In: Humanismus in Köln. Humanism in Cologne. Hrsg. von JAMES V. MEHL. Köln, Weimar, Wien 1991, S. 77–117, hier S. 101, Anm. 103 (Studien zur Geschichte der Stadt Köln. 10).

11 NIJHOFF/KRONENBERG 2319.

12 München BSB: P. lat. 225. Nicht bei Baudrier.

13 Z. B. Köln: Peter Horst 1562. In Verbindung mit den beiden anderen pseudoaugustinischen Schriften *Soliloquia* und *Manuale* (VD 16 A 4289).

14 Vgl. bibliographischer Anhang 2.

15 AUGUSTINUS: Soliloquia, Bl. a 1$^{v}$–a 2$^{v}$ bzw. M 6$^{r}$–M 8$^{v}$. Das Gebet Cyprians beginnt mit den Worten: Hagios, hagios, hagios.

16 Zwei Beispiele seien angeführt: AUGUSTINUS: Soliloquia: Bl. B 3$^{r}$ (Kapitel 4): »De tenebris noctis et mortis huius saeculi« statt »De mortalitate humanae naturae« und Bl. E 6$^{v}$ (Kapitel 16): »Quod satanae laqueos sola dei gratia evadimus« statt »De diabolo et multiplicibus temptationibus eius«.

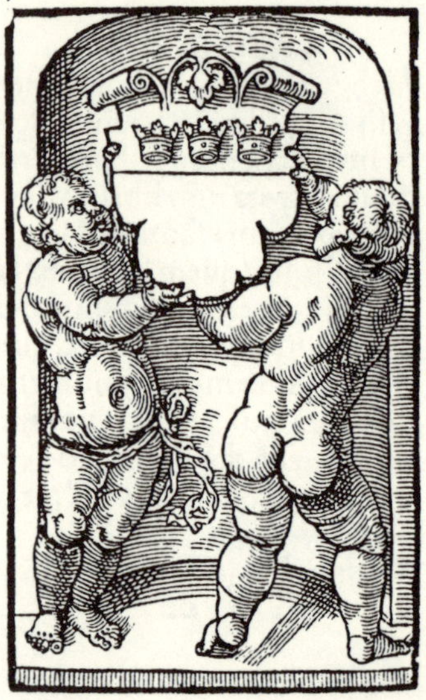

Abb. 3 Das Kölner Stadtwappen, ein Holzschnitt Anton Woensams, erstmals in den *Soliloquia* des Augustinus, Köln 1529, nachgewiesen (München BSB: P. lat. 2322 t/1, Bl. M 8v). Holzschnitt: 7,0 × 4,3 cm

Abb. 4 Christus als Schmerzensmann, ein Holzschnitt Woensams (München BSB: P. lat. 2322 t/2, Bl. D 8v). Holzschnitt: 7,0 × 4,3 cm

tung wurden die *Soliloquia* bereits ein Jahr später von Johann Soter nachgedruckt[17].

Im Kolophon stellte sich der Drucker mit vollem Namen vor: »Petrus Littinus Buscius excudebat«[18]. Der nicht genannte Druckort wurde durch einen feinen Holzschnitt auf der letzten Seite bestätigt: Das Kölner Stadtwappen, gehalten von zwei Genien[19]. Als Werk des Malers und bedeutenden Graphikers Anton Woensam ist er seit langem bekannt, allerdings nur mit einem Nachweis aus dem Jahr 1539 und daher fälschlich der Spätzeit des Meisters zugeordnet[20].

Wenn dieser Holzschnitt jedoch erstmals 1529 in den *Soliloquia* verwendet wurde, so darf man folgern, daß Buscius wie andere Kölner Drucker die Zusammenarbeit mit dem angesehenen Künstler suchte und ihm einen Auftrag erteilte. In den erhaltenen Drucken wiederholte Buscius den Holzstock nicht. Spätestens 1535 war dieser im Besitz des Kölner Druckers Eucharius Cervicornus[21], der ihn auch 1539, als er für Peter Quentel druckte, zum Schmuck des Titelblatts gebrauchte[22].

Im zweiten kleinformatigen Druck von 1529 wandte sich Buscius einem Zeitgenossen zu, Johannes Justus[23] (ca. 1490–1539) aus Landsberg am Lech (Lanspergius), der seit 1509 der Kölner Kartause

17 Gleiche Formulierung wie bei Buscius, ebenfalls Sedezformat. Coloniae, apud Io. Soterem, Anno M. D. XXX. Mense Octobri (Trier SB: 1 an: N 15/114).

18 Augustinus: Soliloquia, Bl. M 8r.

19 Augustinus: Soliloquia, Bl. M 8v (Abb. 3).

20 Johann Jakob Merlo: Anton Woensam von Worms, Maler und Xylograph zu Köln. In: Archiv für die zeichnenden Künste 10 (1864), S. 129–274, hier Nr. 481.

21 Im Jahr 1535 verwendete Cervicornus den Holzstock mindestens dreimal zum Schmuck seiner Drucke, jedoch nicht als Signet:

1. Gerardus Bucoldianus: De inventione. Kölner Wappen auf der letzten Seite, auf dem Titelblatt das bekannte Signet des Eucharius Cervicornus (VD 16 B 9065).

2. Josse Clicthove: Homiliarum tripartitarum pars tertia. Kölner Stadtwappen auf der letzten Seite, auf dem Titelblatt Druckermarke des Cervicornus (VD 16 C 4195).

3. [Biblia, NT., Evangelienharmonie] Zachariae episcopi Chrysopolitani ... libri. Kölner Stadtwappen auf der letzten bedruckten Seite (VD 16 B 4653).

22 Antonius Broickwy von Königstein: In ... evangelia enarrationes ... P. I. (II). Eucharius excudebat impensis Petri Quentel (VD 16 B 8368). Abgebildet bei: Paul Heitz und Otto Zaretzky: Die Kölner Büchermarken bis Anfang des 17. Jahrhunderts. Straßburg 1898 (Die Büchermarken oder Buchdrucker- und Verlegerzeichen. 6), S. LI. – Vgl. Severin Corsten: Peter Quentel. (Alte Kölner Druckerzeichen, N. F. 44 [ca. 1968]). Irrtümlich als Verlegermarke Quentels bezeichnet.

23 Zu Johannes Justus vgl. u. a.: Joseph Greven: Die Kölner Kartause und die Anfänge der katholischen Reform in Deutschland. Hrsg. von Wilhelm Neuss. Münster 1935 (Katholisches Leben und Kämpfen im Zeitalter der Glaubens-

St. Barbara angehörte. Wenige Jahre zuvor waren bei Cervicornus in Köln seine ersten Schriften erschienen, 1526 die *Candela evangelica*[24] und 1528 *Eyn schöne vnderrichtung, was die recht Ewangelisch geystlicheit sy*[25], beide zur Verteidigung der katholischen Lehre geschrieben. Buscius dagegen bewog den Kartäuser, ihm einige von der spätmittelalterlichen Mystik geprägte Meditationen zur Veröffentlichung anzuvertrauen. Die *Vita servatoris nostri Jesu Christi in quindecim meditationes distincta*[26] wollte Priester und Laien zur andächtigen Betrachtung des Leidens Christi anleiten. Die Intention des Verfassers mit dem Schlüsselbegriff der »Deo devoti«[27] stimmte überein mit den Zielen, die sich Buscius für seine Tätigkeit als Drucker gesetzt hatte. Die Meditationen wurden abgeschlossen – ne charta vacaret – durch Gebete des Kartäusers[28].

Thematisch abgerundet wurde die Schrift durch einen kunstvollen Holzschnitt Woensams: Christus als Schmerzensmann, darunter die Gebetsworte »Respice me, me conde animo, me in pectore serva«[29]. Wenngleich kein Zitat, spiegeln sie doch gut den inneren Gehalt des Andachtsbüchleins. Das stützt die Vermutung, daß der von den Titelholzschnitten zu Dürers großer und kleiner Passion beeinflußte Holzstock auf Anregung und auf Bestellung des Petrus Buscius geschaffen wurde.

Von den beiden Holzschnittleisten, wohl ebenfalls aus der Werkstatt Woensams, bemerkenswert ist die Darstellung eines allegorischen Kampfes zwischen einem Mann im Schneckenhaus und einem großen Vogel[30]. Wie bereits in den *Soliloquia* verwendete Buscius eine Zierinitiale, hier für den Buchstaben »A«[31], in der gleichen Form, wie sie bei Johann Soter nachzuweisen ist[32].

Das Andachtsbüchlein und die Gebete des Johannes Justus wurden noch im Dezember 1529 von Gerard Hatart in s'Hertogenbosch nachgedruckt[33]. Die auf 150 Betrachtungen erweiterte Ausgabe, die 1537 bei Jaspar Gennep in Köln erschien[34], konnte im Vergleich zu dem schmalen Bändchen von 1529 zu Recht als »Aeditio prima« bezeichnet werden.

In Kleinoktav druckte Buscius 1529 die Predigt des Kirchenvaters Cyprian (ca. 200–258) *De mortalitate*[35]. Das Gesamtwerk des Bischofs von Karthago hatte seit der von Erasmus besorgten Folioedition von 1520[36] große Beachtung gefunden. Bereits im März 1522 brachte in Köln Johann Soter die *Opera Cypriani – ex recognitione Erasmi* – in zwei handlichen Oktavbänden heraus[37], ebenso 1524/1525 Hero Fuchs[38]. Die Lektüre der während einer Pestepidemie in Nordafrika entstandenen Predigt, in der die enge Verbindung der Gläubigen mit Christus betont wurde, regte Buscius zu seiner Separatausgabe an. Von ihr abhängig oder von ihr beeinflußt war möglicherweise die in Deventer »ex aedibus Bornis« erschienene Einzelausgabe[39].

Nicht auf den Inhalt bezogen war die Titelbordüre Woensams[40]: Arabesken und Blattwerk auf schwarzem Grund, oben eine Vase zwischen zwei Genien, unten zwei Genien, die einen Januskopf halten, darunter die Jahreszahl 1529. Die letzte Seite schmückt eine kleine Zierleiste mit zwei Genien,

spaltung. 6), S. 27–49 und GÉRALD CHAIX: Réforme et contre-réforme catholiques. Recherches sur la chartreuse de Cologne au XVI^e^ siècle. 3 Bände mit durchgehender Zählung. Salzburg 1981 (Analecta Cartusiana. 80, 1–3), S. 175–202.

24 VD 16 J 1186–1188.

25 VD 16 J 1202.

26 Vgl. bibliographischer Anhang 3. – GREVEN (siehe Anm. 23), S. 28, Anm. 5. – CHAIX (siehe Anm. 23), S. 182–183 und 591, Nr. 102/1. – WILBIRGIS KLAIBER: Katholische Kontroverstheologen und Reformer des 16. Jahrhunderts. Münster 1978, Nr. 1755 (Reformationsgeschichtliche Studien und Texte. 116).

27 JOHANNES JUSTUS: Vita, Bl. A 1^v^: Ad pium lectorem: Cum sint permulti, tum sacerdotes, tum plebei homines deo devoti ...

28 JOHANNES JUSTUS: Vita, Bl. D 3^v^–D 8^r^.

29 JOHANNES JUSTUS: Vita, Bl. D 8^v^ (Abb. 4). Abgebildet bei: OTTO ZARETZKY: Die Kölner Bücher-Illustration im 15. und 16. Jahrhundert. In: Zeitschrift für Bücherfreunde 3 (1899/1900), S. 129–146, hier S. 139, Abb. 9, doch ohne Quellenangabe und ohne die beigedruckten Gebetsworte. – Nicht bei MERLO (siehe Anm. 20). Der von Merlo 307 beschriebene, motivgleiche Holzschnitt ist bei ZARETZKY, S. 138, Abb. 8 abgebildet.

30 JOHANNES JUSTUS: Vita, Bl. D 8^r^. Abgebildet im Auktionskatalog Bassenge (siehe Anm. 3). Doch trifft die Identifikation mit der von Merlo 446a beschriebenen Zierleiste nicht zu.

31 JOHANNES JUSTUS: Vita, Bl. A 2^r^.

32 Z. B. 1527 in CICERO: De republica (VD 16 C 3640) und 1530 in [Agenda] Ritus ac observationes (VD 16 A 629).

33 NIJHOFF/KRONENBERG 1540. – CHAIX (siehe Anm. 23), S. 591, Nr. 102/2.

34 GÜNTER GATTERMANN: Der Kölner Buchdrucker Jaspar von Gennep. Bibliographie seiner Drucke. Köln 1957 [Maschinenschriftlich verv.], Nr. 31. – VD 16 J 1220.

35 Vgl. bibliographischer Anhang 4 und Abb. 5.

36 Basel: Johann Froben 1520 (VD 16 C 6508). Weitere Folioausgaben erschienen in Basel 1521, 1525, 1530 und 1540 (VD 16 C 6509, 6512–6514).

37 VD 16 C 6510. Bd 1, S. 477–498: Sermo de mortalitate.

38 VD 16 C 6511. Bd 1, S. 427–446: Sermo de mortalitate.

39 NIJHOFF/KRONENBERG 672, mit der Datierung: ca. 1530. Theodoriucs de Borne [I.] druckte von 1508–1519, seine Witwe bis 1537.

40 MERLO (siehe Anm. 1), Nr. 446a.

Abb. 5 Titelbordüre Woensams von 1529,
(Xanten Stiftsbibliothek: 5587)
Holzschnitt: 11,0 × 6,4 cm

transferre me intendo, & ad securę exitum pro-
ut dominus dederit parare: præsertim qa & vi-
res corporis multum deficiunt. Et istud opuscu
lum anno vitæ meæ sexagesimo septimo finio.
Anno domini 1469: ad laudem et
gloriam omnipotentis: qui est
sup omnia deus sublimis
& benedictus.

AMEN.

Abb. 6 Metallschnitt eines unbekannten Künstlers
(München BSB: (Res.) P. lat. 2322 g, Bl. D 4$^{v}$)
Metallschnitt: 7,0 × 6,0 cm

deren Körper in gewundenen Schlangenschwänzen auslaufen. Auch hier darf man annehmen, daß Buscius dem bekannten Kölner Künstler einen Auftrag erteilte.

Die gleiche Bordüre, weiterhin mit der Jahreszahl 1529, gebrauchte Buscius 1530 für das Titelblatt der *Meditationes* des Kartäusers Dionysius Ryckel[41] († 1471). Indirekt war auch dieser Autor des 15. Jahrhunderts mit der Kartause St. Barbara verbunden. Denn unter dem Priorat des aus Leiden gebürtigen Pieter Bloemevenne sahen es die Kölner Kartäuser als ihre Verpflichtung an, die zahlreichen Manuskripte ihres niederländischen Ordensbruders, des Priors von Roermond, zum Druck zu befördern[42]. Hauptherausgeber war seit 1532 Dirk Loër, an der Drucklegung beteiligten sich nahezu alle Kölner Pressen: »Officinas calcographorum Dionysius hic fere omnes unus obtinet.«[43] Die 1469 geschriebenen *Meditationes* wurden, wie auf dem Titelblatt vermerkt war, erstmals 1530 von Buscius gedruckt. 1534 wurden sie in die bei Peter Quentel erschienene Sammlung der *Opuscula* aufgenommen[44].

Die letzte Textseite ziert ein Metallschnitt[45], dessen Motiv, die heilige Anna Selbdritt, an den Buch-

41 Vgl. bibliographischer Anhang 5. — Chaix (siehe Anm. 23), S. 485. — Merlo (siehe Anm. 1) 446 a. — Das Titelblatt ist abgebildet bei: Severin Corsten: Petrus Buscius. Köln 1978 (Alte Kölner Druckerzeichen, N. F. 124 = Bibliophilen-Gesellschaft in Köln. 224. Teestunde).

42 Vgl. Greven (siehe Anm. 23) S. 50–61 und Chaix (siehe Anm. 23), S. 211–233.

43 Dirk Loër im Vorwort zu Dionysius Carthusianus: Opuscula aliquot, quae ad theoriam mysticam egregie instituunt. Köln: Peter Quentel 1534, Bl. A 2$^{r}$ (VD 16 D 1862).

44 Dionysius Carthusianus: Opuscula (siehe Anm. 43), Bl. CCCLIX$^{v}$–CCCLXXXVI$^{r}$.

45 Dionysius Carthusianus: Meditationes, Bl. D 4$^{v}$. (Vgl. Abb. 6.)

schmuck früher Kölner Drucke erinnert. In der Offizin »Retro minores«[46], bei Martin von Werden und Johann Landen[47] wurde zur Illustration fast ausschließlich ein Holzschnitt dieser Thematik verwendet, der als getreue Kopie eines niederländischen Holzschnitts gilt. Ob auch der Metallschnitt in den *Meditationes* des Kartäusers Dionysius auf das gleiche Vorbild zurückzuführen ist, wie Zaretzky vermutete[48], halte ich für wenig überzeugend. Denn die Unterschiede in der Gesamtauffassung und in Einzelheiten sind nicht unbeträchtlich, und das Motiv der thronenden heiligen Anna und Maria mit dem Jesusknaben wurde am Niederrhein gern dargestellt. Der Metallschnitt, das Werk eines unbekannten Künstlers, dürfte vor 1530 entstanden sein.

Nur mit der Angabe des Druckjahrs »Anno a virgineo partu MDXXXI« erschien ein schmales Sedezbüchlein, das *Manuale* oder Handbüchlein des Augustinus[49]. Auf die richtige Spur in der Druckerermittlung führte die zum gleichen Freiburger Sammelband gehörende firmierte Schrift des Petrus Buscius von 1529, die *Vita servatoris nostri* von Johannes Justus. Nicht nur die Typen stimmen überein, sondern aus dem älteren Druckwerk wurde auch eine der beiden Zierleisten zum Schmuck des Titelblatts und auf der letzten Seite der schöne Holzschnitt »Christus als Schmerzensmann« übernommen[50].

Mit dem *Manuale* schloß Buscius seine 1527 begonnenen Einzelausgaben der drei pseudoaugustinischen Schriften ab, die seit dem 15. Jahrhundert häufig zusammen veröffentlicht wurden. Für den täglichen Gebrauch waren jedoch, das war die Grundidee, die kleinen handlichen Büchlein vorzuziehen. Manche Leser mögen aber, wie 1645 die Benediktinerabtei St. Willibrord in Echternach wieder alle drei Schriften vereint haben. Zum *Manuale* in der Ausgabe des Buscius von 1531 wurden die *Soliloquia* und die *Meditationes,* beide in den Nachdrucken Johann Soters von 1530, gebunden[51].

1531 oder wenig später stellte die kleine Presse ihren Betrieb ein, sei es, daß Buscius sich aus wirtschaftlichen Gründen nicht gegenüber der Konkurrenz behaupten konnte, sei es, daß er Köln verließ. Bestätigt wird der zeitliche Ansatz durch die Beobachtung, daß der Holzstock mit dem Kölner Stadtwappen spätestens seit 1535 von Cervicornus gebraucht wurde, und daß Nachdrucke der beiden Augustinusschriften von 1527 und 1529 bereits 1530 bei Soter – und nicht als Neuauflagen bei Buscius – erschienen waren. Mit Soter stand Buscius wohl in geschäftlicher Verbindung; darauf deutet auch die Verwendung der gleichen Zierinitialen, aber eine Tätigkeit als Lohndrucker für Soter läßt sich nicht nachweisen[52].

Die sechs erhaltenen Druckwerke des Petrus Buscius spiegeln ein Programm von seltener Geschlossenheit: ausschließlich Schriften in lateinischer Sprache, die dem geistlichen Leben, der Meditatio, der Vita contemplativa dienen sollten. Autoren waren zwei Kirchenväter und zwei Kartäuser des 15. und 16. Jahrhunderts, die der Kölner Kartause St. Barbara verbunden waren, einem Hort der Frömmigkeit und der katholischen Erneuerung. Den Zielen und Anliegen der Mönche stand Buscius nahe, wahrscheinlich unterhielt er persönliche Kontakte zur Ordensgemeinschaft.

Zweifellos gehörte Buscius zu den nicht wenigen akademisch gebildeten Druckern der Frühzeit. Am 18. Februar 1520 wurde in der Kölner Artistenfakultät ein »Petrus de Buscoducis«[53] und im Oktober 1522 ein »Petrus de Busco, Leod. [iensis] d [ioecesis]«[54] inscribiert. Mit der in den Kölner Matrikeln häufigen Herkunftsbezeichnung »de Buscoducis« und »de Busco« war im allgemeinen die Stadt s'Hertogenbosch gemeint, die damals, vor der 1559 erfolgten Neuordnung der niederländischen Diözesen, zum großen Bistum Lüttich gehörte. Petrus Buscius könnte identisch sein mit einem der beiden Studenten. Denn auch »Buscius« ist als Herkunftsbezeichnung zu verstehen, abgeleitet von »de Busco«. Im Kolophon der pseudoaugustinischen *Soliloquia* hatte sich der Drucker 1529 selbst als »Petrus Littinus Buscius« vorgestellt. Familienname war demnach »Littinus«, latinisiert aus »Lit, Lith, van Lit, van den Lit« oder einer ähnlichen Form. Tatsächlich wurde,

46 Z. B. HUGO VON FOUILLOY: Tractatus de claustro animae. 1504. Auf der Rückseite des Titelblatts und auf der letzten Seite (VD 16 H 5839).

47 Z. B. MANUEL I. von Portugal: Gesta proxime per Portugalenses. 1507. Als Titelholzschnitt (VD 16 P 4378).

48 ZARETZKY (siehe Anm. 29), S. 135–136.

49 Vgl. bibliographischer Anhang 6.

50 AUGUSTINUS: Manuale, Bl. E $8^v$.

51 Der Sammelband befindet sich heute in der Trierer Stadtbibliothek (N 15/144). Früherer Besitzer des *Manuale*, nicht aber der beiden anderen Drucke war Peter Goebel, Pfarrer in Moeckel (Ex libris Petri Goebel Pastoris in Moeckel). Für freundliche Auskunft danke ich Frau Anne Boeck in Trier.

52 HEITZ/ZARETZKY (siehe Anm. 22), S. XXXV: »Petrus Littinus Buscius 1529. Druckte für den Verlag Soters.«

53 HERMANN KEUSSEN: Die Matrikel der Universität Köln. Bd 2, Bonn 1919, Nr. 525, 15.

54 KEUSSEN, Nr. 535, 31.

das stützt diese These, im Juni 1526 in Köln ein »Godefridus Litt de Buscho«[55] aus der Diözese Lüttich immatrikuliert, vielleicht ein Verwandter des Kölner Druckers. Hinter dem Humanistennamen Petrus Littinus Buscius verbirgt sich die volkssprachliche Form »Pieter Litt aus s'Hertogenbosch« oder einem anderen mit »Buscum« bezeichneten Ort der Diözese Lüttich. Für die Kölner Druckgeschichte möge es jedoch bei dem vertrauten Namen Petrus Buscius bleiben.

55 KEUSSEN, Nr. 550, 55: Godfr. Litt de Buscho, Leod. d.

**Bibliographie der Druckwerke des Petrus Littinus Buscius**

1527

1. *Augustinus, Aurelius*
DIVI || AVRELII AVGV- || stini Hipponen. episc. medi || tationum siue precati- || onum secretarum || libellus, pla- || ne pijssi || mus. || Hunc alij Anselmo Cantu || ariē. archiepisc. asscribunt. ||
(Anno .M. .D. .XXVII. || P. B. || )[= Petrus Buscius]
[Köln]
[127]Bl. 16°. A–Q8.
Beitr.: Petrus Buscius.
*München BSB: P. lat. 2322 t

1529

2. *Augustinus, Aurelius*
DIVI AVRELLI AV= || GVSTINI HIPPON. || epis. SOLILOQVIA, in || dei tum cognitionem || tum amorem salu= || berrime intro= || ducentia. ||
(Anno M D XXIX. || Petrus Littinus Buscius || excudebat. || )
[Köln]
[96]Bl.,H. 16°. a8 B–M8.
*München BSB: P. lat. 2322 t/1
Köln UB: an: A. D. s 295 [unvollständig]

3. *(Justus, Johannes)*
VITA || SERVATORIS NO- || stri IESV Christi in XV. || meditatiōes distincta, quae || non parum ad deuo- || tionem meditantis || affectum iu || uant. ||
Petrus Buscius excudebat. || Anno M D XXIX. || [Köln]
[32]Bl., H. 16°. A–D8.
*München BSB: P. lat. 2322 t/2
Freiburg UB: K 2133–2
Köln UB: A. D. s. 837.

4. *Cyprianus, Caecilius*
DE || MORTALITA || te diui Caecilij Cypriani || episcopi Carthagi || nensis concio || plane au- || rea. ||
(Petrus Buscius excudebat, || Anno M D XXIX. mense Septembri. || ) [Köln]
[12]Bl., TE., H. 8°. A8 B4.
*Xanten Stiftsbibliothek: 5587

1530

5. *Dionysius Carthusianus*
DIO || NYSII CAR= || thusiani Ruremun- || dēsis meditatiōes, || nunq̃3 antehac ty- || pis excusae. ||
Anno .M. D. XXX. || opera Petri Buscij. || [Köln]
[24]Bl., TE., H. 8°. A8 B4 C8 D4.
*München BSB: (Res.) P. lat. 2522 g
Berlin SB:. Eq 9168 R
Köln UB: W. F. V 238
Köln UB: A. D. s 69
Köln UB: A. D. s 459
Trier SB: 3 an: F 3577. 8°.

1531

6. *Augustinus, Aurelius*
MANV/ || ALE DVI AVRE || lij Augustini Hippo- || nensis epi- || scopi. ||
Anno a virgineo partu || M D XXXI. || [Köln: Petrus Buscius]
[40]Bl., TH., H. 16°. A–E8.
*Freiburg UB: K 2133–1
Köln UB: G. B. IV 2480
Trier SB: N 15/144 [unvollständig]

Dennis E. Rhodes

# Two Sixteenth-century Italian Books: complete or incomplete?

Two small books listed in the British Museum's Short-title catalogue of Italian books 1465–1600 (1958) have two features in common: both need to be further investigated as to their place of printing and the identity of their printers; and in both cases it is difficult to decide whether the books themselves are complete or not. By this I do not mean a simple case of imperfection, but it is questionable whether the texts were ever finished or completely set up by the printers; indeed in one case, whether or not the anonymous author ever finished writing his book.

## I.

The first is listed as follows:
Infiammato delle donne, (pseud.) L'Annegata. Tragedia. (s.l.) 1551. 8°.163.f.4.
This book forms part of the collection of King George III. Its full description is: [leaf] L'ANNE | [leaf] *GATA.* | TRAGEDIA. | *DE L'INFIAM-* | mato delle Donne. | [leaf] [device] | *MDLI.* 8°. 10 leaves. A $B^4$ $C^2$. Ends on $C^{2r}$: *Fine del Atto Quarto,* ATTO V.
There is no more: we do not know whether act five was ever written. At the beginning (on leaf $2^r$) is a dedication by "L'infiammato delle Donne" to the "magnifica Cavaliera Amai" (whoever she might be) dated on 16 January 1551. The general catalogue of printed books of the British Library gives a tentative imprint of [Padua], 1551. This was clearly not found acceptable by the compilers of the STC of 1958, who omitted "Padua" and made no further guess as to the place of printing. But the device on the titlepage can be identified. It is the device of Antonio Putelletto, who printed at Verona from 1539 to 1546, and is recorded in documents as having continued as a bookseller until 1564[1]. If this little book really was printed by him at Verona in 1551, it comes at a time when no other printing is recorded in the city for a full ten years, from 1547 to 1557, apart from one small newsletter of 1548 which the bibliographers of Verona were able to add to their annals at the last minute[2]. I made my discovery of the titlepage with this device too late to be able to report it to my friends Carpanè and Menato. Apparently no other copy of *L'Annegata* has been recorded.

At the top of the titlepage of the King's Library copy is written in ink "V. Allacci P. 91". The *Drammaturgia* of Lione Allacci, first published in Rome in 1666 and then in a much enlarged and revised edition at Venice in 1755, records on column (not page) 91 of this later edition: L'ANNEGATA. Tragedia. in Padova, per il Pasquati, 1751 in 8°. dell'Infiammato delle Donne.

Obviously "1751" is a misprint for "1551", the date of our book: but was there ever a signed edition printed by Lorenzo Pasquati at Padua? I doubt it very much, since Pasquati is not known to have begun printing before 1561[3].

Yet there are connections in this mysterious and unfinished tragedy with two other cities besides Verona; for in the text we find the lines "Di sangue, & patria nata Vicentina", and "In Questa città uostra Antenorea". We thus conclude that the "Infiammato delle donne" had some sort of connection with both Vicenza and Padua; but I am certain that his incomplete tragedy was printed at Verona.

Did the author (whoever he was) never finish writing the tragedy, or did the printer lose the manuscript from the end of act four? It seems incredible that a responsible printer could have been willing to issue such an unfinished piece of work, which in ef-

1 For Antonio Putelletto (Putelleto), see FERNANDA ASCARELLI and MARCO MENATO: La tipografia del '500 in Italia. Firenze 1989, p. 458 and fig. 62; LORENZO CARPANÈ and MARCO MENATO: Annali della tipografia veronese del Cinquecento. 2 vols. Baden Baden 1992, 1994, vol. I, pp. 23–26. The device was used sometimes with and sometimes without the flanking initials A. P. In the case of *L'Annegata* it is without these initials.
2 CARPANÈ-MENATO (see note 1), vol. 2, p. 607, no. 766.
3 For Lorenzo Pasquati at Padua, see ASCARELLI-MENATO (see note 1), p. 449. His earliest book in the BL is dated 1562, but a book of 1561 is listed by BIANCA SARACENI FANTINI: Prime indagini sulla stampa padovana del Cinquecento. Miscellanea di scritti di bibliografia ed erudizione in memoria di Luigi Ferrari. Firenze 1952, pp. 415–485.

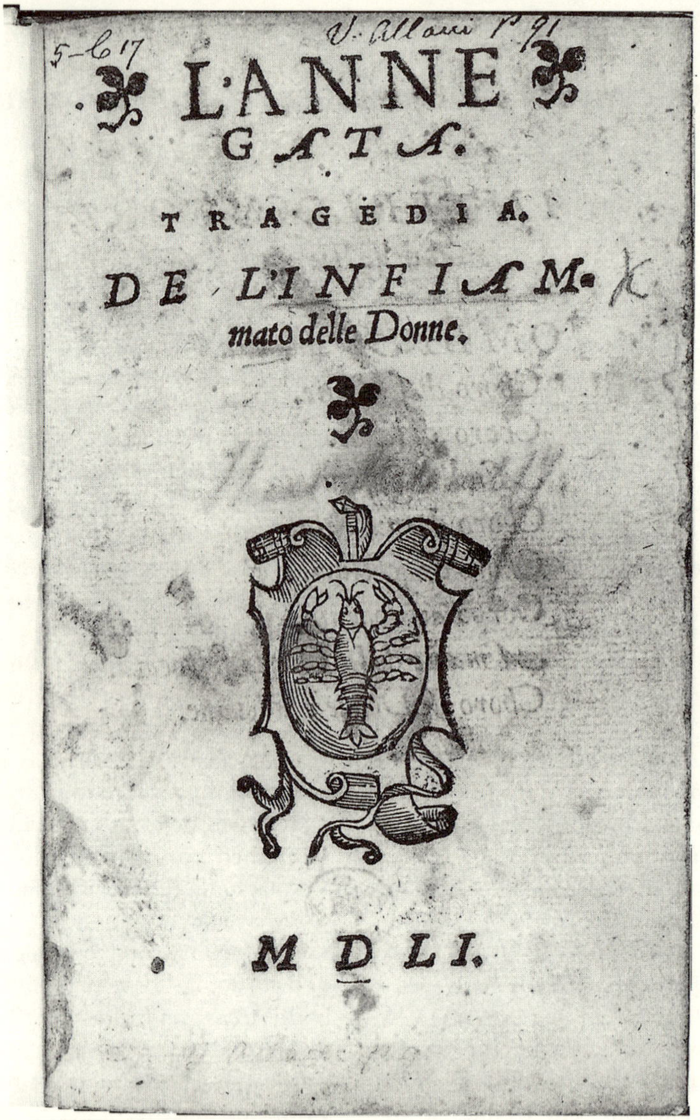
L'ANNE GATA.
TRAGEDIA.
DE L'INFIAM-
mato delle Donne.
MDLI.

Fig. 1

fect amounts to a mere fragment. Perhaps by that time Antonio Putelleto was not utterly responsible as a printer. His last known signed work had been printed in 1547; yet this device as used in 1551 is his and no-one else's, as far as our knowledge goes.

## II.

The other book recorded by the STC is:
Siccus, Nicolaus: De origine pilae maioris carmen. (s.n.) [1550?] 8°. G. 9852.
Once again the general catalogue hazarded a guess as to the imprint: [V. Valgrisio? Venice? 1550?], but the STC ruled this out and was content with "sine nota". The description is:
DE ORIGINE PILAE | MAIORIS, ET CINGVLI | MILITARIS, QVO FLVMINA | *superantur, Nicolai Sicci, Iustitiæ* | *Mediolanen. Præfecti* | *Carmen;* || AD ILLVSTRISS. ET REVERENDISS. | *Episcopum Atrebatensem, supremum a* | *consilijs Cæs. Maiestatis.* || [ornament] 8°. a⁸. 8 leaves. pp. 16. Without title-page.

The text, in Latin hexameters, begins with a very familiar capital I, 32 mm. square, showing two lovers embracing under a large tree, with other per-

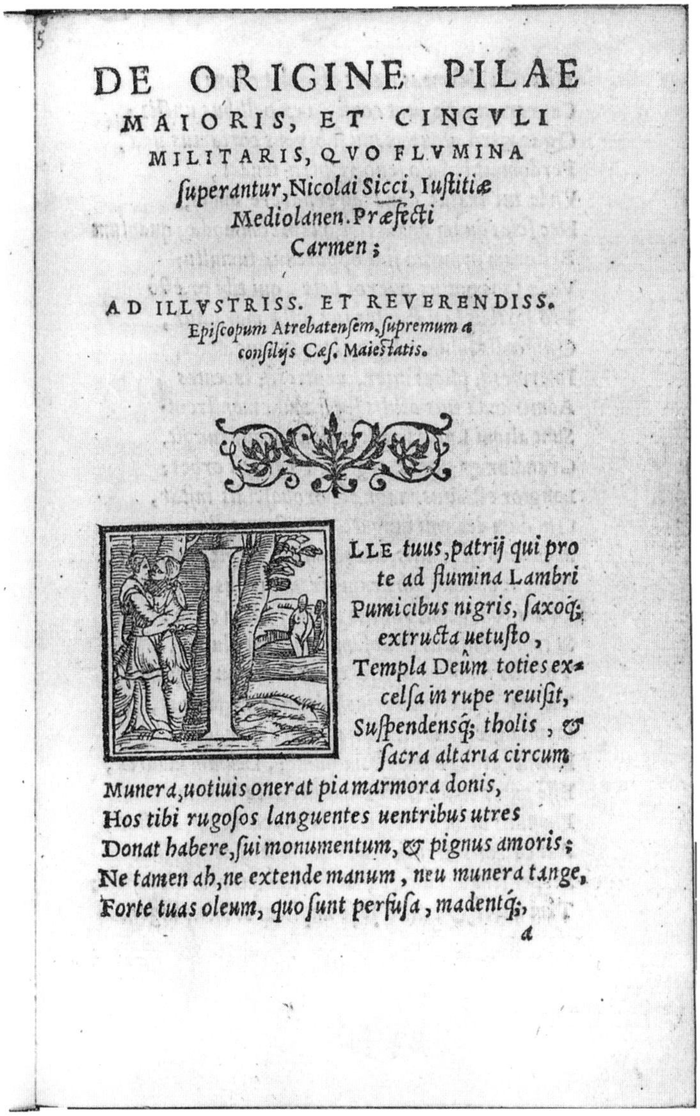

DE ORIGINE PILAE MAIORIS, ET CINGVLI MILITARIS, QVO FLVMINA ſuperantur, Nicolai Sicci, Iuſtitiæ Mediolanen. Præfecti Carmen;

AD ILLVSTRISS. ET REVERENDISS. Epiſcopum Atrebatenſem, ſupremum a conſilijs Caeſ. Maieſtatis.

ILLE tuus, patrij qui pro te ad flumina Lambri Pumicibus nigris, ſaxoq; extructa uetuſto, Templa Deûm toties excelſa in rupe reuiſit, Suſpendensq; tholis, & ſacra altaria circum Munera, uotiuis onerat pia marmora donis, Hos tibi rugoſos languentes uentribus utres Donat habere, ſui monumentum, & pignus amoris; Ne tamen ah, ne extende manum, neu munera tange, Forte tuas oleum, quo ſunt perfuſa, madentq;,

a

Fig. 2

sons in the background. This same capital I is illustrated in my book *Silent Printers,* where I attribute its use to Francesco Marcolini in 1554[4]. It belongs to a commonly used alphabet of initials drawn upon by more than one printer in Venice, including Francesco Marcolini and Vincenzo Valgrisi. The same capital I has also been reproduced by Lamberto Donati, who, however, had no interest in identifying the printers who used it. He was exclusively concerned with the iconography of initials. In this case he describes the two lovers as two women, which they apparently are; but to prevent any misunderstanding, he explains that all these letters take their origin from stories in Ovid's *Metamorphoses.* In this case I stands for Jove, who transformed himself into a woman and was wooed by Calisto[5].

I am not prepared to state categorically whether this small work was printed by Marcolini or Valgrisi, but as to the place, Venice, there is no doubt.

4 DENNIS E. RHODES: Silent Printers. Anonymous printing at Venice in the sixteenth century. London 1995, p. 235.

5 L. DONATI: Le iniziali iconografiche del XVI secolo. Studi bibliografici. Atti del Convegno dedicato alla storia del libro italiano nel V centenario dell'introduzione dell'arte tipografica in Italia. Bolzano, 7–8 ottobre 1665. Firenze 1967, p. 229 and fig. 34.

A few words about the author will show that here too there are problems. Nicolaus Siccus declares himself to be a 'prefect of justice of Milan'. Was he the same man as Niccolò Secchi, author of a number of plays, of which we know that the comedy *Gli inganni* was acted in Milan in 1547, since this information is given on the titlepages of all printed editions, of which there are six or seven? I think he probably was; but there is no proof. If as seems most likely this short text in verse (whose meaning is more than obscure) was composed and printed about 1550, the Bishop of Arras to whom it is addressed was Antoine Perrenot de Granvelle, afterwards Cardinal Archbishop of Besançon, Bishop of Arras from 1538 to 1561. What connection he had with anyone writing in Milan I cannot say: short works such as this, of which I know no other copies, are so often full of such small mysteries. Again, why has this book no titlepage? Does it indeed only form part of a larger work? If so, where is that larger work? We must merely hope that the completion of the Censimento of sixteenth-century Italian books now being (very slowly) published in Rome will one day bring it to light. Meanwhile, it can certainly be added to my growing list of anonymous printing in Venice.

Martha W. Driver

# Christine de Pisan and Robert Wyer: The .C. Hystoryes of Troye, or L'Epistre d'Othea Englished

The *.C. Hystoryes of Troye,* the English version of Christine de Pisan's *Letter of Othea to Hector,* appeared ca 1540/50, printed in London by Robert Wyer, one of several books by Christine published in sixteenth-century England for the middle-class reader. If we think of William Caxton as the first generation of English printing, and his successors Wynkyn de Worde and Richard Pynson as the second generation, Wyer falls somewhere in the third, distinguished by such other well-known English printers as Robert Copland, Julian Notary, John Rastell, John Skot, who published the English translation of Christine's *body of polycye* in 1521 (RSTC 7270), and Henry Pepwell, who published another work by Christine for the first time in English, *the boke of the Cyte of Ladyes* (RSTC 7271), also in 1521. Examination of Wyer's modest edition of Christine will shed light on sixteenth-century attitudes toward translation, illustration, and authorship.

Active from about 1523/24, when he first appears as a "prynter" in the lay subsidy rolls, Wyer had a shop at the sign of St John the Evangelist in the rents of the Bishop of Norwich, sold in 1536 to the Duke of Suffolk. Brought before the bishop's vicar-general in 1527, and charged with both translating and printing a heretical book called *Symbolum Apostolicum,* Wyer remained sufficiently prominent in the community to serve as churchwarden in the Parish of St Martin-in-the-Fields and printed, according to Gordon Duff, "a very large number of small popular books" over his long, successful career[1].

With the majority of third, and even second generation, English printers, Wyer shares the tendency to appropriate French text and picture models, and to copy earlier illustrations[2]. And, like many other printers, Wyer also tends to use the blocks he has on hand to illustrate the text rather than acquiring new woodblocks which might be more appropriate. Careful consideration of the text-picture relationships in this inexpensive (and rather scruffy) English edition of the *Epistre* shows that Wyer is also very familiar with his text, not blindly illustrating it. He is, in fact, the translator, as one can deduce from another piece of evidence, the lengthy Apologia of the translator at the beginning of the poem. In this

1 E. Gordon Duff: A Century of the English Book Trade. London 1948, p. 176; Mary Carpenter Erler: Robert Copland Poems. Toronto 1993, p. 158. Reference numbers for books are taken from the RSTC. Edward Hodnett's *English Woodcuts, 1480–1535* (1935; reprint ed. Oxford 1973) is noted as Hodnett and by figure or item number. For background on Wyer, see also Henry R. Plomer: Robert Wyer, Printer and Bookseller. London 1897.

2 Wyer also, on occasion, appropriates text. See Erler, who discusses "Robert Wyer's publication of his *Compost of Ptholomeus* around 1530 (RSTC 204800) . . . This short book is taken entirely from the *Kalender of Shepeherdes,* a work revised, edited, and partly retranslated by [Robert] Copland in 1508", for the printer Wynkyn de Worde. Wyer took the prologue of this work from Julian Notary's edition of the Kalender, printed ca 1518?, though Notary's edition itself was a compilation of the two earlier editions of the *Kalender* produced by Pynson and de Worde-Copland. As Erler comments: "there are no pieces in Wyer that are not in Notary: that is, Wyer took nothing directly from Copland." (p. 158), an example of borrowing perhaps necessary to a popular printer who published approximately 145 known items. For a re-dating of books printed by Wyer, many of which are undated or have been dated differently by the RSTC, see P. B. Tracy: Robert Wyer: A brief analysis of his types and a suggested chronology for the output of his press. In: The Library 6th series 2 (1980), pp. 294–303. Wyer's plagiarism is also discussed in Some Rogueries of Robert Wyer. In: The Library 3rd series 20 vol v (1914), pp. 349–364. Wyer's edition of *The .C. Hystoryes of Troye* is briefly discussed in George F. Warner (ed.): The Epistle of Othea to Hector or The Boke of Knyghthode, Translated from the French of Christine de Pisan With a Dedication to Sir John Fastolf, KG. London 1904, who comments: "there is no doubt that it was taken from Pigouchet's French edition of 1490, or one of the reprints; in fact, it copies the same title in French, merely omitting the imprint 'a Paris'. Many of its rough woodcuts, one of which accompanies each 'texte', also come from the same source, being generally reversed, but others are independent and their subjects often have no connexion whatever with the text." (xli) As we shall see, however, there is often close correlation between image and text in Wyer's translation.

C. Here foloweth the .C. Hystoryes of Troye,

Lepistre de Othea deesse de Prudence/ enuoyee a lesperit cheualereux Hector de Troye/auec cent Histoires. Nouuellement imprimee.

**Fig. 1** Title Page
Christine de Pisan, *Here foloweth the .C. Hystoryes of Troye,* trans. Robert Wyer. London, Robert Wyer, ca 1540/50
PML 40646 (courtesy of The Pierpont Morgan Library)

prefatory verse, Wyer opens with a conventional trope, addressing his book and asking it to make "excusacion / To all to whom thou shalt thy selfe present". He then explains that "thy translatour hath þe wryte / Not to obtayne thankes or remuneracions / But to the entent, to do the to be wryten / As well in Englande, as in other nacyons", thereby claiming Christine's work for English readers[3]. The Apologia

3 The following is a complete transcription of the Apologia from Wyer's edition of ca 1540/50, which has not been previously published:

The Prologue of the translatour.
BOke of thy rudenesse by consyderacion
Plunged in the walowes of adasshement
For thy translatoure, make excusacion
To all to whom thou shalt thy selfe present
Besechynge them vpon the sentement
In the composed to set theyr regarde
And not on the speche cancred and frowarde.

Shewe them, þt thy translatour hath þe wryte
Not to obtayne thankes or remuneracions
But to the entent, to do the to be wryten
As well in Englande, as in other nacyons
And where mysordre, in thy translacion is
Vnto the perceyuer, with humble obeysaunce
Excuse thy reducer, blamyng his ygnoraunce.

And pray hym where he findeth pe mysordred
To take the payne, therin to amende the
So pt by hym, thou be not blamed but fordred
But enuyous tongues, from them god defende the
Them dred thy translatour euer whan he penned þe
Therfore whan thou shalt, be blamed of enuye
Set not his rancoure, at a butterflye.

Let hym go kepe the dore with aglaros
Doughter to kynge Cypres of Athenes
And dylygently hym selfe dyspose
With her against maner any to make resistence
That he neuer entre to here by vyolence
And syke to Ethna as is skyll and ryght
Let hym bren him self & hurt none other wight.

And yf any man make question vnto the
Howe thy redueer (blotted) in his translacion
Without in tellygence had audacite
For to presume vpon this compylacion
Yf he be of honour make thy suplycacion
For pardon therof, and yf he loue dyscent
With lawfull excuse, pray hym to be content.

Whiche shalbe this, say that the translatour
When the to reduce, he set his enterpryse
was flowring in youth, what time pe instigatour
Of hell hath most power, vice on him to surmyse
Fyndynge hym in Idlenes, whiche to dyspyse
He hath enterprysed, this rude reduction
For youth may not yelde most eloquent instruccion.

And yf he woll, as yet, further reply
Agaynst the translacion, thus or thus
Alledge the vpon Aucthoryties boldely
As of seynt Bernarde, the doctor, mellyfluous
How he sayth agaynst all persons ocious
what accompt or reson shalbe by you forth brought
whan you it shal behoue to tell ech ydle thought.

The sayd seynt Bernarde saith that ociosite
Is mother to vyce, and stepdame to vertue
She ouerthroweth stronge men into iniquyte
She norysseth pryde, and vertue doth subdue
And maketh the way redy, hell to pursue
Do alway (saith Jherome) some good busines
That the deuyll, fynde the not in ydlenes.

Sayth also the holy doctour Augustyne
No man that is stronge, and able to laboure
Ought to be Idle,but to some worke enclyne
And to the same sayth Johan Cassiodore
The Idle man thynketh vpon no more
But lecherous viandes, to make his bely chere
Therfore pray all that shall the rede or here.

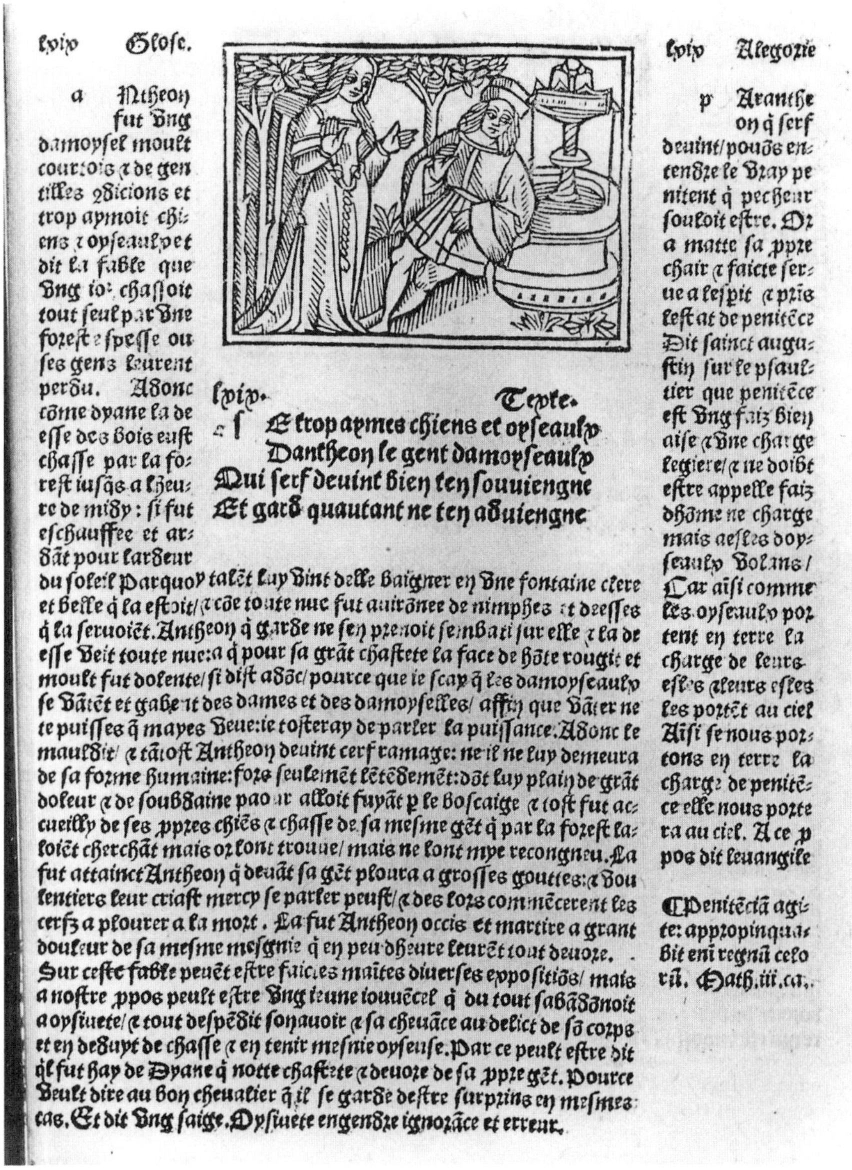

**Fig. 2** Actaeon
Christine de Pisan, *Les cent hystoires de troye,* Paris, Philippe Le Noir, 30 November 1522
PML 41003 (courtesy of The Pierpont Morgan Library)

replaces Christine's dedication to her patron, effectively, if not intentionally, erasing Christine as author of the book. Examination of Wyer's translation activity, and of text and of image, shows that his version of the *Epistre* is very much a product of its time. The suppression of Christine in Wyer's edition is not, however, to be read as specifically gender-related, an intentional, purposeful erasure of a female author, but rather derives from typical sixteenth-century publishing practice.

French models for Wyer's .*C. Hystoryes* were supplied by one or more printed editions: the editio

To take in gre this symple translacion
As (without doubte) all vertuous wyll do
But suche as ben replete with emulacion
May not refrayne pt theyr hertes draweth vnto
Thus (boke) remembre what thou hast to do
More charge (as nowe) shal not to the be layde
But do thy best, in this that I haue sayde.

Finis Prologue

**Fig. 3** Narcissus
Christine de Pisan,
*Here foloweth the .C. Hystoryes of Troye,* trans.
Robert Wyer. London, Robert Wyer, ca 1540/50
PML 40646 (courtesy of The Pierpont Morgan Library)

princeps was published in Paris ca 1500 by Philippe Pigouchet, after which there were at least four subsequent editions[4]. The second (or possibly the third) Paris edition appeared on 30 November 1522, printed by Philippe Le Noir. The page layouts of the two title pages are quite similar: each has a title, then the printer's mark, with a similar subtitle. Pigouchet simply tells us his book has been newly printed in Paris ("Lepistre de Othea deesse de prudence enuoyee / a lesperit cheualereux Hector de troye / auec cent hystoires. Nouuellement imprimee a Paris"), while Le Noir supplies his full address for the interested purchaser, the title page functioning as advertisement as well as announcing the title of the text:

Lepistre de Othea deesse de prudence enuoyeea
lesperit cheualereux Hector de troye / auec cent
hy-stoires. Nouuellement imprimee a paris p
Philippe le noir libriare [sic] demourant a la rue
sainct Jacques a lenseigne dela Rose blanche
coutonnee.

On his version of the title page, Wyer follows the basic French formula (fig. one), giving first the title in English ("Here foloweth / the .C. Hystoryes / of Troye") above a woodcut of two knights jousting before a fountain, and then, curiously, using Pigouchet's wording, in somewhat mangled French, beneath, though he leaves off the reference to Paris, simply saying the text has been newly printed:

Lepistre de Othea deesse de Prudence /
enuoyee a tesperit cheualereux Hector
de Troye / auec cent Histoires.
Nouuellement imprimer.

Characteristically, however, Wyer throws a slight curveball: instead of supplying his printer's mark, he substitutes a woodcut of knights jousting, referring no doubt to the first *Epistre* text in which Othea addresses Hector as "flourishing in arms, Son of Mars, the god of battle, ... And of Minerva, the powerful / Goddess, who is mistress of arms", as one modern translation has it, or to quote the wordier and more repetitive passage from Wyer's translation:

To the noble Hector, prynce of moste excellence
Which flouryssheth in Armes
hast so great puyssaunce
That whom thou encountrest
thou puttest to vtterance

4 Curt F. Bühler in his edition *The Epistle of Othea Translated from the French Text of Christine de Pisan by Stephen Scrope* (New York 1970) cites at least four French printed editions which survive today, the others known from descriptions only: "The editio princeps is Paris: Philippe Pigouchet [c 1499], GW 6646. Three early sixteenth-century editions are listed by Jacques-Charles Brunet, *Manual du libraire et de l'amateur de livres* (Paris 1860–65), i. 1856, viz: Paris, [sine nota]; Lyon 1519; and Paris: Philippe Le Noir 1522 (PML 41003). These have the title *Cent histoires de Troye*. There is an undated edition, printed at Rouen by Raulin Gautier, at the Biblioteca Colombina, Seville; this is entitled 'Lepistre de othea'. Two more undated editions, with the same title, are credited to the Parisian press of Jehan Trepperel's widow." (xii n2) The editions by Trepperel's widow have been described by P. G. C. Campbell: L'Epitre d'Othea: Etude sur les sources de Christine de Pisan. Paris 1924, p. 17.

Sone to the mighty Mars god of battayle . . .
And also to Mynerue, the goddesse puyssaunt
Maystresse of armes, as poetes
gyue sentence[5]

For the printed *Epistre,* Pigouchet sets the visual model for subsequent French editions, the layout of text and image, with the verse text beneath the woodcut in the center of the page, and the surrounding gloss in the margins. Le Noir slavishly follows Pigouchet's format, while Wyer very definitely does not, adapting text to fit his octavo format by first presenting image, then the verse text, then the gloss, a layout more like that found in the English manuscripts. The *Epistre* had been translated into English earlier by Stephen Scrope from a French illuminated manuscript made for Sir John Fastolf in 1450. Scrope's elegant translation is extant in several deluxe manuscripts made for the nobility. Pierpont Morgan Library M 773, for example, seems originally to have been made for a noblewoman: "the text in the Morgan MS. was dedicated to some unknown noble lady. It was clearly not re-dedicated to Sir John Astley, for whom the manuscript seems to have been written prior to 1461"[6]. Wyer's rather humble printed translation was directed at a very different kind of audience, middle-class readers with social aspirations who might learn refinement from the moral stories presented by Christine or might simply enjoy them as they were read through the mediation of an English translator of the same social class as themselves. The French texts, while closer to Christine's original, show some confusion about the relation of text and image, which Wyer overcomes by substituting another method of illustration.

The story of Narcissus, Texte 16, for example, is conventionally illustrated by Pigouchet, the woodcut showing a young man gazing at his reflection in a fountain. For the Narcissus story, the Le Noir copy

In sorowe care and lementacyon
Where he alwaye in paynes and dystresse
Shall lyue and ende his dayes in wretchednesse

¶ Here endeth the .x. Ioye of maryage

¶ Here begynneth the .xi. Ioye of maryage

The .xi. Ioye of maryage to saye
Is whan a yonge lusty man and gaye
A gentyll ioly galaunt wyll go oute
For his dysporte / the countrees hym aboute
Into ryght many places all the yere
And in especyall he wyll go where

**Fig. 4** The .xi. Ioye of maryage
Antoine de La Sale, The *Fifteen Joyes of Marriage,*
London, Wynkyn de Worde, 1509
PML 21589, sig K1v (courtesy of The Pierpont Morgan Library)

5 JANE CHANCE: Christine de Pizan's Letter of Othea to Hector. Newburyport, MA, 1990, p. 35. Wyer's verse may be compared to the more economical lines found in Scrope's translation as it appears in Morgan MS (M 775) and in the Longleat manuscript edited by Warner, no 141: Morgan MS M 775

To the hector noble prince myghti
That in armes is euer worthi
The sone of mars the god of batayle
In dedis of armys will not fayle
And of myghti mynerue the goddesse
The whiche in armes is hye maystresse

Scrope translation:

To the, Hector, noble prince myghty
That in armes is evere worthye,
The sone of Mars, the god of bateyle,
In dedys of armes which wyll not fayle,
And of myghty Minerve, the godes,
The whiche in armes is hy maystres . . .

6 CURT F. BÜHLER: The Revisions and Dedications of the Epistle of Othea. In: Anglia 76 (1958), p. 269. See also A. I. DOYLE: The Work of a Late Fifteenth-Century English Scribe, William Ebesham. In: Bulletin of the John Rylands Library XXXIX (1957), pp. 306–307; CURT F. BÜHLER: Sir John Fastolf's Manuscripts of the *Epitre D'Othea* and Stephen Scrope's Translation of This Text. In: Scriptorium III (1949), pp. 123–128; WARNER (see note 2), pp. i-xli; BÜHLER, *The Epistre of Othea,* intro. There are narrative illustrations in Morgan M 775 (the *Epistre* occurs on ff 200–274) and in Cambridge, St John's College, MS H. 5.

Et bon aduis qui ſceut par ſa prudēce
Tous les ſecretz de vraye nigromēce
Soubdainemēt no⁹ fiſt par ſa ſcience
Deux pauillons tēdre bien gentemēt
Par ieunes gens de ioyeuſe ſemblance
Habituez a laguiſe de france
De france nez par leur recongnoiſſance
Dont eſbay feu merueilleuſement
Ces gēs francois ſeruoiēt tant promptemēt
Et drecoient litz tant bien & propremēt
Que ce meſtoit grant eſbaiſſement
Tāt qua peu pres ce me ſembloit vng ſonge
Et hault vouloir ſoubzrioit faintement
Diſant / cecy neſt que commencement
Nous verron bien ains le departement
Se bon aduis nous ſert cy de mencongé

Et par ce que hault vouloir dit
Jeuz aſſez du fait congnoiſſance
Et que bon aduis pour acquit
Auoit ce fait par nigromance
Pour nous oſter de deſplaiſance
Et noz couraiges rapaiſer
De noſtre amere doleance
Et noz cheuaulx vng peu aiſer

Et ſus dieu et ma conſcience
Nous fuſmes ſeruis gentement
Et aſſez a ſuffiſance
De viures plantureuſement
Et ie vous iure mon ſerment
Que iauoye ſi treſgrant ioye
Que ie moubliope plainement
Et ne ſcauoie deſquelz ieſtoie

Comment lamant et lacteur ſont aſſis a table es tentes et pauillons ſeruis et entretenus des dames la ou ilz ſouppent et puis vient vne moriſque et dance pour les plus reſiouyr. Et apres vient vng meſſagier nōme ſegret pencer qui leur apportera & preſentera des lettres

La moriſque

Au millieu de noſtre ſoupe:
Viſmes venir vne moriſque
Laquelle ſans riens deſcamper
Se monſtra gorgiaſe et friſque
Ceſtoit vne choſe auctentique
De voir leur gracieux deduyt
Et en moult belle rethorique
Alloient diſant ce que ſenſuyt

Lamoureux languiſſant

Pour bien aymer las mourray ie en viuant
Seray ie vif touſiours en languiſſant
Languiray ie ou parfond de triſtreſſe
En la foſſe dennuy tant deſplaiſant
En labiſme de ſouffrir treſcuiſant
Ou parfond puis dangoiſſeuſe triſtreſſe
Viendres vous point ma ioyeuſe maiſtreſſe
Monſtrez vous cueur de haultaine nobleſſe
Reluyſant vis treſamoureuſe face
Joyeux regart/amoureuſe richeſſe
Apport damour/hault rochier de lieſſe
Riens plus ne quiers fors amoureuſe grace

Amoureuſe grace
Qui eſt celluy qui en ce point dancant
Vient icy

Languiſſant

Lamoureux languiſſant

Enuieuſe ialouſie

Quauez vous cy affaire
Ce neſt pas la maniere
Penſez de vous retraire
Arriere arriere arriere Pauſe

Eſpoir de paruenir

Je nay arreſt/ie nay en moy repos
Je vois:ie viens: ie ſuis a tous propos
Lung iour ioyeux:et lautre en deſplaiſance
Amours amours que tu as de ſuppos
Telz que ie ſuis/ie teſcrips ioyeux mos
Gracieux ditz pour auoir allegeance
En la conduite de parfaicte eſperance
Pour acquerir amoureuſe alegeance
Je menhardis venir en ceſte place
Ou eſtez vous ma doulce eſiouyſſance
Monſtrez voſtre oeil plain de doulce plaiſāce
Rien plus ne quiers fors amoureuſe grace

Grace

**Fig. 5** Pastoral Scene
*Le Jardin de Plaisance Et fleur de Rhetorique,* Paris, for Antoine Vérard, 1501
(reproduced courtesy of The Beinecke Rare Book and Manuscript Library, Yale University)

instead supplies a woodcut of a man seducing a queen in the forest which bears at best a loose relation to the text which talks of the downfall of the presumptuous knight through pride and vanity. Le Noir uses the same image elsewhere, for example, to illustrate Texte 63, a verse on the goddess Diana, which warns against the pleasures of hunting, where the image perhaps alludes to the familar metaphor of the hunt of love.

A better choice to illustrate the Narcissus story in Le Noir's edition would have been the scene of the young man gazing into a fountain as a woman speaks to him with a pleading gesture, a woodcut Le Noir uses later unaccountably to illustrate Texte 69, the story of Actaeon (fig. 2). A more conventional representation of the Actaeon story, showing the young hunter riding into that part of the forest where Diana is bathing, illustrates Texte 69 in Pigouchet's edition. Le Noir will, however, re-use his image of Narcissus and Echo to illustrate, this time correctly, Texte 86, the description of Echo, in which image and text make sense together again. Three points are pertinent here: Le Noir clearly had the block representing Echo and Narcissus to hand; the image has nothing to do with the story of Actaeon; and Le Noir is unaware of the connections between the story of Echo and the story of Narcissus. Judging from this and other mistakes Le Noir makes in the placement of pictures, one has the impression of an illiterate printer, unconcerned with text/image relations, copying his exemplar in terms of its layout, but careless about which images he uses to introduce texts[7]. Following the model set by

7 Philippe Le Noir was only perennially a printer. He came from a family of publisher-printer-booksellers, of whom his brother Michel Le Noir, active in Paris about 1486–1520, was the more productive and famous. It is Michel's mark which appears on the title page of *Les cent hystoires*. For more on Philippe Le Noir, see CYNTHIA J. BROWN: Text, Image, and Authorial Self-Consciousness in Late Medieval Paris.

Pigouchet, his edition is slicker and cleaner than Wyer's but makes less sense. In many of the stories presented by Pigouchet, the relationship between text and image is tenuous, at best.

To illustrate his Narcissus text (fig. 3), Wyer bypasses all the confusion of his French models by avoiding a narrative scene altogether and using a composite image, made up of two blocks. The figures have been copied from earlier English sources, which were copied, in turn, from French exemplars. In Wyer's text, we see two courtly, if crudely drawn, figures based on those earlier used by Wynkyn de Worde in a number of books. They appear, for example, in his 1509 edition of Antoine de la Sale's *Fifteen Joyes of Marriage* (RSTC 15258), a very popular satire translated into English by an anonymous translator (fig. 4), which details the tribulations of an unwitting husband, and in de Worde's 1507 *Boke named the Royall* (RSTC 21430), representing the philosophers Plato, Diogenes, and Seneca. De Worde was to use these and several other composite figures throughout his long and productive career.

These figures were based, in turn, on earlier French models employed by the great French publisher and entrepreneur Antoine Vérard, in his editions of Terence and *Le Jardin de Plaisance,* printed ca 1500 (fig. 5). These were derived from the edition of Terence's Comedies printed by Strasbourg printer Johann Grüninger in 1496, "the first important work with cuts in the new style ... various characters, properties and backgrounds appear in a variety of combinations"[8]. Because the variations of figure and scene are nearly endless, composite images, made of separate, or factotum, figures, may appropriately illustrate a variety of scenes while also being economically reproduced. Moveable pictures illustrate books printed with moveable type; the power of word and image to convey meaning, for a brief period, carries the same weight. Though factotums are less frequently employed on the Continent after 1510, they continue to be used in English books through the 1560s.

Factotums are particularly popular with third generation printers. The printer John Skot, publisher of Christine's *bodye of polcye,* rather appropriately uses a copy of the Vérard figure, designated "Lamant" in the banderole above (fig. 5), to represent Everyman on both title pages of his two editions of the play, which were printed ca. 1528 and ca. 1535 (RSTC 10606, 10606.5), while we find familiar figures, representing in this case Bohemians

**Fig. 6** Bohemians
Andrew Boorde, *The Fyste Boke of the Introduction of knowledge,* London, William Copland, ca 1562
(courtesy of Brown UL)

(fig. 6), in *The Fyrste Boke of the Introduction of knowledge* (RSTC 3383), by Andrew Boorde, a volume printed in London ca 1562[9].

In Texte 34, Christine's discussion of Atropos, both the Pigouchet and Le Noir editions are illustrated by a woodcut showing Death as a skeleton striking with his arrow a Pope, a bishop, and a man before a corpse sewn in its shroud on the ground (fig. 7). The woodcut is visual short-hand for a

In: SANDRA HINDMAN (ed.): Printing the Written Word: The Social History of Books, circa 1450–1520. Ithaca 1991, pp. 126, 129, 142.

8 ARTHUR M. HIND: An Introduction to a History of Woodcut. Vol I. 1935; repr edition, New York 1963, p. 342, fig 153. For more on the history of composites and de Worde's use of them, see DRIVER: The Illustrated de Worde: An Overview. In: Studies in Iconography (Spring, 1996); DRIVER: Illustration in Early English Books: Methods and Problems. In: Books at Brown, vol XXXIII (1986), pp. 32–49.

9 The Skot title page is reproduced in ALFRED W. POLLARD: English Miracle Plays: Moralities and Interludes. Oxford 1923, p. 77; see also his notes on early publication, p. 202. There is one copy of the Skot edition of *Everyman,* of ca. 1528, in the Huntington (RSTC 10606); the reissue of 1535? is housed in the BL (RSTC 10606.5). Copies of Skot's *Here begynneth the booke whiche is called the body of polycye. And it speketh of vertues and of good maners. To prynces. To nobles and to the people,* printed 17 May 1521, extant in the UL, Cambridge, and The John Rylands Library. The RSTC does not cite the copy of Boorde in Brown UL, and assigns an earlier date: *The fyrst boke of the introduction of knowledge.* Andrewe Borde. at the Signe of the Rose Garden by William Copland ca 1555? See also ERLER (see note 1), p. 10.

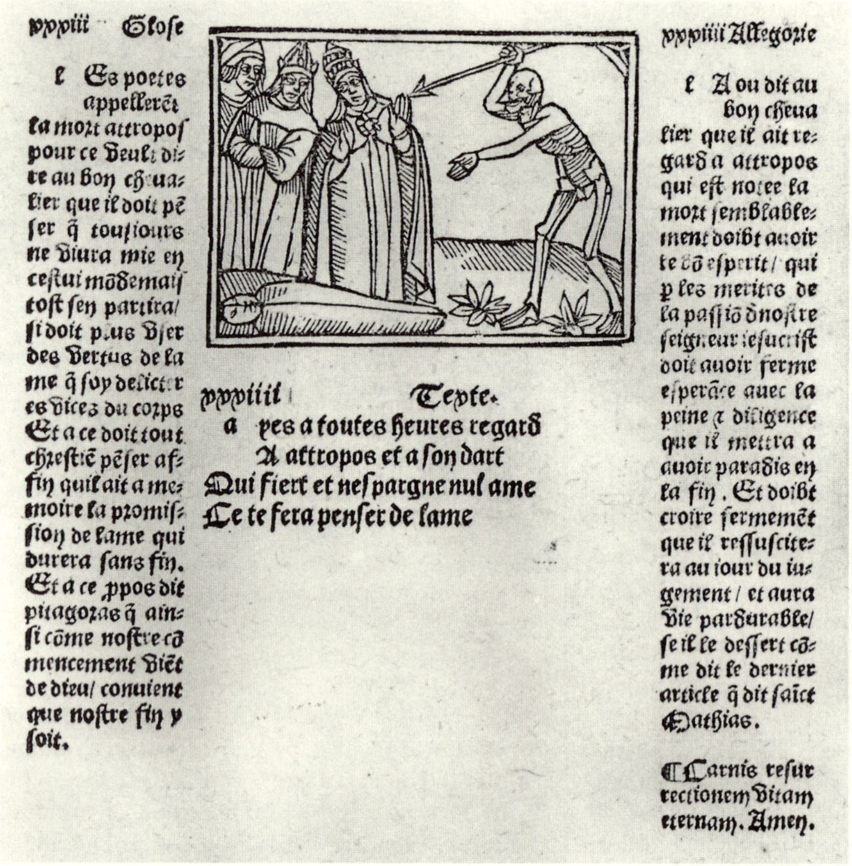
xxxiii Glose

Les poetes appellerēt la mort attropos pour ce veult dire au bon cheualier que il doit pēser q̄ tousiours ne viura mie en cestui mōde mais tost sen partira/ si doit plus vser des vertus de la me q̄ soy delicter es vices du corps Et a ce doit tout chrestiē pēser affin quil ait a memoire la promission de lame qui durera sans fin. Et a ce ppos dit pitagoras q̄ ainsi cōme nostre cōmencement vient de dieu/ conuient que nostre fin y soit.

xxxiiii Texte.

a yes a toutes heures regard
A attropos et a son dart
Qui fiert et nespargne nul ame
Ce te fera penser de lame

xxxiiii Allegorie

La ou dit au bon cheualier que il ait regard a attropos qui est notee la mort semblablement doibt auoir le bō esprit/ qui p les merites de la passiō d nostre seigneur iesucrist doit auoir ferme esperāce auec la peine & diligence que il mettra a auoir paradis en la fin. Et doibt croire fermemēt que il ressuscitera au iour du iugement/ et aura vie pardurable/ se il le dessert cōme dit le dernier article q̄ dit saict Mathias.

Carnis resurrectionem vitam eternam. Amen.

**Fig. 7** Death Strikes
Christine de Pisan, *Les cent histoires de troye,* Paris, Philippe Le Noir, 30 November 1522
PML 41003 (courtesy of The Pierpont Morgan Library)

whole body of *ars moriendi* themes popular in the later Middle Ages, calling up associations with the Dance of Death sequences popular with French printers from the 1470s, with their emphasis on the Estates and the portrayal of Death as a skeleton armed with an arrow or dart who leads everyone, rich and poor, noble and humble, men and women, to the grave. There is a suggestion, too, in the woodcut of the Legends of the Three Living and Three Dead, of the three youths, or kings, or powerful men, who must face their own mortality[10]. The accompanying verse text warns the reader, again conventionally, to remember Death may strike at any hour and to consider his soul:

a yes a toutes heures regard
A attropos et a son dart
Qui fiert et nes pargne nul ame
Ce te fera penser de lame

Wyer's illustration (fig. 8) is a close, but poor copy of the French model, just as his verse is a rather limp translation, the final line conveying a very peculiar image of the soul borne, or carried, by the mind:

Haue good regarde, in euerye tyme and houre
To Attropos, and to his darte or speare

10 For reproductions of the Dance of Death and *Ars moriendi* sequences as well as images of the Three Living and Three Dead, see EMILE MÂLE: Religious Art in France The Late Middle Ages: A Study of Medieval Iconography and Its Sources. Trans. M. Mathews. Bollingen Series XC-3. Princeton 1986, pp. 325–355. See also NANCY LEE BEATY: The Craft of Dying: A Study in the Literary Tradition of the Ars moriendi in England. New Haven 1970 (Yale Studies in English. 175); MARGARET SPUFFORD: Small Books and Pleasant Histories: Popular Fiction and its Readership in Seventeenth-Century England. London 1981, p. 138; DRIVER: The Image Redux: Pictures in Block-books and What Becomes of Them. In: Blockbücher des Mittelalters: Bilderfolgen als Lektüre. Mainz 1991, pp. 341–348.

Whiche stryketh and spareth,
for no drede or fauoure
It shall the exhorte, thy soule in mynde to beare.

The English translation by Stephen Scrope, here transcribed from Pierpont Morgan Library M 775, is far more graceful and avoids the awkwardness of the last line of Wyer's verse:

loke that at all tymes thou take good hede
Bothe to acropos crafte and to his spede
whiche smyteth and sparith non in no kynde
That shal make the to haue thi soule in mynde

Particularly striking in Wyer's illustration is the omission of the papal tiara on the first figure threatened by Death. Given Wyer's own activity as publisher of one heretical work before the Reformation in England and his position as churchwarden in the Parish of St Martin-in-the Fields after, this omission seems particularly telling. The RSTC dates the *.C. Hystoryes* ca 1540, though PB Tracy has suggested a date of 1550, based on the text type for the volume[11]. During this decade, Protestantism was in full sway under Henry, then under his son, Edward VI. Catholic images were undergoing a process of being redefined, if not entirely destroyed, by the Protestant Tudors[12]. It would have been impolitic to include a visual reference to the pope in England at this point in history. There are earlier examples of Continental woodcuts made during the Reformation for propagandistic purposes, showing the Beast of the Apocalypse, for example, wearing the papal tiara, in which the papal tiara was later literally scraped off the block, but Wyer's picture has simply been copied without it, a sensible move in uncertain times. Wyer himself, like many printers, was clearly sympathetic to reform, later publishing "several books for English reformers in the mid 1530s, notably William Marshall's translation of the *Defensor pacis* by Marsiglio of Padua in 1535 (STC 17817) – a work of great political significance and translated by one of Thomas Cromwell's circle"[13].

On the other hand, Wyer is not entirely infalli-

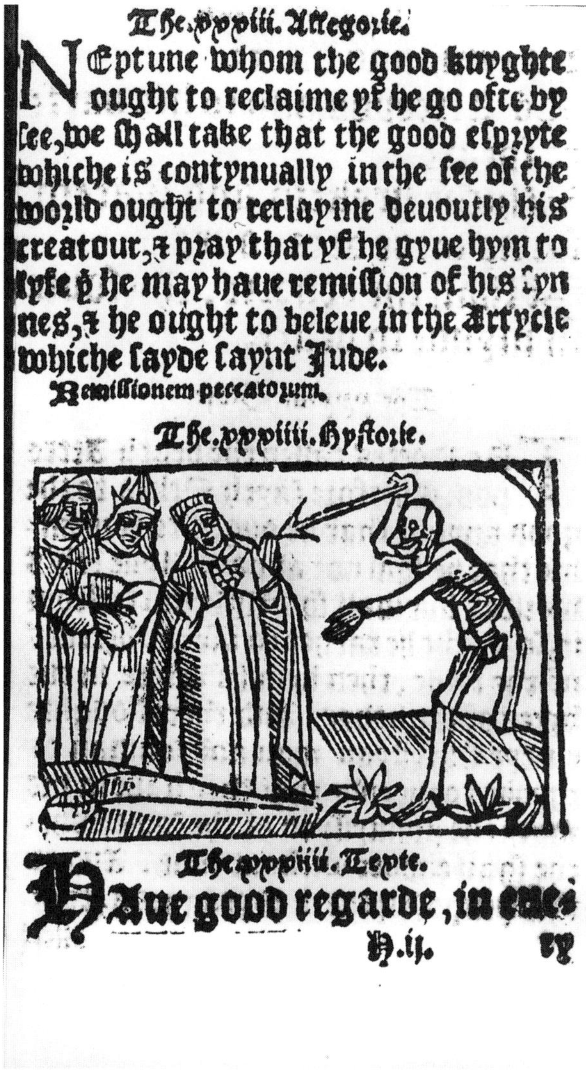
The.xxxiii. Allegorie.
Neptune whom the good knyghte ought to reclaime yf he go ofte by see, we shall take that the good esprite whiche is contynually in the see of the worlde ought to reclayme deuoutly his creatour, & pray that yf he gyue hym to lyfe þ he may haue remission of his synnes, & he ought to beleue in the Artycle whiche sayde saynt Jude.
Remissionem peccatorum.
The.xxxiiii. Hystorie.
The.xxxiiii. Texte.
Haue good regarde, in eue-
H.ii. ry

**Fig. 8** Death Strikes
Christine de Pisan, *Here foloweth the .C. Hystoryes of Troye,* trans. Robert Wyer. London, Robert Wyer, ca 1540/50
PML 40646 (courtesy of The Pierpont Morgan Library)

11 TRACY (see note 2), p. 300.
12 For detailed discussion of iconoclasm during the Reformation, see EAMON DUFFY: The Stripping of the Altars: Traditional Religion in England 1400–1580. New Haven 1992, who does not, however, mention Wyer. For the activities of other Protestant printers, see MARGARET ASTON: Lollards and Reformers: Images and Literacy in Late Medieval Religion. London 1984, pp. 229–230, 234, 251, passim, and Faith and Fire: Popular and Unpopular Religion, 1350–1600. London 1993, p. 277.
13 In Lucas Cranach's powerful propagandistic illustrations of the Apocalypse of Martin Luther's famous September Testament of 1522, the Whore of Babylon, the dragon and the beast are all shown wearing papal tiaras. Cranach's illustrations raised such an outcry that in the next edition of Luther's German translation of the New Testament, published in December of 1522, the papal tiaras were scraped off the blocks, probably at the command of the Elector or Duke George of Saxony. For Wyer's Protestant publications, see JEAN PRESTON: The Pricke of Conscience (Parts I–III) and Its First Appearance in Print. In: The Library 6th series vol VII, No 4 (December, 1985), p. 314.

**Fig. 9** Juno and Semele
Christine de Pisan, *Here foloweth the .C. Hystoryes of Troye,* trans. Robert Wyer. London, Robert Wyer, ca 1540/50
PML 40646 (courtesy of The Pierpont Morgan Library)

able in the connections he makes between text and image. In the *.C. Hystoryes,* the most heavily illustrated of all the books printed by Wyer, there are occasionally odd woodcuts of royal personages, crudely executed, with little relevance to text, used apparently as filler to maintain the format set by those pages where Wyer had appropriate or nearly appropriate pictures to hand. The woodcut illustrating Texte 56, the Capture of Mars and Venus, shows a woman, her head wrapped in a cloth, in a low-canopied bed, a courtier wearing hat and holding a basin, and a woman behind. This particular woodcut has again been copied from earlier French print sources, from Antoine Vérard's quarto editions of the *Roman de la Rose,* and was also used previously by de Worde to illustrate his 1517 edition of *Troylus* (RSTC 5095) and his 1518 edition of *Olyuer of Castylle* (RSTC 18808)[14]. The only immediate bearing it seems to have to the Wyer text is that the woodcut formerly appeared in romances, and perhaps Wyer might be using the image associatively, but this is a stretch. A more accurate rendering of the scene occurs in the Pigouchet text, in which lovers in bed are encircled with a chain by another man before two witnesses, as a person looks down on the scene from a window. This woodcut illustrates the text, transcribed from the Le Noir edition:

s e amour tacourcist la / nuyt
Garde que phebus ne te nuyt
Parquoy / tu puisses estre prins
Esliens / vulcan et surprins

Le Noir's edition, however, illustrates the same verse with a woodcut of a man and a woman, each with one hand on the other's shoulder, standing in a room with an open leaded-glass window, and a trunk or perhaps a coffin on the floor, which has no relevance at all to the text at hand.

To illustrate the story of Semele, Texte 62 (fig. 9), Wyer again employs factotums to portray the two female characters in the text, Semele and Juno, who, as Christine tells us, took on the guise of an old woman and visiting Semele, heard her confession, thus enabling Juno's revenge. Like other composite illustrations in English books, these have been derived from originals used by French publisher Antoine Vérard around 1500. Compare the page from Vérard (fig. 5). These models were then copied and re-copied by English printers.

Wynkyn de Worde would reproduce these female figures, which serve as models for Wyer's, many times, used variously to represent Claryce in *The Knight of the Swan* (RSTC 7571) printed in 1512, Criseyde in his 1517 edition of Chaucer's *Troylus* (RSTC 5094), the hapless or shrewish wife in the *Fifteen Joyes* (fig.4), as well as mirror images of the Queen, and reversed, as her friend and confidante, in the 1528 *Destruction of Jerusalem* (RSTC 14519), a usage we shall see shortly again, and in many other editions throughout his career[15].

14 Hodnett (see note 1), item 903.
15 See Driver, Books at Brown (see note 8), plates 27, 30, 31, 32.

¶ Here endeth the thyrde and the
last partye of the boke of the Cyte of
Ladyes. ¶ Imprynted at London
in Poules chyrchyarde at the sygne
of the Trynyte by Henry Pepwell.
In yͤ yere of our lorde. M.CCCCC
.xxi. The .xxvi. day of October. And
the .xii. yere of the reygne of our soue
rayne lorde kynge Henry the .viii.

**Fig. 10** Two Ladies
Christine de Pisan, *Here bygynneth the boke of the cyte of ladyes,* trans. B. Anslay. London, Henry Pepwell, 26 October 1521 (by permission of the BL)

**Fig. 11** Christine Greets the Three Virtues
Christine de Pisan, *Here bygynneth the boke of the cyte of ladyes,* trans. B. Anslay. London, Henry Pepwell, 26 October 1521 (by permission of the BL)

Like other factotums, these figures were popular as well with the third generation of English printers. A composite illustration of two women beside a walled town appears on the title page of Pepwell's 1521 edition of the *boke of the Cyte of Ladyes*. The volume closes with an illustration of two female figures, mirror images, on the final leaf on which is also supplied place and date of the book's publication, and on the verso, Pepwell's printer's mark (fig. 10). Because of their position in the text, on the colophon page, these images of women may be read as visual signifiers of Christine herself who is consistently identified as the author in the *Cyte of Ladyes* narrative, her name, however, rendered in shorthand, as 'Xpine'. Her name also recurs in the list of chapter headings at the beginning of the book.

In parallel position to Pepwell's printer's mark at the end of the volume is the woodcut portrait of Christine (fig. 11) which appears on the verso of the title page of the *Cyte of Ladyes,* before the main text begins. She is shown at a reading desk beside a cupboard filled with books, greeting the Three Virtues who process at left, carrying their attributes. The woodcut of Christine at her desk resembles in style two woodcuts used earlier by de Worde, particularly in the busy-ness of detail, the tiled floor, the awkward perspective, and compactness of the scene. The strongly rendered features of Christine's face bear striking resemblance to the portrait of St Catherine of Siena on the frontispiece of the 1519 *Orcharde of Syon* (RSTC 4815), printed by de Worde in 1519, while the depiction of Christine's study calls to mind a similar woodcut of Bridget, used by de Worde to illustrate a number of volumes. Both of these images, in fact, were to be copied by Pepwell, and it has been noticed elsewhere that "both are extremely close copies of De Worde's designs."[16] Judging from the style of the Christine woodcut, it is, in fact, very likely that the artist who copied the de Worde woodcuts for Pepwell also executed the illustration of Christine and the Three Virtues.

Unlike many of the other images we have seen, the woodcut of Christine meeting the Three Virtues was made specifically for this volume and recurs at the start of each of the three books. Repeating an image at the beginning and end of a volume, or linking related images at the start and close, is typical sixteenth-century printing practice, related to the way books were produced to be bound elsewhere. In the Pepwell examples, the images function as visual pointers at beginning and end to the two makers of the book, creating links between author and printer (with emphasis on the printer). In Wyer, too, we find visual links between images and marked emphasis on the printer's contribution as transmitter of text.

The .xviii. Allegorie.
pryncypally, for we knowe not of what courage ben the dedes that they haue done, which to cōdempne this great presumpcion, so we ought to take and construe them to the better partie. Secōdarely for we know not, ne be not certeyne what they shall be, whiche nowe ben good or euyll. To this purpose sayeth our Lorde in the Gospell.
Nolite iudicare et non iudicabimini in quo enim iudicio iudicaueritis / iudicabimini. Septimo. capitulo.
The .xviii. Hystorie.

The .xviii. Texte.
If great Fortune lysteth, to take the to her grace
M.i. Unto

**Fig. 12** Lady Fortune
Christine de Pisan, *Here foloweth the .C. Hystoryes of Troye,* trans. Robert Wyer. London, Robert Wyer, ca 1540/50
PML 40646 (courtesy of The Pierpont Morgan Library)

16 HODNETT (see note 1), p. 59. For discussion of the Bridget portrait, see DRIVER: Pictures in Print: Late Fifteenth- and Early Sixteenth-Century English Religious Books for Lay Readers. In: De Cella in Seculum: Religious and Secular Life and Devotion in Late Medieval England. Ed. MICHAEL SARGENT. Cambridge 1989, pp. 241–244; for more on Catherine, see DRIVER: Bridgettine Woodcuts in Printed Books Produced for the English Market. In: Art into Life. Ed. CAROL GARRETT FISHER and KATHLEEN L. SCOTT. East Lansing 1995, pp. 248 ff.

**Fig. 13** The .C. Hystorie
Christine de Pisan, *Here foloweth the .C. Hystoryes of Troye,* trans. Robert Wyer. London, Robert Wyer, ca 1540/50
PML 40646 (courtesy of The Pierpont Morgan Library)

For Texte 74, on Fortune and her mutability, Wyer uses a woodcut (fig. 12) copied from French Books of Hours printed by Philippe Pigouchet of the Samian sibyl, who carries a creche[17]. In case the reader misinterprets the image, there is a caption provided in the margin, "Lady Fortune", bracketed by nota bene signs. This is accompanied by another woodcut from an unidentified, but obviously inexpensive, source showing naked women (with hermaphroditic tendencies) pointing to a bearded face in the sky, presumably also representing sibyls engaged in prophecy, though it is difficult to be sure, and the text emphasizes Fortune's fickleness, not visions or fortunetelling. The print historian's explanation for the presence of this smaller cut is that Wyer was using it, along with the nota bene signs and ornament beneath, to fill out the forme, to keep the page even, and the print tight[18].

However, at the end of Wyer's volume, illustrating the *.C. Hystorye,* or Texte 100 (fig. 13), the smaller woodcut is used again, now recut and inset, along with a woodcut of St Jerome, into a larger woodcut of a regal figure with book and scepter. This illustration introduces the story of the Cumaean Sibyl who reveals to Ceasar Augustus a vision of the Virgin and Child. While the woodcut of Jerome seems to refer to the Vulgate passages appearing throughout the text, the smaller inset woodcut creates a visual link between the Emperor and the Sibyl we saw earlier, illustrating Texte 74.

To the verse lines of the original, which refer to the Sibyl, but also to Christine herself as instructor and conveyer of moral wisdom to her reading public, Wyer supplies four more, again referring to himself as translator of the text. Compare the Le Noir, Texte C:

c Ent auctorite3 tay escriptes
Sy ne soyent de toy despites
Car Augustus de femme aprint
Qui destre adore le reprint

And the translation by Wyer of the .C. Hystorye:

The .C. Aucthoryties, set in this booke
Despyse not the effecte, for the wordes abused
For of a woman, August document tooke
That to be adoured, he vtterlye refused.

Wyer then adds the lines:

And where the translatoure, hath not well perused
His style, because of ygnoraunt entendemente
The vertuous (doubtles) woll holde hym excused
But the enuyous tonges, ben euer insolente . . .

Wyer is thus linking the end to the beginning, this final text to the Apology of the Translator at the start, and writing on the same themes, asking that his readers forgive any awkwardness of style and castigating his envious would-be critics in advance, "But the enuyous tonges, ben euer insolente." At

17 The Sibyl series is reproduced in MÂLE (see note 10), pp. 248–252.
18 For a fundamental discussion of the early printing process, see RONALD B. MCKERROW: An Introduction to Bibliography for Literary Students. 1928; reprinted, New York 1994, pp. 6–24, 38–52.

the end of the English text follows Wyer's statement, "Thus endeth the .C. Hystories of Troye, translated out of French in to Englysshe, *by me.* R. W." and directly after, his colophon, in which the words "by me" are again emphasized:

Imprynted by me Robert
Wyer, dwellyng in S. Mar-
tyns parysshe, at charyng Crosse.
at the sygne of S. Johan Euan-
gelist besyde the Duke of
Suffolkes place.

By comparison, Le Noir's colophon is much simpler, supplying the title, place and date of publication: "Cy finissent les cent hystoires de troye nouuellement Imprimees a Pa=ris par Philippe le noir Libraire et Relieur iure en Luniuersite de Paris Lan mil cinq cens vingtet deux le dernier iour de nouembre." Le Noir's is the more conventional colophon, which omits the insistence on the printer's role as maker so notably found in Wyer's edition, the repeated statement that the book was made "by me".

Though it lacks the elegance of the earlier English translation by Stephen Scrope, Wyer's octavo gives an intelligent reading, both visually and verbally, of Christine's poem, as it appeared originally in French printed editions. And, while not as beautifully presented as its French counterparts, the *.C. Hystoryes* is a typical sixteenth-century English production, printed for the middle-class reader and illustrated with some images copied from the French exemplars, and with others from among the picture stock Wyer had on hand. The overwriting of Christine as author, to which I have alluded, in Wyer's as well as in other printed editions of her works, is also typical. In the first hundred years of printing, the printer, the new maker, superceded the author, in the transmission of texts, similar to the way Hollywood overwrites literary authors today[19].

Renowned as the first English printer, William Caxton was known too for his translations of works like the *Recuyell of Troye, Godefroy of Bologne, The Game and Playe of Chess, The History of Jason,* and *The Mirror of the World,* and one hardly remembers the original authors. Antoine Vérard, the premier Parisian publisher and purveyor of books, often does not tell us who his authors are, whether male or female, or where he has acquired his texts, printing and reprinting what had previously been successful in manuscript and even in blockbook formats. Only a very few classical and medieval writers, among them Aesop, Chaucer, and St Bridget of Sweden, for example, who find their way into print, are clearly named as authors and emphatically associated with the texts they composed or had attributed to them[20]. The second generation of English printers who rush to copy Vérard's images and translate his bestselling books into English, do not credit their immediate source, Vérard, or often, the original authors. In the case of Christine's presentation in sixteenth-century England by printers of the third generation, one suspects her identity as author is suppressed not because she is a woman but because her work has been published by printers busily engaged in their own self-promotion[21]. It could finally be argued that the economics of the business of printing ultimately erases Christine. Like the re-use of images to illustrate the text, Wyer's emphasis on himself as translator, on himself as printer of the *.C. Hystoryes,* is economically generated. Through active self-promotion, Wyer was to remain "a printer of popular literature over a long and complex period of English history – from 1527 to 1558 – during which printing 'came of age' both as moulder and mirror of the people"[22].

19 For example, publicity for the film *Terms of Endearment* focused on its two female leads, Debra Winger and Shirley MacLaine, rather than on the author of the novel from which the story came; Larry McMurtry was mentioned only in small type, when at all. In a more egregious instance, Choderlos de Laclos, author of *Les Liaisons Dangereuses,* made into the hit movie *Dangerous Liaisons,* was entirely omitted from the movie publicity, from most movie reviews, and was not mentioned during the Academy Awards ceremony in which the film won several awards. More recently, the *Age of Innocence,* originally by Edith Wharton, has become identified only as a film by Martin Scorsese, while in the publicity for the movie of *Othello,* the name William Shakespeare was not mentioned, the film described instead as by Oliver Stone.

20 The apparatus accompanying Chaucer texts, along with the author portraits, in the sixteenth-century editions is an overt attempt to canonize the author, as many have noted. Aesop and Bridget are given author portraits from a very early date, and both attract stories (and in Bridget's case, prayers) which they probably did not themselves compose.

21 Barbara Herrnstein Smith has commented in ROBERT VON HALLBERG (ed.): Canons. Chicago 1984, that "All value is radically contingent, being neither an inherent property of objects nor an arbitrary projection of subjects, but, rather, the product of the dynamics of an economic system." (p. 15) For further exploration of Christine's erasure as author, see JENNIFER SUMMIT: The Goose's Quill: The Production of Female Authorship in Late Medieval and Early Modern England. Diss. John Hopkins University, 1996.

22 TRACY (see note 2), p. 293.

Guðrún Kvaran

# Die Anfänge der Buchdruckerkunst in Island und die isländische Bibel von 1584

## Die Wegbereiter

Es kann nicht mit völliger Sicherheit gesagt werden, wann die Buchdruckerkunst nach Island gelangt ist. Die Jahreszahlen 1525–26, 1529–31 und 1534–35 werden genannt[1], aber wahrscheinlich hat der katholische Bischof Jón Arason (1484[?]–1550) um das Jahr 1530 die erste Druckpresse nach Island bringen lassen. Diese gehörte einem Schweden namens Jón Matthíasson, der das Druckhandwerk gelernt hatte und die Presse zum Bischofssitz Hólar in Nord-Island mitgebracht hat. Im Jahre 1535 ist die Druckerei nach Breiðabólsstaður in Vesturhóp umgezogen als Jón Matthíasson Priester der dortigen Gemeinde wurde. Nach seinem Tod im Jahre 1565 ist die Druckerei zunächst in Breiðabólsstaður geblieben, aber 1572 oder 1573 wurde sie wieder nach Hólar gebracht, wo sie die nächsten Jahrzehnte untergebracht war.

Aus der Zeit von Bischof Jón Arason sind nur zwei Druckerzeugnisse bekannt. Das eine war ein lateinisches Gesangbuch, *Breviarium Holense,* das 1534 herauskam. Von diesem Buch ist kein komplettes Exemplar überliefert, das letzte bekannte Exemplar ist im großen Brand in Kopenhagen 1728 verlorengegangen. In der Königlichen Bibliothek von Stockholm wurden im Jahre 1913 rein zufällig zwei Blätter entdeckt, die vermutlich aus dem *Breviarium* stammen, aber diese Zuordnung gilt nicht als völlig sicher[2].

*Fjórir guðspjallmenn* (Vier Evangelisten) heißt das zweite Werk, das Jón Arason herausgegeben haben soll. Auch dieses Buch ist nicht erhalten, und der genaue Inhalt ist unbekannt, aber vermutlich hat es sich um Übersetzungen aus den Evangelien gehandelt. Ein Exemplar dieses Buches soll Bischof Brynjólfur Sveinsson von Skálholt bei seiner Bestattung 1675 in den Sarg gelegt worden sein[3].

Zur Zeit von Jón Arason gab es zwei Bischofssitze in Island, den einen in Hólar, den anderen in Skálholt in Süd-Island. Nach 1530 tauchten die ersten Anhänger Luthers in Skálholt auf. Dies führte dazu, daß das Neue Testament in Skálholt von Oddur Gottskálksson (1514[?]–1556) in den Jahren 1536–1539 ins Isländische übersetzt wurde. Der Bischof von Skálholt war damals noch katholisch, und die Übersetzung mußte heimlich gefertigt werden. (Nach der Legende hat Oddur[4] im Kuhstall daran gearbeitet.) Sie wurde auch nicht in Island gedruckt, sondern in Roskilde in Dänemark 1540, denn die einzige Druckerei im Lande unterstand dem katholischen Bischof Jón Arason von Hólar.

Das Neue Testament von 1540 ist das älteste gedruckte Buch auf Isländisch, das noch vollständig erhalten ist[5]. Es ist eine große Rarität; nur vier komplette Exemplare, neben einigen Exemplaren, in denen Seiten fehlen, sind bekannt. Der Übersetzer hat sich hauptsächlich nach der Lutherschen Bibel gerichtet, aber die Vulgata und die Übersetzung von Erasmus von Rotterdam wurden zum Vergleich herangezogen. Es würde zu weit führen, um diese Übersetzung ausführlich zu würdigen, aber es sei erwähnt, daß sie, neben der Übersetzung der ganzen Bibel von 1584, wesentlich zum Erhalt der isländischen Sprache beigetragen hat. Ein Lichtdruck dieses Buches erschien 1933 in Kopenhagen, und auch diese Ausgabe ist mittlerweile eine Rarität geworden.

1 Þorkell Jóhannesson: Prentlistin kemur til Íslands. In: Prentlistin fimm hundruð ára. Reykjavík 1941, (Ohne Seitenzahl).

2 Guðbrandur Jónsson: Síra Jón Matthíasson sœnski. Prentsmiðja hans á Breiðabólsstað og Breviarium Holense. Landsbókasafn Íslands. Árbók 1950–51. Reykjavík 1952, S. 177–187. – Isak Collijn: Två bland af det förlorade Breviarium Nidarosiense Hólar 1534. In: Nordisk tidskrift för bok- och biblioteksväsen (1914), S. 11–16.

3 Jón Halldórsson í Hítardal: Biskupasögur með viðbœti. II. Reykjavík 1911–1915, S. 377.

4 In Island ist es üblich, die Vornamen von Personen zu benutzen und nicht die Familiennamen.

5 Þetta er hid nya / Testament, Jesu Christi / eigenlig ord oc Euangelia huer hann / sialfr predikadi oc kendi, hier i heime, Sem hans postular oc Gudz spialla menn sidan skrifudu. Þau / eru nu hier vtlogd a Norœnu, Gudi til lofs oc / dyrdar, enn almuganum til sœmdar oc / Salu hialpar. Þryckt vti Konungligum stad Ros / chylld af mier Hans Barth xii dag Aprilis, Anno domini M Dxl.

**Abb. 1** Die Guðbrandsbiblía im Originaleinband

Die Pioniere der Reformation in Island haben in den Jahren 1546–1558 weitere vier geistliche Bücher im Ausland drucken lassen. Diese sind: 1) *Postilla. Stuttar útskýringar þeirra, Gudzspialla sem a ollum Sunnudogum, kringvm arit predikut verda.* (Postille. Kurze Erläuterungen der Evangelien die sonntags durch das ganze Jahr gepredigt werden) Der Verfasser war Antonius Corvinus und der Übersetzer Oddur Gottskálksson. Die Postille wurde 1546 in Rostock gedruckt. 2) *Ein Kristileg handbog* (Ein christliches Handbuch), erschienen 1555 in Kopenhagen, übersetzt von Marteinn Einarsson. 3) *Historia Pinunnar og vpprisu Drottins vors Jesu Christi* (Die Geschichte der Passion und Auferstehung unseres Herrn Jesu Christi) von Johann Bugenhagen, übersetzt von Oddur Gottskálksson und erschienen in Kopenhagen 1558. 4) *Margarita Theologica* von Johann Spangenberg, übersetzt von dem späteren Bischof Gísli Jónsson, ebenfalls 1558 in Kopenhagen erschienen[6].

Bischof Jón Arason wurde 1550 von seinen Gegnern aus dem Lager der Reformatoren enthauptet. Damit war die letzte katholische Bastion in Island gefallen, und der evangelisch-lutherische Glaube wurde auf Geheiß des dänischen Königs im Lande etabliert. Der Nachfolger von Jón Arason wurde Ólafur Hjaltason (1500[?]–1569), der bis 1569 sein Amt ausgeübt hat. Er hat auch die Druckerei in Breiðabólsstaður übernommen, und zwei geistliche Bücher, die er hat drucken lassen, sind in der Königlichen Bibliothek in Kopenhagen erhalten, jeweils nur in einem unvollständigen Exemplar. Beiden Exemplaren fehlt die letzte Seite mit dem Erscheinungsjahr. Das eine Buch ist die *Passio, þat er pining vors herra Jesv Christi* (Passio, das heißt Leiden unseres Herrn Jesu Christi), vermutlich 1559 gedruckt,

6 Haildór Hermannsson: Icelandic Books of the Sixteenth Century (1534–1600). In: Islandica. Vol. IX. Ithaca, New York 1916.

das andere ist eine Kollektion von Episteln. Bischof Ólafur hat zwei weitere Bücher drucken lassen, aber von diesen existiert kein Exemplar mehr. Es handelt sich um einen *Catechismus* von Justus Jonas in der Übersetzung von Oddur Gottskálksson, vermutlich 1562 erschienen[7], und die *Postilla epistolica Corvini* von Antonius Corvinus, die vermutlich einige Jahre früher als die *Passio* herauskam[8]. Das letzte bekannte Exemplar dieses Buches wurde in dem großen Brand in Kopenhagen 1728 zerstört.

### Guðbrandur Þorláksson

Die herausragende Persönlichkeit aus der Anfangszeit der Druckkunst in Island war Bischof Guðbrandur þorláksson. Seine Leistungen auf diesem Gebiet stellen die seiner Vorgänger, die im vorigen Abschnitt geschildert wurden, weit in den Schatten. Bevor wir uns seinem Hauptwerk, der isländischen Bibelausgabe von 1584, zuwenden, soll sein Lebenslauf kurz umrissen werden.

Guðbrandur þorláksson wurde 1542 in Staðarbakki in Miðfjörður in Nord-Island als Sohn eines Priesters geboren[9]. Er besuchte die Schule von Hólar und reiste 1559 nach Kopenhagen, um an der dortigen Universität Theologie, aber auch Mathematik und naturwissenschaftliche Fächer zu studieren. Er kehrte 1564 nach Island zurück und wurde gleich zum Rektor der Schule von Skálholt ernannt, aber als der Drucker Jón Matthíasson 1567 starb, wurde Guðbrandur sein Nachfolger als Pfarrer von Breiðabólsstaður. Vermutlich hat er dort erkannt, welche Bedeutung die Herausgabe von geistlichen Texten für die Festigung des evangelisch-lutherischen Glaubens in Island haben könnte. Nach dem Tod von Ólafur Hjaltason wurde Guðbrandur þorláksson zum Bischof von Hólar ernannt und am Palmsonntag 1571 geweiht. Als er 1627 starb, hatte er sich fast während seiner gesamten 57jährigen Amtszeit mit der Herstellung von Büchern befaßt.

Als Guðbrandur nach Breiðabólsstaður kam, war die Druckerei im Besitz von Jón Jónsson, einem Sohn von Jón Matthíasson. Die Druckpresse war in schlechtem Zustand. Es fehlte sowohl Papier als auch Druckerschwärze. Guðbrandur hat Jón auf eigene Kosten nach Kopenhagen geschickt, um das fehlende Material zu besorgen und sich gleichzeitig als Drucker ausbilden zu lassen[10]. Die Druckerei kam 1572 oder 1573 wieder nach Hólar, und Guðbrandur hat sie anscheinend später gekauft, denn in einem Testament, das er 1587 hat aufsetzen lassen, wird sie zu seinem Eigentum gezählt. Der Betrieb der Druckerei hat Guðbrandur erhebliche Kosten verursacht und zeitweise war sie für ihn eine finanzielle Last. Mit Sicherheit hat er 79 Bücher herausgegeben und vermutlich weitere, die nicht eindeutig belegt sind.

Guðbrandur hat sich auch mit der Buchbinderei befaßt, und in seiner Zeit erhielt der Einband von isländischen Büchern eine ähnliche Gestalt wie in anderen Ländern. Er legte Wert auf einen soliden Einband und gründete eine Buchbinderei in Hólar. Der Zeitpunkt ist ungewiß, aber mit Sicherheit war sie bereits im Betrieb als der Druck der Bibel abgeschlossen wurde[11].

Das erste Buch, das Guðbrandur hat drucken lassen war *Lífsins Vegur. Þad er, Ein Sönn og Kristeleg vnderuijsun Hvad sa Madur skal Vita, Trua og Giöra, sem ödlast vill Eilift Lijf.* (Der Weg des Lebens. Das ist eine wahre und christliche Unterweisung darüber, was ein Mensch wissen, glauben und tun soll, der ein ewiges Leben erreichen will.) Der Autor war der Däne Niels Hemmingsen (1513–1600), und Guðbrandur selbst hat die Übersetzung besorgt. Von diesem Buch sind nur zwei Exemplare erhalten, beide in der Königlichen Bibliothek in Kopenhagen; nur eines davon ist vollständig[12].

Das wichtigste Buch aus den ersten Jahren der typographischen Tätigkeit von Guðbrandur ist ein Gesetzbuch, *Jónsbók* genannt, nach dem obersten Richter Jón Jónsson, der um die Drucklegung gebeten hatte. Das Buch erschien zuerst 1578 und wurde in den folgenden Jahren zweimal nachgedruckt.

Im Jahre 1580 wurden die ersten biblischen Texte in Hólar gedruckt, und zwar die Sprüche Salomos und das Buch Jesus Sirach. Es ist bekannt, daß der spätere Bischof Gissur Einarsson (1512–1548) diese

7 Stefán Karlsson: Brot úr barnaprédikunum í þýðingu Odds Gottskálkssonar. In: Landsbókasafn Íslands. Árbók 1989. Reykjavík 1991, S. 43–72.

8 Einar Gunnar Pétursson: Guðbrandur þorláksson og bókaútgáfa hans. In: Landsbókasafn Íslands. Árbók 1984. Reykjavík 1986, S. 5–26.

9 Das Zölibat für katholische Geistliche wurde im mittelalterlichen Island nicht sonderlich ernst genommen. Der letzte katholische Bischof in Island vor der Reformation, Jón Arason, lebte z. B. jahrzehntelang in einem eheähnlichen Verhältnis mit einer Frau zusammen und hatte mehrere Kinder, darunter zwei Söhne, die zusammen mit ihrem Vater 1550 von den Reformatoren enthauptet wurden.

10 (Aus einem Brief von 1576 zu erfahren.) Bréfabók Guðbrands biskups Þorlákssonar. I. Reykjavík 1919, S. 125.

11 Guðmundur Finnbogason: Bókband. In: Iðnsaga Íslands. II. Reykjavík 1943, S. 239–240.

12 Hermannsson (siehe Anm. 6), S. 17–18.

Biblia
Þad Er/ Øll
Heilög Ritning/ vtlögd
a Norrænu.
Med Formalum Doct.
Martini. Lutheri.
Prentad a Holum/ Af
Jone Jons Syne
M DLXXXIIII.

**Abb. 2** Die Titelseite der Guðbrandsbiblía mit Widmung von Guðbrandur Þorláksson von 1588

Texte übersetzt hat[13], wahrscheinlich um das Jahr 1540, als das Neue Testament erschienen ist. Es gilt als wahrscheinlich, daß Oddur Gottskálksson und Gissur Einarsson eine Übersetzung der gesamten Bibel geplant haben und die Apokryphen Bücher und das Alte Testament unter sich aufgeteilt haben, aber dieser Plan ging nicht in Erfüllung. Gissur ist 1548 und Oddur 1556 gestorben.

Von 1580 bis 1584 hatte die Arbeit an der Bibel absoluten Vorrang und während dieser Zeit sind keine Bücher in Hólar erschienen. Im Jahre 1584 kam dann die Bibel heraus. Diese, gewöhnlich als *Guðbrandsbiblía* bezeichnete Bibelausgabe, gilt bis heute als eines der schönsten Erzeugnisse der Buchdruckerkunst in Island.

### Die Guðbrandsbiblía

In der Geschichte jedes christlichen Volkes stellt das erste Erscheinen der Bibel in der Muttersprache ein großes kulturhistorisches Ereignis dar. Es war eine außerordentliche Leistung in einem armen und spärlich besiedelten Land[14], dieses große Werk nur 50 Jahre nach Luthers Bibel zu übersetzen und zu drucken.

Während der katholischen Zeit war die Bibel nie als Ganzes ins Isländische übersetzt worden. Der längste kontinuierliche isländische Bibeltext aus dem Mittelalter, der erhalten geblieben ist, heißt *Stjórn* und umfaßt den ersten Teil des Alten Testaments von den Büchern Mose bis einschließlich den Büchern der Könige.

Mitte des 16. Jahrhunderts war Island, wie Norwegen und die Färœ-Inseln, Teil des dänischen Königreichs, aber die Norweger haben erst im 19. Jahrhundert und die Färinger im 20. Jahrhundert eine Bibel in eigener Sprache bekommen. Diese Völker haben bis dahin die dänische Bibel benutzt. Dänisch war Amtssprache und die einzige Schriftsprache. Literarische Tätigkeit in der Muttersprache war in Norwegen schon lange vor der Reformation im wesentlichen zum Erliegen gekommen. Seit der zweiten Hälfte des 14. Jahrhunderts waren Kontakte zwischen Norwegen und Island auf diesem Gebiet kaum mehr vorhanden. Zur Zeit der Reformation konnte deshalb nicht von einer lebendigen, norwegischen Literaturtradition gesprochen werden.

In Island lagen die Dinge jedoch anders. Die alten Sagas und Eddas waren, wie heute noch, lebendige Literatur, und die Schriftsprache war seit Jahrhunderten im wesentlichen unverändert geblieben. Die Vorkämpfer der Reformation haben es deshalb als selbstverständlich angesehen, daß die neue Kirche über die wichtigsten Schriften in der Muttersprache verfügen sollte. Sie haben auch den dänischen Behörden gegenüber die in Island verbreiteten Kenntnisse im Lesen und Schreiben betont, und bisweilen sogar etwas übertrieben. Der Bischof von Seeland, Peter Palladius, hat 1546 in einem Brief seine Freude über das Erscheinen des Neuen Testamentes ausgedrückt und die Meinung geäußert, daß in Island fast alle des Lesens und Schreibens mächtig seien[15].

Guðbrandur Þorláksson fing schon früh in seiner Amtszeit als Bischof mit den Vorbereitungen für eine Ausgabe der ganzen Bibel an. In einem Brief von 1578 an den Bischof von Seeland schreibt er, daß sein gesamtes Einkommen in das Bibelprojekt fließt (preterea omnes miseros meos reditus in biblia excudenda)[16], aber im folgenden Jahr hat König Frederik der II. in einem Brief vom 19. April Guðbrandur die Exklusivrechte an der Drucklegung der Bibel gewährt und alle Kirchen des Landes verpflichtet, einen Taler an das Projekt zu zahlen. Drei Tage später verpflichtete der König in einem weiteren Brief jede Kirche dazu, ein Exemplar der fertigen Bibel zu kaufen. Diese beiden Briefe hat Guðbrandur am Anfang der Bibel mitgedruckt. Während der Drucklegung hat Guðbrandur kaum finanzielle Unterstützung erhalten, doch konnte am 6. Juni 1584 der Druck abgeschlossen werden. Im folgenden Jahr erhielt Guðbrandur 200 Taler aus der königlichen Schatulle, um einen Teil der Kosten zu decken[17].

Guðbrandurs Zeitgenosse und Mitarbeiter, Arngrímur Jónsson (1568–1648), genannt »der Gelehrte«, der 1609 das Buch *Crymogæa* mit Ausschnitten aus der Geschichte Islands herausgegeben hat, schreibt, daß das Drucken der Bibel zwei Jahre beansprucht hat und von Jón Jónsson, zusammen mit sieben Assistenten, durchgeführt wurde. Der Bischof hat anschließend einen Buchbinder aus Hamburg kommen lassen, und dieser hat sowohl selbst viele Exemplare gebunden als auch anderen das

13 PÉTURSSON (siehe Anm. 8), S. 14.

14 Die Einwohnerzahl von Island im 16. Jahrhundert wird auf weniger als 50 Tausend geschätzt.

15 Peder Palladius' Danske Skrifter. I. Hrsg. von LIS JACOBSEN. København 1911–12, S. 331.

16 Bréfabók Guðbrands Þorlákssonar (siehe Anm. 10), S. 164.

17 Kancelliets Brevbøger vedrørende Danmarks indre Forhold. I Uddrag. 1584–1588. Hrsg. von L. LAURSEN. København 1906, S. 298.

Handwerk gelehrt[18]. Dieser Buchbinder hieß Jurin; er erhielt 192 Taler und 24 Heller für das Binden von 240 Exemplaren[19].

Aus Bischof Guðbrandurs Notizbuch, das in der nationalen Urkundensammlung in Reykjavík aufbewahrt wird (B, VIII, 2), geht hervor, daß die Bibel in 500 Exemplaren gedruckt wurde (S. 239) und daß 250 Exemplare in Hólar gebunden wurden (S. 260). Mehrere Exemplare sind in Kopenhagen gebunden worden, vermutlich in verschiedenen Buchbindereien, aber der Rest wurde von Jurins Lehrling, Jón Arngrímsson, gebunden. Der Einband war sehr solide und Guðbrandur hat Metallverzierungen für 100 Einbände bei einem Buchbinder in Hamburg, Zacharias van Collen, für 30 Taler gekauft[20].

Die Guðbrandsbiblía ist ein großes Werk, gut 1250 gedruckte Seiten in Folioformat, meist mit sechs Blättern pro Bogen. Gedruckt wurde in Schwabacher, und der Satzspiegel inklusive Marginalien umfaßt 29×19 cm. Die Zeilen sind ungebrochen außer im Psalter und einem Teil der Sprüche Salomo.

Die Titelseite ist zweifarbig, rot (1–4 und 7–8) und schwarz. Die einzelnen Bücher und Kapitel fangen mit gotischen (A, W und Þ) oder lateinischen Zierbuchstaben an und die Initialen der Bücher sind größer und prachtvoller als die der Kapitel. Zwei Arten von Vignetten schließen die Bücher im ersten Teil der Bibel ab, aber im zweiten und dritten Teil begnügt man sich meist mit einer Art von Vignette.

Die Guðbrandsbiblía besteht aus drei Teilen. Jeder Teil hat ein eigenes Titelblatt und eigene Bogen- und Seitenzahlen. Die Ornamentierung aller drei Titelblätter ist gleich. Der erste Teil der Bibel besteht aus Luthers Vorwort zum Alten Testament, den »Büchern des Alten Testaments«, d.h. von der Genesis bis zu den Lobgesängen Salomos, und einigen apokryphen Büchern, zu denen Bischof Guðbrandur bemerkt, daß die apokryphen Bücher nicht zu der hebräischen Bibel gehören. Im zweiten Teil befinden sich: Einleitung zu den Büchern der Propheten und zu Jesaja und »Die ganzen Bücher der Propheten«, d.h. vier Bücher der größeren Propheten und zwölf Bücher der unbedeutenderen Propheten zusammen mit einigen apokryphen Büchern. Der dritte Teil umfaßt das Neue Testament mit Luthers Einleitung.

Die Bibelausgabe enthält 27 Holzschnitte, aber zwei davon, Nr. 22 und 25, sind identisch. Die Bilder sind nicht signiert, außer dem Bild des Paulus, das die Buchstaben GT, vermutlich die Initialen des Bischofs (Gudbrandur Thorlaksson), trägt. Es ist die Meinung geäußert worden, daß Guðbrandur selbst einige der Bilder geschnitten hat[21], aber vieles deutet darauf hin, daß dies nicht der Fall gewesen ist. Christian Westergård-Nielsen[22] hat überzeugend dargelegt, daß die Holzschnitte aus wenigstens fünf ausländischen Bibelausgaben stammen. Seiner Meinung nach entspricht die Hälfte der Bilder (Nr. 1–12 und 14–15) Holzschnitten aus *Das Alte Testament deutsch,* das von Hans Lufft in Wittenberg 1523 gedruckt wurde. Westergård-Nielsen hat auch darauf hingewiesen, daß Bild 16 sich von den anderen in Format und Stil unterscheidet. Dieses Bild stammt seiner Meinung nach aus der 1484 in Lübeck erschienenen, niederdeutschen Bibelausgabe von Stephan Andreas.

Ältere Quellen stützen diese Ergebnisse von Westergård-Nielsen. Ein isländischer Pfarrer, Jón Halldórsson, hat am Anfang des 18. Jahrhunderts eine Geschichte der isländischen Bischöfe verfaßt, worin er bemerkt, daß Guðbrandur sich zur Illustration der Bibel Holzschnitte aus Hamburg besorgt habe, und er erwähnt einige davon, die nach der Meinung von Westergård-Nielsen den Bildern Nr. 5–15 und 17 entsprechen[23].

Es spricht aber einiges dafür, daß Guðbrandur sich an dem Entwurf und dem Schneiden von Initialen und Vignetten beteiligt hat. Dies geht etwa aus einer Ahnentafel aus dem 17. Jahrhundert hervor, wo auch die Arbeit von Guðbrandur an der Bibel geschildert wird[24].

Ellen Marie Magerøy, die isländische Holzschnitte untersucht hat, hält es für schwierig zu entscheiden, ob Guðbrandur selbst Anteil an diesen

18 ARNGRÍMUR JÓNSSON: Crymogæa. Þættir úr sögu Íslands. Aus dem Lateinischen übersetzt von JAKOB BENEDIKTSSON. Reykjavík 1985. [Originaltitel: Crymogaea sive Rerum Islandicarvm Liber III. Per Arngrimvm Jonam Islandvm. Hamburgi.]

19 EINAR GUNNAR PÉTURSSON: Fáein atriði um biblíuna úr Minnis- og reikningabók Guðbrands biskups. Árbók 1984. Reykjavík 1986, S. 27–36.

20 Ebd., 36.

21 PÁLL EGGERT ÓLASON: Menn og menntir siðskiptaaldarinnar á Íslandi. III. Reykjavík 1924, S. 716. Steingrímur J. Þorsteinsson: Íslenzkar biblíuþýðingar. In: Víðförli. Reykjavík 1950, S. 59.

22 CHRISTIAN WESTERGÅRD-NIELSEN: To bibelske visbomsbøger og deres islandske overlevering. En filologisk studie over Ecclesiasticus og Prouerbia Salomonis i det 16. århundrede. Bibliotheca Arnamagnæana. Vol. VI. København 1957, S. 364–378.

23 HALLDÓRSSON Í HÍTARDAL (siehe Anm. 3), S. 42.

24 Biskupa sögur. II. Kaupmannahöfn 1878, S. 694.

Arbeiten für die Bibelausgabe gehabt hat[25]. Es ist bekannt, daß er über die Technik verfügte, aber gesichertes Vergleichsmaterial ist nicht in hinreichendem Maße vorhanden. Magerøy findet aber, daß die Ornamentierung der lateinischen Anfangsbuchstaben I, O, A und P Züge des isländischen Stils, der in Handschriften benutzt wurde, aufweisen, wenngleich der Einfluß der Renaissance unübersehbar sei. Sie hält es auch für wahrscheinlich, daß der Anfangsbuchstabe Þ in Island geschnitten wurde, wobei der Buchstabe H als Vorbild gedient habe.

Was die Titelseiten angeht, so meint Westergård-Nielsen, daß sie im Ausland, wahrscheinlich in Deutschland, auf Bestellung des Bischofs geschnitten wurden. Die Buchstaben GT in dem Rahmen der Titelseite könnten die Initialen des Bischofs sein und auf dessen Wunsch dort angebracht worden sein.

## Die Übersetzung

Der Text der Bibel wurde nicht aus den Originalsprachen, d.h. Hebräisch und Griechisch, übersetzt, sondern richtete sich in erster Linie nach der deutschen Übersetzung von Luther, der Vulgata, der dänischen Bibel von Christian III. (1550) und dem bereits genannten Text *Stjórn*, der aus der katholischen Zeit stammte.

In der Bibelausgabe geht Guðbrandur nicht auf die Entstehungsgeschichte der Übersetzung ein und ist vermutlich dafür kritisiert worden, denn in der Einleitung zu *Summaria yfer þad Gamla Testamentid* (Summaria über das Alte Testament), das 1591 erschien, nennt er Oddur Gottskálksson als Übersetzer des Neuen Testaments und einiger Bücher des Alten Testaments. Er fügt hinzu, daß er auch andere aus dem Dänischen übersetzte Texte benutzt habe, wobei es ihn viel Mühe gekostet habe, diese Texte sprachlich zu verbessern. Die Übersetzer dieser Texte werden nicht genannt.

Es scheint also, daß Guðbrandur die vorhandenen Übersetzungen gesammelt und nach dem eigenen sprachlichen Geschmack geformt hat. Man ist auch allgemein der Ansicht, daß Guðbrandur selbst die noch fehlenden Übersetzungen besorgt hat. Bei der Revision und Vereinheitlichung der Texte hat er vermutlich die Lutherbibel von 1545 oder kurz davor zur Hand gehabt. Er hat u.a. die Einleitung von Oddur Gottskálksson zum Neuen Testament durch die von Luther ersetzt, aber sonst sind im Neuen Testament die Abweichungen von Oddurs Text verhältnismäßig gering. Aus einem Vergleich beider Texte geht hervor, daß es sich nicht um eine vollständige Revision gehandelt hat, sondern die Änderungen vornehmlich einzelne Stellen betreffen. Guðbrandur hat anscheinend nirgendwo ganze Abschnitte neu übersetzt, aber er hat korrigiert, hinzugefügt was Oddur weggelassen hat, hat ein Wort gegen ein anderes ausgetauscht, die Satzkonstruktion geändert, wo er im Original zu starke ausländische Einflüsse gespürt hat[26], und Marginalien hinzugefügt. Die Änderungen können im großen und ganzen als Verbesserungen gelten, aber es läßt sich nicht leugnen, daß der Text Züge des gelehrten Stils des 16. Jahrhunderts aufweist, der durch das Dänische und das Deutsche beeinflußt war.

Es gilt als fast sicher, daß Oddur neben dem Neuen Testament auch die Psalmen Davids übersetzt hat, und die Übersetzungen des 5. Buch Mose, des ersten Buchs der Könige, Job und eines Teiles des Buchs der Propheten sind ihm auch zugeschrieben worden. Gissur Einarsson hat, wie bereits erwähnt, die Sprüche Salomo und das Buch Jesus Sirach übersetzt. Diese Übersetzungen wurden fast unverändert in die Guðbrandsbiblía aufgenommen. Neben diesen beiden Übersetzern haben vermutlich die Bischöfe Ólafur Hjaltason und Gísli Jónsson (1515–1587) einzelne Kapitel aus dem Alten Testament übersetzt[27], aber die Übersetzungsgeschichte der ersten beiden Teile der Bibelausgabe ist keineswegs vollständig bekannt und läßt noch Raum für Spekulationen.

Es steht ohne Zweifel fest, daß die Guðbrandsbiblía die isländische Kirchensprache nachhaltig beeinflußt hat. Sie hat ganz wesentlich zur Festigung und zum Erhalt von Wörtern und morphologischen Mustern beigetragen, die im 15. Jahrhundert ins Wanken geraten waren. Dies wird in der ausführlichen Studie über die Sprache der Guðbrandsbiblía von Oskar Bandle bestätigt[28].

Die auf die Guðbrandsbiblía folgenden isländischen Bibelausgaben von 1644 (Þorláksbiblía), 1747 (Waisenhusbiblía) und 1813 bauten alle direkt auf der Guðbrandsbiblía auf. Somit war bis ins 19. Jahrhundert hinein der isländische Bibeltext im Kern eine Übersetzung aus dem 16. Jahrhundert, mit unwesentlichen Änderungen, die der jeweiligen Zeit angepaßt waren.

25 Ellen Marie Magerøy: Planteornamentikken i islandsk treskurd. I. Tekst. Bibliotheca Arnamagnœana. Supplementum Vol. V. København 1967, S. 55–60.

26 Oddur Gottskálksson war in Norwegen aufgewachsen.

27 Ebeneser Henderson: Ágrip af sögu íslenzku biblíunnar. In: Ferðabók. Reykjavík 1957, S. 409–410.

28 Oskar Bandle: Die Sprache der Guðbrandsbiblía. Bibliotheca Arnamagnœana. Vol. XVII. København 1956.

## Schlußbemerkungen

Die Guðbrandsbiblía war ein teures Buch zu ihrer Zeit. Der Preis betrug 8–12 Reichstaler[29], und jede Kirche war verpflichtet, ein Exemplar zu kaufen. Es ist aber bekannt, daß Guðbrandur Exemplare an arme Kirchen, die sich den Kauf nicht leisten konnten, verschenkt hat. Er hat auch einige Exemplare handsigniert mit dem Wunsch, daß man sie gut behandle und nicht aus dem Kirchengebäude entferne. Aus dem bereits genannten Notizbuch geht hervor, wie Guðbrandur die Verteilung der Bibel organisiert hat und in welchem Maße es ihm gelungen ist, den Verkaufspreis ausbezahlt zu bekommen in einer Gesellschaft, in der es an barem Geld im Umlauf mangelte. Die Einkünfte haben eindeutig seine Kosten bei weitem nicht gedeckt.

Die Guðbrandsbiblía gilt als ein Meisterwerk der Bücherherstellung in Island. Sie ist zweimal photomechanisch nachgedruckt worden, das erste Mal 1956–57 in einer Auflage von 500 Exemplaren vom Verlag Lithoprent. Der Ledereinband war mit Reliefbildern auf dem Deckel und Metallornamenten versehen.

Der zweite photomechanische Nachdruck erschien am 400. Jahrestag der Originalausgabe, dem 6. Juni 1984, beim Verlag Lögberg in einer Auflage von 400 Exemplaren. Bei dieser Ausgabe wurde keine Mühe gescheut, um so gut wie möglich das Original zu kopieren. Das Papier wurde in Dänemark speziell für diese Ausgabe nach Vorschriften aus dem 16. Jahrhundert manuell hergestellt. Der Originalband eines Exemplars im Besitz der Universitätsbibliothek in Reykjavík diente als Vorbild des Einbands. Dem Dom von Hólar wurde das erste Exemplar des Nachdrucks bei der dortigen 400 Jahrfeier überreicht.

In Island gilt die Guðbrandsbiblía als eine große Kostbarkeit und der Nachdruck wird als Geschenk bei besonderen Anlässen verwendet. Papst Johannes Paul II. bekam ein Exemplar bei einem Besuch in Island 1989 überreicht, und Präsident Ronald Reagan und Generalsekretär Michael Gorbatschow konnten nach ihrem Gipfeltreffen in Reykjavík 1986 ebenfalls je ein Exemplar mit nach Hause nehmen.

29 Ólason (siehe Anm. 21), S. 712.

**Abb. 3** Holzschnittinitiale

Sabrina Alcorn Baron

# From Manuscript to Print: Recycling Political Rhetoric in Seventeenth-Century England[1]

**P**olitical pamphlets featuring the character of *Tom Tell Troth* were published in 1622, 1630, and 1642. In 1622, *Tom* appeared in manuscript publication. He appeared in a printed publication of 1630, although it was a publication printed by a radical press in Holland and smuggled into England. In 1642, *Tom* appeared again in print, openly and legally in London.

The narrator of these pamphlets styled himself *Tom,* truth-teller to the king. Men bearing the name Tom, derived from the Biblical Thomas, were known in England before Domesday. By the seventeenth century, Tom was as familiar a name for Everyman as those of his occasional cohorts Jack, Harry, Robin, Will, and Dick[2]. Tom appeared in many guises in both oral and written tradition. He was Poor Tom, Tom o' Bedlam, Tom Fool, Tom Tom the piper's son, little Tommy Tucker who sang for his supper, Tom of all trades – "any man taken at random from the common man"[3].

The Tell-Troth – the truth teller – was also something of a stock character, almost as well-recognized as Tom. The Tell Troth usually appeared in the role of moral critic as in the fourteenth-century critique *Piers Plowman:* "tomme trew-tonge-telle-me-no tales"[4]. This remained a familiar character in the sixteenth and seventeenth centuries, conjured by literary authors such as John Lane ("Tom-teltroth will not lie") and John Milton ("But hear what follows, my honest Tell-troth"). The Tell Troth persona cropped up also in private correspondence, sermons, and drama[5].

The Tom Tell Troth character should be viewed also in the "wise fool" tradition, where the fool stood for "worldly common sense", a familiar paradigm in the folklore of most cultures. In Renaissance France, for instance, political writers often assumed the name of famous contemporary royal fools to protect their own identity and perhaps insure an audience for their works. Fools were regarded as beyond the realm of the normal, "the sacred or possessed man who is out of his normal wits only because he is inspired with a higher wisdom". Generally not liable to prosecution under law, fools

1 An earlier draft of this paper was presented in a seminar sponsored by the Center for British Political Thought of the Folger Institute at the Folger Shakespeare Library entitled *A Presse Full of Pamphlets: Books as Events, 1642–1660* conducted by Dr. Michael Mendle, October 1994. I am grateful to the Folger Shakespeare Library, Washington, DC; the Bodleian Library, Oxford; the Public Record Office; the library of St. John's College, Cambridge; and his grace the Duke of Northumberland for permission to consult material in their possession.

2 The Oxford Dictionary of English Christian Names. Ed. by E. G. Withycombe. 3rd ed. 1977; e.g. [Alethia], Tell-Trothes New-yeares Gift Being Robin Good-fellowes newes out of those Countries, where inhabites neither Charity nor honesty, London: Imprinted by Robert Bourne 1593. (I am grateful to Lena Cowen Orlin for advice on this point.)

3 William Shakespeare, King Lear. Ed. by H. H. Furness. Philadelphia, PA, 1880, 136n; The Tragedy of King Lear. Ed. by Jay L. Halio. Cambridge 1992, pp. 8–9; The Oxford English Dictionary. 2nd Ed.; The Oxford Dictionary of Nursery Rhymes. Ed. by Iona and Peter Opie. 1951; 2nd corr. impression 1955, pp. 409–410, 413, 416–417; Thomas Powell: Tom of all Trades. Or the Plaine Path-way to Preferment. Being a Discovery of a passage to Promotion in all Possessions, Trades, Arts, and Mysteries. Foundout by an old Travailer in the sea of Experience, amongst the enchanted Islands of ill Fortune. Now published for common good. London 1631.

4 OED, 2nd. ed.

5 John Lane: Tom Tel-Troths Message, and his pen's complaint. London 1600, pp. 5, 46; Milton, Def. Pop. V. 1692 trans.; repr. Works, 1851, vol. 7, p. 139; and Gabriel Harvey to Edmund Spenser, 1580, cited in OED, 2nd ed.; [Aletheia] Tell Trothes New Yeares Gift Being Robin Good-fellowes newes out of those Countries, where inhabited neither Charity nor honesty. London 1593; Samuel Kenrick: The tell-troth's requital. London 1627; King Lear, 2.3.10–20 (I am grateful to Steve Zwicker and Lena Orlin for discussion on this point.); S[hort] T[itle] C[atalogue], 2nd ed., s. v. "Tom Tell Troth"; e.g., The Arraignment Of Lewde, idle, froward, and unconstant women: Or the vanitie of them, choose you whither. London 1615 [STC 23533]; ibid. London 1622 [STC 23538]; Coryl Crandall: Swetnam the Woman-hater: The controversy and the Play. [West Lafayette, IN] 1969, pp. 2, 27; Enid Welsford: The Fool: His Social and Literary History. London 1935, pp. 253–254.

spoke freely about sensitive topics even to kings. The fool was the "privileged truth-teller . . . an 'all-licensed' critic who sees and speaks the real truth about the people around him"[6].

In the heated political atmosphere of the early 1620s, when much of public opinion did not agree with James I's foreign or domestic policies, *Tom Tell Troth* made an appearance as a political critic in a manuscript pamphlet. Entitled *Tom Tell Troath or A free discourse touching the murmurs of the tyme,* (some copies say *Manners of the tyme*) the pamphlet began by saying "they that have the honour to appertaine unto you / have neither the Courage / nor the conscience to acquaint you with the true state of things". Tom, "one of the greatest company keepers in" London, was "guilty of hearing many things that" he was "bound to reveal in obedience to the royal command", a reference to a royal proclamation "against excesse of Lavish and Licentious Speech of matters of State" issued the summer of 1621. Thus, he took upon himself the office of truth-teller to the king.

Every where he went, Tom said, men were "talking of the wars of Christendom and honour of theire country / and such-like treasons". They wished Queen Elizabeth was back on the throne; they mocked James I's claim to rule Great Britain when in fact it was "little", and they were amazed that the king continued to style himself king of France when he had abandoned that country to its fate at the hands of the Pope's vassal Louis. James I's titles of "defender of the faith" and "head of the church" were wondered at:

> "that you are head of the Church they dare not doubt. But of what Church they would gladly know / the Triumphant they say it cannot be: because there are too many corruptions / and vexations in it".

Men marvelled that the king had abandoned his children abroad, the Elector and Electress Palatine. In English taverns, men drank ten healths to them for every one they drank to the king of England. All James I had done to help was dispatch ambassadors, who could have better spent their time praying the soul of his mother, Mary Queen of Scots, out of purgatory. James I's trust in the Spanish Ambassador Gondomar was indicted as well as the king's faith in the flatterers and frauds who populated the court and the Privy Council[7].

The Truth Teller cautioned the king to beware of the Catholics in England, warning of a "seditious voice" throughout the kingdom that had not yet "broken into disobedience, but was grown extremely dangerous" due to the "weakened" affections between James I and his people. Conventional wisdom believed there was "Discord at home. And Dishonor abroad". Men were ready to fight for the Palatinate and their religion, and men were the one resource England had plenty of, so why not exploit it for a worthy cause? Tom said he understood very well that there were such things as arcana imperii, but in this case "your Majesty's courses are not only inscrutable / but diametrically opposite to poor man's understanding". Tom called on the king "to right the wronged world / and acquit yourself of duty to God and nature"[8].

Three manuscript copies of the pamphlet which I have consulted are undated—one in the State Papers Domestic for the reign of James I, the second in the Bodleain Library Tanner Manuscripts, and a third copy in the library of the Earls of Northumberland among the Alnwick Castle Manuscripts[9]. Two other manuscript copies are, however, dated 1621, one in the library of St. John's College, Cambridge, the other a second copy in the State Papers Domestic, James I. Yet a sixth copy of the manuscript in the collection of the Folger Shakespeare Library is dated 1624[10].

The original date of the pamphlet must have been 1621, however, and under the old-style calendar, this date is consistent with modern dating of the period 1 January-25 March 1622 where the nineteenth-century historian Samuel Rawson Gardiner placed the pamphlet. Internal evidence indicates that the pamphlet was written after two embassies of James Hay, viscount Doncaster to Paris to negotiate the fate of the Protestants of La Rochelle (the second one in April 1622), but before Doncaster was cre-

6 King Lear. Ed. by KENNETH MUIR. The Arden Shakespeare. London 1952, p. lxiii; A. AARNE: The types of the Folktale: A Classification and Biography. Trans. by STITH THOMPSON. Helsinki 1961; KATHARINE M. BRIGGS: A Dictionary of British Folk-Tales in the English language. Pt. B: Folk Legends. London 1971, vol. 1, p. 374; WELSFORD (see note 5), pp. 82, 87, 111, 155, 168, 172, 175, 180, 181, 198, 248, 254, 319.

7 MARKKU PELTONEN: Classical Humanism and Republicanism in English Political Thought 1570–1640. Cambridge 1995, pp. 236–238, 251–252.

8 PELTONEN (see note 7), pp. 242, 243.

9 *Tom-Tell-Troth,* Bodleian Library, Tanner Mss 304, fol. 122 ff.; *Tom Tell Troath,* Alnwick Castle Mss 527, fol. 3$^r$ ff.; ? to Mead, 4 March 1625, The Court and Times of James I London 1849, vol. 2, p. 503.

10 *Tom Tell Troth,* St. John's College, Cambridge, Mss 415 (s. 22) Miscellanea, fol. 1 ff; Public Record Office, SP 14/126; Folger Shakespeare Library, MS Add 917.

ated Earl of Carlisle on 13 September 1622. Indeed, a seventh copy of the manuscript also in the Bodleian Tanner collection carries an endorsement to this effect[11].

So, *Tom Tell Troth* first appeared as a critic of James I's Palatinate policy in the late spring or summer of 1622, a period of great dissatisfaction over the dissolution of Parliament, the heavy-handed imposition of a benevolence to facilitate the redemption of the Palatinate, and the unpopularity of Jacobean Palatinate policy generally. It was also a period when fear was rampant that a general toleration for Catholics was to be introduced in England as a precursor to Prince Charles marrying a Catholic Spanish Princess[12].

There is no clue as to whom Tom's alter-ego, i.e. the real author of the pamphlet, may have been. In the text, he claimed to have only seen the king in a crowd and to have taken no oath of service to the king, save the oath of allegiance[13]. There is no way to know whether this was sincere or an attempt to obscure his true identity. The writer was well-educated, or at least well-read, in biblical and classical literature, characteristic of both classical republicans and puritans. He was equally skilled in using these sources to make pointed comments about the contemporary situation. The rhetoric of the pamphlet bears a striking resemblance to the works of Thomas Scott, a radical clergyman dedicated to the cause of international Protestantism embodied in the fate of the Palatinate. It also echoes themes found in the writings of two other defenders of the Palatinate, John Randol and Alexander Leighton[14].

*Tom Tell Troth* bluntly criticized James I for his international Protestant policy in a time "tender and jealous of free speach". However, I have no explicit references to the government being disturbed by *Tom Tell Troth* in 1622, although it may well have been among the pamphlets copied in manuscript and sold by Stationers that were investigated by Secretary of State Conway around that time. I do not know how or when two copies of it came into the State Papers[15]. The pamphlet appears to have circulated in manuscript unimpeded and fairly widely if the number of surviving texts is any indication[16].

*Tom Tell Troth* reappeared as a political critic in late 1629/early 1630. The exact text of the 1622 manuscript edition was printed by Protestant activists in the Low Countries and came to the attention of Sir Henry Vane, the resident English Ambassador, in December 1629. Vane informed Secretary of State Dorchester that he had seen two "Scandalous and wicked" pamphlets, *Tom Tell Troth* and *The Practice of Princes,* "the one casting great imputations upon the person and government of King James of blessed memorie. The other, upon the king our Master and his present government; all tending to sedition". Dorchester said he gave Vane's information to Charles I, but since numerous copies of this first printed edition survive, it must have been successfully distributed in England[17].

This is not surprising, despite the government's efforts to the contrary, since typographical analysis reveals that this edition, as well as *The Practice of Princes,* was printed by a "separatist" press in Amsterdam that was heir to the radical printing legacy and materials of Thomas Brewer and William Brewster (the so-called Pilgrim Press). This determination has been made for *Tom Tell Troth* on the basis of the type-face used while *The Practice of Princes* has the famous "Brewster bear" on the title page. Operated variously by Giles Thorp, Sabine Staresmore, and Jans Stam, this press also produced the inflammatory works of Leighton, Burton, Bastwick, and Prynne during the 1630s. This press was at the center of a complex, long-standing web of production

11 Tanner Mss 73 A, fol. 230$^{v}$.

12 S. R. GARDINER: History of England 1603–1642. London 1899, vol. 4, pp. 295–296.

13 Tom Tell Troath or A free discourse touching the manners of the Tyme. [Amsterdam, (1629)], 1.

14 PELTONEN (see note 7), pp. 231–235; KENNETH SPRUNGER: Trumpets from the Tower. Leiden 1994, p. 109.

15 PELTONEN (see note 7), pp. 229–230; Chamberlain to Carleton, 3 February 1621, Court and Times James I, vol. 2, p. 219; ibid, 10 February 1621, ibid, p. 226;? to Mead, 1 March 1621, ibid, p. 233; n. d. July 1621,? to Mead, ibid, p. 266; Mead to Stuteville, 6 April 1622, ibid, p. 302;? to Mead, 12 April 1622, ibid, p. 304; Mead to Stuteville, 22 June 1621, ibid, p. 317; Chamberlain to Carleton, 16 February 1622, The Letters of John Chamberlain to Sir Dudley Carleton [hereafter Chamberlain Letters]. Ed. by N. E. MC CLURE. Philadelphia, PA, 1933, vol. 2, p. 423; 8 June 1622, Chamberlain to Carleton, ibid., p. 438; Delamain to Conway, und., Companion to Arber, pp. 177–178; Mayor et. al. of Dover to Lord Zouche, 21 December 1621, CSPD 1619–23, p. 324; [High Commission] to the Council, 22 May 1621, ibid, p. 396.

16 HAROLD LOVE: Scribal Publication in Seventeenth-Century England. Oxford 1993, pp. 38, 43–46; see also pp. 13–16, 23–29.

17 Vane to Dorchester, 16/26 December 1629, PRO, SP 84/140/99r, quoted in STEPHEN FOSTER: Notes from the Caroline Underground. Hamden, CT, 1978, p. 92; Dorchester to Vane, 6/16 January 1630, SP 84/141/10r, ibid; SPRUNGER (see note 14), pp. 169; RSTC lists eight surviving copies.

and distribution of seditious books printed in the Netherlands and smuggled into England[18].

This edition of *Tom Tell Troth* was printed at a time when the debate over England's role in the redemption of the Palatinate was again heating up. Charles I's Palatinate policy was perhaps even more unpopular than his father's and he had also abandoned the Hugenots and removed penalties from those who openly professed Roman Catholicism in England, not least of whom was his wife Queen Henrietta Maria. When the first printed edition of *Tom Tell Troth* appeared, Charles I had just concluded a peace with France and was about to sign a peace treaty with the pre-eminent Catholic power Spain, withdrawing completely from the Continental war, forsaking his widowed sister and the Protestant cause. These actions were made even more unpopular at this particular juncture by Gustavus Adolphus's stunning victories against the Catholic armies in Europe. Many in England felt it was the opportune time to intervene and be assured of victory with relatively few losses and low expense. There is little doubt *Tom Tell Troth* was recycled to address enduring dissatisfaction with English foreign and religious policy which had not been redressed in a decade of controversy.

A third edition of the exact 1622 text appeared in 1642, this time printed in London[19]. The collector George Thomason dated his copy 6 December 1642, placing it right in the middle of the peace negotiations between the king and Parliament which followed the Battle of Edgehill[20]. Thomason's collection reveals further that *Tom Tell Troth* was only one of a number of Jacobean and early Caroline pamphlets reprinted at this time[21]. From the abolition of Star Chamber in 1641 to the passage of an act to regulate printing by Parliament in June 1643, there was no sustained regulation of the press by the government. Moreover, the Stationers' Company had lost their power not only to search-and-seize, but also to register publications. It was a time when, as Michael Mendle has shown, England experienced de facto freedom of the press[22]. That said, the most salient fact about the 1642 edition is not that it was printed by a free press but rather that it was only one text of many recycled from the early 1620s addressing Protestant/Catholic relations. These texts also stressed that kings, particularly Stuart kings, could not be trusted to fight for and preserve religion. In the fall and winter of 1642 distrust ran rampant and fear of a domestic Catholic conspiracy supported from the Continent or Ireland was primary among the fears of a poorly armed, poorly funded, and poorly organized Parliamentary government. *Tom Tell Troth* reappeared as anti-Catholic propaganda in December when news that the queen was sending money and arms from Europe moved the House of Commons to order the arrest of all wealthy and/or armed Catholics in England[23].

Someone thought *Tom Tell Troth* had a message that was as relevant to the turbulent political situation of the early 1640s as it had been to that of the early 1630s or the early 1620s. Furthermore, that someone either possessed or knew where to obtain a copy of the manuscript or foreign-printed editions. One of the manuscript copies of *Tom Tell Troth* that I have seen is, in fact, associated with the shop of the Stationer Henry Overton in Pope's Head Alley near the Royal Exchange[24]. The character of *Tom Tell Troth* seems to have been particularly popular among Pope's Head Alley Stationers[25]. Pro-Palatine, anti-Catholic works also had particular appeal in Pope's Head Alley, the home of bookshops operated by Michael Sparke, the "puritan" Stationer who published William Prynne's diatribes and regularly

18 RSTC, 3: s.v. "Thorp, Giles; Successors of Giles Thorp; Stam, Jan Fredericksz; the Netherlands"; Katharine Pantzer to the author, 6 October 1992; Companion to Arber, p. 290; FOSTER, pp. 13, 20, 22–31, 46, 52; SPRUNGER (see note 14), pp. 13, 84–86, 93, 96–97, 102, 133–141, 199, 205; cf. SPRUNGER, p. 227. The Practice of Princes, published by A. Ar., printed in the yeare 1630, features the Brewster bear ornament on the title page.
19 Tom-Tell-Troth, or a free discovrse tovching the mvrmvrs of the times, directed to his Majesty, by way of hvmble advertisement. London 1642 [Wing T 1786].
20 Speciall Passages and Certain Informations ... from Tuesday the 6. of December to Tuesday the 13. of December 1642 [Number 18], pp. 151–152; S. R. GARDINER: History of the Great Civil War 1642–1649. London 1904, vol. 1, p. 72–75.
21 G. K. FORTESCUE (ed.): Catalogue of the Pamphlets, Books, News Papers, and Manuscripts Relating to the Civil War, The Commonwealth and Restoration. Collected by George Thomason, 1640–1661. 2 Vols. London 1908.
22 MICHAEL MENDLE: De Facto Freedom, De Facto Authority: Press and Parliament, 1640-1643. In: Historical Journal 38 (1995), pp. 307–32; Henry Parker and the English Civil War. Cambridge 1995, pp. 146–148.
23 GARDINER (see note 20), vol. 1, pp. 64–81, esp. 76; RSTC 23868.
24 St. John's Coll. Mss 415 (s. 22); D. F. MCKENZIE: Stationers' Company Apprentices 1605–1640. Charlottesville, VA, 1961, 2355 (I am grateful to Peter W. M. Blayney for this reference and for his assistance with questions about Overton's origins.); RSTC, 3.
25 RSTC, 3; MCKENZIE, p. 129; [Alethia], Tell-Trothes New-yeares Gift Being Robin Good-fellowes newes out of those Countries, where inhabites neither Charity nor honesty. London 1593.

rebelled against the regulation of printing, as well as that of Nicholas Bourne, a partner in several pro-Palatine news publishing syndicates including that of Nathaniel Butter[26]. Overton himself specialized "chiefly if not wholly in theological literature". This was perhaps to be expected since he was the son of a clergyman and the brother of Richard Overton, the Leveller pamphleteer, who also engaged in illegal printing in the early 1640s. It is likely more than coincidence that the Leveller headquarters was located behind the Royal Exchange just out of Pope's Head Alley[27].

There is no way, as yet, for me to link Henry Overton personally to the 1630 edition of *Tom Tell Troth,* but at precisely the time it would have travelled from the Netherlands to England, in January 1630, James Boler, a known vendor of smuggled Geneva Bibles and a Pope's Head Alley Stationer, was questioned by the High Commission about an unlicensed, anonymous, seditious book of unknown origin. William Laud, then bishop of London, reported to Secretary Dorchester two days later that "the two libellous writings", undoubtedly *Tom Tell Troth* and *The Practice of Princes* spotted by Vane, were "not ready to come over as yet"[28]. Later in January and March 1630, Overton, Sparke, and Bourne were also questioned by the religious authorities about seditious books which Overton claimed were delivered to him by anonymous sailors, the method by which most illegally imported books were in fact distributed. His brother Richard was a religious exile in the Netherlands at the time and we know the Dutch-printed smuggled edition of *Tom Tell Troth* sold in England in 1630 despite official efforts to keep it out and/or confiscate it[29].

Overton and his Pope's Head Alley cronies were prime candidates to jump into "the war of words" when the press opened up in 1641–42. The pro-Palatine publishers of the previous twenty years knew well the power of the press in furthering a cause and recognized it would be a valuable weapon in the contest between King and Parliament[30]. In the 1630s Henry Overton had been in trouble several times over unlicensed books. He was hauled before the House of Commons for the same offence early in 1641. The list of Overton's imprints between 1641 and 1643 indicates that he was casting about, searching for precisely the right pieces of anti-royalist, anti-Catholic polemic to toss into the fray[31]. His personal career, his radical Protestant connections, and his membership in the Pope's Head Alley confraternity suggest him as the likely publisher of *Tom Tell Troth.*

So what conclusions can be drawn from this story of mutating methods of dissemination and recycling text amid religious controversy? The *Tom Tell Troth* pamphlets illustrate that certain grievances, such as Catholic conspiracies, were equally applicable to different political crises over time. Word for word, the same rhetoric used to protest James I's Palatinate policy in the 1620s could also be employed in the peace debates between Charles I and the Long Parliament in 1642–43 and, for that matter, in the Popish Plot crisis of 1679–80. In the case of *Tom Tell Troth,* it was the anti-Catholic polemic that could be successfully recycled to address crises which spanned the century, but remained rooted in a single fundamental controversy.

The history of *Tom Tell Troth* illustrates that there was a variety of ways to disseminate seditious writings available even when a relatively effective censorship regime was in place. In the early 1620s a clearly seditious text circulated unimpeded in manuscript right under the nose of government and church authorities who regulated the press. It is likely members of both establishments owned the manuscript themselves. If, as has been argued by others, manuscript publication carried the cachet of authorial control and increased accuracy, it also possessed the virtue of escaping official censorship, with few exceptions. Political works in manuscript circulated as widely, as deeply, and as effectively as those produced on a printing press.

26 JOSEPH SWETNAM: The arraignment of lewde, idle, froward, and unconstant women. Edward Allde for Thomas Archer. [London] 1615 [RSTC 23533; see also 18257, 18508, 22974, 23058, 23534, 23544, 23535, 23536. 23537, 23538, 23539, 24393]; RSTC, 3; Stat. Reg., vol. 2, p. 253; SPRUNGER (see note 14), pp. 20–22, 162; G. E. AYLMER: Gentlemen Levellers? In: Past & Present 49 (1970), p. 122.

27 HENRY R. PLOMER: A Dictionary of the Booksellers and Printers who were at work in England, Scotland and Ireland from 1641 to 1667. London 1968, p. 142; DNB, s.v. "Overton, Richard, fl. 1646"; survey of Overton's imprints, WING2 and WING.

28 Deposition of Boler, 3 January 1630, CSPD 1629–30, p. 159; Laud to Dorchester, 5 January 1630, ibid, p. 160; depositions, January-March 1630, ibid, pp. 253–257, Companion to Arber, Boswell to Laud, 20/30 September 1633, ibid, pp. 290–291.

29 SPRUNGER (see note 14), pp. 157–160.

30 SPRUNGER (see note 14), pp. 1–11, 17.

31 RSTC, 3; MENDLE (see note 22), p. 318; THOMAS N. CORNS: Uncloistered Virtue: English Political Literature, 1640–1660. Oxford 1992, p. 2; PAUL G. MORRISON: Index of Printers, Publishers and Booksellers in Donald Wing's Short-Title Catalogue . . . 1641–1700. Charlottesville, VA, 1955, s.v. "Overton, Henry".

Foreign-printed and smuggled editions were also a viable method of dissemination despite official controls. The Dutch-printed smuggled 1630 edition of *Tom Tell Troth* was brought to the attention of an ambassador, a Secretary of State, the head of High Commission, and the king, yet it still reached its targeted market of England. A sophisticated if ad hoc network of radical Protestant printers, publishers, divines, scholars, merchants, and sailors was able to circumvent with relative ease the bureaucratic machinery of government and the Stationers' Company which controlled the book trade. In the case of *Tom Tell Troth,* this mechanism could stop neither production nor distribution. Its format indicates that this edition of scathing Catholic polemic was aimed at an audience lower down the social scale, a group committed to Protestantism which played a catalytic role in disagreements over religion that ignited civil war a decade later.

Ultimately, official controls of the press broke down completely. In the early 1640s a press that was de facto a free press provided opportunities and perhaps impetus to openly print and publish texts that had circulated in alternative formats for years. Finally the voices excluded from public opinion debate had their say in the light of day, on the front counter of the book stalls, penetrating even wider and deeper into the social scale. When the press became more free than it had ever been, it did not turn to new rhetoric or controversies, but rather continued those it had promoted for decades. This is only one factor suggesting wide-spread ideological commitment among publishers and printers – and readers – in the early seventeenth century. The anti-Catholic rhetoric used to express fear that loss of the Palatinate was only the thin end of the wedge in the demise of international Protestantism served equally when it looked as though Charles I would turn to foreign Catholic powers for help in subduing the Parliament he considered to be in rebellion.

The publication history of *Tom Tell Troth* shows that the relationship between manuscript and print was neither linear nor progressive nor mutually exclusive. The circulation efficacy of manuscript has been discussed. As Harold Love points out, manuscript publication was not an intermediate step nor a necessary precursor to print publication. Furthermore, once a text appeared in print it remained free to cross back into the realm of manuscript to take advantage of the virtues of manuscript outlined above. For example, the Alnwick Castle copy of the manuscript version of *Tom Tell Troth* appears to have been copied from the first printed edition of 1630 based on the type-face of the title and idiosyncratic word-usage. Manuscript remained a primary avenue of dissemination even as the power of the printing press to mobilize public opinion on a massive scale became evident.

Natalie Soulier

# Die Verwendung der Lithographie in wissenschaftlichen Werken zu Beginn des 19. Jahrhunderts

## 1 Darstellung der Situation von Buchgewerbe und Drucktechnik zu Beginn des 19. Jahrhunderts und Überblick über die Erfindung der Lithographie

Die Erfindung der Lithographie durch Alois Senefelder um die Jahreswende 1798/99 in München fügt sich in eine ganze Reihe neuer Erkenntnisse auf dem naturwissenschaftlichen Sektor und auf dem des Buchgewerbes ein. In dem betreffenden Zeitraum vom ausgehenden 18. bis zur Mitte des 19. Jahrhunderts war der gesamte Bereich der Buchherstellung, insbesondere der der Drucktechnik geprägt von technischen Neuerungen und dem zunehmenden Einsatz von Maschinen, etwa der Erfindung der Langsiebpapiermaschine im Jahre 1799 durch Nicolas Robert, dem Einsatz der von Friedrich Gottlob König entwickelten Schnellpresse ab 1814 und der Übernahme der eisernen Pressen Lord Stanhopes ab 1817 in Deutschland[1].

Die technischen Innovationen wurden von den Vertretern des Buchgewerbes durchweg negativ rezipiert. So schrieb der Verleger Georg Joachim Göschen 1804 an Friedrich König: »Ihre Maschine wird viele Abdrücke liefern, aber nichts Schönes«[2], und Friedrich Perthes bezeichnete 1816 die Buchgestaltung als »Fabrikation«[3]. Die Mitglieder der Zunft reagierten mit konservativem Festhalten an den bekannten Arbeitsmethoden und Versuchen, den Maschineneinsatz möglichst in Grenzen zu halten. Eine Überwindung des Mißtrauens vollzog sich in Deutschland um 1830 im Zuge der schon Mitte des 18. Jahrhunderts einsetzenden Modifikationen des literarischen Lebens, oft umschrieben mit den Schlagwörtern »Lesewut« und »Lesesucht«, wie der Ausbreitung der Lesefähigkeit, der Veränderung der Lesegewohnheiten und der Lesemöglichkeiten[4]. Der damit verbundenen Steigerung von Nachfrage und Buchproduktion von 1740 bis 1800 um etwa das Dreifache, war mit den althergebrachten Herstellungsmethoden nicht zu entsprechen. Daher verhinderte die gestiegene Nachfrage in Verbindung mit der schrittweise erfolgenden Maschinisierung die befürchtete große Arbeitslosigkeit im Druckgewerbe[5].

In diesem Zusammenhang stellt die Lithographie als neues Druckverfahren gegenüber dem bekannten Hoch- und Tiefdruck und als neues graphisches Reproduktionsverfahren gegenüber dem Holzschnitt und Kupferstich eine »der ganz großen Grundlagenerfindungen [dar], deren Prinzip noch im Offsetdruck lebendig«[6] ist. Sie kann außerdem als eine zentrale Erfindung gewertet werden, die im Zeitalter der in Deutschland beginnenden Industrialisierung »eine lawinenartige Welle von weiteren Verbesserungen von industriellen Reproduktionsverfahren nach sich zog«[7].

Das Druckprinzip beruht im Gegensatz zu dem der anderen Verfahren nicht auf mechanischen Wirkungen, sondern auf dem rein chemischen Vorgang des gegenseitigen Abstoßens von Fett und Wasser. Die druckenden und nichtdruckenden Partien liegen hierbei in einer Ebene, daher wird das Verfahren in Abgrenzung zum Hoch- und Tiefdruck auch als Flachdruckverfahren bezeichnet[8].

Senefelder nannte die neue Technik »chemische Druckerey« oder »Steindruckerey«, während eine 1803 in Frankreich gegründete Steindruckerei »Imprimerie lithographique« hieß. Von daher setzte

1 Vgl. Edda Ziegler: Buchgestaltung in Deutschland 1820–1850. In: Buchgestaltung in Deutschland 1740 bis 1890. Hrsg. von Paul Raabe. Hamburg 1980, S. 125.

2 Zitiert nach Ziegler (siehe Anm. 1), S. 124.

3 Zitiert nach Claus W. Gerhardt: Die Wirkungen drucktechnischer Neuerungen auf die Buchgestaltung im 19. Jahrhundert. In: Buchgestaltung in Deutschland 1740 bis 1890. Hrsg. von Paul Raabe. Hamburg 1980, S. 148.

4 Vgl. Ilsedore Rarisch: Industrialisierung und Literatur. Berlin 1976, S. 15f.

5 Vgl. Rarisch (siehe Anm. 4), S. 12 und S. 21f.

6 Eduard Sieger: Typographie, Lithographie, Xylographie und Kupferstech-Kunst. In: Beiträge zur Geschichte der Gewerbe und Erfindungen Österreichs von der Mitte des XVIII. Jahrhunderts bis zur Gegenwart. Wien 1873, S. 511.

7 Herbert Köhler: Nach berühmten Mustern. Frankfurt/Main 1993, S. 5.

8 Vgl. Gerhard Stengel: Lithographie. Leipzig 1965, S. 5.

**Abb. 1** Preisblatt von J. E. Mettenleiter, Steingravur, 1820
(Aus: CARL WAGNER: Alois Senefelder. Leipzig: Giesecke und Devrient 1914, S. 115)

sich der Begriff Lithographie (von griech. *lithos:* Stein und *graphein:* schreiben) ab 1805 in Deutschland durch. Er wird noch heute, auch in bezug auf die weiterentwickelten Druckträgermaterialien, wie Zink, Aluminium etc. verwendet. Dabei ist es üblich, die Druckform als Lithographie, den Druckvorgang als Steindruck, und das Endprodukt wiederum als Lithographie zu bezeichnen, eine Unterscheidung, die anfänglich nicht existierte[9].

Die Fertigung einer Lithographie gliedert sich in die drei verschiedenen Prozesse der Druckformherstellung, des chemischen Präparierens und des eigentlichen Drucks. Dabei erfolgt die Herstellung der Druckform ausschließlich manuell durch direktes Schreiben bzw. Zeichnen mit fetthaltigen Materialien, Stechen oder Gravieren auf den Stein oder den Um- bzw. Überdruck. Typen kommen dagegen nicht zum Einsatz[10]. Die daraus resultierende Flexibilität ermöglicht eine Vielzahl verschiedener Ausführungstechniken, diese wiederum einen außergewöhnlich variablen Einsatz des Verfahrens in den unterschiedlichsten Verwendungsformen und Anwendungsbereichen.

Die meisten der sogenannten »Manieren« wurden ebenso wie eine spezielle Presse für den Stein-

9 Vgl. WALTER KOSCHATZKY: Die Kunst vom Stein. Wien und München 1985, S. 11.
10 Vgl. MICHAEL TWYMAN: Early lithographed books. Williamsburg 1990, S. 54 f.

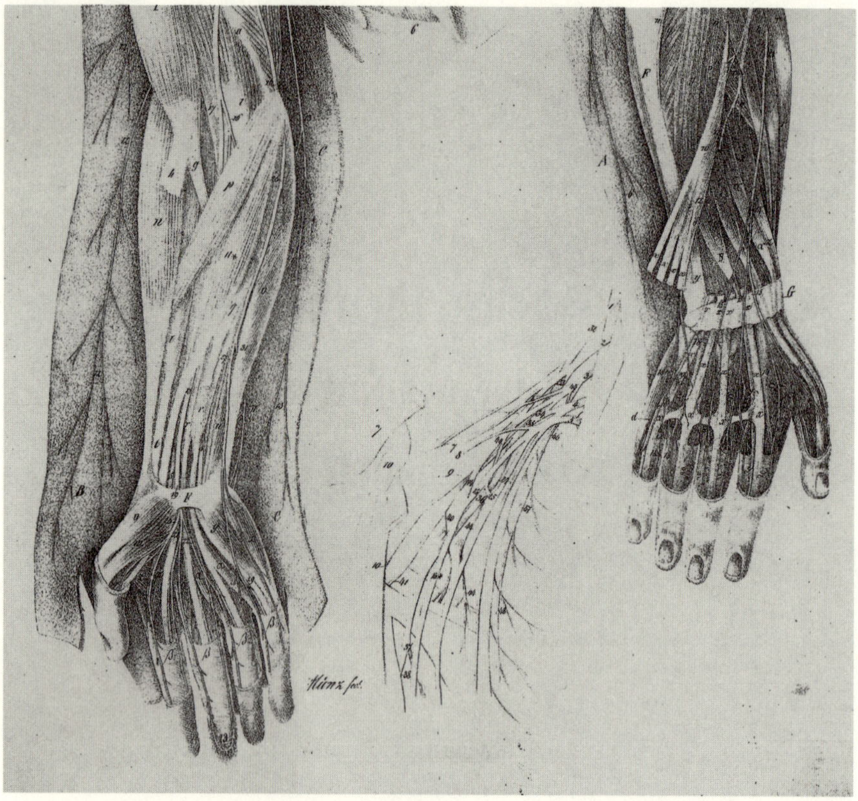

**Abb. 2** Muskelmann (Aus: MARTIN MÜNZ: Muskellehre nach Abbildungen nach Albin in Steinabdrücken nebst einer kurzen Anweisung zur Präparation der Muskeln. Landshut: Thoman 1815, 4. Tafel [Mikrofilmkopie des Originals, verkleinert])

druck vom Erfinder selbst entwickelt[11]. Da sämtliche Abdruckversuche auf den bekannten Hoch- und Tiefdruckpressen mißlangen, wäre die praktische Umsetzung der Erfindung ohne die parallel konstruierte, sogenannte »Stangenpresse« nicht gelungen[12].

Eine genaue zeitliche Fixierung der Erfindung und die definitive Bestimmung des ersten lithographisch erstellten Werkes ist aufgrund erheblich voneinander abweichenden Angaben bis heute nicht möglich. Senefelder gab selbst in seinen Publikationen drei verschiedene Erfindungsdaten an. Allgemein gilt die Jahreswende 1798/99 als genauester zu bestimmender Zeitpunkt[13]. Dennoch wird bei der Festlegung des analog zum Buchdruck als Inkunabelphase bezeichneten, allerdings auf die ersten 25 Jahre nach der Erfindung begrenzten Zeitabschnittes weiterhin von 1796 ausgegangen.

Im Gegensatz zu den vorhandenen Quellen aus der Inkunabelphase des Buchdrucks sind aus der Frühzeit der Lithographie nicht nur Stellungnahmen und Anweisungen vom Erfinder, Hand- bzw. Lehrbücher anderer Steindrucker und Rezensionen erhalten, sondern ebenso eine noch zu Lebzeiten Senefelders initiierte Sammlung der ersten lithographischen Erzeugnisse[14]. Auch wurde die Anfangsphase in der Literatur häufig zusammenfassend dargestellt und charakterisiert. Allerdings stehen der großen Anzahl dieser Publikationen, die einen Überblick bieten, nur sehr wenige Studien gegenüber, in denen einzelne Teilgebiete, sei es die Ausbreitung der Technik anhand konkreter Zahlen, ihre

11 Vgl. ALOIS SENEFELDER: Vollständiges Lehrbuch der Steindruckerey ... München 1821, S. 248.

12 Vgl. HANS-JÜRGEN WOLF: Schwarze Kunst. Eine illustrierte Geschichte der Druckverfahren. Dornstadt 1988, S. 274 f.

13 Vgl. MICHAEL HENKER u. a.: Von Senefelder zu Daumier. München 1988, S. 14.

14 Vgl. FRANZ MARIA FERCHL: Übersicht der einzig bestehenden, vollständigen Incunabel=Sammlung der Lithographie. In: Oberbayrisches Archiv für vaterländische Geschichte. Bd 16. München 1856; LUITPOLD DÜSSLER: Die Inkunabeln der deutschen Lithographie (1796–1821). Heidelberg 1925; ROLF ARNIM WINKLER: Die Frühzeit der deutschen Lithographie, Katalog der Bilderdrucke 1796–1821. München 1975.

Wirkung oder die lithographischen Erzeugnisse selbst thematisiert werden.

Daher scheint es sinnvoll, mit den wissenschaftlichen Werken einen frühen Anwendungsbereich aufzugreifen und, nach einer Analyse von Entwicklung, Verbreitung und tatsächlichem Einsatz sowie der Verfahrensspezifika, eine Bewertung zur Eignung dieser Technik für den speziellen Bereich, zeitlich begrenzt auf die Inkunabelphase, räumlich auf das Gebiet des 1815 gegründeten Deutschen Bundes vorzunehmen.

Das Unternehmen gewinnt umso mehr an Bedeutung, als die Literatur von Beginn an von einer ambivalenten Darstellung und kontroversen Wertung des Verfahrens geprägt ist. Deshalb sollte die Untersuchung auf der Auswertung zahlreicher Beispiele basieren. Einen weiteren Schwerpunkt der vorliegenden Ausführungen bildet der Versuch einer Verbindung des technischen Aspekts und des Beispielmaterials mit dem gesellschaftlichen, sozialen und wissenschaftlichen Kontext und der Marktsituation zu Beginn des 19. Jahrhunderts[15].

## 2 Die Verwendung der Lithographie in wissenschaftlichen Werken zu Beginn des 19. Jahrhunderts

Die Verwendung der Lithographie in wissenschaftlichen Werken resultierte aus den dem Verfahren immanenten technischen, vorwiegend aber graphischen Möglichkeiten. So bedeutete die Lithographie, insbesondere »deren bequeme Handhabung – ein einfaches Zeichnen auf den Stein mit Kreide, Feder oder Pinsel – für die graphische Kunst eine umwälzende Bereicherung«[16].

Für die Kategorie wissenschaftliches Buch, die sich aus einer rein inhaltlichen Abgrenzung ergibt und sowohl das populärwissenschaftliche Sachbuch, welches wissenschaftliche Erkenntnisse dem Laien zugänglich macht, als auch das streng wissenschaftliche, für Fachgelehrte konzipierte Buch einschließt und eng mit dem hier einbezogenen Fach-, Lehr- und Schulbuch verwandt ist, waren neben der graphischen Komponente, der schnellen und aufgrund des direkten Schreibens bzw. Zeichnens auf Stein oder Umdruckpapier unkomplizierten Druckformherstellung, die »Billigkeit, unbeschränkte Auflagenziffer, rasche Herstellung der Bilderdrucke [...] Eigenschaften, die den Steindruck zu einem vollkommenen Kunstwerkzeug des Jahrhunderts in Wirtschaft und Technik machte«[17]. Daher stellte die Bebilderung nicht nur technisch-

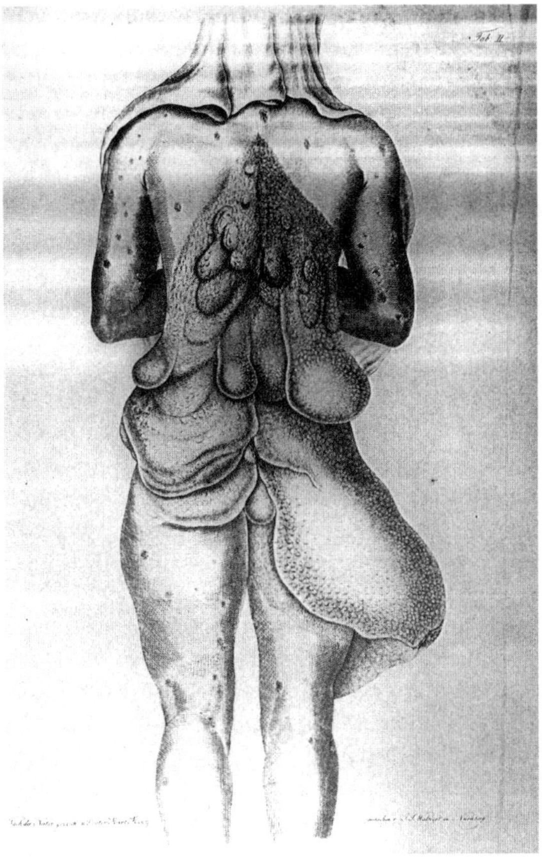

**Abb. 3** Tabelle 2 (Aus: PHILIPP FR. V. WALTHER: Über die angebohrenen Fetthautgeschwülste und andere Bildungsfehler. Landshut: Krüll 1814, gezeichnet von Martin Münz, in Kupfer gestochen von J. S. Walwert [Mikrofilmkopie des Originals, verkleinert])

wissenschaftlicher, sondern auch belletristischer Werke und periodischer Publikationen ein prädestiniertes Einsatzgebiet der neuen Technik dar, auf dem diese den bislang verwendeten Verfahren Holzschnitt und Kupferstich zur erheblichen Konkurrenz wurde[18].

Außer der lithographischen Illustration kam gerade hier die lithographierte Schrift zur Anwendung, deren Erforschung noch gravierende Kenntnislücken aufweist und die zudem sehr kontrovers

15 In der 1995 am Institut für Buchwesen der Johannes Gutenberg-Universität Mainz vorgelegten Magisterarbeit der Verfasserin *Frühe Verwendungsformen der Lithographie* wurden nach den genannten Kriterien ebenfalls der Druck von Musikalien und Landkarten untersucht.
16 ELFRIED BOCK: Geschichte der graphischen Kunst von ihren Anfängen bis zur Gegenwart. Berlin 1930, S. 86.
17 Ebd.
18 Vgl. CARL WAGNER: Die Anwendungsgebiete des Flachdrucks. In: Das Buchgewerbe. Leipzig 1940, S. 339.

diskutiert und gewertet wird[19]. Deshalb wird sich ein grundlegender Abriß zur lithographischen Illustration und zur sogenannten Typo-Lithographie anschließen, zu deren Einsatz bei Akzidenzen, den von Senefelder als »Regierungsarbeiten« bezeichneten Schriften, und zur umstrittenen Auswirkung auf bzw. Wechselwirkung mit der Typographie.

Aufgrund der Vielfältigkeit der im Zusammenhang mit dem Einsatz der Lithographie in wissenschaftlichen Werken aufzugreifenden Einzelbereiche, wie etwa der Abbildung im streng wissenschaftlichen Buch, der Herstellung von Lehr- oder populärwissenschaftlichen Büchern im weiteren Sinne, wie Näh- oder Stickanleitungen, der Reproduktion von Originalgemälden und Faksimilierung alter Drucke, soll auf einen historischen Exkurs und eine Bewertung der weiteren, hier verwendeten Druckverfahren verzichtet und, nach einer ausführlichen einleitenden Darstellung, die Analyse anhand konkreter Beispiele vorgenommen werden. Abschließend steht der Versuch, neben Wirkung und Bedeutung der Lithographie für die Herstellung der Publikationen auch gegebenenfalls bestehende Verknüpfungen mit einer spezifischen Forschungshaltung, einem Bildungsanspruch oder einem Lese- bzw. Rezeptionsverhalten aufzuzeigen.

### *2.1 Die lithographische Illustration und Typographie als Gestaltungsmittel von wissenschaftlichen Werken*

Der Bereich der Herstellung und Vervielfältigung von Schriften durch die Lithographie weist einmal die bereits angedeutete lückenhafte Bearbeitung in der Forschungsliteratur auf, die nicht zuletzt auf eine fragmentarische Quellenlage zurückzuführen ist. Zudem wurde dieser Bereich von Beginn an in Akzidenzen und gebundene Bücher und damit weiter in Schreib- und Druckschriften und zusätzlich in eine durch Nachdruck bestehender Werke oder durch lithographische Übertragungstechniken vorgenommene Druckformherstellung unterschieden.

Gerade die Entwicklung lithographisch vervielfältigter, in gebundener Form herausgegebener Schriften, deren Druckform von einer speziell präparierten, nach einem der herkömmlichen Verfahren erstellten Textseite gewonnen wurde, erscheint widersprüchlich, wenn Senefelder bereits anhand eines im Vorfeld der eigentlichen Erfindung unternommenen Versuchs erkannte: »Alte Bücher ließen sich auf diese Art leicht und ohne große Kosten neu auflegen. Neue ebenfalls.«[20] Dies aber aus Gründen, die nur vermutet werden können, weder weiter erforschte noch praktisch umsetzte:

»He did not explore this particular line any further at the time, partly because he found paper to be too fragile, and partly because these experiments led him directly to discover the planographic branch of lithography.«[21]

Dennoch erfuhren auch die im zweiten Teil seines Lehrbuchs unter dem Kapitel »Ueberdruck und Durchzeichnung« aufgeführten Erkenntnisse, daß nicht nur ein frisch gedruckter Bogen unmittelbar auf eine Steinplatte umgedruckt werden könne, sondern sich »selbst alte Buchdrucker=Schriften [...] auffrischen und überdrucken [lassen]«[22], außer in zu Demonstrationszwecken angefertigten Tafeln keine praktische Umsetzung. So ist davon auszugehen, daß die theoretisch entwickelte Möglichkeit aufgrund befürchteter Widerstände oder heftiger Reaktionen von seiten der Buchdrucker keine Anwendung fand. Merkwürdigerweise ist ein solcher Einspruch nur durch einen Vorfall um 1820 belegt, in dessen Verlauf Wiener Buchhändler »durch eine Eingabe an den Staats-Minister auch das Verbot erwirkten, [...] eine Ausgabe von Shakespeare's Werken auf lithographischem Wege [durch Ueberdruck der Typen] [...] herauszugeben«[23].

Die lithographische Anfertigung ganzer Textseiten in Druckschrift schloß der Erfinder zwar mit Hinweis auf die manuelle Druckformherstellung explizit aus, dennoch wurde mehrfach versucht, den Einsatz von Typen für den Steindruck zu ermöglichen. Anfang des Jahres 1825 gaben beispielsweise die Herausgeber der in England nach dem lithographischen Verfahren gedruckten Zeitschrift *The Parthenon* an, Typen verwendet zu haben, »which [...] are impressed upon stone, after being composed in the usual manner«[24]. Das Verfahren wurde jedoch nie näher erläutert und schon bald ohne Angabe von Gründen wieder aufgegeben. Demgegenüber propagierte der Verfasser des 1817 im *Wöchentlichen Anzeiger für Kunst und Gewerbefleiß im Königreiche Bayern* erschienenen Aufsatzes »Die Lithographie, Vernichterinn des Lettern=Drucks« die Abschaffung der Druck- zugunsten der lithographierten Schreibschrift, mit der Begründung, »es wäre demnach leicht ausführbar, uns alle Geisteserzeugniße in der Handurschrift des Verfassers zu liefern«. Die damit verbundene Umstellung bedürfe lediglich der Ge-

19 Vgl. Hans-Jürgen Imiela: Stein- und Offsetdruck. Stuttgart 1993, S. 62.
20 Senefelder (siehe Anm. 11), S. 35 f.
21 Twyman (siehe Anm. 10), S. 200.
22 Senefelder (siehe Anm. 11), S. 303 f.
23 Sieger (siehe Anm. 6), S. 509.
24 Twyman (siehe Anm. 10), S. 54.

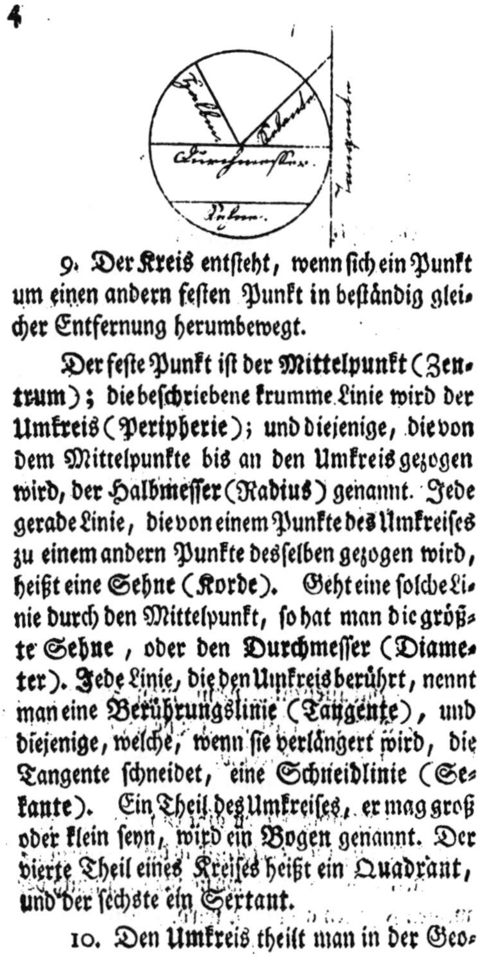
4

9. Der Kreis entsteht, wenn sich ein Punkt um einen andern festen Punkt in beständig gleicher Entfernung herumbewegt.

Der feste Punkt ist der Mittelpunkt (Zentrum); die beschriebene krumme Linie wird der Umkreis (Peripherie); und diejenige, die von dem Mittelpunkte bis an den Umkreis gezogen wird, der Halbmesser (Radius) genannt. Jede gerade Linie, die von einem Punkte des Umkreises zu einem andern Punkte desselben gezogen wird, heißt eine Sehne (Korde). Geht eine solche Linie durch den Mittelpunkt, so hat man die größte Sehne, oder den Durchmesser (Diameter). Jede Linie, die den Umkreis berührt, nennt man eine Berührungslinie (Tangente), und diejenige, welche, wenn sie verlängert wird, die Tangente schneidet, eine Schneidlinie (Sekante). Ein Theil des Umkreises, er mag groß oder klein seyn, wird ein Bogen genannt. Der vierte Theil eines Kreises heißt ein Quadrant, und der sechste ein Sextant.

10. Den Umkreis theilt man in der Geo-

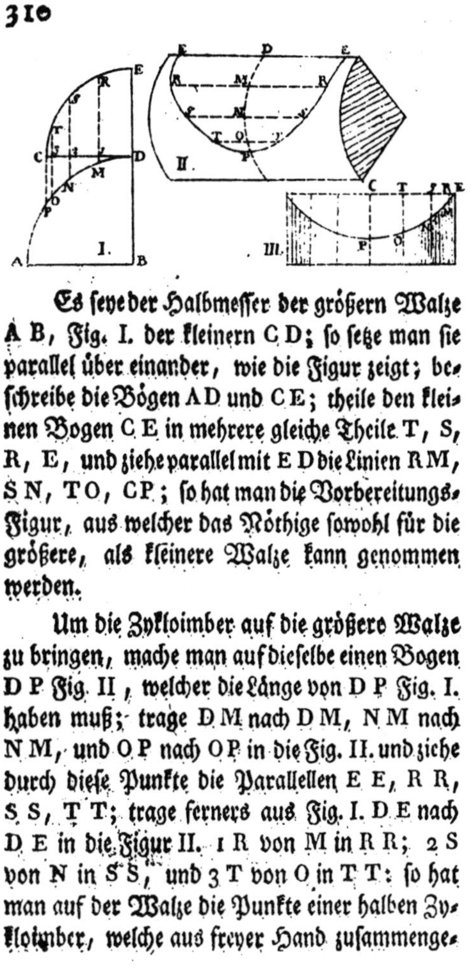
310

Es seye der Halbmesser der größern Walze A B, Fig. I. der kleinern C D; so setze man sie parallel über einander, wie die Figur zeigt; beschreibe die Bögen A D und C E; theile den kleinen Bogen C E in mehrere gleiche Theile T, S, R, E, und ziehe parallel mit E D die Linien R M, S N, T O, C P; so hat man die Vorbereitungs-Figur, aus welcher das Nöthige sowohl für die größere, als kleinere Walze kann genommen werden.

Um die Zykloimber auf die größere Walze zu bringen, mache man auf dieselbe einen Bogen D P Fig. II, welcher die Länge von D P Fig. I. haben muß; trage D M nach D M, N M nach N M, und O P nach O P in die Fig. II. und ziehe durch diese Punkte die Parallellen E E, R R, S S, T T; trage ferners aus Fig. I. D E nach D E in die Figur II. 1 R von M in R R; 2 S von N in S S, und 3 T von O in T T: so hat man auf der Walze die Punkte einer halben Zykloimber, welche aus freyer Hand zusammenge-

**Abb. 4,5** HERMANN MITTERER: Anleitung zur Geometrie für Künstler und Werkleute mit vorzüglicher Hinsicht auf die Baukunst. München: Lentner 1809, S. 4 und 310 (Mikrofilmkopie des Originals)

wohnheit und bewirke zudem »auch in der Schrift von Jugend auf dem Schönheitssinn mehr zu genügen«[25], eine Argumentation, die sich nicht durchsetzte.

Aufgrund der genannten Faktoren blieben vollständig lithographisch erarbeitete Publikationen in gebundener Form außerordentlich selten. Für die Anfangsjahre ist lediglich das 1805 bei der Notenfabrique André in Offenbach am Main erschienene *Thematische Verzeichniß sämmtlicher Kompositionen von W. A. Mozart* belegt, und Twyman verweist in diesem Zusammenhang auf eine Sonderform, deren Kennzeichen eine ausdrücklich hervorgehobene Kombination mit eigens für sie angefertigten Illustrationen darstellt[26]. Insgesamt beschränkte sich die lithographische Buchproduktion auf

»vanity books, which were produced on behalf of an author for private distribution to his or her friends in very limited numbers. The few examples of this mind that have come to light are all illustrated publications. Secondly, there are the precursors of what would today be called 'in-plant' or 'in-house' productions; that is, books printed by an institution for its own purposes using, its own facilities for reasons of convenience, security, or economy«[27]

sowie auf einige, noch vorzustellende Ausnahmen aus dem Bereich der wissenschaftlichen Publikationen.

25 C. H. KAYSER: Die Lithographie, Vernichterinn des Lettern=Drucks. In: Wöchentlicher Anzeiger für Kunst und Gewerbefleiß im Königreiche Bayern. 1817, Nr. 30, S. 469.

26 Vgl. TWYMAN (siehe Anm. 10), S. 160.

27 Ebd., S. 21 f.

Auf dem Gebiet der Akzidenzen erfolgte dagegen eine gänzlich andere Entwicklung, hier

»darf vorausgesetzt werden, daß im gesamten neunzehnten Jahrhundert Bekanntmachungen, Rundschreiben und Anordnungen, bei denen die Schnelligkeit der Herausgabe angezeigt war, in Lithographie und Steindruck vervielfältigt wurden«[28].

Senefelder führte für diesen Bereich aus, daß »nicht zu einem vollständigem Buche fortlaufenden Arbeiten [...] durch Hilfe des Steindrucks bequemer, leichter, wohlfeiler, und oft geschwinder und schöner zu verfertigen« seien als nach dem Hochdruckverfahren[29]. Außer Neujahrs-, Glückwunsch-, Eintritts-, Andenken-, Spiel- oder Geschäftskarten, Lehrbriefen, Briefbogen, Quittungen, Tabellen, Theater- oder Verpackungszettel, Andachtsbildern und Ereignisblättern erschienen auch die hierzu zählenden, von Senefelder als »Regierungsarbeiten« bezeichneten Schriften und lithographierten Werbeprospekte von Steindruckereien ausnahmslos in Form loser Blätter und unter Verwendung der Schreibschrift, wobei für die Druckformherstellung die unterschiedlichsten Manieren zur Anwendung kamen.

Gerade die lithographischen Möglichkeiten der Druckformherstellung bewirkten eine Veränderung der Typographie[30], insbesondere bei der Gestaltung von Schriften, ihrer Formen und Grade, oder bei der Ausstattung der Werke mit Vignetten, Ornamenten, Linien und anderen Elementen des Buchschmucks. Es muß jedoch betont werden, daß sich die in der Literatur durchweg negativ, etwa als »unerquickliche Folgen« der Erfindung und Verbreitung des Verfahrens kommentierten[31] und als durch die Lithographie erleichterten »geschmacklosen Formspielereien«[32] oder »Bestiarum Typographicum«[33] gewerteten Erscheinungen ausschließlich auf den Akzidenzsatz beschränkten. Lediglich bei der Gestaltung von Titeln und Umschlägen kam es zu einem Zusammentreffen mit dem Buchdruck[34].

Die manuelle Druckformherstellung ermöglichte die Wiedergabe einer Vielzahl verschiedener Hand-, Kursiv- oder Zierschriften, aber auch die Imitation oder Modifikation von Druckschriften. Dies führte zu einer zunehmend beliebten und rasch verbreiteten dekorativen Ausführung der Akzidenzen oder Titel unter Verwendung verschiedener, möglichst von Zeile zu Zeile wechselnder Schriftgattungen und -grade und weiterer Zierelemente aller Art[35].

Im Zuge dieser Entwicklung wurde die Lithographie auf dem Gebiet der Akzidenzen zu einer bedrohlichen Konkurrenz für den Buchdruck, der in Kürze fast den gesamten Auftragsbereich an das neue Verfahren verlor und sich daher gezwungen sah, die lithographisch entworfenen Schriften nachschneiden zu lassen, um konkurrenzfähig bleiben zu können[36]. Die Transposition von spezifisch lithographischen, aufgrund technisch bedingter Prozesse entstandener Formen auf das grundsätzlich andere Prinzip des Hochdrucks rief gravierende Veränderungen im Buchdruckergewerbe hervor. In der Konsequenz entstand eine große Anzahl neuer, hauptsächlich für das Akzidenzwesen arbeitender Schriftgießereien, die für einen außerordentlichen Zuwachs an verschiedenartigen Druckschriften sorgten und somit einen Anstieg der Kosten für die Druckereien bewirkten[37]. In der Literatur wird nicht nur dieses Phänomen, sondern auch die in der ersten Hälfte des 19. Jahrhunderts erfolgte Veränderung der Buchstabenform im Akzidenzwesen, die über eine anfängliche quantitative Verdickung von Antiqua und Kursiv zur Ausbildung neuer Schriftschnitte, wie etwa der »Egyptienne« um 1815, der »Grotesque« um 1832 oder der Tuscan-Schriften führte, dem Aufkommen und dem Wettbewerb mit der Lithographie zugeschrieben[38].

Es fehlt auf dem Gebiet der lithographierten Schrift an einer Zusammenstellung wichtiger Quellen und an einer fundierten Studie zur Korrelation von aufkommender Lithographie und veränderter Typographie in der ersten Hälfte des 19. Jahrhunderts. Die bisher erschienenen Abhandlungen beschränken sich entweder auf einen der vielfältigen Anwendungsbereiche oder einen kleinen Zeitabschnitt. Die Mehrzahl der Artikel zur Typographie enthalten pauschale, selten begründete, stark negativ wertende Urteile. Daher wäre es auch interessant, der Herkunft des schlechten Ansehens und der negativen Beurteilung des Verfahrens auf dem Gebiet nachzugehen, das bereits in der Inkunabelzeit der Lithographie nachzuweisen ist. Dies verdeut-

28 Imiela (siehe Anm. 19), S. 65.
29 Senefelder (siehe Anm. 11), S. 142.
30 Vgl. Gerhardt (siehe Anm. 3), S. 157.
31 Vgl. Hermann Barge: Die Entwicklung der Buchdruckerkunst vom Jahre 1500 bis zur Gegenwart. Hildesheim 1973, S. 422.
32 Albert Kapr: Schriftkunst. München 1983, S. 188.
33 Konrad F. Bauer: Bestiarum Typographicum. In: Zeitschrift für Bücherfreunde, Folge 3,2 (1933), S. 192 ff.
34 Vgl. Kurt G. Schauer: Schrift und Typographie im deutschen Buch des 19. Jahrhunderts und der Gegenwart. In: Polygraphisches Jahrbuch 1963, S. 56 f.
35 Ebd., S. 56 f.
36 Vgl. Bauer (siehe Anm. 33), S. 192.
37 Vgl. Barge (siehe Anm. 31), S. 423.
38 Vgl. Kapr (siehe Anm. 32), S. 185 und 188.

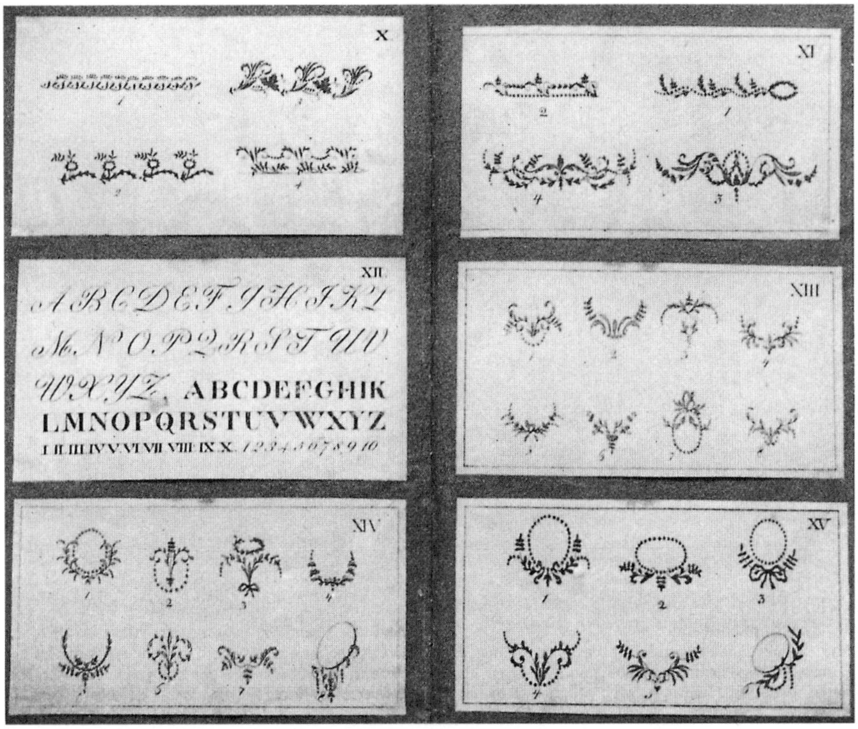


**Abb. 6** Zeichenbuch der Strick- und Näharbeiten für Anfänger.
Wien: Chemische Druckerey 1805/06, Tafel X–XV
(Aus: MICHAEL HENKER u.a.: Von Senefelder zu Daumier. München: Saur 1988, S. 79, Abb. 76)

licht beispielhaft die Reaktion auf das von dem Schriftgraphiker Johann E. Mettenleiter im Zuge des von der Schreibakademie in Berlin 1820 ausgeschriebenen Preises angefertigten Blattes, welches so gelungen war, daß er damit über Mitbewerber aus ganz Europa siegte. Dennoch schrieb der Vorsitzende der Schreibakademie in einer Besprechung 1821: »Schade, daß der Stein die Zartheit, welche das Kupfer gewährt, nicht gestattet; deshalb sollte Herr Mettenleiter einmal einige calligraphische Blätter in Kupfer stechen lassen.«[39]

Bevor aus der Kategorie der wissenschaftlichen Bücher einige exemplarische Beispiele von lithographierter Schrift in Lehr- bzw. Schulbüchern, oder Faksimiles herausgegriffen und untersucht werden, bleibt auf die in diesem Bereich häufig verwendete lithographische Illustration einzugehen. Angesichts der Aussparung der Künstlerlithographie und der Konzentration auf die Buchillustration bestimmter Fachgebiete werden sich die Ausführungen auf einige grundsätzliche, hier relevante Aussagen beschränken.

Die Illustration, definiert als »die bildliche Darstellung, die die anschauliche Ergänzung eines Worttextes durch das Bild sein will«[40], weist eine jeweils enge Verknüpfung mit den Ausdrucksformen der zeitgenössischen Kunstrichtung und mit den zur Verfügung stehenden Reproduktionstechniken auf. Sie kann einmal als Zier- bzw. Ausschmückung belletristischer oder religiöser und zum zweiten als Instrument der Dokumentation bei der Bebilderung wissenschaftlicher Werke auftreten[41].

Wenn sich auch diese Untersuchungen auf die letztgenannte Funktion konzentrieren, sollte eine kunsthistorische Einordnung der Lithographie zur Zeit ihrer Erfindung und ersten Ausbreitung sowie ihrer Impulse als neue druckgraphische Ausdrucksform erfolgen, da hier getroffene Bewertungen nicht selten auf das nur in Einzelbereichen bearbeitete Gebiet der Illustration wissenschaftlicher Werke übertragen werden. Ursache dürfte das starke For-

39 Zitiert nach WINKLER (siehe Anm. 14), S. 153.

40 Buchillustration im 19. Jahrhundert. Hrsg. von REGINE TIMM. Wiesbaden 1988, S. 87.

41 Vgl. Lexikon der Buchkunst und Bibliophilie. Hrsg. von KARL KLAUS WALTHER. München 1988, S. 81f.

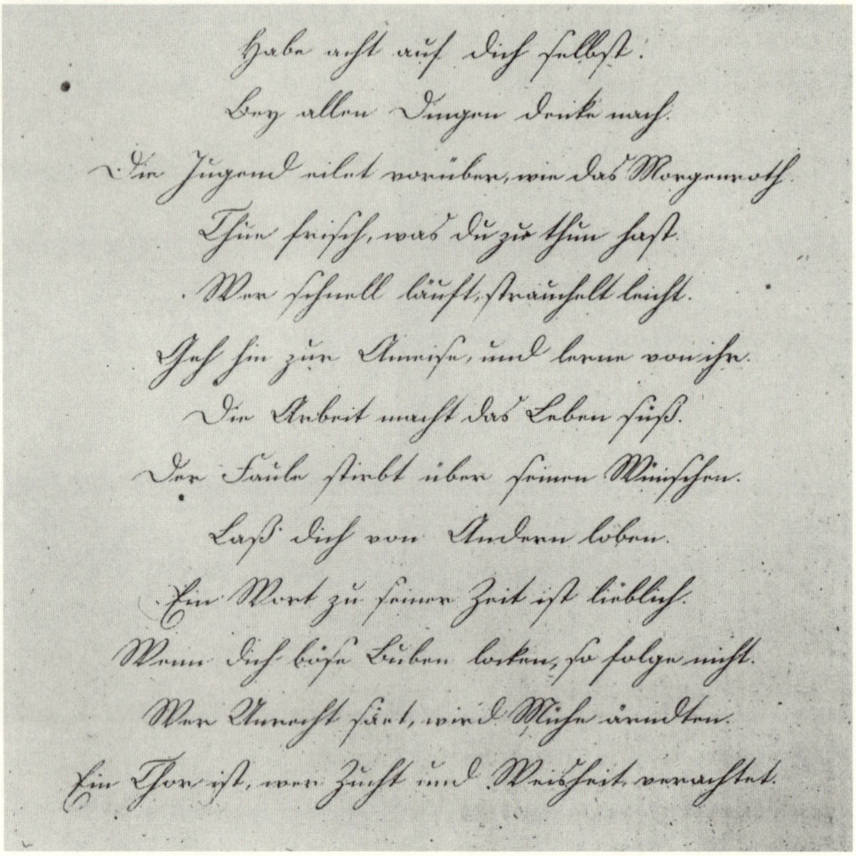


**Abb. 7** »Habe acht auf Dich selbst ...« (Aus: Vorschriften für die Volksschulen des Königreiches Baiern. München: Königl. Central-Schulbuch-Handlung 1813, S. 4 [Mikrofilmkopie des Originals])

schungsungleichgewicht zwischen einer Vielzahl erschienener Gesamtdarstellungen und Detailstudien zur Künstlerlithographie und einer als »Forschungsdefizit«[42] bezeichneten Bearbeitung der lithographischen Illustration der ersten Hälfte des 19. Jahrhunderts sein.

Die Erfindung der Lithographie fiel in einen als »Übergangsepoche« charakterisierten kunstgeschichtlichen Kontext, in der klassizistische, romantische und realistische Tendenzen vertreten waren, die nach einem jeweils eigenen Ausdruck suchten. Das neue Verfahren konnte aufgrund der zahlreichen Möglichkeiten der Druckformherstellung den verschiedenen Strömungen der Zeit gerecht werden, sah sich aber aufgrund eben dieser Eigenschaften mit dem Vorwurf konfrontiert, es sei »stilistisch indifferent« bzw. »charakterlos«[43]. Zudem bestand gegenüber der von den Künstlern positiv bewerteten, direkten Reproduzierbarkeit der von ihnen erstellten Druckform, ohne Umsetzung durch einen Stecher oder Holzschneider, eine erhebliche Skepsis. Daher wurde es in den Anfangsjahren nicht als Original-, vom Künstler direkt, ohne Zwischenschaltung eines Vermittlermediums anzufertigendes Druckverfahren, sondern als Reproduktionsverfahren verwendet: »als billiger und bequem anzufertigender Ersatz [...] für die bis dahin geläufigen teuren druckgrafischen Techniken«[44]. Diese Entwicklung hatte Senefelder selbst forciert, indem er die graphischen Möglichkeiten des Steindrucks ausschließlich in der »Nachahmung der verschiedenen Arten, die in der Kunst des Zeichnens, Radierens und Stechens benutzt werden«, sah und wiederum die einfache Druckformherstellung durch Feder- oder Punktiermanier, Steinstich oder

42 Buchillustration im 19. Jahrhundert (siehe Anm. 40), S. 8.

43 Bild vom Stein. München 1961, S. 11.

44 Henner Menz: Die Frühzeit der Lithographie in Deutschland. Dresden 1955, S. 7.

-gravur sowie die Schnelligkeit der Bearbeitung hervorhob[45]. Die auch dem Lehrbuch beigegebenen Imitationen von Holzschnitten, Federzeichnungen etc. erwiesen sich als erfolgreich:

»Hier gelang es, den hohen Grad an Breitenwirkung zu erlangen, der der Originallithographie [...] zunächst versagt geblieben ist. Es handelt sich dabei vornehmlich um Mappenwerke mit Abbildungen von Gemälden und Handzeichnungen alter Meister«[46],

von denen einige im Zusammenhang mit einer Anfang des 19. Jahrhunderts charakteristischen Form des wissenschaftlichen Arbeitens und Rezipierens vorgestellt werden.

Die Entwicklung der Originallithographie erfolgte unabhängig vom Erfinder. Als Initiator gilt François Johannot, ein Mitarbeiter Andrés, der 1803 eine eigene, der Künstlerlithographie gewidmete Anstalt gründete und die Technik an Wilhelm Reuter weitergab, der 1804 die 23 Blätter umfassenden *Polyautographischen Zeichnungen vorzüglicher Künstler* veröffentlichte[47]. Auch Hermann Mitterer hob sich als Leiter der Münchener Feiertagsschule auf diesem Gebiet hervor, indem er die »ersten sieben patriotischen Münchner Künstler«, zu denen außer ihm Andreas Seidl, Max Mayrhofer, Simon Klotz, Josef Hauber, Simon Warnberger und Max Wagenbauer zählten, zusammenführte und ihre Werke als *Lithographische Kunstproducte* von Oktober 1805 bis Ende 1807 in 26 Lieferungen herausgab[48].

Auch die Entwicklung der lithographischen Illustration vollzog sich unabhängig von Senefelder, der zwar 1797 die erste, vermutlich hochgeätzte bildliche Darstellung, die Schlußvignette zur Publikation *Der Brand von Neuötting. Ein paar fliegende Blätter zur Weckung des Mitleides* gezeichnet hatte, doch war damit »für die Buchillustration wirklich noch nichts gewonnen«[49].

Die Möglichkeit der Buchillustration wurde zu Beginn des 19. Jahrhunderts sehr unterschiedlich genutzt: Während sich auf dem Gebiet der Belletristik aufgrund der vorherrschenden, im Prinzip illustrationsfeindlichen klassizistischen Buchkunst ein eher dürftiges Bild ergab, florierte die Bebilderung wissenschaftlicher Werke:

»Die Geschichtsdarstellungen, Reisebücher, Landschafts- und Architekturwerke, nicht zu reden von illustrierten Schriften zu Naturwissenschaft und Technik, weisen teilweise hervorragende Illustrationsleistungen auf, deren Künstler oft im Verborgenen bleiben, die Kunstgeschichte jedenfalls noch kaum interessiert haben.«[50]

Die rege Illustrationstätigkeit steht in direkter Verbindung mit der Entwicklung einiger Fachgebiete,

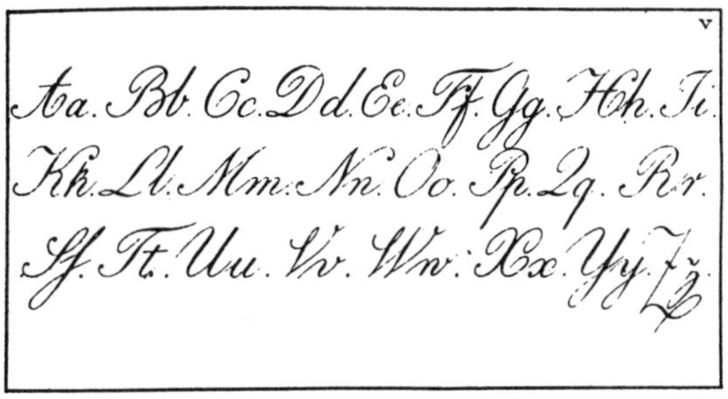


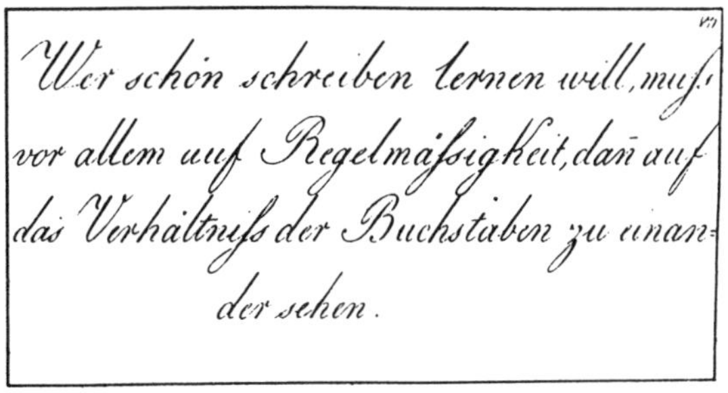


**Abb. 8, 9** Erster Schreib- und Lese Unterricht nach der Graser'schen Unterrichts=Methode. München: Feiertagsschule 1812, Tafel V und VII (Mikrofilmkopie des Originals)

etwa der Medizin oder der Naturwissenschaften, sowie den neuen, aus meist staatlich organisierten Expeditionen in bislang unbekannte Regionen der Erde gewonnenen geographischen, zoologischen, botanischen und archäologischen Erkenntnissen. Diese wurden in zahlreichen Werken präsentiert und aufgrund der regen Nachfrage nach einem preiswerten Verfahren produziert. Deshalb konnte sich die Lithographie gegenüber den anderen, im Laufe der ersten Hälfte des 19. Jahrhunderts entwickelten, die belletristische Illustration dominierenden Verfahren, wie etwa der Holz- und Stahlstich, etablieren[51].

Im folgenden sollen beispielhaft jeweils einige Exemplare aus den genannten Einzelbereichen vorgestellt und vorwiegend die lithographische Technik, ihre Ausführung sowie Verbreitung und Wirkung untersucht werden, um dann im Anschluß ein übergeordnetes Gesamtbild erstellen und eine gege-

45 Vgl. Senefelder (siehe Anm. 11), S. 144.
46 Menz (siehe Anm. 44), S. 19.
47 Vgl. Bild vom Stein (siehe Anm. 43), S. 9.
48 Vgl. Winkler (siehe Anm. 14), S. 339 f.
49 Arthur Rümann: Lithographie und Buchillustration. In: Zeitschrift für Bücherfreunde. Folge 3 (1934), S. 35.
50 Buchillustration im 19. Jahrhundert (siehe Anm. 40), S. 10.
51 Vgl. ebd., S. 194 f.

benenfalls bestehende Korrelation von aufkommendem Druckverfahren und wissenschaftlichem Kontext bzw. einer daraus enstandenen Marktsituation aufzeigen zu können. Hierzu bleibt anzumerken, daß die Einordnung der Werke nicht immer nach den auf einer inhaltlichen Abgrenzung basierenden Kategorien wissenschaftlicher Bücher, sondern nach hier relevanten Merkmalen, wie spezifischer Illustrations- oder Abbildungsmodi, erfolgte. Die betreffenden Fälle werden jeweils angemerkt und erläutert.

### *2.2 Die Situation von Wissenschaft und Forschung zu Beginn des 19. Jahrhunderts*

Zu Beginn des 19. Jahrhunderts befanden sich Wissenschaft und Forschung in einer Phase grundlegender Veränderungen. Nach der Ablösung des mittelalterlichen Wissenschaftssystems, nicht zuletzt durch eine verstärkte Hinwendung zur Naturbeobachtung im Laufe des 17. Jahrhunderts, erfolgte nun eine Neukonzeption. Außer den Expeditionen der zweiten Hälfte des 18. Jahrhunderts, die wichtige, neue Erkenntnisse auf geographischen, naturgeschichtlichen und anderen Gebieten erbrachten, waren »das zunehmende Fortschreiten der Wissenschaft, das dem Denken neue Wege öffnete, und das Fortschreiten der Technik, wodurch sich die menschlichen Lebensbedingungen völlig veränderten«, prägende Elemente des 19. Jahrhunderts, die sich zur Jahrhundertwende bereits abzeichneten[52]. Diese Fülle neuer Informationen führte in Verbindung mit den parallel verlaufenden gesellschaftlichen Veränderungen, mit der Konstituierung des Bürgertums, dessen sozialer Status sich nicht zuletzt durch den Faktor »Bildung« manifestierte, sowie eines Prozesses, der in bezug auf die Rezeption wissenschaftlicher Werke sehr vorsichtig als Demokratisierung oder Popularisierung des fachlichen Inhalts bezeichnet werden kann, zu einer verstärkten Nachfrage. Der von der Lithographie ermöglichte preiswerte Druck in hoher Auflage dürfte sich angesichts des Bedarfs als nicht zu unterschätzender, produktionsrelevanter Faktor erwiesen haben.

### *2.3 Die lithographische Abbildung im streng wissenschaftlichen Buch*

Wissenschaft hat als Prozeß methodisch betriebener Forschung und Lehre auch die Funktion, die erzielten Ergebnisse darzustellen, um fachliches Wissen zu vermitteln sowie zum wissenschaftlichen Denken zu erziehen. Um diesem Anspruch gerecht zu werden, bediente man sich bereits in der griechischen Antike der Abbildung. Einige Forscher sehen den Beginn der naturwissenschaftlichen Abbildung, im Sinne einer »realistischen Darstellung von Naturgegenständen im weitesten Sinne«, bereits in den Höhlenzeichnungen der Eiszeit[53]. Grundsätzlich kann festgehalten werden, daß gerade die Illustration einer wissenschaftlichen Publikation auf den jeweiligen Stand von Wissenschaft und Forschung sowie auf das »Verhältnis vieler denkender Menschen zu ihrer Umwelt« hinweist[54].

Die naturwissenschaftliche Abbildung wurde zu Beginn des 19. Jahrhunderts fast ausschließlich durch den Kupferstich ausgeführt, der auch nach der Einführung der Lithographie einen hohen Anteil halten konnte[55]. Die aufgrund des verwendeten Materials preiswerter herzustellende Lithographie konnte trotz ihrer bequemeren Arbeitsweise und der Möglichkeit, den Künstler direkt auf den Stein zeichnen zu lassen, den Kupferstich aus vielen Fachbereichen, wie zum Beispiel dem der Botanik nicht vollständig verdrängen. Das Kupferstecher-Gewerbe hatte, um konkurrenzfähig zu bleiben, die Preise gesenkt und warb mit etablierten Stecher- bzw. Firmennamen. Außerdem wirkte die Entwicklung der oben angeführten graphischen Verfahren in der ersten Hälfte des 19. Jahrhunderts einer weiteren Verbreitung der Lithographie entgegen[56].

In der Literatur zeigt sich zu dieser Thematik eine eindeutige Prävalenz der Darstellung auf dem Kupferstichverfahren, ebenso erfahren die mit der Lithographie verbundenen zeichnerisch-darstellerischen Charakteristika eine durchweg negative Wertung, wenn es z. B. heißt: »Es kommt ›persönliche (individuelle!) Handschrift‹ in das Bild und ebenfalls ›Stimmung‹. Das ›unbestechliche‹ des Kupferstiches verschwand und damit das Rückgrat der künstlerischen Gestaltung dieser Werke.«[57] Wegen des schlechten Ansehens wurden die anfänglich ausschließlich handkolorierten Lithographien zuweilen als Kupferstiche ausgegeben[58].

52 Vgl. ALFRED N. WHITEHEAD: Wissenschaft und moderne Welt. Frankfurt/Main 1984, S. 116.

53 Vgl. CLAUS NISSEN: Die naturwissenschaftliche Abbildung vom Altertum bis zur Gegenwart. Mainz 1932, S. 1.

54 Vgl. HORST KUNZE: Vom Bild im Buch. München 1988, S. 198.

55 Vgl. CLAUS NISSEN: Die naturwissenschaftliche Abbildung. In: GJ 1944–49, S. 263.

56 Vgl. BRUNO ARBEITER: Über naturwissenschaftliche Abbildungen. In: Archiv für Buchgewerbe und Gebrauchsgraphik 1983, S. 357.

57 Ebd., S. 359.

58 Vgl. WAGNER (siehe Anm. 18), S. 339.

**Abb. 10** Franz X. Gabelsberger: Anleitung zur deutschen Redezeichenkunst. München: Im Verlage des Verfassers 1834, S. 365 (Mikrofilmkopie des Originals)

Die Verwendung des neuen Verfahrens für Abbildungen in Fachbüchern erfolgte schon durch das im Vorfeld der eigentlichen Erfindung entwickelte Hochätzverfahren, jedoch nicht auf Initiative des Erfinders, sondern auf Initiative des oft als Konkurrenten Senefelders angeführten Simon Schmidt. Dieser wurde an der praktischen Umsetzung durch den von ihm angesprochenen Leiter des Schulfonds-Bücherverlages Johann Michael Steiner gehindert, da dieser Senefelder damit betraute. Es ist nicht eindeutig festzustellen, ob das für 1797 geplante Werk *Giftpflanzen für Schulen* tatsächlich herauskam[59].

Aus der Vielzahl der Disziplinen sollen die Botanik, ihre Entwicklung, ein Überblick über die lithographische Produktion und ihre Akzeptanz sowie jeweils ein Lehrbuch aus der Anatomie und Geometrie mit bedeutenden Abbildungen herausgegriffen und untersucht werden.

Die Botanik erfuhr zu Beginn des 19. Jahrhunderts zum einen wichtige Impulse von den neuen Erkenntnissen zur Flora bislang unerforschter Regionen und zum anderen eine Förderung durch interessierte Adelige, die Gärten sowie Gartenhäuser anlegen ließen, Botaniker und garteneigene Zeichner anstellten und wichtige Bestimmungsbücher sammelten oder deren Herausgabe förderten. Zeitgleich erfolgte um 1800 die Ablösung der unterbezahlten, von Zeichnern oder Stechern ohne Fachkenntnisse ausgeführten Botanikmalerei zu einer eigenen Kunstfertigkeit[60].

Der Markt für botanische Werke war daher geprägt von Versuchen der Verbesserung der stellvertretend von dem Weimarer Verleger Friedrich Justin Bertuch konstatierten bildlichen und fachlichen Mängel. Bertuch führte sie auf fehlende Fachkenntnisse der Herausgeber und veraltete Quellen zurück, sowie auf eine große Nachfrage:

> »Man kann sich heute, angesichts unserer zahllosen gut ausgestatteten populärwissenschaftlichen Bücher und Zeitschriften und der an vielen Orten eingerichteten allgemein zugänglichen Naturmuseen, nur schwer eine Vorstellung davon machen, wie sehr das Fehlen jeglichen naturhistorischen Anschauungsmaterials dem ungestümen Bildungsverlangen, das jene Zeit gerade auf naturkundlichem Gebiet beseelte, den Weg versperren mußte. Die [...] bisher besprochenen Werke konnten ja für diese Zwecke nicht in Betracht kommen, da sie [...], für den Geldbeutel des gemeinen Mannes unerschwinglich waren.«[61]

Dem Bedarf nach guten, aber billigen Abbildungen und nach qualitativ anspruchsvoller, aber ebenfalls preiswerter Fachliteratur konnte die Lithographie aufgrund ihrer Herstellungsspezifika in besonderer Weise entsprechen.

Das erste nachgewiesene, lithographisch erstellte Pflanzenwerk *Die wichtigsten Giftpflanzen abgebildet, nebst Beschreibung. Zum Gebrauche für Aerzte, Apotheker, Wundärtze, Seelsorger auf dem Lande, Privaterzieher und Schullehrer. Von D. Johann Jacob Kohlhaas. Regensburg 1804* erschien bei Anton Niedermayr. Das Heft enthielt zehn nach der Steingravur ausgeführte Pflanzendarstellungen in wechselndem Format mit den lateinischen Pflanzennamen in Druck-, den deutschen in Schreibschrift[62]. Die weitere Entwicklung erfolgte innerhalb Deutschlands regional sehr unterschiedlich. In München war, wie allgemein bei wissenschaftlichen Publikationen, die Feiertagsschule maßgeblich an der Förderung und dem Einsatz der Lithographie beteiligt. Die ersten Blumendarstellungen des auf diesem Gebiet führenden Lithographen Johann Nepomuk Mayrhoffer erschienen in den ab 1805 von Mitterer herausgegebenen *Lithographischen Kunstproducten*[63]. Sein Hauptwerk bildete die *Flora Monacensis seu Plantae sponte circa Monachium nascentes quas pinxit et in lapide delineavit Johannes Nepomucenus Mayrhoffer. Commentarium perpetuum addidit Francisus de Paula Schrank. Monachii 1811. Venditor in Institute lithographico Scholae festivalis,* ein Prachtwerk im Folio-Format mit jeweils 100 Bildtafeln und 100 Blatt Pflanzenbeschreibungen in vier Bänden, die zwischen 1811 und 1818 zum Preis von 1 Gulden und 30 Kreuzer für die monatliche Lieferung von vier Tafeln im Schwarzdruck, 2 Gulden und 45 Kreuzer für die handkolorierte Version und von 273 Gulden für drei Bände im Jahre 1819 angeboten wurden[64]. Zwischen 1817 und 1822 erschien das Fortsetzungswerk *Plantae descriptae et observationibus illustrate,* wiederum von dem Leiter des Münchner botanischen Gartens, Franz von Paula von Schrank kommentiert, und von Mayrhoffer nach der Kreidelithographie auf Stein gezeichnet und handkoloriert. Das Werk, das 100 Tafeln umfaßte und in zehn Lieferungen zu je 6 Gulden herauskam, fand einen großen Absatz, weil es fachlich eine herausragende Stellung einnahm, da seltene oder bestrittene Pflanzen, die bisher noch nicht durch eine Beschreibung oder Abbildung erfaßt waren, präsentiert wurden[65]. Weiterhin ver-

59 Vgl. FERCHL (siehe Anm. 14), S. 144.
60 Vgl. CLAUS NISSEN: Die botanische Buchillustration. Stuttgart 1962, S. 5.
61 Ebd., S. 204.
62 Vgl. WINKLER (siehe Anm. 14), S. 177.
63 Ebd., S. 142.
64 Ebd., S. 144 f.
65 Ebd., S. 148.

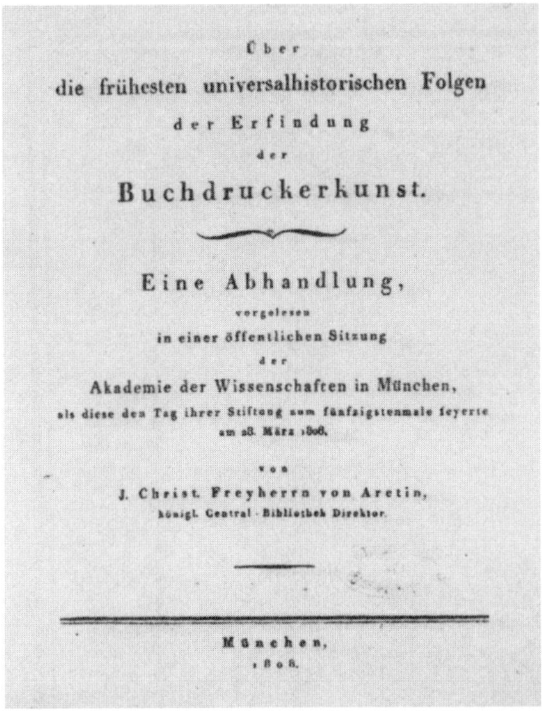

Über
die frühesten universalhistorischen Folgen
der Erfindung
der
Buchdruckerkunst.

Eine Abhandlung,
vorgelesen
in einer öffentlichen Sitzung
der
Akademie der Wissenschaften in München,
als diese den Tag ihrer Stiftung zum fünfzigstenmale feyerte
am 28. März 1808.

von
J. Christ. Freyherrn von Aretin,
königl. Central-Bibliothek Direktor.

München,
1808.

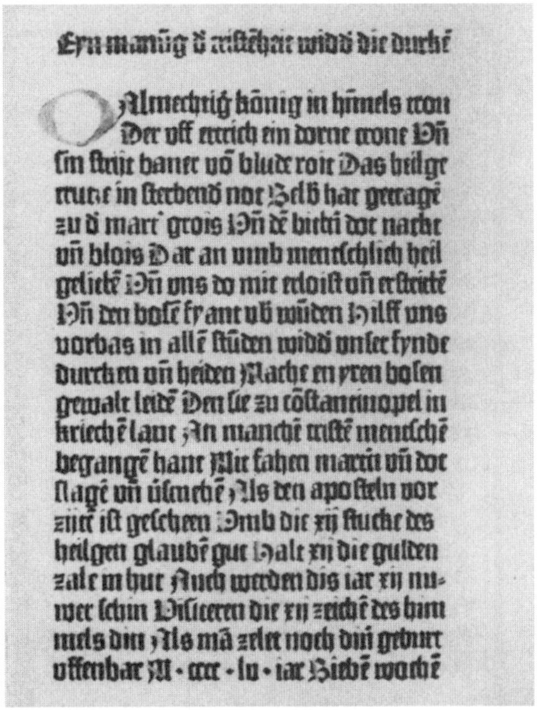

**Abb. 11, 12** Titelblatt und erste faksimilierte Seite aus: Abhandlung des Frhn. von Aretin: Ueber die frühesten universalhistorischen Folgen der Erfindung der Buchdruckerkunst. Mit: Vollständiges lithographisches Facsimile des ältesten bisher bekannten deutschen Druckes: Eyn manung der cristenheit widder die durken. München: Senefelder, Gleißner u. Co. 1808
(Aus: Lothar Poethe: Vor 180 Jahren: Senefelder und sein erstes »Vollständiges lithographisches Fac simile« eines Druckes. In: Papier und Druck 1988, H. 4, S. 173)

öffentlichte Schrank im Jahre 1819 die von dem garteneigenen Pflanzenzeichner Franz Joseph Prestele ausgeführte *Sammlung von Zierpflanzen*. Den 18 Lithographien enthaltenden Band in Folio-Format verlegte Zeller in München, wo insgesamt zahlreiche und umfangreiche botanische Prachtwerke erschienen. Demgegenüber gab Aimé Henry in Bonn qualitativ gute, schlicht ausgestattete Bände heraus, und der in Dresden dominierende Botaniker Ludwig Reichenbach war mit der lithographischen Wiedergabe des 1820 von ihm gezeichneten und verfaßten Bandes *Monographia generis aconti* derart unzufrieden, daß er und sein Sohn wieder zum Kupferstich übergingen und bis zur Jahrhundertmitte daran festhielten[66].

Der Anteil der lithographisch erstellten Illustration an den bis 1821 erschienenen botanischen Werken sowie an der lithographischen Gesamtproduktion kann nicht als so gering angenommen werden, wie in der Literatur vermutet. Bezieht man in eine solche Aufstellung Größe, Umfang und Anzahl der Bände mit ein, so ist der Bereich gut und kontinuierlich vertreten; eine Stagnation der Publikationstätigkeit durch die napoleonischen Kriege und die damit verbundenen Beschränkungen ist nicht nachzuweisen.

Die Bedeutung der Lithographie als nicht nur technisch zweckmäßigem, sondern auch preiswertem Verfahren sowie die damit verbundene Möglichkeit der Erwerbung solcher Werke durch einen großen Abnehmerkreis stellt der Lehrer Christian F. E. Lörcher als Autor des 1843 in Ulm bei Heerbrandt und Thämel verlegten Heftes *Die wichtigsten Giftpflanzen Deutschlands in 21 Abbildungen auf 18 Tafeln mit erläuterndem Texte für Schule und Haus* nochmals heraus:

»Die immer wiederkehrenden Beispiele der Vergiftung durch Pflanzengifte sind wohl ein sprechender Beweis, wie wenig verbreitet die genaue Kenntniß auch nur der gefährlichsten Giftpflanzen ist. Es fehlt zwar nicht an guten Büchern und Abbildungen [...], aber diese Bücher sind für Lehrer und für die Schulen zu theuer [...]. Dadurch veranlaßt, habe ich mich entschlossen, [...] eine Ausgabe der wichtigsten Giftpflanzen für Schule und Haus zu veranstalten, bei welcher, was Correktheit – an Colorit und Zeichnung – betrifft, nichts verabsäumt

66 Vgl. Nissen (siehe Anm. 60), S. 195 f.

**Abb. 13** Tafel 27 aus: Albrecht Dürers Christlich-Mythologische Handzeichnungen. München: Senefelder und Co. 1808, 3. Lfg., Bl. 14 und 15. Aus: MICHAEL HENKER u. a.: Von Senefelder zu Daumier. München: Saur 1988, S. 37

worden ist, und die auch des Preises wegen sich überall Eingang verschaffen kann.«[67]

Die Möglichkeit, die preiswerten, lithographisch erstellten Werke an einen weiteren als den wissenschaftlichen Abnehmerkreis zu verkaufen, war auch Motiv für die Verwendung der Lithographie in einer im strengen Sinne der Kategorie Lehrbuch zuzuordnenden Publikation, die aufgrund der herausragenden Bedeutung der Abbildungen hier aufgegriffen werden soll.

Die *Muskellehre mit Abbildungen nach Albin in Steinabdrücken nebst einer kurzen Anweisung zur Präparation der Muskeln von Martin Münz, Doctor der Medicin und Chirurgie, beider ausübendem Arzte, Prosector am anatomischen Institute, und naturhistorischem Zeichner für anatomische, physiologische, pathologische und chirurgische Gegenstände an der Ludwig-Maximilians-Universität zu Landshut,* 1815 gedruckt bei Joseph Thomann, stellt das erste anatomische Handbuch mit lithographierten Abbildungen dar[68]. Bis dahin dominierte der Kupferstich sowie eine eher malerisch-ausschmückende, als abstoßend empfundene, anatomische Details verdeckende vor einer exakten und sachlichen Darstellung[69].

Die Produktion medizinischer Fachliteratur wies bis 1800 einen Mangel an fundiertem Anschauungsmaterial auf, da die Illustrationen ebenfalls von unausgebildetem Personal und nur selten von universitätseigenen, mit der Thematik vertrauten Zeichnern ausgeführt wurden. Zudem waren die zahlreichen »prächtigen Werke mit Abbildungen«, wie Münz in der Vorrede schreibt, »zu kostspielig, die wenigsten können sehr gemeinnützig sein«. Er sah daher einen Bedarf an einem preiswerten, qualitativ gleichwertigen Druckverfahren, wie der Lithographie, und führte aus, daß

»der Steindruck auch für diesen Gegenstand anwendbar ist, und wegen der Wohlfeilheit des Preises, um den man [...] etwas sehr brauchbares leisten kann, für Gemeinnützigkeit sehr viel verspricht, und da man mit einem geringeren Aufwand von Zeit eine beträchtliche Zahl von Abbildungen liefern kann«[70].

Martin Münz, als Professor der Anatomie erst in Landshut, seit 1828 in Würzburg tätig, hatte sich bereits während des Studiums als wissenschaftlicher Zeichner etabliert und unter anderen die Zeichnungen der hier zum Vergleich herangezogenen Veröffentlichung des Chirurgen Philipp Fr. von Walther aus dem Jahre 1814 *Über die angebohrnen Fetthautgeschwülste und andere Bildungsfehler* angefertigt, die von dem Kupferstecher J. S. Walwert nachgestochen wurden. Ein Jahr später kopierte er unter Verwendung der Federlithographie die Abbildungen Albins für den ersten Teil des von ihm verfaßten Handbuches[71].

Von den 12 Abbildungstafeln aus dem Handbuch von Martin Münz im Format 60×45 cm stellen drei Skelette und neun Muskelmänner dar. Sie befinden sich im Anhang des nach dem Buchdruckverfahren vervielfältigten, sehr ausführlichen Textteils, der sieben Kapitel zur Muskellehre, eine Bibliographie und eine Beschreibung der einzelnen anatomischen Bestandteile enthält. Im Gegensatz zu der weder feinen noch präzisen Linienführung bei der Gestaltung der wohl nur als Gesamteindruck relevanten Darstellung der Fetthautgeschwülste nach dem Kupferstichverfahren, an der für eine anatomische Betrachtung oder lehrhafte Funktion die Übergänge von gesunder zu erkrankter Körperpartie, die Beschaffung der Hautoberfläche etc. nicht exakt genug ausgeführt wurden, zeigen die Federlithographien der Unterarme einen bis in die Details wiedergegebenen Verlauf einzelner Muskelfasern, Adern oder anderer Elemente des Körperbaus, die durch eine gezielt eingesetzte Rasterung bzw. Schattierung deutlich zu unterscheiden sind. Weiterhin dienen die Zuordnung von betreffender Partie und Texterläuterung durch verschiedene Buchstaben sowie einige nebenstehende, vergrößerte Abbildungen dem genauen Studium auch einzelner Aspekte.

Die anatomischen Illustrationen von Münz erfuhren eine positive Besprechung, in der zumeist der Preisvorteil hervorgehoben wurde: »We have no doubt of the benefit [...] the whole set does not cost more than one fourth of the price of Albinus' Muscles alone.«[72] Die lithographisch erstellte medizinische Illustration setzte nicht nur relativ spät ein, sondern war auch nur gering verbreitet. Das früheste verzeichnete Werk, ein 60×35 cm großes Blatt mit der Darstellung eines Muskelmannes, wurde im

67 Blütenpracht und Farbenzauber: illustrierte Pflanzenbücher des 18. und 19. Jahrhunderts aus den Sammlungen der Württembergischen Landesbibliothek Stuttgart. Stuttgart 1993, S. 112.

68 Vgl. Robert Herrlinger: Das erste lithographisch illustrierte Lehrbuch der Anatomie. In: Sudhoffs Archiv für Geschichte der Medizin und der Naturwissenschaften 1963, S. 228.

69 Vgl. Marielene Putscher: Geschichte der medizinschen Abbildung von 1600 bis zur Gegenwart. München 1972, S. 53.

70 Martin Münz: Muskellehre mit Abbildungen nach Albin. Landshut 1815, S. 2.

71 Vgl. Herrlinger (siehe Anm. 68), S. 228 und 231.

72 Ebd., S. 235.

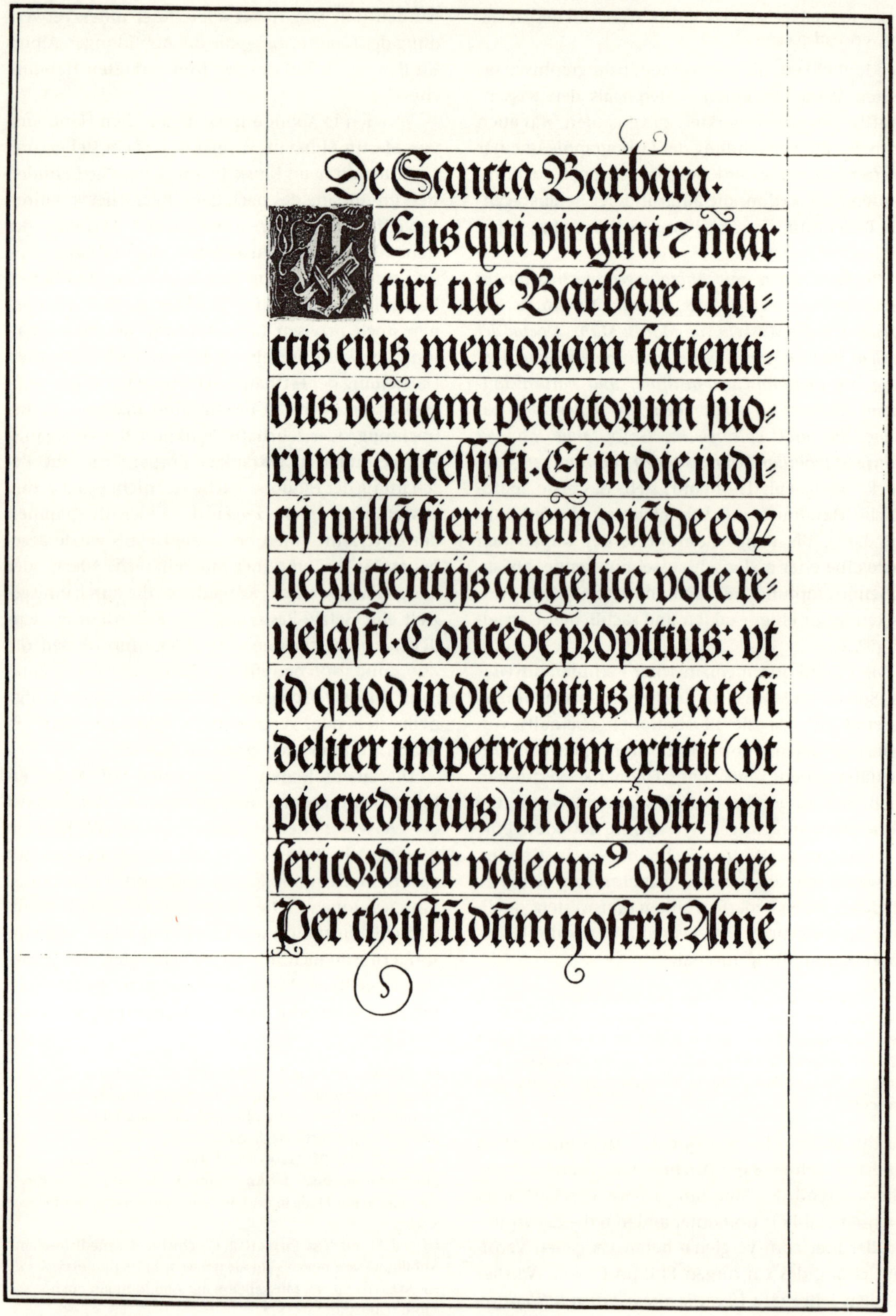

De Sancta Barbara.

Deus qui virgini et mar
tiri tue Barbare cun-
ctis eius memoriam facienti-
bus veniam peccatorum suo-
rum concessisti. Et in die iudi-
cij nullã fieri memoriã de eoꝝ
negligentijs angelica voce re-
uelasti. Concede propitius: ut
id quod in die obitus sui a te fi
deliter impetratum extitit (ut
pie credimus) in die iuditij mi
sericorditer valeamus obtinere
Per christũ dñm nostrũ Amẽ

**Abb. 14** De Sancta Barbara. Aus: Des aelteren Lucas Müller genannt Cranach Handzeichnungen. Ein Nachtrag zu Albrecht Dürers christlich mythologischen Handzeichnungen. München: Zeller 1818 (Mikrofilmkopie des Originals)

Jahre 1810 von Christian Koeck herausgegeben. Derselbe veröffentliche 1822 das 12 Abbildungen enthaltende Werk *Anatomisches Abbild des menschlichen Körpers, besonders für Bildende Künstler,* welches abgesehen von einigen Tierdarstellungen und dem 1820 erschienenen Einzelblatt »Anatomische Abbildung des Kopfes«, eine kombinierte Kreide-Gravurmanier von Dr. Johann H. Oesterreicher, neben Münz die einzige mehrseitige Publikation blieb[73].

Eine große Bedeutung erlangte das Verfahren erst mit dem Aufkommen der Chromolithographie für die Verdeutlichung von Krankheitsbildern, die mit einer Farbveränderung verbunden sind,

> »und das so entschieden, daß man sagen darf, ohne die Erfindung und den bald einsetzenden Gebrauch des farbigen Steindrucks [...], hätte es keine pathologische Anatomie als allgemeine Grundlage der medizinischen Abbildung gegeben«[74].

Außer dem anatomischen nimmt das mathematische Lehrbuch *Anleitung zur Geometrie für Künstler und Werkleute mit vorzüglicher Hinsicht auf die Baukunst und die damit verwandten Künste von Hermann Mitterer, öffentlichen Lehrer der Zeichnungs-Kunst am königlichen Gymnasium, und der bürgerlichen Feyertagsschule in München. Mit im Contexte beygedruckten lithographischen Figuren. München 1809. In Commission bey Jos. Lentner* im Zusammenhang mit der lithographierten Abbildung im wissenschaftlichen Buch eine besondere Position ein, da die Abbildungen erstmals nicht auf einzelnen Tafeln oder im Anhang erschienen, sondern in den nach dem Buchdruckverfahren vervielfältigten Text integriert wurden. Die Kombination von Text und Abbildungen, die Mitterer nach eigenen Angaben »zu mehrerer Bequemlichkeit im Contexte beydrucken«[75] ließ, stellte nicht nur eine drucktechnische Novität dar, sondern war auch Ausdruck eines neuen didaktischen Konzepts und einer damit verbundenen veränderten Präsentation von Lehrinhalten. Die direkte Veranschaulichung des im Text erläuterten Stoffes förderte die gerade bei der Geometrie so wichtige räumliche Vorstellung, und der Aufbau erleichterte generell die Vermittlung und das Erlernen des Inhalts, weil das Gelernte in diesem Beispiel direkt mit Hilfe von Figuren vertieft werden konnte.

Die Annahme Ferchls, daß in diesem Werk erstmals Lithographie und Typographie verbunden wurden, ist durch die Auffindung eines von Mitterer handschriftlich angelegten, als Lagerkatalog verwendeten Verzeichnisses widerlegt.

Die 400 Abbildungen unterbrechen in 290 Fällen an verschiedenen Stellen die 329 Textseiten, die jeweils am äußeren Kopfsteg paginiert und durch eine zwei Punkt feine, 2,9 cm lange Linie begrenzt sind, welche manchmal mit dem Text kollidiert. Die geometrischen Figuren selbst sind sehr regelmäßig ausgeführt, Strich-, Punkt- und Schriftelemente korrekt miteinander kombiniert, die Figuren exakt und in ihrer räumlichen Dimension durch Verwendung von Schraffuren wiedergegeben und mit Buchstaben oder Fachbegriffen beschriftet. Die Details erscheinen einschließlich der kleinsten Winkel sorgfältig und präzise, was Mitterer, der in der Vorrede die »größere Reinheit« der lithographierten Figuren gegenüber den Holzschnitt-Illustrationen betonte, auf das lithographische Verfahren zurückführte[76].

Das herausragende didaktische Konzept des Lehrbuches wurde jedoch zunächst wieder aufgegeben, da die Kombination von Lithographie und Buchdruck sehr umständlich war:

> »Diese gut gelöste technische Leistung bot anscheinend doch soviel Schwierigkeiten, daß Mitterer es in der Folge wieder beim üblichen Verfahren der Zeit beließ, und die Figuren auf besonderen Tafeln am Ende des Buches beifügte.«[77]

Nachdem die Bedeutung der Lithographie im wissenschaftlichen Buch als qualitativ gutes, preisgünstiges Verfahren und die damit verbundene Möglichkeit, kostengünstiges Lehrmaterial zur Verfügung zu stellen und dem Interesse des Bildungsbürgertums gerecht zu werden, belegt ist, wird hier aufgrund den bereits sich ergebenden Überschneidungen mit dem Lehr- und dem Sachbuch in der letztgenannten Kategorie lediglich auf einen begrenzten Bereich, den der Handarbeitsanleitungen eingegangen.

### *2.4 Die lithographische Technik in populärwissenschaftlichen Werken*

Im Zusammenhang mit dem populärwissenschaftlichen Buch, seit der Mitte des 20. Jahrhunderts auch als Sachbuch bezeichnet, das die Funktion hat, wissenschaftliche Inhalte durch eine allgemein verständliche Darbietung dem Laien zugänglich zu machen, zu dem aber weiterhin alle Bücher mit sachlicher Grundlage gerechnet werden, soll hier eine Konzentration der Untersuchung auf Handarbeitsanleitungen als frühes Verwendungsgebiet der Lithographie erfolgen.

73 Vgl. WINKLER (siehe Anm. 14), S. 178.
74 PUTSCHER (siehe Anm. 69), S. 54.
75 WINKLER (siehe Anm. 14), S. 159.
76 Vgl. ebd.
77 Ebd., S. 11.

Die Produktion der lithographischen Inkunabelphase weist viele solcher Publikationen auf, die oftmals eine Neuauflage oder Erweiterung durch neue Hefte, Musterbögen o.ä. erfuhren. Beispielsweise erschienen von den ersten, von Senefelders Brüdern im Jahre 1800 mit Kreide und chemischer Tinte auf Stein gezeichneten *Neunzehn Bögen Strickmuster* mehrere Folgen, und von den *Stickmustern* aus dem Jahre 1804 kamen drei Serien heraus, bevor die königliche Beschäftigungsanstalt am Anger in München 1805 wiederum *Neue Muster zum Sticken* mit 12 nach der Federlithographie erstellten Vorlagetafeln veröffentlichte[78].

Das in diesem Abschnitt beispielhaft aufgeführte Werk erschien 1805/1806 in Senefelders 1803 gegründetem Wiener Verlag unter dem Titel *Zeichenbuch der Strick=und Näharbeiten für Anfänger, mit 27 meist illuminierten Kupfertafeln. Wien im Verlag der k.k.priv. Chemischen Druckerey.* Die Bezeichnung der Lithographien als Kupferstiche erfolgte nicht, wie Ferchl vermutete, aus Gewohnheit, sondern weil der Steindruck ein nur geringes Ansehen genoß und der Kupferstich als teureres Verfahren besser bezahlt wurde[79].

Die wahrscheinlich vom Erfinder selbst ausgeführten Muster befinden sich auf etwa 13×22 cm umfassenden, aufgeklebten Tafeln, die oben rechts numeriert, und zu jeweils drei auf einer einfachen, sechs auf einer Doppelseite gruppiert wurden. Die Blätter der ersten vier Seiten zeigen vier über einem Raster gezeichnete Muster, die auf der gegenüberliegenden Seite nochmals farbig erscheinen. Die Kolorierung ist jedoch meist nicht korrekt, da einige Farbanteile das Rasterelement entweder nicht ausfüllen oder darüber hinausragen, daher ergibt sich ein inexaktes, verschwommenes Bild. Beginnend von S.5 entfallen sowohl Raster als auch die symmetrische Anordnung, und die weiteren Ornamente, Alphabete etc. sind durchgehend koloriert. Abgesehen von der nachlässigen farbigen Gestaltung zeigen die Muster eine äußerst präzise Ausführung ohne Unregelmäßigkeiten in der Form oder bei den verschiedenen Linienelementen, die Strichführung ist so professionell, daß durch sie ein blasserer oder dunklerer Eindruck entsteht.

Hiermit soll der Bereich der lithographischen Illustration vorerst abgeschlossen und auf den Einsatz von lithographierter Schrift in Schul- und Lehrbüchern eingegangen werden.

### *2.5 Die lithographische Herstellung von Lehr- und Schulbüchern*

Wie einleitend in den Ausführungen zu den vielfältigen Erscheinungsformen und Verwendungsbereichen lithographierter Schrift beschrieben, ist die

> »Möglichkeit der Wiedergabe von Schrift und Zeichen unabhängig von dem im Setzkasten der Buchdrucker vorhandenen Typenvorrat [...] als Vorzug der Lithographie in den frühen Dokumenten nirgends ausdrücklich erwähnt.«[80]

Die manuelle Anfertigung eines ganzen Werkes in Druckschrift wurde vielmehr ebenso ausgeschlossen wie die Ausführung in Schreibschrift. Dennoch eignete sich die Übertragungstechnik für die Anwendung in einigen Ausnahmebereichen, beispielsweise dem Druck von Schulbüchern und Faksimiles oder der Reproduktion fremdsprachlicher Texte. Im Kontext des Anfang des 19. Jahrhunderts einsetzenden, wachsenden wissenschaftlichen und politischen Interesses an fremden Völkern dürfte der letztgenannten Verwendungsform der Lithographie besondere Bedeutung zugekommen sein. Ein solcher Zusammenhang wurde in der Literatur bislang ebensowenig aufgegriffen wie eine vergleichende Analyse lithographierter und nach dem Buchdruckverfahren angefertigter Lehrbücher für Fremdsprachen, auf die nur verwiesen werden kann.

Ein wichtiger früher Anwendungsbereich lithographierter Schrift stellte die Produktion von Schul- und Lehrbüchern dar, bei der die Vervielfältigung von Schreibschriften ausdrücklich erwünscht bzw. erforderlich war. Mit der Verstaatlichung des Schulwesens in Bayern am 23. Dezember 1802 und der damit einsetzenden Schulpflicht für Kinder vom sechsten bis zum zwölften Lebensjahr trat eine grundlegende Änderung der Situation und des Marktes für Schul- und Lehrbücher ein. Infolge des Bedarfs wurde noch im selben Jahr die Königliche Central-Schulbuch-Handlung als staatlicher Schulbuchverlag in München eingerichtet, dem die Vervielfältigung der benötigten Lehrwerke oblag, für deren Herstellung aufgrund der einfachen Druckformherstellung in der benötigten Schreibschrift, der möglichen hohen Auflage sowie des günstigen Preises die Lithographie zur Anwendung kam. Dies war allerdings nur möglich, weil die Brüder Senefelders dessen Privilegium illegal an den bayerischen Staat verkauft hatten[81].

78 Vgl. ebd., S.238.
79 Vgl. HENKER (siehe Anm. 13), S.79.
80 IMIELA (siehe Anm. 19), S.69.
81 Vgl. HENKER (siehe Anm. 13), S.80.

**Abb. 15** Prachtseite B des nicht erschienenen Werkes: Duorum Psalteriorum Moguntinorum inter primitias artis typographicae annis 1457 et 1459 impressorum Specimina ... Hrsg. von FRIEDRICH VON SCHLICHTEGROLL (Aus: WILHELM WEBER: Aloys Senefelder. Frankfurt/Main: Polygraph Verlag 1981, S. 29)

Der abgebildete Text »Habe acht auf Dich selbst...« aus den im Jahre 1813 von dem staatlichen Schulbuchverlag herausgegebenen *Vorschriften für die Volksschulen des Königreiches Baiern* verdeutlicht das Selbstverständnis und den Anspruch der Volksschulen zu Beginn des 19. Jahrhunderts. Das von einem unbekannten Lithographen nach der Steingravur erstellte Werk im Format 18 × 20 cm umfaßt fünf Blätter. Die ersten drei enthalten Buchstabenvorlagen für Klein- und Großbuchstaben, Zahlenbeispiele mit arabischen und römischen Ziffern und Zusammenlaute. Das vierte Blatt zeigt den aufgeführten, 13 Zeilen umfassenden und im Mittelsatz angeordneten Text in deutscher Schreibschrift, das fünfte einen weiteren kurzen Spruch in Druckschrift mit zahlreichen Verzierungen. Sämtliche Bestandteile des Heftes zeigen eine sehr sorgfältige und präzise Ausführung und verdeutlichen so die Eignung der Lithographie für diesen Bereich.

Das bereits im Jahre 1812 von der Feiertagsschule unter der Leitung Hermann Mitterers herausgegebene Schulbuch *Erster Schreib- und Lese Unterricht nach der Graser'schen Unterrichts=Methode,* von einem unbekannten Lithographen unter Verwendung der Schreibschrift nach der Federlithographie ausgeführt, war für einen anderen Leser- bzw. Benutzerkreis bestimmt. Aufgrund des bei Jugendlichen und Erwachsenen noch weit verbreiteten Analphabetentums hatte die Feiertagsschule die Aufgabe übernommen, speziell diese Gruppe zu unterrichten. Um das benötigte Lehrmaterial wiederum in der benötigten Schreibschrift und hohen Auflage zu einem günstigen Preis herstellen zu können, wurde ihr im Jahre 1805 die lithographische Kunstanstalt angegliedert[82].

Das mit etwa 10 × 17 cm sehr kleinformatige Werk enthält eine acht Seiten umfassende, als »Vorerinnerung« bezeichnete Erläuterung der Unterrichtsmethode Grasers, die auf einer möglichst schnellen Vermittlung der Lehrinhalte basierte. Das hierzu entwickelte Programm sah die Betonung des Zeichnens möglichst weniger, in Stammbilder zusammengefaßter und auf mathematische Vorstellungen zurückzuführender Figuren auf der Grundlage der lateinischen Schreibschrift vor. Der folgende praktische Teil enthält acht einseitig angeordnete und umrahmte Schriftmustertafeln im Format 6 × 12 cm mit Buchstabenbeispielen, Doppellauten und anderen Übungen in lateinischer und deutscher Schreibschrift. Das Werk zeigt wiederum eine sorgfältige und korrekte Ausführung.

Die lithographische Produktion von Lehrbüchern beschränkte sich nicht nur auf den Gebrauch an Volks- bzw. Elementarschulen, sondern umfaßte zusätzlich Lehrmittel für den Unterricht an

82 Vgl. ebd., S. 79.

weiterführenden Lehranstalten oder für den Selbstunterricht.

Die 1834 außerhalb der Inkunabelphase erschienene *Anleitung zur deutschen Rede-Zeichen-Kunst oder Stenographie von Franz Xaver Gabelsberger [...]. Im Verlage des Verfassers. Buchdr. Carl Wolf. Steindr. I. B. Dresly* verdeutlicht in besonderer Weise die Vorzüge der Lithographie bei der Wiedergabe komplizierter, mit beweglichen Typen kaum ausführbarer Texte. Der Autor, einer der maßgeblichen Entwickler des deutschen Systems der Stenographie, arbeitete ab 1809 an der Feiertagsschule mit dem neuen Verfahren. Das Lehrbuch ist unterteilt in einen ersten »allgemeinen geschichtlichen und theoretischen Theil«, 142 nach dem Buchdruckverfahren vervielfältigte Seiten, und einen zweiten »besonderen, praktischen«, 224 Seiten Kurzschriftenbeispiele, Anleitungen etc. umfassenden Abschnitt, der von dem Lithographen Dresly, vermutlich unter Verwendung der Autographie oder der Methode des direkten Schreibens angefertigt wurde.

Das abgebildete Beispiel weist insofern auf die Eignung der lithographierten Schrift auf diesem Gebiet, da solche Passagen, wenn überhaupt, nur unter großem Aufwand mit Typen zu setzen oder in Kupfer zu stechen wären.

Auch bei der Vervielfältigung chemischer oder mathematischer Formeln wurde die Lithographie eingesetzt. In diesem Zusammenhang entwickelte der Göttinger Mathematiker Felix Klein in der zweiten Hälfte des 19. Jahrhunderts sogenannte »autographierte Vorlesungshefte« als Spezialform des Lehrbuchs. Um den Studenten das formale Nachschreiben zu ersparen und »früheren Schülern oder befreundeten Gelehrten von dem Inhalte meiner jedesmaligen Vorlesungen Mitteilungen zu machen«[83], schrieb er den Inhalt der Vorlesungen mit autographischer Tinte auf Spezialpapier und ließ sie anschließend vom Teubner-Verlag vertreiben. Damit war die Lithographie endgültig im Wissenschaftsbetrieb etabliert.

Einen weiteren Anwendungsbereich lithographierter Schrift in wissenschaftlichen Publikationen bilden die ersten Faksimilearbeiten.

### *2.6 Der lithographische Faksimiledruck*

Die Möglichkeit der Wiedergabe alter und auch neuer, nach einem anderen Druckverfahren erstellter Werke durch die Lithographie wurde vom Erfinder noch vor der Jahrhundertwende vom 18./19. Jahrhundert erkannt, als Einsatzgebiet der neuen Technik ausdrücklich angeführt und umgesetzt. Unter seiner Leitung erschien bereits 1808 die erste, in der Druckgeschichte ausdrücklich als »Fac simile« benannte Wiedergabe des sogenannten *Türkenkalenders,* und im Lehrbuch ist eine ebenfalls als »Fac simile« bezeichnete Seite aus »dem ältesten mit der Jahrzahl belegten Buche«, dem Mainzer Psalter aus dem Jahre 1457, enthalten.

Senefelder umriß im Lehrbuch zwei Methoden für die Herstellung von Faksimiles, zum einen das von ihm nicht abschließend entwickelte, später als anastatischer Druck bezeichnete Verfahren, und zum anderen eine spezielle Form des Um- bzw. Überdrucks zur Gewinnung einer Druckform, von der eine neue Auflage gedruckt werden konnte[84]. In der Inkunabelphase kamen jedoch beide Techniken nicht zur Anwendung. Die benötigte neue Druckform entstand in diesem Zeitabschnitt durch Nachzeichnen oder Durchpausen auf den Stein oder auf Umdruckpapier. Die Methode erwies sich aufgrund des notwendigen Zwischenschritts für eine möglichst originalgetreue Wiedergabe als nur bedingt geeignet, daher blieb das in den 20er Jahren des 19. Jahrhunderts entwickelte Nachzeichnen auf über das Originaldokument gelegtes, lichtdurchlässiges Umdruckpapier aufgrund der Genauigkeit die bis zur Erfindung der Fotographie übliche Methode. Das auf dem anastatischen Verfahren basierende Modell, das eine Behandlung des Dokuments mit Gummiwasser und fetthaltiger Farbe vorsah, wurde offensichtlich nicht praktiziert, da vermutlich Schäden an dem Original entstanden wären[85]. Dennoch bildete dieser Prozeß die Grundlage der in Abgrenzung zur sogenannten »Chalcolithographie«, als der Übertragung von gestochenen Platten, als »Typolithographie« bezeichneten Übertragung von alten Drucken auf den Stein, die ab 1830 vorwiegend in Frankreich einen florierenden Wirtschaftszweig darstellte. Dort hatte ein im Jahre 1834 von der Société d'Encouragement ausgeschriebener Preis die Entwicklung eines speziellen lithographischen Verfahrens forciert, für das, nun als »Lithotypographie« bezeichnet, Paul und Auguste Dupont im Jahre 1839 ein Patent erhielten[86].

Die Zahl der Faksimilierungsarbeiten, die sich in der ersten Hälfte des 19. Jahrhunderts meist auf die Wiedergabe einzelner Seiten beschränkten, wuchs ab 1890 sprunghaft an, allerdings kam bei der Her-

83 JÜRGEN WEISS: Steindruck und autographierte Vorlesungshefte. In: Papier und Druck 1989, S. 285.

84 Vgl. SENEFELDER (siehe Anm. 11), S. 35f.

85 Vgl. TWYMAN (siehe Anm. 10), S. 201.

86 Vgl. ebd., S. 213.

**Abb. 16** Tafel aus dem Turnierbuch Herzog Wilhelm des Vierten von Bayern (Aus: WILHELM WEBER: Aloys Senefelder. Frankfurt/Main: Polygraph Verlag 1981, S. 28)

stellung nicht mehr die Lithographie, sondern der Lichtdruck zur Anwendung[87].

Die Anfang des 19. Jahrhunderts einsetzende Bestrebung, alte Drucke, Dokumente, Handschriften etc. wiederzugeben, geht wiederum auf eine veränderte Situation zurück: auf die 1803 durchgeführte Säkularisation in Deutschland, durch die viele Werke aus den bislang verschlossenen Stifts- bzw. Klosterbibliotheken an die Öffentlichkeit gelangten. Die Faksimilierung sollte nicht nur die wertvollen Bestände vor Beschädigung oder Verlust bewahren, sondern diese in weiten Kreisen bekannt machen. Zusätzlich wollte man bibliophilen Interessen gerecht werden und die Forschung verschiedener Sparten fördern. Einige Autoren sehen das aufkommende Interesse an Faksimiles auch im Kontext des geistesgeschichtlichen Hintergrundes, als »Zeugnis für die Rückbesinnung auf die spätmittelalterliche deutsche Tradition, und [...] dadurch in Übereinstimmung mit der Romantik«[88]. Angesichts dieses Hintergrundes verwundert es nicht, daß die ersten Faksimilierungen ausschließlich auf die Anregung und die Initiative des Geschäftspartners Senefelders und mit der Durchführung der Säkularisation in Bayern betrauten Königlichen Central-Bibliothek-Direktor von München, Johann Christoph Freiherr von Aretin, erfolgten.

Das erste in der Druckgeschichte mit Sicherheit nachzuweisende, vollständige Faksimile einer Inkunabel, betitelt als *Vollständiges lithographisches Facsimile des ältesten bisher bekannten deutschen*

87 Vgl. MICHAEL FABER: Senefelders erstes Faksimile. In: BBL 155 (Leipziger Ausg.) (1988), S. 571.
88 IMIELA (siehe Anm. 19), S. 96.

*Druckes: Eyn manung der cristenheit widder die durken* befindet sich im Anhang des von Aretin anläßlich der zum 50. Geburtstag einberufenen, öffentlichen Sitzung der Akademie der Wissenschaften vom 28. März 1808 gehaltenen und publizierten Vortrages *Über die frühesten universalhistorischen Folgen der Buchdruckerkunst*. Der vermutlich 1454 erschienene sogenannte *Türkenkalender* gelangte im Jahre 1806 in die Münchener Bibliothek, und veranlaßte den Bibliothekar »zur Bekräftigung und Erläuterung seiner druckhistorischen Überlegungen [...], der ›großen Wichtigkeit‹ wegen, ein ›diplomatisch und bibliographisch vollkommen genauen lithographischen Abdruck‹« herzustellen, und damit zugleich das von ihm selbst betriebene, noch nicht etablierte neue Druckverfahren vorzustellen. Zudem wies Aretin darauf hin, daß die Inkunabel ihre erste Faksimilierung durch wiederum eine Inkunabel des lithographischen Verfahrens erfuhr[89].

Senefelder selbst zeichnete die neun Seiten mit einer Feder direkt auf den Stein nach, druckte sie ab und führte dann die Rubrizierung mit roter Farbe mit einem Pinsel auf den dafür ausgesparten Stellen aus. Die an den Initialen angebrachten Hilfslinien sind noch zu erkennen und stellen den einzigen Kritikpunkt an der sehr genauen Wiedergabe dar. Der Druck erfolgte auf besonderem Papier: »To give extra authenticity, the facsimile was printed on antique laid paper, which was not commonly used in lithography at the time as it tended to make printing that more difficult.«[90] Die Wirkung des gelungenen Werkes blieb begrenzt, weil Aretin es im Gegensatz zu der von der Akademie der Wissenschaften gedruckten Abhandlung mit einem eigenen Titel versah und nur verteilte, »an wen es ihm beliebte. Ist besonders selten.«[91]

Das nächste vollständige Faksimile einer Inkunabel des Buchdrucks ist erst für das Jahr 1858 nachgewiesen, diesmal erfolgte die Wiedergabe mittels Zinntypen[92].

In diesem Zusammenhang muß darauf hingewiesen werden, daß gerade in der lithographischen Inkunabelphase »Technikimitation, Umdruck und Faksimile [...] häufig nicht ganz auseinanderzuhalten«[93] sind. Deshalb können nicht nur in der Literatur, sondern auch bei der Zuordnung der hier gewählten Beispiele in einigen Fällen Überschneidungen, insbesondere mit dem Gebiet der Reproduktion, auftreten.

Eine eindeutige Abgrenzung ist auch bei den 1808 in dem Münchener Kompagniegeschäft Senefelder, Gleißner und Co. auf die Initiative Aretins erschienenen *Albrecht Dürers Christlich-Mythologischen Handzeichnungen* nicht möglich, da das als Faksimile bezeichnete Werk nur einen Teil der Zeichnungen der Vorlage, des Gebetbuches Kaiser Maximilians aus dem Jahre 1514, enthielt und auf die Wiedergabe des Textes ganz verzichtet wurde. Zudem gab es zwei verschiedene Ausgaben, von denen die eine in Schwarz und nur die andere, dem Original entsprechend, in roter, grüner und violetter Farbe sowie mit unterschiedlichen Schattierungen ausgeführt war. Beide Ausgaben enthielten ein lithographiertes Titelblatt, ein Bildnis Dürers und eine zweiseitige, von Senefelder verfaßte und autographierte Vorrede. Der für die Reproduktion der Randzeichnungen verpflichtete Zeichner und Lithograph Johann Nepomuk Strixner, dessen Name auf jedem Blatt als »N. Strixner fecit« erscheint, erhielt nach dem am 17. März 1807 mit dem Unternehmen geschlossenen Vertrag 11 Gulden Bezahlung pro Blatt und sechs Abzüge auf Velinpapier, durfte jedoch bis zum Abschluß der Arbeit keine andere übernehmen. Das Werk mit 43 auf je einem Velin-Blatt im Format 51×35 cm wiedergegebenen Randzeichnungen erschien in sieben Lieferungen zu je sechs, die achte zu sieben Blatt[94].

Die originalgetreue Wiedergabe durch die Federlithographie gelang in hervorragender und aufsehenerregender Qualität. Senefelder berichtete:

> »[...] die baldige Herausgabe von Albrecht Dürers Gebethbuch begründete unserem Institute eine ehrenvolle Aufnahme. Dieses Werk fand bei allen Kunstliebhabern großen Beyfall, und man fing allmählig an, sich immer mehr zu überzeugen, daß die neue Druckart, welche noch wenig Freunde zählte, nicht so unwichtig sey, als man fast aller Orten zu glauben gewohnt war.«[95]

Goethe schrieb im Februar 1808 an den Präsidenten der Akademie der Wissenschaften: »Man hätte mir soviel Dukaten schenken können, als nötig sind, die Steinplatten zuzudecken, und das Geld hätte mir nicht so viel Vergnügen gemacht als diese Werke.«[96] Bereits 1817 erschien die englische und 1820 die zweite von vier folgenden Ausgaben mit acht zusätz-

89 Vgl. LOTHAR POETHE: Vor 180 Jahren: Senefelder und sein erstes »Vollständiges Fac simile ...« eines Druckes. In: Papier und Druck 1988, Heft 4, S. 173.
90 TWYMAN (siehe Anm. 10), S. 203.
91 FERCHL (siehe Anm. 14), S. 168.
92 Vgl. ERNST CROUS: Faksimilia von Wiegendrucken. In: Zeitschrift für Buchkunde 1 (1924), S. 149.
93 IMIELA (siehe Anm. 19), S. 96.
94 Vgl. HENKER (siehe Anm. 13), S. 36.
95 SENEFELDER (siehe Anm. 11), S. 103.
96 Zitiert nach HENKER (siehe Anm. 13), S. 36.

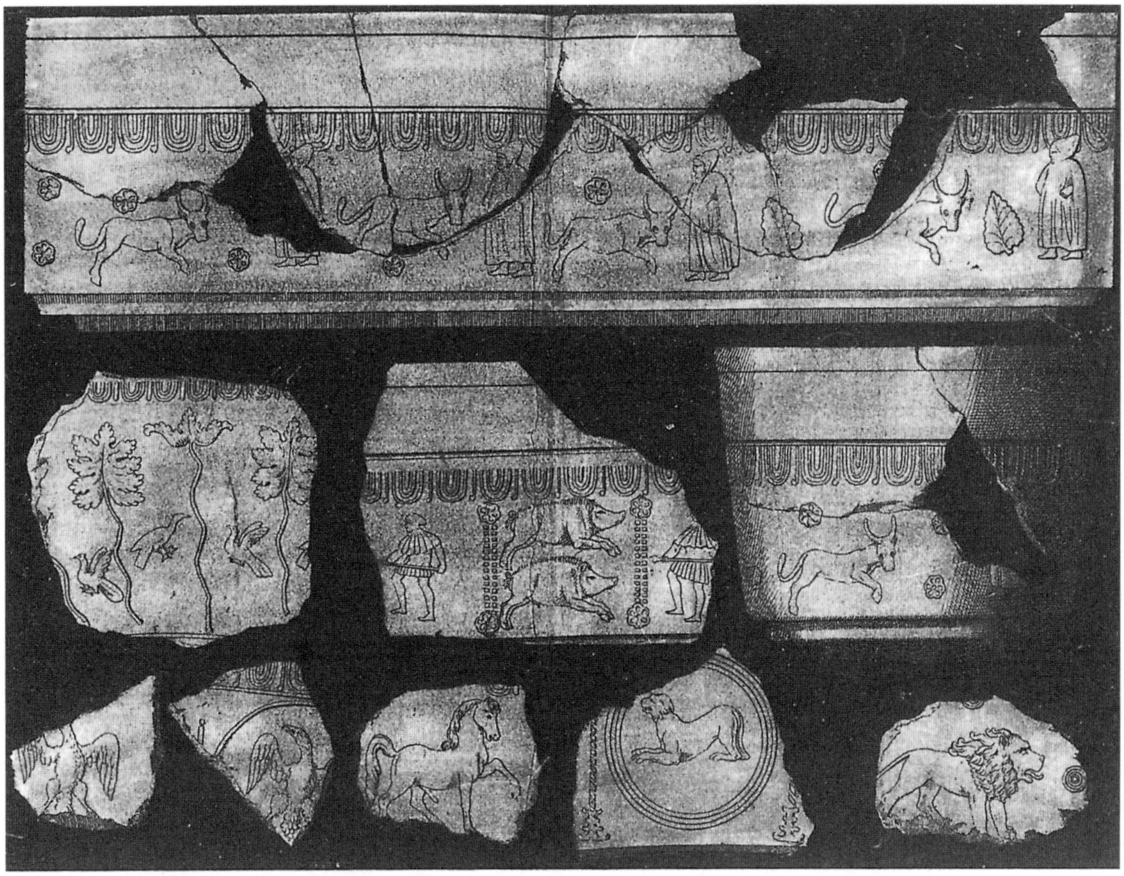

**Abb. 17** Sarkophag, Vase und sieben Bruchstücke auf schwarzem Grund. Aus: Sammlung römischer Denkmäler in Baiern. Hrsg. von der Königl. Akademie der Wissenschaften. München: (wahrscheinlich Senefelder) 1808, Heft 2, Tab. VIII (Aus: Michael Henker u. a.: Von Senefelder zu Daumier. München: Saur 1988, S. 82)

lichen Randzeichnungen von Lucas Cranach. Diese waren 1818 als Fortsetzung unter dem Titel *Des aelteren Lucas Müller genannt Cranach Handzeichnungen. Ein Nachtrag zu Albrecht Düreres christlich mythologischen Handzeichnungen* bei dem Zellerischen Kunst Magazin erschienen. Außer dem eigentlichen Bildteil enthielt der Band eine zweiseitige Einleitung, Informationen zum Original, ein Verzeichnis der Abbildungen und die faksimilierte Seite des Gebets »De Sancta Barbara«. Die Analyse der acht gut ausgeführten, von unterschiedlichen Lithographen nachgezeichneten Randzeichnungen bleibt problematisch, weil die Zahl der Zeichner bei Ferchl merkwürdigerweise die der Abbildungen überschreitet und keine Angaben zur Verbreitung und Wirkung vorliegen; auch sind keine Rezensionen bekannt[97].

Dagegen steht fest, daß das Faksimile einiger Seiten aus dem Mainzer Psalter von Fust und Schöffer aus dem Jahre 1457 unter dem Titel *Duorum Psalteriorum Moguntinorum inter primitias artis typographicae annis 1457 et 1459 impressorum Specimina accurata arte lithographica diligentissime depicta. Ob summam raritatem illorum librorum et ne innumeri bibliophili eorum autopsia plane carerent edidit et illustravit Fridericus Schlichtegroll. Monachii 1822* geplant war, nie erschien und daß das in der Bayerischen Staatsbibliothek vorhandene Exemplar Unikat blieb[98].

Wie aus dem Vermerk des in Stein gravierten Titelblattes hervorgeht, lag der faksimilierte Teil 1820 zwar vor, doch konnte das Werk wegen des Todes seines Herausgebers, Friedrich von Schlichtegroll nicht fertiggestellt werden. Die acht ohne Seiten- oder Quellenangaben, nur durch das Titelblatt gekennzeichneten Blätter enthalten weder Angaben zum ausführenden Lithographen noch zur verwen-

97 Vgl. Ferchl (siehe Anm. 14), S. 177.
98 Vgl. ebd., S. 178 f.

deten Manier. Sie zeigen sieben Seiten aus dem Psalter sowie das Druckersignet von Fust und Schöffer in den dort verwendeten drei Farben Rot, Blau und Schwarz. Die Faksimilierung gilt als außerordentlich gelungen, daher legte Senefelder die Prachtseite B als Beispiel für lithographische Faksimilearbeiten dem Lehrbuch bei.

Bereits 1817 hatte Schlichtegroll die Wiedergabe des in die Hofbibliothek gelangten *Turnier Buchs Herzog Wilhelms des Vierten von Bayern 1510–1545* angeregt, was die Brüder Senefelders noch im selben Jahr ausführten. Die Druckformherstellung der 31 nach den Miniaturen von Hans II. von Ostendorfer angefertigten Tafeln erfolgte erstmals durch Abpausen des Originals und anschließendem Nachzeichnen mit der Feder auf den Stein. Das weitere Vorgehen bleibt unklar: Einige Forscher nehmen an, daß von den zwei Ausgaben eine schwarz gedruckt und handkoloriert wurde und nur ein geringer Teil der Exemplare den aufwendigen Silber- und Goldvordruck zeige[99], der dagegen nach Ansicht anderer Forscher Grundlage aller weiterhin handkolorierten Exemplare war[100]. Tatsächlich führte Senefelder im Lehrbuch eine Seite des Werkes als Beispiel für den Silberdruck an. Das Werk enthielt außer dem Bildteil einen zweiseitigen Vorbericht, eine Beschreibung des Originals, Erläuterungen der Tafeln und ein Widmungsblatt. Die Widmung an König Maximilian, der 20 Exemplare unterzeichnete, war erforderlich, weil die aufwendige Arbeit ohne dessen Vorfinanzierung nicht ausführbar gewesen wäre. Der Ladenpreis für die acht Lieferungen betrug fast 200 Gulden[101], daher kann, obwohl das Werk sehr gelungen war und eine Auflagenzahl nicht bekannt ist, nicht von einer weiten Verbreitung ausgegangen werden.

Vor der Analyse von Wirkung und Verbreitung dieser Publikationen bleibt auf die lithographische Reproduktion von Zeichnungen, Museumsbeständen oder anderen Sammlungen einzugehen.

### *2.7 Die lithographische Reproduktion von Originalgemälden, Sammlungen und Museumsbeständen*

Die Lithographie als druckgraphisches Verfahren, welches das vom Künstler als Druckform erstellte Werk nicht unmittelbar, sondern über eine mechanische Vervielfältigung zugänglich macht, wird in zwei verschiedene Kategorien eingeordnet: In die Originallithographie, wenn der Künstler selbst auf dem Stein oder Umdruckpapier arbeitet, und in die Reproduktionslithographie, wenn der fertige Entwurf des Künstlers oder Vorbildes darauf umgesetzt wird. Während der erste Bereich als sogenannte Künstlerlithographie noch heute praktiziert wird, nahm der zweite in der Inkunabelphase des Verfahrens eine wesentlich bedeutendere Position ein.

Aufgabe der Reproduktion ist die »Wiedergabe vorhandener Objekte in der ursprünglichen oder einer anderen Kunstform auf mechanischem Wege, wobei gleichzeitig eine Vervielfältigung des Originals erzielt wird«[102]. Dafür eignete sich die Lithographie aufgrund ihrer vielseitigen Möglichkeiten der Druckformherstellung in besonderem Maße, wie Senefelder 1801 in der Londoner Patentschrift feststellte. Dementsprechend früh setzte die Nachbildung einzelner Gemälde, Gemäldesammlungen, Handzeichnungen, Museums- oder Galeriebestände sowie die architektonischer oder archäologischer Besonderheiten ein. Die zahlreichen, und mit einem hohen Anteil an der Gesamtproduktion der lithographischen Inkunabelphase vertretenen Reproduktionswerke erschienen überwiegend als Mappenwerke in mehreren Lieferungen zu einem vergleichsweise niedrigen Preis, erregten daher »ungeheures Aufsehen« und erfuhren eine weite Verbreitung[103].

Beide Faktoren werden heute unterschiedlich bewertet. Die eine Seite erkennt darin eine »neuartige Kunstvermittlung, die nicht wie bisher an einen bestimmten Ort gebunden war« und die »zur intensiven Bewegung auf dem Gebiete der Kultur« verhalf[104], und geht zudem davon aus, daß das völlig neue Ausmaß der Reproduktionen eine Vermittlung der Inhalte über den begrenzten Kreis einiger interessierter Wissenschaftler hinaus bewirkt habe. Dagegen beklagt die andere Seite den ihrer Ansicht damit verbundenen künstlerischen Verfall und weist der Lithographie die Funktion zu, »das breite untere Spektrum [der Gesellschaft] [...] mit billigen, in hoher Auflage herzustellenden Bilderdrucken«[105] versorgt zu haben. Die Vertreter beider Thesen nehmen keine Differenzierung innerhalb des Zeitraumes von 1800 bis 1850 vor, in dem tatsächlich, zeitlich versetzt, beide Theorien zutra-

99 Vgl. ebd., S. 176.
100 Vgl. CARL WAGNER: Alois Senefelder. Leipzig 1914, S. 183.
101 Vgl. FERCHL (siehe Anm. 14), S. 176.
102 CARL KAMPMANN: Die graphischen Künste. Leipzig 1905, S. 5.
103 Vgl. WILHELM WEBER: Aloys Senefelder. Frankfurt/Main 1981, S. 9.
104 ALES KREJCA: Die Techniken der graphischen Kunst. Hanau 1983, S. 141.
105 HANS SCHLAGNITWEIT: Reproduktionslithographien. Diss. München 1983, S. 20.

fen. In Verbindung mit einem um etwa 1830 einsetzenden Qualitätsverlust und nochmals gesteigerter Auflagenhöhe erfuhr die Bewertung des Bereichs auch in der zeitgenössischen Literatur eine Umkehrung vom »Publikumserfolg« zur »Plage«[106].

Die Analyse der ausgewählten Beispiele soll weniger im Hinblick auf ihre künstlerische Gestaltung, als auf ihre Bedeutung im zeitgeschichtlichen Kontext und auf die Entwicklung der Lithographie erfolgen.

Im Jahre 1806 erstellte einer der ersten bedeutenden Lithographen, Dominic Qualgio, 58, als »Versuche« bezeichnete Blätter mit Abbildungen architektonischer Besonderheiten in Deutschland, und 1808 erschien das erste umfangreiche Werk, die *Sammlung römischer Denkmäler in Baiern,* herausgegeben von der Akademie der Wissenschaften, mit 23 den im Buchdruck vervielfältigten Textteilen in zwei Beilagen zugefügten lithographierten Abbildungen.

Das hier aufgeführte Blatt stellt die Reste einer erst im Jahre 1807 im Rahmen einer Ausgrabung römischer Siedlungen und Manufakturen in der Nähe von Rosenheim entdeckten Vase und einen Sarkophag dar, die von dem Lithographen Ferdinand Schiesl mit der Feder auf den Stein abgezeichnet, von Alois Senefelder gedruckt und anschließend mit dem Pinsel handkoloriert wurden. Bei den von verschiedenen, oftmals nicht bekannten Lithographen erstellten Abbildungen kamen außerdem die Steingravur und die Kreidelithographie zur Anwendung[107].

Auf dem Gebiet der Reproduktion von Museumsbeständen etc. kam nach einigen Vorarbeiten, die Johann N. Strixner und Ferdinand Piloty für das von Senefelder 1808 herausgegebene Musterbuch seiner Steindruckerei angefertigt hatten, ab dem 1. Mai 1810 die von Goethe als »das für sich selbst bestehende, reichhaltigste Inkunabelwerk des Steindruckes in der Welt«[108], die von Senefelder erarbeiteten und nach dem Verkauf seiner Druckerei im Jahre 1809 von Johann Christian von Mannlich weitergeführten *Oeuvres lithographiques,* heraus. Die »Wiedergaben nach Handzeichnungen der königlichen Sammlung« enthielten zudem Kopien nach Fresken der italienischen Renaissance, zum Teil von Mannlich persönlich in Italien gezeichnet, sowie Porträts von Mitgliedern der königlichen Familien, insgesamt 432 Reproduktionen, die bis 1816 in 72 monatlichen Lieferungen zu je sechs Blatt erschienen. Auch hier waren bis auf einige Ausnahmen Johann N. Strixner und Ferdinand Piloty die ausführenden Lithographen, die sich vorwiegend der Kreidelithographie bedienten, welche Senefelder im Lehrbuch »zum Copiren von Gallerie=Gemälden vorzüglich« geeignet wertete. Er kritisierte jedoch die Arbeit der Drucker und meinte: »Manche Blätter würden gar keinen Wunsch mehr übrig lassen, wenn die Zeichnung ebenso vollkommen auf dem Papier erschiene, als sie vorher auf der Steinplatte war.«[109]

Die Reproduktionen, deren künstlerischer Wert hier nicht besprochen werden kann, hatten großen Einfluß auf den Bekanntheitsgrad der Lithographie und ihre Verbreitung, da auf die Veröffentlichung hin viele Kunstkenner aus dem Ausland nach München kamen, den Steindruck erlernten und anschließend in ihren Heimatländern einführten. Die Verbreitung des 560 Gulden teuren Gesamtwerks kann aufgrund fehlender Angaben zur Auflagenhöhe nicht genau ermittelt werden. In diesem Zusammenhang gibt Ferchl an, das Werk sei rar geworden und Schlichtegroll empfahl es als »Seltenheit erster Größe« wegen der Reichhaltigkeit der wenigen verbliebenen Exemplare und des breiten Spektrums lithographischer Manieren den Bibliotheken zur Anschaffung[110].

Kaum war die Folge abgeschlossen, setzte die Herausgabe der 50 Lieferungen mit 200 Blättern umfassenden, ebenfalls von Johann Chr. von Mannlich initiierten und von Strixner und Piloty ausgeführten Reproduktionen *Königlich Baierischer Gemälde-Saal zu München und Schleißheim* ein. Die über Subskription zu erwerbende Publikation, von der weder Preis noch Auflage bekannt sind, erregte breite Aufmerksamkeit und große Anerkennung. Beispielsweise ließ die königliche Akademie der schönen Künste in Paris 1817 ihre Wertschätzung an Mannlich übermitteln[111], und in der Besprechung des Werkes im *Baierischen Nationalblatt* Nr. 24 vom 17. Juni 1820 heißt es:

»Wenn man sich aus der Anschauung dieser herrlichen Kunstwerke überzeugt, mit welcher Wahrheit die Originale wiedergegeben werden, welche Kraft und Milde die Steinabdrücke gestatten [...], was die großen Meister aus den Kupferplatten nicht leicht herausarbeiten können [...] so erregt es gerechte Bewunderung, um so niedrige Preise so schöne herrliche Bil-

106 Vgl. CARL WAGNER: Das Flachdruckgewerbe in den letzten hundert Jahren. In: Archiv für Buchgewerbe und Gebrauchsgraphik 1934, S. 101.
107 Vgl. HENKER (siehe Anm. 13), S. 83, und WINKLER (siehe Anm. 14), S. 293.
108 Zitiert nach FERCHL (siehe Anm. 14), S. 172.
109 SENEFELDER (siehe Anm. 11), S. 127.
110 Vgl. FERCHL (siehe Anm. 14), S. 172.
111 Vgl. HENKER (siehe Anm. 13), S. 36.

der erwerben zu können, ein Preis, der mit dem Wert des erhaltenen Kunstwerks – im Vergleich jener vom gelungenen Kupferstich – in keinem Verhältnis steht.«[112]

Außer Qualität und Preis des lithographischen Verfahrens wurde allgemein die Schnelligkeit und Leichtigkeit der Herstellung hervorgehoben. So beschrieb der Verleger Johann G. Zeller im Vorwort des 1820 erschienenen Reproduktionswerkes *Lithographirte Nachbildungen vorzüglicher, in großen öffentlichen und privat=Sammlungen aufbewahrter, Original-Gemählde gezeichnet von Aur, Murel, Quaglio u. a.* die Vorteile der Lithographie gegenüber dem Kupferstich wie folgt:

»[...] sie kommt schneller zum Ziel, sie hat nicht, wie jene, einen zweiten Künstler nöthig, der den Grabstichel führt, und nur dann vollkommene Stücke liefern kann, wenn er in der Zeichnung gleiche Stärke hat; sie vervielfältigt unmittelbar die Zeichnungen, wie sie der Künstler selbst entworfen hat.«[113]

Nach diesen ersten Reproduktionen erschienen ab 1820 eine ganze Reihe weiterer Galeriewerke, etwa die Wiedergabe der Sammlung Boisserée und Bertram aus Stuttgart[114]. Der französische Schriftsteller André Malraux bezeichnete die Vielzahl der Reproduktionen als

»imaginäres Museum, wie es noch niemals da war [...], es hat seine Pforten aufgetan: es wird die Intellektualisierung, wie die durch die unvollständige Gegenüberstellung der Kunstwerke in den wirklichen Museen begann, zum Äußersten treiben. Was die Museen angeregt hatten, geschah: der bildenden Kunst erschloß sich die Vervielfältigung im Druck«[115].

Nachdem einige Bereiche wissenschaftlicher Publikationen beispielhaft vorgestellt wurden, soll abschließend geklärt werden, inwiefern eine Auswirkung auf bzw. Wechselwirkung mit der Wissenschaft tatsächlich erfolgte, und welche Einflüsse auf ein spezifisches Rezeptions- oder Forschungsverhalten nachzuweisen sind.

### *2.8 Die Auswirkung auf bzw. Wechselwirkungen der Lithographie mit einem spezifischen Bildungsideal, Forschungs- und Rezeptionsverhalten*

Die bedeutende Funktion der Lithographie als schnell, preiswert und in hoher Auflage herzustellendes Druckverfahren im Kontext der eingangs angesprochenen, prägenden Faktoren der Wissenschaft zu Beginn des 19. Jahrhunderts, etwa der neuen, aus Forschungsreisen resultierenden Erkenntnisse, der Fortschritte in der Technik, darüber hinaus aber auch der Herausbildung des Bürgertums, konnte durch Publikationsbeispiele, unter Berücksichtigung ihrer Auflage, Preise, Gestaltung und Besprechung bestätigt werden.

Der »Deutsche Idealismus«, bis circa 1830 vorherrschende philosophische Bewegung, hatte maßgebliche Auswirkungen auf die Literatur und war einer der Ursachen für die Ablösung der im 18. Jahrhundert vorherrschenden Konzentration der Forschung auf die Naturwissenschaften mit der Folge, daß »das 19. das Jahrhundert der Geschichte und des von der Geschichte des Menschen auf die Natur übertragenen Entwicklungsgedankens«[116] wurde. Die damit verbundene Ausbildung eines neuen Geschichtsbewußtseins und die zunehmende Auseinandersetzung mit der Vergangenheit enthielten den Anspruch, ein wissenschaftlich fundiertes Geschichtsbild zu entwerfen[117]. Hier konnte die Lithographie mit Faksimilearbeiten bzw. Reproduktionen wichtiger Quellen, beispielsweise alter Dokumente, Unterlagen oder Abbildungen, als Ersatz des oftmals nur einmalig vorhandenen Originals, grundlegendes Forschungsmaterial zur Verfügung stellen. Weiterhin ermöglichte sie als Medium der Dokumentation, neue Erkenntnisse unmittelbar festzuhalten und in bisher unbekanntem Ausmaß zugänglich zu machen[118], wie es das Beispiel der Ausgrabung des römischen Magazins bei Rosenheim verdeutlichte. Damit war nicht nur einigen Wissenschaftlern die Reise zu Fundorten, Bibliotheken o. ä. erspart, sondern zugleich vervielfältigte sich die Einsicht in wichtige wissenschaftliche Publikationen und das rezipierende Publikum vergrößerte sich. So beschäftigten sich auch Wissenschaftler anderer Gebiete oder benachbarter Fachbereiche mit den leicht zugänglichen Erkenntnissen. Dieses wurde aufgrund der Schnelligkeit der lithographischen Herstellung wesentlich aktueller[119]. Die beiden Komponenten Originalersatz und schnelle Publikation neuer Erkenntnisse erlangten sowohl große Relevanz im Bereich der lithographischen Abbildung im wissenschaftlichen Fachbuch, als auch in Gemäldereproduktionen, die im Rahmen zunehmender kunstgeschichtlicher Arbeit nicht nur für Studenten grundlegendes Forschungsmaterial darstellten.

112 Zitat ebd., S. 36.
113 JOHANN G. ZELLER in: Lithographirte Nachbildungen vorzüglicher, in großen öffentlichen und privat-Sammlungen aufbewahrter Original=Gemählde. Bd 1. München: Zeller 1820, S. 1.
114 Vgl. FERCHL (siehe Anm. 14), S. 178.
115 KÖHLER (siehe Anm. 7), S. 29f.
116 Vgl. ERNST VON ASTER: Geschichte der Philosophie. Stuttgart 1963, S. 293.
117 Vgl. HENKER (siehe Anm. 13), S. 83.
118 Vgl. WINKLER (siehe Anm. 14), S. 12.
119 Vgl. ebd.

Diese für den wissenschaftlichen Sektor produzierten Werke wurden aufgrund des relativ niedrigen Preises erstmalig weiterhin von dem interessierten Bildungsbürgertum erworben, das beispielsweise mit botanischen Bänden »seine Wohnungen [...] schmückte oder in ihnen einen Fundus zur Pflege eines botanischen Steckenpferdes sah«[120]. Der mit der Lithographie einsetzende Popularisierungsprozeß wird noch deutlicher auf dem Gebiet der Reproduktion von Museumsbeständen, die eine Vielzahl »nie selbst würde sehen können, weil man die Reise nicht erschwingen konnte, den Aufenthalt am fremden Ort nicht tragen oder ganz schlicht keinen Zutritt erhalten würde«[121].

Im Zusammenhang mit den von Wilhelm von Humboldt als Repräsentant des humanistischen Bildungsideals und Fichtes Befürwortung einer allgemeinen deutschen National-, statt Standeserziehung parallel entwickelten neuen Bildungskonzepten sowie der Einführung der Schulpflicht und dem Beginn der Erwachsenenbildung, kam der Lithographie angesichts der gestiegenen Nachfrage gerade einkommensschwächerer Abnehmer eine wichtige Bedeutung zu. In der Produktion von Schulbüchern konnten neue, meist auf visueller Adaption basierende Lehrmethoden mit der flexiblen Druckformherstellung der Lithographie umgesetzt und die preiswerte Publikation von den schulpflichtigen Kindern erworben werden, ebenso wie die lithographische Abbildung einer größeren Anzahl von Studenten den Kauf wichtiger Lehrbücher ermöglichte. Zudem war die Mehrzahl der im Rahmen des bürgerlichen Erziehungskonzepts geforderten Werke, wie Musikalien oder Zeichen- bzw. Malanleitungen lithographisch erstellt[122].

Auf dem Gebiet der lithographischen Produktion wissenschaftlicher Werke engagierten sich insbesondere Hermann Mitterer als Leiter der Feiertagsschule mit der Herausgabe von Schul- und Lehrbüchern, Johann Christoph von Aretin als Leiter der Bibliothek und Johann Christian von Mannlich als Direktor des Kupferstichkabinetts in München für Faksimile- und Reproduktionsarbeiten, und Friedrich von Schlichtegroll setzte sich als Sekretär der Akademie der Wissenschaften für den Einsatz des Verfahrens im streng wissenschaftlichen Buch ein[123].

Die Erfindung der Lithographie als eine Technik, die – soziologisch betrachtet – zum einen einen wesentlichen Teil der Bedingungen schafft, die das gesellschaftliche Leben prägen, und zum anderen einen dynamischen Faktor darstellt, der in Wechselwirkung mit der Gesellschaft steht, fiel in eine Epoche, in der zahlreiche technische Erfindungen sowie politische und gesellschaftliche Veränderungen stattfanden[124]. Ohne diese Wechselbeziehung mit politischen bzw. gesellschaftlichen Aspekten in den Mittelpunkt der Betrachtung gestellt zu haben, konnte anhand der Untersuchung von wissenschaftlichen Werken, ihrer Produktionsspezifika, Adaption und Ausbreitung in der Inkunabelphase des Verfahrens eine solche Korrelation festgestellt werden. So initiierte nicht zuletzt die Lithographie den angedeuteten Ansatz einer Popularisierung und Demokratisierung des Lesens und des fachlichen Inhalts und nahm daher eine wichtige Position in der einleitend skizzierten Situation des Buchgewerbes, etwa der Produktionssteigerung bis zum Beginn der napoleonischen Kriege und ab 1815 ein.

Die herausgestellte positive Beurteilung der Lithographie vor dem Hintergrund veränderter Lebensformen und -bedingungen stimmt zum Teil nicht mit der zeitgenössischen Bewertung überein. Diese wies eine Ambivalenz von teilweise beträchlichem Einsatz und schlechtem Ansehen auf. Daher wurden zahlreiche lithographisch erstellte Werke als Kupferstiche ausgegeben.

In dem 1824 publizierten Werk *The Art of Drawing on Stone* stellte der Autor Charles Hullmandel fest: »lithography has many enemies, and it has been cried down as a degrading art«[125]. Die Geringschätzung hielt sich insbesondere gegenüber der künstlerischen Lithographie noch lange. Hullmandel sah das Mißtrauen und das z. B. bei dem Botaniker Ludwig Reichenbach festgestellte konservative Festhalten an traditionellen Produktionsmethoden nicht in direkter Verbindung mit der Lithographie, er meinte:

> »It appears to me, that the same reasons must undoubtly have been brought against the discovery of printing [...] which are now produced to cry down lithography, and certainly with more reason, against letter-press printing, than against the newly discovered art.«[126]

Ein solcher Vergleich von Reaktionen und Rezensionen aus der Inkunabelphase des Buch- mit denen

120 Ebd.
121 Vgl. ebd.
122 Vgl. ebd.
123 Vgl. ebd.
124 Vgl. WHITEHEAD (siehe Anm. 52), S. 117, und THOMAS S. KUHN: Die Entstehung des Neuen. Studien zur Struktur der Wissenschaftsgeschichte. Frankfurt/Main 1978, S. 239.
125 CHARLES HULLMANDEL: The Art of Drawing on Stone. London 1824, S. ii.
126 Ebd., S. iii.

des lithographischen Drucks wäre eine wichtige Forschungsaufgabe im Zusammenhang mit der Wirkung und der Verbreitung der frühen Lithographie.

Die Untersuchung verschiedener Kategorien wissenschaftlicher Werke zeigt weiterhin, daß die Ausbreitung und der Einsatz der neuen Technik innerhalb eines großen Anwendungsbereiches in unterschiedlichem Ausmaß und nicht zeitgleich erfolgte. So bestätigt Hullmandel, daß das Verfahren auf dem naturwissenschaftlichen und naturhistorischen Gebiet früh etabliert war und die lithographische Illustration als Reproduktionslithographie in großem Maße ein- und abgesetzt wurde, während die Originallithographie kaum Verwendung fand. Die Lithographie als Kunst, einziger, heute noch praktizierter Anwendungsbereich, wurde erst 1831 in die Statuten der freien Gesellschaft der schönen Künste von Paris aufgenommen[127].

Das eigentliche Ausmaß der lithographischen Produktion ließ sich nur in Ausnahmefällen durch eine konkrete Angabe zur Auflage belegen. Dennoch war auch hier eine Diskrepanz zwischen ihrer theoretisch nachgewiesenen und hervorgehobenen Eignung und ihrem tatsächlichen Einsatz festzustellen, die jedoch wiederum in den einzelnen Verwendungsbereichen unterschiedlich ausgeprägt war. Institutionen setzten die Lithographie früh ein, etwa bei der Herstellung von Lehrmitteln durch staatliche Verlage, sie nutzen sie kontinuierlich und auch ausschließlich, während einige etablierte, auf Botanik spezialisierte Verlage an dem Kupferstich als traditioneller Methode festhielten und die Möglichkeiten des neuen Verfahrens weder erprobten noch ausschöpften. Dagegen erfuhr die lithographische Herstellung von Reproduktionen eine schnelle und umfangreiche Adaption, die offensichtlich in direktem Zusammenhang mit der großen Nachfrage stand. Daher schien nicht nur die Bewertung, sondern auch der Einsatz des Verfahrens von der Einstellung des jeweiligen Verlegers und der Haltung des rezipierenden Publikums determiniert.

Insgesamt kann davon ausgegangen werden, daß die Möglichkeiten der Lithographie in den ersten 25 Jahren nach der Erfindung theoretisch bekannt, ihre Eignung für einzelne Verwendungsbereiche erwiesen und ihre Bedeutung innerhalb des von Veränderungen geprägten Zeitkontextes und den damit herausgebildeten Ausdrucksformen anerkannt war. Der dagegen anfänglich eher gering erscheinende quantitative Einsatz des Verfahrens muß auf die zum Teil konservative und meist nicht reflektierte bzw. begründete Haltung einiger maßgeblicher Personen des Buchdruckgewerbes und einem Mißtrauen gegenüber einer neuen Drucktechnik zurückgeführt werden, wie es Charles Hullmandel charakterisiert hatte.

127 Vgl. SCHLAGNITWEIT (siehe Anm. 105), S. 20.

**Abb. 18** Dämon mit Beute, Johann Chr. von Mannlich nach Michelangelo. Aus: Les Oeuvres lithographiques. München: Mannlich 1811, 14. Lfg., Bl. 6 (Aus: MICHAEL HENKER u. a.: Von Senefelder zu Daumier. München: Saur 1988, S. 38, Abb. 23)

Dermot McGuinne

# George Petrie

## Type Designer

The nineteenth century Irish artist, archaeologist and antiquarian, George Petrie (fig. 1) is perhaps best remembered for his remarkable topographical water colours. Few, however, would readily associate him with the production of printing types, and despite it being accepted that he was the designer of that round style of irish type used so successfully by M. H. Gill at the Trinity College Press about the middle of the 19th century, the true measure of the significance of his contribution to irish type design has yet to be fully recognised.

In 1830 Petrie purchased a holograph copy of the *Annals of the Kingdom of Ireland by the Four Masters,* which he later transferred to the Royal Irish Academy. When the publishers Hodges and Smith undertook to finance the publication of the *Annals* in 1832, a committee which included Petrie was formed, and thoughts immediately turned to the preparation of a suitable irish type for the printing.

Various pre-production notices mention that the irish type was prepared by Petrie specifically for this purpose[1]. The most convincing first hand attribution of design, however, is given by his associate Eugene O'Curry in his *Lectures on the Manuscript Materials of Ancient Irish History* in which he stated regarding the irish type used in the *Annals* that "the forms were carefully drawn from the earliest authorities by the elegant hand of my respected friend, Dr. Petrie"[2]. Further first hand evidence of his involvement is contained in the editor's introduction to Eugene O'Curry's translation of *The Sick-bed of Cuchulainn* in *The Atlantis,* which referred to two forms of type: "The first of these was that designed some years ago by Dr. Petrie for the Ordnance Survey, a form which, with some improvements in the detail of execution, has been carried out in the beautiful type used by Mr. Gill, at the Printing Office of Trinity College, in the printing of Dr. O'Donovan's *Annals of the Four Masters,* and in the publications of the Irish Archaeological and Celtic Society, etc." (The second type referred to is that

**Fig. 1** George Petrie (1790–1866) by Bernard Mulrennan (Courtesy of the National Gallery of Ireland)

which to date has generally been called the Thom's Archaeological type, also designed by Petrie, which will be described later.) The editor continued: "Both these types are perfectly accurate so far as regards authority for the forms used, which have been in every case taken without alteration from M. S. forms preserved in the earliest known M. S. S., some of them of a date so early as the sixth century, and in the inscriptions upon stone tombs, some of them of the

1 JOHN O'DONOVAN (ed.): The Book of Rights. Dublin 1847, prospectus bound in to the Gilbert Collection copy at Pearse Street Library. See also the Subscription Book for O'Donovan's edition of *The Annals of the Four Masters,* undated, NL of Ireland (Ir. 941.A5).

2 EUGENE O'CURRY: Lectures on the Manuscript Materials of Ancient Irish History. Dublin 1861, p. 160.

**Fig. 2** Detail of a page from *The Book of Kells*, mid 8th century, showing the Irish half-uncial majuscule script (Courtesy of Trinity College, Dublin)

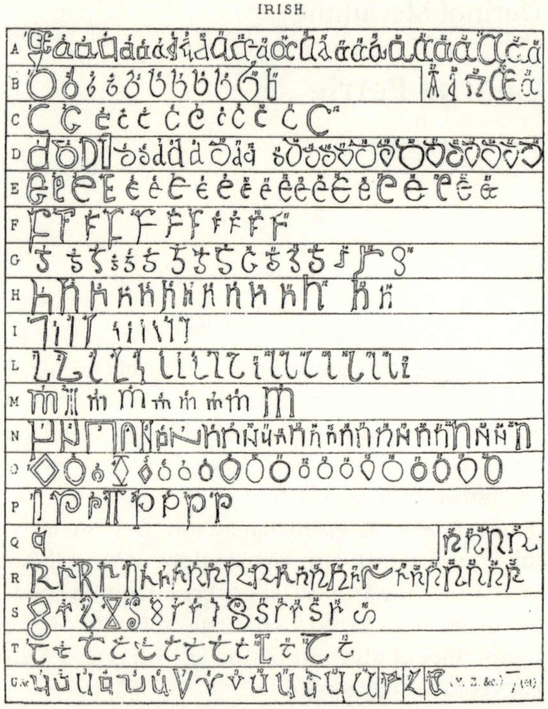


**Fig. 3** Examination of various Irish letter styles found in early stone inscriptions collected and drawn by Petrie from *Christian Inscriptions in the Irish Language*, ed. M. Stokes, 1876

ages immediately succeeding the introduction of Christianity into Ireland."[3] (figs 2, 3 and 4) Petrie was well suited to the task of type design. In addition to his more creative talents, he was a keen student of paleography, and was most familiar with the various technical stages of print production.

This important series of printing types, based on the original designs of Petrie, can in fact be placed into three categories:

1. The Petrie A type of 1835–39, produced in two sizes: pica (12 point) and long primer (10 point).
2. The Petrie B type of 1850, also produced in two sizes: long primer (10 point) and brevier (8 point).
3. The Petrie C type of 1856, produced in four sizes: english (14 point), pica (12 point), small pica (11 point), and long primer (10 point) (fig. 5).

The Petrie A long primer type appeared for the first time in *The Ordnance Survey of County Londonderry*, published by Hodges and Smith in 1837. Some advance rush copies were prepared for a meeting of the British Association in 1835 noting on a pasted-in label on the inside front cover that: "This copy has been struck off previously to the final revision of the Book for the purpose of being laid before the British Association, on its meeting in Dublin." (fig. 6) Further references to this first use of the type are contained in two documents submitted to the Stationers' Office in London on 11 April 1844 by way of establishing rights of ownership: a printed single sheet entitled *Irish Hibernian, cut and cast from original drawings executed for Messrs. Hodges and Smith*[4] showing the Petrie A pica and long primer alphabets (fig. 7) and a *Form of Requiring Entry of Proprietorship*[5] indicating that the type was first used for publication in December 1837 and that it was the property of John Hodges and George Smith of 21 College Green, Dublin (fig. 8).

3 Editor's Note: The Sick-bed of Chuculainn. In: *The Atlantis*, vol. 1 (1858), p. 362.

4 *Irish Hibernian, cut and cast from original drawings executed for Messrs Hodges and Smith*, a single sheet glued into the last page of the British Library copy of John O'Donovan's *A Grammar of the Irish Language*.

5 *Form of Requiring Entry of Proprietorship*, Public Records Office, Kew (ref. copy. 1. 569).

Fig. 4 Carved stone grave slab c. 700 A. D. with half-uncial style inscription, Clonmacnoise, Co. Offaly

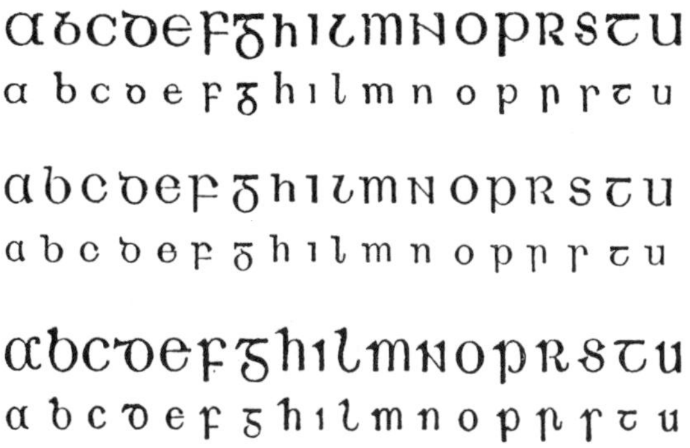

Fig. 5 The Petrie A long primer (above), the Petrie B brevier (middle), and the Petrie C 14 point (below) enlarged to facilitate comparison

To the eye more appreciative of the qualities of roman type it is evident that this style is more readable than those irish types used heretofore. It forms a truly distinguished printable character with well proportioned elements. In the long primer size many of the capitals have a slightly wider set than the corresponding sorts in the pica size, with this feature being most pronounced in the letters D, N and P. Notwithstanding the fact that the pica fount did not appear until 1839, both sizes are undoubtedly formed from the same design.

The Petrie A long primer and pica types continued to be used for the publications of the Royal Irish Academy and the Irish Archaeological Society, and used to such great effect in the *Annals of the Kingdom of Ireland*, that the *Dublin University Magazine* in its March 1848 review of the *Annals* stated: "We have his book, three quarto volumes in matter, in learned use of it, in method and in typographical excellence-though the last is but a small merit in comparison with the others-fit to take its place in any shelf, of any European Library, beside Camden, Mabillou, or Muratori."

The title page of the *Annals* used a double pica 24 point irish letter form at the head of the page in a style which points to the second category referred to above as the Petrie B fount. This line was in fact an extremely well prepared wood block, cut for this particular purpose, the varying widths of the A being the only discernible indication that this line was not set from cast metal type. Gill later had a fount of 2-line letters cast in 1854 for use as initial capitals. In addition to this double line titling fount, the Petrie B type was also produced in two text sizes, 8 and 10 point. The 8 point B type first appeared in the *Proceedings of the Royal Irish Academy*, vol. IV, 1850 and about this time it replaced the long primer A, and continued to be used in the publications of the Royal Irish Academy and the Irish Archaeological society (fig. 9).

Gill mentioned the Petrie types in correspondence on a number of occasions which are of particular interest, in that he suggested he himself provided the funds for their execution. Indeed John J. O'Kelly who compiled an unpublished account of "The House of Gill" attributed design credit for the type in part to Gill: "In 1848 came the first volume of Michael O'Clery's Annals of the Four Masters, a second in 1851. The classic type for these scholarly volumes, edited by O'Donovan, and printed at the University Press, was designed by Dr. George Petrie and M. H. Gill, and the publication of the entire seven volumes put Gaelic printing and publishing on a new and highly creditable plane."[6]

6 JOHN J. O'KELLY: The House of Gill. Trinity College Dublin, M.S. 10 310, p. 76.

## CITY OF LONDONDERRY.

Cach fach o frith ainm ar Oileach cona failge.
Ita rund ina sead chuindgid fear ca saidbe.
Eochaid ollathair doinorsaid Erinn uile
Ro bo leti na leach muigi drech in duine
Tri mic in deag duine Echach can fuair formaid
Aengus is Aed is Cermad na caencompaic
Coirpgend mad Faitheamain Fendich dearaib domain
Oclach o Eachaid do uair dedaid re fuair ndomain,
Geis gilli moir a muig Chruachan co ceib norglain
Co naib naignig co nucht nanraid co nirt nenmair.
Ar na rad sis do rig Erind ro siem ruirgi
Tanic Coirpceand o chruaich Oigli co tuaith Tuirbi
Teathra baingel ra bean Coirpcind in chuirr chaimpeng.
Nocor bailli duni iar ndilind uile a n Erind.
Do rad Teathra ar tocht a temraid a tig fleidi
Aeib a hairi ar Aed gen cor oidi reimi
Do chuaid Coirpcend dfir a ferand ger bolc leis e
Do char Teathra ger thaem druire, Aed da eire.
Is and sin do rigne Coirpgend in cleath fuileach
Guin in mic ro mill a eneach ind can fuireach
Do chuaid Eochaid diarraid choirpcind i crich n-umaill
Co rur timairc treolinn nuaing a cuil cumaing
Condebairt cach crochthar Coirpgend ceann na feindead
Ma do rindi uaill na uabar a gruad glegel
Nocho denaim ar a Dagda mar a dearar
Animach dirirnach dliged nid indleagar
Ni dleagar ainim is enech a mic manma
Ni headbearar o breith neamda dreich in Dagda

**Fig. 6** The Petrie A long primer used for the first time in *The Ordnance Survey of County Londonderry*, 1837

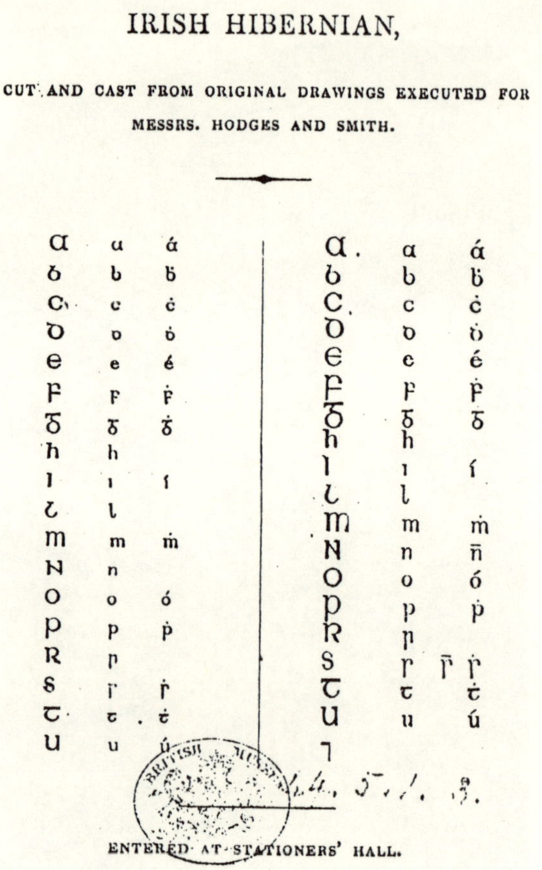
IRISH HIBERNIAN,

CUT AND CAST FROM ORIGINAL DRAWINGS EXECUTED FOR MESSRS. HODGES AND SMITH.

BRITISH MUSEUM 14. 5. 1. 3.

ENTERED AT STATIONERS' HALL.

**Fig. 7** Impression of the Petrie A types prepared in 1844 for the purpose of entry of copyright at Stationers' Hall by Hodges and Smith

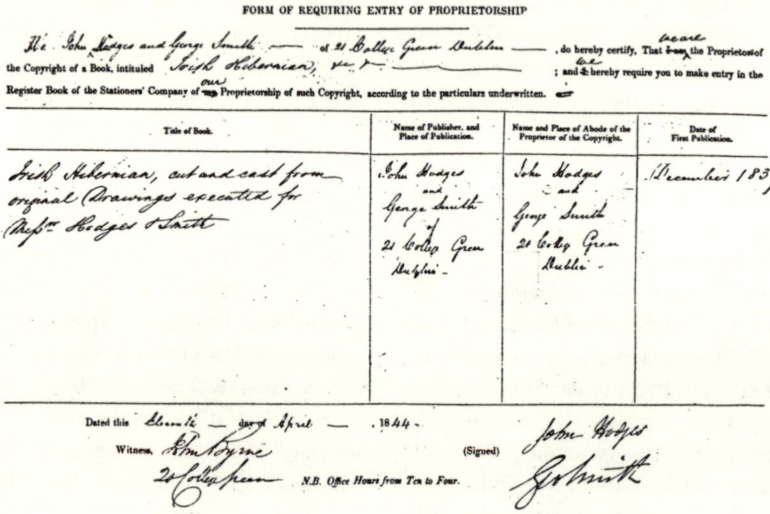
FORM OF REQUIRING ENTRY OF PROPRIETORSHIP

We John Hodges and George Smith — of 21 College Green Dublin —, do hereby certify, That we are the Proprietors of the Copyright of a Book, intituled Irish Hibernian, &c &c — ; and we hereby require you to make entry in the Register Book of the Stationers' Company of our Proprietorship of such Copyright, according to the particulars underwritten.

| Title of Book. | Name of Publisher, and Place of Publication. | Name and Place of Abode of the Proprietor of the Copyright. | Date of First Publication. |
|---|---|---|---|
| Irish Hibernian, cut and cast from original Drawings executed for Messrs. Hodges & Smith | John Hodges and George Smith of 21 College Green Dublin – | John Hodges and George Smith 21 College Green Dublin – | December 1837 |

Dated this Eleventh — day of April — 1844.

Witness, Wm Byrne 20 College Green

(Signed) John Hodges G Smith

N.B. Office Hours from Ten to Four.

**Fig. 8** Form of Requiring Entry of Proprietorship submitted by Hodges and Smith in 1844 in execution of their claim of copyright

Machaire leargha riaboige, Cionntragha, Grartol, Tocamol, Wreggoge; Da ghleann abrtol, Cracobur, Cornubur, ag.ıs baile Néachtain. Agas ionnus go mbiaidh brigh neart agas láidireacht ag an mbrontanas so beiriom don mbrian thuas agas dá oighribh na dhiaidh, ceanglam arís me féin ⁊ moighriogh mo dhiaigh go síorthuighe an cunras ⁊ an brontanas so do sheasa ⁊ do chuinnbheil ar buil don mbrian reimhraite ⁊ da oighrigh na dhiaidh go deiriogh an bheatha le cur mo láimhe ⁊ mo sheala annso síos a lathair na bfiaghainn so síos; agas an seiseamh lá do mhís na bealtuine agas an bhliadansa do bheith Criosta Mile ceithri cead agas a hocht.

Mac Domhnaill,

**Fig. 9** Example of the Petrie B long primer type from *Proceedings of the Royal Irish Academy*, 1853

The 10 point Petrie B type first appeared in *The Proceedings of the Royal Irish Academy*, vol. V, in 1853, and like the 8 point size, it demonstrated many improvements on the earlier A version. It had a most refined appearance, with a balance of weights in its strokes. It stood upright and had an even colour on the page. It is little wonder that these types, particularly the later version, attracted such praise, for it compared favourably in its refinement with many of the better roman faces of the time, while retaining the unique and distinguishing features of the Irish form.

The third category, identified above as the Petrie C type, has been generally referred to as Thom's Archaeological Society Type after the fact that it frequently appeared in the Archaeological and Celtic Society publications printed by Alex. Thom. In fact Petrie was the designer of this type also. Its appearance in 1856, with its complicated ornamental forms awkwardly attempting to accommodate the pen stroke of the scribe with the mechanical order of a printing type, represented a step backwards in the development of this round Irish style. It was available in four sizes — 14, 12, 11 and 10 point — but due to the fact that the ascenders to the capital letters B, H and L extend beyond the height of the other capitals, these founts seem small by comparison with the Petrie A and B styles and appear therefore, as if in 12, 11, 10 and 8 point sizes.

In the year following the production of the Petrie C founts, Petrie was again at work preparing designs for yet another irish type. This style which looked to the more angular minuscule influence for some of its key letters, was later to become the model for the popular modern irish series. It was prepared by Petrie at the request of John Henry Newman specifically for the Catholic University of Ireland in 1857, further establishing the significance of his

BRIATHARTHECOSC CONCULAIND INSO.

Nirbat taerrechtach debtha dene doér gairce. Nirbat dirsir, dóichlech, diummasach. Nibbatecal, ocal, orond, eramain. Nipat tairne ómain mandartha mescta. Nibat dergnat colla coirme hitig ruirech. Niabatilfuris imírand nechtrand. Nirsair dáine doclu dichumaing. Níiadat iubaili forétechtu ail. Airliter cumni cóic comarbai cré. Cuibrigter sencaid fin cofirinne fiu hitfiadnairi. Finnatar bethamain brathir sceo mbrosa. Mrogatar genelaigi ges, ci uagenitger gein. Gairter. Bibeoaigter frioéthu. Airm irrotriebsat mairm. Maingter comarba: forathechtu thoich. Tocomlaat anfini coa nemthe nert.

Nisserneserea colabur. Niaisneisea coglórach. Nífuirse. Níchuitbe. Nífaitchither senoru. Nipá mithomtinach oneoch. Nigéis co andsa. Niettis nech cenadomanchess. Cáin ois. Cáin éra. Cáin airlice. Bát umal múnta ógaéthaib. Batcumrech coirc óttsenaib. Bátreichmech riagla atharda. Nipat úarcraidech im chardiu. Batgusmar imnaimtiu. Niparfuthenech debtha hitilchomraicib Nirbat scelach, athcossanach. Nifaisce. Nithaisce ni nibatorba Consecha docúrsachad ignimaib antechtai. Nichomaisse thrinne artoil daine. Nibatathboingid arnarbatathrech. Nibatcomromach arnábatmiscnech. Nirbat lesc ar narbat meirb. Nirbat roesciud arnabatdoescair. Ardotchuibdig frirechem nambriathairsin a mic?

**Fig. 10** Example of the Newman type from *The Atlantis*, 1858

contribution to irish type design (fig. 10). Evidence of this is contained in a series of letters from John Edward Pigott to Newman in which Pigott urged that a minuscule based type be prepared for the University and that in the meantime a supply of the so-called Thom's type should be procured for their immediate use[7].

It would seem, for whatever the reason, that Pigott's suggested interim use of Thom's Petrie C type was not taken up, for John Fowler, the printer selected for the University, stated with a degree of urgency in an undated note to Newman: "M. Pigott called on me last week, and left me designs for the Irish types. These I at once gave to the type-founder, and they are now in the hands of the punch-cutters. I hope soon to be able to send impressions of some of the letters for your inspection and I trust approval."[8] In this regard, Newman wrote to W. K. Sullivan: "Mr. Curry's [article 'The Sick-bed of Cuchulainn' for *Atlantis*] should go to the printer as soon as the type is ready."[9] Later Newman again wrote to Sullivan: "I have a portion of Mr. Curry's [article] send to me by Fowler, and was very much pleased with it. The Irish type is a very beautiful one, but I do not understand its merits, and my

7 Letter from John E. Pigott to John H. Newman, 20 December 1856, by kind permission of the Very Revd Provost, Birmingham Oratory.

8 Letter from J. Fowler to Newman, undated.

9 Letter from Newman to W. K. Sullivan, 5 February 1858. In: CHARLES STEPHEN DESSAIN (ed.): The Letters and Diaries of J. H. Newman. XVIII (1968), p. 249.

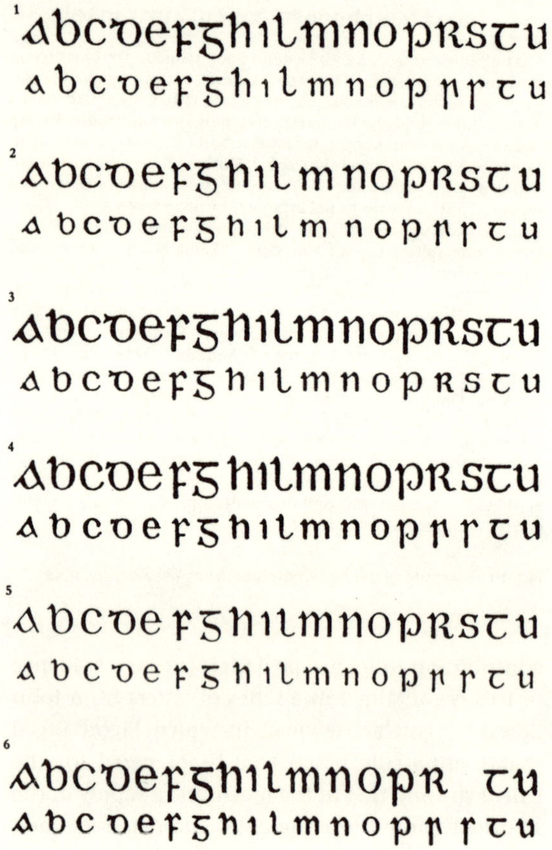

**Fig. 11** The range of modern irish fonts: 1) Newman c. 1858; 2) Later Figgins c. 1897; 3) Monotype Series 24 c. 1906, with adjusted lowercase r and s added c. 1913; 4) Intertype c. 1916; 5) Linotype c. 1916; 6) American Type Founders c. 1916. Alphabets enlarged from 10 and 11 point to facilitate comparison

praise is worth nothing."[10] Later, recalling these events, in his account of his efforts in Ireland, Cardinal Newman made reference to the Irish type: "Also, in the course of a year or two, I went to the expense of having a font of Irish type cast for the use of the University; there being up to that time only the Trinity College type, and I think one other."[11]

Modelled on the more angular minuscule forms which inspired most of the types produced to date, this was the first face in this style to achieve a neutral remove from those calligraphic idiosyncrasies associated with many of its forerunners. It is orderly and upright with well proportioned individual letters that relate well to one another in the formation of text. The capital letters, however, stand out in a spotty manner as the weight of their strokes are disproportionate to those of the lower-case letters.

The Newman type had a profound influence on a number of founts produced towards the end of the 19th and early 20th centuries. At this time there was a marked increase in the volume of material being printed in Irish leading in turn to a greater demand for suitable irish type. In 1897 the London firm of James Figgins produced a fount modelled directly on the Newman face, and although design credit for this later Figgins type has been attributed to Pádruig Ó Briain, a printer and publisher of Cuffe Street, Dublin, it is so like its source of influence that it can hardly be said to represent a new design at all. The increased volume of printing in Irish did not go unnoticed by other type suppliers, for a number of typefaces appeared during this period, all modelled precisely on the Figgins type to such an extent that of these also it can hardly be said that they constitute separate designs. Monotype records indicate that their series 24 was prepared in 1906 and acknowledge that they used samples of the Figgins type for reference. A note indicates that the ascenders and descenders were reduced by .004 of an inch. Other typefaces modelled indirectly on the Petrie design were produced by the Linotype Corporation, the Intertype Corporation and the American Type Founders Company of New Jersey (fig. 11).

It is unlikely that Petrie in preparing his drawings for the Newman type could have foreseen the popularity it was destined to achieve and the extent to which his designs would later be emulated. Hence, this transgression of his into the realm of printing type design, which would have attracted considerable attention in an environment more accustomed to this activity, passed with little reaction or comment at all.

10 Ibid., Letter from Newman to Sullivan, 20 April 1858, p. 323.

11 John Henry Newman, *My Campaign in Ireland*, part I, printed for private circulation (Aberdeen, 1896), p. 300.

Leonie Tafelmaier

# Der Verein der Schriftgießereien Offenbach am Main (1903—1972)

Die digitalisierten Schriftfonts der Gegenwart tragen oft Namen von bekannten Schriftschöpfern vergangener Tage: Sie stammen häufig aus dem Programm von Schriftgießereien und wurden vor Jahrzehnten mit aufwendigen Schriftproben stolz in der Öffentlichkeit präsentiert. Der Umschwung von der »Blei-Zeit« über den Fotosatz hin zu digitalisierten Satz- und Drucktechniken läßt sich besonders prägnant mit dem schon symbolisch zu nennenden Ende der Schriftgießereien aufzeigen. Nach den im Institut für Buchwesen der Mainzer Gutenberg-Universität befindlichen Archivalien wird das wechselhafte Schicksal des Vereins der Schriftgießereien, besonders der Zeit seit 1945, nachgezeichnet[1].

## Die Gründung des Vereins

Bis in die Mitte des 19. Jahrhunderts wurde zum Schriftgießen ausschließlich das Handgießinstrument benutzt, doch als die beginnende Industrialisierung den Bedarf an Schriften steigen ließ, z.B. durch die Einführung der »Schnellpresse« von Koenig & Bauer, wurde nach Möglichkeiten gesucht, den Gießvorgang zu beschleunigen. Gießpumpe[2] und Handgießmaschine[3] wurden entwickelt. Ein weiterer Fortschritt wurde durch die Komplettgießmaschine von Johnson und Atkinson erzielt, die erstmals den Gießvorgang mit dem Fertigmachen vereinte und gebrauchsfertige, d. h. »komplette« Typen lieferte. 1872 wurde die erste verbesserte Komplettgießmaschine in Deutschland, in der Schriftgießerei Flinsch in Frankfurt, aufgestellt[4].

Die technische Weiterentwicklung der Gießmaschinen wurde in den folgenden Jahren durch die Konkurrenz der Setzmaschine zusätzlich gefördert. Die frühesten Erfindungen von Setzmaschinen stammten schon aus dem ersten Drittel des 19. Jahrhunderts[5]. Aber es dauerte noch gut 50 Jahre, bis Ottmar Mergenthaler mit den Linotype-Maschinen der Durchbruch gelang[6]. 1894 wurde die erste Linotype in Europa (Holland) aufgestellt, und zwei Jahre später wurde die Mergenthaler Setzmaschinenfabrik in Berlin gegründet[7]. Dort wurden die Linotype-Maschinen für Deutschland hergestellt; die Matrizenfertigung begann 1900 bei der Firma Stempel in Frankfurt am Main[8].

1907 standen fast 80% der etwa 2500 Setzmaschinen im Deutschen Reich in Zeitungsbetrieben[9]. Diese hatten vorher zu den besten Kunden der Schriftgießereien gehört, da sie die Hauptabnehmer großer Mengen an Brotschriften, d. h. Schriften in einer Größe bis zu 12 Punkt, waren. Für die Schriftgießereien war eine ernstzunehmende Konkurrenz aufgetaucht, die sogar ihre Existenz bedrohte, denn der »Absatz von Werkschriften ging schlagartig zurück«[10].

1 Entstanden auf der Grundlage meiner Magisterarbeit am Institut für Buchwesen, Johannes Gutenberg-Universität, Mainz, 1995. Die Akten des VdS gelangten ins Institut für Buchwesen über die D. Stempel AG als der Verein aufgelöst wurde. Protokoll über die letzte Mitglieder-Versammlung des Vereins und des Arbeitgeberverbandes der Schriftgießereien in Frankfurt/Main, 5. 12. 1972, Ordner »D. Stempel AG. Auflösung des VdS und des AdS«.

2 Vgl. WALTER WILKES: Das Schriftgießen. Von Stempelschnitt, Matrizenfertigung und Letternguß. Stuttgart 1990, S. 102.

3 Vgl. ebd., S. 113.

4 Vgl. ebd., S. 132, 154.

5 Vgl. REINALD SCHRÖDER: Die Industrialisierung des Buchdruckgewerbes in Deutschland im 19. Jahrhundert und ihre Folgen. Stuttgart 1988, S. 20—22.

6 Vgl. L. W. WALLIS: A Concise Chronology of Typesetting Developments 1886—1986. London 1988, S. 1.

7 Vgl. ebd., S. 4

8 Vgl. ebd., S. 6. 1889 gab es im Deutschen Reich 31 Setzmaschinen, 1908 schon 2528. WILKES (siehe Anm. 2), S. 162. 1927 hatte sich die Zahl der Setzmaschinen auf 8301 erhöht, davon 4994 Linotype-Maschinen. Geschäftsbericht VDS 1927, S. 4, Ordner »Geschäftsberichte VdS 1921—30«.

9 Vgl. SCHRÖDER (siehe Anm. 5) S. 28.

10 60 Jahre Verein der Schriftgießereien. Ein kurzer Überblick über Vorgeschichte, Gründung und Entwicklung des VdS, zusammmengestellt und gedruckt anläßlich der Jahreshauptversammlung am 24. Oktober 1963 (erg. Exemplar, siehe Anm. 18), S. 17.

Den Weg aus dieser Situation suchten die Besitzer der Schriftgießereien schon frühzeitig im Zusammenschluß[11]. Durch zwei kurzlebige Versuche[12], die an Meinungsverschiedenheiten der Mitglieder über grundsätzliche Fragen scheiterten[13], nicht entmutigt, schickten Emil Borchardt (im Auftrag der Berliner Schriftgießereibesitzer) und Heinrich Flinsch (im Auftrag der Frankfurt/Offenbacher) am 9. März 1903 ein Rundschreiben an alle deutschen Schriftgießereien. Es enthielt den Aufruf zu einem Treffen im Berliner Buchgewerbesaal[14]. Hier wurde am 16. März 1903 »die Vereinigung der Schriftgießerei-Besitzer Deutschlands« ins Leben gerufen[15]. Stadtrat Heinrich Flinsch (Schriftgießerei Flinsch, Frankfurt/Main) wurde zum ersten, Emil Borchardt (Wilhelm Woellmer, Berlin) zum zweiten Vorsitzenden gewählt[16]. Dr. Oscar Jolles (H. Berthold AG, Berlin) wurde Protokollführer. Die neugegründete Vereinigung wollte die »Interessen des deutschen Schriftgiesserei-Gewerbes im allgemeinen und der dem Verein angehörenden Schriftgiesserei-Besitzer im besonderen«[17] fördern.

Auf der Hauptversammlung am 14. September 1909 im Frankfurter Palmengarten wurde eine Kürzung des Namens auf »Verein Deutscher Schriftgießereien« (VDS) beschlossen[18]. Der Sitz des VDS war Berlin; es gab drei Kreisvereine: Berlin, Leipzig und Frankfurt/Main[19]. Jeder Kreisverein regelte seine Angelegenheiten selbständig, wählte eigene Vorsitzende und finanzierte sich selbst (später wurde die Aufteilung in Kreisvereine wegen der starken Konzentration im Schriftgießereigewerbe überflüssig)[20]. Die Stimmenzahl einer Mitgliedsfirma hing von der Zahl ihrer Beschäftigten ab[21]. 1918 wurde der Vereinssitz nach Leipzig[22], 1932 nach Offenbach verlegt, da sich Frankfurt zum Zentrum des Schriftgießereigewerbes in Deutschland entwickelt hatte[23].

Die Ziele des VDS waren: die Einführung »allgemein gültiger geschäftlicher Grundsätze sowohl für den Verkehr mit der Kundschaft, wie für den Verkehr der Schriftgießereien untereinander«[24], das Treffen von »Vereinbarungen über vorteilhafte Regelung der Erzeugung und des Absatzes«[25] und drittens die »Einflußnahme auf vorkommende Ausschreitungen im geschäftlichen Wettbewerb«[26]. Zusätzlich übernahm der Verein die Aufgaben eines Arbeitgeberverbandes[27]. Jede Firma konnte Mitglied werden, die die Schriftgießerei oder Messinglinienherstellung »nicht ausschließlich für eigenen Bedarf«[28] betrieb. In den »Bestimmungen über den Verkehr der Mitglieder unter sich und mit Außenstehenden«[29] wurde festgelegt, daß es

11 Vgl. Franz Gerhardinger: 25 Jahre Verein Deutscher Schriftgiessereien. Schreibmaschinenmanuskript, 28. 11. 1928, S. 1–3, Ordner »Geschichte des VDS für das Archiv«.

12 Vgl. ebd., S. 4–5.

13 Vgl. ebd., S. 6.

14 Vgl. ebd.

15 Vgl. ebd., S. 7–8.

16 Brief von Dr. Gerhardinger, Geschäftsführer des VdS, an die Geschäftsleitung der H. Berthold AG, Berlin, 24. 8. 1953, Ordner 150.

17 Gerhardinger (siehe Anm. 11), S. 9.

18 Ebd., S. 13. Literatur zum VDS/VdS: das Manuskript Gerhardinger (siehe Anm. 11) wurde unter diesem Titel veröffentlicht in: Archiv für Buchgewerbe und Gebrauchsgraphik 11/12 (1928), S. 780–800 (im folgenden wird aus dem Manuskript zitiert). 60 Jahre Verein der Schriftgießereien. Ein kurzer Überblick über Vorgeschichte, Gründung und Entwicklung des VdS, zusammmengestellt und gedruckt anläßlich der Jahreshauptversammlung am 24. Oktober 1963 (im folgenden wird ein bei den VdS-Akten befindliches, handschriftlich ergänztes Exemplar zitiert). Für den Zeitraum von 1921–1930 sowie 1950–1972 liegen die Geschäftsberichte des VDS/VdS vor. Franz Gerhardinger: Das deutsche Schriftgießereigewerbe. Entwicklung, Technik, Wirtschaftliches. In: Zeitschrift für Deutschlands Buchdrucker 42 (1930), S. 171–172. – Ders.: Die wirtschaftliche Entwicklung der deutschen Schriftgießereien. In: Zeitschrift für Deutschlands Buchdrucker und verwandte Gewerbe 51 (1939), S. 32–36. – Oscar Jolles: Der Zusammenschluß im Schriftgießerei-Gewerbe. In: Zeitschrift für Deutschlands Buchdrucker und verwandte Gewerbe 39 (1918), S. 290. Der VDS nutzte als Organ für seine Veröffentlichungen bevorzugt die *Zeitschrift für Deutschlands Buchdrucker* und *Klimschs Druckerei-Anzeiger*. In diesen Fachzeitschriften finden sich neben Firmennachrichten auch die Anzeigen der Schriftgießereien. Außerdem stellten folgende Zeitschriften regelmäßig neue Schriften vor: *Klimschs Jahrbuch*, (nach 1945) *Der Polygraph*, *Der Druckspiegel*. Literatur zu einzelnen Schriftgießereien ist hauptsächlich in Form von Veröffentlichungen zu Firmenjubiläen vorhanden.

19 Handbuch für die Mitglieder des Vereines Deutscher Schriftgießereien. Bearbeitet von der Geschäftsstelle des Vereines. Januar 1910, S. 1, § 2.

20 Ebd., S. 1, § 1–3.

21 Ebd., S. 5, § 11. Erst 1948 wurde endgültig ein demokratisches Stimmrecht eingeführt. Satzung des Vereins der Schriftgießereien. Angenommen in der Gründungsversammlung des Vereins am 28. Juni 1948 in Frankfurt/Main.

22 Satzung des Vereins Deutscher Schriftgießereien e.V. Angenommen in der Hauptversammlung vom 26. September 1918. Leipzig 1919, S. 4, § 3.

23 Satzung des Vereins Deutscher Schriftgießereien e.V. Angenommen in der Hauptversammlung vom 26. September 1918, mit Berücksichtigung aller bis zum 31. Dezember 1931 vorgenommenen Änderungen. Offenbach 1932.

24 Handbuch VDS (siehe Anm. 19), S. 2, § 4.

25 Ebd.

26 Ebd.

27 Ebd.

28 Ebd., S. 2, § 5.

29 Ebd., S. 13.

verboten war, die Schriften anderer Mitglieder »nachzugalvanisieren bzw. mechanisch nachzubilden«[30], Namen zu benutzen, die schon von anderen Gießereien für ihre Produkte verwendet wurden und mit außenstehenden (d. h. nicht vereinszugehörigen) Gießereien Geschäfte zu machen[31].

Der VDS und der Deutsche Buchdrucker-Verein verpflichteten sich gegenseitig, Firmen, die der andere Verein als Schleuderer bezeichnet hatte, zu boykottieren[32]. Das Vorgehen der Schriftgießereien stellt eine interessante Parallele zum Buchhandel dar, wo das Problem der Schleuderei durch die Krönersche Reform des Börsenvereins gelöst wurde[33].

### Der VDS im Dritten Reich — Metallmangel und Umstellungserlaß

Am 6. November 1934 wurde durch das Gesetz zur Neuorganisation der deutschen Wirtschaft die Umwandlung des VDS in eine »wirtschaftliche Vereinigung der deutschen Schriftgießereien und Messinglinienfabriken« erzwungen[34]. Dr. Karl Klingspor (Gebr. Klingspor, Offenbach) wurde ihr Vorsitzender[35]. Diese neue Organisation war zuständig für die »marktregelnden Aufgaben«[36]. Darunter fiel die Steuerung der Produktion, des Absatzes und der Preise, mit dem Ziel, den Wettbewerb unter den Firmen möglichst gering zu halten und die Rüstungsproduktion in den Gießereien zu fördern[37]. Die wirtschaftliche Vereinigung bestand bis 1943, als sie (im Zuge der Kartellrationalisierung) durch Erlaß des Reichswirtschaftsministers aufgelöst wurde. Ihre Aufgaben gingen auf die staatlichen Zwangsorganisationen wie Wirtschaftsgruppen und Fachgruppen über[38].

Das größte Problem der Schriftgießereien unter der nationalsozialistischen Wirtschaftspolitik war der Metallmangel. Die Geschäftsstelle des VDS hatte die Aufgabe, die zugewiesenen Rohstoffe an die Schriftgießereien zu verteilen[39]. Ein Verarbeitungsverbot für Kupfer, Nickel und Chrom in der grafischen Industrie sowie für Blei (zur Herstellung von Blindmaterial für das Inland) erzwang Versuche mit Ersatzstoffen wie Kunstharz und Gummi[40]. Im Druckhaus Tempelhof (im Deutschen Verlag, vormals Ullstein) wurden Kunststofftypen hergestellt und erprobt[41]. Gleichzeitig liefen bei Gebr. Klingspor in Offenbach Versuche, Blindmaterial aus Ersatzstoffen herzustellen[42]. Brauchbare Ergebnisse wurden nicht erzielt[43]. Da den Schriftgießereien für ihre Inlandsaufträge immer weniger Metall zugeteilt wurde, waren sie gezwungen, sich das Metall von den Druckereien zu beschaffen[44]. Eine Druckerei mußte 130 kg alte Schrift liefern und erhielt dafür 100 kg neue Schrift. Dieses sogenannte Umarbeitungsverfahren wurde von der Fachuntergruppe Schriftgießerei[45] überwacht. Beim Export wurde ebenfalls umgearbeitet bis der Luftkrieg den Verkehr 1944 zu unsicher machte und die deutschen Schriftgießereien zum Teil oder ganz zerstörte[46]. Als im Herbst 1945 durch die Besatzungsmächte alle wirtschaftlichen Organisationen in Deutschland aufgelöst wurden, betraf das auch die Fachuntergruppe Schriftgießerei, die allerdings schon Wochen vorher die Arbeit wegen der Zerstörung ihres Büros in Offenbach eingestellt hatte[47].

Die erzwungene Umstellung von Fraktur- auf Antiqua-Schriften verursachte den Schriftgießereien und auch den Druckereien zusätzliche Schwierigkeiten. Die Schriftgießereien hatten nie eine dieser Schriftarten der anderen vorgezogen, da sie von bei-

30 Ebd.
31 Ebd.
32 Ebd., S. 20.
33 Vgl. Reinhard Wittmann: Geschichte des deutschen Buchhandels. München 1991, S. 243–244.
34 Brief von Dr. Gerhardinger an Ernst Vischer, Bauersche Gießerei, Frankfurt/Main, 12. 9. 1953, Ordner 150.
35 60 Jahre VdS (siehe Anm. 18), S. 8–9.
36 Ebd., S. 8.
37 Satzung der Wirtschaftlichen Vereinigung der deutschen Schriftgießereien und Messinglinienfabriken. Frankfurt/Main 1934, S. 1, § 1–2.
38 Brief von Dr. Gerhardinger (siehe Anm. 34).
39 Brief von Dr. Gerhardinger an Dipl.-Ing. Herttrich, Bundesamt für gewerbliche Wirtschaft, Frankfurt/Main, 1. 4. 1957, S. 2–3, Ordner 2/85.
40 Tagesordnung der 4. (ord.) Mitglieder-Versammlung der Wirtschaftlichen Vereinigung, Frankfurt, 2. 9. 1937, Ordner »Wirtschaftliche Vereinigung der deutschen Schriftgießereien 1936–43«.
41 Brief von Walter H. Cunz und Hans G. Stempel, D. Stempel AG, Frankfurt, an den VdS, 3. 10. 1955, Ordner 91 »Technische Neuerungen«.
42 Brief von Gebr. Klingspor, Offenbach, an die Fachuntergruppe Schriftgießerei, Offenbach, 5. 12. 1938, Ordner 91 »Technische Neuerungen«.
43 Brief von Dr. Gerhardinger (siehe Anm. 39), S. 13–14.
44 Ebd., S. 15.
45 Ebd., S. 16. Die Fachuntergruppe Schriftgießerei war seit 1935 für die wirtschaftspolitischen Interessen der Schriftgießereien zuständig. Dr. Klingspor übernahm nach seinem Rücktritt vom Vorsitz der Wirtschaftlichen Vereinigung die Leitung der Fachuntergruppe bis 1945. 60 Jahre VdS (siehe Anm. 18), S. 9.
46 Brief von Dr. Gerhardinger (siehe Anm. 39), S. 17. Die Betriebe waren stark zerstört worden, da fast alle in Großstädten angesiedelt waren, vgl. LGB², Bd 1, S. 258–258.
47 Anlage zum Brief von Dr. Gerhardinger (siehe Anm. 34).

den geschäftlich profitierten[48]. Dr. Franz Gerhardinger, der damalige Geschäftsführer des VDS, verfaßte im Februar 1941 eine *Druckschrift gegen den Umstellungs-Erlaß der NSDAP*[49], die er an die Gauleitung Hessen schickte[50]. Darin bezweifelte er den Wert der Umstellung für die politische Propaganda[51] und führte eine Reihe schwerwiegender wirtschaftlicher Gründe gegen die Umstellung an. Den Schriftgießereien würden durch sie nicht nur ihre Lagerbestände an Frakturschriften, sondern auch die Gußformen und den Druckereien der Stehsatz entwertet[52]. Doch es half nichts, die Fraktur mußte weg. Und nach dem Krieg war sie so kompromittiert, daß niemand sie benutzen wollte. Sie gehörte zur unangenehmen Vergangenheit und dementsprechend gering war die Nachfrage. Daher ließen die Schriftgießereien Mitte der 50er Jahre die Produktion von Frakturschriften auslaufen[53].

## Die Neugründung 1948

Seit 1945 gab es keinen Verband der Schriftgießereien mehr. Dr. Gerhardinger bemühte sich, in der chaotischen Nachkriegszeit den Kontakt zwischen den ehemaligen Mitgliedern zu erhalten. Zusammen mit Ernst Vischer (Bauersche Gießerei) kümmerte er sich um die erneute Zulassung des Verbandes[54], der als »Verein der Schriftgießereien« (VdS) vom Hessischen Ministerium für Arbeit, Landwirtschaft und Wirtschaft am 4. Oktober 1948 genehmigt wurde[55]. Die Gründungsversammlung hatte schon am 28. Juni 1948 in Frankfurt stattgefunden. Als Vorsitzender des VdS wurde Ernst Vischer und zu seinem Stellvertreter Dr. Alfred Bock (Ludwig & Mayer) gewählt[56]. Vereinssitz blieb Offenbach; man war zuständig für die Bundesrepublik Deutschland und West-Berlin; die Mitgliedschaft wurde ausdrücklich freigestellt[57].

Seit seiner Gründung hatte der VDS die Aufgaben eines Arbeitgeberverbandes wahrgenommen[58]. Nun wurde wegen des Verbots der Alliierten, die »sozialrechtlichen Aufgaben mit den wirtschaftspolitischen innerhalb eines Verbandes«[59] zu verquicken, der Arbeitgeberverband der Schriftgießereien (AdS) vom VdS abgespalten. Insgeheim jedoch hoffte man, die beiden Verbände in absehbarer Zeit wieder vereinen und auch die Gießereien der Sowjetischen Besatzungszone aufnehmen zu können[60]. Auf der ersten Mitgliederversammlung war man sich einig,

> »in dem Bestreben, nach den Erfahrungen des wirtschaftlichen Organisationszwanges der Jahre 1933–1945 wieder in voller Freiheit ... die Geschicke des Gewerbes als verantwortungsbewußte Unternehmer selbst in die Hand zu nehmen [...]«[61].

Der Unternehmer versicherte sich wieder seiner Position als Herr im eigenen Haus. Die Kritik am Nationalsozialismus ging nur so weit, wie dieser die geschäftlichen Entscheidungen behindert hatte.

Das Selbstverständnis der Vereinsmitglieder wurde durch Dr. Karl Klingspor, seit 1926 Vorsitzender[62] des Vereins, nachhaltig geprägt[63]. Sein Anspruch war, nicht nur Kaufmann zu sein, sondern auch Förderer eines künstlerischen Gewerbes. In seiner Rede zum 25jährigen Jubiläum des VDS sagte er:

> »Selbst der beste Geschmack und die größte technische Geschicklichkeit des Buchdruckers wird den Mangel an dem Grundstoff allen Druckwerkes, der guten Type, nicht ersetzen, und ohne eine deutsche Schriftkunst gibt es keine deutsche Buchkunst.«[64]

48 Gerhardinger (siehe Anm. 11), S. 68–69. Noch 1928 waren 56,8% aller Bücher in Fraktur gesetzt und 43,2% in Antiqua. Bei den Zeitschriften war das Verhältnis für die Fraktur noch günstiger (59,8%). Albert Kapr: Fraktur. Form und Geschichte der gebrochenen Schriften. Mainz 1993, S. 78.

49 Franz Gerhardinger: Zum Umstellungserlaß auf Lateinschrift als deutsche Normalschrift. Handschriftliche Notiz von Dr. Gerhardinger auf der letzten Seite des siebenseitigen Schreibmaschinenmanuskripts. Februar 1941, Ordner 44.

50 Ebd., S. 7.

51 Ebd., S. 1.

52 Ebd., S. 4–5.

53 Brief von Dr. Gerhardinger an die Graphische Woche, Anzeigen- und Werbeabteilung, Hannover, 12. 2. 1957, Ordner 44.

54 Aktennotiz »Besprechung mit Dr. Schmitt im Hess. Wirtsch.-Min. in Wiesbaden am 14. 6. 48.« von Dr. Gerhardinger, Ordner 11[I].

55 Rundschreiben des Hessischen Ministers für Arbeit, Landwirtschaft und Wirtschaft, Wiesbaden, an alle Wirtschaftsverbände im Lande Hessen, 6. 9. 1950. Darin: Liste der zugelassenen Wirtschaftsverbände, Stand 5. 9. 1950, Ordner 150.

56 Anlage zum Brief von Dr. Gerhardinger (siehe Anm. 34).

57 Satzung VdS 1948 (siehe Anm. 21), S. 1, §2–5.

58 Gerhardinger (siehe Anm. 11), S. 36.

59 Brief von Dr. Gerhardinger an C. E. Weber, Stuttgart, 17. 7. 1948, Ordner 11[I].

60 Ebd.

61 Bericht über die Mitgliederversammlung des VdS in der Schriftgießerei D. Stempel AG, Frankfurt/Main, 12. 1. 1949, Ordner 11[I].

62 Vorsitzende des VdS: Heinrich Flinsch (Schriftgießerei Flinsch), Kommerzienrat Georg Friedrich Giesecke (Schelter & Giesecke), Karl Klingspor (Gebr. Klingspor), Ernst Vischer (Bauersche Gießerei), Hans G. Stempel (D. Stempel AG), Walter H. Cunz (D. Stempel AG), Robert Haitz (H. Berthold AG), Heinrich Vallée (D. Stempel AG). 60 Jahre VdS (siehe Anm. 18), S. 29.

63 Gerhardinger (siehe Anm. 11), S. 30.

64 60 Jahre VdS (siehe Anm. 18), S. 12–13.

Klingspor sah den Weg aus der bedrohlichen Lage, in die die Schriftgießereien durch die Setzmaschine geraten waren, in der Entwicklung dessen, »was über Massenverbrauch und Alltagsgeschmack hinausgeht, was in Idee und Form originell und schöpferisch ist«[65].

An dieser Situation hatte sich auch nach 1945 nichts geändert. Die verbliebenen Gießereien sahen sich immer noch der Konkurrenz der Setzmaschinen gegenüber. Der Mitgliederbestand des VdS, in den Anfangsjahren des Vereins in etwa gleichbleibend[66], hatte sich schon durch den Ersten Weltkrieg stark reduziert. (Damals expandierten die späteren Großfirmen durch Aufkäufe von in Schwierigkeiten geratenen Firmen. Das extremste Beispiel war die Berthold AG, die zwischen 1917 und 1922 acht Gießereien erwarb[67].) Die folgenden Inflationsjahre brachten weitere Konkurse[68]. 1922 gab es noch 26 Mitglieder, von denen aber sechs Firmen schon im Besitz der Berthold AG oder der Bauerschen Gießerei waren[69]. Nach dem Zweiten Weltkrieg war die Zahl der Mitglieder auf zehn geschrumpft[70]. Davon schieden die Julius Fröbus GmbH, Köln, und die Schriftgießerei J. Ch. Zanker, München, bis 1952 aus[71].

Nachdem die Stempel AG 1912 die Mehrheitsbeteiligung bei Gebr. Klingspor erworben hatte[72], wurde die Offenbacher Firma 1956 ganz übernommen[73]. Die Genzsch & Heyse AG in Hamburg, seit 1930 zu gleichen Teilen im Besitz der Bauerschen Gießerei, der Berthold AG und der Stempel AG[74], erklärte am 5. August 1963 ihren Austritt aus dem Verein zum Jahresende[75]. In einem Artikel der *Graphischen Woche* wurde zu Recht vermutet, der Umsatzrückgang bei Genzsch & Heyse habe dazu geführt, daß die Firma aufgelöst werde[76].

Der einzige Zuwachs zum VdS im letzten Jahrzehnt seines Bestehens war die Schriftgießerei Johannes Wagner, Ingolstadt[77]. Dr. Born, der letzte Geschäftsführer des VdS, hatte zu der Firma Kontakt aufgenommen, doch die Vereinsmitglieder konnten sich mit Wagner und dieser sich mit ihnen lange nicht anfreunden. Daher erfolgte der Beitritt erst 1966 unter dem neuen Geschäftsführer von Wagner, Arnold Dröse[78]. Den Verein der Nachkriegszeit kann man sich als einen exklusiven kleinen Club vorstellen, dessen Frankfurter Mitglieder sich häufig zu Besprechungen trafen. Sie bestimmten die Vereinspolitik, da Genzsch & Heyse im Sinne ihrer Teilhaber abstimmte und C. E. Weber sich oft der Meinung der größeren Gießereien anschloß[79].

## Eingeschränkter Wettbewerb unter den Schriftgießereien

Die Ziele des VDS waren »Vereinbarungen über vorteilhafte Regelung der Erzeugung und des Absatzes«[80] und die »Einflußnahme auf vorkommende Ausschreitungen im geschäftlichen Wettbewerb«[81]. Um dies zu verwirklichen, gab es innerhalb des Vereins zwei Preislisten (Inland und Ausland)[82]. Die Auslandspreise lagen oft erheblich unter den Inlandspreisen, damit die Vereinsmitglieder gegenüber ausländischen Gießereien wettbewerbsfähig waren[83]. Der bis 1961 bestehende Schrifteneinreihungsausschuß[84] hatte die Aufgabe, neu entstandene Schriften der Mitglieder in die Preisliste einzuordnen[85]. Die Einreihung geschah nicht nur nach

65 Ebd.
66 Gerhardinger (siehe Anm. 11), S. 12.
67 Friedrich Bauer: Chronik der Schriftgießereien in Deutschland und den deutschsprachigen Nachbarländern. 2., ergänzte Auflage. Offenbach a. M. 1928, S. 28, 33, 36, 118, 132, 134.
68 Gerhardinger (siehe Anm. 11), S. 28.
69 Mitgliederverzeichnis im Geschäftsbericht VDS 1921/1922, Ordner »VDS-Korrespondenz 1921–25«.
70 Brief von Dr. Gerhardinger an Regierungsrat Dr. Schmitt im Hessischen Wirtschaftsministerium, Wiesbaden, 12.12.1949, Ordner 11[1].
71 Die verbliebenen Mitglieder waren: Bauersche Gießerei, H. Berthold AG, Berlin und Stuttgart, Genzsch & Heyse AG, Gebr. Klingspor, Ludwig & Mayer, D. Stempel AG und C. E. Weber. Geschäftsbericht VdS 1951–52, S. 43–44.
72 LGB[2] Bd 4, S. 241.
73 Vertraulicher Brief von Dr. Gerhardinger an Direktor Carl Graumann, H. Berthold AG, Berlin, 14.9.1956, Ordner »Ausgeschiedene VdS-Mitglieder«.
74 Geschäftsbericht VDS 1930, S. 15, Ordner »Geschäftsberichte VDS 1921–1930«.
75 Brief von Carl Lange, Genzsch & Heyse, Hamburg, an den VdS, 5.8.1963, Ordner »Ausgeschiedene VdS-Mitglieder«.
76 Abschrift eines Artikels in der Graphischen Woche 25 (1963) (ohne Seitenzahl), Ordner »Ausgeschiedene VdS-Mitglieder«.
77 Geschäftsbericht VdS 1965, S. 25.
78 Ebd., S. 30.
79 Siehe Korrespondenz der Mitglieder mit den Geschäftsführern und die Berichte über die Mitgliederversammlungen.
80 Handbuch VDS (siehe Anm. 19), S. 2, § 4.
81 Ebd.
82 Rundschreiben VDS, Leipzig, 13.2.1924, Ordner »VDS-Korrespondenz 1921–1925«.
83 Auszug aus dem Rundschreiben VDS Nr. 713, 1925. Eingelegt im Handbuch VDS (siehe Anm. 19).
84 Brief von Dr. Gerhardinger an die Geschäftsleitung der D. Stempel AG, Frankfurt, 23.9.1961, Ordner 1/89. Rundschreiben VdS, Dr. Gerhardinger, 8.6.1961, Ordner 101[7].
85 Satzung VDS 1919 (siehe Anm. 22), S. 15, § 35.

Schriftart, sondern auch nach dem Gießverfahren und den Schwierigkeiten beim Guß[86].

Nach dem Zweiten Weltkrieg ergaben sich wegen des alliierten Dekartellisierungsgesetzes Probleme aus der zur Vereinsneugründung eingereichten Satzung. Um die Genehmigung zu erhalten, arbeitete Dr. Gerhardinger sie um und ließ die Kartellbestimmungen weg[87]. Als 1958 das Kartellgesetz verabschiedet wurde, riet ein Rechtsanwalt dem VdS, ein Gutachten einzuholen, um den »Verdacht einer Preisabsprache zu entkräften«[88]. In einem Brief an den Anwalt schrieb Dr. Gerhardinger, daß der VdS kein Kartell sei, denn es gebe ja keinen Vereinszwang und auch keine Möglichkeit, gegen eine Firma, die sich nicht an die Abmachungen halte, vorzugehen. Es handele sich nur um »Empfehlungen auf Grund der Kostenkalkulation und des Vertrauens der Firmen zueinander«[89]. Gegenüber dem Institut für Exportforschung in Nürnberg bestritt der Verein außerdem, daß ein Exportkartell der deutschen Schriftgießereien bestehe[90].

Die Inlands- und Auslandspreislisten blieben weiter in Gebrauch[91]. Der Koreakrieg ließ die Metallpreise kräftig steigen, und die Firmen des VdS reagierten darauf mit einer zehnprozentigen Erhöhung der Inlandspreise[92]. Natürlich schlugen sich auch Lohnerhöhungen in den Preisen nieder[93]. Eine Zusammenarbeit in Preisfragen bestand mit der holländischen Lettergieterij ›Amsterdam‹[94], mit der Haas'schen Schriftgießerei[95] bei Basel sowie Stephenson, Blake & Co. in England[96]. Im April 1960 trafen sich die europäischen Schriftgießereien im Anschluß an die Mitgliederversammlung der A.Typ.I. in Paris und »erklärten sich bereit, auf dem Preisgebiete zusammenzuarbeiten, um unnötige Preisverluste durch gegenseitige Preisbekämpfungen zu vermeiden«[97]. Der VdS wurde gebeten, aus den Preislisten aller Schriftgießereien eine »gemeinsame Grundpreisliste«[98] zu erstellen. Die Vereinsmitglieder fürchteten, daß durch den Zollabbau in der EWG verstärkt europäische Konkurrenten auf den deutschen Markt drängen und hofften auf das Zustandekommen eines »Gentlemans Agreement [sic]«[99], das dem VdS die »Einflußnahme auf die Preisgestaltung [...] [der] ausländischen Konkurrenten«[100] sichern würde.

Die Vereinsmitglieder einigten sich auch über die Honorare der Schriftentwerfer. Dies sei notwendig, damit die Gießereien nicht von »geschäftstüchtigen Schriftzeichnern«[101] gegeneinander ausgespielt würden. 1952 wurde unter Mitarbeit der Firmen ein »Normalvertrag«[102] entworfen, der den Rahmen für Verträge mit Schriftentwerfern vorgab[103]. Ausgelöst durch Imre Reiners Honorarforderungen fand zwei Jahre später eine Umfrage der Geschäftsstelle unter den Mitgliedern statt, die ergab, daß die meisten Firmen ein Honorar von 1000 DM für den Erstentwurf als ausreichend empfanden[104]. Nur bei wirklich namhaften Künstlern solle man bis zum Doppelten zahlen, hieß es. Über die Dauer der Provisionszahlungen herrschte Uneinigkeit: Während die einen fünf bis zehn Jahre für ausreichend hielten,

86 Bestimmungen über die Einreihung von Schriften nach dem Stande vom 2. September 1937, Ordner 41.

87 Brief von Dr. jur. J. P. Schmitt, Wiesbaden, an Dr. Gerhardinger, Vilshofen, 20. 8. 1948, Ordner 11[1].

88 Brief von Dr. Willy Paul, Frankfurt, an den VdS, 21. 5. 1958, Ordner 2/85.

89 Brief von Dr. Gerhardinger an Dr. Willy Paul, Frankfurt, 12. 2. 1958, S. 4, Ordner 91 »Marktregelung, Kartellfragen«.

90 Brief von Dr. Gerhardinger an das Institut für Exportforschung, Nürnberg, 12. 8. 1959, Ordner 124[2]. Eine Anfrage beim Bundeskartellamt in Berlin ergab, daß aus dem Bereich Schriftgießerei nie ein Kartell angemeldet oder eingetragen war. Telefonische Auskunft vom Bundeskartellamt Berlin, 19. 4. 1995.

91 Vertraulicher Brief von Dr. Gerhardinger an die Mitglieder des VdS, 24. 3. 1950, Ordner 101 [a].

92 Abschrift eines vertraulichen Briefes von Dr. Gerhardinger an Direktor Carl Lange, Genzsch & Heyse, Hamburg, 21. 10. 1954, Ordner 1/84.

93 Vertraulicher Brief von Carl Graumann, H. Berthold AG, Berlin, an Dr. Gerhardinger, 25. 11. 1955, Ordner 1/84.

94 Brief von Dr. Gerhardinger an die Geschäftsleitung der Firma D. Stempel AG, Frankfurt, 13. 12. 1949, Ordner 1/84.

95 Brief von Dr. Gerhardinger an die Geschäftsleitung der Firma D. Stempel AG, Frankfurt, 18. 12. 1950, Ordner 1/84.

96 Brief von Dr. Gerhardinger an die Direktion der Firma H. Berthold AG, Berlin, 22. 10. 1956, Ordner 1/84.

97 Vertraulicher Brief von Dr. Gerhardinger an die Geschäftsleitungen der Firmen Bauersche Gießerei, Ludwig & Mayer und D. Stempel AG, 14. 7. 1960, Ordner 2/85.

98 Ebd.

99 Ebd.

100 Ebd.

101 Rundschreiben VdS, Dr. Gerhardinger, 10. 3. 1954, Ordner 101[2].

102 Rundschreiben VdS, Dr. Gerhardinger, 29. 12. 1952, Ordner 101 [b].

103 Ebd. Nach Möglichkeit sollte »nicht über 2000 Mark Honorar pro Garnitur« gezahlt werden. Vom Reinerlös der Schrift »als Komplettguß« erhielt der Entwerfer auf zehn Jahre nicht mehr als zwei Prozent Provision (bei einem Reinerlös zwischen 20.000 und 100.000 DM). Dafür übertrug er das »unbeschränkte Urheberrecht an den Schriftzeichnungen für alle graphischen Vervielfältigungsarten; zu diesen zählen auch photomechanische und chemigraphische Vervielfältigungen sowie Setzmaschinenguß und die Produktion von Holz- und Kunststoffschriften ...« auf die Schriftgießerei.

104 Rundschreiben VdS, Dr. Gerhardinger, 10. 3. 1954, Ordner 101[2].

gestanden andere die Dauer des Geschmacksmusterschutzes zu[105].

Um zu verhindern, daß neue Gießereien entstanden, erklärten sich die Mitglieder des VdS 1949 bereit, keine Gießmaschinen oder Matrizen ins Ausland zu liefern[106]. Gießmaschinen, die durch die Auflösung einer Firma in Deutschland auf den Markt kamen, wurden in mehreren Fällen von den Vereinsmitgliedern gekauft, »um eine weitere Ausstattung kleiner Gießereien des In- oder Auslandes zu verhindern«[107]. 1952 kauften die Vereinsmitglieder gemeinsam die Konkursmasse der Schriftgießerei J. D. Trennert, Hamburg-Altona, auf, deren Betrieb durch den Wiederaufbau nach dem Krieg zu hoch verschuldet war[108]. Im Protokoll einer Besprechung der Frankfurt-Offenbacher Firmen vom 1. Oktober 1952 hieß es:

»Wichtig wäre es, auch die Firma Trennert, Hamburg, zu beseitigen. Die Angelegenheit soll von den Frankfurter Herren in die Hand genommen werden.«[109]

Auch bei der Auflösung der Schriftgießerei J. John Söhne, Lübeck, hatten die Vereinsmitglieder ihre Hand im Spiel[110]. Nun machte den Schriftgießereien des Vereins nur noch Johannes Wagner in Ingolstadt Sorgen, da diese Firma angeblich mit hohen Nachlässen die Preise verdarb[111]. Als die Firma 1966 in den VdS eintrat, war damit auch die letzte nennenswerte Außenseiterin keine Gefahr mehr[112].

## Schriftschutz auf allen Ebenen

Für Schriften konnten in Deutschland beide Rechte, Geschmacksmusterschutz und Kunstschutz, beansprucht werden, der Kunstschutz mußte aber im Einzelfall durch einen Prozeß erkämpft werden[113]. Der Geschmacksmusterschutz *Gesetz betreffend das Urheberrecht an Mustern und Modellen* wurde durch Hinterlegung der neuen Schrift beim Patentamt erwirkt; die Schutzdauer betrug bis zu 15 Jahre[114]. Die VdS-Mitglieder machten von dieser Möglichkeit regelmäßig Gebrauch. Sie wurde von ihnen »als zusätzlicher Schutz [...] betrachtet«[115], der leichter zu erhalten war als der Kunstschutz. Einige Schriften wurden auch beim Internationalen Büro für gewerblichen Rechtsschutz (BIRPI) in Bern angemeldet[116]. Das Kunstschutzgesetz *Gesetz betreffend das Urheberrecht an Werken der bildenden Künste und der Photographie* bot den Vorteil einer längeren Schutzfrist[117]. Unter den Schriften, denen in Prozessen der Schriftgießereien gegen Nachahmer der Kunstschutz zuerkannt wurde, waren z. B. die Tiemann-Mediaeval der Gebr. Klingspor (1928), die Deutsche Schrift von Rudolf Koch (1917) und die Bernhard-Schönschrift der Bauerschen Gießerei (1931)[118].

Die letzten beiden Geschäftsführer des VdS, Dr. Gerhardinger und nach ihm Dr. Born, engagierten sich besonders stark auf dem Gebiet des Schriftschutzes[119] und ließen für den Verein im Lauf der Jahre eine stattliche Zahl von Gutachten zu diesem Thema erstellen[120]. Da den VdS-Mitgliedern der gesetzliche Schutz nicht weitreichend genug war, ergänzten sie ihn durch ein Abkommen auf Vereinsebene: durch das »Kollegiale Abkommen über den Schutz von Schriftgießerei-Erzeugnissen«[121].

Dieses Abkommen von 1939 sollte das »gleichzeitige Entstehen ähnlicher Schriften, solange sich diese noch im Entwicklungsstadium [befanden]«[122], verhindern. Es sah vor, daß eine neue Schrift 40 Jahre lang vor Nachahmung durch Kollegen geschützt war. Eine Schriftgießerei sollte vor

105 Rundschreiben VdS, Dr. Gerhardinger, 17. 3. 1954, Ordner 101².

106 Rundschreiben VdS, Dr. Gerhardinger, 8. 3. 1949, Ordner 101 [a].

107 Rundschreiben VdS, Dr. Gerhardinger, 22. 1. 1953, Ordner 101².

108 Brief des VdS, Dr. Gerhardinger an Direktor Carl Lange, Genzsch & Heyse AG, Hamburg, 31. 12. 1952, Ordner »Ausgeschiedene VdS-Mitglieder«.

109 Protokoll über die Besprechung der Frankfurt-Offenbacher Firmen des VdS, 1. 10. 1952, Ordner 1/84.

110 Ebd.

111 Geschäftsbericht VdS 1955, S. 90–91.

112 Rundschreiben VdS, Dr. Born, Geschäftsführer des VdS, 16. 12. 1965, Ordner 101⁸.

113 FRANZ GERHARDINGER: Der Rechtsschutz von Schriftgießerei-Erzeugnissen (34seitiges Schreibmaschinenmanuskript), 2. 5. 1956, S. 19, Ordner 83.

114 Ebd., S. 5–6.

115 Brief von Dr. Gerhardinger an die Rechtsabteilung des BDI, Köln, 21. 2. 1955, Ordner 1/84.

116 Brief von Dr. Gerhardinger an die D. Stempel AG, Frankfurt, 11. 5. 1956, Ordner 1/84.

117 GERHARDINGER (siehe Anm. 113), S. 8.

118 Ebd., S. 13.

119 Rundschreiben VdS, Dr. Born, 22. 1. 1964, Ordner 175³.

120 Alle Gutachten in: Der gewerbliche Rechtsschutz von Schriftgießerei-Erzeugnissen. Eine Sammlung von Rechtsgutachten, Gerichtsurteilen und Sachverständigen-Gutachten. Zusammengestellt vom Verein der Schriftgießereien, Offenbach, 1955; siehe auch Ordner 83.

121 Abschrift des Kollegialen Abkommens über den Schutz von Schriftgießerei-Erzeugnissen, vereinbart auf der ord. Mitgliederversammlung der Wirtschaftlichen Vereinigung der deutschen Schriftgießereien am 14. Dezember 1939 in Frankfurt/Main, Anlage 3 zum Rundschreiben VdS, Dr. Gerhardinger, 11. 1. 1954, Ordner 83.

122 Bericht über die Mitgliederversammlung des VdS, Frankfurt/Main, 14. Oktober 1955, Ordner 44¹.

dem Erscheinen der Schrift ein Alphabet der Groß- und Kleinbuchstaben bei der Treuhandstelle des Vereins hinterlegen[123]. Der Treuhänder, d. h. der Geschäftsführer, verglich die eingereichten Entwürfe miteinander[124]. In manchen Fällen empfahl er der anmeldenden Firma sofort eine Überarbeitung des Entwurfs, um »Konflikte und damit verbundene Kapitalverluste durch Umschnitte von Buchstaben usw.«[125] zu verhindern. Bei Streitfällen wurde von der Geschäftsstelle und vom Vorsitzenden alles versucht, um die Sache ohne Einschaltung der Schiedsstelle zu bereinigen[126].

Die 40jährige Schutzdauer des Abkommens erscheint lang, war aber notwendig, da die meisten Schriften in Etappen entstanden. Zuerst wurde ein magerer Schnitt hergestellt, bewährte sich dieser, wurde eine Schriftfamilie aufgebaut. Es dauerte unter Umständen mehrere Jahre, bis sie komplett vorlag[127]. Die Schriftgießereien betonten, daß bis zur Einführung einer Schrift bei den Kunden und dem zufriedenstellenden Verkauf nochmals Jahre vergingen[128].

Der enorme Aufwand, den die Entwicklung einer neuen Schrift bedeutete, machte es für die Schriftgießereien lebenswichtig, daß ihre Erzeugnisse nicht nachgeahmt wurden[129]. In den Lieferbedingungen der Schriftgießereien wurde ausdrücklich der Nachguß auf Gießmaschinen, das Nachzeichnen und später auch die »Vervielfältigung auf dem Wege der Photographie bzw. Chemigraphie«[130] untersagt. Bis 1952 gestatteten die Schriftgießereien die Verwendung ihrer Schriften für »Lithographie, Offset-, Anilin- und Tiefdruck«[131] nicht bzw. nur mit Sondererlaubnis. Dann wurde der technischen Entwicklung Rechnung getragen und die Benutzung der Schriften für Tief- und Flachdruck gestattet[132].

Das 1952 in Genf abgeschlossene Welturheberrechtsabkommen verpflichtete die beigetretenen Länder, den Werken ausländischer Urheber im eigenen Land den gleichen Schutz zu gewähren wie den inländischen Urhebern (Inländerbehandlung). Der Bundestag wandelte es 1955 – zum Mißvergnügen des VdS – in ein Gesetz um[133]. Die Mitglieder sahen es nicht gern, daß die Erzeugnisse ihrer Konkurrenten in Deutschland einen längeren Schutz genossen, als ihre eigenen Schriften im Ausland. Außerdem waren sie der Meinung, daß das deutsche Urheberrecht von den Gerichten in den letzten Jahren zu eng und »unsachgemäß«[134] ausgelegt worden sei. Durch ein Gerichtsurteil von 1958 (Candida/Manutius-Urteil) sahen die Schriftgießereien ihre Chancen schwinden, für Schriften Kunstschutz beanspruchen zu können. Deshalb wollten sie ein internationales Geschmacksmusterschutzgesetz mit längerer Schutzdauer durchsetzen[135].

Und welche Vereinigung war besser für dieses Projekt geeignet als die A.Typ.I.? Dort wurde 1958 mit der Vorarbeit zu einem Gesetz für den »Internationalen Schutz typographischer Erzeugnisse«[136] begonnen. Eine erste Sachverständigenkommission, aus Vertretern von acht europäischen Ländern gebildet, tagte 1960 in Genf beim BIRPI. An dieser und den folgenden Konferenzen nahmen der Präsident der A.Typ.I., Charles Peignot, und Dr. Gerhardinger teil[137]. Auf drei weiteren Expertenkonferenzen wurde bis 1963 ein Entwurf über ein Schriftschutzabkommen ausgearbeitet[138]. Die sechste Expertenkonferenz fand 1972 bei der World Intellectual Property

123 Ebd.

124 Rundschreiben VdS, Dr. Gerhardinger, 9. 2. 1949, Ordner 44[1].

125 Brief von Dr. Gerhardinger an Ludwig & Mayer, Frankfurt, 5. 6. 1959, Ordner 44[1].

126 Brief von Ludwig & Mayer, Frankfurt, an die Geschäftsleitung der D. Stempel AG, Frankfurt, 18. 6. 1958, Ordner 25. Brief von Walter H. Cunz und Hans G. Stempel, D. Stempel AG, Frankfurt, an den VdS, 24. 6. 1958, Ordner 25. Aktennotiz von Dr. Gerhardinger, 12. 10. 1958, Ordner 25.

127 Brief von Dr. Gerhardinger an Dr. Franz Rost, Vorsitzender des Fachausschusses für Geschmacksmusterrecht der Deutschen Vereinigung für gewerblichen Rechtsschutz und Urheberrecht, Krefeld, 24. 8. 1959, Ordner 175[1].

128 Brief von Dr. Gerhardinger an die Rechtsabteilung des BDI, Köln, 21. 2. 1955, Ordner 175[1].

129 Dr. Gerhardinger schätzte das finanzielle Risiko für die Entwicklung einer ausgebauten Schriftfamilie einer Groteskoder Antiquaschrift auf 150.000 bis 200.000 DM, davon allein rund 120.000 DM an Schnittkosten für die Maternherstellung (Beispiel aus dem Jahr 1956). GERHARDINGER (siehe Anm. 113), S. 26.

130 Allgemeine Lieferbedingungen. Anlage zum Rundschreiben Nr. 15 der Wirtschaftlichen Vereinigung 1937, Ordner 63[2].

131 Bedingungen für die Lieferung und Verwendung unserer Erzeugnisse. Anlage zum Rundschreiben VdS, Dr. Gerhardinger, 5. 7. 1949, Ordner 101 [a].

132 Bedingungen für die Lieferung und Verwendung unserer Erzeugnisse. Anlage zum Rundschreiben VdS, Dr. Gerhardinger, 29. 12. 1952, Ordner 101 [b].

133 Rundschreiben VdS, Dr. Gerhardinger, 9. 5. 1955, Ordner 35[2].

134 Vertrauliches Rundschreiben VdS, Dr. Gerhardinger, 5. 8. 1960, Ordner 101[6].

135 Ebd.

136 Brief von Dr. Born an die Rechtsabteilung des BDI, Köln, 4. 9. 1962, Ordner 175[3].

137 Vertrauliches Rundschreiben VdS, Dr. Gerhardinger, 5. 8. 1960. Ordner 101[6].

138 Brief von Dr. Born (siehe Anm. 136).

Organization (WIPO) statt[139]. Der hier überarbeitete Entwurf wurde durch die Länder gebilligt, und die WIPO traf Vorbereitungen für die diplomatische Konferenz[140], die ein Jahr später in Wien abgehalten wurde[141]. Ein positives Ergebnis der Bemühungen der A.Typ.I. und der deutschen Schriftgießereien ist das am 6. Juli 1981 von der Bundesrepublik Deutschland verabschiedete Schriftzeichengesetz, worin der Geschmacksmusterschutz an die besonderen Erfordernisse des Schriftschutzes angepaßt wurde: Die Höchstschutzdauer wurde auf 25 Jahre erhöht[142].

Vor dieser Betätigung als Lobbyisten waren die Vereinsmitglieder mit Prozessen gegen Schriftnachahmer vorgegangen[143]. In Ländern ohne ausreichende Schriftschutzgesetze hatten sie jedoch kaum eine Möglichkeit, Nachahmungen zu verhindern oder zu verfolgen[144]. Aber auch in Ländern mit ausreichendem Schriftschutz gab es Probleme, beispielsweise in Italien. Im Prozeß der Bauerschen Gießerei und der Schriftgießerei Nebiolo, Turin, gegen die Firma Reggiani, Mailand, ging es um die Nachahmung der Quick der Bauerschen Gießerei. Unter dem Namen Penna d'Oro wurde sie von der Schriftgießerei Enrico Reggiani angeboten. 1937 wurde in Neapel Klage eingereicht, die 1940 in erster Instanz abgewiesen wurde, mit der Begründung, daß durch eine Schriftnachahmung »keineswegs Unklarheit über die Herkunft eines Erzeugnisses«[145] entstehen müsse. Daher sei auch nicht vom Tatbestand des unlauteren Wettbewerbs zu sprechen. Nach mehreren Berufungen, Wiederaufnahmen, jahrelangem Hin und Her[146] schrieb die Bauersche Gießerei 1952 dem Geschäftsführer des VdS, daß sie

> »von irgendwelchen Prozessen in Italien genug [habe]. Alles, was wir an Lizenzen für die Quick von Nebiolo erlöst haben, ist restlos für den Prozess gegen die Fonderia Reggiani mit der Penna d'Oro draufgegangen!«[147]

Die Bauersche Gießerei wandte sich am energischsten gegen die Nachahmung ihrer Schriften. Sie hatte Grund dazu, denn ihre Futura war bei Nachahmern in aller Welt beliebt[148]. In den USA stammten die meisten dieser Futura-Nachahmungen aus der Zeit des Zweiten Weltkriegs »when the Futura was considered enemy property and thus 'free for all'«[149].

Ende der 50er Jahre erging ein für die Gießereien sehr wichtiges Gerichtsurteil in Sachen Schrift. Zwei Jahre lang prozessierten die Firmen Ludwig & Mayer und Johannes Wagner gegeneinander. Zankapfel war die Manutius der Wagnerschen Schriftgießerei, die eine Nachahmung der Candida sein sollte[150]. Ludwig & Mayer nahmen für diese 1936 erschienene, von Jakob Erbar entworfene Schrift den Kunstschutz in Anspruch[151]. Wagner hingegen behauptete, daß die Candida nicht kunstschutzfähig sei, da sie eine »aus überlieferten Grundformen nach konstruktiven Regeln, also vollkommen unpersönlich aufgebaute Schrift«[152] sei und keine besondere ästhetische Wirkung habe.

Das Bundesgericht gab Wagner Recht[153]. In der Begründung des Urteils hieß es, daß die Candida eine Gebrauchsschrift sei, die für »gewöhnliche Druckerzeugnisse Verwendung finden soll[e]«[154]. Um für diesen Zweck geeignet zu sein, verfüge sie über »einfache, klare, leicht lesbare Linienführungen ..., die weitgehend durch die vorgegebenen Buchstabenformen gewissermaßen technisch be-

139 Rundschreiben VdS, Dr. Born, 10. 3. 1972, Ordner 101[10].

140 Rundschreiben VdS, Dr. Born, 23. 3. 1972, Ordner 101[10].

141 Günter Kelbel: Der Schutz typographischer Schriftzeichen. In: Der Polygraph 5 (1973), S. 255–259. Um rechtskräftig zu werden, muß das Wiener Abkommen von fünf Staaten unterzeichnet werden. Bis 1984 hatten lediglich Frankreich und Deutschland unterzeichnet. H. W. Thum: Typografie als Einflußmittel. A.Typ.I.-Kongreß und Monotype-Seminar an der Londoner Universität. In: Der Polygraph 22 (1984) S. 1938–1941.

142 Günter Kelbel: Der Schutz typographischer Schriftzeichen. Köln 1984, S. 8.

143 Der gewerbliche Rechtsschutz von Schriftgießerei-Erzeugnissen (siehe Anm. 120), darin: Gutachten vom 29. 9. 1917, S. 2–3. Rundbrief von Dr. Gerhardinger an die Geschäftsleitungen der Mitgliedsfirmen, 28. 8. 1950, Ordner 83.

144 Gerhardinger (siehe Anm. 113), S. 33, Ordner 83.

145 Brief von Dr. Gerhardinger an Ernst Vischer, Bauersche Gießerei, Frankfurt, 3. 4. 1950, Ordner 35[1].

146 Brief der Bauerschen Gießerei, Frankfurt, an Direktor Walter H. Cunz, D. Stempel AG, Frankfurt, 5. 5. 1955, Ordner 37[1].

147 Brief der Bauerschen Gießerei, Frankfurt, an Dr. Gerhardinger, 17. 9. 1952, Ordner 35[1].

148 Brief der Bauerschen Gießerei, Frankfurt, an den VdS, 20. 3. 1950, Ordner 37[1].

149 Abschrift eines Briefes von V. S. Harand, New York, an die Bauersche Gießerei, Frankfurt, 9. 2. 1955, Ordner 37[1].

150 Rundschreiben VdS, Dr. Gerhardinger, 18. 10. 1958, Ordner 101[5]. Enthält eine Abschrift des Urteils des Bundesgerichtshofes in Karlsruhe (1. Zivilsenat) nach mündlicher Verhandlung am 30. Mai 1958 in Sachen »Candida« der Schriftgießerei Ludwig & Mayer, Frankfurt/Main, gegen »Manutius« der Schriftgießerei Johannes Wagner, Ingolstadt.

151 Urteil in Sachen Candida/Manutius (siehe Anm. 150), S. 2.

152 Ebd., S. 3–4.

153 Ebd.

154 Ebd., S. 9.

dingt [seien]«[155]. Von einer künstlerischen Gestaltung sei daher nicht zu sprechen. Da die Candida keinen Kunstschutz erhielt, mußte auch die Frage der Nachahmung vom Gericht nicht behandelt werden. Eine Klage aufgrund des Geschmacksmusterschutzes kam nicht in Frage, da dieser schon lange abgelaufen war.

Die Vereinsmitglieder waren vom Ausgang des Prozesses natürlich enttäuscht; sie vermuteten, daß sich die Richter in ihren Entscheidungen nun am Urteil des Bundesgerichts orientieren würden[156]. Dr. Gerhardinger hatte Ludwig & Mayer schon vor der Prozeßeröffnung darauf aufmerksam gemacht, daß es gefährlich sei, gerade mit dieser Schrift vor Gericht zu gehen und damit »das wertvolle Ergebnis früherer Schriftenprozesse aufs Spiel ... [zu] setzen«[157]. Aber er war mit seiner Warnung auf taube Ohren gestoßen. Eine erste Reaktion auf das Urteil lieferte die Monotype-Gesellschaft: Sie behauptete dem VdS gegenüber, daß nun »Schriften wie z. B. die ›Palatino‹ nachgeschnitten werden dürften«[158]. Die aufgeschreckten Vereinsmitglieder veranlaßten eine Aussprache im Kreis der europäischen Schriftgießereien. Daraufhin wurden die Bemühungen um ein internationales Schriftschutzgesetz (wie vorher berichtet) verstärkt[159].

In der A.Typ.I. wurde 1962 nach dem Vorbild des Kollegialen Abkommens ein CODE MORAL aufgestellt, der die Mitglieder verpflichtete, die Schriften ihrer Kollegen nicht nachzuahmen[160]. Auf Betreiben des VdS wurde am 16. Februar 1962 in Frankfurt der Ausschuß der Schriftgießereien innerhalb der A.Typ.I. gegründet[161]. Er sollte dem allgemeinen Meinungs- und Erfahrungsaustausch dienen sowie der Erörterung von Problemen, die durch die Ausbreitung des Fotosatzes für die Schriftenhersteller entstanden[162]. Außerdem sollte ein »System der Lizenznahme und -vergabe«[163] innerhalb der A.Typ.I. den Fotosetzmaschinenherstellern den Beitritt schmackhaft machen[164]. Für die Schriftgießereien erhöhte das den Schutz vor Schriftnachahmungen, da die Firmen sich beim Eintritt in die A.Typ.I. auf den CODE MORAL verpflichteten.

## Linotype und Monotype: Der schwierige Umgang mit den Setzmaschinenherstellern

Wenn ein Setzmaschinenhersteller sich die Kosten einer eigens für seine Maschine entworfenen Schrift sparen wollte und vorausgesetzt, er gehörte nicht zu den skrupelloseren Zeitgenossen, die vorhandene Schriften einfach übernahmen, so blieb ihm die Möglichkeit, bei einer Schriftgießerei die Lizenz der gewünschten Schrift zu erwerben. Leichter gesagt als getan, denn hier traf er auf den Widerstand des VdS: Erstens waren die Lizenzgebühren im Vergleich zum Erlös aus dem Schriftenverkauf sehr gering, eine Schriftgießerei hätte allein davon nie existieren können[165]; zweitens machte jede gewährte Lizenz die Anschaffung einer Setzmaschine für die Druckereien attraktiver und schmälerte den Absatz der Gießereien.

Die ablehnende Haltung innerhalb des VdS wurde jedoch durch die Verbindung der Firma Stempel mit der deutschen Linotype-Gesellschaft unterlaufen. 1900 hatte David Stempel mit Jacques Mayer, dem Geschäftsführer der Mergenthaler Setzmaschinenfabrik in Berlin, vereinbart, daß sein Betrieb »alleiniger Hersteller der Linotype-Matrizen für den größten Teil des europäischen Kontinents«[166] [wurde]. Die weite Verbreitung der Linotype-Setzmaschine machte das Geschäft mit den Matrizen für die Stempel AG sehr lukrativ. Doch auch die Linotype

155 Ebd.
156 Brief von Dr. Herbert, Bauersche Gießerei, Frankfurt, an den VdS, 16. 7. 1956, Ordner 159a^I.
157 Brief von Dr. Gerhardinger an die Bauersche Gießerei, Frankfurt, 18. 6. 1958, Ordner 159a^I.
158 Aktennotiz von Dr. Gerhardinger »Betr.: Harmonisierung der Schriftanwendung auf Setzmaschinen verschiedener Systeme«, 21. 11. 1958, Ordner 158^I.
159 Ebd.
160 Der CODE MORAL gewährte eine Schutzdauer von 35 Jahren für Druckschriften und Layouts. CODE MORAL der Internationalen Typographischen Vereinigung, Ordner 50.
161 Geschäftsbericht VdS 1962, S. 42–44. Die Gründung der Association Typographique Internationale fand am 11. Juni 1957 in Lausanne statt. Geschäftsbericht VdS 1957, S. 68–70. Aber erst 1959 traten die Vereinsmitglieder geschlossen der A.Typ.I. bei. Geschäftsbericht VdS 1958, S. 85.
162 Geschäftsordnung des Ausschusses der Schriftgießereien in der A.Typ.I., 1962, Ordner 50.
163 Eduard Born: Der Anschluß des Vereins der Schriftgießereien an die Internationale Typographische Vereinigung. In: Der Polygraph (1973) S. 254.
164 Geschäftsordnung des Ausschusses der Schriftgießereien in der A.Typ.I., 1962, Ordner 50. 1972 wurde der Ausschuß der Schriftgießereien in einen Ausschuß der Schriftenhersteller erweitert. Rundschreiben VdS, Dr. Born, 16. 7. 1971, Ordner 15.
165 In der Regel zahlten die Setzmaschinenhersteller ein bis drei Prozent vom Bruttoerlös eines Matrizensatzes als Lizenzgebühr. Brief von Dr. Born an die Direktion der Haas'schen Schriftgießerei AG, Basel-Münchenstein, 12. 11. 1963, Ordner 47.
166 »vom Schriftgießen.« Portrait der Firma D. Stempel, Frankfurt am Main. Fotografiert von Ronald Schmets. Technische Hochschule Darmstadt 1987, (ohne Seitenzahl), siehe ›Daten zur Geschichte der D. Stempel AG‹.

hatte Vorteile aus dem Geschäft: Die bekannten Schriften, die sie auf ihren Maschinen anbieten konnte, haben viel dazu beigetragen, daß ihre Setzmaschine in Deutschland einen hohen Marktanteil erlangte. 1948 wurde in Frankfurt eine Linotype-Niederlassung gegründet[167], nachdem die Mergenthaler Setzmaschinenfabrik 1941 die Aktienmehrheit bei der Stempel AG erworben hatte[168]. Neben den profitablen Schriften der Stempel AG[169], waren nach dem Zweiten Weltkrieg Schriften der Bauerschen Gießerei (Futura), der Berthold AG (Akzidenz-Grotesk), von Ludwig & Mayer (Candida) und C. E. Weber (Trump-Mediaeval) im Programm der Linotype[170].

Auch die Intertype-Gesellschaft hatte von deutschen Schriftgießereien Lizenzen erworben[171]. Außen vor blieb nur die Monotype-Gesellschaft. Sie wurde von den Schriftgießereien als ihre größte Konkurrenz betrachtet, da auf Monotype-Maschinen Einzelbuchstabenguß hergestellt wurde. Eine so ausgerüstete Druckerei war völlig unabhängig von den Schriftgießereien[172]; sie konnte nicht nur für den eigenen Bedarf gießen, sondern auch die Kollegen mit Schriften versorgen, die sich im Handsatz verwenden ließen. Daher einigten sich die Vereinsmitglieder schon 1935 darauf, an die Monotype-Gesellschaft keine Lizenzen abzugeben[173]. Mit dieser Maßnahme sollte der Absatz der Monotype in Deutschland beschränkt werden[174]. Das gelang auch bis zu einem gewissen Grad, denn ein Druckereibesitzer, der sich eine Setzmaschine in den Betrieb stellte, wollte damit vor allem die von der Kundschaft verlangten bekannten Schriften der Gießereien setzen. Ein Hersteller, dessen Schriftenauswahl in dieser Hinsicht nichts zu bieten hatte, konnte entsprechend weniger Maschinen verkaufen.

Nach dem Zweiten Weltkrieg hatte sich die Situation geändert; die kleineren Gießereien C. E. Weber und Ludwig & Mayer bezeichneten es nun als

> »Notwendigkeit ..., daß ihre guten Buchschriften auch auf Setzmaschine geführt [würden]. Angesichts der Verbreitung der Setzmaschine sei das für den Absatz der Handsatzschriften von großer Bedeutung geworden«[175].

Sie drohten der Stempel AG mit der Vergabe von Lizenzen an die Monotype und wollten damit erreichen, daß die Linotype-Gesellschaft mehr Schriften von ihnen übernahm[176]. Trotz dieses Interessenkonflikts im Verein wurde der Beschluß, keine Lizenzen an die Monotype zu verkaufen, 1954 verlängert[177].

Da die Monotype-Gesellschaft von den Vereinsmitgliedern wiederholt Absagen erhielt, versuchte sie, die Druckereien für ihre Zwecke einzuspannen[178]. Ein solcher Versuch veranlaßte die Bauersche Gießerei, ihren Befürchtungen in einem Brief an den Verein Ausdruck zu verleihen:

> »Es wäre geradezu selbstmörderisch, wenn wir durch Freigabe unserer Schriften für die Monotype uns der Gefahr aussetzten, auch noch eines nicht zu übersehenden Teiles unserer Schriftverkäufe an sonstige Druckereien verlustig zu gehen.«[179]

Anlaß zu solchen Schreckensvisionen gab eine Anzahl von Druckereien, deren Monotype-Anlagen nicht mit Aufträgen ausgelastet waren: Sie produzierten darauf Schriften, die sie anderen Druckereien billig anboten[180]. Um dies zu unterbinden, ließen die Schriftgießereien über ihre Vertreter in den Druckereien darauf hinweisen, daß sich der Kauf einer solchen Anlage nicht für jeden Betrieb

167 LGB² Bd 4, S. 557. 1951 zog die Gesellschaft um in das Haus der Firma Stempel. Im neuen Heim. In: Linotype-Post 5 (1951) (ohne Seitenzahl).
168 »vom Schriftgießen.« (Siehe Anm. 166).
169 Acht Jahre Schriftschaffen der Linotype. In: Linotype-Post 14. 1953, S. 11.
170 Rundschreiben VdS, Dr. Gerhardinger, 12. 12. 1958, Ordner 47.
171 Brief der Bauerschen Gießerei, Dr. Herbert, Frankfurt, an den VdS, 31. 10. 1955, Ordner 36$^{I}$. Vertrag zwischen der Bauerschen Gießerei, Frankfurt, und der Intertype Setzmaschinen GmbH, Berlin-Wilmersdorf, 3. 4. 1957, Ordner 47. Die Lizenzen waren seit 1935 meistens auf die Brotschriftgrade beschränkt, damit die Gießereien weiterhin die Druckereien mit den größeren Schriften beliefern konnten. Bei einer Umfrage im Verein im Jahr 1958 stellte sich heraus, daß sich einige Mitglieder nicht an diesen Beschluß gehalten hatten. Rundschreiben VdS, Dr. Gerhardinger, 12. 12. 1958, Ordner 47.
172 Brief von Direktor Walter H. Cunz, Stempel AG, Frankfurt, an Dr. Gerhardinger, 14. 1. 1952, Ordner 1/84.
173 Brief Nr. 1090 der Wirtschaftlichen Vereinigung, Dr. Gerhardinger, an die D. Stempel AG, Frankfurt, 20. 6. 1936, Ordner »Wirtschaftliche Vereinigung der deutschen Schriftgießereien 1936–1943«.
174 Rundschreiben Nr. 13b der Fachuntergruppe Schriftgießerei, Offenbach, 15. 8. 1938, Ordner »Wirtschaftliche Vereinigung der deutschen Schriftgießereien 1936–1943«.
175 Rundschreiben VdS, Dr. Gerhardinger, 7. 9. 1953, Ordner 158$^{I}$.
176 Brief von Ludwig & Mayer, Frankfurt, an den VdS, 27. 8. 1953, Ordner 158$^{I}$.
177 Rundschreiben VdS, Dr. Gerhardinger, 23. 1. 1954, Ordner 158$^{I}$.
178 Abschrift des Briefs von Stähle & Friedel, Stuttgart, an den VdS, 24. 1. 1956, Ordner 1/84.
179 Brief der Bauerschen Gießerei, Frankfurt, an Dr. Gerhardinger, 7. 2. 1956. Als Anlage: Brief der Bauerschen Gießerei an Franz Dick, Stuttgart, 7. 2. 1956, Ordner 36$^{I}$.
180 Brief der Bauerschen Gießerei, Frankfurt, an den VdS, Offenbach, 1. 7. 1955, Ordner 158$^{I}$.

rechne. Die Bemühungen der Vereinsmitglieder gingen sogar so weit, daß sie detaillierte Kostenrechnungen für den Monotype-Guß aufstellten, worin die vom Hersteller angegebenen Gußzeiten und -mengen relativiert wurden[181].

### Der Fotosatz

Zusammen mit dem Offsetdruck trat der Fotosatz seinen Siegeszug an[182], denn mit ihm wurde die Herstellung von Druckvorlagen für Flach- und Tiefdruck viel einfacher. Mit etwas Verzögerung durch den Zweiten Weltkrieg hielt der Fotosatz in Europa Einzug. Die Linotype-Gesellschaft experimentierte mit der Umwandlung von Blei- in Fotosetzmaschinen[183], schaffte aber erst 1955 mit der Linofilm den Sprung ins Fotosetzzeitalter[184]. Die Intertype-Gesellschaft baute 1946 den Intertype-Fotosetter, eine Fotosetzmaschine, die sich eng an die vorher produzierte Bleisetzmaschine anlehnte[185]. Die Monophoto der Monotype-Corporation, USA, wurde 1952 vorgestellt[186].

Wie die Handsetzer von der Setzmaschine, so wurden nun die Bleisetzmaschinen in den großen Druckereien langsam verdrängt. Da solche Großbetriebe sich von den Lieferungen der Schriftgießereien schon vorher weitgehend unabhängig gemacht hatten, war die Umstellung bei den Gießereien kaum spürbar. Die Vereinsmitglieder nahmen eine abwartende Haltung ein[187]. Sie fühlten keine Neigung dazu, die Entwicklung von Fotosetzmaschinen oder des Flachdrucks zu fördern bzw. ihnen durch die Überlassung von Schriften »namhafter deutscher Schriftgießereien [...] zu einer guten Reklame zu verhelfen«[188]. Bei der Bauerschen Gießerei war man jedoch überzeugt davon, daß in Kürze brauchbare Fotosetzmaschinen auf dem Markt erscheinen und in den Offset- und Tiefdruckereien anstelle der Bleisetzmaschinen zur Herstellung des Mengensatzes verwendet werden würden. Diese Entwicklung könne man nicht aufhalten, hieß es, aber die Schriftgießereien berühre das nicht, denn auch diese Maschinen würden den Handsatz zur Ergänzung brauchen. Außerdem sei eine Weigerung zur Lizenzabgabe an den Fotosatz wirkungslos, wenn es sich um Maschinen handele, die im Ausland gebaut würden, da dort die »deutschen Schriften bekanntlich vogelfrei seien«[189].

Mit den ausländischen Herstellern war z. B. die amerikanische Intertype-Gesellschaft gemeint, die die Futura der Bauerschen Gießerei auf dem Intertype Fotosetter anbot[190]. Die Intertype hatte seit 1914 Schriften bei der Bauerschen Gießerei, damals noch für Bleisetzmaschinen, erworben[191]. 1956 gab es eine Auseinandersetzung zwischen den beiden Firmen über die Frage, ob die Lizenzen nur für Bleisetzmaschinen (nach Meinung der Bauerschen Gießerei) oder auch für Fotosetzmaschinen galten. Es stellte sich heraus, daß der frühere Leiter der Bauer Type Foundry in New York 1940 einen Vertrag mit der Intertype Corporation, Brooklyn, abgeschlossen hatte. Darin wurde der Intertype Corporation gestattet, die Futura, Beton und Weiß für den Fotosatz zu verwenden[192]. Die Bauersche Gießerei behauptete, sie habe von diesem Vertrag nichts gewußt (die Unterlagen der Bauer Type Foundry wurden im Zweiten Weltkrieg beschlagnahmt), mußte den Vertrag aber schließlich doch anerkennen. Und da das Kind nun schon im Brunnen war, schloß sie 1957 noch einen zusätzlichen Vertrag ab, diesmal über die Verwendung der Futura, Folio und Imprimatur auf dem Fotosetter in Deutschland. Sie erteilte darin die Lizenz für »alle Arten fotographischer Setzmaschinen«[193].

Als den Vereinsmitgliedern 1954 bekannt wurde, daß auch namhafte ausländische Kollegen bereits mit Herstellern von Fotosetzmaschinen zusammenarbeiteten[194], führte das zum Meinungsumschwung im VdS:

181 Mappe mit dem Titel »Streng vertraulich. Gegenüberstellung von Konkurrenz- und Schriftgießerei-Erzeugnissen.« D. Stempel AG, Frankfurt, 16.2.1959, Ordner 158².

182 Sepp Wundshammer: Gegenwärtiges und Zukünftiges von den Setzmaschinen. In: Klimschs Jahrbuch XVIII (1924/25), S. 32, 43–48.

183 Wallis (siehe Anm. 6), S. 25.

184 Ebd., S. 28.

185 Ebd., S. 24.

186 Ebd., S. 26.

187 Bericht über die ordentliche Mitgliederversammlung des VdS, Frankfurt, 13.11.1958, Ordner 159ᴵ.

188 Brief von Dr. Gerhardinger an die VdS-Mitglieder, 29.6.1950, Ordner 1/84.

189 Brief der Bauerschen Gießerei, Frankfurt, an den VdS, 12.7.1950, Ordner 159ᴵ.

190 Brief der Bauerschen Gießerei, Frankfurt, an den VdS, 23.4.1953, Ordner 158ᴵ.

191 1914 Weiß-Fraktur, 1924 Weiß-Antiqua, 1926 halbfette Futura, 1931 Beton, 1933 Element, 1938 Zentenar-Buchschrift und -Fraktur, 1951 Imprimatur. Brief von Dr. Herbert, Bauersche Gießerei, Frankfurt, an den VdS, Dr. Gerhardinger, 26.4.1956 Ordner 159ᴵ.

192 Brief von Dr. Herbert, Bauersche Gießerei, Frankfurt, an den VdS, 17.4.1956, Ordner 159ᴵ.

193 Brief von Direktor Fred F. Schippert, Intertype Setzmaschinen GmbH, Berlin, an die Bauersche Gießerei, Frankfurt, 9.12.1958, Ordner 159ᴵ.

194 Brief von Walter H. Cunz, Vorstandsvorsitzender der D. Stempel AG, Frankfurt, an den VdS, 22.2.1954, Ordner 159ᴵ.

»Da Lichtsetzanlagen in erster Linie dem Flachdruck dienen und den für unseren Absatz wichtigen Hochdruck nicht in größerem Umfange berühren, [...] und da außerdem der Preis für Lichtsetzmaschinen sehr hoch sein wird und Anschaffungen vorerst nur für einige Großbetriebe mit Flachdruckanlagen in Frage kommen werden, befürchtet man keineswegs einen größeren Umsatzausfall durch diese Neuerung. Im Maschinenpark der Hochdruckereien aller Länder sind außerdem riesige Werte angelegt, und der Hochdruck wird auch ferner so wichtig sein, daß man nach Meinung der hiesigen Herren in dieser Beziehung nicht zu schwarz sehen sollte. Um schließlich nicht eines Tages hinter den Holländern, Franzosen usw. hinterherzulaufen, sollen wir ihnen das Feld nicht allein überlassen.«[195]

Nach einer Besprechung mit der Lettergieterij ›Amsterdam‹ wurde 1956 beschlossen, daß Lizenzen für Fotosetzmaschinen ab jetzt frei vergeben werden durften[196]. Ende 1957 stellte sich aber heraus, daß bisher nur vereinzelt Lizenzen erteilt wurden[197]. Die Intertype USA griff auf ihre Bleisatzschriften und die Schriften der Designer der American Type Founders zurück. Die Firma Photon übernahm die meisten Schriften von der amerikanischen Monotype-Gesellschaft und dachte nicht daran, für Schriften zu bezahlen, die »in the public domain«[198] seien. Die Linotype-Gesellschaft hatte bisher für die Linofilm nur die eigenen Schriften verwendet und sich noch keine Gedanken über den Erwerb von Lizenzen gemacht[199].

Eine Ausnahme war die Firma Hell. Für die elektronische Fotosetzmaschine Digiset, die 1965 in Paris von Dr. Rudolf Hell vorgestellt wurde[200], sollten keine eigenen Schriften entworfen, sondern die der Schriftgießereien übernommen werden[201]. Die Firmen sollten bei der Digitalisierung ihrer Schriften mithelfen[202]. Zuerst wurden der VdS, der für die Vereinsmitglieder die Verhandlungen führte, und die Firma Hell sich nicht einig[203]. Im Februar 1966 hieß es in einem Vereinsrundschreiben, daß Hell bei ihrem Angebot bleibe, nun aber mit den einzelnen Schriftgießereien direkt verhandeln wolle; ein paar Gießereien hätten dem Angebot schon zugestimmt[204]. Dr. Hell erreichte sein Ziel: 1967 wurde die erste Digiset in Deutschland installiert[205].

Die Berthold AG war die einzige Schriftgießerei des Vereins, die selbst Fotosetzmaschinen entwickelte[206]. Verantwortlich für die Wende vom Blei- zum Fotosatz war Robert Haitz, langjähriges Vorstandsmitglied bei Berthold[207]. Zuerst beteiligte man sich an der Firma Hoh & Hahne[208], die ein Fotosetzgerät entwickelt hatte[209], dann wurde die Firma Film-Klischee angekauft[210]. Schon 1955 war Berthold mit der Entwicklung eines eigenen Fotosetzgeräts befaßt; ein Projekt, das von den anderen Vereinsmitgliedern skeptisch betrachtet wurde[211]. Auch Dr. Gerhardinger glaubte, daß die Firma mit diesem Projekt »auf Glatteis gegangen [sei]«[212]. Doch drei Jahre später wurde die Diatype[213] präsentiert. Sie sollte hauptsächlich in Offsetdruckereien verwendet werden[214]. Ermutigt durch diesen Erfolg[215], versuchte sich die Berthold AG anschließend an einer großen Fotosetzmaschine und stellte 1967 auf der DRUPA die Diatronic vor[216].

In den 60er Jahren entbrannte in den Fachzeitschriften des grafischen Gewerbes eine Diskussion

195 Brief von Dr. Gerhardinger an Rudolf Görwitz, C. E. Weber, Stuttgart, 7. 8. 1956, Ordner 159[I].
196 Geschäftsbericht VdS 1956, S. 103.
197 Bericht über die ordentliche Mitgliederversammlung des VdS, Frankfurt, 13. 11. 1958, Ordner 159[I].
198 Abschrift des Briefes von Jackson Burke, Mergenthaler Linotype Company, an Walter H. Cunz, D. Stempel AG, Frankfurt, 12. 6. 1956, Ordner 1/84.
199 Ebd.
200 Rudolf Hell: Hochleistungs-Lichtsetzmaschine als Ausgabeelement einer Datenverarbeitungsanlage. Vortrag, gehalten auf dem Kongreß zur TPG in Paris, Sonderdruck der Firma Hell, 23. 7. 1965.
201 Rundschreiben VdS, Dr. Born, 27. 8. 1965, Ordner 101[8].
202 Rundschreiben VdS, Dr. Born, 16.12.1965, Ordner 101[8].
203 Rundschreiben VdS, Dr. Born, 14. 1. 1966, Ordner 101[9].
204 Rundschreiben VdS, Dr. Born, 7.2.1966, Ordner 101[9].
205 Wallis (siehe Anm. 6), S. 38.
206 Die Stempel AG fertigte für die Linotype-Gesellschaft seit 1968 die Schriftträger für ihre Fotosetzmaschinen. »vom Schriftgießen.« (siehe Anm. 166). Die Firma Ludwig & Mayer und die Bauersche Gießerei engagierten sich im Vertrieb von Fotosetzmaschinen und -geräten. Photon-Aktivitäten in Deutschland jetzt unter eigener Regie. In: Der Polygraph 7 (1974), S. 382. Karl Schneider: Die Schriftgießerei zwischen Gestern und Morgen. In: Druck-Print 3 (1971), S. 154–156.
207 Personalien. Dipl.-Kfm. Robert Haitz. In: Der Druckspiegel 3 (1985), S. 42.
208 Brief von Dr. Herbert, Bauersche Gießerei, Frankfurt, an den VdS, 8. 11. 1954, Ordner 159 a[I].
209 Brief der Hoh & Hahne Hohlux GmbH, Offenbach, an die Bauersche Gießerei, Frankfurt, 1. 2. 1962, Ordner 159a[2].
210 »starsetzer«. Hausmitteilungen der Film-Klischee GmbH, München, Nr. 3, 1966, Ordner 159 a[3].
211 Brief von Dr. Herbert, Bauersche Gießerei, Frankfurt, an Dr. Gerhardinger, 26. 4. 1955, Ordner 159[I].
212 Brief von Dr. Gerhardinger, an die Bauersche Gießerei, Frankfurt, 27. 4. 1955, Ordner 159[I].
213 Die Diatype wird teils als Maschine, teils als Gerät bezeichnet. Sie ist ein Zwischending, das die Lücke zwischen den kleinsten Fotosetzgeräten und den Fotosetzmaschinen füllt. Sie wird von einer Person bedient, bringt keine höhere Leistung als der Handsatz und eignet sich vor allem zum Setzen von Akzidenzen. Geschäftsbericht VdS 1958, S. 81–82.
214 Bericht über die ordentliche Mitgliederversammlung des VdS, Frankfurt, 13. 11. 1959, Ordner 159[I].
215 Laut Wallis wurden über 10.000 Diatypes verkauft. Wallis (siehe Anm. 6), S. 30.
216 Ebd., S. 38.

über die Vor- und Nachteile des Fotosatzes[217]. Zusätzlich zur besseren Bildwiedergabe im Offsetdruck[218], schien den Fachleuten die Verbindung von Fotosetzmaschinen mit Computern vielversprechend. Die Bleisetzmaschinen konnten die Schnelligkeit des Computers wegen der langsamen Abkühlgeschwindigkeit des Metalls nicht voll ausnutzen[219]. Große Fotosetzanlagen, die mit CRT- oder Laserbelichtung arbeiteten, konnten Leistungen von bis zu 20 Millionen Zeichen in der Stunde erreichen[220], mußten aber auch entsprechend ausgelastet werden und waren sehr teuer, daher wurden sie nur von Großdruckereien angeschafft[221]. Anfangs bereitete die Korrektur auf den Fotosetzmaschinen noch Probleme, vor allem nachträgliche Textänderungen und Korrekturen, die eine Änderung des Umbruchs mit sich brachten[222]. Ein wichtiger Vorteil des Fotosatzes bestand jedoch im geringeren Platzbedarf seines Endprodukts, des Films[223].

Einerseits herrschte unter den Druckereibesitzern Begeisterung für die neue Technik; verständlich, wenn die enormen Belichtungsgeschwindigkeiten der großen Maschinen betrachtet wurden. Wer für den Handsatz eintrat, geriet in den »Verdacht der Rückständigkeit«[224]. Andererseits führten die Mängel der noch unausgereiften Technik und die Unübersichtlichkeit des Maschinenangebots zu Verunsicherung unter denen, die auf Fotosatz umstellen wollten[225]. Herbert Moll schrieb 1970 in seinem Artikel *Prognosen der Satzherstellung,* daß die Druckereien wegen der Diskussion über den Fotosatz seit der Mitte der 60er Jahre ihre wichtigen Investitionen für die Setzerei aufgeschoben hatten[226]. Weil hauptsächlich in Druckmaschinen investiert wurde, konnten die vernachlässigten Setzereien mit der Entwicklung nicht mithalten. Obwohl einige auf Fotosatz umstellten, blieb dennoch ein großer Teil der Firmen beim Bleisatz, weil sie die Umstellungszeit von mindestens zwei Jahren scheuten oder auf die fortschreitende Automation der Bleisetzmaschinen bauten[227].

Das Verhältnis der Schriftgießereien zum Fotosatz war zwiespältig: Sie verkauften Lizenzen an die Fotosetzmaschinenhersteller und engagierten sich selbst mehr oder weniger im Fotosatz, gleichzeitig versuchten sie, den Verkauf ihrer Bleischriften gegen die neue Technik aufrechtzuerhalten. Auf der Mitgliederversammlung im November 1957 hieß es, die Schriftgießereien sollten es sich nicht länger gefallen lassen, daß in den Artikeln der Fachzeitschriften fast ausschließlich der Fotosatz und seine Maschinen besprochen würden. Beim Publikum müsse so der Eindruck entstehen, daß man diese »Angriffe gegen die Rentabilität des Handsatzes ... widerspruchslos hinnähme«[228]. Als Mittel gegen die einseitige Berichterstattung sollten die Vereinsmitglieder geeignete Fachjournalisten suchen, die bereit seien, »Aufsätze zu Gunsten des Handsatzes unter den verschiedensten Aspekten«[229] zu schreiben:

> »Wenn aber in der Fachpresse von berufener Seite manch überlaute Lobgesänge auf maschinelle Neuheiten gedämpft würden, wenn kühle und facherfahrene Drucker oder andere Persönlichkeiten mit dem Rechenstift der Druckerwelt immer wieder nachweisen würden, [...] daß Handsatz immer noch gut mit anderen Satzherstellungs-Methoden konkurrieren kann, [...] so könnte wohl manche maschinelle Neueinrichtung zur Satzherstellung in Druckereien verhindert werden.«[230]

Die Aufsätze selbst sollten nicht erkennen lassen, daß sie im Auftrag der Schriftgießereien geschrieben waren, damit sie nicht als bloße Werbung abgetan würden[231].

Zu diesem Zweck wurde am 9. November 1961 die Kommission Publizistik[232] gegründet, die die Aufgabe hatte, die Anliegen des Schriftgießereigewerbes dem Fachpublikum nahezubringen[233]. Im Januar 1962 traf sich die Kommission zum ersten Mal bei

217 Georg Besendörfer: Entwicklung der Satzherstellung – heiß und kalt. In: Der Polygraph 2 (1965), S. 882.
218 Paul Heuer: Lichtsatz in der Zeitung. In: Der Polygraph 2 (1965), S. 880.
219 Walter Matuschke: Ist Gutenberg tot? In: Druck in Deutschland an der Schwelle zum 3. Jahrtausend. Beilage zur Allgemeinen Zeitung, Mainz, zum Jubiläumskongreß des Bundesverbandes Druck e.V. in Mainz 1969 (ohne Seitenzahl).
220 Adolph Meuer: Schriftsatz ohne Blei und Winkelhaken. In: Druck in Deutschland (siehe Anm. 219).
221 H. W. Thum: Wann Bleisatz, wann Lichtsatz? In: Polygraph Jahrbuch 1966. Frankfurt, S. 224.
222 Herbert Moll: Prognosen der Satzherstellung. In: Druck-Print 12 (1970), S. 992.
223 Thum (siehe Anm. 221), S. 222.
224 Willi Mengel: Zur Gemeinschaftswerbung der Schriftgießereien. Würzburg, 6. 12. 1968, Ordner 61a.
225 Ebd.
226 Moll (siehe Anm. 222), S. 991.
227 Ebd.
228 Bericht über die Mitgliederversammlung des VdS, Frankfurt, 1. 11. 1957, Ordner 101[5].
229 Das Honorar für die Aufsätze wurde vom Verein aufgebracht. Brief der Bauerschen Gießerei, Frankfurt, an Albin Wetzel, München, 4. 3. 1957, Ordner 182[1].
230 Rundschreiben VdS, Dr. Gerhardinger, 23. 3. 1957, Ordner 182[1].
231 Geschäftsbericht VdS 1959, S. 82.
232 Bericht über die Vorstandssitzung des VdS in Frankfurt, 9. 11. 1961, Ordner 182[1].
233 Rundschreiben VdS, Dr. Gerhardinger, 15. 11. 1961, Ordner 182[1].

der Stempel AG[234]. Sie bestand aus den künstlerischen Leitern der Bauerschen Gießerei, der Stempel AG und der Berthold AG, Dr. Konrad F. Bauer, Erich Schulz-Anker und Günter G. Lange sowie Karl Schneider (Bauersche Gießerei) und Wilhelm Bilz (Ludwig & Mayer)[235].

Der von Karl Schneider verfaßte Aufsatz *Die Schriftgießerei und der Lichtsatz* ist ein gutes Beispiel für die Argumentation der Schriftgießereien zugunsten des Handsatzes[236]. Der Autor gestand dem Fotosatz »verlockende Möglichkeiten«[237] zu, die Praxis bleibe jedoch hinter den Erwartungen zurück. Mit Hinweisen auf die zeitraubenden Korrekturmethoden und der Frage nach der Rentabilität teurer Fotosetzmaschinen sollte die Begeisterung für neue Maschinen gedämpft und durch nüchternes Rechnen ersetzt werden[238]. Sein Fazit war: Was die Zukunft angehe, gebe es kein »Entweder-Oder«[239] der beiden Techniken, sondern ein »Sowohl als auch«[240]. Die Wirksamkeit derartiger Artikel ist aus heutiger Sicht schwer zu beurteilen. Sie mögen einzelne Druckereibesitzer zur Vorsicht bei Investitionen bewegt haben und ein Gegengewicht zu der Belichtete-Zeichen-pro-Stunde-Ekstase anderer Autoren gewesen sein. In der Tat waren 1965 weltweit erst 177 Satzcomputer in Betrieb, davon standen 112 Anlagen in den USA und nur 37 in Europa[241].

Zusammen mit Willi Mengel, dem ehemaligen Werbeleiter der Linotype-Gesellschaft, plante Dr. Born zusätzliche Maßnahmen für die Öffentlichkeitsarbeit[242]: Der Verein sollte verschiedene Sonderdrucke über Schriften, Schriftentwerfer und Typographie herausbringen[243]. Bei den Vereinsmitgliedern bestanden aber Vorbehalte gegen das Projekt, so daß Mengel verärgert wurde und ihnen, vor allem der Bauerschen Gießerei, Sabotage vorwarf[244]. Die Internationale Woche der Typographie 1966, ausgerichtet von der A.Typ.I. Deutschland und dem VdS, bildete den Höhepunkt in der Öffentlichkeitsarbeit der Schriftgießereien[245]. Nach diesem Erfolg hatten Born und Mengel weiterführende Pläne für eine Gemeinschaftswerbung der Schriftgießereien, doch die Vereinsmitglieder machten ihnen einen Strich durch die Rechnung[246]. Die kleineren Firmen (C. E. Weber, Ludwig & Mayer, Johannes Wagner) waren uneingeschränkt für eine Anzeigenkampagne, die drei großen hatten Bedenken: Sie wünschten eine gezieltere und direktere Werbung[247]. Abschließend fanden sie, daß der Verein keine eigenständige Öffentlichkeitsarbeit mehr machen solle[248].

Bleisatz und Fotosatz existierten bis Ende der 60er Jahre nebeneinander. Dann eroberte der Fotosatz immer mehr Druckereien und Anfang der 70er Jahre war er für die Schriftgießereien zu einer starken Konkurrenz geworden. Das endgültige Aus für den Bleisatz kam 1976, als die Linotype-Gesellschaft die Produktion von Bleisetzmaschinen einstellte[249]. Diese Entscheidung wurde von den Druckereien als Zeichen gewertet, daß sie nun endgültig auf Fotosatz umstellen mußten[250]. In einem Zeitschriftenartikel wurde dem Fotosatz in den USA bis 1976 ein Marktanteil von 65 Prozent vorausgesagt. Diese Entwicklung sollte sich mit kurzer Verzögerung in Deutschland wiederholen. Als Beleg dafür nannte der Autor die schnell steigenden Verkaufszahlen der Diatronic und der Linofilm-Europa. Diese Fotosetzmaschinen eroberten die Druckereien mittlerer Größe und nahmen den Schriftgießereien damit einen weiteren Teil der verbliebenen Kundschaft weg[251]. Folgerichtig führte das Erlöschen der

234 Brief von Dr. Gerhardinger an die Mitglieder des VdS, 11. 1. 1962, Ordner 182I.

235 Rundschreiben VdS, Dr. Gerhardinger, 12. 12. 1961, Ordner 182I. 1965 waren zeitweilig auch Horst Heiderhoff, Dr. Presser und Hermann Zapf bei den Sitzungen der Kommission dabei. Rundschreiben VdS, Dr. Born, 27. 8. 1965, Ordner 182I.

236 Karl Schneider: Die Schriftgießerei und der Lichtsatz. In: Der Polygraph 9 (1965), S. 624–625.

237 Ebd., S. 624.

238 Ebd., S. 625.

239 Ebd., S. 624.

240 Ebd.

241 Die Hälfte der Anlagen stand in Zeitungsbetrieben. In Deutschland gab es acht Fotosatzanlagen, bevorzugt wurden Systeme wie die Linasec von Linotype, Modelle von IBM und die Digicom der Firma Hell. Aus der internationalen Fachwelt. Zur Zeit 177 Schriftsatz-Computer in Betrieb. In: Form und Technik 12 (1965) ohne Seitenzahl, Ordner 182I.

242 Brief von Dr. Born an Dr. Bock, Ludwig & Mayer, Frankfurt, 28. 11. 1963, Ordner 182I.

243 Aktennotiz Dr. Borns über ein Gespräch mit Willi Mengel am 29. 6. 1965 in Würzburg, Ordner 61a.

244 Brief von Willi Mengel, Würzburg, an den VdS, 24. 4. 1965, Ordner 61a.

245 Willi Mengel: Typographie im Rampenlicht. In: Verlagspraxis 6 (1966), S. 175.

246 Brief von Willi Mengel, Würzburg, an den VdS, 13. 2. 1967, Ordner 61a.

247 Brief von Dr. Born an Willi Mengel, Würzburg, 29. 1. 1969, Ordner 61a.

248 Brief von Dr. Born an Willi Mengel, Würzburg, 17. 4. 1969, Ordner 61a.

249 LGB² Bd 4, S. 558.

250 Peter Neumann: Vom Schriftsetzer zum Datenverarbeiter. Wandlungen der Satzkunst und der Satztechnik seit 1945. Vortrag an der Johannes Gutenberg-Universität, Mainz, Institut für Buchwesen, 11. 5. 1995.

251 Mut zum Bleisatz. In: Druck-Print 2 (1971), S. 104–107.

Schriftgießerei C. E. Weber, Stuttgart, im Jahr 1970 zu Prophezeihungen über das Ende des Schriftgießergewerbes. Eine Pressemeldung darüber erzeugte bei den Schriftgießereien Bitternis, doch Dr. Born gab zu, daß der Autor leider recht habe: »Selbst seine Aussagen: ›Man munkelt von weiteren Veränderungen im Schriftgießereigewerbe‹ kann ich nicht wiederlegen«[252].

Inzwischen bahnten sich in der Druckindustrie schwerwiegende Veränderungen an. Ganz allmählich hatte der Hochdruck, das bis in die 60er Jahre vorherrschende Druckverfahren, immer mehr Aufträge an den Flachdruck verloren. Von 1955 bis 1969 fiel der Anteil des Hochdruckverfahrens an den Drucksachen von 65 auf 55%[253]. Deutlicher zeichnet sich der Wandel ab, wenn die Anteile der Druckverfahren an den einzelnen Erzeugnissen betrachtet werden: Im gleichen Zeitraum stieg der Anteil des Flachdrucks bei der Herstellung von Büchern um das Doppelte, während der des Hochdrucks um 20% sank. Auch bei den Werbedrucksachen und im Zeitungs- und Zeitschriftenbereich gingen dem Hochdruck Aufträge verloren[254]. Heute hat sich das frühere Verhältnis zwischen Hoch- und Flachdruck umgekehrt: Der Flachdruck hat inzwischen einen Anteil von 65% an den Druckverfahren, der Hochdruck 19,5%[255].

Durch diese Veränderungen sank der Umsatz der Schriftgießereien zwischen 1967 und 1971 erheblich. Die Geschäftsberichte des VdS weisen vor allem starke Verluste beim Export in die USA auf, ein Zeichen, daß dort die Ausbreitung des Fotosatzes erheblich schneller vor sich ging als in Europa[256]. Von den Mitgliedern des VdS waren 1971 noch die Bauersche Gießerei, die Berthold AG, Ludwig & Mayer, die Stempel AG und Johannes Wagner übriggeblieben[257]. Im Geschäftsbericht dieses Jahres stand zu lesen:

> »Der Verein hat seit 1903 schon manche Höhen und Tiefen durchgemacht. Während aber schwierige wirtschaftliche Situationen die Folge einer allgemeinen Krise waren, ist der besorgniserregende Zustand, in dem sich das Schriftgießerei-Gewerbe z. Zt. befindet, strukturbedingt. Erst 1972 wird es sich zeigen, ob alle Mitglieder den Strukturwandel vom heißen zum kalten Satz überrunden und damit auch den Verein der Schriftgießereien in seiner jetzigen Form weiterführen können.«[258]

Zunichte gemacht wurde diese Hoffnung durch die Bauersche Gießerei. Sie gab Anfang 1972 bekannt, daß sie zum Jahresende ihre gesamte Produktion zur Tochtergesellschaft Fundición Tipogràfica Neufville nach Barcelona verlagern würde[259].

Diese Nachricht hatte die Einberufung einer außerordentlichen Mitgliederversammlung für den 4. Februar 1972 in Frankfurt zur Folge. Unter dem Vorsitz von Heinrich Vallée (D. Stempel AG) wurde über die Zukunft des VdS beraten. Für 1972 sei der Etat gesichert, hieß es, aber was passiere, wenn die Bauersche Gießerei aus dem Verein austrete? Robert Haitz (H. Berthold AG) wollte den VdS auf jeden Fall erhalten und ihn durch Erweiterung sichern. Auch Dr. Wenzel (Ludwig & Mayer) war für die Schaffung eines größeren, internationalen Verbandes. Den Ausschlag gab die Firma Stempel: Dr. Greisner stellte fest, daß die Finanzierung des Vereins für sie eine Belastung sei. Nach dem Ausscheiden der Bauerschen Gießerei werde die Stempel AG als bei weitem größte noch verbliebene Firma den Löwenanteil der Beiträge aufbringen müssen. Schon jetzt sei man dort der Meinung, daß der »hohe Betrag der Firma Stempel [...] in keinem Verhältnis zu den Leistungen«[260] stehe.

Nach dieser Diskussion stellte der Vorsitzende wieder die Ausgangsfrage, worauf Helmut Offermann von der Bauerschen Gießerei bestätigte, daß seine Firma die Mitgliedschaft auf jeden Fall kündigen werde. Damit war klar, daß der Verein aufgelöst werden würde. Die Firma Berthold stellte den Antrag, die geheime Abstimmung brachte vier Ja- und eine Nein-Stimme und der Vorsitzende stellte um 12.30 Uhr fest: »Der Beschluß, den Verein der Schriftgießereien zum 31. 12. 1972 aufzulösen, ist rechtskräftig im Sinne der Satzung.«[261] Um dennoch nicht so ganz ohne Organisation dazustehen, wurde auf der letzten Mitgliederversammlung des VdS in Frankfurt beschlossen[262], den Ausschuß der

252 Brief von Dr. Born an die Joh. Wagner GmbH, Ingolstadt, 26. 11. 1970, Ordner 27.

253 Strukturwandel in der Druckindustrie. In: Polygraph 17 (1970), S. 1111.

254 Ebd.

255 Druckverfahren. Schaubild des Bundesverbandes Druck. In: Der Druckspiegel 2 (1995), S. 4. Der Anteil des Hochdrucks ist nur deshalb noch so hoch, weil in den Zeitungsdruckereien noch ältere Hochdruckrotationsmaschinen stehen, die eine Lebensdauer von 30 bis 40 Jahren haben. NEUMANN (siehe Anm. 250).

256 Siehe Statistiken in den Geschäftsberichten des VdS 1960–1972.

257 Geschäftsbericht VdS 1971, S. 18.

258 Ebd., S. 24.

259 Rundschreiben VdS, Dr. Born, 10. 1. 1972, Ordner 101[10].

260 Bericht über die Mitgliederversammlung des VdS, Frankfurt, 4. 2. 1972, Ordner 15.

261 Ebd.

262 Protokoll über die letzte Mitgliederversammlung des Vereins und des Arbeitgeberverbandes der Schriftgießereien, Frankfurt/Main, 5. 12. 1972, Ordner »D. Stempel AG. Auflösung des VdS und des AdS«.

Schriftenhersteller in der A.Typ.I. als Nachfolgeorganisation des VdS zu betrachten[263].

In der langen Geschichte des Vereins der Schriftgießereien zeigen sich die als Strukturwandel bezeichneten Veränderungen im grafischen Gewerbe besonders deutlich. Die technischen Fortschritte auf den Gebieten Satz und Druck, die zum Entstehen des Offsetdrucks, der Setzmaschine und des Fotosatzes führten, bedeuteten für die Schriftgießereien das Ende.

Was wurde aus den restlichen Vereinsmitgliedern? Ludwig & Mayer stellte 1986 die Schriftenproduktion ein[264]. Die H. Berthold AG gab schon am 31. Oktober 1978 den Schriftguß auf[265]. Ihre wichtigsten Bleischriften verkaufte sie an die Firma Wagner[266]. Wagner, die früher so hart bekämpfte Außenseiterin, ist ironischerweise die einzige Schriftgießerei des Vereins, die heute noch als solche existiert[267]. Mitte der 80er Jahre war die Stempel AG führende Herstellerin von Fotosatz-Schriftträgern und verfügte über eine große Bibliothek digitalisierter Schriften[269]. Auf der Hauptversammlung der Stempel AG im Jahr 1985 wurde ihre Auflösung von der Linotype GmbH beschlossen, die inzwischen ihre Mehrheitsbeteiligung von 53,8% auf über 93% des Aktienkapitals ausgedehnt hatte. Die Linotype-GmbH kaufte von Stempel die Schriften und die Schriftträgerfertigung für den Fotosatz und löste ein Jahr später die Schriftgießerei, die Messinglinienherstellung und die Hausdruckerei auf[269]. Mit der Schließung der Firma Stempel fand auch die über 450 Jahre alte Tradition der Schriftgießerei in Frankfurt ihr Ende[270].

263 Eduard Born: Der Anschluß des Vereins der Schriftgießereien an die Internationale Typographische Vereinigung. In: Der Polygraph 2 (1973), S. 254.

264 Karlheinz Hartmann: Bleibt Blei? Symposium des Bundesverbandes Deutscher Buchkünstler behandelte Fragen zur alten Satztechnik. In: Der Polygraph 23 (1986), S. 2271. Telefonische Auskunft der IHK Frankfurt vom 14. 6. 1995.

265 LGB² Bd 1, S. 327.

266 Hermann Pfeiffer: Der einzige legitime Nachfolger von Gutenberg. Druckspiegel-Gespräch mit Dipl.-Kfm. Manfred Dröse, Inhaber der Schriftgießerei und Messinglinienfabrik Johannes Wagner (Ingolstadt). In: Der Druckspiegel 9 (1991), S. 979.

267 Ebd., S. 976.

268 »vom Schriftgießen.« (siehe Anm. 166).

269 Hartmann (siehe Anm. 264), S. 2271.

270 Das vorhandene Material an Maschinen, Matrizen, Stempeln und Schriften wurden der Technischen Hochschule Darmstadt gestiftet, die sie als Grundlage für ihr Museum Haus für Industriekultur Darmstadt e.V. benutzte. Die im Museum eingerichtete Schriftgießereiwerkstatt nahm als Schriftgießerei-Service Gerstenberg GmbH den Guß von Schriften wieder auf. Johannes Birkenbach und Petra Kirsch: Schriftgießereien sind das typographische Gewissen einer Epoche. Notruf oder Ausblick? In: Myosotis 1. (1987), S. 32–36.

Roger Münch

# Die Anfänge der modernen Fotosatztechnik: Die Uhertype

## Ein Forschungsbericht[1]

»Wenn der Uhertype-Lichtsatz-Apparatur auch der Erfolg versagt blieb, so stellt sie in der Geschichte der Lichtsetzmaschinen doch eine der markantesten Erscheinungen dar. Sie hat für alle Probleme des Lichtsatzes eine Lösung gebracht und ist dadurch für alle nachfolgenden Erfinder ohne Zweifel zu einer wertvollen Quelle des Studiums geworden.«

(Wilhelm Bretag 1955)

**W**ilhelm Bretag hat mit seiner Aussage vollkommen recht, man kann sie sogar noch ausweiten. Denn die Uhertype ist nicht nur eine wertvolle Quelle für Erfinder, sondern auch für Druckhistoriker geworden. Die Geschichte der Uhertype-Lichtsetzmaschine ist, im Bereich der technikhistorischen Forschung, ein gutes Beispiel für eine Erfindung, die ihrer Zeit weit voraus war. Diese Feststellung ist vom heutigen Standpunkt aus betrachtet relativ einfach zu treffen. Die Gründe hierfür zu finden und die Komplexität einer solchen Entwicklung zu analysieren, ist dagegen weitaus komplizierter. Aus den noch vorhandenen Archivmaterialien, die jedoch leider nur für die ersten vier Jahre einigermaßen vollständig erhalten geblieben sind, kann man die Geschichte der Uhertype teilweise rekonstruieren. Wie bei vielen Erfindungen, die sich am Markt nicht durchsetzen konnten, so spielt auch bei Uhers Lichtsetzmaschine das unglückliche Zusammentreffen verschiedener Komponenten eine große Rolle.

Der größte Teil des Materials liegt im Historischen Archiv/Museum der MAN AG in Augsburg[2]. Neben Briefen, Reiseberichten und Protokollen befinden sich auch zahlreiche Probebelichtungen und Fotos in den Aktenordnern, die zusammen mit dem Nachlaß des ehemaligen Vorstandsvorsitzenden Richard Buz ins Archiv kamen.

### Die Technik

Zu Beginn des 20. Jahrhunderts, in der sogenannten Frühzeit der Fotosatzentwicklung, stellten sich den Konstrukteuren und Erfindern zahlreiche konzeptionelle und technische Probleme in den Weg. Zwar hatte man bei den verschiedenen Ausführungen von Fotosetzmaschinen das Spationieren und Ausschließen mehr oder weniger gut gelöst, doch für die Korrektur und den Umbruch waren noch keine praktischen Lösungen entwickelt worden.

Die entscheidende Verbesserung gelang 1930 Edmund Uher mit seiner Konstruktion, die das Lichtsetzverfahren in zwei Arbeitsphasen einteilte: »1. In die Erzeugung des losen Zeilenproduktes auf einem Schmalfilmband, und 2. in das photomechanische Umbrechen dieses losen Zeilenproduktes in feste Kolonnen.«[3] Folgerichtig bestand Uhers erste Lichtsatzapparatur aus zwei Maschinen, der Setzmaschine und der sogenannten Metteur- oder Umbruchmaschine.

Die Setzmaschineneinheit umfaßte eine Eingabeklaviatur mit fünf Reihen Tasten für insgesamt 90 Zeichen (Versalien, Gemeine, Ziffern, Satzzeichen, Sonderzeichen), eine Rechen- und Ausschließapparatur, einen Speichermechanismus und zusätzlich eine Schreibeinrichtung, die den eingetippten Text für Kontrollzwecke auf einem schmalen Papierband aufzeichnete. Damit stand dem Setzer die Möglichkeit offen, jederzeit korrigierend einzugreifen. Parallel hierzu wurde die getippte Zeile in einer oberhalb der Tastatur gelegenen Trommel gespeichert. Innerhalb dieses als Speichermechanismus bezeichneten Behälters lagen insgesamt 90 Reihen Vertie-

1 Die vorliegende Untersuchung wurde als thematisch und zeitlich begrenztes Forschungsvorhaben von der Deutschen Forschungsgemeinschaft gefördert.

2 Ich danke der DFG und vor allem dem Team des Historischen Archivs/Museums der MAN AG, Herrn Wittmann, Frau Krug und Frau Simon, für dTie freundliche Unterstützung sowie für die vielen Hinweise recht herzlich.

3 Karl Albert: Zum Problem der photomechanischen Setztechnik. Die Uhertype-Lichtsetzmaschine. In: Deutscher Drucker (1930), Heft 3, S. 148.

fungen. Nach dem Tastenanschlag wurde jeweils eine kleine Stahlkugel in die dem getippten Schriftzeichen zugeordnete Reihe eingehoben, der Zylinder drehte sich weiter und gab die nächste Querreihe für das darauffolgende Zeichen frei. Die Trommelhülle hielt die Stahlkugeln in den Vertiefungen fest und speicherte auf diese Art und Weise die getippte Zeile auf der Oberfläche des Zylinders. Darüber hinaus registrierte der Rechen- und Ausschließmechanismus die entsprechenden Einheitenwerte der Schriftzeichen sowie der Wortzwischenräume. Mit Hilfe der Niederschrift auf dem Papierstreifen konnte der Setzer eventuelle Tippfehler noch erkennen und durch Austausch der betreffenden Stahlkugeln sowie einer notwendigen Veränderung des Einheitenwertes beseitigen. Erst dann startete der Setzer den automatischen Ausschließvorgang und die anschließende Projizierung der gesamten Zeile. Das Kernstück der Projektionseinrichtung bestand aus einem Glaszylinder, der in 12 Reihen jeweils 90 Zeichen eines kompletten Alphabetes durchsichtig auf schwarzem Untergrund trug. Durch Höhenverstellung des Glaszylinders hatte man auch die Möglichkeit, innerhalb einer Zeile die Schriften von bis zu vier Reihen zu mischen. Zusätzlich trug der Glaszylinder eine 13. Reihe mit Sonderzeichen und Ornamentelementen. Innerhalb des Schriftenzylinders befand sich ein rotierendes Periskop, das während des Belichtungsvorganges den einfallenden Lichtstrahl mit Hilfe eines ausgeklügelten Spiegelsystems immer durch die gewünschten Schriftzeichen leitete. Unterhalb des Periskops lief ein schmales Filmband, auf das die Zeile belichtet wurde. Der Filmtransport war mit dem Rechen- und Ausschließmechanismus, der die jeweiligen Einheitenwerte übermittelte, gekoppelt. Nach der Belichtung einer Zeile wurde das Filmband mit einer Lochung versehen und anschließend in einem Behälter entwickelt, fixiert und getrocknet. Damit stand das Filmband für die weitere Bearbeitung zur Verfügung.

Die Metteurmaschine bestand aus dem Objektivsupport mit der Lichtquelle und dem verstellbaren Metteurwagen, der die stufenlose Vergrößerung resp. Verkleinerung der Schriftzeile ermöglichte. Die Bewegungen des Metteurwagens waren gleichzeitig mit einer automatischen Schärfeneinstellung des Objektivs gekoppelt. Dadurch fielen die Ergebnisse, die Projizierung der einzelnen Zeilen auf einen Breitfilm, immer zufriedenstellend aus. Überhaupt erstaunt die Arbeitsweise der Uhertype-Apparatur durch zahlreiche automatisierte Vorgänge. So

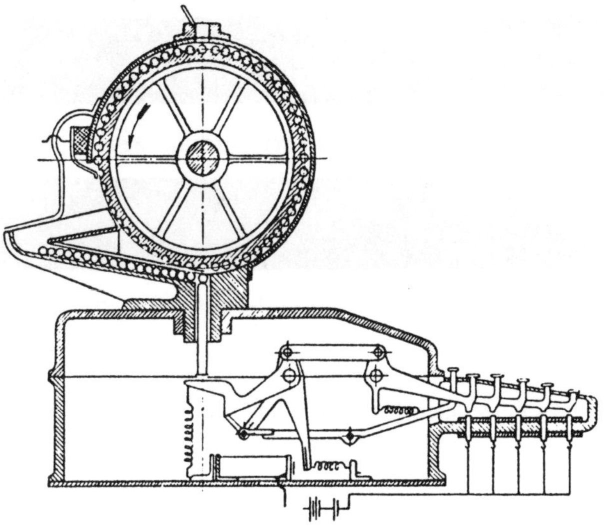

**Abb. 1** Querschnitt durch den Setzapparat, aus: Linotype Post (1955), Heft 26, S. 15

lief auch bei der Metteurmaschine, nach Einlegen der Filmstreifen sowie Einstellung der gewünschten Größe, Zeilenlänge und Zeilenabstand, der Belichtungsvorgang vollkommen selbsttätig ab. Trotzdem bestand natürlich jederzeit die Möglichkeit, den Belichtungsvorgang zu unterbrechen, um beispielsweise Kolumnentitel, Reihenornamente u.a. einzufügen. Das Endprodukt war ein positiver oder negativer Breitfilm, auf dem der Text ausgeschlossen und in der gewünschten Schriftgröße zur Weiterverarbeitung bereit stand.

Ende des Jahres 1932 präsentierte Uher sein zweites Modell, das zwar vom grundsätzlichen Aufbau keine großen Veränderungen aufwies, sich in der konkreten Bauweise, in der Größe und vom Design her, aber erheblich vom ersten Modell unterschied. Auch die zweite Apparatur bestand aus einer Setz- und einer Metteurmaschine, die beide nun im Hinblick auf Arbeitsgeschwindigkeit und Korrekturmöglichkeiten verbessert waren. Ergänzend hinzu kam jedoch bei dieser zweiten Apparatur die sogenannte Handlichtsetzmaschine, die Filmzeilen in den Größen von 16 bis 84 Punkt herstellte. Ein rechteckiger Rahmen, der sehr leichtgängig in alle Richtungen bewegt werden konnte, beinhaltete die sogenannten Mutternegative von 125 Schriftzeichen in zwei Bildgrößen (9 und 20 Millimeter). Sobald das Schriftnegativ vor dem Objektiv stand, mußte durch Niederdrücken eines Pedals der Lichtstrahl aktiviert werden, wodurch das gewünschte Zeichen auf einen Schmalfilm belichtet wurde. Das Ausschließen der

Lichtsatz von der 1. Uhertype-Setzmaschine aus- • geführt in der M.A.N. Augsburg im Juni 1930.


**Abb. 2** Der Text wurde auf einen Schmalfilm belichtet und anschließend in der Metteurmaschine umbrochen

so erzeugten Filmzeilen fand mit Hilfe einer Sondereinrichtung ebenfalls an der Metteurmaschine statt[4].

### Der Erfinder

Edmund Uher wurde am 30. Juni 1892 in Ungarn geboren. Über Kindheit und Ausbildung ist bisher noch nichts bekannt. Aus einem Reisebericht von MAN Mitarbeitern, die im Sommer 1927 Uher in Budapest besucht hatten, können folgende ergänzende Aussagen gemacht werden: Uher war kein »schulmässig gebildeter Ingenieur«[5], erhielt aber von seinem Vater, der als einer der ersten Fotografen in Österreich-Ungarn galt, eine sehr sorgfältige Ausbildung in diesem Bereich. Etwa zehn Jahre war Uher in der Filmbranche tätig und brachte »hier anscheinend wertvolle Neuerungen«[6] heraus. Die Besucher aus Augsburg stellten eine ganz ungewöhnliche technische Begabung fest und vermuteten auch eine gute Werkstattpraxis. Uher besaß ein kleines Konstruktionsbüro, um seine Erfindung ausarbeiten zu lassen, und wurde hauptsächlich vom Hochschulingenieur Vilmos Magyar unterstützt. Finanziell gefördert wurde der Erfinder von Friedrich Picker, dem Repräsentanten der Londoner Bank Haas and Sons in Budapest[7]. Bereits in den 1920er Jahren soll Uher sich mit technischen Entwicklungen, vor allem im Bereich des graphischen Gewerbes, beschäftigt haben. Dadurch kam wohl um 1927 seine Geschäftsbeziehung zur MAN in Augsburg zustande, in deren Verlauf die Uhertype-Lichtsetzmaschine weiterentwickelt und gebaut wurde. Mit verschiedenen Kommanditisten, zu denen zeitweise auch die Messerschmitt AG und BMW gehörten, gründete Uher wahrscheinlich Ende der 1930er Jahre die Entwicklungsgesellschaft Uher & Co. in München. Diese Gesellschaft übernahm in größerem Maße Aufträge für die Flugzeugindustrie, so daß Zweigunternehmen in Wien und Budapest eingerichtet werden mußten. Im Jahre 1944 betrug die Gesamtbelegschaft rund 6000 Mitarbeiter. Nach dem Zweiten Weltkrieg baute Uher in München die Uher-Werke GmbH wieder auf, wobei zunächst Graf Törring 40% der Anteile besaß. Das ebenfalls wieder errichtete Unternehmen in Wien forderte Uhers ganze finanzielle Kraft. Daher trennte er sich von der Münchner Firma, die von Graf Törring zu einem Spezial-Unternehmen für Tonbandgeräte ausgebaut wurde. In den darauffolgenden Jahrzehnten beschäftigte sich Uher sehr erfolgreich mit weiteren technischen Entwicklungen. Einer Information aus dem Jahre 1970 zufolge übernahm sein Sohn Alfons die Leitung der Wiener Gesellschaft Uher & Co.[8]

Einer Zeitungsmeldung[9] zufolge konnte Edmund Uher im Juni 1977 noch seinen 85. Geburtstag feiern. Sein genaues Sterbedatum konnte bisher nicht ermittelt werden.

### Kooperation mit der MAN

Ein erster Nachweis für die Zusammenarbeit zwischen Edmund Uher und der MAN ist ein Brief vom 13. August 1927, adressiert an Edmund Uher jun.[10], in dem die MAN eine Stellungnahme zu in Budapest

4 Weitere Angaben zur Technik der Uhertype Maschinen finden sich bei WILHELM BRETAG: Edmond Uhers Erfindung. In: Linotype Post (1955), Heft 26, S. 14–18.
5 Historisches Archiv der MAN AG Augsburg (kurz: MAN-A): Nachlaß Buz, Akte 319a. Reisebericht von Naumann, Wilhelm, Knopf über die Besprechung mit Uher in Budapest vom 26. bis 29. Juli 1927, S. 1.
6 Ebd.
7 Ebd.
8 MAN-A: Aktengruppe A3 355. Zur Person Edmund Uher (Notiz von Klein vom 6. 5. 1976); Handelsblatt vom 30. 8. 1967.
9 *Süddeutsche Zeitung* vom 30. 6. 1977. Der Artikel stand mit der Überschrift »40 Jahre Verspätung« im Wirtschaftsteil.
10 Die vollständige Adresse lautete: Budapest/Ungarn, Petöfi Sàndor u2. MAN-A: Nachlaß Buz, Akte 319a. Brief MAN an Uher. Augsburg, 13. 8. 1927.

**Abb. 3** Erstes Modell der Uhertype-Lichtsetzmaschine, gebaut bei der MAN in Augsburg um 1930 (Historisches Archiv/Museum der MAN AG)

stattgefundenen Besprechungen in Aussicht stellte. In diesen Besprechungen, an denen drei Patentanwälte[11] der MAN teilgenommen hatten, ging es um eine geplante Zusammenarbeit im Hinblick auf die »Photosetzmaschine«.

Vom 26. bis 29. Juli 1927 fanden diesbezügliche Gespräche in Budapest statt. Die drei Augsburger Mitarbeiter wurden vom ortsansässigen MAN-Vertreter Chatelet begleitet. An den Verhandlungen mit Uher nahmen noch zwei weitere Männer teil, Hochschulingenieur Vilmos Magyar und Direktor Szabo von der Budapester Universitätsdruckerei.

Die technischen Erklärungen Uhers überzeugten die Augsburger Gäste ebenso wie die auf Rückfragen gegebenen Antworten von der Brauchbarkeit des Uherschen Fotosatz-Systems. Zwar hatte Uher zu diesem Zeitpunkt noch keine vollständige Maschine gebaut, doch existierten bereits Einzelmodelle, mit deren Hilfe er verschiedene Teilbereiche seiner Erfindung experimentell überprüfen und den Besuchern vorführen konnte. Den patentrechtlichen Schutz kontrollierten die drei Anwälte besonders genau, wobei Uher anfangs eher zurückhaltend und mißtrauisch reagierte. Bei dieser Einsichtnahme in die Patentanmeldungen zeigte es sich, daß der ungarische Erfinder im wesentlichen vier Patente in Deutschland angemeldet hatte und die Situation von den Augsburger Anwälten positiv beurteilt wurde. So stellten sie in ihrem Bericht fest, »dass die Erzielung wirksamer Patente zum mindesten äusserst wahrscheinlich ist; wenn die Patente auch noch nicht erteilt sind, so sind zwei davon doch zur Bekanntmachung zugelassen und es ist daher sehr wahrscheinlich, dass zum mindesten Teile des Verfahrens in solcher Weise geschützt werden und dass

11 Es waren dies die Patentanwälte Knopf, Naumann und Wilhelm.

die Ausführung des gesamten Verfahrens durch Andere unmöglich ist«[12].

Dem Punkt »Geschäftliche Verhandlungen« widmeten die Berichterstatter die meisten Ausführungen, zumal Uher sehr detaillierte Vorüberlegungen zu einer geplanten Zusammenarbeit mit der MAN vorlegen konnte. Demnach war die Finanzierung der »Luminotypsetzmaschine«, wie Uher anfangs seine Fotosetzmaschine nannte, durch ein Konsortium unter Führung von Pickler gesichert. Angeblich würde es an Mitteln zur Ausführung der Maschine nicht fehlen, was sich im Verlauf der Zusammenarbeit aber als falsch herausstellen sollte. Vielmehr stellte Uher in seiner Argumentation fest, daß die Fotosetzmaschine natürlich nur eine Komponente im weitverzweigten Produktionssystem der graphischen Industrie darstellt.

»Die Setzmaschine ist jedoch nicht für sich allein lebensfähig, sondern sie kann nur zusammen mit Druckereimaschinen, insbesondere mit Tiefdruck- und Offsetmaschinen arbeiten.«[13]

Mit dieser Aussage traf der Erfinder aus Budapest genau den wunden Punkt. Die nachfolgenden Jahre zeigten, daß die Zeit für einen massenhaften Einsatz von Tief- und Offsetdruckmaschinen noch nicht gekommen war. Diese Tatsache spielt natürlich eine ganz zentrale Rolle in der Untersuchung der Frage, warum die Uhertype keinen wirtschaftlichen Erfolg hatte. Die Zeit war einfach noch nicht reif für eine Fotosetzmaschine.

Doch zurück zum Reisebericht. Uhers Argumentation lief also darauf hinaus, einen Partner zu finden, der eigentlich nicht die Setzmaschine bauen resp. finanzieren, sondern primär die sogenannten technischen Randbedingungen schaffen sollte. Und diesen Partner glaubte er, in der MAN gefunden zu haben[14].

Zu diesen Randbedingungen gehörte es, sowohl die drucktechnischen Erfordernisse für die Setzmaschine zu schaffen als auch die Versuche mit dem neuen Verfahren durchzuführen. In einem nächsten Schritt sollte eine komplette Maschine gebaut und in Verbindung mit dem Tiefdruckverfahren eine Versuchsreihe durchgeführt werden.

In den weiteren Ausführungen finden sich bereits sehr detaillierte Vorstellungen im Hinblick auf eine weltweite Vermarktung der Setzmaschine, die belegen, wie geschäftstüchtig und realistisch das Konsortium plante. Um so mehr erstaunen einige Aussagen, die jetzt im Nachhinein als maßlose Selbstüber- bzw. als totale Fehleinschätzung zu bewerten sind. Beispielsweise kündigte Uher an, die Zeichnungen für seine Maschine »würden vollkommen werkstattfertig geliefert werden«[15], was jedoch nicht der Fall war. Auch die Kosten für den Bau von zwei Versuchsmaschinen setzte er völlig realitätsfern mit höchstens je 20.000 Reichsmark an. Gerade er als Erfinder und Ingenieur hätte hier mehr Sachverstand zeigen müssen, denn vor allem beim Bau von Prototypen steigen die Kosten sehr häufig schnell über die veranschlagten Summen hinaus. Während ihres Besuchs in Budapest kamen die Augsburger Patentanwälte auch auf fabrikatorische Gesichtspunkte zu sprechen. Nach Durchsicht der Werkstattzeichnungen und in einer längeren Unterhaltung mit dem Chefkonstrukteur Magyar konnten sie feststellen, »dass bei der Konstruktion jedes Einzelteiles auch der Fertigungsgang desselben überlegt wurde und dass durchwegs Bedacht auf – wenn auch genaue – so doch auch einfache ungekünstelte Herstellung genommen worden ist«[16].

Auch wenn die drei Anwälte sich mit technischen und fabrikatorischen Gesichtspunkten recht gut auskannten, wäre die Anwesenheit eines Ingenieurs der MAN wohl nicht fehl am Platze gewesen.

Zusammenfassend hatten die Augsburger nach diesem ersten Gespräch den Eindruck, daß Uher mit seiner Erfindung eine funktionsfähige Fotosetzmaschine geschaffen hatte, die zwar noch Kinderkrankheiten besaß, aber keine grundsätzlichen Fehler oder Nachteile aufwies.

»Eine wirklich brauchbare Photosetzmaschine wäre in der Lage, eine Umwälzung auf dem Drukkereigebiete hervorzurufen, insbesondere würde sie dem Tiefdruck zugute kommen. Die Tiefdruckmaschine würde in Verbindung mit einer guten Photosetzmaschine für den Druck von Zeitschriften, Merkantilarbeiten, Büchern usw. zweifellos in stärkerem Masse in Frage kommen, als bisher.«[17]

Und vom Prinzip her gesehen war die Uhertype »eine wirklich brauchbare Photosetzmaschine«, doch lief die Entwicklungsarbeit aus unterschiedli-

12 MAN-A: Nachlaß Buz, Akte 319a. Reisebericht von Naumann, Wilhelm, Knopf über die Besprechung mit Uher in Budapest vom 26. bis 29. Juli 1927, S. 8.

13 Ebd., S. 9.

14 Ein Angebot der Firma Siemens & Halske, die ebenfalls Versuche mit Fotosetzmaschinen unternahm, hatte Uher nicht angenommen, »in erster Linie deshalb nicht, weil die Firma Siemens keine Druckereimaschinen baut und infolgedessen nicht in der Lage ist, ihm diejenige Ergänzung seines Verfahrens zu geben, die er notwendigerweise braucht«. Ebd., S. 11.

15 Ebd.

16 Ebd., S. 13.

17 Ebd.

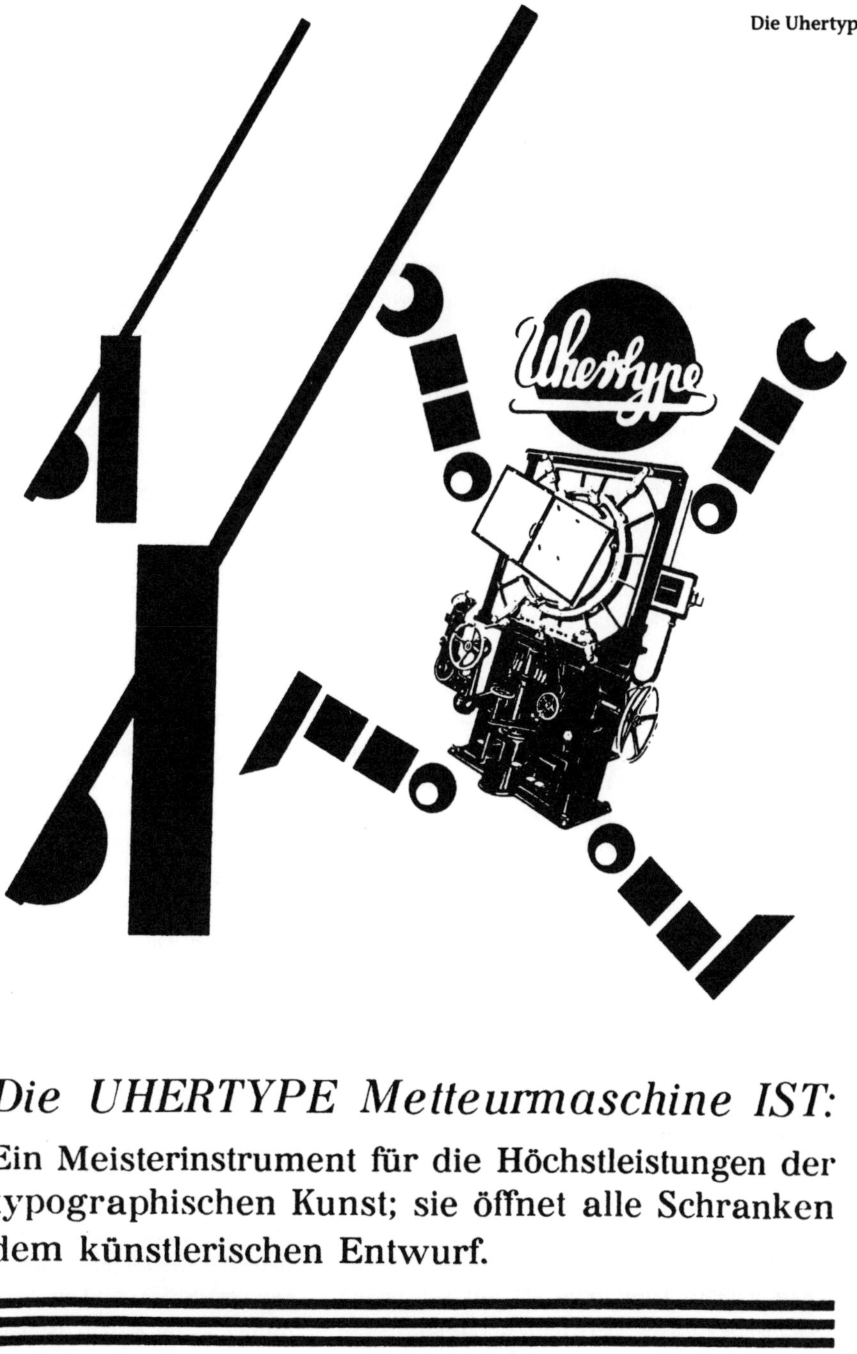

Uhertype
Die UHERTYPE Metteurmaschine IST:
Ein Meisterinstrument für die Höchstleistungen der typographischen Kunst; sie öffnet alle Schranken dem künstlerischen Entwurf.


**Abb. 4** In der Januarnummer 1933 der Fachzeitschrift *Deutscher Drucker* veröffentlichte Wilhelm Bretag eine Arbeitsprobe der Uhertype-Lichtsetztechnik

chen Gründen nicht so günstig, daß zu dieser Zeit mit einem Erfolg gerechnet werden konnte. Um sich jedoch vertraglich auch gegen einen etwaigen Fehlschlag bzw. gegen patentrechtliche Streitereien abzusichern, schlugen die MAN-Mitarbeiter entsprechende Bestimmungen für den Abschluß eines Optionsvertrages vor. Soviel zu diesem Besuchsbericht, der zusammen mit einer Abhandlung Uhers über sein Setzverfahren am 8. August 1927 dem Vorstandsvorsitzenden der MAN, Geheimrat Richard Buz, zur Information zugeschickt wurde.

Die angekündigte Stellungnahme vom 29. August enthielt einige wesentliche Feststellungen, die rückblickend betrachtet, wenn sie berücksichtigt worden wären, der MAN eine Menge finanzieller Belastungen erspart hätten. Gleich zu Beginn des Schreibens wird das Uhersche Angebot abgelehnt, nicht ohne einige Gründe hierfür zu nennen. Nach einer eher wohlwollenden Beurteilung des Projekts gab Buz zu bedenken, da noch manche Kinderkrankheiten zu überwinden seien, verursache »der Bau der Maschine und die Versuche selbst voraussichtlich erhebliche Kosten«[18].

Ein zweiter Punkt betraf verschiedene Überlegungen zur Situation im Druckbereich. Der Einsatz des Fotosatzes im Zeitungsdruck war nicht möglich, da sowohl die Tiefdruck- als auch die Offsetdrucktechnik zu diesem Zeitpunkt hierfür noch nicht geeignet waren. Zur Herstellung von Büchern, Zeitschriften und Broschüren räumte man zwar dem Fotosatz Chancen ein, doch Buz glaubte nicht, daß sich durch den Verkauf der Maschinen die hohen Entwicklungskosten jemals amortisieren würden. Trotzdem bot er, auf Grundlage ausschließlich abzutretender Nutzungsrechte, neue Verhandlungen an.

Der letzte Punkt betraf die patentrechtliche Frage, bei der sich die MAN von ihrem Patentanwalt Wilhelm beraten ließ. Demnach sollten in bezug auf das Reichspatent Nr. 312777 der Firma Siemens & Halske noch einige Unteransprüche abgeklärt werden.

Buz hatte in diesem Schreiben die Situation sehr realistisch beurteilt und auf die auch später tatsächlich aufgetretenen Probleme hingewiesen. Leider fehlt der weitere Briefwechsel und die Lücke wird erst durch einen Vertrag[19] vom 22. Dezember 1928 geschlossen, über dessen Vorverhandlungen nichts bekannt ist.

Die beiden Vertragspartner, auf der einen Seite Edmund Uher und sein Kompagnon Friedrich Picker, die zusammen das »Uher-Luminotyp-Konsortium« bildeten, und auf der anderen Seite die MAN, vereinbarten die Gründung einer Aktiengesellschaft namens Luminotyp AG mit Sitz in der Schweiz. Diese Aktiengesellschaft, deren Eigenkapital 100.000 Schweizer Franken betrug, hatte die gemeinschaftliche Verwertung der Verfahren und Maschinen zum »photomechanischen Setzen« zur Aufgabe. Die eine Hälfte des Kapitals stellte die MAN als Bareinlage zur Verfügung, die andere Hälfte brachte das Konsortium in Form von Schutzrechten und Erfindungen ein, die zusammen mit 50.000 Reichsmark bewertet wurden. Eine weitere zentrale Bestimmung betraf die Pflichten der Vertragspartner. So beinhaltete bereits § 2 eine wichtige Aussage, die für die gesamte Geschäftsbeziehung hätte entscheidend werden können:

»Das Konsortium hat die Vorarbeiten zur Verwirklichung des photomechanischen Setzens soweit zu Ende geführt, dass sämtliche Konstruktions- und Detailzeichnungen für die Photosetzmaschine fertiggestellt und einzelne Detailmodelle für Demonstrationszwecke bereitgestellt sind.«[20]

Der folgende Briefwechsel zeigt jedoch, daß genau dieser Punkt bei Vertragsunterzeichnung von seiten des Konsortiums nicht erfüllt war. Bereits hier hätte die MAN von Anfang an die Aktivitäten Uhers konsequenter überprüfen müssen.

Des weiteren war das Konsortium verpflichtet, die erwähnten Konstruktions- und Detailzeichnungen sowie Detailmodelle der MAN zur Verfügung zu stellen. Auch dieser Pflicht kam es nicht nach.

Am 16. März 1929 wurde – zwecks Verwertung der Schutzrechte – beim Handelsregister-Büro im schweizerischen Kanton Glarus die Uhertype A.G. gegründet. Nach dem Gründungsvertrag standen der Gesellschaft sämtliche urheberrechtlichen Eigentumsrechte zu, während die MAN alle Baurechte erhielt. Das Kapital in Höhe von 100.000 Schweizer Franken teilte sich auf die MAN (15.000 sfr) und auf das Konsortium (85.000 sfr) auf. Ein Teil der Aktien befand sich zeitweise in den Händen der Firma Externa-S.A., Lausanne[21]. Das Konsortium brachte zum Aktienkapital nur Sachwerte in Form von Patenten ein. Die MAN hingegen hatte den Betrag von 50.000 Reichsmark als Betriebskapital beizusteuern. Die Entwicklungskosten sollten beide Gesellschafter zu gleichen Teilen aufbringen. In den darauffolgenden Jahren[22] zeigte es sich, daß die konstruktiven Vorarbeiten Uhers nicht ausreichend genug waren, um mit der wirtschaftlichen Verwertung beginnen zu können. Daher waren die Gesellschafter gezwungen, nachträglich noch sehr große Summen in die Entwicklungsarbeit zu investieren. Um das Jahr 1933 hatte die MAN schon rund 1 Million Schweizer Franken verausgabt, und zu diesem Zeitpunkt war noch immer keine Möglichkeit der fabrikmäßigen Herstellung zu erkennen. So war es verständlich, daß die Augsburger Firmenleitung 1934 ihre Leistungen einstellte. Um so mehr als das Konsortium bestimmte vertragliche Verpflichtungen verletzt hatte. Die konkursreife Gesellschaft wurde zwar noch im selben Jahr saniert, in dem man die Darlehensforde-

18 MAN-A: Nachlaß Buz, Akte 319a. Brief MAN an Uher. Augsburg, 29.8.1927.

19 Ebd. Vertrag Uher-Luminotyp-Konsortium/MAN.

20 Ebd., S. 2.

21 Vgl. hierzu MAN-A: Akte Auslandsbeteiligungen der M.A.N. vor 1945, S. 36.

**Abb. 5** Von Jan Tschichold gestalteter Werbeprospekt der Uhertype AG und Lichtsetz GmbH, gesetzt und gedruckt im Februar 1936 in der Druckerei Gebrüder Fretz AG in Zürich

rungen der beteiligten Partner in Aktien umwandelte, doch blieben diese Darlehensforderungen in Höhe von rund 2,5 Millionen Schweizer Franken formell als Aufwertungsansprüche bis 1938 bestehen. Das Aktienkapital hatte man bei der Sanierung auf 250.000 Schweizer Franken erhöht, wobei die MAN mit 28% beteiligt wurde. Den Sanierungsbestimmungen gemäß durfte einerseits vom erhöhten Kapital die Summe von 50.000 Schweizer Franken vorerst nicht gegeben werden, andererseits hatte die MAN die Verpflichtung zu einer Kreditgewährung in Höhe von 60.000 Reichsmark übernommen. Des weiteren sollten die Augsburger Druckmaschinenhersteller die ursprünglich zur Sicherheit übereigneten deutschen und englischen Schutzrechte zurückgeben. Da sich die Gesellschaft jedoch nicht an die vereinbarten Bestimmungen hielt, sah die MAN ihrerseits auch keine Veranlassung, den erwähnten

Kredit einzuräumen. Der Gesellschaft gelang es auch nicht, die benötigten Mittel in der Schweiz zu beschaffen. Um den drohenden Zusammenbruch zu vermeiden und vor allem um die begonnenen Entwicklungsarbeiten fortzuführen, gründete man am 22. Februar 1935 die Lichtsatz-GmbH mit Sitz in Augsburg und einem Gesellschaftskapital in Höhe von 20.000 Reichsmark. Die beiden Gesellschafter, die zu gleichen Teilen mit je 10.000 Reichsmark beteiligt waren, hießen MAN und Bankhaus Lüscher & Co. in Basel. Diese Finanzierung war durch die genehmigte Verwertung eines Effekten-Sperrmark-Guthabens des Schweizer Bankhauses möglich geworden. Der vereinbarte Sanierungskredit wurde nun der Lichtsetz-GmbH zur Verfügung gestellt, wobei 10.000 Reichsmark als Geschäftsanteil und 50.000 Reichsmark für die Herstellung der Lichtsetzmaschine ausgewiesen wurde. Nachdem die MAN bis 1938 etwa 100.000 Reichsmark zur Verfügung gestellt hatte, die Schweizer Gruppe hingegen den vereinbarten Verpflichtungen nicht nachgekommen war, stellten die Augsburger ihre Zahlungen ein, und am 26. April 1940 wurde die Lichtsetz-GmbH liquidiert[23]. In der Folgezeit trat auch die Uhertype A.G. in Liquidation, da eine Verwertung der Patente im Ausland nicht mehr möglich war[24]. Eine Generalversammlung, an der die MAN nicht mehr teilnahm, sollte am 12. Januar 1940 den Liquidationsbeschluß fassen. Nähere Informationen über die weitere Entwicklung der Uhertype A.G. liegen nicht vor.

## Verbleib der Uhertype-Versuchsmaschinen

Mit dem Ende der Zusammenarbeit zwischen der MAN und dem Uhertype-Konsortium kam auch die Weiterentwicklung der Setzmaschine zum Stillstand und die vielversprechenden Ansätze gerieten langsam in Vergessenheit. Es sind lediglich einige Artikel und Beurteilungen von Fachleuten in Zeitschriften und Büchern erhalten, die die neue Technik sehr genau beschreiben und darüber hinaus der Uhertype eine glänzende Zukunft prophezeien. Ebenfalls übriggeblieben waren zwei Versuchsmaschinen, die bereits vor dem Zweiten Weltkrieg ausgeliefert und in Betrieb gesetzt wurden und nachweislich noch Ende der 1940er bzw. 1960er Jahre funktionierten. Eine Uhertype-Maschine ging an die Londoner Banknotendruckerei Waterlow & Sons, eine andere erhielt die Kartographische Anstalt von Perthes & Co. in Gotha. Nach Angaben eines unveröffentlichten Berichts von Edmund Uher, den er im März 1977 verfaßte, richtete man mit den ersten Maschinen eine Musterdruckerei in den Räumen der Gebrüder Fretz AG, Mühlebachstraße 54, ein. Terminologisch etwas ungenau fuhr Uher in seinem Bericht fort: »Aus aller Welt kamen Experten [nach Zürich] zur Besichtigung und Prüfung des neuen Druckverfahrens. Das allgemeine Urteil lautete, daß das Uhertype-Verfahren bis ins kleinste Detail vollkommen ist.«[25] Ungenau deswegen, weil es sich nämlich nicht um ein neues Druckverfahren handelte, sondern lediglich um eine neue Möglichkeit, Druckvorlagen herzustellen.

Ob diese Maschinen in Zürich verblieben oder ob sie nach Augsburg zurückgeschickt oder gar nach London verkauft wurden, konnte bisher nicht ermittelt werden.

## Die Uhertype in Gotha

Der erste Nachweis über eine Zusammenarbeit zwischen der MAN und der Geographischen Anstalt Justus Perthes in Gotha ist eine Briefabschrift vom 24. Februar 1942. In diesem Schreiben, unterzeichnet von den Direktoren Otto Meyer und Franz Hausenblas[26], bietet die MAN einen Uhertype-Setzmaschinensatz, der aus den Entwicklungsarbeiten übrig geblieben ist, der Gothaer Firma an. Da sich die Uhertype für die Herstellung von Zeitungssatz zu jener Zeit als nicht verwendbar erwies, hatte man sich nach anderen Einsatzgebieten umgeschaut. Dabei zeigte es sich, daß im Akzidenzbereich gewisse Aussichten für eine sinnvolle Verwendung bestanden. Als besonders interessantes Spezialgebiet stellte sich das der Kartographie heraus, soweit es die Beschriftung von Karten betraf. Als Arbeitsprobe

22 Die weitere Geschäftsbeziehung war geprägt von einem ewigen Hin und Her, Geldforderungen, Stundungen von Zuschüssen, vermeintlichen Erfolgsmeldungen Uhers über die erzielten Fortschritte usw.

23 Über die genauen finanziellen Verhältnisse unterrichten die Bilanzzusammenstellungen, Ergebnisübersichten und Erläuterungen zu den Abschußzahlen der Jahre 1933–1938. Ebd., Anlagen 47–50.

24 Rechtsanwalt Duft schreibt in seinem Brief vom 29. Dezember 1939 aus St. Gallen: »Die internationale kriegshafte Krisenstimmung des Jahres 1938 hat die Verwertung der Patente in England und den U.S.A. verzögert und der in diesem Jahre erfolgte Kriegsausbruch hat sie vollends erschwert, wenn nicht geradezu verunmöglicht.« Ebd., Anlage 45.

25 MAN-A: Aktengruppe A 3 355. Bericht ›Die Lichtsetztechnik‹ von Edmund Uher, März 1977.

26 Franz Hausenblas war ab November 1933 technischer Direktor der Abt. Druckmaschinen in Augsburg.

legten daher die Augsburger Direktoren die Positivkopie einer für das Topographische Institut in Bern hergestellten Probearbeit sowie eine gedruckte Beschreibung der Uhertype bei.

In diesem Schreiben ging es für die MAN lediglich um eine erste Kontaktaufnahme, die, bei erkennbarem Interesse von Perthes, weitere Gespräche nachsichziehen würde. Erwähnenswert dabei ist vor allem der letzte Absatz des Briefes:

»Bemerken möchten wir noch, dass es sich hier für uns nicht etwa darum handelt, aus der Verwertung dieser Maschinen Kapital zu schlagen. Uns liegt zunächst nur daran, mit Ihnen auf Grund Ihrer besonderen Erfahrungen auf diesem Gebiet festzustellen, ob Sie etwa in der Verwendung dieser Maschinen einen Vorteil erblicken für die Herstellung von Kartenmaterial.«[27]

Bereits ein Jahr zuvor hatte die MAN einen internen Bericht verfaßt, der belegt, daß man im Zuge der Gründung der Lichtsatz GmbH daran dachte, »die als brauchbar erscheinenden Gedanken der Uherschen Erfindung von dem übrigen grossen Komplex zu trennen und zu verwerten«[28]. Obwohl die im Auftrag des Berner Topographischen Instituts durchgeführten Versuche zur vollen Zufriedenheit abgeschlossen werden konnten, kam dennoch die geplante Aufstellung der Maschinen nicht zustande. Diese Entscheidung betraf jedoch nicht die technische Seite, sondern scheiterte vor allem an finanziellen Fragen, da sich zu jener Zeit die Lichtsatz GmbH gerade in Auflösung befand. Trotzdem waren sich die Augsburger Ingenieure einig, daß in diesem Spezialgebiet der Kartenbeschriftung die Lichtsetztechnik mit Vorteil eingesetzt werden könnte. Daher hatte man als notwendige Ergänzung zur Metteurmaschine eine Handsetzmaschine gebaut, die etwa 2000 Zeichen pro Stunde in unausgeschlossenem Textsatz herstellte.

In der Metteurmaschine konnte dieser Satz anschließend zeilen-, wort- oder buchstabenweise montiert, korrigiert und in einer speziellen Vorrichtung auch ausgeschlossen werden.

In seinem Antwortschreiben vom 11. März 1942 stellte Perthes gleich zu Beginn den Einsatz jeglicher Art maschineller Kartenbeschriftung, ob Buchdrucksatz oder Lichtsatz, prinzipiell in Frage. Einen Grund hierfür sah er in der schwierigen typographischen Gestaltung bei Atlaskarten, »bei denen eine sehr dichte Beschriftung notwendig ist, die überdies sich kreuzt« sowie bei Wandkarten, »bei denen die Schriften grossenteils auf sehr weite Räume gesperrt werden müssen«[29].

Doch diese von Perthes vorgebrachten technischen Mängel waren geradezu die Vorteile der Uhertype-Lichtsatztechnik, was er aber zu diesem frühen Zeitpunkt noch nicht wissen konnte.

Ein anderer Grund läge darin, daß mit dem sogenannten Wulkowschen Schriftstempel eine Apparatur vorhanden war, die bei technisch ausreichender Geschwindigkeit brauchbare Resultate erzeugte und vor allem nur wenige hundert Mark kostete. Nach Einschätzung von Perthes dürfte diese Apparatur wohl bei den meisten amtlichen und teilweise auch bei den privaten kartographischen Anstalten vorhanden gewesen sein.

Darüber hinaus betrug die Einarbeitungszeit für den Handsetzer nur wenige Stunden. Trotz aller Bedenken ließ Perthes jedoch durchblicken, daß er gerne bereit sei, sich näher mit dem Uhertype-System zu beschäftigen und gegebenenfalls auch die Versuchsmaschine auszuprobieren: »Es liegt auch das erhebliche Bedenken vor, dass Ihre Maschinen späterhin nicht mehr gebaut werden, und dass nach allen Erfahrungen die Reparaturmöglichkeit nicht, gegebenenfalls nur sehr teuer vorhanden ist.«[30]

Auch hier konnte Perthes ja nicht wissen, daß die Uhertype-Handlichtsetzmaschine noch bis 1969 im Gothaer Betrieb ihre Dienste recht zuverläßlich und mit ausreichender Qualität ausführen sollte.

Nach dieser ersten Kontaktaufnahme entwickelte sich in den darauffolgenden Monaten ein umfangreicher Briefwechsel, in dem es vor allem um technische und finanzielle Detailfragen ging, die für den weiteren Verlauf der Angelegenheit nicht erwähnenswert sind.

Eine grundsätzliche Frage stand jedoch die ganze Zeit im Raum, die Preisfrage. Bereits in den ersten Anschreiben hatte die MAN mehrfach betont, mit dem Angebot an Perthes vorerst keinerlei finanzielle Interessen zu verfolgen und daher die Maschine auch leihweise nach Gotha zu liefern. Man wollte eine Entwicklungsarbeit »nicht einfach verschwinden lassen, die nach unserer Meinung immerhin Aussichten für die Zukunft eröffnete«[31], lautete die Argumentation der MAN. Abschließend bekräftigten sie ihre diesbezügliche Einstellung mit dem

27 MAN-A: Aktengruppe A3 355.

28 MAN-A: Aktengruppe A3 355. Bericht ›Lichtsatz‹, Dezember 1941.

29 MAN-A: Aktengruppe A3 355. Brief von Perthes an MAN, Gotha 11.3.1942. S. 1.

30 Ebd.

31 MAN-A: Aktengruppe A3 355. Brief von MAN an Perthes, Augsburg, 23.3.1942.

Hinweis an Perthes: »Was wir bei Ihnen anregen wollten, war demnach eine forschungs- und versuchsweise Beschäftigung mit den Lichtsetzapparaten.«[32]

Und diese »versuchsweise Beschäftigung« kam in den Folgejahren dann auch zustande. Am 7. Dezember 1942 trafen die in Kisten verpackten Maschinen bei Perthes in Gotha ein und wurden innerhalb von zwei Wochen vom Augsburger Monteur Sauter aufgestellt. Dabei blieb jedoch keine Zeit zur Einweisung, so daß am 8. Januar 1943 Meister Schwöpfinger, der bereits lange Jahre in Augsburg die Arbeiten an den Uhertype-Versuchsmaschinen betreute, zur Instruktion in Gotha eintraf.

Der Briefkontakt zwischen MAN und Perthes endete am 25. Juli 1944 mit einer etwas kuriosen Situation, denn Perthes drängte plötzlich sehr energisch, die Uhertype kaufen zu dürfen. Die MAN hingegen weigerte sich genauso energisch, einem Kauf zuzustimmen, denn man wollte »die Frage des Preises in der Schwebe«[33] lassen.

In dieser verworrenen Angelegenheit blieb Perthes im Endeffekt nichts anderes übrig, als sich zu fügen, »da es einigermassen seltsam sein würde, wenn ich den Versuch machte, im Klageweg das Recht zu erzwingen, Zahlung leisten zu dürfen«[34].

Nach Ende des Zweiten Weltkrieges nahm die MAN am 7. Dezember 1945 wieder Kontakt mit Perthes auf, um sich über den Verbleib der Uhertype-Maschine zu erkundigen. Daraus entwickelte sich ein recht lockerer Briefwechsel, der vorerst am 7. Juli 1948 mit einem Dank für übersandte Wandkartenblätter, deren Beschriftung mit der Uhertype-Handlichtsetzmaschine hergestellt wurde.

Anhand der Quellen kann man zwar nicht mit absoluter Sicherheit das endgültige Ergebnis belegen, doch eine Aktennotiz vom 29. April 1948 legt die Vermutung ziemlich nahe, daß die MAN die Uhertype in der treuhänderischen Verwaltung von Perthes beließ.

So vermerkte Direktor Hausenblas in dieser Aktennotiz, daß er dem Vertreter von Perthes gegenüber erklärte: »Uns läge daran, dass eine auf dem Gebiete der Kartenherstellung weltberühmte Firma, wie seine, mit der Apparatur arbeite. Die Meinung sei gewesen, dass daraus entspringende Erfahrungen später evtl. gemeinsam verwertet werden könnten. Ob wir uns allerdings entschliessen würden, die Sache der Lichtsetztechnik überhaupt wieder aufzugreifen, sei derzeit eine offene Frage«[35].

Und die Unternehmensgeschichte der MAN zeigt, daß sich diese Vermutung von Direktor Hausenblas bewahrheitet hat. Zumindest wenn man die Produktpalette der heutigen MAN Roland Druckmaschinen AG betrachtet. Doch bestand auch weiterhin ein reges Interesse, nun aber vom Historischen Archiv der MAN, sich über den weiteren Verbleib der Uhertype-Versuchsmaschine zu informieren.

Ein erster Schritt in diese Richtung ging sogar noch von Uher selbst aus, der sich am 3. Juni 1977 über seinen Anwalt nach dem Verbleib der Prototypen erkundigte[36]. Daraufhin recherchierte der damalige Archivleiter Klaus Luther und konnte in einem internen Vermerk festhalten, daß zwar in Augsburg keine Maschine mehr vorhanden sei, doch je eine Uhertype nach Gotha und London geliefert wurde. Inwieweit diese Anfrage Uhers beantwortet wurde, ist nicht überliefert.

Im Herbst 1992 machte Dipl.-Ing. Karl Bartusch (IAD) den Leiter des Internationalen Arbeitskreises Druckgeschichte, Dr. Claus W. Gerhardt, darauf aufmerksam, daß bei Perthes in Gotha wahrscheinlich eine Uhertype-Fotosetzmaschine stehe. Gerhardt telefonierte darauf mit dem damaligen Inhaber Stefan Perthes, Darmstadt, mit W. Kleeberg in Gotha und mit Josef Wittmann in Augsburg. Dieser erkundigte sich umgehend (9.3.93) brieflich in Gotha[37]. Zur großen Verwunderung und Freude erhielt Wittmann vom damaligen Herstellungsleiter bei Perthes, Winfried Kleeberg, die Auskunft, daß die Uhertype bis etwa 1970 noch für die Herstellung der Kartenbeschriftung eingesetzt wurde[38].

Darüber hinaus verwies Kleeberg auf das Kartographische Museum in Gotha, wo die Uhertype als Leihgabe des Verlages sicher aufbewahrt werde.

»Leider fehlten verschiedene Teile, die wir leider nicht vor dem Verschrotten retten konnten. So steht

32 Ebd.

33 MAN-A: Aktengruppe A3 355. Brief von MAN an Perthes, Augsburg, 21.7.1944.

34 MAN-A: Aktengruppe A3 355. Brief von Perthes an MAN, Gotha, 25.7.1944.

35 MAN-A: Aktengruppe A3 355. Aktennotiz vom 29.4.1948.

36 MAN-A: Aktengruppe A3 355. Brief von Rechtsanwalt Dr. Wolf Schwarz an MAN, München 3.6.1977. In diesem Schreiben erwähnt Schwarz, daß Uher Ende des Monats sein 85. Lebensjahr vollenden wird und zur Zeit in Cap d'Antibes/Südfrankreich lebt. Uher wäre auch sehr glücklich, wenn die seinerzeit von ihm entwickelten Maschinen in einem entsprechenden Museum ausgestellt werden könnten.

37 MAN-A: Aktengruppe A3 355. Brief von MAN an Perthes, Augsburg 9.3.1993.

38 MAN-A: Aktengruppe A3 355. Brief von Perthes an MAN, Gotha 16.3.1993. Beispielsweise wurde ein Teil der Beschriftung im *Haack Großen Weltatlas* in den Jahren 1965 bis 1970 mit der Uhertype hergestellt.

das gute Stück und wartet auf eine sachkundige Hand zur Restaurierung.«[39]

In dieser Angelegenheit meldete sich auch einige Monate später die Leiterin des Kartographischen Museums und bat im Hinblick auf eine bevorstehende Restaurierung um Unterstützung. Da jedoch detaillierte Zeichnungen oder Pläne im MAN-Archiv nicht mehr vorhanden sind, mußte von diesem Projekt Abstand genommen werden, zumal ein MAN-Mitarbeiter sich vor Ort in Gotha vom Zustand der Uhertype, von der Teile der ursprünglichen Einrichtung fehlten, ein Bild machen konnte.

Im Frühjahr 1998 wird der Internationale Arbeitskreis Druckgeschichte im MAN-Museum in Augsburg neben einer internationalen Fachkonferenz zur Geschichte des Fotosatzes auch eine kleine Ausstellung zur Geschichte der Uhertype gestalten. Zentrales Exponat dieser Ausstellung wird die Uhertype-Handlichtsetzmaschine aus Gotha sein, die für die Dauer der Ausstellung als Leihgabe in Augsburg zu sehen sein wird.

## Die Uhertype in London

Leider existieren keinerlei Unterlagen, wie der Kontakt zwischen Waterlow Press in London und der MAN zustande kam. Aus verschiedenen verstreuten Hinweisen und der Befragung eines Zeitzeugen konnte ermittelt werden, daß etwa um das Jahr 1936 die MAN eine Uhertype-Anlage, bestehend aus Handlichtsetzmaschine, Metteurmaschine und Ausschließapparat, zum Preis von 22.000 Reichsmark nach London geliefert und von Meister Schwöpfinger aufgestellt wurde[40].

Der nächste Hinweis stammt aus der Zeit nach dem Zweiten Weltkrieg. Am 9. März 1948 schrieb Direktor Franz Hausenblas an die Firma A. H. Lakeman, Printing Machinery & Appliances Ltd. in London, deren General Manager M. A. Olive sehr gute Kontakte zur MAN pflegte, und bat ihn, Nachforschungen im Hinblick auf den Verbleib der Uhertype anzustellen. Bereits vier Wochen später konnte Olive berichten:

»I have made enquiries and find that this machine is still in existence at Messrs. Waterlows, London, and Mr. Clunes, their Technical Director, informs me they are still operating this very successfully, and that the machine has given them very little trouble.«[41]

In den darauffolgenden Wochen gab es zwar noch interne Überlegungen, der Angelegenheit noch weiter nachzugehen, zumal sich Hans Fischer, ein ehemaliger Mitarbeiter der MAN, der seinerzeit mit der Uhertype-Entwicklung vertraut war, ebenfalls interessiert zeigte, doch Hausenblas legte die Sache zu den Akten. Fischer, der sich mit einem Ingenieurbüro für Druckereibedarf in Augsburg-Göggingen selbständig gemacht hatte, hinterließ aber eine sehr aufschlußreiche Stellungnahme, aus der das nachfolgende Zitat stammt.

»Ich bin überzeugt, daß die Apparatur, wenn man ihre Bedeutung auf ein vernünftiges Arbeitsgebiet beschränkt, brauchbar ist und ich bedauere es sehr, daß wir seinerzeit leider zu spät an die Sache herangekommen sind, nachdem der Erfinder die Langmut und Gebefreudigkeit seiner Geldgeber längst überlastet hatte. Ich hatte mich damals gefreut einen gangbaren Weg für die Schriftenherstellung gefunden zu haben und hatte außerdem für die Konstruktion der Metteurmaschine bedeutende Vereinfachungen vor. Ich muß sagen, ich wäre aus Liebe zu der Sache sogar heute noch bereit, mich ihrer anzunehmen, wenn die äußeren Umstände dazu eingerichtet werden könnten. Es ist ja auch zu schade, die ansehnliche Summe von Erfahrungen, über die beispielsweise noch mein Schwager Schwöpfinger verfügt, verloren gehen zu lassen. Weiterhin ist es doch ärgerlich, daß in dieser Sache in Deutschland Pionierarbeit geleistet wurde und die Amerikaner die Sache möglicherweise als die ihrige herausbringen. Dies scheint beinahe ein Verhängnis zu sein.«[42]

Über den Druckhistoriker und Bibliothekar der Londoner St. Bride Printing Library, James Mosley, konnten weitere Materialien zur Geschichte der Uhertype in England zusammengetragen sowie der Kontakt zu Lawrence Wallis, Druckhistoriker mit Schwerpunkt ›Geschichte des Fotosatzes‹, aufgenommen werden.

Aus diesen Hinweisen kann man die Einführung der Uhertype-Technik bei Waterlow & Sons etwa auf den Sommer 1934 datieren[43]; über den Verbleib der Maschinen nach dem Zweiten Weltkrieg besteht je-

39 Ebd.

40 Der Sohn von Meister Schwöpfinger (geb. 1900), Hans Schwöpfinger, der mittlerweile im Ruhestand ist, erinnert sich noch sehr gut an die Erzählungen seines Vaters von der Aufstellung der Uhertype in London und Gotha. Seinen Angaben zufolge war die Aufstellung in London in den Jahren 1936/37. Absetzung King Edward, Gespräch mit Herrn Schwöpfinger im MAN-Archiv am 30. 5. 1996.

41 MAN-A: Aktengruppe A 3 355. Brief von Olive an MAN, London 6. 4. 1948.

42 MAN-A: Aktengruppe A 3 355. Brief von Fischer an MAN, Augsburg 19. 4. 1948.

43 In den Unterlagen, die mir Lawrence Wallis freundlicherweise zur Verfügung gestellt hat, befindet sich ein fünfseitiges Typoskript, leider ohne Datierung, verfaßt von R. B. Fishenden mit dem Titel *Uhertype at Waterlows*. Fishenden (Editor des Penrose Annual) schildert in diesem Bericht seinen Besuch bei Waterlow & Sons in Dunstable anläßlich der Installation des Uhertype-Systems. Der genaue Besuchstermin konnte zwar aus den Unterlagen nicht

doch weiterhin Unklarheit. In den Materialien von James Mosley und Lawrence Wallis finden sich neben Kopien von Patentschriften[44] auch einige Publikationen, die für Werbezwecke von Waterlow & Sons hergestellt wurden. Eine wichtige Quelle für die Leistungsfähigkeit der Uhertype-Technik ist beispielsweise eine Broschüre, die 1938 unter dem Titel *Type-Setting Methods, Old & New* bei Waterlow & Sons erschien. Im Gegensatz zu den Informationen, die von der Uhertype AG als Herstellerfirma veröffentlicht wurden, schildert die englische Firma die Vorzüge der neuen Technik von der Anwenderseite. Unter der Überschrift »Introduce the Uhertype« faßt die Broschüre den entscheidenden Vorteil der neuen Technik gegenüber dem Bleisatz folgendermaßen zusammen:

»How often have some of your snappiest layouts been thrown away simply because someone has said: 'That can't be done with type' or 'The setting will take too long'. By means of the UHERTYPE – an entirely new process – all those seemingly impossible jobs are overcome easily and quickly. Curves, Circles, Slanted Displays, Angle Settings, etc. Screened Backgrounds and reversed Lettering are also made possible in one working and without the aid of zincos.«[45]

In den englischen Unterlagen befindet sich auch ein Exemplar der Werbeschrift *Lichtsatz für Akzidenzarbeiten in Offset und Tiefdruck,* die im Februar 1936 von der Züricher Druckerei Gebrüder Fretz AG mit Hilfe der Uhertype Handlichtsetz- und der Metteurmaschine hergestellt wurde. Für die Gestaltung dieser Drucksache hatte man Jan Tschichold engagiert, der darüber hinaus für die Uhertype AG verschiedene Schriftentwürfe angefertigt hatte. Wie die Verbindung zwischen Uher und Tschichold zustande kam und wie sich die weitere Zusammenarbeit entwickelte, wird die geplante Durchsicht eines Teils des Tschichold-Nachlasses, der sich in der Schweiz befindet, ergeben.

### Schlußbetrachtung

Die Uhertype-Fotosatztechnik funktionierte und, wenn man sich die Belichtungen und Probedrucke anschaut, sie erzielte recht gute Ergebnisse mit diesem völlig neuartigen System. Warum konnte sie sich dennoch nicht durchsetzen?

Auf die einleitenden Bemerkungen zurückkommend, kann man auf jeden Fall festhalten, daß die Uhertype ihrer Zeit weit voraus war. In den 1930er Jahren befand sich das Bleisatz- und das Buchdruckverfahren bereits auf einem verfahrenstechnisch hoch entwickelten Stand, und daher sahen die meisten Anwender keine Notwendigkeit, sich überhaupt mit einer neuen Technik zu beschäftigen. Auch dürften die Investitionen der Druckindustrie in die traditionelle Hochdrucktechnik, die sich erst über viele Jahre hinweg amortisierten, schon aus wirtschaftlichen Gründen einem Einsatz des Fotosatzes entgegengestanden haben. Zumal diese neue Satztechnik vor allem in Verbindung mit dem Offsetdruckverfahren gesehen werden muß. Da jedoch im Druckbereich zu der Zeit der Offset nur eine marginale Rolle spielte, gab es auch aus dieser Richtung nur wenig Impulse. Uher selbst hatte auch immer wieder betont, daß er den Fotosatz als Ergänzung zu Tief- und Offsetdruck sehe. Für diese beiden Druckverfahren standen in den 30er Jahren zwar bereits hervorragende Bogen- und Rollenrotationsmaschinen zur Verfügung, man hätte jedoch mit den seinerzeitigen Techniken der jeweiligen Druckformherstellung die auf Uhertypemaschinen hergestellten Textfilme kaum nutzen können. Die Einführung für den dominierenden Buch- und Zeitungsdruck erschien wohl allen Beteiligten illusorisch: Man denke nur an die Hersteller sowie an die riesigen Bestände von Matrizen u. Typen, von Bleisatz- und Stereotypiemaschinen etc.

Ganz abgesehen von den technisch-wirtschaftlichen Faktoren muß auch die Geschäftsbeziehung zwischen der Uhertype AG und der MAN mit in die Erklärungen über den Mißerfolg des Unternehmens einbezogen werden. Bei der intensiven Lektüre des

ermittelt werden, doch im Anhang befindet sich eine Aufstellung mit der Überschrift: Times taken to produce *Penrose's Annual* specimen on the ›Uhertype‹. In dieser Aufstellung sind detailliert die Produktionszeiten, angefangen vom Layout bis zur Filmentwicklung, aufgeführt. Glücklicherweise befindet sich auf diesem Blatt eine Datierung: »July 28th. 1934«. Demnach muß die Uhertype-Anlage vor Juli 1934 geliefert und installiert worden sein.

44 Es handelt sich hierbei um folgende engl. Patente von Edmund Uher und der Uhertype AG: Patent Specification No. 328, 435 vom 1. Mai 1930, Improved Means for Creating a Continuously Rotating Member at Predetermined Stopping Points. Patent Specification No. 331, 305 vom 3. Juli 1930, Improvements in or relating to Photographic Type-composing Machines and to a Photographic Method of Producing Matrices therefore. Patent Specification No. 334, 499 vom 25. August 1930, Improvements in or relating to a Controlling Device. Patent Specification No. 350, 597 vom 18. Juni 1931, Improvements in Mechanisms for Producing Linear Displacements and in Photographic Type Setting Machines in connection with them.

45 Type-Setting Methods. Old & New. London: Waterlow & Sons Ltd. 1938, Umschlagsseite 4.

Briefwechsels, der leider nicht ganz vollständig erhalten blieb, drängt sich der Verdacht auf, daß auf der einen Seite Edmund Uher und sein Partner Friedrich Picker sehr geschickt im Vertuschen von Mißerfolgen, aber sehr erfolgreich in der zusätzlichen Beschaffung von finanziellen Mitteln waren. Auf der anderen Seite hätten die Verantwortlichen der MAN konsequent die Entwicklungsarbeiten überwachen und nicht vertragsgemäße Zahlungen einschränken müssen. Aus einigen Briefstellen geht jedoch hervor, daß man sich häufig zu persönlichen Gesprächen in Augsburg traf. Was dabei besprochen wurde, entzieht sich leider unserer Kenntnis. Doch nach diesen Treffen erfolgten meist weitere Überweisungen auf Uhers Konto.

Bereits vor 1939 beendete man die Experimente mit der Uhertype in Augsburg, die Prototypen wurden verkauft bzw. kostenlos für Versuchszwecke zur Verfügung gestellt. Der Ausbruch des Zweiten Weltkrieges zog den endgültigen Schlußstrich unter die Entwicklungsarbeiten der Fotosatzpioniere aus Budapest und Augsburg.

Alan Marshall

# Fantaisies postmodernes ou l'Imprimerie artistique revisitée?

Ça peut surprendre, mais la typographie avant-gardiste du vingtième siècle finissant commence à ressembler à certains égards à celle de la fin du dix-neuvième. Pour être plus précis, on assiste depuis quelques années au développement dans plusieurs secteurs du design graphique de ce qu'on pourrait appeler une typographie «débordante»: une typographie de plus en plus complexe et foisonnante et, dans les mains de ses meilleurs adeptes, très originale. Une typographie qui, paradoxalement, n'est pas sans rappeler une autre qui a beaucoup marqué la publicité des années 1890: l'Imprimerie artistique, considérée alors par un certain nombre d'imprimeurs et plusieurs revues professionnelles influentes comme étant le nec plus ultra de la production graphique.

Certes l'esthétique de l'Imprimerie artistique paraît désespérément ornée, victorienne et démodée aux yeux de l'observateur d'aujourd'hui — en contraste avec la typographie avant-garde des années 1990 qui apparaît comme le prolongement naturel des vagues successives de modernisation ayant touché la lettre et ses usages au cours du 20e siècle. Pourtant ces deux mouvements semblent avoir un trait en commun: tout comme l'Imprimerie artistique d'il y a un siècle, la typographie d'avant-garde post-macintoshienne est marquée avant tout par l'excès. D'une part au niveau de ses mises en page foisonnantes dans lesquelles les textes s'imbriquent et se bousculent afin d'attraper l'œil du lecteur. D'autre part au niveau de la lettre qui, en se libérant des contraintes que le plomb et la photo lui avait imposées jusqu'à l'avènement de la numérisation, trouve une nouvelle dynamique basée sur la nouveauté et l'éphémère.

On sait que l'histoire de se répète pas, mais il est difficile de ne pas se demander si une telle effervescence typographique n'est pas liée aux mutations sociaux, économiques esthétiques et techniques qui ont marqué les métiers graphiques des deux fins de siècle.

Rappelons d'abord ce que fut l'Imprimerie artistique.

## L'Imprimerie artistique

Tout le monde connaît le Modern'style qui jouit encore aujourd'hui d'un certain prestige grâce à quelques grands artistes tels Eugène Grasset et Georges Auriol, dont l'œuvre a largement dépassé le domaine typographique. De même on connaît le «Style nouilles» qui fut l'une des expressions commerciales de l'Art nouveau. On connaît beaucoup moins, par contre, l'Imprimerie artistique qui eut pourtant une influence très importante sur l'esthétique des imprimés publicitaires et commerciaux à la fin du 19e siècle. Une méconnaissance qu'on doit attribuer sans doute en grande partie au fait que ce style fut pratiqué et promu surtout par des imprimeurs et non par des éditeurs ou des publicitaires.

Née aux Etats-Unis vers la fin des années 1870, l'Imprimerie artistique fut développée par l'imprimeur Oscar Harpel de Cincinnati et vigoureusement promue par la revue l'*American Model Printer.* Elle était caractérisée par un excès de décoration: une surabondance de vignettes, caractères de fantaisie, trames mécaniques, bordures et filets tremblés — le tout imprimé en cinq, six, voire même dix couleurs — se disputant l'attention du lecteur sans aucun fil conducteur stylistique apparent.

Le nouveau style se propagea très vite en Europe aussi. En Grande-Bretagne l'imprimeur Thomas Hailing encouragea son ami Andrew Tuer propriétaire de la *Paper and Printing Trades journal,* à publier chaque année un recueil de spécimens de l'Imprimerie artistique — ce qu'il fit pendant 18 ans, sous le nom du *Printers' International Specimen Exchange,* dans lequel il réunissait des travaux que lui envoyaient les partisans du nouveau style dans plusieurs pays européens ainsi qu'aux Etats-Unis. En France, le nouveau style fut encouragé dans les colonnes et mises en page de plusieurs revues graphiques, et notamment dans les annonces des fonderies typographiques. L'impact de ces publications — le *Printers' International Specimen Exchange* en particulier — fut important dans le petit milieu de l'imprimerie.

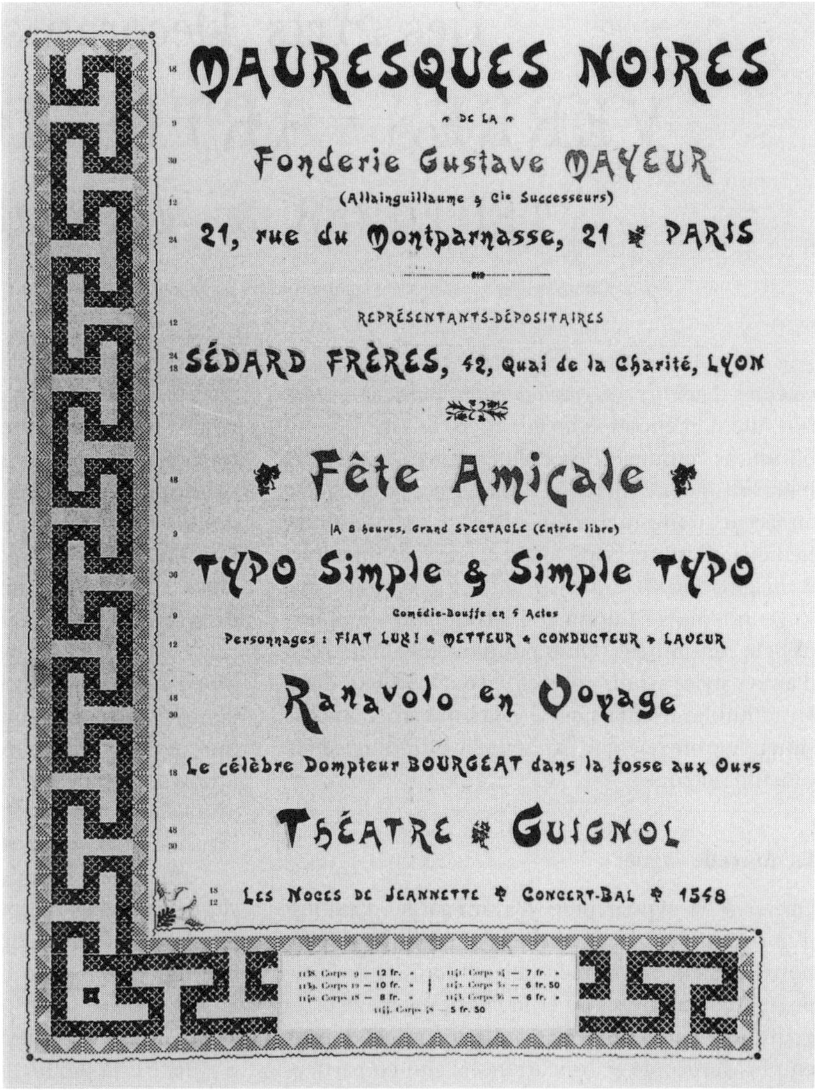


**Fig. 1** *Mauresques noires:* caractère commercialisé par la fonderie Gustave Mayeur, Paris (Intermediaire des imprimeurs, Lyon, juillet 1898)

L'Imprimerie artistique fut un tour de force sur le plan technique. Il fallait non seulement un grand stock des dernières productions de la fonderie typographique (caractères de fantaisie, filets, bordures, vignettes, etc.), mais aussi beaucoup d'ingénuité pour les assembler dans les configurations complexes qui caractérisaient les meilleures exemples de ce style. Sur le plan esthétique, par contre, c'était une voie sans issue – de cette époque, le 20e siècle n'a retenu que les noms de ceux qui ont lutté contre cet excès de décoration: De Vinne et Updike aux États-Unis, William Morris et les nombreuses presses privées en Europe. L'opposition entre ces deux courants esthétiques est, en effet, illustrée par le pamphlet que le célèbre maître-imprimeur Theodore Low De Vinne publia en 1892, dans lequel il chercha à démontrer que «les filets tremblés et courbés, les arrangements excentriques de caractères de fantaisie et de bordures qui rendent les travaux de ville si horriblement chers, sont de mauvais goût»[1]. 30 ans plus tard, dans la cinquième livraison de ses

1 THEODORE L. DE VINNE: Masculine Printing. A paper ordered to be printed by the sixth annual convention of the United Typothetae of America, August 1892. Londres: Cadenza Press 1986.

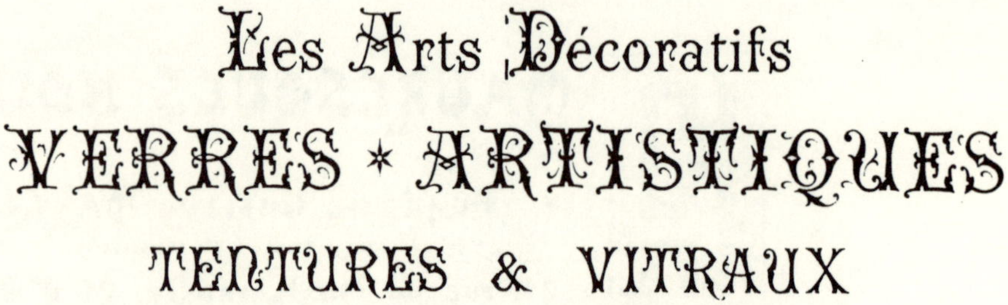


**Fig. 2** Caractères *Renaissance-ornée* commercialisés par la fonderie Deberny & Cie, Paris, vers 1900

célèbres *Causeries typographiques* publié en 1922, Marius Audin fit encore écho des effets néfastes des publications comme le *Specimen Exchange* dont l'effet n'étaient que de mettre «les imprimeurs indigents en face d'arrangements ingénieux qu'ils furent tout heureux d'utiliser sans avoir à faire aucun effort d'imagination»[2].

De nos jours l'Imprimerie artistique n'a toujours pas été réhabilitée. (On a pourtant réhabilité bien d'autres styles depuis un siècle.) Pour le lecteur d'aujourd'hui les résultats de ce «sursaut esthétique» se situent encore quelque part entre le pittoresque et le cauchmardesque.

## La nouvelle vague

Quant à la typographie d'avant-garde d'aujourd'hui, son objectif est une remise en cause des canons classiques aussi bien que modernists de la typographie du 20e siècle et le développement d'un graphisme mieux adapté à un monde visuel de plus en plus surpeuplé et concurrencé: celui en particulier de la presse périodique et de la publicité destinée aux jeunes. Elle a été marquée par des talents aussi divers que Katherine McCoy, enseignant à la prestigieuse Cranbrook Academy of Art aux Etats-Unis, Jeffery Keedy et Edward Fella (anciens élèves de cette même école), Neville Brody (graphiste britannique et directeur de la société FontWorks), April Greiman (ancien élève de Wolfgang Weingart à Bâle) et, surtout, par Rudy VanderLans et Zuzana Licko, animateurs de la célèbre revue californienne *Emigre* (oui sans accent) qui est, depuis 10 ans, le manifeste et la vitrine d'un nouveau graphisme que certains appellent «post-moderne» ou «déconstruite» et que d'autres appellent «néo-primitive».

La *new wave* typographique est caractérisée surtout par la non obéissance à la quasi-totalité des règles typographiques traditionnelles — aussi bien dans les textes destinés à la lecture continue que dans les publicités où, depuis longtemps, la «lettre à voir» a remplacé la «lettre à lire» (pour employer les termes de Charles Peignot). Ainsi le lecteur se trouve confronté à toute une panoplie d'effets graphiques dont la fonction est de remettre en cause sa perception du texte et la façon dont il véhicule des messages: changements imprévus de style, de corps ou de graisse des caractères (en mi-ligne, voire en mimot); variations sauvages d'espacement interligne; intercalage et chevauchement des textes, notes, et gloses; marges variables voire non existantes; emploi de caractères primitifs, parfois illisibles. Bref, une typographie qui ne se tient pas en place: tout sauf la belle ligne grise si chère aux typographes formés dans la tradition moderniste du 20e siècle.

Cette liberté d'expression repose non seulement sur de nouvelles approches de la mise en page (dont les origines remontent jusqu'aux expériences typographiques éphémères des futuristes et des dadaïstes au début de ce siècle), mais aussi sur un renouveau de la fonderie typographique. Qu'on aime ou qu'on n'aime pas la production contemporaine, c'est une évidence que nous vivons actuellement une période d'activité particulièrement intense sur le plan de la création de caractères. Car la dématérialisation par la numérisation a rendu caduc, non seulement les supports physiques traditionnels de la lettre, mais aussi ses circuits économiques, encourageant ainsi une accélération de ses cycles de production et de consommation.

Dans notre monde numérique il y a lieu sans doute de débattre sur l'interprétation du terme «dessinateur de caractères» car bon nombre de ceux qui emploient les nouveaux outils informatiques s'apparentent à la tradition des peintres en lettres plutôt qu'à celle des graveurs de poinçons ou des dessina-

2 Marius Audin: Causeries typographiques, fascicule 5: Le livre d'hier. Lyon: Audin et compagnie 1922.

**Fig. 3** Annonces composées dans le style de l'Imprimerie artistique (Intermediaire des imprimeurs, Lyon, juin 1897)

teurs d'alphabets. Quoi qu'il en soit, la production des «fondeurs» de caractères est aujourd'hui très abondante en réinterprétations de caractères classiques aussi bien qu'en nouvelles créations, le moindre catalogue offrant une variété hallucinante de styles à des prix défiants toute concurrence.

Particulièrement intéressant sont les nouveaux éditeurs de caractères comme ITC, Emigre, Adobe, Bitstream ou URW qui, exploitant la souplesse et la productivité des outils de la typographie numérique (tels Ikarus ou Fontographer) et la nature de plus en plus volatile d'une partie du marché des polices de caractères, ont très vigoureusement promu ou exploité la nouvelle esthétique typographique en commercialisant des caractères de plus en plus fantaisistes. Une démarche aujourd'hui suivie par des maisons traditionnelles comme Monotype, Linotype ou Agfa.

Il y a quelques années encore on aurait précisé qu'il s'agit de caractères de publicité. Aujourd'hui les définitions sont moins nettes si l'on en croit les déclarations des services commerciaux des «fonderies digitales». Certes l'aspect général des créations d'aujourd'hui a changé par rapport à celles de la fin du 19e siècle. Les formes sont moins achevées (plus «déconstruites» comme on dit aujourd'hui) et pour la plupart plus dépouillées. Mais si on regarde au delà des détails qui inévitablement reflètent l'époque, donnent le goût contemporain aux caractères et permettent de les placer sans ambiguïté sur une échelle de temps et les positionner géographiquement, il est évident qu'ils appartiennent à la même famille: celle des caractères de fantaisie, un terme qui, s'il manque de précision, a au moins le mérite de ne pas préjuger les domaines d'application – une considération importante dans une époque «postmoderne» où les pastiches et les «citations» brouillent systématiquement les pistes habituelles de connotation.

La forme d'un alphabet est déterminée par un nombre assez réduit de paramètres: axe, contraste, graisse, forme des empattements, présence ou absence d'ornementation, etc. Ce qui n'empêche pourtant pas la création d'un nombre très important de variantes au sein des grandes familles de caractères que sont les garaldes, réales, didones, linéales, etc. Il n'est donc pas très surprenant que, dans des périodes marquées par une esthétique débordante, voire fantaisiste, (peu importe qu'elle soit plutôt ornée comme à la fin du 19e siècle ou plutôt dépouillée comme aujourd'hui) on retrouve une parenté assez prononcée.

Ce qui nous amène au vif du sujet car un quelconque lien stylistique entre la nouvelle vague typographique des années 1990 et l'Imprimerie artistique paraît, à première vue, assez invraisemblable. Pourtant, abstraction faite des aspects purement formels qui donnent à chaque époque son goût particulier et non reproductible, il existe bel et bien des parallèles au niveau de la dynamique qui sous-tend l'émergence et l'évolution de ces deux styles. Des parallèles qu'on peut classer sous quatre rubriques: esthétique, fonctionnelle, technique et socio-économique.

### Le contexte esthétique

Rappelons que l'Imprimerie artistique est née à un moment où la chose imprimée cherchait de nouvelles formes d'expression. Pour des raisons largement technico-économiques la première moitié du 19e siècle avait été caractérisée par des mises en page denses et chargées de texte. En effet, éditeurs et imprimeurs étaient encouragés à remplir la page au maximum par la faible productivité des moyens d'impression, par le format réduit de la feuille de papier (encore largement fabriquée à la main), et par les taxes imposées par l'État sur chaque feuille imprimée en vue de limiter le développement de la presse. Certes un certain nombre d'innovations s'étaient déjà produites depuis le milieu du 19e siècle sur le plan graphique, mais la plupart des imprimeurs étant assez conservateurs, de telles initiatives restaient isolées et peu répandues. Ainsi l'influence du livre était encore très forte: dans le domaine des imprimés administratifs et commerciaux, bien sûr, mais aussi dans les nouveaux secteurs d'activité comme la presse populaire (de plus en plus attirée par l'image) et la réclame (alors en plein essor).

L'Imprimerie artistique représentait donc une rupture avec le fonctionnalisme qui avait jusqu'alors caractérisé la typographie. Au début du 19e siècle, l'esthétique de la lettre d'imprimerie était très largement dominée par les caractères néo-classiques de Bodoni, Didot et leurs imitateurs. Cette situation commença lentement à changer à partir des années 1820 avec l'apparition timide des premières linéales et des premiers caractères gras (égyptiens). Puis, vers le milieu du siècle on «redécouvre» les mérites des vieux modèles de caractères pré-didot. En Grande-Bretagne on lance alors des réinterprétations des caractères Caslon; puis, en France, Louis Perrin et Théophile Beaudoire lancent la mode des Elzévirs.

Mais, tout compte fait, le retour aux modèles prédidot était une progression presque naturelle après les excès du néo-classicisme. Étant donné que la forme des produits imprimés était encore fortement influencée par les canons du livre, elle ne pouvait pas supporter de trop grands écarts par rapport aux facteurs physiologiques et aux habitudes de lecture. La palette d'effets possibles avec les caractères néoclassiques n'était pas assez étendue pour répondre aux besoins d'un marché de plus en plus hétérogène et multiforme.

Pourtant, le retour aux formes pré-didot ne pouvait répondre, à lui seul, à la démultiplication des fonctions de l'écrit dans les domaines culturels, techniques et économiques. En particulier il ne pouvait pas répondre aux besoins de la réclame. C'est pour cette raison que les nouvelles linéales, égyptiennes et autres caractères gras ont ouvert la voie à une explosion de formes nouvelles de caractères

aAbBcCdDeEfFg
GhHiIjJkKlLmMn
NoOpPqQrRsStTu
UvVwWxXyYzZ12
34567890abcde
fghijklmnop
qrstuvwxyz
AABCCDEEFFGG
HIJKLMNOOPQQ
RSSTTUVWXYYZ
1234567890
TO
Totally Gothic was designed in
by Zuzana Licko
"Totally Gothic is my 20th century interpretation of the blackletter style. Why did letterpress type start to look a certain way, and why was that eventually accepted as being legible? Not because people were reading the type off the bed of a letterpress! They were still reading it off the printed page. That didn't have anything more to do with casting lead than it does with computer chips today, but that's where it came from, and that's what we've gotten used to. It's the same with blackletter, which was at one point more legible to people than today's helvetica. So, two hundred years from now, who knows?"
Typefaces are not intrinsically legible; rather, it is the reader's familiar with fa
that accounts for their legibility. Studies have shown that readers read best wh
they read most! Legibility is also a dynamic process, as readers' habits are ever
typefaces are not intrinsically legible; rather, it
is the reader's familiarity with faces that accou
for their legibility. studies have shown that read
TYPEFACES ARE NOT INTRINSICALLY LEGIBLE; RATHER, IT
IS THE READER'S FAMILIARITY WITH FACES THAT ACCOUNT
It is the reader's familiarity with t
that accounts for legibility; reader
it is the reader's familia
with typefaces that acc
IT IS THE READER'S FAMILIARI
WITH TYPEFACES THAT ACCOU

**Fig. 4** *Totally Gothic* and *Totally Glyphic* typefaces from Emigre (Emigre type catalogue, Sacramento, 1996)

d'affiche et de fantaisie. Le corollaire de ce foisonnement au niveau de la lettre fut l'abandon progressif des formes livresques en dehors de leur domaine d'origine – l'édition.

Ceci dit, on ne peut trop souligner le conservatisme de la plupart des imprimeurs, surtout sur le plan stylistique – si «style» n'est pas un terme trop grandiloquent pour décrire la pratique quotidienne de la plupart des imprimeurs qui se contentaient de noircir du papier et qui avaient horreur de modifier le moindre détail de l'aspect visuel d'un produit tant qu'il continuait à rapporter un bénéfice !

C'est donc dans ce contexte que les partisans de l'Imprimerie artistique se sont mis à construire une nouvelle esthétique de l'imprimé (surtout de l'imprimé publicitaire), qui serait le reflet d'une société industrielle complexe, riche et cosmopolite (contrepartie de l'impérialisme régnant de l'époque). La photogravure industrielle étant alors dans ses langes et les concepteurs-typographes étant encore peu nombreux, évoluant pour la plupart dans le milieu raréfié des presses privées, le «renouveau esthétique» devait être porté surtout par les gens de terrain, c'est-à-dire par les compositeurs typographes dont les moyens techniques étaient de plus en plus perfectionnés mais dont le sens esthétique était quelque peu aléatoire.

Le résultat fut un tour de force sur le plan technique (nous y reviendrons). Mais sur le plan esthétique le résultat ne fut guère plus qu'un pot-pourri de styles tirés de toutes les époques et de toutes les cultures, dans lequel des fleurons et des vignettes des siècles passés et des caractères censés être «historiques» (initiales ornées, caractères moyenâgeux ou gothisants, etc.) côtoyaient les dernières créations de la fonderie typographique, et dans lequel on évoquait indifférement des motifs mauresques, égyptiens ou japonais sans le moindre souci «sémiologique». Pour les imprimeurs artistiques, le raffinement consistait à multiplier les ornements et fioritures de toute sorte et de charger le tout d'un maximum de couleurs: le résultat étant souvent un mauvais pastiche des travaux commerciaux lithographiques ou en taille-douce.

Paradoxalement, l'Imprimerie artistique était un mouvement essentiellement antihistorique malgré son apparente historicisme. L'histoire n'était qu'un grand réservoir de styles et d'effets dans lequel le compositeur empruntait des idées aussi bien à des manuscrits moyenâgeux qu'à des chromolithographies, employant indifféremment dans une même composition elzévirs, didots, gothiques et lettres ornées ou calligraphiées. Elle était donc excessivement irrationnelle, en contraste direct avec le commerce et la grande industrie qu'elle était censé servir et qui traversaient alors une période de rationalisation accélérée. C'était un repli sur une méconception du passé.

Aujourd'hui on parlerait de pastiches, de citations, de références diachroniques, voire de postmodernisme. Dans les années 1890 c'était tout simplement un «joyeux bordel» dans lequel toutes les époques étaient pillées sans discernement et dans lequel les contresens étaient aussi étonnants qu'ils étaient inconscients ! Mais le «bordel» avait tout de même sa raison d'être, car les imprimeurs artistiques n'étaient pas simplement à la recherche d'une nouvelle esthétique, ils cherchaient aussi à se défendre contre l'empiètement de la lithographie, un procédé dont l'esthétique – résumée dans la chromolithographie – était caractérisée par une surcharge de détails et de couleurs et par une prédilection pour les formes d'écriture qui donnaient libre cours au geste du dessinateur lithographe. Les lithographes ont tiré profit du fait qu'on pouvait dessiner directement sur la pierre ou sur un papier report sans passer par la gravure de poinçons. L'imitation en typographie, par les «imprimeurs artistiques», des écritures calligraphiques et fantaisistes employées par les lithographes était un véritable exploit technique.

Aujourd'hui, à l'ère du Mac, nous sommes logés à l'enseigne de la Postmodernité à laquelle on a ajouté une bonne dose de «déconstruction». Les meilleurs résultats des courants graphiques contemporains (qui, il faut le dire, ne sont jamais purs ni parfaitement conformes aux appellations élogieuses ou péjoratives dont on aime tant les affubler), peuvent montrer la plus grande sensibilité et intelligence. De même, dans les mains d'un «graphiste indigent» (pour reprendre la phrase de Marius Audin), ils peuvent conduire – tout comme l'Imprimerie artistique – aux pires inanités, contresens et anachronismes.

Aujourd'hui, les graphistes de la génération Macintosh sont à la recherche de nouveaux repères, tout comme les partisans de l'Imprimerie artistique un siècle avant eux: soit parce qu'ils estiment (à tort) que chaque technique engendre sa propre esthétique; soit parce qu'ils cherchent une meilleure adéquation de l'aspect des produits typographiques aux évolutions actuelles de leurs supports, usages et marchés, ainsi qu'aux outils et savoir-faire mis en œuvre pour les réaliser. Bien sûr, le contexte est différent. Pendant la première moitié du 20e siècle, l'esthétique de l'imprimé (comme celle de l'architecture et bien d'autres domaines) a été placée sous le signe de la Modernité, qui était à la fois une réaction contre les excès décoratifs de la deuxième moitié du 19e siècle et le reflet de la grande phase de rationalisation déclenchée par le remplacement de la vapeur par l'électricité au tournant du siècle. Ainsi l'esthétique typographique a été marquée par un mouvement inexorable de dépouillement de la forme des caractères, qu'on associe aux Futura, Gill, Univers et autres linéales, devenues de plus en plus nombreuses depuis les années 1920. Entre les mains

**Fig. 5** Double page spread from Emigre type catalogue (Sacramento, 1993)

de maîtres comme Paul Renner, Stanley Morison, Adrian Frutiger et Hermann Zapf, la création typographique a clairement marqué sa distance par rapport à l'ornementation superfétatoire du dixneuvième finissant. De même la mise en page a été marquée par une lente progression vers la rationalité, le raffinement et l'efficacité fonctionnelle sous la pression d'une augmentation redoutable du volume d'informations qu'elle doit véhiculer dans une société aussi complexe que le notre.

Depuis quelques années, cette tendance a été remise en cause dans certains secteurs de la presse périodique et de la publicité par le Post-modernisme, dont l'éclectisme est étroitement lié à une conception plus fragmentée et moins universalisante de la société que celle véhiculée pendant les «trente glorieuses» et, plus généralement, à travers ce que les économistes appellent le Fordisme. De même, la «révolution» micro-informatique a fait voler en éclats la conception traditionelle des métiers graphiques. La généralisation d'outils informatiques a court-circuité les filières classiques de formation et l'influx d'«étrangers» qui l'a accompagnée à provoqué un renouvellement des savoir-faire, des grilles de qualification et de l'organisation du travail dans le domaine graphique. Enfin, la place grandiss importante occupée par l'image dans la communication graphique, ainsi que la généralisation d'outils bon marché et performants de traitement de l'image et de photogravure ont inévitablement provoqué un débat de fond sur les formes et fonctions de la production typographique et sur sa place au sein de l'ensemble de la production graphique.

Jusqu'à présent la recherche d'une nouvelle esthétique typographique s'est limitée au domaine publicitaire. Par nécessité économique ? (La publicité constitue après tout l'un des secteurs les plus dynamiques de la production graphique.) Par facilité culturelle ? (C'est un secteur qui s'appuie très fortement sur les marchés de jeunes consommateurs.) Ou par fatalité? (Le secteur publicitaire est à peu près le seul dans lequel on peut se permettre un telle liberté.)

### L'évolution des usages de l'écrit

On trouve également un certain nombre de parallèles entre la typographie débordante de la fin du 19e siècle et celle de l'avant-garde d'aujourd'hui quand on considère l'évolution des marchés de la typographie à chaque époque: la prédominance de la publicité comme moteur de la création typographique; une concurrence accrue entre texte et image; le besoin d'une palette d'effets (et donc de styles de caractères) de plus en plus étendue; enfin, une accélération du cycle de création, de production et de consommation d'alphabets. Mais, encore une fois, il faut souligner le fait que ces facteurs sont indépendants du climat esthétique de chaque époque.

À la fin du 19e siècle, la production de masse (et son corollaire, la consommation de masse) ont créé de nouveaux usages et marchés pour la chose imprimée. Plus particulièrement, la mise en place de réseaux de diffusion des produits de masse a continué à impulser l'essor de la publicité et du nouveau secteur que constituait l'emballage. L'Imprimerie artistique était donc l'une des premières manifestations organisées d'un mouvement qui allait profondément marquer le 20e siècle; le remplacement du livre par la publicité en tant que moteur de la création typographique. Si la presse quotidienne et périodique avait déjà commencé à remettre en cause l'esthétique essentiellement livresque de l'imprimé dès le milieu du 19e siècle, ce mouvement s'est amplifié avec l'essor de la réclame. Aujourd'hui ce sont les nouveaux médias informatiques qui sont en train de créer de nouveaux domaines d'application de la typographie, l'écran cathodique devenant le nouveau support universel de la lettre.

Pour prendre un autre exemple, on trouve des similitudes concernant le rôle des fonderies de caractères aux deux époques. À la fin du 19e siècle, l'accélération du cycle de production et consommation des alphabets était soutenue, comme aujourd'hui, par la nature de plus en plus éphémère des produits imprimés. À l'époque de l'Imprimerie artistique ce fut surtout la publicité et l'emballage. Aujourd'hui, il s'agit surtout des médias informatiques. À la fin du 19e siècle, les fonderies typographiques se battaient contre les constructeurs de composeuses mécaniques Linotype et Monotype, qui leur enlevaient une grande partie de leur marché traditionnel. Aujourd'hui les constructeurs de matériel de composition ayant remplacé les fonderies traditionnelles au moment de l'introduction de la photocomposition se trouvent désemparés à leur tour devant la généralisation du micro-ordinateur qui leur a enlevé leur marché de matériel, et le piratage d'alphabets qui l'a accompagné. (Bien que ce renouveau technique et le remaniement industriel qu'il a provoqué aient créé en même temps les conditions de l'émergence d'une nouvelle génération de «fonderies numériques» tels Emigre, Bitstream, Fontshop, etc.)

Il y a également quelques ressemblances entre les deux fins de siècle dans le domaine des rapports texte/image. Au 19e ce furent la lithographie et les nouveaux prodécés de photogravure qui modifièrent l'équilibre entre texte et image dans la chose imprimée. Auxquelles on peut ajouter la naissance de ce que Charles Peignot appellera un demi-siècle plus tard la «typovision» ou le texte à voir, pour le distinguer du texte à lire. Ces trois développements et, plus généralement, l'essor de la publicité et de la presse périodique illustrée, remettaient en cause l'hégémonie des formes traditionnelles fondée sur la mise en page livresque. Peu de temps après, la notion que l'image pourrait remplacer le texte comme véhicule principal sinon du savoir, du moins de la culture, commença à remuer des esprits aussi divers qu'Apollinaire, les Futuristes et El Lissitzky.

Aujourd'hui c'est l'essor des médias audiovisuels et du multimédia (encore à la recherche de formes et d'un marché stables) qui, s'appuyant sur l'analyse de Marshall McLuhan et ses successeurs, permettent à l'avant-garde typographique de s'attaquer violemment aux canons de la lisibilité.

## Évolutions techniques

On constate également quelques ressemblances concernant la rôle de la technique qui a été l'une des «sources d'inspiration» des nouveaux styles. À la fin du 19e siècle la composition typographique était touchée de plein fouet par la mécanisation (Linotype et Monotype). De même les procédés de reproduction des images étaient en train de trouver leur expression industrielle grâce à l'application des techniques photographiques après une longue période d'expérimentation. La photogravure et la galvanotypie ont été la source de nombreux «effets» caractéristiques de l'Imprimerie artistique: tels l'emploi de la trame quadrillée pour ajouter des couleurs de fond et la multiplication à tout va de vignettes de toutes les formes et de toutes les époques. De même les nouvelles presses à platine manuelles de petit format, en facilitant le repérage et en réduisant le temps de préparation des tirages, ont encouragé les imprimeurs à se lancer dans des travaux de ville plus complexes.

L'invention, en 1885, de la machine pantographique pour la gravure des poinçons facilitait également la production de nouveaux alphabets destinés aux travaux publicitaires. Les fondeurs de caractères pouvaient désormais se lancer dans la production de caractères en plus petites séries, plus éphémères et mieux adaptés à la publicité.

Les parallèles entre cet assouplissement des moyens techniques et celui qu'accompagna la généralisation de la micro-informatique sont évidents. Aujourd'hui c'est l'informatisation et le tout numérique qui emportent tout devant eux. L'imprimante laser a pris le relais des petites presses à platine, la microinformatique et la PAO ont décuplé la puissance des outils de composition et de photogravure, et les logiciels de création de caractères donnent à tout un chacun la possibilité de modifier ou de créer sinon des alphabets, au moins des logos. Les logiciels bon marché de traitement de textes, de mise en pages et, depuis peu, de photogravure ont profondément transformé le paysage graphique, donnant lieu à de nouveaux discours esthétiques à fort teneur «technologique». Pour les animateurs d'*Emigre,* par exemple, les formes d'expression explorées et adoptées par la nouvelle vague découlent directement du fonctionnement de l'ordinateur. Il est à noter cependant que, contrairement à ce qu'on pourrait imaginer, le piratage de polices de caractères n'est pas né avec l'informatique. À la fin du 19e siècle, la copie des alphabets des fondeurs au moyen de la galvanoplastie par des imprimeurs peu scrupuleux a donné lieu à un certain nombre de procès pour contrefaçon avant que le marché des caractères de publicité se stabilise.

**Fig. 6** Not Caslon type specimen (Emigre type catalogue, Sacramento, 1996)

Bien sûr, les imprimeurs artistiques, pas plus que les partisans de la typographie post-moderne, ne s'appuyent simplement sur les prouesses techniques pour justifier (si le mot n'est pas impropre) leur esthétique. Ils invoquent en effet toute une panoplie de considérations éminemment culturelles. Aujourd'hui des manifestes théorético-polémiques paraissent régulièrement sous la bannière de la nouvelle vague typographique. Il y a un siècle, le premier volume du *Printers' International Specimen Exchange* s'ouvrait avec une citation du célèbre critique d'art britannique John Ruskin: «Il me semble que l'emploi d'alphabets décoratifs dans l'imprimerie ouvre de formidables perspectives nouvelles dans le domaine du *design* — non seulement par l'emploi des grandes initiales dans lesquelles on ne retrouve plus les lettres — mais aussi par l'ornementation délicate et fantastiquement variable des capitales et par le remplissage des blancs [...] et marges.»[3] L'ornementation excessive était bien sûr l'une des principales caractéristiques de l'époque victorienne. Il est à regretter cependant que Ruskin ait mal compris à ce point le rôle des marges et des blancs dans la conception de la chose imprimée !

Pourtant, malgré les prises de position «théoriques» des partisans des deux styles, il est difficile de ne pas soupçonner la plupart des imprimeurs artistiques et typographes d'avant garde d'avoir adopté un certain nombre de pratiques «esthétiques» tout simplement parce qu'elles sont devenues possibles sur le plan technique. Car on trouve très souvent, dans les deux cas, la mentalité consistant à dire: «Si la technique nous permet de le faire, faisons le!» Rappelons à ce propos les années soixante-dix, quand les compositeurs – oui ces défenseurs supposés de la qualité typographique – ont commis les pires excès avec les photocomposeuses de deuxième et troisième générations. Comme la disait Theodore Low De Vinne: «la dernière chose qu'on apprend, c'est la simplicité»[4]!

## L'évolution des métiers graphiques

Mais c'est peut-être sur le plan socio-économique que les parallèles entre les deux époques sont les plus frappants. Car l'une des principales caractéristiques des deux périodes est la très grande instabilité des métiers et des marchés. (En contraste avec la première moitié du 20e siècle qui fut une période de perfectionnement technique et de consolidation des marchés ouverts au cours des dernières années du 19e siècle.) Ainsi, au moment de l'Imprimerie artistique, les produits et les marchés typographiques étaient en pleine mutation, à la fois qualitative et quantitative. De même le fondeur de caractères et le compositeur se trouvaient concurrencés par les machines à composer Linotype et Monotype. Le compositeur était même doublement concurrencé: d'une part par la machine, d'autre part par l'émergence du concepteur-typographe ou maquettiste qui, dès le début du 20e siècle, allait occuper une place de plus en plus importante au sein de la chaîne graphique. Aujourd'hui les métiers graphiques traversent de nouveau une période de profonde incertitude dans laquelle il n'est pas simplement question de la suppression d'emplois ou d'une éventuelle déqualification du compositeur (comme fut le cas au moment de la généralisation de la photocomposition) mais plutôt d'une véritable redéfinition des frontières de la création graphique.

À la fin du 19e siècle, l'Imprimerie artistique – avec son utilisation abusive de caractères de fantaisie, ses fioritures, ses cadres en casse-tête chinois – était la dernière révolte des compositeurs et metteurs en page voués à la marginalisation par la division croissante du travail dans les ateliers d'imprimerie, Car c'est pendant le dernier quart du 19e siècle que les nombreux progrès techniques enregistrés dans le domaine de l'imprimerie se sont traduits par une réelle fragmentation de l'organisation du travail. L'Imprimerie artistique aurait été la dernière tentative faite par le compositeur de métier pour maintenir sa mainmise sur l'aspect créatif de la composition face à la concurrence des «designers», qui allaient de plus en plus usurper les fonctions de conception des produits imprimés. Aujourd'hui, par contre il s'agit plutôt d'une déclaration d'intention de la part d'une nouvelle génération de designers qui, en contraste avec leurs prédécesseurs étrangers au plomb et au clavier, se mêlent désormais de tout, c'est-à-dire aussi bien de la conception que de l'exécution. (Toute proportion gardée: les graphistes ne s'occupent du clavier que dans la mesure où il s'agit de tâches créatives. Il n'est pas question de faire de la saisie ni d'empêcher l'émergence de nouvelles hiérarchies au sein des métiers graphiques, surtout dans le domaine du traitement de l'image.)

Le compositeur a donc réagi en mettant en avant ses atouts naturels – le perfectionnement des techniques typographiques. Mais la défense du métier par un renfermement sur des aspects techniques n'a pas donné les résultats escomptés: bien que le compositeur ait étendu son hégémonie aux nouveaux procédés de composition mécanique, il a dû céder ses droits dans le domaine de la création graphique au maquettiste.

## Les leçons de l'histoire

Au terme de cette déambulation à travers les débordements esthétiques de deux grandes périodes de mutation dans les métiers graphiques, que peut-on tirer comme conclusion? Sans doute pas grande chose, ne serait-ce que les périodes de crise sont monnaie courante dans le monde graphique et qu'il

3 Cité par VIVIAN RIDLER dans: Artist printing: a search for principles. In: Alphabet and image. No 6. Londres janvier 1948.

4 *The last thing to learn is simplicity,* texte extrait d'une lettre écrite per Theodore L. De Vinne, Pittsburgh: The Laboratory Press 1930.

ne faut jamais trop s'en affoler car un mouvement esthétique peut toujours en cacher un autre. Ceux qui s'inquiètent de l'avenir de la typographie trouveront peut-être consolation en se disant qu'on a connu pire et que, si on s'en est toujours sorti jusque-là, c'est parce que, tout compte fait, les paramètres de base de l'activité graphique n'évoluent pas aussi vite que on a parfois tendance à l'imaginer. Les problèmes posés aujourd'hui par l'intégration texte-image sont le prolongement naturel de ceux qui se posaient à la grande époque de l'affiche lithographiée. De même, si aujourd'hui le livre, et de façon plus générale, les textes à lecture continue occupent moins l'esprit des formateurs et des commentateurs de la scène graphique, ce n'est que le prolongement d'un processus vieux d'au moins un siècle.

Cela dit, il ne faut pas sous-estimer l'importance des travaux graphiques dans les domaines qui, de par leur nature même, sont moins «voyants» que ceux touchés en premier lieu par la nouvelle vague. Force est de constater que la communication des informations reste l'élément fédérateur principal du secteur graphique. Le fait que de tels travaux se remarquent moins que d'autres ne diminue pas leur importance sur le plan économique. De même, il ne faut pas sous-estimer l'importance des travaux qui vont être menés dans les années à venir afin d'améliorer la transmission de gros volumes d'informations par l'écran cathodique.

Aujourd'hui l'éclatement-recomposition des métiers qui s'est profilé mais ne s'est pas réalisé au moment de l'introduction de la Linotype puis, 65 ans plus tard, de la photocomposition, est irréversiblement enclenché. Encore une fois les métiers typographiques se trouvent envahis par des «étrangers» pour qui la tradition typographique est par définition un carcan à rejeter (quitte à la réinventer quelques années plus tard !).

L'Imprimerie artistique a fait long feu, sans doute par manque d'un véritable projet esthétique chez ses partisans. Mais ce ne fut pas la seule cause de son échec car, tôt ou tard, elle devait se heurter à deux tendances qui allaient marquer lourdement l'évolution du monde graphique au cours du 20e siècle: d'abord l'émergence du concepteur graphique comme réponse à la complexité croissante des marchés de l'imprimé; deuxièmement, l'essor de la lithographie qui, devenue l'offset, devait à terme remplacer le plomb et ses techniques.

La typo «post-moderne» va-t-il se pérenniser ou, face à la marée montante d'informations transitant par les réseaux informatiques et à la généralisation de l'écran cathodique comme support de l'écrit, connaîtra-elle le même sort que l'Imprimerie artistique ? L'histoire nous dira.

Paul Rommel

# Studie zur Formfindung für eine lateinisch/kyrillische Schrift

Paul Rommel ist in Kasachstan zweisprachig und zweischriftig aufgewachsen, »offiziell« mit der kyrillischen Schrift, in der Familie und als »Zweitschrift« mit dem lateinischen Alphabet; die Kinderbücher der Familie, in denen er die deutsche Sprache zu lesen lernte. Bereits während seines Grafik-Studiums in Alma Ata hat er sich mit den Problemen der Schriftgestaltung für die russische und die kasachische Sprache im Zusammenhang mit dem lateinischen Alphabet auseinandergesetzt.
Das führte zur Themenstellung seiner Diplomarbeit an der Fachhochschule Mainz, bei der es neben der vergleichenden Analyse der Schriftarten um die Formfindung einer Schrift ging, die sowohl im lateinischen wie im kyrillischen Schriftbereich einsetzbar sein soll. Teile dieser Arbeit wurden für diesen Artikel überarbeitet.
Ziel der Arbeit war lediglich die grundsätzliche Formfindung, nicht die Durcharbeitung für den Einsatz als Computerschrift. Die schrifthistorischen Anmerkungen sind nicht Ergebnis eigener Forschungen – das ist nicht die Aufgabe von Schriftentwerfern – sie sollen nur den Weg und das Bemühen um das Formverständnis aufzeigen.

*Prof. Hans Peter Willberg*

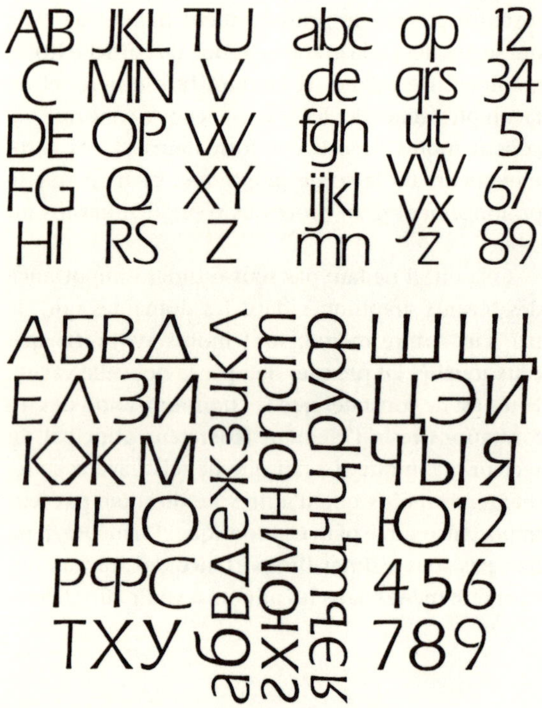

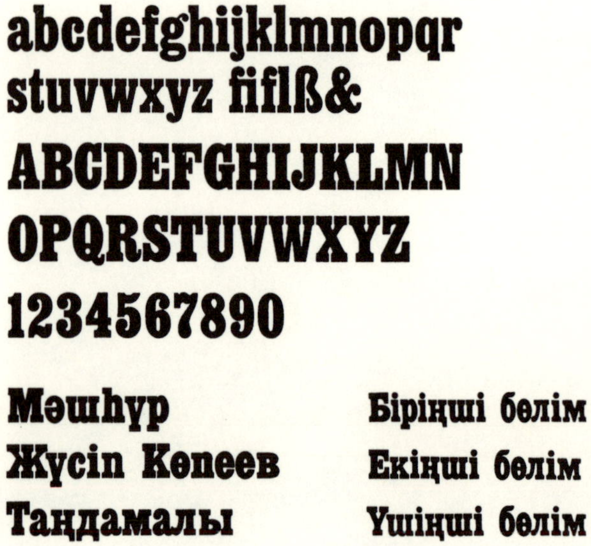


Erste Versuche, vorhandene lateinische Schriften durch kyrillische Buchstaben zu ergänzen (in Alma Ata entstanden)

### Ist es sinnvoll, eine lateinische und eine kyrillische Schrift gemeinsam zu entwerfen?

In allen einschlägigen Fachbüchern wird die Entwicklung der lateinischen Schrift von den phönizischen Ursprüngen über die Griechische bis zur Antiqua unserer Tage, der serifenlosen Linearantiqua (der »Grotesk«), dargestellt. Das braucht hier nicht wiederholt zu werden. Daß die Entwicklung jedoch nicht linear auf »unsere« Schrift hin verlief, sondern auch zu den Formen uns scheinbar fremder Schriften führte, ist uns weniger bewußt. Der Vergleich der Formentwicklung einiger Buchstaben verschiedener Schriften soll das skizzieren.

Auch die lateinischen und kyrillischen Schriften sind also miteinander verwandt, sie stammen beide von den griechischen Großbuchstaben (Versalien) ab. Lateinische und kyrillische Alphabete haben 18 gemeinsame Formen (11 Versalien und 7 Gemeine); lateinisch und griechisch – 15 gemeinsame Formen (14 Versalien und das kleine o), wie auch kyrillisch und griechisch – 15 gemeinsame Formen (14 Versalien und das kleine o). In allen drei Schriften tauchen 10 gemeinsame Versalformen und das kleine o auf.

Beispiele für die Entwicklung verschiedener Buchstabenformen aus einem gemeinsamen Ursprung

Das lateinische, das kyrillische und das griechische Alphabet bilden also ein Dreieck, wobei lateinisch und kyrillisch etwas näher zueinander stehen und beide gleich weit von der griechischen Schrift entfernt sind.

Es ist demnach aus schrifthistorischer Sicht

abcdefghijklmnopqrst
uvwxyz

ABCDEFGHIJKLMN
OPQRSTUVWXYZ

абвгдеёжзийклмнопр
стуфхцчшщъыьэюя

АБВГДЕЁЖЗИЙК
ЛМНОПРСТУФХЦ
ЧШЩЪЫЬЭЮЯ

Die Baskerville, ein Klassiker der lateinischen Schrift
mit der geglückten, aber untypischen »kyrillischen Baskerville«

durchaus legitim, lateinische und kyrillische Schriften von einem gemeinsamen formalen Ansatz ausgehend zu zeichnen. Das wurde bereits vor 200 Jahren mit Erfolg unternommen, etwa von Bodoni. Ein besonders schönes Beispiel ist die Baskerville in ihrer lateinischen und kyrillischen Ausformung. Allerdings sind diese kyrillischen Versionen nicht typisch für den Sprachbereich, in dem sie angewendet werden. Die typischen russischen Gebrauchsschriften in Zeitungen und Büchern sind spätklassizistische Formen. Im »Westen« entworfene kyrillische Schriften werden von russischen Schriftkennern und den Lesern meist als untypisch und fremd empfunden und abgelehnt. Das spricht vielleicht gegen den Versuch einer neuen gemeinsamen Gebrauchsschrift.

абвгдеёжзийклмнопрстуфхцчшщъыьэюя
АБВГДЕЁЖЗИЙКЛМНОПРСТУФХЦЧ
ШЩЪЫЬЭЮЯ
abcdefghijklmnopqrstuvwxyz
ABCDEFGHIJKLMNOPQRSTUVWXYZ
1234567890% ()№-«»:,.—?;!

Die »Literaturnaja«, eine in der Praxis weit verbreitete kyrillische Schrift mit ihren lateinischen Ergänzungen, die für westliche Augen bei einigen Formen fremd aussieht

*Национална изложба на илюстрацията и изкуството на книгата & изложба на българската книга*

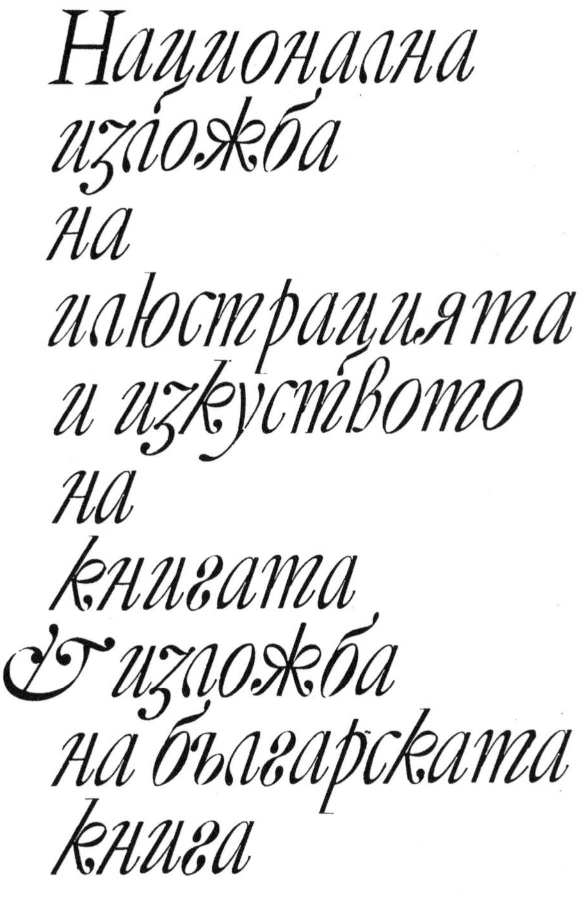

Versuch einer kyrillischen Kursiven in Anpassung an eine lateinische Kursive (Entwurf von Wladislaw Paskalew [WASIL JONTSCHEW/OLGA JONTSCHEWA: Alte und neue bulgarische Schrift. Sofia: Verlag Bulgarski Chudoshnik 1982, S. 340])

Andererseits entstehen durch das Zusammenwachsen Europas und der Welt immer mehr mehrsprachige Drucksachen, auf denen verschiedene Schriftarten nebeneinanderstehen. Der Wunsch der Typografen ist es, dennoch eine stilistische Gesamtheit herstellen zu können. Das kann mit stilistisch unterschiedlichen Schriften nicht gelingen. Extrem verschiedene Schriften, z. B. chinesisch und lateinisch, führen zu einem reizvollen Kontrast; verwandte Schriften, wie lateinisch und kyrillisch, zu einer unangenehmen, unentschiedenen Reibung — wenn sie nicht den gleichen Gestaltungsansatz haben.

Es gibt zwar einige Schriften, wie z. B. die Times, die für das lateinische, griechische und kyrillische Alphabet gezeichnet wurden, aber es gibt zu wenige Schriften dieser Art. Wer als Typograf mit mehrschriftigen wissenschaftlichen Werken zu tun hat, erlebt diesen Mangel immer wieder.

Es geht bei dem Versuch, eine gemeinsame lateinisch/kyrillische Schrift zu entwickeln nicht darum, die bestehenden Gebrauchsschriften abzulösen, sondern darum, sie für bestimmte Zwecke zu ergänzen.

### Eine Vorstudie: lateinische und kyrillische Schrift mit Akzenten

Die lateinische wie die kyrillische Schrift sind Basis für viele nationalsprachige Schriften, die durch Hinzufügung von Akzenten entstehen. Die Frage für den Schriftgestalter ist, ob diese Akzente und formalen Ergänzungen möglichst zurückhaltend an die bestehenden Buchstaben angefügt werden sollen oder ob die Akzent-Buchstaben als eigene Formen in Anlehnung an das Grundalphabet entworfen werden müssen. Die Antwort ist eindeutig: es handelt sich in den allermeisten Fällen nicht um nebensächliche Ergänzungen, sondern um eigenständige Laut-Zeichen, die sich unübersehbar und unverwechselbar von ihren Buchstaben-»Geschwistern« unterscheiden müssen. Die meisten von den Schriftkünstlern zur Anpassung an andere Sprachen mit Akzenten und besonderen Formen ergänzten Schriften sind falsch verstanden. Die amerikanischen Schriftkünstler verstehen unser ß nicht, unsere Schriftentwerfer nicht die polnischen Buchstaben — um nur ein Beispiel zu nennen. Meistens werden die Schriften nach der Devise »so zurückhaltend wie möglich« und nicht »so deutlich wie nötig« verändert. Das gleiche gilt für die kyrillische Schrift, z. B. bei der Anpassung an die kasachische Sprache.

Ә ә Ғ ғ Қ қ Ң ң Ө ө Ұ ұ Ү ү һ h

Skizze einiger Sonderformen des kasachischen Alphabets

Das Konzept einer lateinisch/kyrillischen international einsetzbaren Gebrauchsschrift darf sich also nicht nur auf die Grundformen beziehen, es müssen vielmehr die Varianten für weitere Sprachen von vornehereinberücksichtigt werden.

Das Ergebnis der Vorstudie: es ist nicht möglich, eine vorhandene lateinische Schrift durch kyrillische Buchstaben und durch Akzente zu ergänzen oder umgekehrt eine kyrillische Schrift zu erweitern. Die Formen für alle Schriften und Varianten müssen vielmehr von einer gemeinsamen Basis ausgehend neu erarbeitet werden.

Śłh

Beispiele der Formveränderung. Das Versal S muß gegenüber der Ausgangsschrift verkleinert werden, um dem Akzent Platz zu geben; der Schrägstrich im l bezeichnet nicht ein modifiziertes l, sondern einen eigenen Laut, er muß wesentlich kräftiger erscheinen als bei den meisten von »westlichen« Schriftgestaltern gezeichneten Alphabeten.

## Zum Formverständnis der kyrillischen Schrift

Es ist eine Sache, ob man die kyrillische Schrift zu lesen gewohnt ist oder ob man ihre Formen zeichnen möchte. Dazu ist es nötig, daß man sie von Grund auf versteht, wie ja auch die Kenntnis der Schriftgeschichte für jeden Entwerfer eines lateinischen Alphabets selbstverständlich ist.

Die knappe Darstellung der Geschichte der kyrillischen Schrift erhebt keinen Anspruch auf wissenschaftliche Gültigkeit, zumal deren Ursprung von den Fachwissenschaftlern kontrovers diskutiert wird. Dennoch können die folgenden Hinweise als eine von vielen Fachleuten bestätigte Version gelten.

Die kyrillische Schrift ist nach ihrem angeblichen Schöpfer, dem hl. Kyrill benannt. Konstantin Philosoph (den Namen Kyrill hat er erst kurz vor seinem Tode angenommen) war ein mazedonischer Slawe aus der nordgriechischen Stadt Saloniki. Mazedonien war damals Schnittstelle und Drehscheibe zwischen Griechen und Slawen, über die die griechische Kultur zu den eingewanderten Slawen gelangte. Kyrill und sein Bruder Methodeus waren seit jungen Jahren im Kloster, besaßen eine glänzende Ausbildung und beherrschten mehrere Sprachen.

abcdefghijkl ABCDEFGHIJKL
mnopqrstuv MNOPQRSTUV
wxyz WXYZ
ċėġżäëïöüẅÿ ĊĖİĠŻÄËÏÖÜẄŸ
áćéílńóŕśúýź ÁĆÉÍĹŃÓŔŚÚÝŹ
àèìòùăčďěğňŏ ÀÈÌÒÙĂČĎĚĞŇŎ
řšťŭžâĉêĝĥîĵô ŘŠŤŬŽÂĈÊĜĤÎĴÔ
ŝûŵŷãg̃ñõőű ŜÛŴŶÃG̃ÑÕŐŰ
ād̄ēīl̄n̄ōr̄ūåů ĀD̄ĒĪL̄N̄ŌR̄ŪÅŮ
ąęçģįķļņşţų ĄĘÇĢĮĶĻŅŞŢŲ
đðħłøıæœß ĐĦŁØÆŒ

Hamburg zwym jawck dną Łyfsźct qewgiv
sfõniç Ąhptűłąkębieß yfsźct qewgiv dną
dną Łyfsźct qewgiv Ĥamburg zwym jawck
kębießiç Ąhptűłą Įsfõnsfõniç Ąhptűłąkębieß
amburg zwym jawck

ĐFZŪQRX ĘJMG̃ABYÇ VŚN ĐFZŪQRXĘ
JMG̃A BYÇVŚN ĐFZŪQRXĘJMG̃ABYÇVŚ

абвгдежзийкл АБВГДЕЖЗИЙКЛ
мнопрстуфхц МНОПРСТУФХЦ
чшщъыьэюя ЧШЩЪЫЬЭЮЯ
ijäёӝӟӥїӧӱӵӹѓќ ÄЁӜӞӤЇӦӰӴӸЃЌ
ӑӗўӣӯҫҙҗқҳ ӐӖЎӢӮҪҘҖҚҲ
ңҷғҟөұҹҡљҥ ҢҶҒҞӨҰҸҠЉҤ
њәґћђђүєџ ЊӘҐЋЂЂҮЄЏ

Намбург не пдраҥ Ётуйзћәцљ Ҁошчнђл
ошчнђлфяс Ҟещөњ гєүђфяс Ҟещөњ гєү
не пдраҥ Ётуйзћәцљ Намбург туйзћәцљ
Ҁошчн ђлфяс Ҟещөњ гєү мбург не пдр

ЂЩОЋ ЕФЗЛИБДР КЦЧУС ЂЩОЋЕ
УС ФЗЛИБДРК ОЋЕФЗЛИБДРКЦЧУ

Akzent-Studie für ein lateinisches und ein kyrillisches Alphabet auf der Basis einer »Latin«, einer Antiqua mit als Keil ausgeformten Serifen

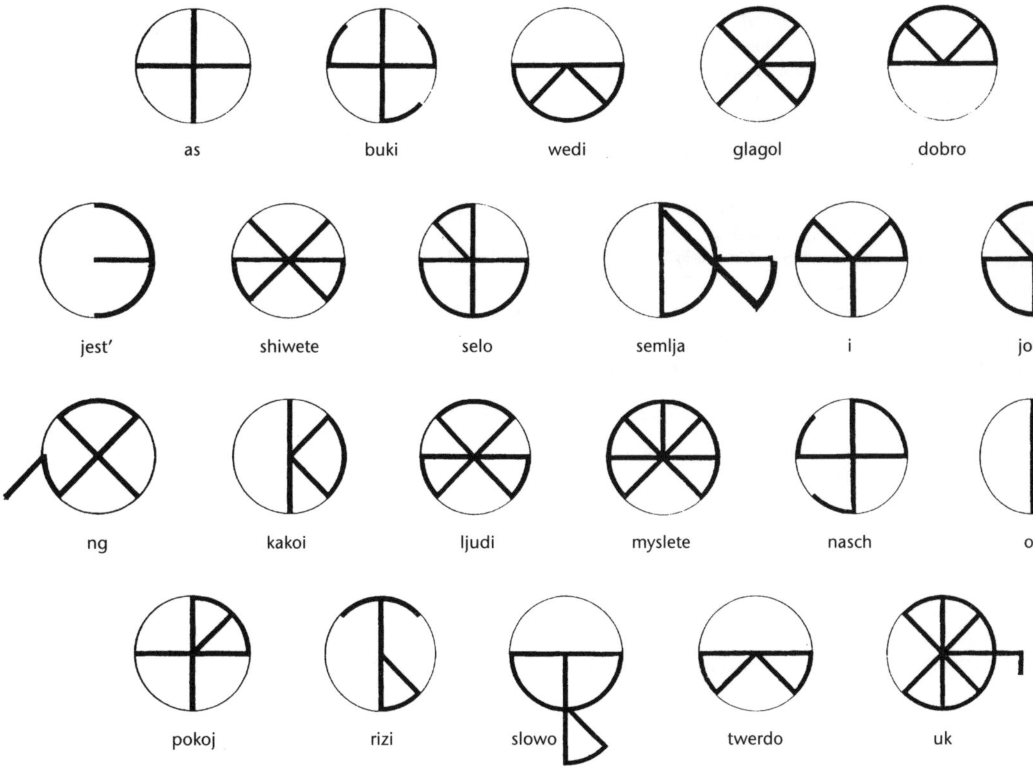


Glagolitische Schrift – Das Skelett der Grundformen im Kreuz-Kreisraster
(Nachgezeichnet von Wasil Jontschew, Bulgarien [Wasil Jontschew/Olga Jontschewa: Alte und neue bulgarische Schrift. Sofia: Verlag Bulgarski Chudoshnik 1982, S. 104])

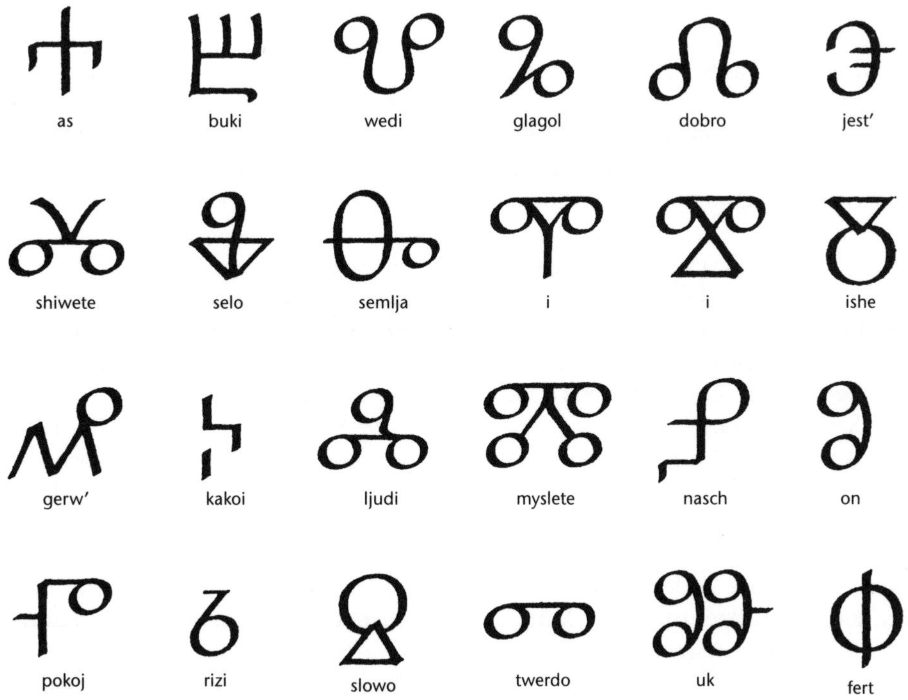


Glagolitische Schrift, geschriebene runde (bulgarische) Variante (Nachgeschrieben von Iwan Kjosew, Bulgarien [Wasil Jontschew: Schrift durch die Jahrhunderte. Sofia: Verlag Bulgarski Chudoshnik 1971, S. 352])

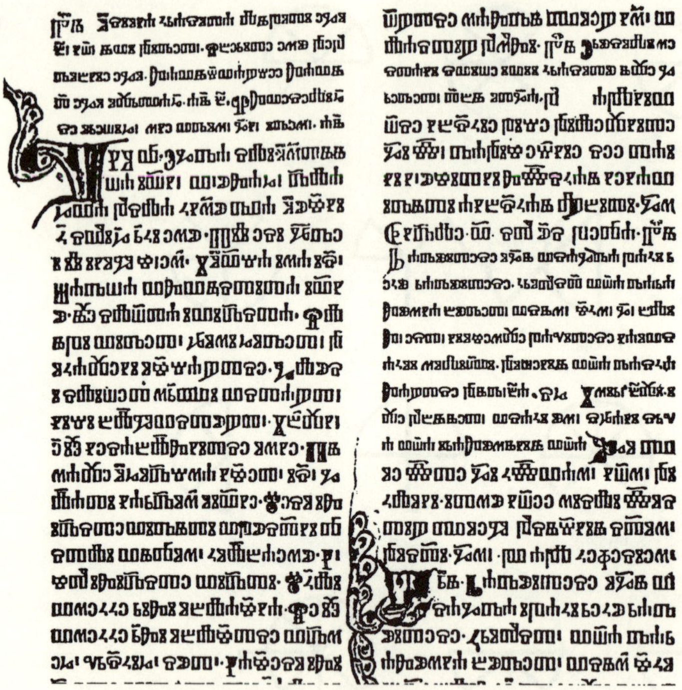

Glagolitische Schrift, eckige (kroatische) Variante
(Aus dem ersten kroatisch gedruckten Buch »Missal der Gesetze des römischen Hofes«, Venedig 1483 [This is Croatia. Republik Kroatien, Ministerium für Information. 1991, S.140])

Viele Wissenschaftler schreiben die Ausformung der kyrillischen Schrift dem hl. Kyrill oder seinem Schüler Klement Ochridski zu. Andere beweisen, daß es das kyrillische Alphabet schon vor Kyrill und dessen glagolitischem Alphabet gab.

Vor der Entwicklung spezifischer Schriften für die slawischen Sprachen wurden diese meist mit griechischen Buchstaben geschrieben. Da aber nicht für alle Laute spezielle Zeichen zur Verfügung standen, mußte der Leser oft raten. Deshalb wurden nach und nach neue Zeichen hinzugefügt. In dieser Form wurden das Evangelium und andere Bücher geschrieben. Es entstand fast zwingend das Bedürfnis nach einer gemeinsamen, übergreifenden Ordnung für die slawischen Sprachen.

Als Folge entstanden zwei verschiedene Alphabete: das glagolitische und das kyrillische Alphabet.

*Das glagolytische Alphabet*

Das glagolytische Alphabet wurde im Auftrag des byzantinischen Kaisers Michael III. in der Mitte des 9. Jahrhunderts geschaffen und sollte der Christianisierung der Slawen dienen.

Die Buchstabenformen wurden von Grund auf neu gestaltet. Die Schrift besteht nur aus Großbuchstaben. Für den ersten Buchstaben – A – hat Kyrill ein kreuzförmiges Zeichen gewählt. Er nannte es As jesm Bog »Ich bin der Gott« (kirchenslawisch). Hinter jedem Buchstaben verbarg sich wahrscheinlich ein Spruch und eine religiöse Botschaft. »Unsere Väter haben uns überliefert, all unser Schreiben mit dem Kreuz zu beginnen« (Konstantin Konetschki). Das Kreuz wurde durch X [ch] (für Christus) und I (Jesus) ergänzt; die Kreisform ergab sich aus dem Ω (Anfang und Ende). So erhielten alle Buchstaben eine Bedeutung, und jeder Buchstabe wurde mit einem Wort bezeichnet, z. B. A–[As] »ich«, B–[Buki] »die Buchen«, W–[Wjedi] »die Wiese«, G–[Glagol] »das Wort«, D–[Dobro] »gut«,... Daher wurde die Schrift »glagolitisch« genannt: [Glagol] – Wort. Zugleich entspricht die glagolitische Schrift allen phonetischen Eigenarten und Anforderungen der altbulgarischen Sprache.

Kirchenslawisch ist die durch den kirchlichen Gebrauch konservierte altbulgarische Sprache. Sie ist ausschließlich die Liturgie-Sprache der orthodoxen Slawen und kann daher mit dem Latein der katholischen Kirche verglichen werden.

Diese Schrift war hauptsächlich auf dem Balkan verbreitet. Kyrill war jedoch auch in Prag, hat dort seine Schrift gelehrt und wollte auch Gottesdienst in Slawisch halten, stieß aber auf die Ablehnung der dortigen Priester. Die Spaltung in die katholische und die orthodoxe Kirche erfolgte zwar erst im folgenden Jahrhundert, aber die Konflikte existierten bereits.

Es gab eine runde (überwiegend bulgarische) Variante dieser Schrift, die bald von der kyrillischen verdrängt war, und die spätere eckige Form, die mehr von den Kroaten benutzt wurde. Das erste Buch in glagolitischer Schrift wurde 1483 in Venedig gedruckt.

Am längsten hat sich diese Schrift in den kroatischen Siedlungen Italiens gehalten. Es wurden dort sogar im 19. Jahrhundert Zeitungen aus dieser Schrift gesetzt.

Durch seine Lehr-, Übersetzer- und Aufklärungsarbeit erhob Kyrill das Kirchenslawische (alt-bulgarisch) zur vierten Literatursprache Europas (neben den drei »heiligen« Sprachen Griechisch, Lateinisch und Hebräisch, die seit der Antike überliefert sind) und die kyrillische zu ihrer Schrift. Darauf sind die Bulgaren zu Recht stolz. Der 24. Mai ist Feiertag in Bulgarien, der Tag des slawischen Schrifttums, der Aufklärung und der Kultur, der Tag, an dem an Kyrill und Methodeus erinnert wird.

*Das kyrillische Alphabet*

Der Ursprung der kyrillischen Schrift ist, wie gesagt, umstritten. Die Geschichte ihrer Verbreitung und ihrer formalen Entwicklung ist belegt. Kurz nach ihrer »Erfindung« hat das Kiewer Rus', der Staat der Ostslawen (Vorfahren der Ukrainer, Russen und Weißrussen) das Christentum angenommen. Die Ostslawen waren damals unter starkem griechischem und bulgarischem Kultur-Einfluß. Damit wurden die kyrillischen Buchstaben zur Schrift aller orthodoxen Slawen. Auch die orthodoxen Rumänen (Fürstentümer Walachei und Moldau) haben im Mittelalter kyrillisch geschrieben. Erst später, mit der Besinnung auf den lateinischen Ursprung, wurde die lateinische Schrift dort wieder herangezogen (1860). Die Akzente wurden aus der französischen Sprache übernommen. Auch politisch hat sich Rumänien an der »lateinischen Schwester« Frankreich orientiert.

Die Buchstaben der kyrillischen Schrift ähneln den monumentalen und den unzialen griechischen Buchstaben des 8. und 9. Jahrhunderts. 24 Buchstaben sind von diesen griechischen Schriften entlehnt, weitere 19 Buchstaben sind hinzugefügt, die altbulgarische Laute darstellen, die es im Griechischen nicht gibt. Die Herkunft der nichtgriechischen Buchstaben im kyrillischen Alphabet ist unklar.

Es gibt viele Hypothesen, die ihre Herkunft zu erklären versuchen, bis hin zu der Meinung, sie sei von Nomaden überbrachten chinesischen Schriftzeichen entlehnt. Eine unbewiesene Hypothese: der Buchstabe [tsch] könnte aus der hethischen Schrift kommen. Eines steht fest: die Buchstaben [scha] und [schtscha] kommen aus der Schrift christlicher Nachfahren alter Ägypter, den Kopten. Ursprünglich kommt dieser Buchstabe von dem altägyptischen Hieroglyphen [scha] »Garten«.

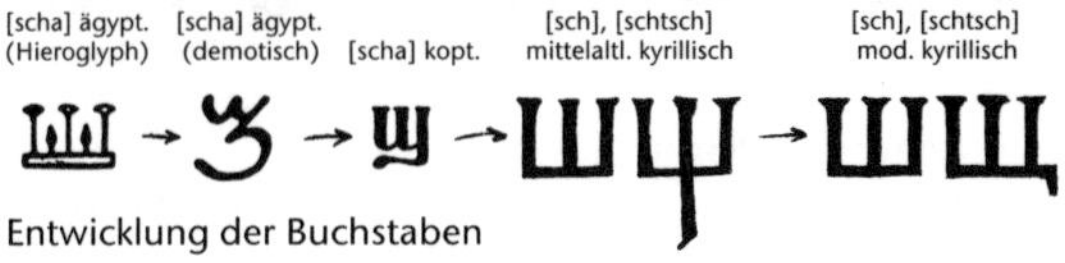


Entwicklung der Buchstaben scha und schtscha

An der Ustaw-Form kann man verschiedene Formveränderungen nachvollziehen.

Ein A ist überall ein A.

Der altgriechische Buchstabe B »Beta«, von dem das lateinische B kommt, wurde im Neugriechischen zu »Wita« und bedeutet jetzt [w]. B in Kyrillisch heißt deswegen »We«. Das kyrillische »Be« wurde aus dem »We« entwickelt.

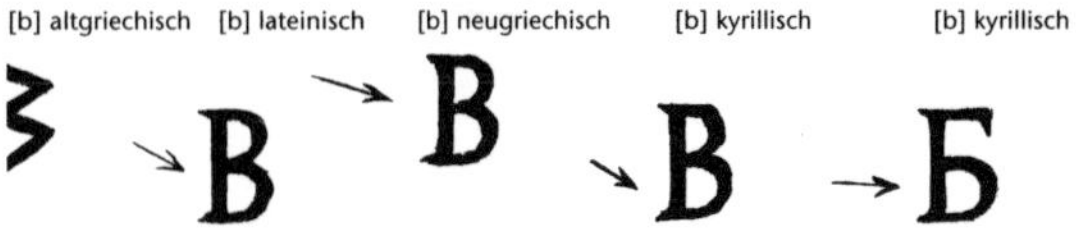


Entwicklung des Buchstaben B zu W

Der absteigende Strich bei N »Ni« wurde in Ustaw beinahe gerade, später ganz gerade. Die kyrillische Form für [n] ist H.

Buchstabe N

Dabei wurde der Strich des griechischen Buchstaben H »Ita« etwas schräg, später ganz schräg.

Entwicklung des Buchstabens I

Manche Grafiker drehen das N um und machen so ein kyrillisches [i]. Das ist absolut falsch. Es verstößt gegen die Logik des Schreibens und gegen die Logik der Geschichte.

Falsches I

Der griechische Buchstabe Z »Zita« hat schon in Ustaw seine spätere Entwicklung angedeutet.




Buchstabe Z

Viele neue Formen wurden durch die Ligaturbindungen geschaffen, z. B. I und O ergaben [ju] nicht [jo], nach dem griechischen Vorbild: OY bedeutet [u].

I + O → Ю

Buchstabe JU

Der Buchstabe »Ja« war früher ein A mit einem Abstrich. Ich vermute, daß dieser Buchstabe seine heutige Form unter dem Einfluß des lateinischen R bekam:

A → я →  Я
R →

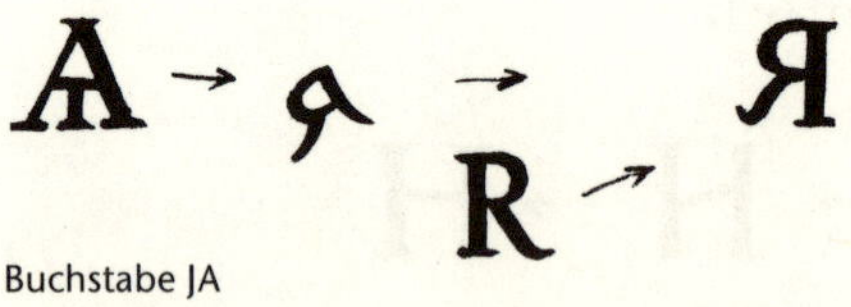

Buchstabe JA

Ursprünglich kannte die kyrillische Schrift nur Großbuchstaben, die — vergleichbar mit der Unziale — Ansätze von Unterlängen aufwiesen. Daraus hat sie sich zur Schrift mit Großbuchstaben und Kleinbuchstaben, die aber starken Kapitälchencharakter haben, entwickelt.

Die Form der kyrillischen Buchstaben ist wie die der lateinischen durch das Schreiben mit der Breitfeder bestimmt. Es hat sich aber eine andere Formsprache ergeben.

Die kyrillische Schrift hat sich über die Jahrhunderte hin zur heutigen Form entwickelt. Dabei werden folgende Perioden zusammengefaßt:
Ustaw
    Majuskel kursiv
    Übergang zur Schnellschrift
Halb-ustaw (Polu ustaw)
Schnellschrift (Handschrift)
Bürgerliche Schrift (kyrillisch-Antiqua, seit Peter I.)

*Kyrillisch – Ustaw*
Ustaw ist die älteste kyrillische Schrift. »Ustaw« bedeutet auf altbulgarisch Grenze, Rand. In dieser Schrift wurden die wichtigen Bücher der Kirche geschrieben. Sie besteht nur aus Großbuchstaben. Beim Schreiben wurde die Feder oft gedreht. Einige Buchstaben ragen etwas über die Fußlinie hinaus.

КАЗАНЬНМОУДѢ
ЛА·ДАВЪIУОУДНТЕ
СА+ИАКОБООЦЬВ
СКРѢШАНТЬМЬР
ТВЪIИАНЖНВНТЬ·
ТАКОЖЕНСНЪ·ИАЖЕ
ХОЩЕТЬЖНВНТЬ+
ОЦЬБОНЕСЖДНТЬНН
КОМОУЖЕ·НЪСЖД
ВЬСЬДАСТЬСНОВН
ДАВЬСНУЬТѦТЬ
СНА·ИАКОЖЕУЬТѦ

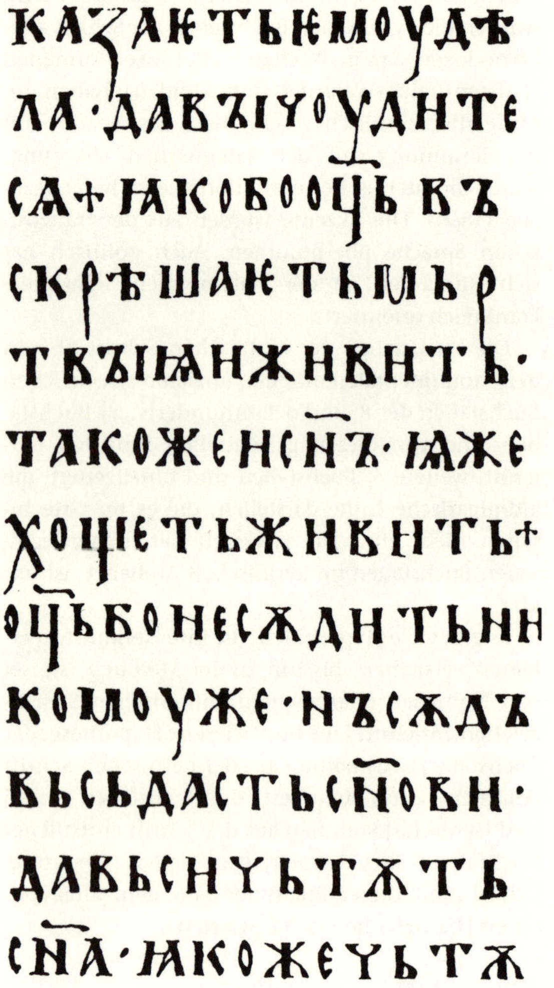

Ustaw
Frühe Form der kyrillischen Schrift
(Ostromir-Evangelium, 11. Jahrhundert [Atlas zur Geschichte der Schrift. TH Darmstadt. 1971, S. 42])

*Halb-ustaw (Polu ustaw)*

Die Majuskel-Kursive ist durch schnelles und flüchtigeres Schreiben entstanden. Halb-ustaw (ne w ustawe) bedeutet: »nicht in die Grenze«, unbegrenzt. Die Buchstaben werden nicht mehr gewissermaßen innerhalb von zwei Linien (Grenzen) geschrieben, manche haben ausgeprägte Ober- und Unterlängen. A, B und L erhalten runde Formen, beim Schreiben wird die Feder kaum gedreht. Die Halb-ustaw ist, wie die Ustaw eine Großbuchstabenschrift, der Übergang zur Kleinbuchstabenschrift wird aber bereits spürbar.

Halb-ustaw
(Serbisches Evangelium, 14. Jahrhundert [Vladimir Mošin: Ćirilski Rukopisi Jugoslavenske Akademije. Jugoslawische Akademie. 1952, S. 37])

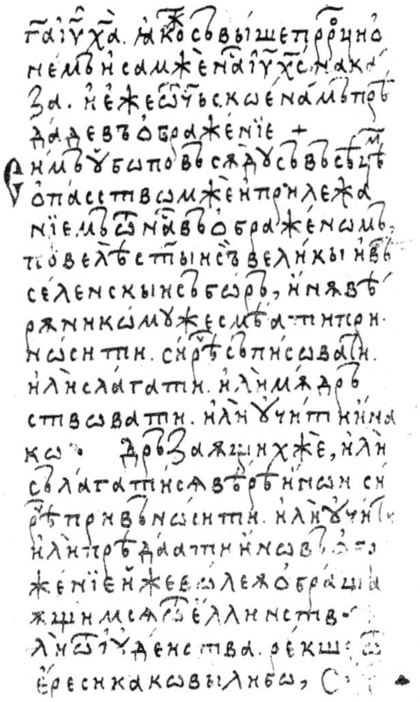

Schnelle Handschrift
Halbkursiv, Bulgarien (Wasil Jontschew: Schrift durch die Jahrhunderte. Sofia: Verlag Bulgarski Chudoshnik 1971, S. 362)

Apostol (Apostelgeschichte und Briefe des NT)
Erstes gedrucktes Buch des »russischen Gutenberg« Iwan Fjodorow, Moskau 1564 (Wasil Jontschew: Schrift durch die Jahrhunderte. Sofia: Verlag Bulgarski Chudoshnik 1971, S. 182)

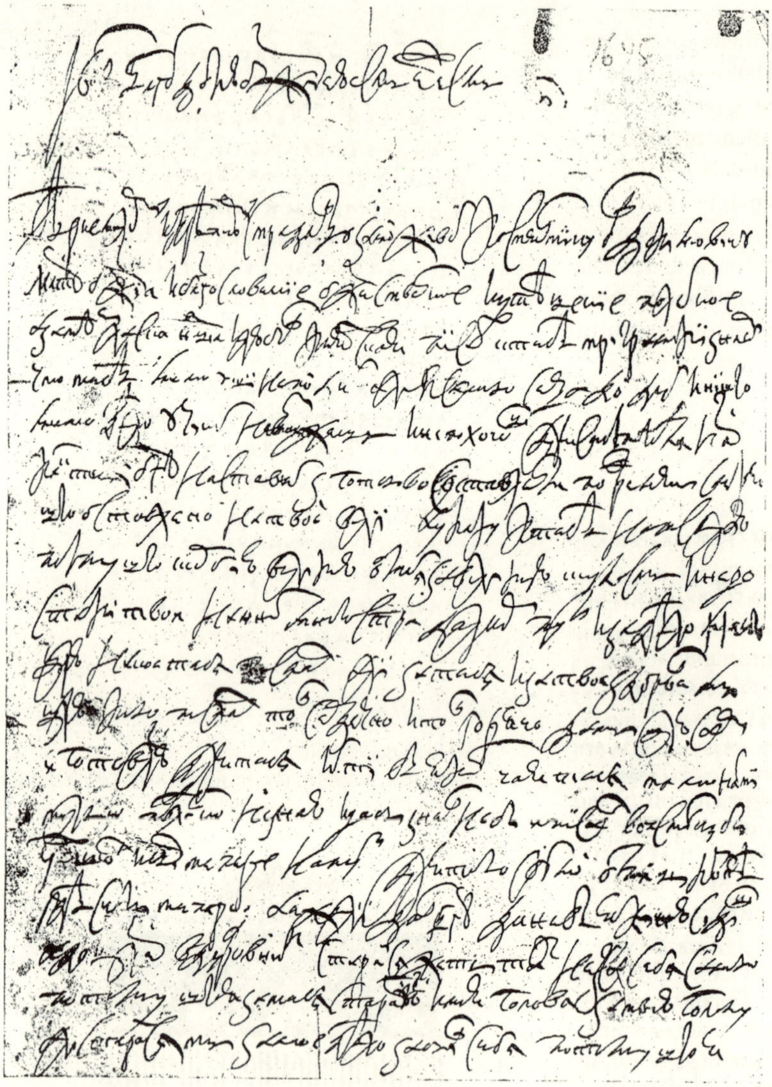

Schnelle Handschrift
Brief des russischen Usurpators Zar Iwans an Konstantin Dobrinowitsch, Rußland 1645 (Vladimir Mošin: Ćirilski Rukopisi Jugoslavenske Akademije. Jugoslawische Akademie. 1952, S. 145)

»Wjas'« war eine kaum lesbare dekorative Titelschrift. Das ornamentale Band entstand dadurch, daß die vertikalen Striche nebeneinander stehender Buchstaben verbunden wurden ([Wjasat'] – »binden«). Andere Buchstaben wurden verkleinert und oben oder unten dazwischengeschoben.

Nach dem gleichem Prinzip werden heute viele unserer bekannten »Logos« gebildet.

Wjas'

Bürgerliche Schrift
Darstellung der alten und der neuen Schrift mit den Korrekturen von Peter dem Großen
(Wasil Jontschew: Schrift durch die Jahrhunderte. Sofia: Verlag Bulgarski Chudoshnik 1971, S. 183)

Radikal wurde die kyrillische Schrift durch den russischen Zaren Peter I. (den Großen) verändert. Es war die Zeit, in der das altertümliche Rus' in ein neues Rußland – »Rossija« – »Rossijskala Imperija« – verwandelt wurde.

Peter, der eigenhändig den Bojaren (Hochadel) die Bärte und langen Ärmel abgeschnitten hat, um die westliche Mode durchzusetzen (oder ist das nur eine Legende?), und mit vielen Handwerken vertraut war, mischte sich auch eigenhändig in den Schriftentwurf ein und fügte seine Korrekturen dazu.

Um 1710 hat er die sogenannte bürgerliche Schrift – eine von Elias Kopiewitsch am Ende des 17. Jahrhunderts durchgeführte Vereinfachung der kyrillischen Schrift – eingeführt.

Die Buchstaben wurden stark verwestlicht, die kyrillische Schrift wurde zur Antiqua nach dem Muster der holländischen Antiqua. Die lateinischen Buchstaben S und I wurden eingeführt. (Später wurden sie wieder abgeschafft.)

Seit der Zeit Peters des Großen kann man sagen, daß die kyrillische Schrift auch von der lateinischen abstammt. Und die Entwicklung der kyrillischen Schrift ist von diesem Punkt mit der Entwicklung der lateinischen identisch (Renaissance- und Klassizistische Antiqua, Egyptienne, Grotesk usw.).

Peter hat auch die Schriftkünstler im Ausland mit dem Entwurf neuer russischer Schriften beauftragt, z. B. wurden in den Niederlanden Schriften für Rußland gestaltet. Später hat sich auch Didot damit beschäftigt. Das Entwerfen der kyrillischen Schriften in Westeuropa hat also eine lange Tradition.

Die Balkanslawen, die damals zum Osmanischen Reich gehörten, haben sich politisch und kulturell an Rußland orientiert und haben diese Änderungen in ihrer Schrift übernommen.

Bei den Turk- und iranischen Völkern Mittelasiens gab es z. B. ursprünglich Runen (die den europäischen Runen von der Form her sehr ähnlich sind: gleiches Werkzeug – ähnliche Formen). Dann gab es einige Alphabete wie z. B. das alte sogdische und das alte uigurische, von dem die alte mongolische Schrift abstammt. (Die Uiguren sind eines der ältesten Turkvölker.) Diese Alphabete verbreiteten sich mit dem Buddhismus, nestorianischen Christentum, Manichäismus. Mit dem Islam kam die arabische Schrift. In 20er (und 30er) Jahren dieses Jahrhunderts hat man alle Sprachen auf die lateinische Grundlage umgestellt. Und schließlich um 1940 wurde die kyrillische Schrift vorgeschrieben.

Nach der Revolution 1917 in Rußland wurde die Schreibweise vereinfacht, einige kyrillische Buchstaben wurden ganz gestrichen.

Schon im 19. Jahrhundert hat man angefangen, das Kyrillische an die Sprachen vieler Völker des damaligen Russischen Reiches anzupassen. Konsequent wurde dieses Vorhaben in der Sowjetunion der 40er Jahre durchgeführt. Die kyrillische Schrift ist seit ihrer Entstehung und von ihren Wurzeln her international, aber erst jetzt wurde sie diesem Anspruch gerecht. Um Sprachen zu schreiben, die dem Russischen überhaupt nicht ähnlich sind, hat man viele neue Buchstaben entworfen. Und da Sprachwissenschaftler diese Aufgabe gelöst haben, sind diese neuen Alphabete sprachwissenschaftlich einwandfrei, aber visuell (stilistisch) nicht ohne Probleme. So bekamen viele Völker der Sowjetunion und der mit ihr verbündeten Mongolei neue Schriften. Manche kleinen Völker und Stämme hatten früher überhaupt keine eigene Schrift, manche Nationen besaßen schon eine lange Schriftgeschichte. Die größte verdrängte Schrift war die arabische, die in vielen islamischen Ländern verbreitet war.

Auch die Mongolen hatten ihre eigene Vertikal-Schrift, die man auf vielen Bildern sehen kann. Das kyrillische mongolische Alphabet hingegen hat nur zwei Sonderbuchstaben und ist dem russischen Alphabet sehr nah.

Heute gilt das nicht mehr. 1992 hat man in der Mongolei beschlossen, das kyrillische Alphabet abzuschaffen und die alte mongolische Schrift wieder einzuführen.

### Vergleich der lateinischen und der kyrillischen Schrift

Die kyrillische Schrift wird von Laien mitunter mit der griechischen verwechselt. Ob die gemeinsamen Versalformen (G, P, F und manchmal L) die Schriften so ähnlich machen? Dennoch hat die kyrillische Schrift mehr gemeinsame Formen mit der lateinischen als mit der griechischen Schrift.

Die lateinische Schrift ist vermutlich schneller und besser lesbar als die kyrillische, wenn der Text die gleiche Zeichenmenge hat. Die kyrillische Grundschrift hat mehr Buchstaben und die Formen sind komplizierter. Das ist ein Vorteil und ein Nachteil. Komplizierte Buchstaben sind schlechter aufzunehmen als einfachere, können aber mehr Information tragen. Weil die Grundschrift mehr Buchstaben hat, muß man nicht so oft auf Akzente oder Buchstabengruppen zurückgreifen. Vergleichen wir z. B. wie »sch« und »tsch« in verschiedenen Sprachen geschrieben werden:

| Laut | deutsch | englisch | französisch | polnisch | tschechisch | türkisch | russisch | serbisch | usbekisch |
|---|---|---|---|---|---|---|---|---|---|
| [ʃ] | sch | sh | ch | sz | š | ş | ш | ш | ш |
| [tʃ] | tsch | ch<br>tch | (tch)? | cz | č | ç | ч | ч | ч |

**Abb. 1** *Notiz über Bibelkommentierung, 1466,* von Johannes Hartmanni aus Oberwesel in einer Bibelhandschrift des 14. Jahrhunderts (Hamburg SUB Cod. 54 in scrin., 265r)

Wenn man von der Anzahl der Lautzeichen pro Textmenge ausgeht, kommt die kyrillische Schrift in der Lesbarkeit wahrscheinlich auf fast die gleichen Werte wie die lateinische, weil einem kyrillischen Zeichen oft ein oder mehrere lateinische Zeichen entsprechen.

Eine Sprache – zwei Schriften: Die serbo-kroatische Sprache wird so mit zwei Alphabeten geschrieben, daß einem lateinischen Zeichen exakt ein kyrillisches entspricht (nur lj und nj sind Ausnahmen). Die Buchstaben und die Schreibweise mußten dafür stark verändert werden: die kyrillischen Buchstaben [Ja] und [Ju] verschwanden, J wurde aus dem Lateinischen übernommen, und ganz neue Formen wurden gebildet. Wahrscheinlich können viele Jugoslawen beide Alphabete ungefähr gleich schnell lesen. Daß lateinische und kyrillische Schriften gleichzeitig Verwendung finden, sieht man an Firmenzeichen, die doppelt gelesen werden können.

Die serbo-kroatische Sprache wird in vier ehemals jugoslawischen Republiken (Kroatien, Bosnien und Herzegowina, Serbien, Montenegro) gesprochen. Im westlichen Teil sind lateinische, im östlichen – kyrillische Buchstaben verbreitet, aber auch dort hat die lateinische Schrift große Bedeutung gewonnen.

HLEBA I MIRA
ХЛЕБА И МИРА

»Brot und Frieden«
Parole einer Demonstration in einer Sprache (serbo-kroatisch) und zwei Schriften

Kyrillische Buchstaben haben im Gegensatz zu den lateinischen kaum Oberlängen und Unterlängen. Das läßt die kyrillische Schrift bei gleicher x-Höhe kleiner erscheinen als die lateinische.

Kyrillische Buchstaben bestehen so gut wie nie aus einem einzigen Grundstrich, wie lateinische l, i, f, t, j, sondern aus zwei oder drei Grundstrichen. Das läßt die kyrillische Schrift optisch breiter erscheinen.

liftj нимшж

Die kyrillische Schrift hat erheblich mehr Serifen:

nm НМ

Das macht die kyrillische Schrift optisch quadratischer. Die lateinische Schrift wirkt im Vergleich kursiver.

Unter den lateinischen Kleinbuchstaben haben nur e und a einen Strich in der Mitte, bei den kyrillischen Kleinbuchstaben kommt dieser Mittelstrich häufiger vor. Es ergibt sich dadurch eine weitere Linie innerhalb der Zeile.

Es hat eine lange Tradition, daß kyrillische Schriften auch im Westen gezeichnet werden. Manchmal hat man aber das Gefühl, daß etwas nicht stimmt, darauf wurde schon anfangs hingewiesen. Die kyrillischen Varianten guter Schriften sind oft schwächer als ihre lateinischen Vorbilder. Zum Teil rührt das daher, daß die gemeinsamen Buchstaben aus dem Lateinischen übernommen werden und der Rest dazugezeichnet wird. Die kyrillische Schrift erscheint dann zu breit und quadratisch. Aber diese ungewöhnliche Wirkung entsteht vor allem durch eine zu enge Laufweite bei etwas zu großen Serifen.

Russische Freihand-Groteske.

No. 2727. Corps 36.

Шлемъ Raum Венера
Милосердіе Нидерланды
Жданіе Manon

No. 1603. Corps 16.

Севастополь Hohenzollern Жуковскій Техническаго
Россійскихъ Birmingham ПОЗЕМЕЛЬНАГО Macedonien Вознесенскъ
Шотландія Ермоловъ Байронъ

No. 1604. Corps 20.

Писаревъ Ems Васильевъ Rom Мексико
Молебствіе 983 MEMORANDUM 256 Полежаевъ
Wartburg Борисовъ Sängerkrieg

No. 1605. Corps 28.

Konstantin 3 Дружининъ 5 Magdeburg
Перевозъ ДАНІЯ Лопаніе

Benjamin Krebs Nachfolger, Frankfurt a. M.

Kyrillische Schriften der Schriftgießerei Benjamin Krebs Nachfolger, Frankfurt am Main 1912

Als seltene aber typische Fehler kann man nur zu breite Köpfe bei D und L, die von den griechischen Delta und Lambda abstammen, und die Verwechslung des kyrillischen Großbuchstaben [u] mit lateinischen Y nennen, die dieselbe Minuskelform haben. Sonst kann man auch aus den im Westen entworfenen kyrillischen Schriften guten Satz herstellen.

*абвгдежзийклмнопрстуфхцчшщъыь*
*эюя АБВГДЕЖЗИЙКЛМНОПРСТУФХЦ*
Kopf zu breit Kopf zu breit
*ЧШЩЪЫЬЭЮЯ 1234567890*

*абвгдежзийклмнопрстуфхцчшщъыьэюя*
*АБВГДЕЖЗИЙКЛМНОПРСТYФХЦЧ*
*ШЩЪЫЬЭЮЯ 1234567890*
falscher Buchstabe

Sprachen, die mit dem lateinischen Alphabet geschrieben werden

|  |  |
|---|---|
| Romanische Gruppe | Französisch<br>Italienisch<br>Katalanisch<br>Lateinisch<br>Portugiesisch<br>Rätoromanisch<br>Rumänisch<br>Spanisch |
| Germanische Gruppe | Afrikaans<br>Dänisch<br>Deutsch<br>Englisch<br>Faröisch<br>Friesisch<br>Holländisch<br>Isländisch<br>Norwegisch<br>Schwedisch |
| Keltische Gruppe | Bretonisch<br>Gälisch<br>Irisch<br>Walisisch |
| Baltische Gruppe | Litauisch<br>Lettisch |
| Slawische Gruppe | Kroatisch<br>Niedersorbisch<br>Obersorbisch<br>Polnisch<br>Slowakisch<br>Slowenisch<br>Tschechisch |
| Albanische Gruppe | Albanisch |
| Finnisch-Ugrische Gruppe | Estnisch<br>Finnisch<br>Lappisch<br>Ungarisch |
| Sonstige | Baskisch<br>Esperanto<br>Haussa<br>Indonesisch<br>Komorisch<br>Malgassi<br>Meltesisch<br>Samoanisch<br>Suahili<br>Tagalog<br>Türkisch<br>Vietnamesisch |

Im Osten (z. B. in Moskau und St. Petersburg) werden umgekehrt lateinische Schriften hergestellt. Die lateinischen Figuren werden mitentworfen. Wenn man daraus Texte in westeuropäischen Sprachen setzt, sieht es ungewöhnlich und merkwürdig aus, weil die Formen und Proportionen auf die kyrillische Schrift abgestimmt sind. Bei den nichtrussischen Buchstaben der kyrillischen Schrift merkt man die gleiche Unsicherheit und den Wunsch, Akzente klein und unbemerkbar zu machen: »Wie soll man jetzt alle diese fremden Buchstaben zeichnen?«

Sprachen, die mit dem kyrillischen Alphabet geschrieben werden

| | |
|---|---|
| Slawische Gruppe | Bulgarisch<br>Mazedonisch<br>Russisch<br>Serbisch<br>Ukrainisch<br>Weißrussisch |
| Turksprachen | Altaisch<br>Aserbaidschanisch<br>Balkarisch<br>Baschkirisch<br>Chakassisch<br>Gagausisch<br>Jakutisch<br>Kasachisch<br>Karakalpakisch<br>Karatschaisch<br>Kirgisisch<br>Krimtatarisch<br>Kumükisch<br>Nogaisch<br>Tatarisch<br>Tschuwaschisch<br>Turkmenisch<br>Tuwinisch<br>Uigurisch<br>Usbekisch |
| Iranische Gruppe | Kurdisch<br>Ossetisch<br>Tadschikisch<br>Tatisch |
| Finno-Ugrische Gruppe | Chantisch<br>Komi-Permjakisch<br>Komi-Syrjanisch<br>Mansisch<br>Mari<br>Mordwinisch:<br>Ersa und Mokscha<br>Nenzisch<br>Udmurtisch |
| Romanische Gruppe | Moldauisch |
| Mongolische Gruppe | Burjatisch<br>Kalmückisch<br>Mongolisch |
| Nachische Gruppe (Ost-Kaukasus) | Inguschisch<br>Tschetschenisch |
| Awarisch-Andisch-Tsesische Gruppe (Ost-Kaukasus) | Awarisch |
| Abchasisch-Adygische Gruppe (Kaukasus) | Abasinisch<br>Abchasisch<br>Adygeisch<br>Kabardinisch<br>Tscherkessisch |
| Lesgische Gruppe (Ost-Kaukasus) | Lesgisch<br>Tabassaranisch |
| Lakkisch-Darginische Gruppe (Ost-Kaukasus) | Darginisch<br>Lakkisch |
| Sino-Tibetische Gruppe | Dunganisch |
| Tungusische Gruppe | Ewenkisch<br>Ewenisch<br>Nanaisch |
| Paläoasiatische Sprachen: Tschuktschisch-Kamtschatdalische Gruppe | Korjakisch<br>Tschuktschisch |
| Eskimo-Aleutische Gruppe | Eskimo |

## Warum eine neue Schrift, warum eine Egyptienne?

Die Aufgabe dieser Arbeit ist keine historische Studie, sondern der Entwurf einer Schrift. Dabei geht es um die Lösung von Formdetail-Problemen und nicht um das Studium von Form-Entwicklungen. Doch ist die Kenntnis der Schriftgeschichte nötig. Um zu wissen, inwieweit die Skelettform eines Buchstabens verändert werden kann ohne daß der Buchstabe zerstört wird, muß man die Entwicklung zu dieser Grundform verstehen, man muß wissen, wieviele Varianten der Grundform es schon gab etc. Entscheidend bleibt dennoch, was nach dem Empfinden heutiger Gestalter und Verbraucher »richtig« ist.

Es gibt ja so viele Schriften. Die Frage: »Warum noch eine neue Schrift?« ist absolut berechtigt. Es gibt vor allem sehr schöne alte Schriften, wie Garamond, Bembo, die noch immer unübertroffen bleiben; häufig gebraucht werden nur einige wenige. Die meisten entworfenen Schriften liegen auf der Halde.

Beim Schrift-Entwurf denkt man meist an die europäischen Sprachen, die wenige Akzente haben. Alte Schriften waren für lateinische Sprache entworfen. Auch die Schriftproben werden oft in lateinischer Sprache gesetzt, weil das am besten aussieht. »Quosque tandem abutere, Catilina, patientia nostra?«

Wenn man kyrillische Schrift entwirft, denkt man hauptsächlich an die russische Sprache.

In der Praxis muß man aber in völlig verschiedenen Sprachen setzen. So braucht man sich nicht zu wundern, wenn man unerwartete Ergebnisse erhält. Warum? Die Renaissance-, Barock- und Klassizistische Antiqua haben einen ausgeprägten Rhythmus dickerer und dünnerer Striche, der sehr wichtig ist und viel zur Lesbarkeit beiträgt.

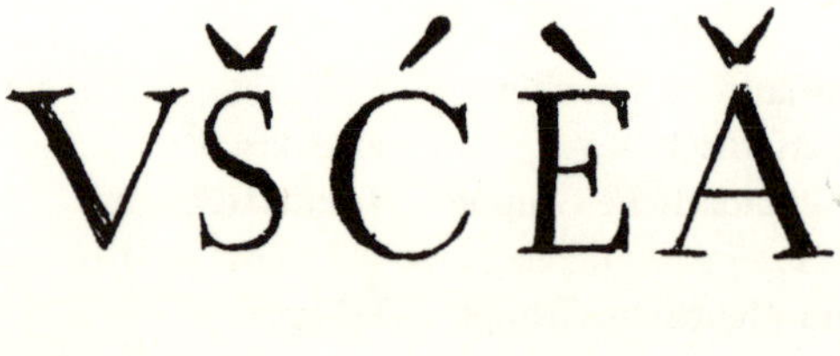


Die Akzente fügen sich jedoch nicht ein. Sonst wäre der absteigende Strich sehr dick und der aufsteigende sehr dünn und unbemerkbar. Bei Grotesk und Egyptienne dagegen fügen sich die Akzente organisch ein.

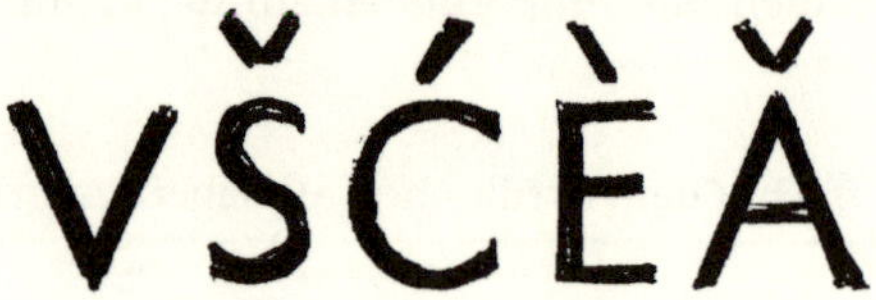


Die lateinische Schrift wird oft als »sehr europäisch« empfunden, die kyrillische als »sehr russisch« – egal, ob es positiv oder negativ gemeint ist. Die Antiqua-Schriften unterstreichen das stilistisch. Grotesk und Egyptienne wirken dagegen international.

Eine sehr gut lesbare fließende Grotesk für Mengensatz ist schwer zu gestalten. Endstriche sind für die gute Lesbarkeit doch sehr wichtig. Am besten lesbar sind Grotesk-Schriften, die von der Renaissance-Antiqua abstammen. Grotesk ist eher die komplizierteste Schriftart als die einfachste. 90% aller Bücher werden in Antiqua gesetzt.

Sehr gut lesbare Egyptienneschriften für Mengensatz gibt es hingegen viele: z. B. Exelsior, Clarendon, Century Schoolbook. Die meisten stammen von der Klassizistischen Antiqua ab: Die Buchstaben sind glatt, stehen eher nebeneinander als daß sie ineinander fließen, ihre Tropfen sind rund. Die dicken, rechteckigen Serifen der Egyptienne wirken ein bißchen ermüdend.

Egyptienneschriften, die von der Renaissance-Antiqua abstammen, wie z. B. Johanna, sind noch selten. Deswegen der Vorschlag: eine Egyptienne, die von der Renaissance-Antiqua abstammt und viele ihrer Elemente übernimmt.

Die Endstriche sind leichter gehalten, immer noch robust, aber nicht mehr zwingend quadratisch. Die Wölbung soll die optische Täuschung neutralisieren. Als optische Täuschung tritt auch der Tonnen-Effekt auf: die parallelen Linien wirken nach außen gewölbt und müssen deswegen leicht nach innen gewölbt gezeichnet werden.

Die vertikalen, die horizontalen und die schräg aufsteigenden Achsen werden betont.

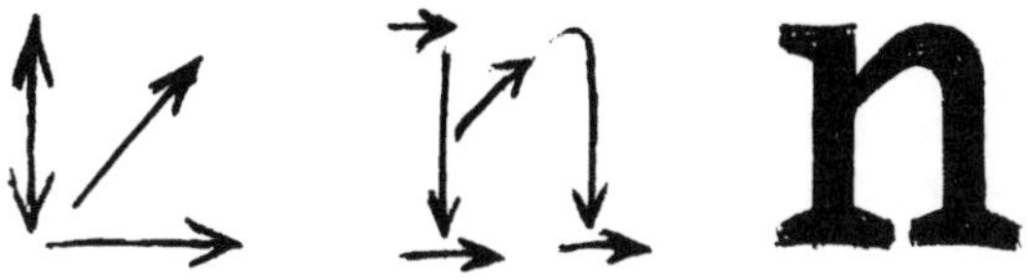

Normalerweise hat eine Antiqua verschiedene Serifen. Dieser Kontrast macht die Schrift besser lesbar.

Bei der geplanten Egyptienne Schrift sind alle Serifen gleich gehalten, damit die lateinische und die kyrillische Schrift verwandt aussehen. Gleichheit der Endstriche bedeutet Rücknahme der Lesbarkeit, macht die Schrift dekorativer. Das ist ein Zugeständnis der Funktionalität an die Form.

Die Serifenform ist festgelegt. Grundproportionen und grobe Formenfestlegung bildeten die erste Entwurfsphase.

Die nächste große Frage war die nach den Breiten der Buchstaben.

Zunächst versuchte ich, die Buchstaben in der Breite einander anzupassen. Doch das erwies sich als Fehler, denn dadurch wirkten sie unterschiedlich breit. Es mußte mehrmals neu gezeichnet und korrigiert werden. Die Buchstaben der »gewachsenen« Schriften sind optisch nicht gleich breit. Es gibt engere und breitere Zeichen, gerade dieser Kontrast macht eine Schrift lesbar. Die »Wortbilder«, die gewissermaßen als Schablone im Gehirn des Lesers gespeichert sind, brauchen den Rhythmus unterschiedlicher Buchstabenbreiten, um nicht als gleichmäßiges Grau in der Umgebung zu verschwinden.

Nur wenn es um ornamentale Wirkung geht, können die Buchstabenbreiten einander angeglichen werden.

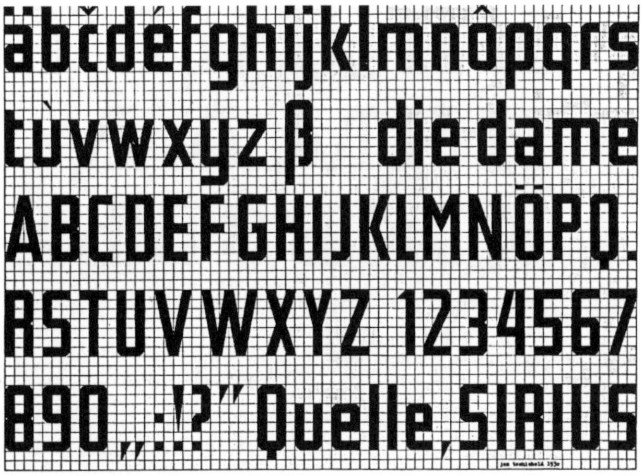


Jan Tschichold, 1930
Entstellung der Buchstaben-Proportionen
durch die schematische Anpassung an einen Raster

Angleichung der Buchstabenbreite bei einem Logo

Das nächste Problem ergab sich bei der Frage der Proportionen der lateinischen und der kyrillischen Schrift. Zunächst ging ich davon aus, daß die gemeinsamen Buchstabenformen bei beiden Schriften identisch sein müssen und die weiteren Buchstaben diesen anzupassen sind. Dies erwies sich wiederum als Irrtum. Die kyrillischen Buchstaben wirkten zu weit und zu offen. Es wurde nötig, die kyrillischen Formen etwas höher, enger und magerer zu zeichnen als die entsprechenden lateinischen Buchstaben. Doch um wieviel höher, enger und magerer müssen sie sein?

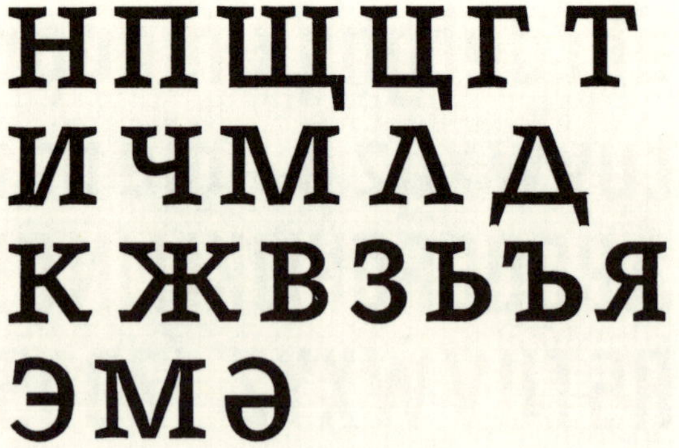


Ich versuchte, dies auf folgende Weise zu lösen: Bei einer x-Höhe der lateinischen Buchstaben von 32 mm zeichnete ich die kyrillischen Kleinbuchstaben um 1,5 mm höher, die Breiten und Dicken ließ ich unverändert. Dadurch wurde die Schrift proportional enger und etwas magerer. Die kyrillischen Großbuchstaben zeichnete ich proportional etwas enger. An den Buchstaben o, O sieht man die Proportionen am besten:

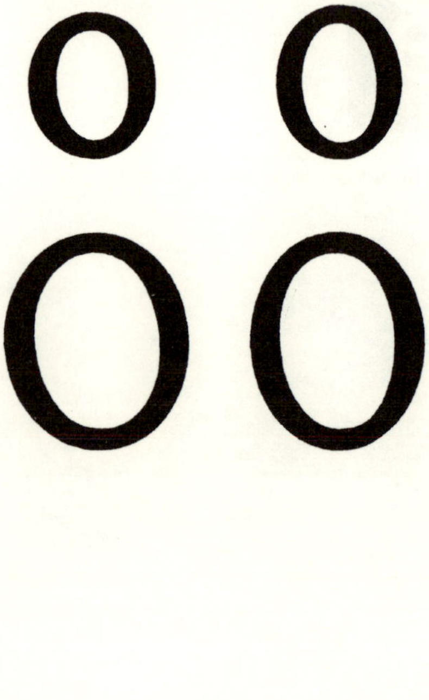


Veränderungen um 4,5% haben ausgereicht. Die bei den kyrillischen Buchstaben häufiger auftretenden Serifen verkleinerte ich um 20%. Alleinstehende Serifen wie bei b, d mußte ich jedoch größer zeichnen, je weniger Endstriche, um so größer müssen sie sein.

Diese Veränderungen wurden vorgenommen, um die Alphabete so zu zeichnen, daß zwei nebeneinander stehende Texte aus beiden Schriften zusammengehörend erscheinen.

Der nächste Aspekt: Formen und Details.
Bei der lateinischen Schrift ist z. B. der Buchstabe G, g am wenigsten »stabil«, er hat mehrere Varianten.

Bei der kyrillischen Schrift können z. B. die Buchstaben [d] und [l] dreieckige oder viereckige Form haben. Die Gewohnheiten der Leser sprechen für die viereckigen Formen, die dreieckigen wirken dagegen grafischer. Bei Mengensatzschriften verwendet man meist die viereckige Version. Dann sind bei der starken Verkleinerung die Köpfe nicht so schwarz. Bei Titelsatzschriften tauchen beide Varianten gleich häufig auf. Die dreieckige Form ist ursprünglicher, näher am griechischen Delta und Lambda.

Ich verwende diese dreieckigen Formen, um mehr Kontrast zu den meisten viereckigen Buchstaben einzubringen. Deswegen versuche ich auch, wo es geht, runde Formen zu verwenden.

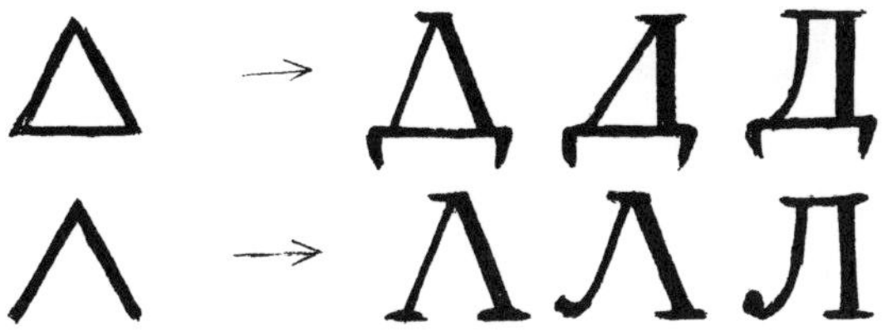

Es gibt Tendenzen, den kyrillischen Buchstaben häufiger Ober- und Unterlängen anzufügen. Diese Position wird von vielen großen Schriftkünstlern vertreten.

Die Gewohnheiten des Lesers sprechen dagegen. Ist es nur die Gewohnheit? Wohl ist es denkbar, wenige Buchstaben über einen größeren Zeitraum verteilt zu ändern, damit sich die Leser langsam daran gewöhnen können. Mir scheint aber, daß viele Ober- und Unterlängen die kyrillische Schrift im Gegensatz zur lateinischen eher schlechter lesbar machen würden. Vermutlich hat es nicht nur mit den Lesegewohnheiten zu tun. Die lateinischen Kleinbuchstaben lassen sich innerhalb von vier Linien schreiben. Nur a und e haben einen Strich in der Mitte, so stehen sie im Kontrast zu den anderen Buchstaben und machen das Ganze lesbar und lebendig, die ganze Dramaturgie aber spielt sich innerhalb von drei Bändern ab (klare Zahl). Die kyrillischen Buchstaben verfügen öfter über diesen Mittelstrich. Diese Linie ist nicht selten eine Formgrenze. Wenn man die [b] und [f] (einzige Oberlängen) als Ausnahme betrachtet, lassen sich die kyrillischen Gemeinen auch in drei Bandfelder einschreiben. Viele Oberlängen zerstören diese Logik und lassen die Schrift sich in vier Feldern (innerhalb von fünf Linien) abspielen. Das ergibt eine viel kompliziertere und unlogische Wirkung.

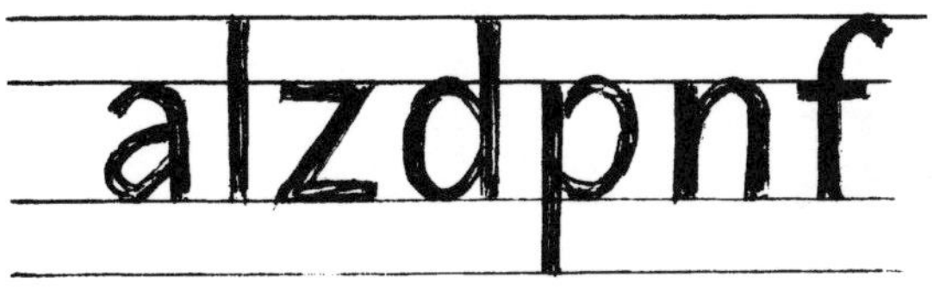


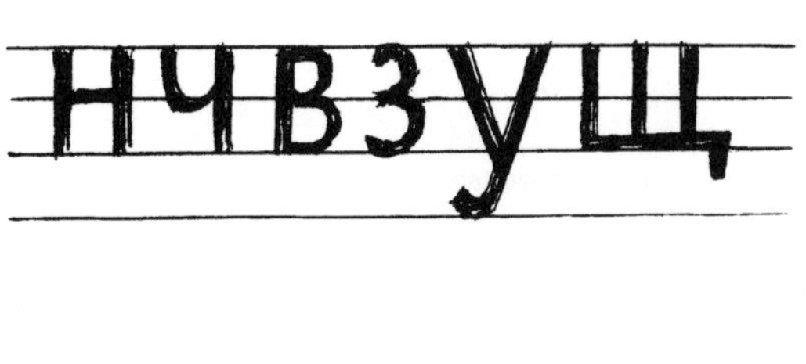


Deswegen zeichne ich die kyrillischen Kleinbuchstaben in ihrer traditionellen Kapitälchenform. Nur zu »We« und »Se« versuche ich Alternativformen zu bilden, die vor allem in der Werbung einzusetzen sind.

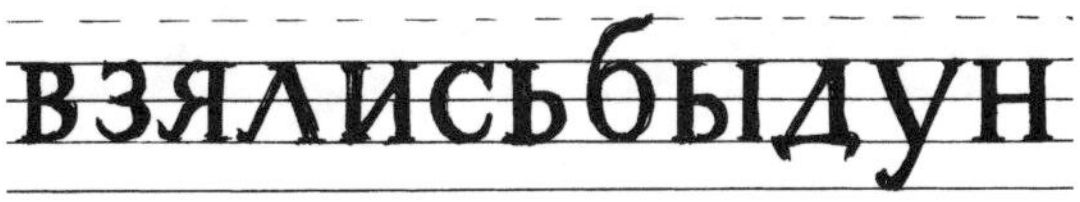


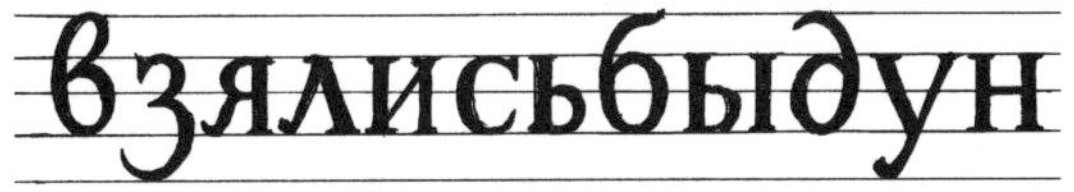


In den Sprachen, in denen es viele rechteckige Formen und schräge Linien gibt, wäre es wahrscheinlich angebracht, manche Buchstaben in runde Formen zu verwandeln und damit den Kontrast zwischen geraden und runden Linien zu steigern und das Gleichgewicht zwischen ihnen zu bewahren. Z. B. kann man in der kyrillischen Schrift wie in der lateinischen für polnische und tschechische Sprachen statt der dreieckigen y-Form eine runde zeichnen.

Dabei ist die runde y-Form gar nicht ungewöhnlich. In vielen Kursiven hat y eine solche Form, die Dominante hat diese Form auch im normalen Schnitt.

ABCDEFGHIJKL
MNOPQRSTUV
WXYZ

abcdefghijkl
mnopqrstuv
wxyz

АБВГДЕЖЗИЙКЛ
МНОПРСТУФХЦ
ЧШЩЪЫЬЭЮЯ

абвгдежзийкл
мнопрстуфхц
чшщъыьэюя

Das vorläufige Ergebnis des Versuchs, eine gemeinsame lateinisch/kyrillische Schrift zu entwerfen

## Die nächsten Schritte

Es war — aus handwerklich-technischer Sicht — wohl noch nie so leicht wie heute, eine Schrift zu entwerfen und für den Computersatz einsatzfähig zu machen. Ständig kommen neue Schriften auf den Markt. Doch es ist die Frage, ob die schnelle Entstehung den neuen Schriften gut tut. Wenn das Ziel nicht Originalität, sondern Funktionalität ist, ist die Aufgabe eines Schriftentwurfs so schwer wie eh und je. Für eine Schrift, die als lateinische, kyrillische und womöglich auch als griechische Form für viele Sprachen mit ihren Akzent-Besonderheiten brauchbar sein soll, genügt ein origineller Schriftentwurf nicht.

Auch die vorliegende Arbeit ist nur ein Schritt auf diesem Wege. Weitere Schritte müßten unternommen werden.

Zunächst müßten die Alphabete vervollständigt werden, d. h., die Ziffern und Zeichen müßten ergänzt werden. Die Kursive, die Kapitälchen und die weiteren Schriftfetten müßten entworfen werden, jeweils wieder mit allen Akzenten und Sonderformen.

Dann müßte die Schrift für den Computersatz überarbeitet und programmiert werden, Probesatz müßte angefertigt werden, und zwar in vielen Sprachen mit ihren besonderen Zeichen.

Nun käme die entscheidende Arbeit: die Leser der verschiedenen Traditionen müßten befragt werden, ob sie ihre Sprache in dem neuen Schriftbild wiedererkennen oder ob es ihnen fremd ist. Daraus wären die weiteren formalen Folgerungen zu ziehen.

Zugleich müßten diejenigen, die bewußt mit Schrift umgehen, die Grafiker, Buch-, Zeitungs- und Magazintypografen mit der Schrift arbeiten und ihre Forderungen und Wünsche anmelden.

Erst aufgrund dieser Zwischenprüfung könnte man die endgültige Ausformung einer gemeinsamen Schrift für das lateinische, kyrillische und womöglich auch das griechische Alphabet in Angriff nehmen.

Jürgen Wilke / Barbara König

# Hilft das Fernsehen der Literatur?

## Auch eine Antwort auf die Preisfrage der Deutschen Akademie für Sprache und Dichtung

### 1 Vorbemerkungen

Hilft das Fernsehen der Literatur? So lautet die Preisfrage, welche die Deutsche Akademie für Sprache und Dichtung, damit eine einschlägige Tradition fortsetzend, im Herbst 1995 öffentlich ausschrieb. Über die Hintergründe dieser Preisfrage war zumindest der Pressemitteilung, mit der sie verbreitet wurde, nichts zu entnehmen. Aber es läßt sich unschwer vermuten: Man wünschte mehr darüber in Erfahrung zu bringen, welche Folgen das technisch avancierte und heute dominante Medium Fernsehen auf das im Vergleich dazu althergebrachte Kulturphänomen der Literatur hat.

So offen wie die Frage formuliert ist, so viele verschiedene Aspekte tun sich auf und so vielfältige Antworten darauf sind denkbar. Welche Rolle hat das Fernsehen z.B. als Auftraggeber und Produzent für Autoren? In welchem Umfang und wie verwendet es literarische Stoffe aus Geschichte und Gegenwart? Hat es dafür spezifische Umsetzungs- und Darstellungsweisen, ja Stilprinzipien entwickelt? Und wie haben sich diese verändert? Hat das Fernsehen seinerseits die Literatur befruchtet? Daß filmische Präsentationsformen seit dem frühen 20. Jahrhundert Eingang in die Literatur fanden und darin schöpferisch verwendet wurden, ist bekannt[1]. Man denke nur an die Romane von Alfred Döblin oder John Dos Passos. Aber gilt Ähnliches auch für das Fernsehen?

Über die genannten Aspekte hinaus scheint die Preisfrage vor allem auch eine Antwort darauf zu verlangen, wie sich das Fernsehen auf den Absatz von Büchern und das Lesen von Literatur auswirkt. Diese Frage ist deshalb vordringlich, weil dem Fernsehen immer wieder vorgehalten wurde, das Lesen zu verdrängen. Das behauptete früher jedenfalls die sogenannte »Substitutionsthese«[2]. Damit führt die Preisfrage in einen Kernbereich heutiger Massenkommunikation und ihrer Erforschung. Somit muß sich auch die Publizistik- und Kommunikationswissenschaft durch die Preisfrage der Deutschen Akademie für Sprache und Dichtung herausgefordert fühlen.

Im folgenden wird versucht, eine Antwort auf diese Seite der Preisfrage zu geben. Dies ist nicht ganz einfach, wenn diese Antwort wissenschaftlichen Ansprüchen genügen soll. Denn so allgemein, wie sie gestellt ist, kann man der Preisfrage zulänglich nicht begegnen. Denn *das* Fernsehen gibt es in dieser generalisierbaren Form ebenso wenig wie *die* Literatur. So muß die Frage vielmehr konkretisiert und spezifiziert werden.

Wir nehmen die Preisfrage im folgenden zum Anlaß, am Beispiel des Zweiten Deutschen Fernsehens (ZDF) zu untersuchen, welche Literatur- und Leseförderung diese seit 1963 bestehende öffentlich-rechtliche Fernsehanstalt betrieben hat. Sie hat in ihrem Programm nicht nur durch Fernsehspiele und Verfilmungen vielfach von der Literatur profitiert, sondern auch in unterschiedlicher Weise dazu angeregt, Bücher zu lesen und Literarisches in gedruckter Form zu rezipieren. Überdies hat das ZDF auch die literarische Produktion selbst gefördert. Diese Initiativen und Aktivitäten sollen zunächst dargestellt und gewürdigt werden. Im Kern werden wir uns aber nur mit einer dieser Initiativen näher beschäftigen, und zwar mit der Sendung *Das Literarische Quartett*. Am Beispiel dieser Sendung soll konkret und empirisch geprüft werden, ob das Fernsehen der Literatur hilft.

1 Vgl. ANTON KAES (Hrsg.): Kino-Debatte. Texte zum Verhältnis von Literatur und Film 1909–1929. Tübingen 1978.

2 GERHARD SCHMIDTCHEN: Lesekultur in Deutschland 1974. Soziologische Analyse des Buchmarktes für den Börsenverein des Deutschen Buchhandels. In: Archiv für Soziologie und Wirtschaftsfragen des Buchhandels XXX (1974) (Börsenblatt für den Deutschen Buchhandel Nr. 39 vom 17.5.1974), S. 707–896.

## 2 Literatur und (öffentlich-rechtlicher) Programmauftrag

Selbstverständlich ist es keineswegs, daß sich das Fernsehen mit Literatur, zumal gehobener, beschäftigt. Die Programme der privaten, sich ausschließlich aus Werbeeinnahmen finanzierenden Fernsehanbieter, machten dies deutlich. Zwar kommt auch dort in zahllosen Filmen Literatur als audio-visueller »Stoff« vor, aber sie ist doch kaum irgendwo für sich genommen Gegenstand eigener Sendungen. Wenn dies beim ZDF anders ist, dann hat das seinen Grund in dem öffentlich-rechtlichen Programmauftrag. Von Literatur ist in den Programmrichtlinien des ZDF nicht unmittelbar die Rede. Mittelbar bedeutsam ist aber ein dreifacher Programmauftrag, der erteilt wird: »Die Programme sollen umfassend informieren, anregend unterhalten und zur Bildung beitragen.«[3] Unter welche dieser Funktionen die Beschäftigung mit Literatur fällt, mag hier offenbleiben; sie sind ohnehin nicht so zu verstehen, als ob sie einander ausschließen würden. Übrigens wird von den Sendungen darüber hinaus erwartet: »Sie sollen zu kritischem Denken ermutigen, zu Gesprächen und Eigenständigkeit anregen.«[4]

Andere Rechtsquellen weisen in die gleiche Richtung. Das Bundesverfassungsgericht hat in seinem vierten Rundfunkurteil vom 4. November 1986 dem öffentlich-rechtlichen Rundfunk einen »kulturellen Auftrag« zugesprochen und diesen als Bestandteil der von ihm zu erbringenden Grundversorgung erklärt (BVerfGE 73,118). Auch der Rundfunkstaatsvertrag der Bundesländer von 1994 fordert von Vollprogrammen (auch den privaten) vielfältige Inhalte, »in welchen Informationen, Bildung, Beratung und Unterhaltung einen wesentlichen Teil des Gesamtprogramms bilden«[5].

Ob und wie das (öffentlich-rechtliche) Fernsehen seinen Kulturauftrag erfüllt, ist immer wieder Gegenstand von Stellungnahmen und Diskussionen[6]. Insbesondere der Kulturbegriff, der hier zugrunde zu legen ist, kann unterschiedlich definiert werden. Man kann sich dabei in einem breiten Spektrum zwischen Elite-Kultur und Populär-Kultur bewegen. Für die Kulturfunktion des Fernsehens als Massenmedium angemessen, so der ZDF-Intendant Dieter Stolte, sei der Begriff »Alltagskultur«: »Alltagskultur liegt außerhalb der falschen Alternative von Elite-Kultur oder Populärkultur. Sie erlaubt nicht nur, beide Kulturen nebeneinander bestehen zu lassen, sondern bietet darüber hinaus die Möglichkeit, Verbindungen zwischen beiden zu ziehen.«[7] »Zum umfassenden Kulturauftrag des Fernsehens«, so fährt Stolte fort, »gehört beides: die Pflege der höheren Kultur und die Vermittlung der Massenkultur«[8].

Welcher Seite des Kulturauftrags die Literaturvermittlung im (öffentlich-rechtlichen) Fernsehen sich einfügt, dürfte von der jeweiligen Sendung und ihrer Intention abhängen. Grundsätzlich zielt das Medium aber darauf hin, nicht einer eng begrenzten »Kulturgemeinde« zu dienen, sondern die genannte Verbindung zur Alltagskultur herzustellen. Überdies läßt sich der zitierte Programmauftrag auch so verstehen, daß das Fernsehen nicht nur ein Kulturmedium ist – d.h. kulturelle Inhalte vermittelt und verbreitet –, sondern auch als Kulturfaktor wirkt. Als Beleg dafür führt Stolte die Eigen- und Koproduktionen der Fernsehsender an, ferner die Beteiligung an kulturellen Veranstaltungen bis hin zur Betätigung als Mäzen[9].

## 3 Formen der Lese- und Literaturförderung beim ZDF

Seit den sechziger Jahren hat das Zweite Deutsche Fernsehen in verschiedenen Formen Lese- und Literaturförderung betrieben. Dies hat zur Erfüllung des kulturellen Auftrags fraglos beigetragen, auch wenn man unterschiedlicher Ansicht sein mag, ob dies dazu im ganzen und im einzelnen hinreichend war. Immerhin lassen sich unschwer vier solcher Formen identifizieren. Sie sollen im folgenden kurz skizziert werden, auch wenn die Beispiele dazu zum Teil schon Programmgeschichte geworden sind.

### *3.1 Eigenständige Büchersendungen*

Eigene Sendungen, die dazu dienen, den Zuschauern Bücher vorzustellen, hat es im ZDF-Programm seit den sechziger Jahren gegeben. Die zunächst von der Redaktion Kunst und Literatur produzierte Sendung *Schenk mir ein Buch* startete am 30. November

3 Zweites Deutsches Fernsehen (ZDF) (Hrsg.): Rechtsvorschriften für das ZDF. Stand Juli 1995. 6. überarb. Aufl. Mainz 1995, S. 77.

4 Ebd.

5 Ebd., S. 10.

6 Vgl. u. a. ZDF: 20 Jahre »Aspekte«. Kulturvermittlung im Fernsehen. Mainz 1986. – WILLIBALD HILF: Den Dingen auf den Grund gehen ... Kulturprogramm und Programmkultur im öffentlich-rechtlichen Rundfunk. In: Funk-Korrespondenz, Nr. 47 (1987), S. 1–4.

7 DIETER STOLTE: Fernsehen am Wendepunkt. Meinungsforum oder Supermarkt? München 1992, S. 75.

8 Ebd., S. 76.

9 Ebd., S. 84 f.

1968. Sie wurde einmal jährlich am Buß- und Bettag in einer Länge von 45 Minuten ausgestrahlt und machte mit neuen Kinder- und Jugendbüchern bekannt. Rechtzeitig vor Weihnachten wollte man damit Erwachsenen bei der Geschenkauswahl für Kinder helfen. Dies geschah durch Gesprächsrunden, an denen außer Redakteuren wechselnde Experten aus dem Bereich Kinder- und Jugendliteratur teilnahmen. Die Buchvorstellungen wurden häufig von Diskussionen über die Titel begleitet. Die Sendereihe wechselte 1975 zur Redaktion Kinder und Jugend, das Konzept behielt man jedoch im wesentlichen bei. Seit 1979 sendete das ZDF jeweils eine zweite Ausgabe am 1. Mai. *Schenk mir ein Buch* wurde im frühen Nachmittagsprogramm ausgestrahlt. Zugleich änderte man das Konzept. Man kam von der Form der Gesprächsrunde ab und ging dazu über, eine Auswahl neu erschienener Buchtitel zu etwa drei Themenbereichen pro Sendung zu präsentieren. Die Literaturpräsentation wurde zunehmend visualisiert, so z.B. durch das Zeigen von Buchillustrationen und Bildtafeln sowie mittels der filmischen Umsetzung einzelner Handlungspassagen. In den Jahren 1988, 1990 und 1991 wurden jeweils drei Ausgaben gesendet, wobei der zusätzliche Sendetermin vor den Ferienbeginn gelegt wurde. Im Mai 1992 lief die letzte Sendung. Grund für die Absetzung dürften vor allem die zurückgehenden Einschaltquoten gewesen sein. Lag die Sehbeteiligung in den siebziger Jahren noch bei 10%, so waren es in den achtziger Jahren nur noch 2 bis 5% der Zuschauer, die sich die Sendung anschauten. In ihrem letzten Jahr erreichten die drei Ausgaben der Sendereihe noch eine Einschaltquote von 3%. 640.000 erwachsenen Zuschauern ab 14 Jahren standen lediglich 60.000 Kinder im Alter von 6 bis 13 Jahren gegenüber. Viele potentielle Zuschauer waren hier (wie in anderen Sendegattungen) offenbar inzwischen zu den privaten Programmen übergewechselt.

Die Sendung *Litera-Tour,* die am 14. März 1976 als »Versuch der Programmverantwortlichen, Kultursendungen populärer zu gestalten«[10], erstmals zu sehen war, konnte sich bis 1982 im ZDF-Programm etablieren. Die von Reinhart Hoffmeister moderierte Sendung – Untertitel: Musik, Gespräche, Szenen und neue Bücher – ging aus dem *Literatur-Zirkus* hervor, den der damalige Frankfurter Kulturdezernent Hilmar Hoffmann alljährlich während der Frankfurter Buchmesse veranstaltete. In Anlehnung an dessen Konzept bestand *Litera-Tour* aus einer bunten Mischung von Autorengesprächen, Literaturrezensionen, Kabaretteinlagen und Musik. Ausgestrahlt wurde *Litera-Tour* viermal pro Jahr. Innerhalb der Sendungen stand das Gespräch mit den Autoren stets im Mittelpunkt. Von dieser Präsentationsform wurde später noch verstärkt Gebrauch gemacht, als man die Anzahl der Elemente pro Sendung reduzierte. Die Zahl der jeweils vorgestellten oder erwähnten Bücher war ausgesprochen groß, mehr als 30 Titel waren keine Seltenheit. Zur Sprache kamen nicht nur literarische Werke der Gegenwart, sondern auch Klassiker und (häufig politische) Sachbücher. Als Service für die Zuschauer gab die Redaktion Kunst und Literatur Listen mit allen in der Sendung erwähnten Büchern, ergänzenden Literaturtips sowie Hinweisen zur Musik der Sendung heraus. Durch die vor allem zu Beginn stark unterhaltungsorientierte Sendekonzeption suchte der Moderator ein breites Publikum für das Medium Buch zu gewinnen. Die Chance dazu hing nicht zuletzt von der Sendezeit ab: *Litera-Tour* wurde sonntags abends nach 22.00 Uhr ausgestrahlt. Im ersten Jahr erreichte die Sendung noch eine Einschaltquote von 6% (1,2 Millionen Zuschauer), später schwankte die Zuschauerbeteiligung zwischen 3 und 5%. Nach 25 Folgen wurde die Sendung vom ZDF 1982 abgesetzt. Dafür dürften politische eher als die offiziell genannten Gründe ausschlaggebend gewesen sein: »Überbetonung der Talk- und Unterhaltungselemente sowie die unzureichende Berichterstattung über literarische Themen und Entwicklungen.«[11]

Die Sendung *Steckbrief,* eine Koproduktion mit dem Österreichischen Rundfunk (ORF), brachte das ZDF in seinem Abendprogramm zwischen September 1977 und Oktober 1979. Demonstriert wurde hier, daß das Quiz als eine populäre Form der Fernsehunterhaltung genutzt werden kann, um einen weiten Zuschauerkreis für Literatur zu interessieren. Die 45minütige Sendung setzte sich aus drei Teilen zusammen. Zunächst sollte ein berühmter zeitgenössischer Autor anhand eines Steckbriefs von den Zuschauern erraten werden. Wußte man die Lösung, konnte man unter einer eingeblendeten Telefonnummer anrufen, um einen der ausgesetzten Preise zu gewinnen. Nach der Auflösung der Quizfrage unterhielt sich der gesuchte Schriftsteller

10 Joan Kristin Bleicher: Chronik zur Programmgeschichte des deutschen Fernsehens. Berlin 1993, S. 185.

11 Reiner Brückner-Heinze: Ein liberales Forum wird geschlossen. Reinhart Hoffmeisters Litera-Tour ist am kommenden Sonntag zum letzten Mal im ZDF-Programm. In: Frankfurter Rundschau Nr. 71 vom 25.3.1982, S. 32.

anschließend mit einem jungen Autor über dessen Person und Werk (ein neues oder gar erstes Buch). Am Schluß der Sendung wurden die Gewinner bekanntgegeben. Um die große Zahl der Anrufe pro Sendung zu bewältigen, wurde ab 1978 der Rätselteil bereits einige Tage vor der Hauptsendung ausgestrahlt. Wie erfolgreich die Sendung war, zeigte sich nicht nur an den Anrufen, sondern auch in einer – im Vergleich mit den anderen Literatursendungen – hohen Sehbeteiligung. Die Erstsendung am 25. September 1977 wurde von 7,1 Millionen Zuschauern gesehen. Das entsprach einer Einschaltquote von 24%. Im ersten Jahr lag die durchschnittliche Quote für alle Sendungen bei knapp 20%. 1978 erreichten sechs Folgen eine mittlere Sehbeteiligung von 14% (4,1 Millionen Zuschauer). Ein Jahr später schauten im Durchschnitt 4,5 Millionen Zuschauer (= 15%) die Literatursendung an. Hierzu trug der vorteilhafte Sendeplatz sonntags 19.30 Uhr erheblich bei.

Das seit 1965 ausgestrahlte ZDF-Kulturmagazin *Aspekte* gehört – genaugenommen – nicht unter die eigenständigen Büchersendungen des ZDF. Weil in der kulturell vielfältigen Hauptsendung zu wenig Zeit für Bücher und literarische Themen zur Verfügung stand, entwickelte die *Aspekte*-Redaktion 1982 die Schwerpunktsendung *Aspekte-Literatur* mit jährlich vier Sendeterminen (Erstsendung am 10. Dezember 1982). In der Sendereihe sollten nach Ankündigung des Mainzer Senders »Neuerscheinungen, vergessene Bücher und Trends« behandelt werden. In der Frühjahrsausgabe wurden wichtige Neuerscheinungen vorgestellt, die Sommersendung von *Aspekte-Literatur* war einer nationalen Literatur gewidmet. In der Oktoberausgabe stellten die zwei Moderatoren Herbstnovitäten vor. Eine Nachlese der Herbstproduktion folgte in der Winterausgabe des Büchermagazins, in welcher auch der Träger des *Aspekte*-Literaturpreises vorgestellt wurde. Unter den Präsentationsformen stand auch hier das Gespräch im Vordergrund. Außerdem wurden Lesungen aus den vorgestellten Büchern geboten, was den Redakteuren der Sendung als die »noch immer informativste und meist auch redlichste Art, zum Lesen eines Buches anzuregen«[12], erschien. Die Absetzung auch dieser Sendereihe 1987 war auf die im Vergleich zu den übrigen *Aspekte*-Sendungen niedrige Einschaltquote zurückzuführen. Während in den ersten drei Jahren, in denen die Büchersendung ausgestrahlt wurde, Einschaltquoten zwischen 5 und 7% gemessen werden konnten, ging die Quote dann auf 4% zurück, auf etwa halb soviel wie bei der Hauptsendung.

Mit der Sendereihe *Bücher im Gespräch* – von 1984 bis 1987 trug sie den Titel *Literatur im Gespräch* – wurde das Angebot an regelmäßigen Literatursendungen im Abendprogramm des ZDF erweitert. Sendeplatz war zunächst Montag, 22.05 Uhr, im letzten Jahr der Ausstrahlung (1990) Freitag, 22.10 Uhr. Viermal pro Jahr wurde die Sendung ausgestrahlt. Gemäß der Zielsetzung der leitenden Redakteurin Beate Pinkerneil wurden in einer Sendung ganz unterschiedliche Varianten der Präsentation von Literatur eingesetzt: Die filmische Nacherzählung der Handlung mit Aufnahmen der Originalschauplätze des Buches oder auch historischem Archivmaterial, kommentiert von einem Sprecher »im Off«, die gefilmte Lesung eines Autors, Autorenporträts, das literatur-kritische Gespräch zwischen Moderator und Literaturexperten, Autoreninterviews, in denen die Befragten über ihr neues Buch Auskunft gaben[13]. Häufig wurden auch die genannten Darstellungsformen kombiniert. Inhaltlich konzentrierten sich die 30- bis 45minütigen Sendungen bevorzugt auf bestimmte Themen und Schwerpunkte. Unter den zur Präsentation ausgewählten Novitäten befand sich ausnahmslos schöngeistige Literatur aus der Produktion großer deutscher Verlage. Die durchschnittliche Einschaltquote von *Bücher im Gespräch* fiel von 7% (ca. 2 Millionen Zuschauer) 1984 auf 4% (ca. 1 Million Zuschauer) 1990.

Am 25. März 1984 trat das von der *Aspekte*-Redaktion mitbetreute *Literarische Quartett* an die Stelle der Sendereihe *Aspekte-Literatur*. Da *Das Literarische Quartett* im nachfolgenden noch eingehender untersucht wird, genügt hier zunächst, es als weiteres (und noch aktuelles) Beispiel für eigenständige Büchersendungen im ZDF-Programm anzuführen.

In mehrfacher Weise hat das ZDF, wie der hier gebotene Rückblick zeigt, seit den sechziger und insbesondere in den achtziger Jahren eigenständige Büchersendungen produziert und ausgestrahlt. Zwar war deren Sendefrequenz relativ niedrig, zumal wenn man die Häufigkeit politischer Magazine zum Vergleich heranzieht. Gleichwohl konnten sich die genannten Büchersendungen z. T. über Jahre hinweg im Programm des ZDF halten. Ihre Darbietung war jedoch von einer ständigen Diskussion begleitet, wie Literatur bzw. Bücher im Fernsehen

12 Alexander U. Martens: Literatur im Fernsehen – geht das überhaupt? In: Zweites Deutsches Fernsehen: 20 Jahre »Aspekte«. Kulturvermittlung im Fernsehen. Mainz 1986, S. 75–80.

13 Vgl. Beate Pinkerneil: Literatur im Fernsehen. In: ZDF-Jahrbuch 1988. Mainz 1989, S. 111–114.

am besten präsentiert werden können[14]. Die beteiligten Redakteure und Moderatoren experimentierten mit verschiedenen Formen und bevorzugten bestimmte von ihnen. Ebenso wie in den Sendungen *Litera-Tour* und *Aspekte-Literatur* prägte bei *Bücher im Gespräch* der Dialog mit Autoren den Ablauf der Büchersendung. Während die beiden erstgenannten Reihen charakteristische Elemente der Talk-Show – Gespräche mit wechselnden Teilnehmern, Musikeinlagen, Kaffee- und Kneipenkulisse sowie im Studio anwesendes Publikum – aufwiesen, hatte *Bücher im Gespräch* den Charakter eines Magazins, d. h. verschiedene Beiträge wurden durch erläuternde Überleitungen eines Moderators oder einer Moderatorin verbunden. Zudem verlegte man bei *Büchern im Gespräch* die Autoreninterviews aus dem Studio heraus an wechselnde, für Autor bzw. Buch charakteristische Schauplätze. Ob die filmische Umsetzung von Handlungspassagen Lust auf die Lektüre weckte, blieb freilich umstritten. Zumindest konnte offenbar der Eindruck entstehen, man wolle »dem Publikum das Lesen ersparen«[15].

Durchweg läßt sich feststellen, daß die Sehbeteiligung der Büchersendungen im Laufe der Jahre z. T. drastisch zurückgegangen ist. Sie hat sich, sieht man vom Sonderfall *Steckbrief* einmal ab, nahezu oder sogar mehr als halbiert. Dies ist Teil jenes Verlusts an Zuschauern, den die öffentlich-rechtlichen Rundfunkanstalten infolge der Zulassung und der Expansion privater Programmanbieter seit Mitte der achtziger Jahre erlitten haben. Dieser Verlust mußte Sendungen wie die, um die es hier geht, härter treffen als andere, die dagegen besser gewappnet waren. In der Konkurrenz des dualen Rundfunksystems ist die Situation für die Vermittlung von Literatur durch eigenständige Büchersendungen im Fernsehen jedenfalls noch schwieriger geworden.

### *3.2 Buchpräsentation im Kulturmagazin Aspekte*

Von dem ZDF-Kulturmagazin *Aspekte* war schon die Rede, so weit die hierfür zuständige Redaktion auch den Themen Literatur und Buch ausschließlich gewidmete Sendungen produzierte. Davon kommt etwas zwar auch in der Magazinsendung selbst vor, dort aber nicht vorrangig. Das Magazin wurde seit Oktober 1965 zunächst unter dem Titel *Kulturbericht,* ab 1. Januar 1966 dann unter dem Namen *Aspekte* ausgestrahlt. Der Platz, den die Literatur innerhalb der aktuellen Kulturberichterstattung einnahm, war dabei immer von der Redaktionsleitung des Magazins abhängig.

Walther Schmieding, der zwischen 1965 und 1968 das Kulturmagazin leitete, galt weithin als Vermittler einer Elitekultur[16]. Einer ZDF-Statistik zufolge beschäftigten sich 45 von insgesamt 203 Beiträgen der Jahre 1966 bis 1968 mit Literatur. In den frühen *Aspekte*-Sendungen war das Autorenporträt die vorherrschende Präsentationsform von Literatur, wobei junge, unbekannte Autoren nur selten vorgestellt wurden[17]. Reinhart Hoffmeister übernahm von 1969 bis 1975 die Leitung des Magazins. Einem erweiterten Kulturbegriff verpflichtet, öffnete sich *Aspekte* zunehmend auch Themen der Alltags- und Populärkultur. Gleichwohl stieg zwischen 1969 und 1975 auch die jährliche Anzahl von Beiträgen, die der Literatur gewidmet waren. Diese kamen jetzt in fast jeder *Aspekte*-Ausgabe vor: Man stellte neu erschienene Bücher vor, führte Interviews mit Autoren und Verlegern, berichtete über literarische Strömungen und behandelte aktuelle Fragen des Buchmarktes. Nachdem Hoffmeister am 1. August 1975 die Leitung des Magazins abgegeben hatte, übernahm für etwa ein Jahr ein Moderatorentrio die Sendung, was jedoch zu keiner konzeptionellen Neuorientierung führte.

Dieter Schwarzenau, der auf populäre Vermittlung von Kultur setzte, leitete von 1977 bis 1988 die *Aspekte*-Redaktion. Weil *Aspekte* ab März 1977 nicht (wie bisher) in zweiwöchentlichem Rhythmus, sondern wöchentlich ausgestrahlt wurde, stieg auch die Anzahl der Berichte über literarische Themen[18]. Von 1978 an wurden regelmäßig Buchnovitäten in der Sendung vorgestellt[19]. Neben ausführlichen Besprechungen einzelner Titel bot man häufig auch Kurztips, um möglichst vielseitig über die aktuelle Literaturszene berichten zu können. Insgesamt wurden in der Ära Schwarzenau jährlich zwischen 100 und 120 Hinweise auf Bücher, auch solche unbekannter Autoren, geliefert. Der Anteil der Belletristik lag bei

14 Vgl. u. a. Martens (siehe Anm. 12). – Pinkerneil (siehe Anm. 13).

15 Herbert Heckmann: Stadium heillosen Experimentierens? Das Verhältnis des Autors zum Medium. In: Das Buch im Fernsehen. Diskussionsbeiträge zum Praktikerforum Gras-Ellenbach. Fast ein Protokoll. Hrsg. vom Börsenverein des Deutschen Buchhandels. Frankfurt/Main 1987, S. 35–40.

16 Vgl. Johannes Willms: 25 Jahre »Aspekte«. Das ZDF-Kulturmagazin feiert Jubiläum. In: ZDF-Monatsjournal Heft 2 (1991), S. 42–43.

17 ZDF: 20 Jahre »Aspekte« (siehe Anm. 6), S. 103.

18 Dieter Schwarzenau: Aspekte einer populären Kulturvermittlung. 20 Jahre »Aspekte« – Das Kulturmagazin im ZDF. In: ZDF-Jahrbuch 1985. Mainz 1986, S. 101–103.

19 Vgl. Dieter Schwarzenau: Die Kulturberichterstattung. In: ZDF-Jahrbuch 1977. Mainz 1978, S. 53–57.

etwa drei Fünftel[20]. In der Phase der Leitung des Magazins durch Johannes Willms (1988 bis 1992) und auch unter der redaktionellen Führung durch Manfred Eichel (seit 1. September 1992) finden sich Buchthemen in unregelmäßigen Abständen in der Sendung. Kommen Bücher zeitweise jede Woche in Aspekte vor, kann es auch mehrere Wochen lang an literarischen Themen fehlen. Dazu werden alle bekannten und zuvor schon wiederholt erwähnten Präsentationsformen verwendet.

Sendetermin und Senderhythmus des Kulturmagazins wechselten seit seinem Beginn mehrfach. Von Mitte der siebziger bis Mitte der achtziger Jahre erzielte Aspekte jährliche Einschaltquoten von durchschnittlich 8 bis 10%. In der Regel erreichte die Literaturpräsentation in dieser Sendung damit doppelt so viele Zuschauer wie die meisten Sendungen, die sich ausschließlich Büchern widmeten. 1985, noch vor dem Aufstieg der privaten Fernsehanbieter, lag die Zuschauerbeteiligung bei 8% (2,63 Millionen). Im Jahre 1992 erreichte Aspekte noch durchschnittlich 1,09 Millionen Zuschauer. Auch dies zeigt den gravierenden Reichweitenverlust öffentlich-rechtlicher (Kultur-)Programme.

Zwischen 1966 und 1987 berichtete *Aspekte* in einer Sondersendung (»live«) von der Frankfurter Buchmesse. Mit der Änderung ihres Literaturkonzepts ging die Redaktion 1988 dazu über, während der Dauer der Messe täglich von dort zu berichten. Diese Praxis wurde auch 1989 beibehalten. 1990 gab es zwei Sondersendungen über die Frankfurter Buchmesse. In den darauf folgenden Jahren reduzierte man die Berichterstattung aus Kostengründen auf eine Messeausgabe. Die Sendeplätze der Messesondersendungen lagen wechselnd im Nachmittags- oder Spätabendprogramm, ihre Länge schwankte zwischen 20 Minuten (sofern im täglichen Rhythmus berichtet wurde) und 90 Minuten. Ziel der Sendungen, die über 30 Jahre hinweg in der Konzeption weitgehend unverändert blieben, war es, einen Überblick über die Neuerscheinungen der Buchverlage zu geben. Gespräche mit Autoren über ihre neuen Titel standen im Mittelpunkt der Sendungen. Daneben wurde in den letzten Jahren immer wieder auch auf das Schwerpunktthema der Messe (jeweils ein Land) eingegangen.

1986 verzichtete die Redaktion auf den herkömmlichen Buchmessebeitrag und versuchte mit der Sendung *Literatur im Foyer,* aufgezeichnet in der Frankfurter Alten Oper, eine andere Form der Berichterstattung zu etablieren. Hier bemühte man sich in einer Art Talkshow mit drei Gastgebern um das vertiefende Gespräch mit den Autoren. 1987 und 1988 behielt man den Sendetyp des literarischen Cafés in je einer Sendung während der Messe bei. Aufgrund sinkender Einschaltquoten bot das ZDF-Programm 1993 nur noch eine halbstündige *Aspekte extra*-Sendung am Sonntagnachmittag. Im Gegenzug berichtete das Satellitenprogramm 3sat, das jedoch von weniger Zuschauern empfangen werden kann, sieben Stunden lang »live« von der Frankfurter Bücherschau *(Buch total).* Die Verschiebung in das gemeinsam mit ORF, SRG und inzwischen auch ARD produzierte deutsche Sprachraumprogramm weist ebenfalls darauf hin, daß Büchersendungen zur leichtgewichtigen Manövriermasse der Programmplanung gehören und dem Diktat der Einschaltquoten weichen müssen, was allerdings mit dem Hinweis auf die stark erweiterte Sendezeit in 3sat aufgewogen werden sollte.

### *3.3 Vergabe von Literaturpreisen*

Durch die Einrichtung des *Aspekte*-Literaturpreises im Jahre 1979 betätigte sich das ZDF über die Literaturvermittlung hinaus erstmals direkt als Förderer deutschsprachiger Literatur. Der mittlerweile mit 15.000 DM (vorher 10.000 DM) dotierte Preis gilt als Förderpreis, mit dem einmal jährlich das Prosadebüt eines jungen, unbekannten Autors gewürdigt werden soll. Das Erstlingswerk muß jedoch bereits als Veröffentlichung vorliegen. Der Preisträger wird von einer siebenköpfigen Jury ermittelt. ZDF-Intendant Stolte begründete die Einrichtung des Preises ausdrücklich mit dem »mäzenatischen Auftrag« des öffentlich-rechtlichen Rundfunks in Deutschland, »insofern dieser ja nicht nur Medium, sondern auch Faktor im kulturellen Leben unseres Landes ist«[21].

Gemäß den später modifizierten Auswahlkriterien kann auch das zweite oder dritte Werk eines Autors prämiert werden. Ab Januar 1980 gehörte es zu den Modalitäten der Ermittlung der Preisträger, daß einzelne Mitglieder der Jury in regelmäßigen Abständen in einer Ausgabe der *Aspekte*-Sendung einen Autor ihrer Wahl »in einem Statement, in einem Interview, durch Bilder über Personen oder über Inhalte«[22] vorstellten. Die achtminütigen Magazinbeiträge wurden von Mitarbeitern der Redaktion

20 Vgl. CHRISTIAN W. SCHMITT: Vor dem Ende der Lesekultur. 20 Jahre Buch- und Literaturmarkt aus nächster Nähe. Kehl 1990.

21 Zweites Deutsches Fernsehen: Zehn Jahre »Aspekte«-Literaturpeis 1978–1988. Kulturvermittlung im Fernsehen. Mainz 1988, S. 4.

22 ZDF: 20 Jahre »Aspekte« (siehe Anm. 6), S. 81.

produziert. Jeweils am Ende des Jahres diskutierte die Jury über die vorgestellten Kandidaten. Derjenige, der die meisten Stimmen auf sich vereinigen konnte, erhielt ein Arbeitsstipendium. Der Gewinner des Preises wurde dann nochmals ausführlich in Aspekte oder der Büchersendung *Aspekte-Literatur* präsentiert. Als besonderen Vorzug des Preisverfahrens erklärte man, daß alle Kandidaten, die von den Juroren vorgeschlagen wurden, durch ihre Präsentation in der Aspekte-Sendung die Chance bekamen, größere Bekanntheit zu erlangen.

1988 wurde die Vorstellung der einzelnen Kandidaten in das Programm von 3sat verlegt, während die Preisträger weiterhin am Jahresende in *Aspekte* vorgestellt wurden. Aus Anlaß der Verleihung des Preises sendete das ZDF im Dezember 1993 eine 30minütige *Aspekte*-Sondersendung. Dies war die bisher letzte Einzelsendung zu diesem Thema, 1995 und 1996 wurden lediglich Beiträge von wenigen Minuten Länge im Kulturmagazin *Aspekte* ausgestrahlt. Darin stellten die drei ständigen Kritiker des *Literarischen Quartetts* den Preisträger Manfred Rumpl und seinen Debütroman vor. Viele der Träger des Aspekte-Literaturpreises – genannt seien hier nur Hanns-Josef Ortheil, Herta Müller und Erich Hackl – haben inzwischen weitere Bücher veröffentlicht und sind heute in der Literaturszene fest etabliert. Nicht selten folgten dem *Aspekte*-Literaturpreis weitere Preise und Auszeichnungen.

Ist der *Aspekte*-Literaturpreis dazu bestimmt, Nachwuchsautoren zu fördern, so wird der *Stadtschreiber*-Literaturpreis für das Gesamtwerk eines bereits anerkannten deutschsprachigen Schriftstellers verliehen. Stifter des Preises sind das ZDF und die Stadt Mainz. Anlaß für seine Einrichtung war die Ablösung der kulturellen Sendereihe ZDF-Matinee durch eine neue Reihe mit dem Titel *Die Stadtschreiber* im Jahr 1984. Man knüpfte damit an die jahrhundertealte Tradition des Stadtschreibers und das seit 1974 von der Stadt Bergen-Enkheim an Schriftsteller vergebene Stadtschreiber-Amt an und wollte damit ausdrücklich ein Stück Sprachpflege betreiben[23]. Dementsprechend verleiht das ZDF zusammen mit der Stadt Mainz seit 1984 den Titel Stadtschreiber an Autoren, »die unsere Literatur mit ihren Werken beeinflussen oder prägen und die sich darüber hinaus um das Zusammenwirken von Literatur und Fernsehen bemühen«.

Die Wahl des Preisträgers trifft eine von der Stadt Mainz und dem ZDF benannte Jury. Ihr gehören der amtierende Stadtschreiber sowie vier weitere, vom ZDF im Einverständnis mit der Stadt Mainz benannte Schriftsteller an. Ferner gehören der Kulturdezernent der Stadt Mainz sowie fünf Personen aus den Reihen des ZDF dazu. Zusammen mit dem Titel, der für ein Jahr verliehen wird, erhält der Schriftsteller einen Preis von 24.000 DM. Darüber hinaus stellt ihm die Stadt Mainz während seiner »Amtszeit« eine Wohnung im Gutenberg-Museum kostenlos zur Verfügung.

Mit der Annahme der Auszeichnung verpflichtet sich der Stadtschreiber u.a. zu Lesungen, auch wird erwartet, daß er für eine gewisse Zeit die Stadtschreiberwohnung bezieht. Eine besondere, mit dem Preis verbundene Verpflichtung liegt darin, daß der amtierende Stadtschreiber mit technischer Unterstützung des ZDF ein sogenanntes *Elektronisches Tagebuch* anfertigen muß, einen Film über ein selbstgewähltes Thema, der dann im ZDF-Programm ausgestrahlt wird. Auf der Seite des ZDF sieht man in den *Elektronischen Tagebüchern* einen aktiven Beitrag zur Sprachpflege, indem man »Bild und Ton von Sprachkundigen und Sprachkünstlern gestalten läßt«[24]. Ist der *Aspekte*-Literaturpreis in der Tat eine Einrichtung, die (in allerdings begrenzter Dotierung) materiell und (vielleicht bedeutsamer) durch Publicity hilft, so hilft das ZDF durch den *Stadtschreiber*-Preis eher dem Fernsehen (bzw. sich selbst), und zwar indem es den Preisträger zum Fernsehautor und Programmlieferanten macht. Nicht ganz auszuschließen, obschon nicht sehr wahrscheinlich ist, daß die Erfahrungen des Umgangs mit den Mitteln des elektronischen Mediums für die primäre literarische Arbeit des Stadtschreibers Folgen haben, sobald er zu dieser zurückkehrt. Soll man sagen, das ZDF macht es sich leicht oder es tut sich eher schwer mit den *Elektronischen Tagebüchern* der Stadtschreiber, wenn letztere über späte Sendetermine oder deren unangekündigte Verschiebung klagten? Auch hier rechtfertigte man dies auf ZDF-Seite mit dem Argument vom angeblichen »Verdrängungs- und Vernichtungswettbewerb«. Tatsächlich sahen das *Elektronische Tagebuch* von Helga Schütz 1992 nur 320.000 Zuschauer (= 1%), 1993 das von Katja Behrens 680.000 Zuschauer (= 2%)[25].

23 ZDF: Die Stadtschreiber. Eine neue Sendereihe im ZDF. Mainz 1984, o.S.

24 Hajo Schedlich: Stadtschreiber 1985. Literaturpreis des ZDF und der Stadt Mainz. In: ZDF-Jahrbuch 1984. Mainz 1985, S. 195–198.

25 In den folgenden Jahren erhielten den Preis und produzierten *Elektronische Tagebücher* Dieter Kühn (1993), Libuše Moniková (1994), Peter Härtling (1995) und Peter Bichsel (1996).

Zu erwähnen ist ferner noch der Preis der Leseratten, der im Frühjahr 1980 erstmals durch das ZDF-Jugendmagazin *Schüler-Express* an fünf Jugendbuchautoren gleichrangig verliehen wurde. Bis zur Einstellung des Preises im Frühjahr 1992 wurden halbjährlich jeweils fünf neu erschienene Jugendbücher ausgezeichnet, insgesamt 125 Titel. Sie wurden bis 1987 in der Sendung *Schüler-Express*, später in der Sendereihe *Schenk mir ein Buch* vorgestellt. Eingerichtet wurde der Preis als Alternative zu anderen Jugendliteraturpreisen, in deren Vergabegremien neben Erwachsenen Jugendliche eine Minderheit bilden. Die Jury des Preises bestand aus sieben Jugendlichen im Alter zwischen 13 und 17 Jahren aus dem Raum Mainz/Wiesbaden. Nach einer Vorauswahl aus etwa 100 Neuerscheinungen der Frühjahrs- und Herbstproduktion durch eine Vorjury, die sich überwiegend aus Erwachsenen zusammensetzte, wurden den sieben »Leseratten« etwa 30 Jugendbuchnovitäten pro Halbjahr vorgelegt, aus denen sie die Preisträger ermittelten. Im Rahmen einer Jubiläumssendung wurde der Preis der Leseratten am 16. Mai 1992 zum 25. Mal vergeben. Danach sollte die Auswahl der Preisträger in Leseclubs erfolgen, die von der Stiftung Lesen in den neuen Bundesländern gegründet worden waren. Da die Jugendjury, die den Preis zuerst vergeben sollte, sich nicht auf fünf Preisträger einigen konnte, wurde der Preis kurzerhand eingestellt.

### *3.4 Lese- und Literaturförderung im Medienverbund*

Bei seinen Bemühungen zur Lese- und Literaturförderung hat das ZDF nicht nur aus eigener Initiative gehandelt, sondern sich auch mit anderen Institutionen zusammengetan. Dadurch wurde gewissermaßen ein »Medienverbund« gebildet. Als Partner hat sich dazu die in Mainz ansässige Stiftung Lesen empfohlen. Sie entstand 1988 als Rechtsnachfolgerin der 1977 gegründeten Deutschen Lesegesellschaft. Aufgabe der unter anderem von der Bertelsmann AG finanzierten Stiftung ist es, durch geeignete Projekte die Kulturtechnik Lesen in der Gesellschaft zu fördern. In der Überzeugung, daß die Medien Buch und Fernsehen sich nicht als Konkurrenten verdrängen, sondern sich sinnvoll ergänzen, betreibt die Mainzer Stiftung Leseförderung als Medienpartnerschaft[26].

Mit der Herausgabe von Buchempfehlungslisten zu Fernsehsendungen begann die Deutsche Lesegesellschaft 1978 ihr erstes Leseförderungsprojekt. Das Prinzip, das man dabei befolgte, sprach für sich: »Das vertraute Medium Fernsehen soll als Möglichkeit genutzt werden, die durch das Programm geweckten Interessen bei einem breiten Publikum auf das (Nach-)Lesen zu lenken.«[27] Im Zusammenwirken mit dem ZDF wurden zuerst Buchempfehlungen zum Erziehungsmagazin *Kinder Kinder* und zu *Schenk mir ein Buch* herausgebracht. Im letztgenannten Fall erschienen diese Listen zu jeder Ausgabe der Sendereihe in einer Auflage von 30.000, später 15.000 Exemplaren. Sie enthielten Hinweise auf die in den Sendungen präsentierten Bücher sowie weiterführende Lektüretips zu den Themen der Sendungen. Die Listen wurden im Zusammenwirken mit der Verlags- und Buchhandelsbranche zusammengestellt und in der jeweiligen Fernsehsendung zum Bezug auf Anforderung angeboten. Die ZDF-Redaktion Kinder und Jugendliche hatte auf die Auswahl der Bücher und Listen selbst aber keinen Einfluß.

Broschüren mit Leseempfehlungen, deren Herausgabe der Mainzer Sender finanziell unterstützt, sind später auch zu anderen Sendereihen und Programmschwerpunkten des ZDF herausgebracht worden. Dabei ging es im großen und ganzen weniger um schöne Literatur als um Sachthemen. 1996 wurden damit erstmals auch Anregungen des *Literarischen Quartetts* weiter verbreitet. Welcher Erfolg solchen Buchempfehlungen zuzuschreiben ist, muß hier offen bleiben. Eine Untersuchung zu zwei Listen, die die Lesegesellschaft 1984 durchführte, kamen (erwartungsgemäß) zu sehr positiven Ergebnissen, sowohl was die Bewertung der Listen als auch was die Bereitschaft anging, Bücher daraufhin zu lesen, zu verschenken, zu kaufen oder auszuleihen[28]. Der zwingende Beweis für einen durchschlagenden Erfolg ließ sich mit den erhobenen Daten aber nicht führen.

1979 wurde im ZDF-Programm die Sendereihe *Buch – Partner des Kindes* ausgestrahlt. Hierbei handelte es sich um ein Medienverbundprojekt im eigentlichen Sinne zur Buch- und Leseerziehung im Elternhaus. Das Projekt umfaßte acht 30minütige Fernsehsendungen (durchschnittlich 1,6 Millionen Zuschauer), ein Begleitbuch in einer Auflage von 60.000 Exemplaren sowie eine Kursleiterbroschüre (17.000 Exemplare), eine Buchempfehlungsliste (370.000 Exemplare) sowie rund 5.000 Begleitver-

26 Vgl. Leseförderung 1977–1987. Erfahrungsbericht der Deutschen Lesegesellschaft für die Stiftung Lesen. Hrsg. von der Deutschen Lesegesellschaft. Mainz 1987.
27 Stiftung Lesen: Tätigkeitsbericht 1990–92. Stand: März 1992. Mainz 1992, S. 54.
28 Vgl. Deutsche Lesegesellschaft (siehe Anm. 26), S. 7.

anstaltungen in Kindergärten, Schulen und Bibliotheken (ca. 120.000 Teilnehmer). Offensichtlich wurden dadurch zahlreiche Nicht-Stammkunden veranlaßt, eine Buchhandlung aufzusuchen, und auch die beteiligten Jugendbuchverlage verzeichneten Umsatzsteigerungen[29]. Das genannte Projekt blieb in seiner Größenordnung ziemlich einzigartig. Weitere, weniger aufwendige hat es gegeben bzw. solche wurden geplant.

In Kooperation zwischen dem ZDF und der Stiftung Lesen wurde 1994 die im Jahr zuvor ausgestrahlte Sendereihe *Deutsche Literatur seit 1945* als Kassettenedition herausgebracht und vertrieben. Schließlich ist noch die mehrjährige Zusammenarbeit anläßlich der Frankfurter Buchmesse zu erwähnen. 1990 und 1991 begannen ZDF und 3sat damit, einen eigenen Stand auf der Buchmesse einzurichten. Mittels verschiedener Produktionen und Präsentationen sollte gezeigt werden, daß sich Lese- und Fernsehkultur ergänzen. Neben den literarischen Vorlagen für Verfilmungen stellte man Bücher zu Fernsehsendungen, entsprechende Sendereihen, das Kulturmagazin Aspekte sowie *Das Literarische Quartett* vor. Darüber hinaus präsentierten sich ZDF-Redakteure, die auch als Buchautoren hervorgetreten sind. Verleger, mit denen das ZDF gemeinsame Bucheditionen betreibt, waren ebenfalls zugegen.

## 4 Literaturkritik im Fernsehen: Das Literarische Quartett

Was hier bisher geschildert wurde, verrät zweifelsohne eine ernstgemeinte Geneigtheit des ZDF, zur Lese- und Literaturförderung durch das Fernsehen beizutragen. Inwieweit der Literatur dadurch aber tatsächlich »geholfen« wird, wie die Deutsche Akademie mit ihrer Preisfrage wissen will, steht dahin. Hierüber kann man nach Lage der Dinge nur spekulieren. Will man eine präzisere Antwort auf die gestellte Frage geben, muß man einen Fall eingehender betrachten. Dies soll im folgenden geschehen, indem wir uns dem *Literarischen Quartett* gesondert zuwenden. Dieses wurde unter den eigenständigen Büchersendungen des ZDF bereits kurz angeführt. Jetzt machen wir es zum Gegenstand einer eigenen Untersuchung.

### *4.1 Wozu die Sendung dient und wie sie angelegt ist*

Am 25. März 1988 trat das von der Aspekte-Redaktion betreute *Literarische Quartett* an die Stelle der Sendereihe *Aspekte-Literatur*. Um ein größeres Publikum für Literatur im Fernsehen zu gewinnen, entwickelte die Redaktion des ZDF zusammen mit Marcel Reich-Ranicki – dem ehemaligen Leiter des Literaturblatts der *Frankfurter Allgemeinen Zeitung*, für die er noch heute als Rezensent tätig ist – eine Sendung, in der in einer Gesprächsrunde über neu erschienene Bücher sowie über Fragen der Literatur und des Kulturlebens diskutiert werden sollte. Vorüberlegungen dazu hatte der Frankfurter Kritiker schon ein Jahrzehnt zuvor angestellt[30].

Das Konzept dieser Literatursendung ist einfach und – im Vergleich zu den in der Vergangenheit produzierten Büchersendungen des ZDF – eher unaufwendig: Vier angesehene, für die Feuilletonredaktionen großer Tageszeitungen und Nachrichtenmagazine schreibende Kritiker treffen sich vor der Fernsehkamera, um kontrovers über neu erschienene Bücher und deren Autoren zu debattieren. Inszeniert wird gewissermaßen ein (Streit-)Gespräch, mit dessen Hilfe sich der Zuschauer ein eigenes Urteil bilden soll. Indem unterschiedliche Auffassungen zur Wort kommen, soll das Interesse für Literatur geweckt werden, nicht nur bei ihren Freunden, sondern auch bei Lesern darüber hinaus.

Seitdem *Das Literarische Quartett* ausgestrahlt wird, hat es einige Veränderungen erfahren, ist im Kern aber gleich geblieben. Außer Marcel Reich-Ranicki, dem gewiß bekanntesten deutschen Literaturkritiker der Gegenwart, wirken mit: Hellmuth Karasek (bis 1996 Literaturredakteur des *Spiegel*) und Sigrid Löffler (ehemals Literaturkritikerin und Stellvertretende Chefredakteurin des Wiener Nachrichtenmagazins *Profil*, danach u.a. Kritikerin der *Süddeutschen Zeitung*, inzwischen Feuilleton-Chefin der Zeit). Anfangs war Jürgen Busche (seinerzeit Kritiker und Stellvertretender Chefredakteur der *Hamburger Morgenpost*) der vierte im Bunde. Seit dem Ausscheiden Busches im Februar 1990 ist man dazu übergegangen, jeweils wechselnde Diskussionspartner zur Komplettierung des *Quartetts* einzuladen, und zwar Kritikerkollegen, aber auch Schriftsteller und Literaturwissenschaftler.

Zunächst wurde die Sendung einmal vierteljährlich ausgestrahlt. 1991 und 1992 gab es je fünf Sendetermine, seit 1993 findet sie sechsmal im Jahr statt. Nach freitags und montags wird *Das Literarische Quartett* donnerstags, freitags oder sonntags um

29 Ebd., S. 25.

30 Vgl. Marcel Reich-Ranicki: Fernsehen als verlängerter Arm der Verlagswerbung? Die Ratlosigkeit des Literaturkritikers gegenüber dem Fernsehen. In: Das Buch im Fernsehen (siehe Anm. 15), S. 16–24.

22.15 Uhr in einer Länge von 75 Minuten gesendet. Im Programmschema des ZDF liegt es damit auf einem Sendeplatz für Talkshows (wie *live, was nun ...?*). Zwar hatte Reich-Ranicki in der ersten Sendung im März 1988 erklärt, das *Literarische Quartett* sei keine Talkshow. Doch hat die Sendung im Laufe der Zeit unverkennbar Elemente dieses Genres angenommen. Dazu gehört u.a., daß die vier Kritiker seit Ende 1989 vor einem Publikum diskutieren, wobei für die Direkt-Ausstrahlung wechselnde Orte gewählt werden.

Die Sendung ist in ihrem Ablauf durch bestimmte Regeln, ja Rituale bestimmt. Zu Beginn werden die Diskussionsteilnehmer vorgestellt. Reich-Ranicki nimmt eine doppelte Funktion wahr, weil er zugleich Beteiligter und Leiter der Diskussion ist. Er trägt meist temperamentvoll seine eigene Meinung vor, lenkt u.a. aber auch von einem zum anderen Titel über. Jedes Mitglied des *Literarischen Quartetts* ist dafür zuständig, zu einem Buch eine knappe und sachliche Zusammenfassung zu liefern, woraufhin die anderen ihre Ansicht äußern (können). Mit der von Brecht, aus dem *Guten Menschen von Sezuan* (verkürzt) übernommenen Formel »Und so sehen wir betroffen / den Vorhang zu und alle Fragen offen« schließt Marcel Reich-Ranicki regelmäßig die Sendung ab. Der Blick der Kameras (und damit des Fernsehzuschauers) ist während der Sendung fast durchweg auf die Diskussionsrunde gerichtet, ausgenommen wenn die Schauseiten (Cover) der Bücher eingeblendet werden oder das anwesende (Studio-) Publikum kurz auf dem Bildschirm gezeigt wird.

Wie *Das Literarische Quartett* vorbereitet wird, darüber ist nicht allzuviel bekannt. Es bedarf hier, so scheint es, keiner weitreichenden Vorkehrungen. Die Entscheidung über die zu besprechenden Titel treffen die drei »festen« Kritiker in telefonischer Absprache. »Mit der Zeit weiß man«, so sagte Karasek in einem Interview, »welche Bücher im Gespräch sind. Die Pressemenschen der Verlage rennen uns die Tür ein. Dann telefonieren wir uns zusammen und haben schnell die Titel beisammen, über die wir reden«[31]. Die *Aspekte*-Redaktion des ZDF macht hinsichtlich der Auswahl der Neuerscheinungen nach eigener Auskunft lediglich Vorschläge.

Als *Das Literarische Quartett* 1988 startete, kündigte das ZDF für die neue Sendereihe eine »kontroverspolemische Diskussion zu aktuellen Fragen der Literatur und des kulturellen Lebens« an. Gemäß dieser redaktionellen Vorgabe diskutierte das Kritikerquartett in den ersten Ausgaben der Sendung über entsprechende Themen, häufig mit aktuellem Bezug. Außerdem kamen Neuerscheinungen und Neuauflagen des Buchmarkts zur Sprache, wobei die Anzahl der behandelten Bücher anfänglich schwankte. Einmal waren es nur zwei (10.3.1989), ein andermal sogar zehn (16.6.1989). Nach einiger Zeit kam man davon ab, über Themen des Literaturbetriebs und der Kultur zu reden und beschränkte sich fortan ausschließlich darauf, über Neuerscheinungen kritisch zu diskutieren. Die ausgewählten Titel – es sind jetzt regelmäßig fünf, abgesehen von weiteren Empfehlungen in der Weihnachtssendung – waren und sind zumeist der gehobenen Belletristik zuzurechnen. In Ausnahmefällen wird Unterhaltungsliteratur besprochen, keinesfalls aber Trivialliteratur.

Will *Das Literarische Quartett* der Literatur helfen? Ja, der Literatur schon, wenn auch vielleicht nicht den Verlegern[32]. »Wir wollen im Literarischen Quartett nicht etwa über literarische Werke predigen«, so erklärte Marcel Reich-Ranicki gelegentlich, »sondern diskutieren und dem Publikum zeigen – das ist eine der wichtigsten Aufgaben des Literarischen Quartetts, daß über einen ästhetischen Gegenstand unterschiedliche Ansichten existieren können und dürfen [...]. Wir haben nichts dagegen, wenn das Publikum zu dem Ergebnis kommt, man könne keinem der Teilnehmer ganz trauen. Der Zuschauer soll das Buch selbst in die Hand nehmen und die gehörten Urteile prüfen.«[33] Voraussetzung dafür wäre allerdings, daß die Zuschauer die Bücher auch erwerben oder zu gegebener Zeit zumindest in einer Bücherei ausleihen. Ob dies geschieht bzw. inwieweit sich das Publikum durch die Kritiker des *Literarischen Quartetts* aktivieren läßt, darüber wüßte man schon gern Genaueres. Nur dann ließe sich auf die von der Deutschen Akademie gestellte Frage eine zuverlässige Antwort geben.

### *4.2 Wie die Sendung genutzt wird*

Um zu prüfen, ob *Das Literarische Quartett* der Literatur »hilft«, muß man zunächst untersuchen, in welchem Umfang diese Sendung überhaupt gesehen

31 *Berliner Zeitung* Nr. 287 vom 11. Dezember 1993, S. 23.

32 Die Rolle der Kritiker gegenüber den Verlegern hat Marcel Reich-Ranicki vor Jahren ausdrücklich als Opposition deklariert: »Wir sind nicht dazu da, ihnen zu helfen. Man kann sogar sagen: Wir sind dazu da, sie zu stören. Wir sind dazu da, sie zu kontrollieren. Wir sind nicht ihr verlängerter Arm, sondern eine Art Opposition.« In: MARCEL REICH-RANICKI (siehe Anm. 30), S. 17.

33 MONTANA HEISS / RUDOLF O. GÜLTNER: »Das Publikum ist viel besser als die Programmdirektoren oft befürchten«. Gespräch mit Marcel Reich-Ranicki. In: ZDF – Spiel, Kultur, Musik 1 (1990), S. 11–15.

oder genutzt wird (wie die Medienforscher sagen). Solche Nutzung wird grundsätzlich durch verschiedene Faktoren bestimmt: durch Thema und Inhalt einer Sendung sowie durch die beteiligten Personen, insbesondere ihre Bekanntheit und Prominenz. Außerdem ist für die Nutzung vor allem der Zeitpunkt, zu dem die Sendung ausgestrahlt wird, von ausschlaggebender Bedeutung. Entscheidend ist die Plazierung in der Programmfolge und im Tagesablauf der Zuschauer.

Seitdem es *Das Literarische Quartett* im ZDF gibt, wurde sein Sendeplatz wiederholt geändert. Mit der Einführung des Programmschemas 1992 wies man der 75minütigen Literatursendung einen Sendetermin donnerstags 22.15 Uhr zu. *Das Literarische Quartett* ist somit – wie Kultursendungen häufig – im späteren Abendprogramm plaziert, zu einer Zeit, in der die Zuwendung der Zuschauer zum Fernsehen bereits rückläufig ist. Gleichwohl ist der Sendeplatz keineswegs ungünstig, denn *Das Literarische Quartett* folgt unmittelbar auf das *heute journal,* das abendliche Nachrichtenmagazin des ZDF. Dieses ist keineswegs eine reichweitenarme Sendung. Nach der Regel der »Lokomotiven«-Funktion dürfte diese auf die Nutzung der nachfolgenden Sendung ausstrahlen. Fraglich ist nur, ob und wie lange diese Ausstrahlung anhält.

Schauen wir einmal genau hin. Wir greifen dazu auf die von der GfK-Zuschauerforschung ausgewiesenen Einschaltquoten zurück, mit denen man die Sehbeteiligung mißt. Danach wurden die sechs Sendungen des *Literarischen Quartetts* im Jahre 1993 im Durchschnitt von 0,86 Millionen Zuschauern (genaugenommen: 856.667) gesehen. Von Sendung zu Sendung gibt es eine zum Teil deutliche Streuung. Die meisten Zuschauer hatte die Sendung vom 14. Januar 1993 (1,02 Millionen), die wenigsten die Sendung vom 18. März (0,70 Millionen). Die Werte der anderen Sendungen lagen dazwischen[34]. Für die Unterschiede dürften vermutlich jahreszeitliche und aktuelle Gründe sowie die Attraktivität der jeweils konkurrierenden Programme maßgeblich sein.

Die Mittelwerte überdecken jedoch, daß die Sehbeteiligung während der Ausstrahlung des *Literarischen Quartetts* einem beträchtlichen Schwund unterworfen ist. Belegt wird dies durch Schaubild 1, in welchem durch ein Balkendiagramm die Sehbeteiligung in 5-Minuten-Intervallen abgetragen ist, und zwar im Durchschnitt für alle sechs Sendungen des Jahres 1993. Zu Sendebeginn hatten noch knapp vier Millionen Zuschauer das ZDF-Programm eingeschaltet, fünf Minuten später war die Sehbeteiligung schon auf unter 2,5 Millionen und weitere fünf Minuten später auf 1,6 Millionen Zuschauer gesunken. Sehr rasch setzt beim *Literarischen Quartett* somit nach Sendungsbeginn ein Zuschauerverlust ein, der sich bis zum Ende der Sendung nahezu kontinuierlich fortsetzt, auch wenn die Verlustrate nach dem rapiden Sturz zu Anfang sich nur noch langsam vermindert. Gegen Ende der Sendung hatte *Das Literarische Quartett* 1993 noch rund 0,5 Millionen Zuschauer. Offensichtlich ist: *Das Literarische Quartett* vermag die Mehrheit der Zuschauer des *heute journals* nicht an sich binden. Sie leidet unter einer Abwanderung, bei der die Zuschauerschaft sich auf die an dieser Sendung interessierten und durch sie motivierten Leute reduziert.

Die anderen schalten entweder nach dem *heute journal* ab oder wechseln auf andere Kanäle über. Die Verlaufskurven der Sehbeteiligung der Konkurrenten im Zeitraum der Ausstrahlung des *Literarischen Quartetts* kann dies deutlich machen. Dem Schwund beim ZDF entspricht bei den anderen zum Teil sogar eine gestiegene Sehbeteiligung. Überhaupt liegt diese (und damit der Marktanteil) des *Literarischen Quartetts* nahezu durchgängig unter der von ARD, RTL, SAT.1 und selbst PRO 7 (Schaubild 2). Das Erste Programm bietet zur gleichen Zeit u.a. die *Tagesthemen,* die privaten Wettbewerber offerieren publikumsattraktive Krimiserien, Talkshows oder Spielfilme. Aufgrund der – absolut gesehen – begrenzten Nutzung kann das ZDF durch das *Literarische Quartett* somit nicht mit den gleichzeitigen Sendeangeboten der anderen öffentlich-rechtlichen und privaten Anbieter konkurrieren. Daß das ZDF unter diesen Bedingungen am *Literarischen Quartett* (bisher) festhält, muß geradezu als Ausdruck besonderer Tapferkeit erscheinen. Die Inkaufnahme der geringen Einschaltwerte ist folgerichtig nur durch den »Kulturauftrag« einer öffentlich-rechtlichen Rundfunkanstalt zu rechtfertigen.

Andererseits darf man hier keinen falschen Maßstab anlegen und die absoluten Zahlen nicht unterbewerten: Inhalt und Niveau des *Literarischen*

34 Die Nutzung des *Literarischen Quartetts* ist auch in den folgenden Jahren zumindest stabil geblieben. Sowohl 1994 als auch 1995 erreichten die sechs Sendungen im Durchschnitt 0,7 Millionen Zuschauer. Der damit erreichte Marktanteil betrug 1994 4,1 %, 1995 4,5 %. Die höchste Sehbeteiligung gab es 1994 bei der Sendung vom 31.3. (0,96 Millionen), 1995 am 24.8. (1,04 Millionen). In der letzteren Sendung fand der spektakuläre »Verriß« von Günter Grass' neuem Roman *Ein weites Feld* statt, dem ein solcher durch Reich-Ranicki schon im *Spiegel* vorangegangen war.

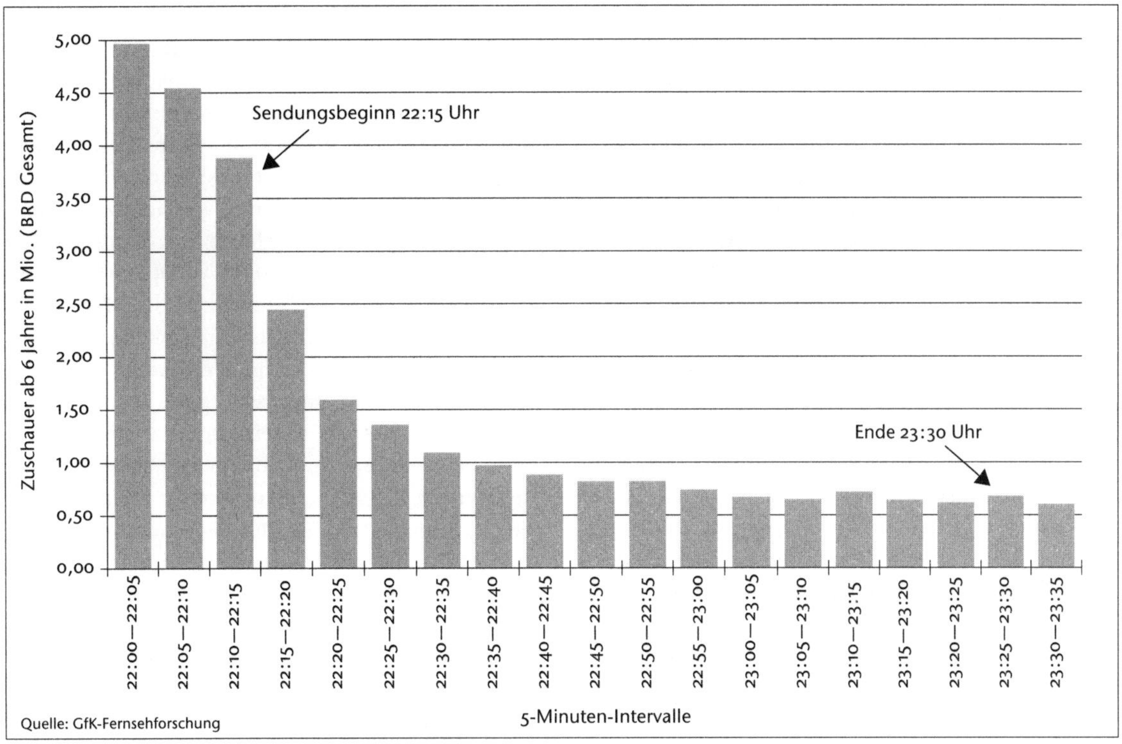


Schaubild 1: Literarisches Quartett (ZDF) – Durchschnittliche 5-Minutenverläufe über 6 Sendungen im Jahr 1993

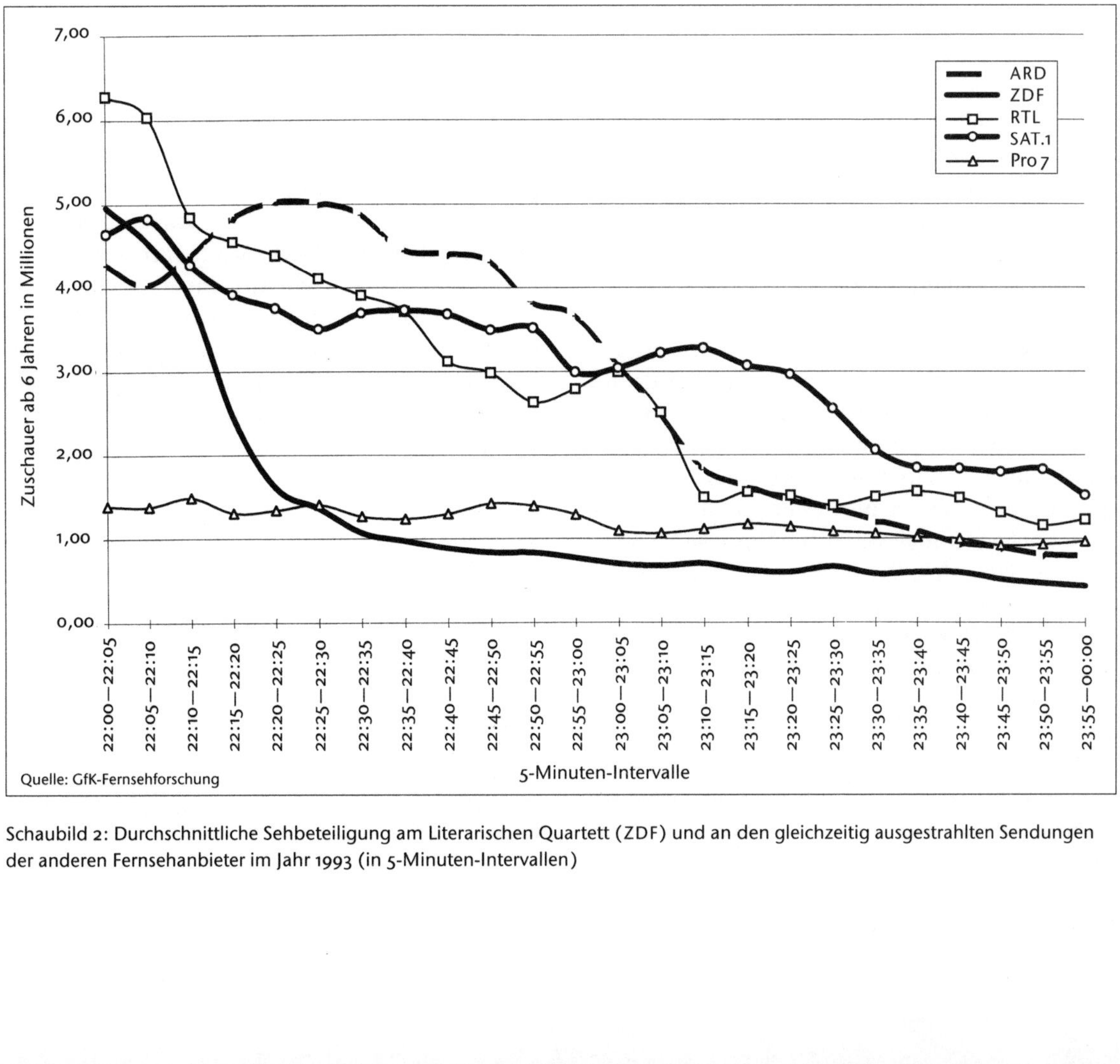


Schaubild 2: Durchschnittliche Sehbeteiligung am Literarischen Quartett (ZDF) und an den gleichzeitig ausgestrahlten Sendungen der anderen Fernsehanbieter im Jahr 1993 (in 5-Minuten-Intervallen)

*Quartetts* setzen der Sehbeteiligung zwangsläufig Grenzen. Das literarische oder literaturfähige Publikum ist auch in Deutschland eine Minderheit. In dieser dürften aber die Zuschauer gerade dieser Sendung einen nicht geringen Anteil ausmachen. Gern werden daher die Liebhaber der Sendung die Frage aufwerfen, welche Zeitung oder Zeitschrift mit ihrem Literaturteil ähnlich viele potentielle Leser erreicht. Im übrigen ergibt sich aus dem Zuschauerschwund im Laufe der Sendung noch eine Konsequenz. Die Chance der einzelnen besprochenen Titel, von den Fernsehzuschauern wahrgenommen zu werden, hängt von der Reihenfolge der Präsentation ab. Zumindest der erstbesprochene Titel stößt noch auf eine deutlich größere Aufmerksamkeit als die späteren, insbesondere der zuletzt kommende. Gleichwohl dürften die Zuschauer, die die ganze Sendung sehen, also gewissermaßen »durchhalten«, auch die eigentlich motivierten, für literarische Anregungen empfänglichen sein.

Das Publikum des *Literarischen Quartetts* kann man auch noch anhand demographischer Merkmale charakterisieren. Im Durchschnitt sind drei Fünftel der Zuschauer Frauen, zwei Fünftel Männer (was dem bekannten Befund entspricht, daß Literatur mehr von Frauen als von Männern gelesen wird). Die Nutzung der Sendung ist ferner altersabhängig. Sie steigt mit dem Lebensalter an. Rund zwei Drittel der Zuschauer sind 50 Jahre und älter. Immerhin stellen Kinder und Jugendliche (bis 19 Jahre), von einzelnen Sendungen abgesehen, rund ein Zehntel der Zuschauer. Eine wesentliche Rolle für die Nutzung spielt auch der Bildungsgrad.

### *4.3 Was die Sendung bewirkt*

Ob das Fernsehen – im vorliegenden Fall repräsentiert durch *Das Literarische Quartett* – der Literatur »hilft«, läßt sich, wie schon zu Beginn angedeutet, im Prinzip an verschiedenen Indikatoren ablesen. Letzten Endes wäre zu wissen wünschenswert, ob die Sendung die Zuschauer tatsächlich zum Lesen der Bücher veranlaßt und wenn ja, wieviele das sind. Nach einer repräsentativen Umfrage Mitte der achtziger Jahre ließen sich etwa 13% durch die Vorstellung eines Buches oder Autors zur Lektüre anregen[35]. Noch im Vorfeld der Lektüre könnte von Interesse sein, ob die Buchhandlungen aufgrund der Sendung mehr Exemplare der besprochenen Bücher verkaufen. Um zu gesicherten Antworten auf diese beiden Fragen zu gelangen, müßte man aber einen erheblichen Aufwand betreiben. Im ersten Fall bedürfte es einer repräsentativen Bevölkerungsumfrage, im zweiten hätte man mehrere tausend Buchhandlungen in Deutschland zu befragen. Schon aus ökonomischen Gründen läßt sich beides nur schwer bewerkstelligen, und schon wegen der zu erwartenden Streuung der Antworten erscheint dies auch nicht sinnvoll. Eine dritte Möglichkeit besteht darin, zu untersuchen, ob und wie sich *Das Literarische Quartett* auf die Auflagen der besprochenen Bücher auswirkt. Dazu sind die Verlage zu befragen, die diese Bücher herausgebracht haben. Für diesen dritten Weg haben wir uns entschieden, da er bei begrenztem Aufwand dennoch erhärtete Antworten auf unsere Ausgangsfrage verspricht.

Systemtheoretisch unterstellen wir beim *Literarischen Quartett* ein doppeltes Wirkungsmodell, das aus mehreren Teilsystemen besteht. Dazu gehören die Sendung selbst (als Teil des öffentlich-rechtlichen Fernsehsystems), das Publikum (Zuschauer, die zugleich Leser sind), die Verlage und der Buchhandel. Welche Bücher im *Literarischen Quartett* besprochen werden, wird sowohl von den Verlagen als auch den Zuschauern (und auch dem Buchhandel) wahrgenommen und löst dort (potentiell) bestimmte Reaktionen aus: Die Verlage lassen die Titel nachdrucken, die Zuschauer fragen sie nach und die Buchhandlungen erfüllen diese Nachfrage, ja antizipieren sie möglicherweise in ihren Verlagsbestellungen. Schaubild 3 veranschaulicht dieses Wirkungsmodell.

Untersuchungsgegenstand sind im folgenden alle Bücher, die im Jahre 1993 in der Sendung *Das Literarische Quartett* besprochen wurden. Das ZDF strahlte in diesem Jahr sechs Ausgaben seiner Literatursendung aus. In jeder der sechs Sendungen wurden fünf Buchtitel vorgestellt, mit Ausnahme der Dezemberausgabe, in der zusätzlich weitere vier Titel, sogenannte »Weihnachtsempfehlungen«, genannt wurden. Somit ergibt sich eine Grundgesamtheit von 34 Titeln. Sie stammten aus der Produktion von 15 verschiedenen Verlagen. An diese Verlage wurde im

35 Unter den Anstößen zur Buchlektüre sind solche durch das Fernsehen daher eher nachrangig. Eigeninitiative und persönliche Anregungen übertreffen jedenfalls das Fernsehen. Unter 20 Vorgaben rangierte das Fernsehen nach dieser Befragung an elfter Stelle. Knapp 16% wurden durch eine Buchverfilmung zur Lektüre angeregt, fast 10% interessierten sich für das Begleitbuch zu wissenschaftlichen Sendungen oder Fortbildungsserien, 6,5% griffen zum Buch zur Fernsehserie. Vgl. ULRICH SAXER / WOLFGANG R. LANGENBUCHER / ANGELA FRITZ: Kommunikationsverhalten und Medien. Lesen in der modernen Gesellschaft. Eine Studie der Bertelsmann-Stiftung. Gütersloh 1989.

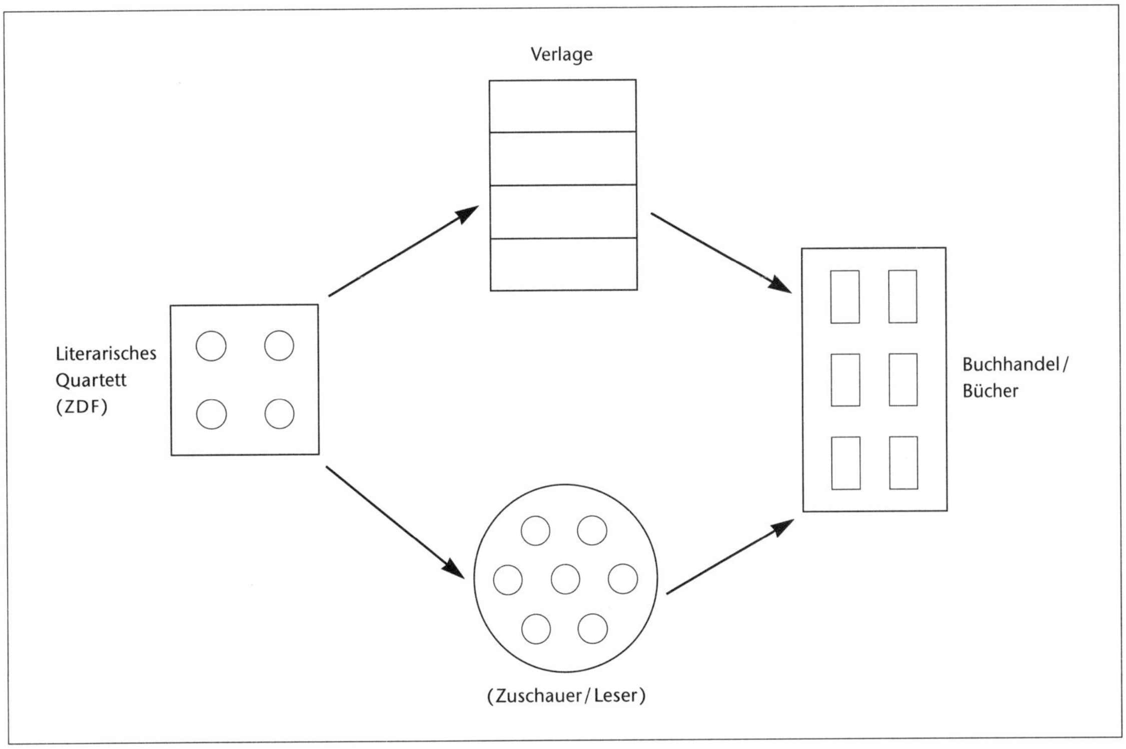


Schaubild 3: Wirkungsmodell des Literarischen Quartetts

Frühjahr 1994 ein Fragebogen verschickt. Im Kern diente der Fragebogen dazu, bei den Verlagen die Auflagenzahlen ihrer Titel zu erheben, die 1993 im *Literarischen Quartett* besprochen worden waren, und zwar sowohl für die Zeit vor als auch nach Ausstrahlung der jeweiligen Sendung. Da manche Verlage solche Zahlen wie eine Art »Betriebsgeheimnis« hüten, war es nicht möglich, sie für alle in Frage kommenden Titel auch zu erhalten[36]. Es gab vielmehr auch Verweigerungen. Vollständige Angaben wurden immerhin für 22 Titel gemacht. Da ein Verlag (Suhrkamp/Insel) zumindest Start- und Gesamtauflage der Titel aus seinem Programm angab, wurden diese in die Untersuchung einbezogen, womit sich für die Analyse eine Gesamtheit von 26 Buchtiteln aus elf Verlagen ergibt. Das entspricht einer Rücklaufquote von 76%, die als hinreichend angesehen werden kann.

Mit einigen Worten ist noch der Indikator zu würdigen, an dem wir die Auswirkungen des *Literarischen Quartetts* ablesen wollen. Sollte nach der Besprechung eines Buches im *Literarischen Quartett* eine Auflagensteigerung feststellbar sein, so bleibt doch fraglich, ob dies auf die Sendung als Ursache zurückzuführen ist. Auch andere Gründe sind denkbar: Die gleichen Bücher werden häufig auch in der Presse rezensiert. Und die Verlage werben für ihre Titel mit Anzeigen in Zeitungen und Zeitschriften. Es handelt sich folglich um ein komplexes Beziehungsgeflecht, in welchem ein Nachweis von Ursache und Wirkung letztlich nur durch Isolierung einzelner Faktoren geführt werden kann. Da dies in der sozialen Wirklichkeit – und die Fernsehkommunikation stellt eine solche dar – nur begrenzt möglich ist, kann man nur mit einer gewissen Plausibilität überzeugen. Diese geht jedoch über die bloße Vermutung oder Spekulation hinaus. Im übrigen wurde aber, um unsere Untersuchung abzusichern, geprüft, inwieweit die jeweiligen Buchtitel auch in der Presse besprochen und mit Anzeigen beworben

36 Auf die Umfrage geantwortet haben die Verlage Ammann, Vito von Eichborn, Haffmanns, Carl Hanser, Kiepenheuer & Witsch, Albrecht Knaus, Luchterhand, Rowohlt (Reinbek), Suhrkamp/Insel, Volk und Welt, Wallstein. Ihnen sei für ihre Bereitschaft zur Mitwirkung hier gedankt. Nicht beteiligt haben sich (trotz zum Teil wiederholter Nachfrage) die Verlage Aufbau, S. Fischer, R. Piper, Rowohlt (Berlin).

wurden (und zwar in: *Frankfurter Allgemeine Zeitung, Süddeutsche Zeitung, Die Zeit, Der Spiegel*)[37]. Außerdem wurde u.a. auch die Bestsellerliste des *Spiegel* zur Abgleichung herangezogen. Selbstverständlich setzen wir für die Verläßlichkeit unserer Ergebnisse voraus, daß die Verlage zutreffende Angaben gemacht haben.

Die ermittelten Auflagenzahlen der im Jahre 1993 im *Literarischen Quartett* besprochenen Bücher liefern kein einfaches und konsistentes Bild, das leicht zu interpretieren wäre. Es schälen sich vielmehr mehrere Gruppen mit unterschiedlichen Resultaten heraus. Man kann diese in verschiedener Hinsicht gruppieren. Die im folgenden gewählte Form ergibt vier Gruppen, dazu als Sonderfall die »Weihnachtsempfehlungen«. Zwei der vier Gruppen lassen sich nochmals in zwei Untergruppen teilen, so gelangt man zu insgesamt sechs bzw. sieben Gruppen von Buchtiteln. Sie sollen jetzt weiter charakterisiert werden.

Gruppe 1 A: Erfolgstitel, deren Absatzzahlen in keinem erkennbaren Zusammenhang mit der Sendung stehen

Gabriel García Márquez
*Zwölf Geschichten aus der Fremde*
(Sendetermin: 18.3.1993)

| | | |
|---|---|---|
| 1. Aufl. | 20.02.1993 | 50.000 Expl. |
| 2. Aufl. | 10.03.1993 | 20.000 Expl. |
| 3. Aufl. | 01.04.1993 | 20.000 Expl. |
| 4. Aufl. | 01.06.1993 | 10.000 Expl. |
| 5. Aufl. | 01.09.1993 | 10.000 Expl. |
| 6. Aufl. | 21.11.1993 | 20.000 Expl. |
| Gesamtauflage | | 130.000 Expl. |

Martin Walser
*Ohne einander*
(15.8.1993)

| | | |
|---|---|---|
| 1. Aufl. | 28.07.1993 | 74.000 Expl. |
| Gesamtauflage | (3 Auflagen) | 102.800 Expl. |

Antonia Byatt
*Besessen*
(13.5.1993)

| | | |
|---|---|---|
| 1. Aufl. | 04.03.1993 | 17.000 Expl. |
| Gesamtauflage | (7 Auflagen) | 58.800 Expl. |

Harry Mulisch
*Die Entdeckung des Himmels*
(15.8.1993)

| | | |
|---|---|---|
| 1. Aufl. | 09.02.1993 | 10.037 Expl. |
| 2. Aufl. | 05.03.1993 | 5.033 Expl. |
| 3. Aufl. | 25.03.1993 | 6.074 Expl. |
| 4. Aufl. | 22.04.1993 | 8.289 Expl. |
| 5. Aufl. | 13.05.1993 | 5.058 Expl. |
| 6. Aufl. | 18..06.1993 | 5.388 Expl. |
| 7. Aufl. | 21.07.1993 | 5.037 Expl. |
| 8. Aufl. | 11.08.1993 | 6.008 Expl. |
| 9. Aufl. | 26.08.1993 | 5.006 Expl. |
| 10. Aufl. | 12.10.1993 | 5.352 Expl. |
| 11. Aufl. | 15.11.1993 | 6.115 Expl. |
| 12. Aufl. | 08.12.1993 | 3.427 Expl. |
| 13. Aufl. | 04.01.1994 | 3.345 Expl. |
| 14. Aufl. | 1/94 | 8.000 Expl. |
| Gesamtauflage | | 82.169 Expl. |

Toni Morrison
*Jazz*
(12.12.1993)

| | | |
|---|---|---|
| 1. Aufl. | 12.03.1993 | 20.000 Expl. |
| 2. Aufl. | 12.10.1993 | 25.000 Expl. |
| 3. Aufl. | 21.10.1993 | 20.000 Expl. |
| 4. Aufl. | 19.11.1993 | 40.000 Expl. |
| 5. Aufl. | 10.02.1994 | 15.000 Expl. |
| Gesamtauflage | | 120.000 Expl. |

In Gruppe 1 A werden fünf Titel zusammengefaßt. Sie weisen folgende Gemeinsamkeiten auf: hohe Startauflagen (mehr als 10.000 Exemplare), hohe Gesamtauflagen (mehr als 50.000 Exemplare), breite Rezension und große Anzahl von Verlagsanzeigen in den ausgewerteten Druckmedien sowie Plazierung unter den ersten 15 Plätzen der Beststellerliste des *Spiegel*. Nach Angaben der Verlage wurden alle fünf Bücher auch in anderen Literatursendungen

37 25 der insgesamt 26 in die Untersuchung einbezogenen Bücher wurden im Zeitraum zwischen September 1992 und Dezember 1993 in den vier ausgewerteten Presseorganen rezensiert. Etwa jeder dritte Titel wurde dabei in allen vier, acht Buchtitel wurden in drei der Periodika besprochen. Zu sechs Titeln fanden sich Kritiken in zwei Blättern, lediglich zwei Bücher wurden nur in einer Zeitung rezensiert. Insgesamt gab es zu den Titeln des *Literarischen Quartetts* 73 Rezensionen in den vier Blättern. Die meisten davon (23) erschienen in der SZ. Es folgen die FAZ mit 20 Titeln und die *Zeit* mit 19 Titeln. Im Kulturteil des *Spiegel* wurden elf der 26 Bücher besprochen. Zum Teil gegenläufig zu dieser Verteilung der Rezensionen ist die Insertionspraxis der Verleger. Im Zeitraum zwischen September 1992 und Dezember 1993 fanden sich insgesamt 68 Anzeigen für 16 Titel. Davon erschienen allein 50, d.h. nahezu drei Viertel, in der *Zeit*. Es folgte die FAZ mit 14 Anzeigen. Die SZ erhielt, obwohl sie viel rezensierte, nur zwei Anzeigen, ebenso viel wie der *Spiegel*.

des Fernsehens besprochen. Es handelt sich durchweg um Titel, deren Erfolg nicht erkennbar auf die Besprechung im *Literarischen Quartett* zurückgeführt werden kann, d.h. davon weitgehend unabhängig war.

Das Buch des Nobelpreisträgers Gabriel García Márquez erschien am 20.2.1993 in einer Auflage von 50.000 Exemplaren im Verlag Kiepenheuer & Witsch und hatte die zweithöchste Startauflage aller in die Untersuchung einbezogenen Titel. Hohe Startauflagen ergeben sich i.d.R. aufgrund der großen Zahl von Vorbestellungen durch die Sortimente und Barsortimente. So konnten in den ersten drei Wochen nach Erscheinen des Buches bereits 50.000 Exemplare an die Buchhandlungen abgesetzt werden. Die zweite Auflage, die etwa eine Woche vor der Besprechung im *Literarischen Quartett* erschien, hatte eine Höhe von 20.000 Exemplaren. Nach weiteren drei Wochen wurde die dritte Auflage in gleicher Höhe herausgebracht. Danach zeigte sich ein Absatzrückgang: Wurden in den ersten drei Monaten nach Erscheinen der ersten Auflage 90.000 Exemplare abgesetzt, waren es in den darauffolgenden drei Monaten nur noch 10.000 Stück. Die Auflage von 20.000 Exemplaren am 21.11.1993 ist mit dem bevorstehenden Weihnachtsgeschäft (der Hauptumsatzzeit für Bücher) zu erklären. Der Titel erreichte bis zur Verlagsbefragung eine Gesamtauflage von 130.000 Exemplaren. Die Auflagenzahlen des Buches von García Márquez sprechen für einen »normalen« Absatzverlauf eines Erfolgstitels, gekennzeichnet durch eine starke Nachfrage sofort nach Erscheinen, die – mit Ausnahme der erhöhten Nachfrageintensität in der Vorweihnachtszeit – kontinuierlich zurückgeht, wobei die Höhe der Startauflage durch nachfolgende Auflagen nicht mehr erreicht wird. Der Titel wurde bereits einen Monat nach seinem Erscheinen im *Literarischen Quartett* vorgestellt. Zu diesem Zeitpunkt waren in den vier untersuchten Presseorganen eine Rezension sowie zwei Verlagsanzeigen veröffentlicht worden.

Obgleich für das im Suhrkamp Verlag erschienene Buch von Martin Walser lediglich Startauflage, Anzahl der Auflagen und Gesamtauflage bekannt sind, lassen sich dennoch Parallelen zum Titel von García Márquez erkennen. Denn auch das Buch von Walser wurde bereits kurze Zeit nach seinem Erscheinen im *Literarischen Quartett* besprochen. Mit einer Zahl von 74.000 Exemplaren hatte der Roman die höchste Startauflage aller untersuchten Titel. Er erreichte (bis Februar 1994) eine Gesamtauflage von 102.800 Exemplaren. Auch hier konnte die Höhe der ersten Auflage durch nachfolgende Auflagen nicht übertroffen werden. Der Titel wurde bereits wenige Tage nach seinem Erscheinen in allen ausgewerteten Presseorganen rezensiert (vier davon vor dem *Literarischen Quartett* am 15.8.1993). Eine von sechs ermittelten Anzeigen des Suhrkamp Verlags erschien vor der Sendung.

Von einem weiteren Titel der Gruppe sind gleichfalls nur Start- und Gesamtauflage sowie die Anzahl der publizierten Auflagen bekannt. Mit nur zwei Rezensionen, die zeitlich vor dem Sendetermin des *Literarischen Quartetts* lagen, unterscheidet sich das im Insel Verlag erschienene Buch von Antonia Byatt von den übrigen der Gruppe. *Besessen* wurde jedoch mit acht Verlagsanzeigen, von denen drei im Zeitraum zwischen Erscheinen und der Vorstellung im *Literarischen Quartett* am 3.5.1993 erschienen sind, nur noch von der Werbung für Toni Morrisons Buch *Jazz* übertroffen. Mit den vorliegenden Informationen zu dem Titel läßt sich die spätere Nachfrage nicht erklären. Eine verzögerte Wirkung des *Literarischen Quartetts* ist jedoch aufgrund der gemachten Beobachtungen nicht wahrscheinlich.

Setzt man die Startauflage in Relation zur Gesamtauflage, so ist *Die Entdeckung des Himmels* von Harry Mulisch der erfolgreichste Titel dieser Gruppe. Die erste Auflage, mit 10.000 Exemplaren die kleinste unter den fünf Büchern der Gruppe 1 A, erlebte innerhalb eines Jahres eine mehr als achtfache Steigerung. Mit insgesamt 14 (bis zum Untersuchungszeitpunkt) ist die Zahl der Auflagen vergleichsweise hoch. Während des gesamten Jahres nach Erscheinen der ersten Auflage wurden im Abstand von etwa drei bis vier Wochen durchschnittlich je ca. 5.500 Stück nachgedruckt. So waren in den sechs Monaten bis zur Vorstellung des Romans im *Literarischen Quartett* bereits 50.924 Exemplare auf dem Markt. Von August 1993 bis Januar 1994 wurden dann 31.245 Exemplare publiziert. Da das Buch erst ein halbes Jahr nach Erscheinen der ersten Auflage im *Literarischen Quartett* besprochen wurde, waren zuvor vier Rezensionen und fünf der sieben Anzeigen in den ausgewerteten Medien erschienen.

Toni Morrisons Buch *Jazz* erschien am 12.3.1993 bei Rowohlt mit einer Startauflage von 20.000 Exemplaren – die dritthöchste unter den 26 Titeln. Die zweite Auflage erschien, nachdem bekannt war, daß die Verfasserin den Literaturnobelpreis 1993 erhalten würde. Nur wenige Tage danach ließ der Verlag eine dritte Auflage (20.000 Exemplare) drucken. Die hohe Auflage von 40.000 Stück am 19.11.1993 könnte im Hinblick auf die kommende Besprechung des Buches im *Literarischen Quartett* veranstaltet worden sein, ist zugleich aber mit der erwarteten Nachfrage in der Vorweihnachtszeit erklärbar. Bis Februar 1994 erreichte Morrisons Roman eine Gesamtauflage von 120.000 Exemplaren. Da das Buch erst neun Monate nach Erscheinen (und gewiß als Folge der Verleihung des Nobelpreises an die Autorin) in der Dezemberausgabe des *Literarischen Quartetts* besprochen wurde, war der Titel in den vier Presseorganen bereits vorher rezensiert worden. Mit insgesamt neun Anzeigen war *Jazz* der Titel, für den darin auch am häufigsten geworben wurde. Im Falle von *Jazz* zeigt die Auflagenentwicklung, daß der Erhalt des Literaturnobelpreises den steigenden Absatzerfolg bedingte.

Bei den in Gruppe 1A zusammengefaßten Büchern handelt es sich um Bestseller. Die Verfasser sind zugkräftige Autoren großer deutscher Literaturverlage, die für ihre Titel beträchtlich in Werbemaßnahmen investieren und auch andere verkaufsfördernde Maßnahmen ergreifen, um Buchhandelskunden auf Novitäten aufmerksam zu machen. Unter diesen Umständen fällt dem *Literarischen Quartett* keine maßgebliche Rolle zu. Dies schließt nicht aus, daß auch von ihm Leser zum Kauf der Bücher angeregt wurden, doch hängt davon der Gesamterfolg nicht ab. Die Sendung wirkt hier allenfalls in einem Ensemble von »Medienimpulsen«.

Gruppe 1B: Erfolgstitel, deren Auflagenzahlen auf eine kurzzeitige Wirkung der Sendung schließen lassen

Margriet de Moor
*Erst grau dann weiß dann blau*
(12.12.1993)

| | | |
|---|---|---|
| 1. Aufl. | 09.08.1993 | 10.239 Expl. |
| 2. Aufl. | 18.10.1993 | 3.185 Expl. |
| 3. Aufl. | 02.11.1993 | 5.217 Expl. |
| 4. Aufl. | 23.11.1993 | 8.456 Expl. |
| 5. Aufl. | 14.12.1993 | 5.317 Expl. |
| 6. Aufl. | 17.01.1994 | 10.525 Expl. |
| Gesamtauflage | | 42.939 Expl. |

Michael Ondaatje
*Der englische Patient*
(21.10.1993)

| | | |
|---|---|---|
| 1. Aufl. | 09.08.1993 | 10.420 Expl. |
| 2. Aufl. | 22.10.1993 | 5.348 Expl. |
| 3. Aufl. | 29.10.1993 | 5.000 Expl. |
| 4. Aufl. | 14.12.1993 | 3.186 Expl. |
| 5. Aufl. | 24.01.1994 | 3.295 Expl. |
| Gesamtauflage | | 27.249 Expl. |

Startauflagen von mehr als 10.000 Exemplaren und breite Rezension in den Druckmedien sind Gemeinsamkeiten dieser beiden, auch in anderen Literatursendungen des Fernsehens vorgestellten Titel des Carl Hanser Verlags. Der Roman der niederländischen Autorin Margriet de Moor erschien Anfang August 1993 in einer Höhe von 10.329 Exemplaren. Mehr als zwei Monate nach Erscheinen druckte der Verlag die zweite Auflage mit 3.185 Exemplaren. Im Abstand von zwei bis drei Wochen folgten weitere drei Auflagen, wobei die vierte gerade zwei Tage nach der Besprechung des Buches in der Dezemberausgabe des *Literarischen Quartetts* erschien. Mitte Januar wurde die bis dahin höchste Auflage mit 10.525 Stück gedruckt. Der Titel erreichte dann eine Gesamtauflage von 42.939 Exemplaren. Drei Zeitungsrezensionen erschienen in den Buchmesse-Beilagen von FAZ, SZ und *Zeit* Anfang Oktober 1993, noch bevor der Titel im *Literarischen Quartett* besprochen wurde. Wie bei Harry Mulisch zuvor, ist der Erfolg des Buches *Erst grau dann weiß dann blau* vermutlich auch auf das Schwerpunktthema »Flandern und die Niederlande« der Buchmesse 1993 zurückzuführen. Grund für die Zuordnung zu der hier genannten Gruppe ist vor allem die Höhe der sechsten Auflage mit 10.525 Exemplaren am 17.1.1994, etwa einen Monat nach der Vorstellung des Titels in der ZDF-Sendung. Verglichen mit den Bestsellertiteln von Walser, Morrison und García Márquez der Vorgruppe, deren Auflagenzahlen auch nach den jeweiligen Sendungen rückläufig waren, wird im Fall des Buches von de Moor mit der letzten (hier erfaßten) Auflage selbst die Startauflage des Titels übertroffen. Dies geschah, wie zu bemerken ist, im Januar 1994, d.h. nach Abschluß des Weihnachtsgeschäfts im Buchhandel und somit in einer Zeit, in der mit zurückgehenden Absatzzahlen zu rechnen ist. Zumindest liegt hier der Schluß nahe, daß ein ohnehin erfolgreicher Absatz durch die Besprechung des Titels in der ZDF-Büchersendung nochmals forciert werden kann.

Michael Ondaatjes Roman *Der englische Patient* erschien gleichfalls am 9.8.1993 in einer Startauflage von 10.429 Exemplaren. Die Zuordnung des Titels zu dieser Gruppe 1B ergibt sich aufgrund der rasch aufeinanderfolgenden Auflagen im Oktober 1993. Im Fall von Ondaatje, dessen Buch sechs Wochen nach Erscheinen im *Literarischen Quartett* besprochen wurde, liegen Erscheinungstermin der Rezensionen und der Verlagsanzeigen in der Presse sowie der Zeitpunkt der Vorstellung des Buches in der ZDF-Sendung zeitlich sehr eng zusammen.

Gleichwohl erschienen gerade zwei Tage nach Ausstrahlung des *Literarischen Quartetts* die zweite und nur sieben Tage später die dritte Auflage in etwa gleicher Höhe. Dies läßt darauf schließen, daß der Verlag, der für die Sendung 5.348 Exemplare druckte, aufgrund der gestiegenen Nachfrage nach der Sendung erneut nachdrucken mußte. Zudem weist kein anderer der in die Untersuchung einbezogenen Titel einen so kurzen Abstand zwischen zwei Neuauflagen auf. Daß die größere Nachfrage aber nur von kurzer Dauer war, zeigt der Rückgang der Auflagenhöhe im Dezember. Bis zum Zeitpunkt der Befragung erreichte er eine Gesamtauflage von 27.249 Exemplaren.

Gruppe 2: Titel mit anhaltendem Auflagenerfolg aufgrund der Sendung

Ruth Klüger
*weiter leben*
(14.1.1993)

| | | |
|---|---|---|
| 1. Aufl. | 16.06.1992 | 2.500 Expl. |
| 2. Aufl. | 11/1992 | 2.500 Expl. |
| 3. Aufl. | 1/1993 | 10.000 Expl. |
| 4. Aufl. | 2/1993 | 20.000 Expl. |
| 5. Aufl. | 4/1993 | 20.000 Expl. |
| 6. Aufl. | 9/1993 | 20.000 Expl. |
| 7. Aufl. | 11/1993 | 25.000 Expl. |
| Gesamtauflage | | 100.000 Expl. |

Cees Nooteboom
*Rituale*
(15.8.1993)

| | | |
|---|---|---|
| 1. Aufl. | 25.03.1993 | 5.500 Expl. |
| Gesamtauflage | (14 Auflagen) | 163.200 Expl. |

Die in Gruppe 2 zusammengefaßten Titel weisen zunächst niedrige Startauflagen, aber hohe Gesamtauflagen auf. Die Jugenderinnerungen der Wiener Jüdin Ruth Klüger erschienen, nachdem der Suhrkamp-Verleger sie angeblich mit der Begründung abgelehnt hatte, das Manuskript genüge nicht den literarischen Ansprüchen des Verlages[38], im Juni 1992 in einer Auflage von 2.500 Exemplaren im Göttinger Wallstein-Verlag. Fünf Monate später war der Titel vergriffen und wurde nochmals in gleicher Höhe nachgedruckt. Die dritte Auflage im Januar 1993 in Höhe von 10.000 Exemplaren bedeutet gegenüber der zweiten Auflage einen sprunghaften Anstieg um das Vierfache. Im Februar, April und September erschienen weitere Auflagen von jetzt je 20.000 Exemplaren. Und im November 1993 wurde die bis dahin höchste Auflage von 25.000 Exemplaren gedruckt. Die Startauflage, übrigens die kleinste der 26 untersuchten Titel, war somit bis Ende 1993 um das Vierzigfache angestiegen.

Geringe Startauflagen sind im allgemeinen Ausdruck für niedrige Absatzerwartungen. Im vorliegenden Fall ergeben sich jedoch die geringen Stückzahlen der ersten und zweiten Auflage aus der bescheidenen Größe und der wirtschaftlichen Situation des Wallstein-Verlages. Vor seiner Vorstellung im *Literarischen Quartett* am 14.1.1993 war Ruth Klügers Buch bereits im Oktober und November in FAZ, SZ und der *Zeit* rezensiert worden. Anzeigen schaltete der Verlag in den ausgewerteten Presseorganen aber nicht. Das Buch wurde auch in keiner anderen Literatursendung des Fernsehens vorgestellt. Allerdings hatte Sigrid Löffler den Titel bereits im *Literarischen Quartett* vom 19.11.1992 als »Weihnachtsempfehlung« genannt, so daß sich hier binnen kurzem ein zweifacher Impuls durch die ZDF-Sendung ergab.

Verblüffend – auch im Vergleich zu den zuvor beschriebenen Titeln der Gruppen 1 A und 1 B – ist im Fall von Ruth Klügers *weiter leben* eine lang anhaltende Absatzsteigerung nach der Sendung, die zumindest teilweise unzweifelhaft auf die Besprechung des Buches im *Literarischen Quartett* zurückzuführen ist. Gestützt wird diese Aussage durch die Tatsache, daß die Zahl anderer Medienimpulse unerheblich war bzw. bereits längere Zeit vorauslag.

Von allen 26 Titeln erreichte das Buch *Rituale* des Niederländers Cees Nooteboom die höchste Gesamtauflage. Vergleicht man Start- und Gesamtauflage, so ist eine Auflagensteigerung um das Dreißigfache innerhalb eines Jahres festzustellen. Im Unterschied zu den anderen 1993 im *Literarischen Quartett* vorgestellten Büchern handelt es sich bei dem Roman Nootebooms nicht um eine Neuerscheinung, sondern um eine Neuausgabe eines Buches, das 1985 erstmals bei Suhrkamp erschienen war. Die Neuausgabe kündigte der Verlag mit einer Anzeige in der *Zeit* am 25.6.1993 an, übrigens die einzige der insgesamt sieben Anzeigen, die Suhrkamp in den ausgewerteten Presseorganen schaltete, bevor der Titel in der ZDF-Büchersendung am 25.6.1993 besprochen wurde. Da die Einzelauflagen der *Rituale* wieder nicht mitgeteilt wurden (es waren 14), sei die Bestseller-Liste des *Spiegel* als Hilfsquelle herangezogen. Am 26.8.1993, nur elf Tage nach dem *Literarischen Quartett,* stand der Roman auf Platz 18 dieser Liste. In der Folgewoche fehlte der

38 Vgl. *Der Spiegel* Heft 5 (1993), S. 189.

Titel zwar, rückte aber in derjenigen des *Spiegel* vom 9.9.1993 auf Platz 9 vor. In den folgenden 14 Wochen bis zum Ende des Jahres belegte Nootebooms Roman alternierend die Plätze 3, 4 und 5.

Obgleich die Entwicklung der Auflage beider, hier zusammengefaßter Titel eine anhaltende Nachfrage aufgrund des *Literarischen Quartetts* anzeigt, sind die großen Absatzerfolge der Bücher unterschiedlich zu bewerten. Im Fall des Buches von Ruth Klüger handelt es sich um den Erstling einer bis dahin in der Öffentlichkeit unbekannten Autorin. Zwar wurde *weiter leben* bereits Ende 1992 in Zeitungen rezensiert, jedoch offensichtlich mit nur geringer Wirkung für den Verkauf. Diese Ansicht bestätigt auch der Verlag selbst. Andererseits dürften, nachdem der Anstoß durch das *Literarische Quartett* gegeben war, im Laufe des Jahres andere Multiplikationseffekte hinzugetreten sein. Nur durch deren Kumulation wird man die langfristige Auflagensteigerung erklären können.

Anders sah die Sache bei Cees Nooteboom aus: Zum Erfolgsautor wurde er in Deutschland bereits durch sein Buch *Die folgende Geschichte*, dessen Rekordabsatz gleichfalls auf eine Besprechung des Titels im *Literarischen Quartett* Ende 1991 zurückgeführt werden kann. 1993 kam dem Autor wegen des Schwerpunktthemas der Frankfurter Buchmesse erhöhte Aufmerksamkeit zu. Eine Durchsicht der Buchmesse-Literaturbeilagen ergab, daß Nooteboom darin einer der meistbesprochenen Autoren war. Der Verlag verschaffte dem Titel nach seinem *Quartett*-Erfolg weitere Aufmerksamkeit durch Werbemaßnahmen. So erschienen nach dem 15.8.1993 in der *Zeit* sechs Anzeigen für das Buch, deren Text ein Wort Reich-Ranickis aus der Sendung an diesem Tag zitierte. Hellmuth Karasek, selbst Mitglied des *Literarischen Quartetts*, hat die Büchersendung sogar für die Neuauflage der *Rituale* verantwortlich gemacht. Da Nootebooms Roman *Die folgende Geschichte* durch das *Literarische Quartett* eine so hohe Leserresonanz fand, habe der Verlag geglaubt, mit *Rituale* einen vergleichbaren Erfolg erzielen zu können. 1985 sei die Erstausgabe lediglich einige hundertmal verkauft worden[39].

Gruppe 3A: Titel, deren Auflagenzahlen eine kurzzeitig stärkere Wirkung der Sendung erkennen lassen

Aleksandar Tišma
*Die Schule der Gottlosigkeit*
(12.12.1993)

| | | |
|---|---|---|
| 1. Aufl. | 09.08.1993 | 5.000 Expl. |
| 2. Aufl. | 17.12.1993 | 3.271 Expl. |
| 3. Aufl. | 13.01.1994 | 5.231 Expl. |
| Gesamtauflage | | 13.502 Expl. |

Scott Bradfield
*Die Geschichte der leuchtenden Bewegung*
(13.5.1993)

| | | |
|---|---|---|
| 1. Aufl. | 10.03.1993 | 4.500 Expl. |
| 2. Aufl. | 16.05.1993 | 3.100 Expl. |
| 3. Aufl. | 16.06.1993 | 3.000 Expl. |
| Gesamtauflage | | 10.600 Expl. |

Michail Bulgakov
*Die weiße Garde*
(14.1.1993)

| | | |
|---|---|---|
| 1. Aufl. | 15.09.1992 | 3.000 Expl. |
| 2. Aufl. | 18.01.1993 | 3.500 Expl. |
| Gesamtauflage | | 6.500 Expl. |

Tom Coraghessan Boyle
*Willkommen in Wellville*
(15.8.1993)

| | | |
|---|---|---|
| 1. Aufl. | 09.08.1993 | 10.124 Expl. |
| 2. Aufl. | 26.08.1993 | 11.578 Expl. |
| Gesamtauflage | | 21.702 Expl. |

Die Auflagen der Bücher, die in dieser Gruppe zusammengefaßt sind, zeigen: Jeder der Titel erreichte bis zum Zeitpunkt der Verlagsbefragung zwei bis drei Auflagen, wobei jeweils die zweite Auflage wenige Tage nach der Besprechung des Titels im *Literarischen Quartett* datiert ist. Die Höhe der Startauflage(n) wurde durch die Höhe der folgenden Auflage(n) übertroffen.

Das im Verlag Carl Hanser erschienene Buch von Aleksandar Tišma startete im August 1993 mit einer Auflage von 5.000 Exemplaren. Fünf Tage nach dem

39 Vgl. Hellmuth Karasek: Lesenwert. Ein Solo aus der Werkstatt des »Literarischen Quartetts«. In: Gestern begann die Zukunft. Hrsg. von Hilmar Hoffmann. Darmstadt 1994, S. 217–221. Als Beispiel eines Buches aus jüngerer Zeit, dem durch das *Literarische Quartett* ein großer Erfolg verschafft wurde, war 1996 Javier Marías *Mein Herz so weiß*. Vgl. Hellmuth Karasek: Das Fernsehen als Café. In: *Spiegel special* Heft 10 (1996), S. 22.

*Literarischen Quartett* am 12.12.1993 und ca. vier Monate nach Erscheinen des Titels kam eine zweite Auflage heraus, die Mitte Januar offenbar bereits vergriffen war. Es folgte die dritte Auflage in Höhe von 5.231 Exemplaren. Somit liegt die Gesamtauflage um nahezu das Dreifache über der Startauflage, was dieses Buch zum erfolgreichsten der Gruppe macht. Die Erzählungen Tišmas wurden in der SZ und der *Zeit* rezensiert, beidemal bevor das Buch im *Literarischen Quartett* besprochen wurde. Der Hanser Verlag inserierte in den ausgewerteten Presseorganen für Tišmas Buch nicht. Von allen hier untersuchten Hanser-Titeln hatte *Die Schule der Gottlosigkeit* die geringste Startauflage, d. h. die Verkaufserwartung des Verlages an den Titel eines in Deutschland noch weitgehend unbekannten Autors war begrenzt. Die zweite Auflage kurz nach der Sendung läßt eine ansteigende Nachfrage vermuten, wobei nicht genau erkennbar ist, wann diese einsetzte. Der steigende Verkaufserfolg des Buches aufgrund der Besprechung manifestiert sich in der Höhe der Auflage vom 13.1.1994, die die Startauflage übertraf.

Ein ähnliches Schicksal hatte das Buch des bis dahin unbekannten Autors Scott Bradfield, das am 10.3.1993 im Züricher Ammann Verlag herauskam. Zwei von drei Rezensionen erschienen vor der Besprechung des Buches im *Literarischen Quartett* am 13.5.1993. Anzeigen wurden in den ausgewerteten Presseorganen nicht geschaltet. Wie im Fall Tišma lassen die Daten der zweiten und dritten Auflage eine stärkere Wirkung des *Literarischen Quartetts* vermuten, was jedoch nur von kurzer Dauer gewesen sein kann, da von Mitte 1993 bis zum Zeitpunkt der Verlagsbefragung kein weiterer Nachdruck veranstaltet wurde.

Der Titel des im Verlag Volk und Welt verlegten russischen Autors Michail Bulgakov (ebenfalls eine Neuausgabe) kam lediglich auf zwei Auflagen. In den durchgesehenen Pressemedien fanden sich weder Rezensionen noch Anzeigen für den Titel. Die Auflagenzahlen sprechen für eine kurzzeitige Absatzsteigerung aufgrund des *Literarischen Quartetts*. Allerdings wurde das Buch auch noch in einer anderen Büchersendung des Fernsehens besprochen.

Die Höhe der Startauflage und daß der Verlag für den Titel geworben hat (Anzeige in der *Zeit* vom 8.10.1993) sowie der Bekanntheitsgrad des amerikanischen Gegenwartsautors T.C. Boyle unterscheiden seinen Titel von den übrigen Büchern der Gruppe. Der Roman aus dem Hanser Verlag wurde erst nach seiner Vorstellung in der Augustausgabe des *Literarischen Quartetts* (in der FAZ und in der SZ) rezensiert. Der Umstand, daß der Titel wenige Tage nach seiner Vorstellung im *Literarischen Quartett* in einer Stückzahl, deren Höhe die Startauflage übertraf, nachgedruckt wurde, begründet die Zuordnung zu dieser Gruppe. Für einen lediglich kurzzeitigen, die Neuauflage unterschreitenden Anstieg der Nachfrage spricht, daß nach dem 26.8.1993, trotz Rezensionen und Verlagswerbung, nicht mehr nachgedruckt werden mußte.

Gruppe 3 B: Titel, deren Auflagenzahlen allenfalls eine kurzzeitig schwächere Wirkung des *Literarischen Quartetts* zeigen

David Lodge
*Neueste Paradies-Nachrichten*
(14.1.1993)

| | | |
|---|---|---|
| 1. Aufl. | 16.09.1992 | 8.000 Expl. |
| 2. Aufl. | 04.02.1993 | 6.000 Expl. |
| Gesamtauflage | | 14.000 Expl. |

V. S. Naipaul
*Das Rätsel der Ankunft*
(21.10.1993)

| | | |
|---|---|---|
| 1. Aufl. | 22.08.1993 | 4.000 Expl. |
| 2. Aufl. | 15.10.1993 | 4.000 Expl. |
| 3. Aufl. | 05.11.1993 | 2.000 Expl. |
| Gesamtauflage | | 10.000 Expl. |

Philip Roth
*Täuschung*
(18.3.1993)

| | | |
|---|---|---|
| 1. Aufl. | 09.02.1993 | 6.390 Expl. |
| 2. Aufl. | 25.02.1993 | 5.270 Expl. |
| 3. Aufl. | 26.03.1993 | 7.072 Expl. |
| Gesamtauflage | | 18.732 Expl. |

Susan Sontag
*Der Liebhaber des Vulkans*
(18.3.1993)

| | | |
|---|---|---|
| 1. Aufl. | 15.03.1993 | 10.253 Expl. |
| 2. Aufl. | 01.04.1993 | 5.370 Expl. |
| Gesamtauflage | | 15.623 Expl. |

W. G. Sebald
*Die Ausgewanderten*
(14.1.1993)

| | | |
|---|---|---|
| 1. Aufl. | 9/1992 | 7.000 Expl. |
| 2. Aufl. | 11/1992 | 4.000 Expl. |
| 3. Aufl. | 1/1993 | 4.000 Expl. |
| Gesamtauflage | | 15.000 Expl. |

Norbert Gstrein
*O₂*
(21.10.1993)

| | | |
|---|---|---|
| 1. Aufl. | 01.09.1993 | 8.000 Expl. |
| Gesamtauflage | (3 Auflagen) | 14.300 Expl. |

Vladimir Nabokov
*Die Gabe*
(21.10.1993)

| | | |
|---|---|---|
| 1. Aufl. | 10.09.1993 | 6.000 Expl. |
| 2. Aufl. | 29.10.1993 | 5.000 Expl. |
| 3. Aufl. | 27.01.1994 | 4.000 Expl. |
| Gesamtauflage | | 15.000 Expl. |

Betrachtet man die Erscheinungsdaten der Auflagen sowie die Auflagenhöhen der in der Gruppe 3 B zusammengefaßten Titel, so zeigt sich folgendes: Ein Nachdruck erfolgte innerhalb eines Monats nach der Sendung. Dabei konnte – im Gegensatz zu den Titeln der Gruppe 3 A – die Höhe der Startauflagen bzw. die Höhe der Auflagen vor den jeweiligen Sendeterminen des *Literarischen Quartetts* nicht übertroffen werden. Und dies obwohl sechs der sieben Titel in den ausgewerteten Pressemedien rezensiert und in einer oder mehreren Literatursendungen des Fernsehens vorgestellt wurden. Keines der Bücher konnte sich aufgrund der Verkaufszahlen auf einer Bestsellerliste plazieren.

Die Auflagenzahlen des Buches von David Lodge belegen, daß hier allenfalls von einer kurzfristigen und schwachen Wirkung durch das *Literarische Quartett* gesprochen werden kann. Wurden von Mitte September 1992 bis Anfang Februar 1993 nicht mehr als 8.000 Exemplare abgesetzt, so waren es von Februar 1993 bis zum Zeitpunkt der Befragung etwa ein Jahr später weniger als 6.000 Exemplare. Dennoch läßt die kurze Zeitspanne zwischen Sendetermin (14.1.1993) und Erscheinungsdatum der zweiten Auflage (4.2.1993) einen (erwarteten) Einfluß auf die Auflagenentwicklung des Titels vermuten. Möglicherweise wurde eine größere Stückzahl erst aufgrund der Sendung nachgefragt.

Das Buch des indischen Autors V. S. Naipaul kam am 22.8.1993 mit einer Startauflage von 4.000 Exemplaren in den Buchhandel. Der erste Nachdruck erfolgte sechs Tage vor der Oktoberausgabe des *Literarischen Quartetts,* in welcher der Titel besprochen wurde. Der Verlag Kiepenheuer & Witsch gehört zu denjenigen Verlagen, die bereits vor dem Sendetermin nachdrucken, um auf eine verstärkte Nachfrage nach der Sendung vorbereitet zu sein. Die dritte Auflage des Buches wurde zwei Wochen nach der Sendung in einer Höhe von 2.000 Exemplaren publiziert. Auch hier läßt sich aufgrund der vorhandenen Daten allenfalls von einer schwächeren Wirkung der Sendung sprechen: Die 4.000 Exemplare, die vom Verlag für die Sendung gedruckt wurden, konnten innerhalb von drei Wochen verkauft werden. Die 2.000 Exemplare der Auflage vom 5.11.1993 waren dagegen zum Zeitpunkt der Befragung im Februar 1994 noch nicht abgesetzt worden. Auch hier zeigt sich ein deutlicher Nachfragerückgang. Wurden in den ersten zweieinhalb Monaten nach Erscheinen 8.000 Exemplare abgesetzt, so waren es in den folgenden drei Monaten weniger als 2.000.

Im Falle des Buches von Philip Roth, das in der Märzsendung des *Literarischen Quartetts* diskutiert wurde, liegt zwar die dritte und höchste Teilauflage (7.072 Exemplare) wenig mehr als eine Woche nach Ausstrahlung der Sendung, doch konnten diese Exemplare offenbar bis zu unserer Befragung nicht (vollständig) abgesetzt werden. Möglicherweise ist auch ein Teil der Auflage vom 25.2.1993 erst aufgrund der Sendung am 18.3.1993 verkauft worden. Hierüber könnten aber nur Verkaufszahlen Aufschluß geben.

Konfrontiert man Start- und Gesamtauflage von Susan Sontags Roman, so zeigt sich ein geringer Erfolg des Titels, obwohl er Ende März, Anfang April in FAZ, SZ, *Zeit* und *Spiegel* rezensiert wurde. Anzeigen wurden aber nicht geschaltet. Die hohe Startauflage resultiert vermutlich aus den Vorbestellungen durch die Sortimente. Zwei Wochen nach Erscheinen wurde bereits die zweite, jedoch vorläufig letzte Auflage des Titels gedruckt. In den Zeitraum von zwei Wochen zwischen der ersten und der zweiten Auflage fielen drei Zeitungsrezensionen sowie die Besprechung des Titels im *Literarischen Quartett.* Obwohl das Interesse an dem Buch offenbar rasch nachließ, kann eine – wenngleich allenfalls schwache – positive Wirkung der ZDF-Sendung nicht ganz ausgeschlossen werden.

Alle vier Rezensionen, die dem bei Eichborn erschienenen Buch W. G. Sebalds gewidmet waren, wurden vor seiner Besprechung im *Literarischen Quartett* veröffentlicht. Anzeigen gab es für den Titel in den ausgewerteten Presseorganen dagegen keine. Von September 1992 bis Januar 1993 konnte der Verlag 11.000 Exemplare des Buches absetzen. Die dritte Auflage in Höhe von 4.000 Stück wurde dagegen selbst innerhalb eines Jahres nicht vollständig verkauft. Der Verlag selbst schätzte den durch die

Sendung bedingten Absatz nur auf 500 bis 1.000 Stück.

Von dem Buch des Österreichers Norbert Gstrein sind, da es sich um einen Titel aus dem Programm des Suhrkamp Verlages handelt, wiederum nur Start- und Gesamtauflagen sowie die Anzahl der Auflagen bekannt. Aus der Differenz beider Auflagenzahlen ist zu erschließen, daß die beiden nach dem 1.9.1993 erschienenen Auflagen zusammen nur 6.300 Exemplare betrugen, d.h. kleiner waren als die Startauflage. Dadurch rechtfertigt sich die Zuordnung des Titels zu dieser Gruppe.

Die Auflagenzahlen von Vladimir Nabokovs *Die Gabe* erlauben es nicht, den Titel eindeutig der Gruppe 3 B zuzuordnen. Er unterscheidet sich von den anderen hier zusammengefaßten dadurch, daß nach der Oktoberausgabe des *Literarischen Quartetts* bis zum Zeitpunkt der Verlagsbefragung zwei Auflagen des Titels herauskamen, während es in den anderen Fällen lediglich eine war. Doch vergleicht man die Auflagen des Titels von Nabokov mit den Büchern von Tišma und Bradfield in Gruppe 3 A, von denen binnen vier Wochen nach der Sendung zwei Auflagen erschienen, so ist hier die Wirkung der Sendung doch als schwächer anzusehen. Zu einem größeren Absatz haben auch nicht die drei Rezensionen und die drei Anzeigen in den Zeitungen beigetragen.

Gruppe 4: Titel, deren Auflagenzahlen auf keine Wirkung der Sendung schließen lassen

Horst Stern
*Klint*
(15.8.1993)

| | | |
|---|---|---|
| 1. Aufl. | 12/1992 | 20.000 Expl. |
| 2. Aufl. | 4/1994 | 5.000 Expl. |
| Gesamtauflage | | 25.000 Expl. |

Gerhard Köpf
*Papas Koffer*
(13.5.1993)

| | | |
|---|---|---|
| 1. Aufl. | 05.03.1993 | 4.000 Expl. |
| 2. Aufl. | 10.10.1993 | 4.000 Expl. |
| Gesamtauflage | | 8.000 Expl. |

Claude Simon
*Georgica*
(14.1.1993)

| | | |
|---|---|---|
| 1. Aufl. | 28.09.1992 | 4.000 Expl. |
| 2. Aufl. | 05.01.1993 | 4.000 Expl. |
| Gesamtauflage | | 8.000 Expl. |

Bei keinem der hier genannten drei Titel wurde kurze Zeit nach der jeweiligen Besprechung im *Literarischen Quartett* ein Nachdruck nötig. Dies spricht dafür, daß die Sendung keine unmittelbare (positive) Wirkung auf die Nachfrage hatte.

Horst Sterns Buch *Klint* erschien im Dezember 1992 in einer Startauflage von 20.000 Exemplaren im Verlag Albrecht Knaus. Von allen untersuchten Titeln hat es somit die dritthöchste Startauflage, ebenso wie Toni Morrisons *Jazz*. Die zweite und (zumindest bis Anfang 1994) letzte Auflage des Buches kam 16 Monate nach der ersten in Höhe von 5.000 Exemplaren heraus. Der Titel wurde bis dahin lediglich einmal (in der SZ) rezensiert, Anzeigen fanden sich in den vier Presseorganen nicht. Die großen Erwartungen des Verlags, die sich in der Höhe der Startauflage ausdrückten, wurden nicht erfüllt, da erst mehr als ein Jahr nach ihrem Erscheinen ein Nachdruck des Titels nötig wurde. Über eine förderliche Wirkung des *Literarischen Quartetts* läßt sich somit keine Aussage treffen. Theoretisch möglich ist, daß eine Absatzsteigerung nach dem 15.8.1993, dem Datum der Besprechung in der Büchersendung, eintrat, die noch durch die Startauflage befriedigt werden konnte und sich nur an den Verkaufszahlen ablesen ließe. Ein Nachdruck aufgrund der Sendung – wie in anderen Fällen – fand jedenfalls nicht statt.

Die Erstauflage von Gerhard Köpfs Roman *Papas Koffer* brachte der Luchterhand Literaturverlag am 5.3.1993 in einer Höhe von 4.000 Exemplaren heraus. Die zweite Auflage folgte mehr als sieben Monate später und fünf Monate nachdem der Titel im *Literarischen Quartett* vorgestellt worden war. Für eine unmittelbare Wirkung der Sendung fehlen daher die Anhaltspunkte. Das Buch war auch erst nach der Sendung Gegenstand von drei Presse-Rezensionen.

Der Roman *Georgica* des französischen Literaturnobelpreisträgers Claude Simon wurde in den gleichen Auflagenhöhen produziert wie Köpfs Buch. Die Startauflage erschien am 28.9.1992, die zweite Auflage folgte am 5.1.1993. *Georgica* wurde in allen vier Periodika rezensiert und vom Rowohlt Verlag bereits 1992 in vier Anzeigen beworben. Daß der Titel nur zögerlich mit begrenzter Auflage gedruckt wurde, spricht für die bescheidene Erwartung des Verlages bezüglich des Absatzes dieses schwierigen Werkes. Im Unterschied zu den anderen Büchern der Gruppe 4 offerierte der Verlag wenige Tage vor der Besprechung des Titels im *Literarischen Quartett* eine zweite Auflage in Höhe der Startauflage, die bis zum Zeitpunkt der Verlagsbefragung mehr als ein

Jahr später noch nicht ganz abgesetzt war. Sollte ein Anstieg der Nachfrage aufgrund der ZDF-Sendung stattgefunden haben, so kann dieser nur sehr gering ausgefallen sein. Eine Neuauflage wurde dadurch nicht erforderlich.

Gruppe 5: Sondergruppe »Weihnachtsempfehlungen«

Walter Kempowski
*Das Echolot*
(12.12.1993)

| | | |
|---|---|---|
| 1. Aufl. | 04.11.1993 | 5.500 Expl. |
| 2. Aufl. | 01.12.1993 | 2.000 Expl. |
| 3. Aufl. | 05.12.1993 | 4.000 Expl. |
| 4. Aufl. | 28.12.1993 | 2.000 Expl. |
| 5. Aufl. | 2/1994 | 8.000 Expl. |
| 6. Aufl. | 3/1994 | 5.000 Expl. |
| Gesamtauflage | | 26.500 Expl. |

Fjodor M. Dostojewski
*Verbrechen und Strafe*
(12.12.1993)

| | | |
|---|---|---|
| 1. Aufl. | 12.11.1993 | 4.700 Expl. |
| 2. Aufl. | 01.02.1994 | 2.900 Expl. |
| 3. Aufl. | 23.03.1993 | 3.500 Expl. |
| Gesamtauflage | | 11.100 Expl. |

Vladimir Nabokov
*Deutliche Worte*
(12.12.1993)

| | | |
|---|---|---|
| 1. Aufl. | 02.04.1993 | 5.000 Expl. |
| 2. Aufl. | 28.02.1994 | 3.000 Expl. |
| Gesamtauflage | | 8.000 Expl. |

In dieser Gruppe werden die Titel zusammengefaßt, die als sogenannte »Weihnachtsempfehlungen« in der Dezemberausgabe des Literarischen Quartetts 1993 vorgestellt wurden. Sie nehmen insofern eine Sonderstellung ein, weil diese Titel in der Kritikerrunde nicht diskutiert wurden. Vielmehr sprach jeder der Quartett-Kritiker am Ende der Sendung vom 12.12.1993 eine persönliche Empfehlung aus. Die Verlage waren vor der Sendung nicht von der Empfehlung der Titel unterrichtet.

Walter Kempowskis vierbändiges, bei Albrecht Knaus verlegtes Werk *Das Echolot,* weist, obgleich es zum Zeitpunkt der Befragung erst seit drei Monaten auf dem Markt war, eine ähnliche Auflagenentwicklung auf wie Mulischs Buch in der Gruppe 1 A: Eine starke Nachfrage nach dem Titel sofort nach Erscheinen und ein regelmäßiger Nachdruck aufgrund anhaltender Nachfrage. Die kleinen Auflagenhöhen, obgleich es sich bei Walter Kempowski um einen Bestsellerautor mit mehr als einer Million verkaufter Bücher handelt, erklären sich aus dem hohen Ladenpreis der vier Bände (348 DM), der für den Verlag ein Absatzrisiko darstellte. Die Vorsicht zeigt sich auch beim Nachdruck der zweiten Auflage von nur 2.000 Exemplaren. Doch aufgrund höherer Nachfrage mußte der Verlag bereits wenige Tage später ein drittes Mal auflegen. *Das Echolot* wurde im Dezember 1993 in FAZ, SZ und *Zeit* rezensiert, wobei das Werk die umfangreichsten Rezensionen aller in die Untersuchung einbezogenen Titel erhielt. Bereits im Dezember 1992 berichtete *Der Spiegel* ausführlich über Kempowskis Projekt einer zeitgeschichtlich-literarischen Dokumentation und brachte einen Auszug als Vorabdruck. Im November und Dezember schaltete der Verlag in FAZ und *Zeit* vier Anzeigen für den Titel, der zudem in zwei Literatursendungen des Fernsehens vorgestellt wurde. Der aufgrund breiter Medienresonanz und umfangreicher Werbemaßnahmen sofort nach Erscheinen einsetzende Erfolg läßt es, ähnlich wie bei den Titeln der Gruppe 1 A nicht zu, Rückschlüsse auf eine bemerkbare Wirkung des *Literarischen Quartetts* zu ziehen.

Im Fall von Dosjojewskis *Verbrechen und Strafe,* einer Neuübersetzung des Klassikers *Schuld und Sühne* (erschienen bei Ammann), ergeben sich Parallelen zu den Titeln der Gruppe 3 A. Da der enge Zusammenhang zwischen den Erscheinungsdaten der Neuauflagen und dem Sendetermin des *Literarischen Quartetts* fehlt, kann hier allenfalls eine schwächere, verzögerte Wirkung der Sendung unterstellt werden.

Da Vladimir Nabokovs *Deutliche Worte* bereits am 2.4.1993, d.h. mehr als acht Monate vor seiner Empfehlung im *Literarischen Quartett,* erschienen waren, bewirkte die Sendung vermutlich eine leichte Steigerung der Nachfrage. Trotz zweier Rezensionen und Anzeigen in den ausgewerteten Presseorganen konnte der Rowohlt Verlag die Startauflage von 5.000 Exemplaren 1993 nicht absetzen. Ein Nachdruck erschien am 28.2.1994 in Höhe von 3.000 Exemplaren. Ob der Anstieg aber erst nach der Sendung einsetzte, muß offen bleiben, da exakte Verkaufszahlen fehlen.

### 4.4 *Wie sich die Kritikerurteile auswirken*

Wir haben bisher zunächst festzustellen versucht, ob und inwieweit sich die Besprechung von Büchern im *Literarischen Quartett* auf deren Auflagenzahlen auswirken. Dabei konnten verschiedene Fälle identifiziert werden, die eine gewisse Systematik aufweisen: Solche, in denen die ZDF-Sendung keine erkennbare Wirkung besaß (Gruppe 1 A und 4), wobei es sich im Kontrast einerseits um sehr erfolgreiche, andererseits um vergleichweise erfolglose Titel handelte; ferner solche, in denen eine kurzzeitig stärkere (Gruppe 3 A) und schwächere (Gruppe 3 B) sowie solche, in denen eine anhaltend starke Wirkung (Gruppe 2) vorzuliegen schien.

Zu fragen bleibt noch, ob diese Wirkungen allein auf die Tatsache der Besprechungen zurückgeführt werden können, unabhängig davon, welche Urteile die Literaturkritiker abgeben. Oder muß man nicht annehmen, daß positive und negative Bewertungen unterschiedliche Konsequenzen haben. Wird ein potentieller Leser durch ein Lob nicht eher dazu bewegt, zu dem betreffenden Buch zu greifen, als wenn dieses »verrissen« wird? Oder fühlt sich der Leser vielleicht durch ein negatives Urteil herausgefordert, das Buch selbst zu lesen und sich ein eigenes Urteil zu bilden?

Um auch diese Fragen zu beantworten, wurden die 1993 ausgestrahlten Sendungen des *Literarischen Quartetts* hinsichtlich der darin gefällten Kritikerurteile ausgewertet. Dazu wurde ein einfaches, aber hinreichend erscheinendes Bewertungssystem verwendet. Um die Urteile der Kritiker einzustufen, werden drei Kategorien unterschieden: »+« (positives Urteil), »–« (negatives Urteil) und »+/–« (ambivalentes, nicht eindeutiges, unentschiedenes Urteil). Neben den vier Einzelurteilen läßt sich auch ein Gesamturteil für jeden einzelnen Buchtitel errechnen. Wird ein Buch von mindestens drei Kritikern gelobt, so gilt dies als positives Gesamturteil (»+«), umgekehrt summieren sich drei oder vier Ablehnungen zu einem Negativurteil (»–«). Läßt sich der Sendung kein eindeutig positives oder negatives Urteil der Mehrheit der Kritiker zu einem Buch entnehmen, so gilt das Gesamturteil als ambivalent, unentschieden oder nicht eindeutig, positiv ausgedrückt: Es wurde kontrovers diskutiert. Das Ergebnis dieser Klassifizierung der Kritikerurteile zeigt Tabelle 1. (Ausgenommen wurden hier die Buchempfehlungen der Weihnachtsausgabe, da sie grundsätzlich eine positive Bewertung einschließen.) Die Klassifizierung erfolgt aus der Wahrnehmungsperspektive des Zuschauers, ist aber nicht unbedingt mit der Intention des Kritikers identisch.

Tabelle 1:
Kritikerurteile zu den 1993 im *Literarischen Quartett* vorgestellten Buchtiteln

| Autor, Kurztitel | Reich-Ranicki | Karasek | Löffler | Gast | Gesamt-Urteil |
|---|---|---|---|---|---|
| Boyle, *Willkommen* | – | + | – | + | +/– |
| Bradfield, *Geschichte* | + | + | + | +/– | + |
| Bulgakov, *Weiße Garde* | – | + | + | – | +/– |
| Byatt, *Besessen* | + | – | + | + | + |
| García Márquez, *Geschichten* | + | – | + | + | + |
| Gstrein, *$o_2$* | – | – | – | – | – |
| Klüger, *weiter leben* | + | + | + | + | + |
| Köpf, *Koffer* | – | – | – | – | – |
| Lodge, *Paradies-Nachrichten* | + | + | – | – | +/– |
| Moor, *Erst grau* | + | – | + | + | + |
| Morrison, *Jazz* | – | +/– | + | +/– | +/– |
| Mulisch, *Entdeckung* | – | – | +/– | – | – |
| Nabokov, *Gabe* | +/– | + | + | + | + |
| Naipaul, *Rätsel* | – | +/– | + | + | +/– |
| Nooteboom, *Rituale* | + | + | + | + | + |
| Ondaatje, *Englischer Patient* | + | – | – | +/– | +/– |
| Roth, *Täuschung* | + | +/– | – | + | +/– |
| Sebald, *Ausgewanderten* | – | + | + | +/– | +/– |
| Simon, *Georgica* | – | +/– | – | – | – |
| Sontag, *Liebhaber* | – | – | + | – | – |
| Stern, *Klint* | – | +/– | – | – | – |
| Tisma, *Schule* | + | + | + | + | + |
| Walser, *Ohne einander* | +/– | + | +/– | + | +/– |

Im *Literarischen Quartett* zeigt sich im ganzen ein ziemlich ausgewogenes Verhältnis von positiven und negativen Kritikerurteilen. In der Mehrzahl der Fälle sind die Gesamturteile ambivalent, nicht eindeutig (neun Bücher). Ursache dafür ist, daß hierbei unterschiedliche Bewertungen der vier Kritiker zusammenfließen. Diese selbst äußern dagegen eher weniger ambivalente Urteile. Beim Gesamturteil wurden sieben Bücher (überwiegend) positiv, sechs (überwiegend) negativ beurteilt. Auch das »kritische Profil« der vier Mitglieder des *Literarischen Quartetts* weist gewisse Spezifika auf: Marcel Reich-Ranicki neigt zur Polarisierung (wenig ambivalente, nicht eindeutige Urteile) und urteilte in den Sendungen 1993 häufiger negativ als positiv. Hellmuth Karasek urteilte am häufigsten ambivalent, nicht eindeutig; positiv und negativ bewertete Titel gab es bei ihm gleich viele. Auch Sigrid Löffler zeigte in ihren Urteilen nur selten Unentschiedenheit, fällte aber letztlich mehr positive als negative Urteile über die besprochenen Bücher. Schwer zu interpretieren ist das »kritische Profil« des Gastes im *Literarischen Quartett,* da diese Rolle 1993 von sechs verschiedenen Personen wahrgenommen wurde. Neun positiven Urteilen stehen hier acht negative und vier ambivalente, nicht eindeutige gegenüber.

Wenden wir uns noch den einzelnen Titeln (Gruppen) zu. Bei der durch mehrere Gemeinsamkeiten sehr homogenen ersten Gruppe (1 A) findet man Unterschiede hinsichtlich der Urteile der Kritiker. Die Titel von García Márquez und Byatt erfuhren ein positives Gesamturteil. Zu den Romanen von Morrison und Walser wurden innerhalb der Kritikerrunde unterschiedliche Meinungen geäußert, während Mulischs *Die Entdeckung des Himmels* negativ bewertet wurde. Angesichts der Vielzahl der für diese Titel festgestellten »Medienimpulse« läßt sich der Schluß folgern: Bei Schriftstellern mit hohem Bekanntheitsgrad bzw. Autoren, die bereits mit früheren Titeln Bestsellererfolge erzielten, ist das Interesse der Öffentlichkeit an deren Büchern so groß, daß sie unabhängig von positiven oder negativen Urteilen (im *Literarischen Quartett*) nachgefragt werden. Im Fall des Romans von Harry Mulisch beweist die Auflagenentwicklung, daß ein gut laufender Verkauf – der Titel war vor seiner Besprechung im *Literarischen Quartett* etwa 50.000 mal verkauft worden – durch eine negative Besprechung nicht aufgehalten werden kann. Das blieb auch dem Kritiker Hellmuth Karasek nicht verborgen. Er hat davon gesprochen, daß Harry Mulischs dickleibiger Roman »schon ein Bestseller war, bevor ihn das *Literarische Quartett* als Diskussionsstoff aufnahm, und sogar ein Bestseller blieb, nachdem die Viererrunde doch erhebliche Einwände und Einschränkungen gemacht hatte [...]«[40]. So nannte er das Buch geradezu einen »trotz-Erfolg« und kam zu dem Schluß: »Es gibt ein Bücherleben jenseits des Fernsehens.«[41]

Die übrigen, in den Sendungen negativ besprochenen Bücher der Autoren Gstrein, Sontag, Stern, Köpf und Simon sind ausnahmslos Titel der Gruppe 3 B (deren Auflagenentwicklung allenfalls eine kurzzeitige schwächere Wirkung der Sendung zeigt) und der Gruppe 4 (deren Auflagenentwicklung nicht auf eine unmittelbare Wirkung der Sendung schließen läßt). Im Fall des Buches von Susan Sontag, das bereits drei Tage nach seinem Erscheinen von den Kritikern mehrheitlich negativ bewertet wurde, erschienen trotz einer anfänglichen großen Nachfrage der Sortimente, die sich in der hohen Startauflage manifestiert, lediglich zwei Auflagen. In einen Vergleich zu rücken ist dazu der Titel von T.C. Boyle (Gruppe 3 A), der ebenfalls nur wenige Tage nach seinem Erscheinen im *Literarischen Quartett* vorgestellt wurde. Beide Bücher zeigen Parallelen in bezug auf die Höhe der Startauflage, die Anzahl der Auflagen und die Tatsache, daß beide erst nach ihrer Besprechung in der ZDF-Sendung auch in der Presse rezensiert wurden. Jedoch war im Fall des Titels von Boyle die zweite Auflage höher als die Startauflage, während die Höhe der zweiten Auflage von Sontag um die Hälfte unter der Startauflage lag.

Bei den negativ besprochenen Büchern der Gruppe 4 wurde aufgrund der Sendung kein Nachdruck nötig. Eine Gegenüberstellung des Titels von Gerhard Köpf mit dem Buch Scott Bradfields (Gruppe 3 A) zeigt folgendes: Beide Titel hatten etwa die gleiche Startauflage, drei Zeitungsrezensionen, keine Verlagsanzeigen in den ausgewerteten Presseorganen und beide wurden zwei Monate nach ihrem Erscheinen im *Literarischen Quartett* besprochen, wobei bis dahin lediglich eine Auflage der Titel erschienen war. Während im Fall Köpfs erst fünf Monate nach der Sendung ein Nachdruck erfolgte, erlebte das Buch Bradfields, das von den Kritikern ein positives Gesamturteil erhielt, kurze Zeit nach dem Sendetermin zwei weitere Auflagen. Der direkte Vergleich beider Titel legt den Schluß nahe, daß Negativ-Urteile – zumindest bei weniger allgemein bekannten Autoren – den Absatz eines Titels nicht fördern, sondern hemmen. Im Fall des Romans von Claude Simon ist festzuhalten, daß – trotz breiter Rezension und Werbung in der Presse – ein wenig erfolgreicher Titel nach der Negativ-Besprechung in der Sendung zumindest (bis Anfang 1994) nicht neu aufgelegt wurde. Allerdings muß der »Verriß« in der Sendung nicht der einzige Grund für den geringen Erfolg sein.

40 Hellmuth Karasek: Lesenwert (siehe Anm. 39), S. 219.
41 Ebd., S. 220.

Außer den schon erwähnten Büchern von García Márquez und Byatt wurden die Titel von de Moor (Gruppe 1 B), Nooteboom und Klüger (Gruppe 2), Tišma und Bradfield (Gruppe 3 A) sowie Nabokovs *Die Gabe* (Gruppe 3 B) von den Kritikern überwiegend positiv bewertet. Bei den Büchern von Tišma, Klüger und Nooteboom stimmten sogar alle vier Kritiker in diesem Urteil überein. Die in Gruppe 2 zusammengefaßten Titel (zwei von 26) vereinigten ohnehin die größte Zustimmung, ja Begeisterung der Kritiker auf sich. Ausgesprochen positive Kritiken führen, wie im Fall der Autoren Klüger und Nooteboom, deren Erfolg sich unzweifelhaft auf die hervorragende Besprechung im *Literarischen Quartett* gründet, zu sprunghaften Absatzsteigerungen und lang anhaltenden Verkaufserfolgen der Titel. Bei unbekannten Autoren (dazu gehörten auch Tišma und Bradfield) steigert ein positives Kritikerurteil den Absatz zumindest kurzzeitig. Überdies liegt die Vermutung nahe, daß – wie im Fall des Buches von Margriet de Moor – die Nachfrage nach bereits erfolgreichen Titeln durch ein positives Werturteil (noch) forciert werden kann. Alle in den Sendungen positiv besprochenen Titel erzielten mindestens zwei Nachauflagen kurz nach der Sendung, mit Ausnahme von Nabokovs Roman *Die Gabe,* bei dem die dritte Auflage erst drei Monate nach der Sendung herauskam. Abgesehen von den Büchern der Gruppe 1 A zeigt sich, daß die Titel, die positive Kritiken erhielten, in jedem Fall erfolgreicher sind als die, welche negativ beurteilt werden. Ins Objektive gewendet, könnte man auch sagen: Die literarisch besseren Titel setzen sich eher durch.

Die Bücher, die von der Mehrheit der Kritiker kein eindeutig positives oder negatives Urteil erhielten (mit »+/–« gekennzeichnet) finden sich außer in Gruppe 4 und 5 in allen Gruppen. Blickt man nochmals auf Gruppe 3 A, so stellt man fest: Hinsichtlich des Verhältnisses von Start- und Gesamtauflage sind die positiv bewerteten Titel von Tišma und Bradfield erfolgreicher als die Bücher von Bulgakov und Boyle – beides namhafte Autoren –, die lediglich von zwei Kritikern der Runde gelobt wurden und nur eine Nachauflage kurz nach der Sendung erfuhren. Andererseits verzeichnete der Titel von Ondaatje (Gesamturteil »+/–«) der Gruppe 1 B ebenso wie der Titel von de Moor, den die Mehrheit der Kritiker lobte, eine Absatzsteigerung, nachdem sie im *Literarischen Quartett* besprochen worden waren.

Zusammenfassend läßt sich in bezug auf den Einfluß des Kritikerurteils folgendes sagen: Extrem positive Bewertungen durch alle vier Kritiker des *Literarischen Quartetts* sind ein sicheres Erfolgsrezept für den Absatz eines Titels und versprechen beachtliche Auflagensteigerungen. Positive Kritikerurteile können insbesondere bei unbekannten Autoren dazu führen, daß sich der Absatz erhöht. Schlechte Noten der Kritiker regen dagegen eine stärkere Nachfrage nach den Büchern nicht an. Ein denkbarer Umkehreffekt, wonach gerade eine negative Kritik beim Zuschauer Neugierde auf das Buch entfachen könnte und als Konsequenz davon der Absatz steigt, ist bei den untersuchten Titeln nicht zu beobachten. Dagegen sprechen auch Gründe der psychologischen Dissonanztheorie. Augenscheinlich erwarten die Zuschauer des *Literarischen Quartetts* klare Urteile und eindeutige Empfehlungen durch die beteiligten Kritiker, wie sie z.B. bei der Besprechung der Bücher Ruth Klügers und Cees Nootebooms ausgesprochen wurden.

### *4.5 Wie die Verlage die Wirkung des Literarischen Quartetts bewerten*

Mit dem Fragebogen, der an die Verlage gerichtet war, wurden nicht nur die Auflagenzahlen der in der Sendung besprochenen Bücher erhoben, sondern die Adressaten wurden auch um ihre Meinung zum *Literarischen Quartett* gebeten. Zehn der 14 befragten Verlage äußerten sich eindeutig positiv über die Wirkung der ZDF-Büchersendung, drei waren unentschieden, einer bekundete eine negative Sicht. Fünf der zehn Verlage betonten die – ihrer Erfahrung nach – verkaufsfördernde Wirkung der Sendung, ebensoviele bezeichneten in ihren Antworten das *Literarische Quartett* als die einflußreichste Büchersendung des deutschen Fernsehens. Eingeräumt wurde z.B., daß bereits vor der Ausstrahlung einer Sendung die darin vorkommenden Titel zum Gesprächsthema bei Buchhändlern würden und deren Bestellverhalten beeinflußten.

Sieben der 14 befragten Verlage sagten, vor allem positive Kritiken förderten den Absatz eines Titels. Indessen glauben sechs Verlage noch, daß positive *und* negative Kritiken den Absatz eines Buches steigern können. Doch messen einzelne Befragte letztlich nicht nur der Bewertung einen Einfluß auf den Verkauf zu, sondern auch dem Thema des Buches selbst und ob es in der Sendung interessant dargestellt wird.

Die Wirkung, welche die Verlage überwiegend dem *Literarischen Quartett* zuschreiben, bestimmt auch ihr Werbeverhalten. So werden nicht nur die Partner der Verlage im Sortiment von der Besprechung eines eigenen Titels in der Sendung informiert, sondern einige Verlagsunternehmen inserieren diese Bücher auch in der Presse mit einem Hinweis auf das Sendedatum. Die Verlage selbst erfahren gewöhnlich vier bis sechs Wochen vor den Sendungen durch die ZDF-Redaktion von einer Buchbesprechung. Mit der Weitergabe dieser Information an die Buchhandlungen soll es diesen ermöglicht werden, sich einen ausreichenden Lagerbestand der Titel zu sichern, um auf eine plötzliche Nachfrage nach der Sendung vorbereitet zu sein.

Bei 23 der 26 in die Untersuchung einbezogenen Buchtitel – die Weihnachtsempfehlungen fallen hier weg, da die Verlage von der Nennung der Titel in der Sendung im Vorfeld nicht unterrichtet werden – benachrichtigten die Verlage die Sortimentsbuchhandlungen direkt durch Anrufe von Vertretern, Vertriebsbriefen oder durch die Zusendung von Bestellunterlagen für die Titel. Für 15 der 23 Bücher wurden zusätzlich im *Börsenblatt für den Deutschen Buchhandel* Anzeigen mit Hinweis auf das Sendedatum geschaltet. Dem *Börsenblatt* liegt wenige Tage vor den Sendungen zudem ein Plakat mit den Titeln bei, die besprochen werden. Die Buchhändler erhalten so die Möglichkeit, ihre Kunden im voraus auf diese Bücher aufmerksam zu machen. ZDF und Börsenverein geben das Plakat zusammen heraus. Für 12 der 26 Titel, die 1993 besprochen wurden, haben die Verlage auch selbst weitere Publikumswerbung mit dem Hinweis auf das Sendedatum des *Literarischen Quartetts* betrieben. Große Verlage offerieren den Buchhandlungen sogar spezielle Arrangements – sogenannte Displays –, die als »Aufmerksamkeitsfänger« im Buchladen plaziert werden können.

Eine Sogwirkung des *Literarischen Quartetts* auf andere Titel läßt sich nach Angaben der Verlage kaum feststellen. Man könnte eine solche vielleicht gerade bei anderen Titeln desselben Autors erwarten. In 17 Fällen aber hat sich die Besprechung angeblich nicht erkennbar auf den Absatz dieser anderen Titel ausgewirkt. Lediglich in vier Fällen wurden auch andere Bücher der besprochenen Autoren nach der Sendung besser verkauft.

## 5 Resümee

Was wir hier dargestellt haben, sollte dazu beitragen, eine Antwort zu geben auf die Preisfrage der Deutschen Akademie für Sprache und Dichtung »Hilft das Fernsehen der Literatur?«. Wir sind dieser Frage am Beispiel des ZDF nachgegangen und haben einerseits dessen Bemühungen um die Literatur seit den sechziger Jahren dokumentiert, andererseits konkret und empirisch untersucht, was die Sendung *Das Literarische Quartett* bewirkt (hat). Beides erlaubt, ja zwingt dazu, die zitierte Frage mit Ja zu beantworten. Doch dieses grundsätzliche Ja muß sogleich relativiert und differenziert werden. Davon und von den vorausliegenden Erwartungen hängt ab, ob jemand dieses Ja sich wird zueigen machen können.

Daß das ZDF als Teil seines »Kulturauftrags« in verschiedenen Sendungen Literatur vorgestellt und gefördert hat, ist offensichtlich. Die oben geschilderten Aktivitäten belegen dies. Es zeigte sich aber auch, daß Literatur im Massenmedium Fernsehen immer eine Sache für eine Minderheit des Publikums war. Dies setzte der für literarische Themen bereitgestellten Sendezeit notwendigerweise Grenzen. Lobenswert immerhin, daß man im ZDF-Programm gerade auch das Lesen bei Kindern und Jugendlichen anzuregen suchte. Im übrigen hat sich das Publikum, das solche literarischen Sendungen nutzt, mittlerweile durch die Vermehrung der Fernseh-Angebote verringert, besser gesagt auf den »harten Kern« reduziert. Eine Sendung wie *Das Literarische Quartett* erzielt heute eine Sehbeteiligung, die vor Jahren für die Programm-Verantwortlichen vermutlich Anlaß gewesen wäre, sie abzusetzen. Auch hier muß man sich daran gewöhnen, mit weniger zufrieden zu sein und den »Minderheitenschutz« wirklich ernst zu nehmen. Der Eindruck, daß mit dem Hinweis auf den verschärften Wettbewerb das literarische Angebot im Fernsehen reduziert oder in Programmnischen verschoben wird, ist nicht ganz aus der Luft gegriffen. Gegen eine zunehmende »Ausgrenzung« der Gegenwartsliteratur durch die öffentlich-rechtlichen Anstalten haben Schriftsteller Anfang 1994 in einem offenen Brief an die Intendanten von ARD und ZDF sowie an Medienpolitiker protestiert.

In unterschiedlichen Formen hat das Fernsehen der Literatur »geholfen« oder dies zumindest versucht. Bei der Präsentation von Literatur und Büchern bewegte man sich in diesem Medium permanent in einem Experimentierfeld. Die Zwänge der audio-visuellen Umsetzung und die Modalitäten ihrer Wahrnehmung lassen sich mit der Sprachlichkeit der Literatur und ihrer Rezeptionsweise, dem Lesen, nicht leicht verbinden. Dies werden auch die Träger des Stadtschreiber-Literaturpreises erfahren haben, mit denen das ZDF zumindest den Versuch machte, Schriftsteller für Fernsehproduktionen zu gewinnen.

Daß das Fernsehen der Literatur hilft, läßt sich am Beispiel des *Literarischen Quartetts* zwar belegen, ist aber ebenfalls zu relativieren. Hier von Fernsehen zu sprechen, ist ohnehin kaum mehr als eine äußerliche, formale Kennzeichnung: Die Sendung wird zwar im Fernsehen ausgestrahlt, ist aber keineswegs etwas sehr Fernsehspezifisches. Sie könnte unschwer auch im Hörfunk gebracht werden, würde da aber nicht die gleiche Resonanz finden. Daß die Köpfe der Leute, die reden, auch gezeigt werden, ist immerhin ein Vorteil des Bildmediums. Der Erfolg mancher Talkshows spricht jedenfalls für die Fernsehtauglichkeit von Standardsituationen der menschlichen Kommunikation.

Wenn es sich bei dem, was das *Literarische Quartett* bewirkt, um etwas handelt, was der Literatur »hilft«, dann ist auch dies nur differenziert und mit gewissen Relativierungen richtig. Denn wir haben, um dies zu »messen«, nur einen kommerziellen Indikator herangezogen, allerdings dabei stillschweigend unterstellt, daß die von den Verlagen abgesetzten Bücher auch gelesen werden. Auf die Vermarktung von Büchern – freilich nur jenen, die darin besprochen werden – besitzt das *Literarische Quartett* einen unzweifelhaften Einfluß. In seiner Art ist dieser allerdings abhängig vom jeweiligen Titel und dem Kritikerurteil, d.h. er kann demgemäß variieren. Er kann förderlich, aber auch hemmend sein.

Insofern könnte man die gestellte Frage einmal umdrehen und in die Worte fassen: Schadet das Fernsehen der Literatur? Auch dafür ließen sich Indizien finden. Zwar ersetzt das Fernsehen (bisher) das Lesen nicht, lenkt aber in vielen Fällen doch von ihm ab. Daß ablehnende Kritikerurteile im *Literarischen Quartett* auch absatzmindernd sein können, darauf deuteten einige Daten unserer Verlagsumfrage hin. Doch lauert hier nicht nur ein ökonomischer Schaden für die Verleger und die Autoren. Letztere können auch durch Inhalt und Duktus des in der Fernsehöffentlichkeit gefällten Kritikerurteils beschädigt werden. Daher haben *Das Literarische Quartett* und insbesondere Marcel Reich-Ranicki selbst sich inzwischen manche Kritik zugezogen. Gerhard Köpf, dessen Buch *Papas Koffer* 1993 »verrissen« wurde, hat sogar von einer »Schafottsendung«[42] gesprochen. Und 1995 führte die harsche Kritik an dem neuen Roman von Günter Grass *(Ein weites Feld)* zu empörten Reaktionen nicht nur des Betroffenen. Erstmals wurde über eine Einstellung der Sendung spekuliert.

Wenn das Fernsehen dem Verkauf von (bestimmten) Büchern dienlich ist, dann stellt es für die Verbreitung von Literatur fraglos eine Hilfe dar. Doch dürfte dies für die Intentionen der Preisfrage der Deutschen Akademie keine voll befriedigende Antwort sein. Dies vor allem dann nicht, wenn man die Frage auf die qualitative, eher normativ-ästhetische Seite der Literatur bezieht. Sicher ist, daß die Kritiker des *Literarischen Quartetts* nur der nach ihren Maßstäben guten, ja hochrangigen Literatur »helfen« wollen. Ob sie mit ihren Argumenten auch etwas für die Produktion dieser Literatur bewirken, d.h. literarische Leistungen befördern, muß eine offene Frage bleiben. Hier ist wohl Skepsis angebracht, ein weiterer Grund, das Ja auf die gestellte Frage zu relativieren.

Zum Schluß wird man gern wissen wollen, wie es in Zukunft um die Literatur im Fernsehen bestellt sein wird. Diese Frage drängt sich deshalb auf, weil das Fernsehen – und mit ihm das gesamte Mediensystem – sich in einem tiefgreifenden Wandel befinden. Dieser ist zunächst durch die Zulassung privater Programmanbieter und die Etablierung des sogenannten »dualen Rundfunks« ausgelöst worden. Weiter vorangetrieben wird er durch die unter dem Begriff »Multimedia« sich vollziehende Verschmelzung bisher getrennter Kommunikationstechniken. Dabei nimmt die Zahl verfügbarer Übertragungskanäle nochmals erheblich zu.

Unter den neuen Bedingungen des elektronischen Wettbewerbs sind zum einen, wie wir gesehen haben, die Bedingungen für die Literatur im Fernsehen schwieriger geworden. Ihr trotzdem im Programm weiter einen Platz einzuräumen, setzt die Bereitschaft voraus, ungebrochen am öffentlich-rechtlichen »Kulturauftrag« festzuhalten. Dies wird sowohl rechtlich (Auftrag zur »Grundversorgung«) als auch finanziell (durch die Gebühren) ermöglicht. Die zusätzlichen Kanäle lassen vielleicht aber noch anderes erwarten. Neben den ausreichend vorhandenen Vollprogrammen dürften künftig nur Spartenkanäle, die sich auf ganz bestimmte Themen und Angebote konzentrieren, Chancen haben.

Daß sich damit auch der Literatur neue Möglichkeiten im Fernsehen bieten, hat man zumindest in den Vereinigten Staaten schon erkannt. Dort verfolgt der Romancier E.L.Doctorow (zusammen mit anderen) die Idee, einen ausschließlich Büchern gewidmeten Fernsehkanal zu betreiben. Das Unternehmen heißt Booknet und soll ein »nationaler

42 GERHARD KÖPF: Warum lesen? Bücherfreunde vereinigt euch. In: *Süddeutsche Zeitung* vom 12. Juni 1996, Beilage Literatur & Lesen, S. II.

Kabel- und Satellitensender werden, der sich vierundzwanzig Stunden am Tag mit Büchern und Autoren und dem riesigen Spektrum an Themen beschäftigt, die in Büchern zu finden sind«[43]. Zugleich soll dieser Sender auch neue Vertriebsmöglichkeiten eröffnen. Am Fernsehgerät kann man dann mit Kreditkarte und Telefon die präsentierten Bücher sogleich bestellen (»Teleshopping«). Dies sehen insbesondere die kleinen Buchhandlungen des Landes aber mit großer Sorge. Während sich Booknet noch in Planung befindet — 1997 will man auf Sendung gehen —, hat der nicht-kommerzielle amerikanische Kabelsender C-Span schon längst damit begonnen, vermehrt über Bücher und Verlagswesen zu berichten. Die »About Books«-Sendungen erzielen angeblich mittlerweile ansehnliche Quoten. Wie man sieht, braucht man vielleicht nicht ganz ohne Hoffnung zu sein, ob das Fernsehen auch künftig der Literatur »hilft«. Die Frage der Deutschen Akademie für Sprache und Dichtung bleibt somit aktuell.

43 Vgl. *Frankfurter Allgemeine Zeitung* vom 24. Juni 1996. S. 35.

Joanne M. Despres

# Why an Electronic Caxton?

**T**wo years ago I began to work on an electronic edition of William Caxton's 1490 romance *Eneydos*[1], an English prose translation of *Le Livre des Eneydes*[2], which itself renders into Middle French prose a rather freely medievalized version of Virgil's *Aeneid*. The edition I have been planning will include transcriptions of both Caxton's translation and of his French source, as well as an introduction, glossary and explanatory notes for the Middle English text; eventually, I hope to incorporate digital images of the Caxton incunable as well. These features would be hypertextually interlinked so that the user may move easily back and forth from a passage of Middle English transcription to the corresponding French source passage, from a highlighted Middle English word to a glossary entry or explanatory note, or from a passage of Middle English transcription to an image of the incunable of that same passage. As of the writing of this paper, I have prepared diplomatic transcriptions of both texts from their respective incunable copies, and I have begun the process of inserting markup that will enable the display and processing of the text. I have undertaken this project in the belief that an electronic version of the Caxton text would offer many advantages over a simple print version, advantages that would justify the considerable costs in added labor required to produce a digital text.

Before addressing the merits of converting these texts into an electronic format, perhaps I should begin by considering the question, »why an *Eneydos*«? The answer is simple enough: a new edition is, it seems to me, plainly needed. At present, the only modern scholarly edition available to readers is the one prepared by W. T. Culley and Frederick J. Furnivall for the Early English Text Society in 1890[3]; *Le Livre des Eneydes,* for its part, is not available at all in a modern imprint. The Culley-Furnivall edition offers access to both the English and French texts in the barebones manner typical of EETS editions – that is, through a diplomatic transcription of the Middle English text supplemented by a glossary, a collation with the source-text, a name index, and an introduction offering a basic description of sources and analogues. However, it lacks information that would be helpful for critical appraisal of Caxton's work, such as a discussion of its translation methodology and language, its important bibliographical features, or its significance as a literary and linguistic document. These are issues I hope to address in my own edition, both through explicit discussion and through my design of the electronic text, which I hope will allow the user to discover some of the characteristics of the work for him- or herself through computer-aided analysis. In addition to these substantive problems, the Culley-Furnivall edition suffers from certain inconveniences of format characteristic of printed scholarly editions, such as the placement of important linguistic information in places more or less distant from the primary text – for example, the collation and glossary appear in back-matter appendices. This, of course, forces constant interruption of the reading process in order to find the appropriate notes and glossary entries.

How might an electronic edition of *Eneydos* improve upon the traditional print model represented by Culley-Furnivall and in so doing better serve the needs of its readers? The most important potential enhancements, as I see it, are these: in the first place, an electronic edition would permit the inclusion of a great deal more information than could be accommodated in its printed counterpart; second, it would allow much faster and more convenient access to that information; third, it would enable the

1 Printed by Caxton at Westminster on or after June 22, 1490. My transcription was prepared from Short Title Catalogue microfilm 24796 (Ann Arbor reel 17), which reproduces a copy of *Eneydos* housed in the BL (shelf number I. B. 55135).

2 Printed by Guillaume Le Roy at Lyons on or after September 30, 1483. My transcription is from an incunable copy in the Lessing J. Rosenwald Collection (shelf number 381) at the LC.

3 W. T. Culley and F. J. Furnivall (eds.): Caxton's Eneydos 1490, Englisht from the French Liure des Eneydes, 1483. London 1890.

reader to customize the display of the text so as to foreground the information of most interest to him or her; and fourth, it could provide the reader with tools to analyze and interpret the data contained in the text. There are disadvantages, too, involved in both the use and the production of an electronic book; I shall deal with those at the end of my discussion.

In the realm of the printed book, the costs of typesetting, paper, and binding obviously place severe limits on the amount of information that can be delivered. The Culley-Furnivall edition of Caxton's *Eneydos,* for example, instead of reproducing the full text of Caxton's source, only presents those parts of it from which Caxton significantly departs, assembling small pieces of the source-text in an critical apparatus printed at the back of the book. While this presentation has the advantage of focusing the reader's attention very narrowly on what the editors considered the most significant points of comparison between the source and target texts – namely, their differences, or at least those of the differences they chose to include – in leaving out passages of the source-text that are identical or similar to the translated text the editors prevent the user from seeing the kinds of words, phrases, and syntactic structures Caxton borrowed or imitated from his source, surely an important consideration for students of his translation technique, style, and language. An electronic edition, on the other hand, with its extremely large capacity for information, would easily permit the inclusion of the entire *Livre des Eneydes.* This use of the electronic edition as an archive of source material clearly represents a significant step forward from the print edition. In this case, for example, the *Livre des Eneydes* is so obscure and rarely-studied a text that it is unlikely ever to become available in a conventional print publication. Supplying it together with its better-known Middle English counterpart would therefore constitute a cheap and efficient method for distributing the French text where it is most needed and would remove a considerable inconvenience for many students of *Eneydos,* since the Library of Congress copy of the 1483 *Eneydes* is available only for reading on-site, not for microfilming. In addition to this source material, I hope to include a digital facsimile of the Caxton incunable which would be linked to its transcription so that corresponding passages will be visible on the screen simultaneously. I plan to include this feature in part as a check against my own transcription, in part for any bibliographical value it may hold, and in part simply to afford the user a chance to view the text as it would have appeared to Caxton's contemporaries.

In addition to presenting a larger volume of material, an electronic *Eneydos* could afford far easier access to the information it contains than would its printed counterpart, thus facilitating the slow and cumbersome process of reading a medieval text. As I mentioned earlier, the Culley-Furnivall edition of Caxton's translation consigns a glossary, a name index, and a source collation to appendices, presumably to give the text a cleaner appearance and to save the space that would be required to gloss multiple occurrences of an unfamiliar word on each page where it appears. But as we all know, this arrangement greatly retards a reader's progress through the text, perhaps to half the potential reading speed. An electronic edition could alleviate this problem by incorporating hypertextual links between the text and its peripheral aids, thus permitting the reader to move quickly back and forth from text to note, glossary entry, or source passage and back again to text, or to open a second window on the screen containing the text for simultaneous viewing of both. Furthermore, hypertextual cross-references may be nested, so that, for example, one could move from text to explanatory note, and from a »compare« cross-reference within the note to another place in the text.

Beyond its superior informational capacity and speed of delivery, an electronic Caxton would enable greater flexibility of format than a printed edition. This means not only that the user would be able to change font style and size according to preference, but also that he or she may be given choices regarding the display of textual features – for example, whether to view a corrected or an uncorrected text, abbreviations or their expansions, original or modernized lineation and pagination, and so on. In a printed text, of course, choices have to be made by the editor as to which of these formats should be used. In the case of an electronic text, although a default format must also be chosen, alternative presentations may be simultaneously available for viewing. In this way, the same text can be made to serve different purposes. For example, a student approaching the work for the first time might prefer a more heavily edited version displaying corrected forms, expanded abbreviations, and altered line- and page-breaks that eliminate the awkward word-divisions sometimes found in the original text. A bibliographer interested in the distribution of abbreviations, hyphenated word-divisions and typographical errors, on the other hand, might prefer to see these features explicitly rendered in a documentary transcription.

The features I have considered so far would either speed or enhance the basic reading process. Potentially even more exciting are the possibilities for machine-assisted literary and linguistic research afforded by an electronic *Eneydos*. Computers are admittedly limited in the types of literary and linguistic analysis they can perform, but within their range of abilities, they can be tremendously liberating and empowering to the scholar. Computers excel at doing repetitive and mechanical tasks, such as compiling data, organizing it into lists, making calculations, and so forth – work that is dauntingly laborious, time-consuming, and prone to error when done by hand. In the area of text analysis, these abilities have most commonly been put to use in the form of indexing, concordancing, creating word-lists, calculating the number and percentage of occurrences of individual words in a text, and the like. These functions lend themselves particularly well to stylometric and lexicological study; and such studies happen to offer a very useful approach to Caxton. One of the interesting characteristics of Caxton's translations from French, for example, is the manner in which he adopts the vocabulary and phrase structure of his source to heighten the register of his prose style[4]. The extent and nature of this French influence can be measured and examined with the help of a computer. For example, it should be very easy to compile a complete vocabulary list or concordance from either the full text or from any chosen portion of *Eneydos* for use in lexical study. If corresponding passages of the French and English texts are segmented and aligned, it should also be possible to identify spelling matches or near-matches between them and thus to generate a list of loanwords. Calculations could then be made regarding the extent of Caxton's vocabulary that is borrowed, and qualitative analysis done on the loanwords themselves. In the future, as electronic versions of works by Caxton and other authors become more numerous, perhaps it will be possible to perform automatic comparisons between the lexicon of *Eneydos* and those of other texts that could shed light on the extent, variety, and nature of the vocabulary of each author. Data could be generated, for example, on the number of different words found in each work, on the number or percentage of repeated words in each text, on the number of words used only once, on the frequency and distribution of particular words or phrases, and so forth. A vocabulary list could also be used as a starting-point for further comparison with the full record of English use as reflected in the *Oxford English Dictionary*[5], to show, for example, how novel Caxton's vocabulary was as measured by the number of first recorded uses found in his writing. (Caxton, by the way, appears quite frequently a first-cited author in the OED.) This comparison could not be completely automated – presumably, words would have to be looked up one by one in the dictionary – but if the electronic version of the OED[6] were used, the procedure would be greatly speeded up.

Having detailed some of the the advantages to be gained from an electronic version of *Eneydos,* I would now like to consider certain of its limitations and the problems I have encountered in creating it. As to the limitations, it is clear, first of all, that not all important features of a printed book can be converted into an electronic form that is either intellectually useful, aesthetically satisfying, or convenient to use. Certain physical aspects of the book, such as its size and shape, binding, collation, and so on, cannot, as far as I know, be effectively represented on a computer screen except in the most abstract way, that is, by verbal description and measurements[7]. In this respect, of course, an electronic edi-

4 See N. F. Blake: Caxton's Language. In: Neuphilologische Mitteilungen 67 (1966), pp. 122–132 and Caxton and Courtly Style. In: Essays and Studies n. s. 21 (1968), pp. 29–45. – Samuel K. Workmann: Versions by Skelton, Caxton, and Berners of a Prologue by Diodorus Siculus. In: Modern Language Notes 56 (1941), pp. 252–258. – Henry H. Howorth: The Importance of Caxton in the History of the English Language. In: The Athenaeum II (November, 1894), pp. 715–716. – Robert Ray Aurner: Caxton and the English Sentence. In: University of Wisconsin Studies in Language and Literature 18 (1923), pp. 23–59. – Hans Faltenbacher: Die romanischen, speciell französischen und lateinischen (bezw. Latinisierten) Lehnwörter bei Caxton, 1442? – 1491. München: privately printed 1907. – Helmut Wieneke: Die Sprache Caxtons. Leipzig 1930 (Kölner anglistische Arbeiten), p. 11.

5 J. A. Simpson and E. S. C. Weiner (eds.): The Oxford English Dictionary. 2nd Edition. Oxford 1989.

6 OED 2 on CD-ROM. Version 1.11. Oxford Rotterdam 1994.

7 The same constraints do not obtain in the case of watermarks, however, as David Gants has shown in recent conference papers and web publications. See Gants *Pictures for the Page: Techniques in Watermark Reproduction, Enhancement and Analysis* at the URL: http://jefferson.village.virginia.edu/gants/BibSocUVa/paper.html and *A Digital Catalogue of Watermarks and Type Ornaments Used by William Stansby in the Printing of The Works of Beniamin Jonson (London: 1616)* at the URL: http://jefferson.village.virginia.edu/gants/Folio.html.

tion differs little from its printed counterpart, which usually presents such information in the same abstract way rather than through direct imitation of the original text. Some features, on the other hand, may be representable but not intellectually valuable enough to justify the trouble and expense involved in including them. For example, an editor might be tempted to record the existence of stray marks and smudges found in the original text in his or her transcription. But if there is nothing beyond fidelity to the original to be gained from representing this information, and if one is planning to include a digital facsimile in any case, transcribing it may simply be a waste of time.

The problems involved in text feature representation are minor, however, compared with the sheer discomfort and inconvenience of reading from a computer. As electronic text editor Peter Robinson has pointed out, the inferior clarity of the computer screen, which presents images at 70 dpi, to that of the printed page, with its 2400 dpi resolution, is perhaps the single most serious drawback to the use of digital texts[8]. And, of course, a computer is far more awkward to handle than a codex – even a laptop is heavier and bigger than most books, requires a power source, cannot be as easily annotated, and probably should not be read in the bathtub[9], even if it could be. But my hunch is that electronic text users are not likely to seek out this particular medium for casual or ordinary perusal of a book, but instead for reading of a more intensive or exploratory kind. They will be drawn to electronic texts to the extent that the »value-added« features I have just been discussing prove genuinely useful to them. Rather than displacing the traditional codex, then, electronic books will probably function as supplementary research or learning tools.

What added costs are involved in producing an electronic edition? If well designed, such a text is obtained neither cheaply nor easily. The most useful kind of electronic book must not only be digitally transcribed, but also encoded with a highly precise and intricate set of tags that makes possible its sophisticated display and processing potential. The coding system I have chosen for *Eneydos* is the application of Standard Generalized Markup Language (SGML)[10] recommended by the Text Encoding Initiative (TEI)[11], a major international project to develop guidelines for the interchange of machine-readable texts among researchers. Since SGML has already established itself as the standard markup in the U.S. publishing industry, and since the TEI's guidelines for SGML use have been adopted by important publishers of scholarly electronic books in the U.S. and England, following their lead seemed the best way of assuring the future usefulness of the text. But the TEI's guidelines[12] are an immensely complex piece of work – they fill two large volumes and take up 1300 pages – and, as anyone who has attempted to convert a text to SGML markup can attest, it is no easy matter to produce a valid SGML document; tags must be nested in accordance with very stringent rules of syntax, and all mandatory information must be supplied, before the text can be processed correctly by SGML software. The time I have spent familiarizing myself with the TEI guidelines, designing a tagging scheme consistent with my aims, acquiring the software required to do the tagging, learning how to use the software, actually performing the tagging, and validating the document will, by my estimate, add at least a year to the timetable of my project.

Another aspect of electronic text creation that has been problematic for me is the unavailability of standard fonts for special characters such as abbreviations and variant letter-forms. Overcoming this obstacle will likely add further to the labor and expense of the project, since it may entail either hiring

8 Peter Robinson: Some Electronic Editions: Johnson's Dictionary, Voltaire, the World Shakespeare Bibliography, and the Canterbury Tales. In: CETH Summer Seminar 1995 Handbook: Electronic Texts in the Humanities: Methods and Tools. Princeton, NJ: Center for Electronic Texts in the Humanities 1995, Section VII, p. 9.

9 I have either read or heard this »bathtub« argument advanced (quasi-facetiously, I suppose) in defense of the traditional codex, although I cannot recall precisely where it occurred – I believe it was either in a panel discussion or an electronic mailing list posting.

10 An excellent general introduction to SGML may be found in chapter 2 of the *Text Encoding Initiative Guidelines* (see note 12 below), titled »A Gentle Introduction to SGML«. For a more comprehensive and detailed treatment of the subject, see Charles F. Goldfarb: The SGML Handbook. Ed. Yuri Rubinsky. Oxford 1990. Also highly recommended is Robin Cover's »SGML Web Page«, URL http://www.sil.org/sgml.html.

11 An excellent account of the background to and aims of the TEI are provided by Susan Hockey in »Describing Electronic Texts: The Text Encoding Initiative and SGML«, at the URL: http://sil.org/sgml/hockey-desc.html.

12 C. M. Sperberg-McQueen and Lou Burnard (eds.): Association for Computers and the Humanities (ACH), Association for Computational Linguistics (ACL), and Association for Literary and Linguistic Computing (ALLC): Guidelines for Electronic Text Encoding and Interchange (TEI P3). 2 vols. Chicago, Oxford 1994. Available at the URL: http://www.ebt.com:8080/ftp/www/usrbooks/teip3.

a professional to bitmap the required characters or purchasing a font creation program, which I would then have to learn to use in order to design the characters myself.

Yet another difficulty in my path has been the scarcity of inexpensive software for creating and displaying an SGML-encoded text. Until recently, the program most widely recommended by computing humanists for TEI-conformant text creation was Author/Editor[13], which carries a price lag of nearly $1,000 (discounted to $400 for qualifying individuals). I opted instead for a less expensive SGML editor, WordPerfect SGML Edition[14]. But the program has difficulty handling the full range of TEI tag sets[15], and so I have been forced to use the abridged set created for a streamlined version of the TEI guidelines known as »TEI Lite«[16]. Once the text is tagged, it must be turned into a readable electronic book through the conversion of SGML tags to formatting instructions and through display of the text, something which is done by yet another piece of software called a browser. Fortunately, there is one affordable browser available on the market, called Panorama Pro[17]. Though extremely versatile for the price, it lacks some of the search and display capabilities of the most popular alternative, a bookmaking tool called Dyna Text[18], which commands a starting price of $7,500. In short, the independent scholar or the editor who does not happen to be affiliated with an institution possessing expensive state-of-the-art software simply has to work with whatever affordable materials are available. And, while programs like WordPerfect SGML and Panorama Pro are adequate for many purposes, they are not yet capable of exploiting the full potential of SGML markup.

More serious than the limitations of the current crop of authoring and browsing programs is the nearly absolute lack of affordable SGML-aware text analysis tools. The most powerful search and retrieval program now available, PAT (short for »pattern searching«)[19] requires a UNIX operating system, is designed for extremely large bodies of text, and is available only at a limited number of well-funded universities and electronic text centers. Carrying a price lag of approximately $15,000, it is well out of most individuals' reach. Besides PAT there is a program called SARA[20] created for the British National Corpus, but it too is UNIX-based and designed for large databases and for corpus linguistic, rather than literary, research. Among the three most popular text analysis programs developed for the DOS operating System, namely, Word Cruncher[21], the Oxford Concordance Program[22], and TACT (Textual Analysis Computing Tools)[23], only TACT is available in an SGML edition. Although the software situation seems rather dismal at this juncture, it is likely to change before long. The development of a new generation of SGML-aware tools has become the focus of efforts by leaders in the field of

13 An SGML authoring program for Windows, Macintosh and UNIX developed by SoftQuad, Inc., 56 Aberfoyle Crescent, Suite 810, Toronto, Canada M 8X 2W4, e-mail: mail@sq.com, URL: http://www.sq.com.

14 Manufactured by Corel Corporation, 1600 Carling Avenue, Ottowa, Ontario, Canada K1Z 8RZ, URL: http://www.corel.com. A beta version of this software was released as WordPerfect 6.1 SGML Edition in 1995; the program is now available in the form of WordPerfect Suite 7, at a cost of approximately $270.

15 To be more precise, WordPerfect's »DTD to LGC« utility, which translates a Document Type Definition (an SGML document's obligatory blueprint) into a set of rules understandable to the word processing program, is unable to deal with the multi-layered DTD, with its multiple nested files, required for a full-fledged TEI document. »TEI Lite,« on the other hand, offers a »flat« DTD that can be processed by the utility.

16 See Lou Burnard and C. M. Sperberg-McQueen: TEI Lite: An Introduction to Text Encoding for Interchange. Document No. TEI U5, June, 1995, at the URL: http://www-tei.uic.edu/org/tei/intros/teiu5.html.

17 Developed by SoftQuad, Inc.; see note 13 above. The program is specifically designed for displaying SGML documents on the WorldWideWeb, but it can be used as a stand-alone browser and offers many search capabilities. Now available in version 2.0, it retails for US $195.

18 Produced by Electronic Book Technologies, 1 Richmond Square, Providence, RI 02906, USA, e-mail: info@ebt.com, URL: http://www.ebt.com.

19 Developed by Open Text Corporation, 180 King Street South, Suite 550, Waterloo, Ontario, Canada, URL: http://www.opentext.com.

20 For »SGML-Aware Retrieval Application«. The program, designed at Oxford University Computing Services, is »a client-server software tool allowing a central database of texts with SGML markup to be queried by remote clients.« (Quoted from document at the URL: http://info.ox.ac.uk/bnc/saradoc.html.)

21 Available in Windows and DOS versions from the Institut für Kommunikations- und Sprachforschung e.V., URL: http://cll.ikp.uni-bonn.de/IKS/.Preise.html.

22 Also known as Micro-OCP, it is available from Oxford University Press.

23 Distributed by the TACT Group, Centre for Computing in the Humanities, University of Toronto. The program is available from the URL: http://www.cch.epas.utoronto.ca:8080/cch/1001h/tact.html. A manual for the program has recently been published along with a CD-ROM version of the software: Ian Lancashire et al.: Using TACT with Electronic Texts: A Guide to Text-Analysis Computing Tools. New York 1996.

electronic text creation and analysis, including the team responsible for creating the TEI guidelines and other scholars working at such places as the Center for Electronic Texts in the Humanities at Rutgers and Princeton Universities[24]. Thus it is probably only a matter of time (and of course, funding) before the sophistication of analytical tools begin to catch up with that of the texts themselves.

One last matter of concern to text editors is exactly how and where to publish one's work. The least difficult way is either to mount the text on one's own server or to make a donation to an electronic archive for distribution over the Internet. If one is interested in publishing through a commercial or university publisher, on the other hand, the possibilities are more limited. Those presses currently involved in electronic publishing – for example, Cambridge University Press, Oxford University Press, and the University of Michigan Press – are proceeding cautiously into this new territory, given the high costs of developing new electronic products and the limited audience they have so far drawn[25].

For the immediate future, therefore, we will probably see a slow trickle of rather expensive CD-ROM editions of highly canonical authors[26] coming from these publishers, with less canonical material (as well as much that is canonical) appearing mainly on the Internet. The demand for electronic texts would no doubt have to increase considerably before standard publication outlets became a real possibility for the average editor of literary texts and before prices came down to reasonable levels for the consumers of such texts.

Perhaps someday, if text analysis software becomes as standard a tool in the scholar's work station as word processing software is today, we shall find a CD bundled with every new printed scholarly edition. Until then, electronic text editing remains something of a risky, if not downright speculative, venture, demanding large outlays of time and capital in return for uncertain professional gains. But the scholarly benefits to be garnered from the work are already undeniable, and it is hard to imagine anything other than steady progress in the future. In fact, it is hard to imagine that technophile entrepreneur of 500 years ago, William Caxton, greeting the prospect of an electronic *Eneydos* with anything less than the response, »why not?«

24 See, for example, Michael Sperberg McQueen's »SGML: Trip Report (CETH, May 1996)«, at the URL: http://www.sil.org/sgml/sperPrincetonReport.html, concerning a text analysis software planning meeting held in Princeton on May 17–19, 1996.

25 This was the consensus of a panel of representatives from all three presses who met in July at a conference titled »Digital Resources in the Humanities 1996« at Oxford University. The discussion made clear how difficult it is for publishers to recoup their investments given the costliness of text encoding, the small pool of potential electronic text users, and the reluctance of those users to pay high prices when so much free material is available on the Internet.

26 In 1996, for example, Cambridge University Press released *The Wife of Bath's Prologue on CD-ROM,* edited by Peter Robinson, the first installment in an extraordinarily ambitious effort to assemble all the manuscript and incunable evidence, in both transcribed and facsimile form, for Chaucer's *Canterbury Tales,* as well as an electronic parallel-text version of the first (1755) and fourth (1773) editions of Samuel Johnson's lexicon, titled *A Dictionary of the English Language on CD-ROM,* under the editorship of Ann McDermott; and the University of Michigan Press announced its anticipated release, in the spring of 1997, of *The Electronic Beowulf,* edited by Kevin Kiernan, while also advertising its future publication of a diplomatic edition of *Piers Plowman* under the general editorship of Hoyt Duggan (no publication date announced). Meanwhile Oxford University Press has curtailed its plans to build an Electronic Text Library series, discontinuing its computerized editions of the complete works of Jane Austen and the poetical works of Samuel Taylor Coleridge for lack of market demand while concentrating more of its efforts on digital reference books.

Laura K. Dickinson / Sarah A. Wadsworth

# The Making (and Remaking) of the Penny Magazine: An Electronic Edition of Charles Knight's "The Commercial History of a Penny Magazine"*

*"The success of our undertaking will be the measure of its utility."*[1]

In the latter half of 1833 the *Penny Magazine of the Society for the Diffusion of Useful Knowledge,* a British illustrated weekly, published a series of four supplemental issues titled "The Commercial History of *a* Penny Magazine" (our emphasis)[2]. These issues, which appeared once a month for four months, present an interestingly self-reflexive and ideologically charged account of the history of printing and the development of printing technologies up to and including the time of the publication of the *Penny Magazine* itself. When we first encountered the series, it immediately became clear that it would be of potential interest to scholars of various fields, including those focusing on the technological, economic, and ideological history of nineteenth-century Britain as well as those looking more broadly at the History of the Book. Because of these multiple and intersecting communities of interest, we decided to undertake the project of making the articles more widely available through publication in electronic format on the World Wide Web[3].

There are a number of advantages to publishing on-line, which are worth mentioning briefly at the outset of the paper. One crucial advantage is the security of the completed edition: unlike the codex, an electronic publication is not susceptible to misshelving, theft, and loss. Preservation is another important consideration. While there are unquestionably times when it is necessary or desirable to use the physical volume, electronic editions can help preserve various types of documents by providing convenient alternatives to the original artifacts. In addition, there is the matter of access. While approximately 250 research libraries in the United States have holdings of the *Penny Magazine* (some scattered), this figure pales in comparison to the millions of users of the World Wide Web[4]. Another benefit of publishing on-line is flexibility – for example, having the option to change the format of the document, to add material, and to correct errors at any time. But perhaps the most significant advantages of an on-line edition are its value-added features – those features that expand the possibilities provided by the print version. These include ease of navigation, the ability to access instantly supporting materials, such as introductory matter, annotations, and bibliography, and automatic links to related documents. The desirability of incorporating such elements as these guided the design of our electronic edition of "The Commercial History of a Penny Magazine". In this paper we will discuss the process through which this republication was accomplished.

In the pages which follow, we will begin by providing background information on the *Penny Magazine,* discussing in particular the historical and ideological significance of "The Commercial History". Next, we will document the processes of design and

* We would like to thank Michael Hancher for his assistance and encouragement with this project and the University of Minnesota Libraries for allowing us to reproduce materials in their collections.

1 CHARLES KNIGHT: A Postscript to Our first Readers. In: The Penny Magazine of the Society for the Diffusion of Useful Knowledge. London: Charles Knight 1832. Vol. 1 No. 1 (31 March), p. 8.

2 Penny Magazine, Vol. 2 No. 96, pp. 377–384; Vol. 2 No. 101, pp. 417–424; Vol. 2 No. 107, pp. 465–472; and Vol. 2 No. 112, pp. 505–511.

3 The electronic edition of *The Commercial History of a Penny Magazine* can be accessed at http://www-engl.cla.umn.edu/LKD/pm/CommHist.html.

4 WorldCat, a Firstsearch database published by OCLC Online Computer Library Center, indicates that approximately 250 libraries in the United States have some numbers of the *Penny Magazine*. Estimates of the number of World Wide Web users range from nine million users in 1995 (Morgan Stanley) to 31.4 million as of October 1996 (International Data Corp.). These statistics are cited by I/PRO CyberAtlas at http://www.cyberatlas.com.market.html.

implementation through which we have endeavored to balance the competing claims of computer technology and the historical artifact by presenting a faithful yet enhanced version of this series in electronic form. Finally, we will conclude with some remarks on the adequacy of digital techniques in representing the material richness of the text and suggest possible correlations between the economic and political objectives embodied in the modes of production and dissemination of the *Penny Magazine* and those made possible in our own time through the medium of the World Wide Web.

### Charles Knight, the Penny Magazine, and the Diffusion of Useful Knowledge

Published weekly by the Society for the Diffusion of Useful Knowledge (SDUK) from 1832 to 1845, the *Penny Magazine* was Britain's first illustrated periodical with a mass circulation. In keeping with the mission of the SDUK, the magazine's goal was to improve the conditions of the working class by providing an attractive and inexpensive means of self-education and cultural enrichment. Charles Knight, who acted as publisher for the SDUK, fervently believed that the condition of the lower classes could be materially as well as spiritually improved through the acquisition of cultural, geographic, and technical knowledge. Thus, to Knight and his sponsors, the *Penny Magazine,* as an inexpensive vehicle of informative and educational reading matter, was a political tool – an instrument of social change capable of promoting the economic health of Great Britain. As Knight explained in the preface to the first volume of the *Penny Magazine,* "ready and cheap communication breaks down the obstacles of time and space – and thus, bringing all ends of a great kingdom as it were together, greatly reduces the inequalities of fortune and situation, by equalizing the price of commodities, and to that extent making them accessible to all"[5].

While Knight and the SDUK targeted a working class readership, the *Penny Magazine* may actually have appealed more to members of the middle-class who were interested in self-improvement[6]. No doubt it was by hitting a combination of these audiences that the *Penny Magazine* managed to achieve a record sales of 200,000 copies per week[7]. As high as the sales were, however, the circulation of the magazine was even higher. Knight estimated that each issue was read by a million people[8]. This number may well have been inflated, but even allowing for this possibility, the figure is an impressive approximation considering that, while the population of England, Scotland, and Wales in the 1830s was slightly over 16 million, the literate population was considerably less[9]. The unprecedented success of the *Penny Magazine* helped bring about the explosion of cheap periodicals in nineteenth-century Britain, including, ironically, magazines with less refined subject matter that would ultimately entice away working-class consumers and erode the readership base that the *Penny Magazine* was instrumental in cultivating[10].

In format, the *Penny Magazine* consisted of eight single-color pages, of 20 by 29 centimeters. Each issue contained an abundance of high-quality wood engravings, which Knight considered an important selling point for an audience unused to reading. Reproductions of well known works of art were especially prominent, although illustrations of cathedrals, cities, scenes from other countries, flora, fauna, and other subjects, including technical matter, also appeared in the *Penny Magazine.*

The content of the magazine was secular – unlike the competing *Saturday Magazine* of the Society for the Propagation of Christian Knowledge – and the journalistic quality was high. The chief articles were commissioned pieces authored by professional writers. The emphasis throughout the periodical was on "practical" knowledge, although the SDUK seems to have had a rather flexible definition of "practical", for the *Penny Magazine* carried articles on such topics as fine art, architecture, natural history, geology, and even astronomy. Fiction was proscribed, since it was not considered "useful" or improving (a fact that has been linked with the magazine's eventual decline); and by omitting coverage of news, the

5 Charles Knight: Preface. In: Penny Magazine. Vol. 1, p. iv.

6 Daniel Fader and George Bornstein: British Periodicals of the Eighteenth and Nineteenth Centuries. Ann Arbor, MI. University Microfilms 1972, pp. 54–55. See also Patricia Anderson: The Printed Image and the Transformation of Popular Culture, 1790–1860. Oxford 1991, rev. 1994, p. 80.

7 Anderson: (see note 6), pp. 52–53 and 72. See also R. D. Altick: The English Common Reader. Chicago and London 1957, p. 335.

8 Charles Knight: Passages of a Working Life, During Half a Century, With a Prelude of Early Reminiscences. London 1864, Vol. 2, p. 184.

9 Colin Cohen: Introduction. Paper & Printing: The New Technology of the 1830s, taken from the Monthly Supplement of the Penny Magazine of the Society for the Diffusion of Useful Knowledge. Oxford 1982.

10 See Altick (see note 7), pp. 332–339.

**Fig. 1** Page 465, displayed in Graphic Layout view

publisher of the *Penny Magazine* was able to avoid paying the stamp tax, a factor that helped him keep prices low and profits up[11]. Due to concern about the possibility of worker unrest and potential threats to social stability, political topics were studiously avoided. As Patricia Anderson notes in *The Printed Image and the Transformation of Popular Culture, 1790–1860*, "the values it promoted unquestionably served the interests of those in positions of social, economic, and political authority"[12]. These values – paradoxical in a periodical ostensibly devoted to the betterment of the working class – are very much in evidence in Charles Knight's "The Commercial History of a Penny Magazine"[13].

## "The Commercial History of a Penny Magazine"

Our decision to republish "The Commercial History of a Penny Magazine" arises from a recognition of the importance of the series both within the context of the *Penny Magazine* itself and in the broader context of printing and publishing history, nineteenth-century periodicals, and Victorian studies. Within the context of the *Penny Magazine*, the series is thematically linked to others on industry and manufacturing, providing a counterpoint to the fine art which is its most renowned feature[14]. The series also provides detailed information about the magazine's production, including the processes of paper-making, typefounding, composing, printing, and binding. The series is a prime example of Knight's rhetoric, which emphasizes the social, cultural, and industrial superiority of Great Britain, the improvement of society through technological innovation, and the necessity of a morally responsible workforce. In addition, the series articulates Knight's economic argument, which relies on the still fundamental principle of economy of scale, whereby large print runs result in a low unit cost which makes it possible to sell cheaply to a mass audience.

In the broader context, the series contains a concise history of the development of the book arts and printing technologies, including a glimpse into the 1830s "state of the art" of the manufacturing side of the publishing industry. To provide a few examples, the paper mill described is that of John Dickinson, who patented an innovative cylinder machine for making paper, and the printing office featured is that of William Clowes, a progressive printer who was the first to employ the steam press in printing books[15]. Additional evidence of the technologically advanced point of view presented in the series is found in its discussion of stereotyping[16]. In this section, Knight provides a carefully reasoned economic argument in favor of stereotyping – a process in which molds were used to produce metal plates from made-up pages of moveable type. Stereotyping thus freed up the type for use in other projects (Knight describes this in terms of the "economy of capital") and made it possible to print subsequent editions without reinvesting in the labor of composition. The process was one of the major breakthroughs in printing technology and one upon which the mass production of the *Penny Magazine* depended.

Since its appearance in monthly supplements from August to December 1833, "The Commercial History of a Penny Magazine" has had a lively publication history. Unlike the vast majority of articles written for the periodical press, "The Commercial History" was revived and republished in book form – not only once, in fact, but on a number of occasions and for a variety of purposes and audiences. Recognizing the value of the articles, Knight resurrected the series, or parts of it, himself several times. In 1838 he published an abridged and otherwise modified version under the title *The Printer* (London: Charles Knight and Co.). This volume, published as part of the "Guide to Trade" series, addresses itself to youths who might be considering a career in the printing industry. The text follows the work of a newly hired printer's apprentice over the course of a week in order to give readers a sense of what the job entails. In 1843, George Dodd, an industrial journalist hired by Knight, incorporated

11 ALTICK (see note 7), pp. 333–334. FADER/BORNSTEIN (see note 6), p. 55.

12 ANDERSON (see note 6), 78.

13 Although these articles are unsigned, there is no doubt that they were authored by Knight himself. Portions of the series appear verbatim in works that do bear Knight's name as author, including *The Old Printer and the Modern Press* (London 1854).

14 Perhaps the best examples of articles on manufacturing and industry are George Dodd's "Days at the Factories," a series of 45 articles based on factory tours, published in the *Penny Magazine* between 1841 and 1844. Several of the articles were collected and published by Charles Knight in 1843 in book form (*Days at the Factories; or the Manufacturing Industry of Great Britain Described, and Illustrated by Numerous Engravings of Machines and Processes*). The book includes an additional article, "A Day at the Printing-office", which incorporates text and woodcuts which originally appeared in "The Commercial History of a Penny Magazine".

15 See W. B. CLOWES: Family Business, 1803–1953. London 1953.

16 KNIGHT: Commercial History, pp. 470–472.

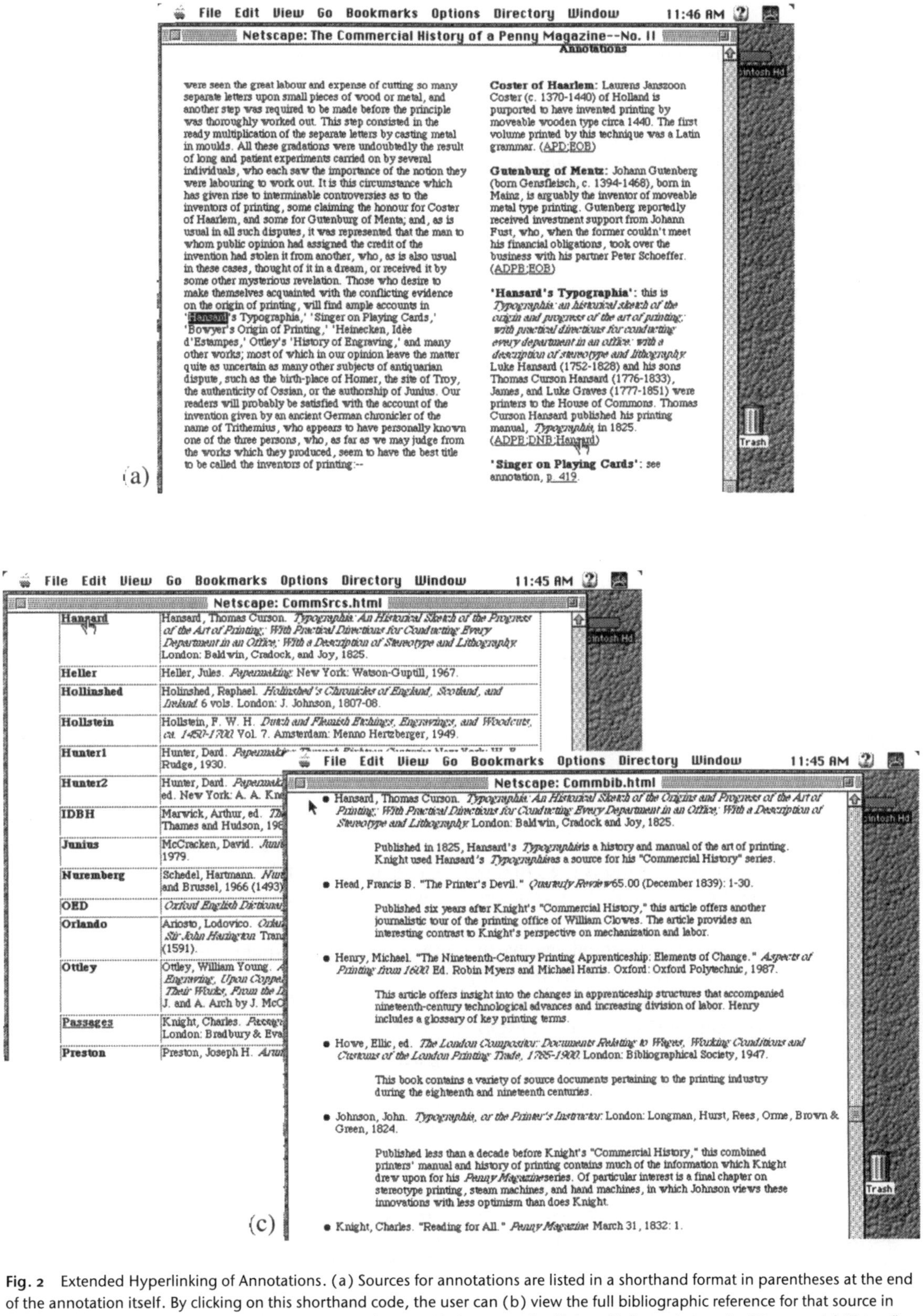


**Fig. 2** Extended Hyperlinking of Annotations. (a) Sources for annotations are listed in a shorthand format in parentheses at the end of the annotation itself. By clicking on this shorthand code, the user can (b) view the full bibliographic reference for that source in the Sources For Annotations list. In addition, sources that provide important background information on the "Commercial History" are further linked (c) to the annotated bibliography.

portions of "The Commercial History" into his article, "A Day at a Printing-office" (see note 14). A decade later, in 1854, Knight recycled passages of the series in another book *The Old Printer and the Modern Press*. More recently, the Librarianship Department at Birmingham Polytechnic published an extract from one of the supplements, and other modern editions followed in 1980 and 1982[17]. While this publication history attests to the continuing interest and usefulness of the material to a wide range of audiences, none of these reprints has been capable of reaching as large a readership as the original version of the series. Now, however, through the means of newly available technology and an economic scenario radically altered by the possibility of publishing electronically on the World Wide Web, "The Commercial History of a Penny Magazine" is accessible once again to a mass readership[18].

## Republishing the Penny Magazine Electronically

### *Design*

The challenge in translating the four issues of the "Commercial History of a Penny Magazine" into electronic form on the World Wide Web lay in maximizing the advantages of the new medium while simultaneously minimizing the potential disadvantages. We began by making the decision to place the articles themselves at the focal point of the site, with a constellation of secondary resources – such as annotations and an annotated bibliography – available to but not overwhelming this primary text.

The "Commercial History" menu is the gateway through which most users enter the site. It contains links to a brief introduction which sketches out the aims of the project; an annotated bibliography of textual resources published from the early 1800s to the present which provide useful background information on the "Commercial History"; and a list of reference works we consulted in compiling the annotations which appear alongside the electronic text. Primarily, however, the Commercial History Menu provides access to the supplemental issues themselves. Through a set of four sub-menus the user can gain access to the four articles either by issue or by page, and view them in two distinct formats: as annotated electronic text and as digital facsimile.

We provide two alternative views to the magazine because of what we consider to be the relative strengths and weaknesses of each method. The annotated electronic text format presents the "Commercial History" as ASCII text with pictures inserted as distinct objects and annotations appearing along the right-hand side of the page. The most immediate benefit of this design is that the text is both searchable and manipulable. Users can quickly find items of interest by using the basic text search function provided in most (if not all) World Wide Web browsers. Also, the text can be resized, copied, and easily edited. The annotations, likewise searchable, provide the reader with glosses on unfamiliar names and terms that appear in the text. Because the annotations appear immediately adjacent to that portion of the text to which they pertain, readers do not have to significantly disrupt their reading as they would if the annotations had been placed at the bottom of the page or on a separate page entirely.

While the annotated electronic text version faithfully presents the entire text of each issue and all the illustrations, together with annotations, it immediately became clear that in the translation from the printed page to the screen something had been lost. That "something" was the materiality of the physical text itself. In order to represent what we could of that materiality on the computer screen we opted to provide digital facsimiles of each page in addition to the annotated text. The digital facsimile (Fig. 1) is an entirely graphical representation of the page – a snapshot, as it were, of the original printing. Since the representation is a graphic object, the digital facsimile pages are neither searchable nor (easily) manipulable, nor do they contain annotations. What they do provide the reader, however, is an accurate representation of the physical aspects of the text, including such attributes as page layout, typography, and, to a limited extent, size and texture of the paper, which would otherwise have been com-

17 See Binding the Penny Magazine. Birmingham 1980; KNIGHT: The Commercial History of a Penny Magazine. Nevada City: Harold Berliner 1979; and COLIN COHEN: Paper & Printing: The New Technology of the 1830s, taken from the Monthly Supplement of the Penny Magazine of the Society for the Diffusion of Useful Knowledge. Oxford 1982.

18 It should be pointed out that while the World Wide Web is, in theory, widely accessible and virtually free of charge, it is in fact only a privileged subset of the population that has the computer equipment necessary to gain access to the wide array of materials published there. In addition, while many people are able to access the World Wide Web for free, others must pay fees to an internet service provider. It seems clear that the claim of free (or, in Knight's words, "cheap") dissemination of educational materials is necessarily complicated by the direct and indirect costs involved in accessing such documents on the World Wide Web.

pletely lost in the translation to electronic form. Taken together the annotated electronic text and digital facsimile modes provide a relatively complete way of representing the printed text on the computer screen.

Since the "Commercial History" comprises thirty-one pages of text and illustrations, and since each page is represented twice on the World Wide Web – as annotated electronic text and as digital facsimile – it was important to organize the site to facilitate navigation from page to page, from issue to issue, and from one format to another, as well as to enable users to access the Commercial History Menu and the secondary resources quickly and conveniently. Navigation on the World Wide Web is achieved through hyperlinks – that is, areas of textual or graphic display on the screen which, when the user activates them (usually by pointing and clicking with a device such as a mouse or trackball), cause the Web browser application to "jump" to a new file or to a new location in the currently active file. The design of our electronic edition employs both textual and graphic hyperlinks to facilitate navigation and optimize the linking and cross-referencing capabilities of the World Wide Web.

At the top and bottom of each page of the digitized text appear a set of buttons which enable the user to access the next page, the previous page, the Commercial History Menu, and the more general Penny Magazine Menu (which contains pointers, or links, to other issues of the magazine that have been placed online). In addition, there is a button which allows the user to toggle between the annotated electronic text and the digital facsimile versions of the page currently displayed. (These buttons are evident in Fig. 1) In addition to these navigational tools, each annotation is hypertextually linked to a list that includes bibliographical citations of the source or sources used in the research of that entry (see Fig. 2). For those sources which are also included in the annotated bibliography, the user can click on the entry in the sources list to view a brief abstract of that source. To back up to her or his point of origin in the primary text, the user can then select the "Back" Option offered by the World Wide Web browser.

*Implementation*

The process of implementing the design considerations discussed above required attention to the more technical details of electronic publication. These include the processes of translating the text of the issues into ASCII code, scanning the issues and saving the pages as digital image files, and encoding the scanned information in Hypertext Markup Language (HTML), the tagging language of the World Wide Web, so that it would display correctly and clearly online.

Preparing the Text

The first step in the process of placing the text of the articles into the HTML template for display on the World Wide Web was to scan the text. We used a flatbed scanner to ensure as accurate a "reading" of the textual characters as possible. Once the scanning was completed, we had, in essence, a digital picture of each page of the series. It was then necessary to convert these "pictures" (which are, in fact, graphic objects) into ASCII text – that is, individual characters in a standard, machine-readable format. Only by thus translating the scanned page images from graphical objects into machine-readable code could we enable users of the electronic text to resize the characters, change fonts, search for key words and phrases, copy, and otherwise manipulate the text.

To perform this conversion, we used OmniPage Pro, an optical character recognition (OCR) program that automates the translation process. Next we followed up with several rounds of proofreading, correcting, and general clean-up of the text. At the conclusion of this stage, we had effectively accomplished through electronic means the task of typesetting, or composing (as well as reading, correcting, and revising), a task which the original producers of the *Penny Magazine* laboriously performed by hand.

Preparing the Images

The process of scanning the images of the "Commercial History" involved three steps. First, we scanned each page of the series using an Apple Color One Scanner with Ofoto software. Each page was scanned in 24-bit color at 150 dots per inch (dpi). The 31 files created through this process contained more digital information than can be displayed on a computer screen or reasonably downloaded through the Internet. These files were used therefore as work files from which the digital facsimiles and individual pictures could be created using Adobe Photoshop 3.0 image processing software.

To generate the digital facsimiles, we reduced the resolution of the work images from 150 to 72 dpi. Thus users who are viewing these images on a monitor with a 72-dpi resolution are seeing them at their actual size. Next we sharpened the images slightly and saved them using the JPEG compression algorithm to reduce file size. We opted not to edit the files heavily, in order to retain as much of the appearance of the original artifact as possible. Hence the slight yellowing of the paper is retained, if a bit exaggerated, in the scanned version. In addition, the bound magazine was warped and could not come into contact evenly with the scanning surface. This introduced an interesting electronic artifact: bands of darkness and lightness that do not appear in the physical magazine do show up in the scanned image. A more authentic, if equally serendipitous, effect reproduced through scanning is apparent upon close examination of the digital facsimile: the ghost of the type which was impressed onto the reverse side of the page is clearly visible. This effect, which is also evident upon examining the material object, tells us something of the conditions of its production, indicating that the pages were imprinted through the process of hot stereotype printing, a technique used for a short while in the early 1800s.

For the third step in the image digitizing process – that of creating graphics files for the illustrations that appear in the series – we again started with the work files, cropping out each illustration and saving it as a separate file. Because our priority here was to present a clear and faithful representation of the original wood engraving, we discarded the unnecessary color information, edited out the dark bands described above, and again reduced the resolution to 72 dpi. We saved these files as interlaced GIF, a format developed by CompuServe to create smaller 8-bit graphic files for delivery online. The interlacing effect allows the images to display incrementally on the computer screen: the entire image appears blurry at first but then sharpens successively as more of the file downloads, so that the overall effect is rather like looking through the viewfinder of a camera while adjusting the focal distance of the lens. We used similar scanning and image-editing techniques to create the navigation buttons, masthead, and other graphic elements that appear on the "virtual" pages of "The Commercial History of a Penny Magazine".

### Creating the Template

When it came to encoding the HTML to present this digitized information on the World Wide Web, we found it useful to create a set of two HTML templates which prescribe how the annotated electronic text and digital facsimile pages will display on the screen. Each template contains encoded information that determines the design elements that are to remain consistent from one page to the next. Information that is particular to a given page, such as the text and graphics that are to appear, can be inserted into the design framework that is defined by the template. In the annotated electronic text template, for example, the buttons are defined by the template itself, but it is necessary to encode them properly so that when the user clicks on them the appropriate actions occur. In addition, certain locations in the template are designed to contain the primary text while others contain the annotations. While the process of creating each page involved more than merely dropping the information into the correct place in the document, the templates made implementation of the design relatively straightforward and also helped to establish a consistency of interface from one page to another.

## The End Result

This project is not yet completed, mainly because a project such as this one is always inherently unfinished. An electronic publication is necessarily an open endeavor which can always be expanded to make room for new information, new links, new technologies, and new contexts. In addition, it can be modified in response to the critical and informational feedback we receive from our virtual audience. What we have described on these pages, then, might appropriately be called Version 1.0 of "The Commercial History of a Penny Magazine".

## Coda

Describing the process of paper-making in Part 1 of the "The Commercial History of a Penny Magazine", Charles Knight writes:

> *The material of which the sheet of paper which the reader now holds in his hand* is formed, existed, a few months ago, perhaps in the shape of a tattered frock, whose shreds, exposed for years to the sun and wind covered the sturdy bins of the shepherd watching his sheep on the plains of Hungary; – or it might have formed part of the coarse blue shirt of the Italian sailor, on board some little trading vessel of the Mediterranean; – or it might have pertained to the once tidy camicia of the neat straw-plaiter of Tuscany, who, on the eve of some festival, when her head was intent upon gay things, condemned the garment to the stracci-vendolo of Leghorn; or it might have constituted the coarse covering of the flock bed of the farmer of Saxony, or once looked bright in the damask table-cloth of the burgher of Ham-

> burgh; – or, lastly, it might have been swept, new and unworn, out of the vast collection of the shreds and patches, the fustian and buckram, of a London tailor, – or might have accompanied every revolution of a fashionable coat in the shape of lining – having travelled from St. James's to St. Giles's – from Bond Street to Monmouth Street – from Rag Fair to the Dublin Liberty – till man disowned the vesture, and the kennel-sweeper claimed its miserable remains[19]. (our emphasis)

That "material" referred to in the first line of this passage, to which Knight could assume his readership had direct, tactile access, and which he so deftly uses to evoke the material conditions of its production, is something that is necessarily sacrificed in the translation to digital form. Though it is possible to represent the text visually, the feel – the smell – the sound of the leaves slipping through the fingers – these sensations are not digitally representable, at least not at the present time with current technologies. In a sense Knight's textual object, which is both the carrier of the fruits of knowledge and the product of the knowledge he "diffuses", can only be represented incompletely and imperfectly in the realm commonly known as "cyberspace". Yet, even when we take into account the very real issue of popular access to World Wide Web technologies, it is only within this realm that the broad and inexpensive diffusion of the "Commercial History" is even possible in the late twentieth century. As Knight stated,

> By a Society which has undertaken the task of contributing, as far as lies in its power, to the diffusion of useful knowledge, no means should be neglected by which instructive amusement can be afforded ... The channel, then, is open. Through its course must flow much of the information conveyed to the minds of a large and increasing class of readers. We are called upon to pour into it, as far as we are able, clear waters from the pure and healthy springs of knowledge. That duty we will not neglect; in the attempt to fulfil it we think that we ought not to fail[20].

19 KNIGHT: Commercial History, p. 379.
20 KNIGHT (see note 1), p. 8.

Elisabeth Soltész

# Gotische Blindstempeleinbände der Klosterbuchbinderei Böddeken in der Széchényi Nationalbibliothek zu Budapest

In den letzten Jahrzehnten beschäftigten sich zwei Studien mit der Schreibtätigkeit beziehungsweise der Buchbinderei im Augustiner-Chorherrenstift Böddeken. Im Jahr 1967 berichtete Wolfgang Oeser über die Geschichte und die ehemaligen Handschriftenbestände dieses Ordenshauses[1]. Die aus dem Kloster Bethlehem bei Zwolle herbeigerufenen Chorherren siedelten sich 1409 in Böddeken an. Sie bezogen die Gebäude des alten Damenstiftes, dessen Konvent nach fast 600 Jahren verwaist war. Dieses Augustiner-Chorherrenstift schloß sich 1430 der Windesheimer Kongregation an und brachte bereits im 15. Jahrhundert seine nicht unbedeutende Bibliothek zusammen.

Die meisten durch die Schreibtätigkeit der Kanoniker hergestellten Handschriften wurden – teilweise durch die Säkularisation – in alle Welt zerstreut. Trotzdem konnte Wolfgang Oeser aus den Beständen verschiedener Bibliotheken 97 Handschriften des Chorherrenstiftes aufspüren und beschreiben. In seiner Studie wurden nicht nur die in der ehemaligen Bibliothek vorhandenen Werke systematisch aufgezählt, sondern auch die Schriftformen und der Buchschmuck der in Böddeken hergestellten Handschriften ausführlich erörtert[2], nur über die Einbände berichtete Wolfgang Oeser sehr wenig.

1969 veröffentlichte Renate Kroos unter dem Titel *Beiträge zur Geschichte der Klosterbibliothek Böddeken* eine Studie über die Tätigkeit der Hausbuchbinderei Böddeken[3]. Hier wurde aus den Beständen der Berliner Staatsbibliothek eine Gruppe von Einbänden beschrieben, die aufgrund der gleichen Einzelstempel in Böddeken hergestellt worden sein dürften. Die meisten Einbände der in Berlin vorhandenen und aus Böddeken stammenden neun Handschriften und eines Wiegendruckes wurden mit kleinen Einzelstempeln geschmückt, von welchen in der Studie 44 Stempel in Durchreibungen abgebildet sind[4].

In ähnlichen gotischen Blindstempeleinbänden befinden sich auch in der Széchényi NB zu Budapest zwei Wiegendrucke, die hier beschrieben werden:

1. MARTINUS Polonus: Sermones de tempore et de sanctis, cum promptuario exemplorum. Strassburg: [Typogr. operis Jordani de Quedlinburg = (Georg Husner)] 1484. 2° 255ff. Signatur: Inc. 487. H 10854. – BMC I. 132. – SAJÓ-SOLTÉSZ[5] 2206. – HORVÁTH[6] 204.

*Provenienz:* Auf dem Rekto des eingeklebten leeren Pergamentblattes: Liber monasterii sancti Maynulphi in Bodiken, ordinis canonicorum regularium sancti Augustini Paderburnensis diocesis (15. Jahrhundert). – F. 1v: Liber monasterij sancti Maynulphi in Bodiken ppe Paderborn (15. Jahrhundert). – Auf der inneren Seite des Vorderdeckels: Jankovich Miklós gyüjt. (19. Jahrhundert).

*Einband:* Reich verziertes, braunes Kalbsleder auf Holzdeckeln (312×215 mm) in ziemlich schlechtem Zustand; am Rücken des Bandes fünf Doppelbünde; vier Beschläge; die Spangen fehlen. Auf dem Rückdeckel sind in den Ecken drei Metallbuckel vorhanden, die vierte fehlt.

Auf beiden Deckeln ist das Mittelfeld von einem äußeren, nur mit kleinen Siebenpunktblüten geschmückten Rahmen und einem inneren reich verzierten Rahmen umgeben (Abb. 1–2). Auf dem Vorderdeckel wiederholen sich in dem inneren Rahmen die nebeneinander eingeprägten Namensstempel von Böddeken (Nr. 1–4) und in den Ecken das Adler-Motiv (Nr. 7). Das Mittelfeld ist durch

1 WOLFGANG OESER: Die Handschriftenbestände und die Schreibtätigkeit im Augustiner-Chorherrenstift Böddeken. In: AGB VII (1967), Sp. 317–447.

2 Die Beschreibung der Handschriften bei OESER (siehe Anm. 1.), Sp. 415–438.

3 RENATE KROOS: Beiträge zur Geschichte der Klosterbibliothek Böddeken. In: AGB IX (1969), Sp. 1497–1508.

4 KROOS (siehe Anm. 3), Sp. 1499–1500, Abb. 1.

5 GÉZA SAJÓ – ERZSÉBET SOLTÉSZ: Catalogus incunabulorum quae in bibliothecis publicis Hungariae asservantur. Bd I–II. Budapestini 1970.

6 IGNÁCZ HORVÁTH: A Magyar Nemzeti Muzeum Könyvtárának ősnyomtatványai 1465–1500 (Die Wiegendrucke der Bibliothek des Ungarischen Nationalmuseums). Budapest 1895.

**Abb. 1** Vorderdeckel des Wiegendruckes MARTINUS POLONUS: Sermones. Strassburg 1484. Széchényi NB zu Budapest, Inc. 487

**Abb. 2** Rückdeckel des Wiegendruckes Martinus Polonus: Sermones. Strassburg 1484. Széchényi NB zu Budapest, Inc. 487

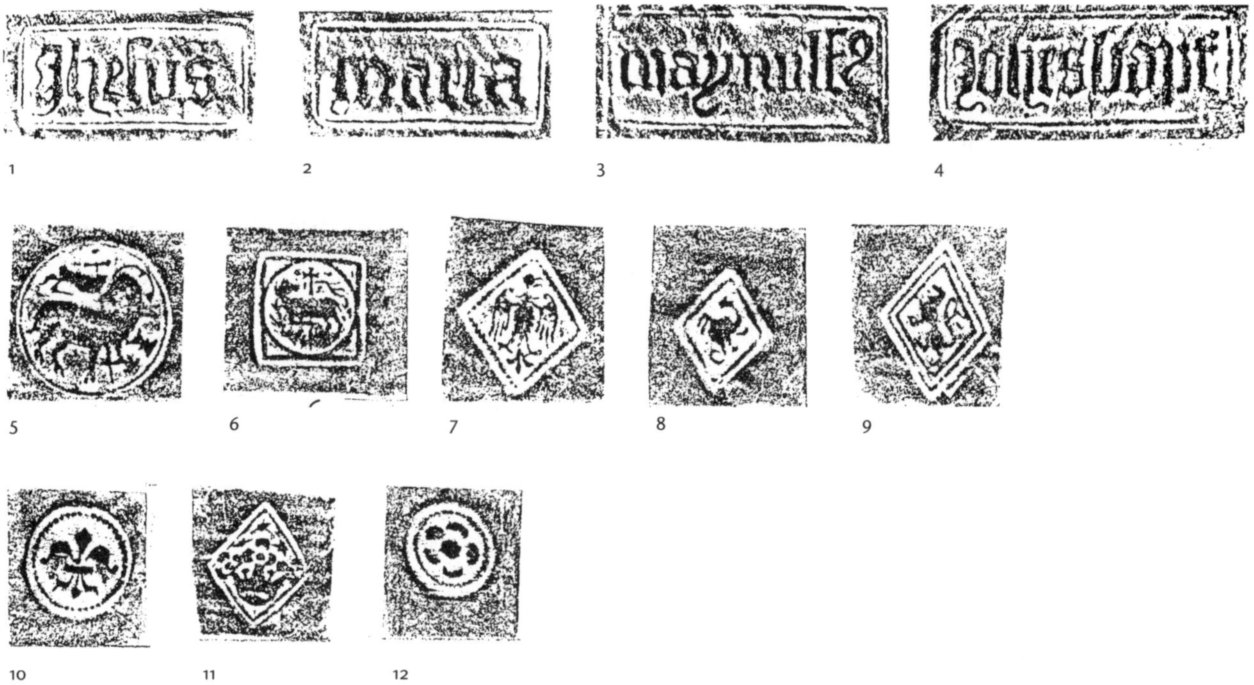

**Abb. 3** Einzelstempel von Budapester Einbänden aus dem Augustiner-Chorherrenstift Böddeken

Doppellinien in 12 Rauten und 12 Randdreiecke geteilt. In den Schnittpunkten der Linien erscheinen kleine Siebenpunktblüten. Zur Verzierung des Mittelfeldes dienten fünf Einzelstempel (Nr. 8–12). Einfacher wurde der Rückdeckel geschmückt, wo im Mittelfeld und auch in den inneren Rahmenleisten nur sieben kleinere Einzelstempel (Nr. 6–12) zu sehen sind.

2. VINCENTIUS Bellovacensis: Opuscula. Basel: Johann Amerbach, Id. Dec. (13. Dec.) 1481. 2° 338ff.
Signatur: Inc. 692.
C 6259. – BMC III 746. – SAJÓ-SOLTÉSZ 3486. – HORVÁTH 125.
*Provenienz:* Auf dem Verso des eingeklebten zweiten Pergamentblattes: Liber monasterii sancti Maynulphi in Bodiken Paderburnensis diocesis. Hunc librum de licentia prioris comparavit plebanus noster frater Theodericus Gerden pro liberaria nostra de offertorio ecclesie nostre ruralis, cui ipse tunc preerat, officium prioris amministrante Bernardo de Monasterio, Anno domini millesimo quadringentesimo octogesimo quinto. – Darunter: Jankowich Miklós gyüjteményéböl (19. Jahrhundert). F. 2r: Ecclesiae Collegiatae B.V. Glogoviae Maioris (18. Jahrhundert).

*Einband:* Verziertes, braunes Kalbsleder auf Holzdeckeln (315 × 215 mm); am Rücken des beschädigten und restaurierten Einbandes vier Doppelbünde; von den vier Beschlägen und den zwei Sprangen fehlen je eine. Auf dem Rückdeckel Spuren von vier Rundbuckeln. Vorder- und Rückdeckel sind nach ähnlichem Verzierungsschema geschmückt, wie die Deckel des früher beschriebenen Wiegendruckes. Beide sind in ein Mittelfeld und zwei Rahmen geteilt. In den äußeren Rahmenleisten sind nur kleine Siebenpunktblüten. In dem inneren Rahmen des Vorderdeckels bilden die Namensstempel von Böddeken (Nr. 1–4) und in den Ecken das Lilie-Motiv (Nr. 10) die Verzierung. Das Mittelfeld ist in vier größere Rauten und acht Randdreiecke geteilt. In den Rauten erscheinen um die zwei symbolischen Lamm-Motive (Nr. 5–6) nur die Fünfblüten (Nr. 12); in den Randdreiecken wiederholen sich die drei Einzelstempel: Adler, Löwe und Fünfblüten (Nr. 7, 9, 12). Auf dem Rückdeckel sind der innere Rahmen sowie das Mittelfeld in symmetrischer Anordnung mit kleineren Einzelstempeln (Nr. 7–12) geschmückt.

Die beiden Wiegendrucke kamen mit der Sammlung von Miklós Jankovich (1773–1846) in der ersten Hälfte des 19. Jahrhunderts in den Besitz der

Széchényi Nationalbibliothek[7]. Der namhafte ungarische Büchersammler kaufte viele Drucke aus den Beständen ausländischer Klöster, und dadurch kamen ziemlich viele wertvolle Einbände der deutschen, österreichischen und polnischen Klosterbuchbindereien in die ungarische Nationalbibliothek.

Die Art der Komposition der hier beschriebenen vier Einbanddeckel weicht von dem Verzierungsschema nicht wesentlich ab, das von Renate Kroos ausführlich dargestellt wurde[8]. Auf ähnliche Weise wurden aber die gotischen Einbände auch in anderen Klosterbuchbindereien im 15. Jahrhundert geschmückt[9].

Auch in dem Stempelbestand der Hausbuchbinderei Böddeken erschienen die meist beliebten Motive der Klostereinbände dieser Epoche, unter diesen z. B. das Gotteslamm in Medaillonrahmen, das sogenannte Agnus Dei (Nr. 5) und die Adler, Lilien, Kronen, Löwen (Abb. 3). Die gleichartige Stilisierung der Motive und die meistens gut bearbeitete Ausstattung verleihen aber den Stempeln von Böddeken eine leicht erkennbare Eigenart. Auch die vier Namensstempel des Klosters zeugen auf unseren Einbänden davon, daß sie in der Hausbuchbinderei Böddeken hergestellt wurden. Laut Ernst Kyriß und Ferdinand Geldner wurden Namens- und Wappenstempel in den Klosterwerkstätten des 15. Jahrhunderts noch nicht sehr häufig gebraucht[10].

Von den Stempeln, die auf unseren Einbänden zu sehen sind, ist nur der zwölfte von den in Berlin aufbewahrten Einbänden aus dem Chorherrenstift Böddeken bekannt[11]. In der Schwenke-Sammlung – deren gotische Stempel von Ilse Schunke veröffentlicht wurden – sind nur fünf Stempel unserer Einbände registriert[12]. Unsere Einbände vermitteln also neue Kenntnisse über das Stempelmaterial der Hausbuchbinderei Böddeken. Das ist ein deutliches Zeichen dafür, daß die in mehreren Bibliotheken aufbewahrten und bisher nicht veröffentlichten Einbände von Böddeken wertvolle Beiträge über die Buchbinderei dieses Klosters liefern könnten[13]. Bisher wurde nämlich nur eine kleine Gruppe der in Böddeken hergestellten Blindstempeleinbände eingehend behandelt und veröffentlicht. Trotzdem können wir feststellen, daß die Buchbinderei auch im Kloster Böddeken der Augustiner Chorherren als eine wichtige Tätigkeit betrachtet und ausgeübt wurde.

7 Jenö Berlász: Az Országes Széchényi Könyvár története 1802–1867 (Die Geschichte der Széchényi Nationalbibliothek 1802–1867). Budapest 1981, S. 247.
8 Kroos (siehe Anm. 3), Sp. 1505.
9 Ferdinand Geldner: Bekannte und unbekannte bayerische Klosterbuchbindereien der spätgotischen Zeit. In: AGB II (1960), Sp. 154–158. Über die auf ähnliche Weise geschmückten Liesborner Einbände siehe: Elisabeth Soltész: Spätgotische Einbände des Benediktinerklosters Liesborn. In: GJ 1996, S. 255–266.
10 Ernst Kyriss: Eigentumsstempel auf spätgotischen Einbänden. In: GJ 1957, S. 310. – Geldner (siehe Anm. 9), Sp. 155.
11 Kroos (siehe Anm. 3), Abb. 1, Nr. 39.
12 Ilse Schunke: Die Schwenke-Sammlung gotischer Stempel- und Einbanddurchreibungen. Berlin 1979. Adler siehe S. 11, Nr. 260a; Lilie siehe S. 182, Nr. 410; Löwe siehe S. 188, Nr. 67a; Namensstempel siehe S. 292, Nr. 371, 377a. Hier wurden jedoch die Stempel nicht nach Werkstätten, sondern nach Motiven geordnet und veranschaulicht.
13 Oeser (siehe Anm. 1) weist auf mehrere verzierte Einbände hin, z. B. in den Beschreibungen der Handschriften Nr. 2, 49, 58, 59, 60, 68, 69a.

Ulrich Merkl

# Neuentdeckte Darstellungen von Beutelbüchern

Eine erste großangelegte Auflistung aller bekannten Darstellungen von Beutelbüchern in der bildenden Kunst erschien 1966[1]. Sie umfaßte 447 Nummern und konnte mittlerweile durch neun Nachträge verschiedener Autoren auf 783 Nummern erweitert werden[2]. Wie U.-D. Oppitz in seinem Nachtrag von 1995 zutreffend feststellte, stößt der unter den publizierten und öffentlich zugänglichen Kunstwerken Suchende mittlerweile immer häufiger auf bereits bekannte Beutelbuchdarstellungen, weshalb Neufunde künftig wohl in erster Linie auf dem noch schlecht erschlossenen Gebiet der Buchmalerei zu erwarten sein dürften. Diese Vermutung findet ihre erste Bestätigung in der hier vorgelegten Liste von 30 Neufunden, von denen sich 16 in illuminierten Handschriften befinden.

784 **Aschaffenburg**, Hofbibliothek, Ms. 10: Missale für Kardinal Albrecht von Brandenburg, illuminiert in Nürnberg von Nikolaus Glockendon 1522/24. Deckfarben auf Pergament, Blattformat 38,5×28 cm. Ganzseitige Miniatur fol. 430v: Pontifikalmesse Kardinal Albrechts. Der zweite der vier Bischöfe hinter Albrecht hält in der linken Hand ein Beutelbuch.
*Abb.:* ALFONS W. BIERMANN: Die Miniaturenhandschriften des Kardinals Albrecht von Brandenburg (1514–1545). In: Aachener Kunstblätter 46 (1975), S. 15–310, hier S. 156, Abb. 197.

785 **Augsburg**, Maximilianmuseum, Inv.-Nr. 1340: Epitaph des Konrad Mörlin, Abt von St. Ulrich und Afra. Kalksandstein, 172×173 cm. Meister des Mörlin-Epitaphs (Gregor Erhart?), 1497/99. Vordere Reihe, zweite Figur von rechts: ein Kardinal hält mit der rechten Hand ein Beutelbuch vor den Körper.
*Abb.:* MICHAEL HARTIG (Hrsg.): Das Benediktiner-Reichsstift Sankt Ulrich und Afra in Augsburg (1012–1802). Augsburg 1923 (Germania Sacra, Serie B, Ia), S. 98.

786 **Augsburg**, UB, Cod. I.3.8° 1: Deutsches Gebetbuch, Nürnberg (?) um 1500. Deckfarben auf Pergament, Blattformat 10,7×7,7 cm. Ganzseitige Miniatur fol. 117v: Christus als Weltenrichter mit den 12 Aposteln. Johannes trägt ein Beutelbuch.
*Lit.:* KARIN SCHNEIDER: Deutsche mittelalterliche Handschriften der Universitätsbibliothek Augsburg. Die Signaturengruppen Cod. I.3 und Cod. III.1. Wiesbaden 1988 (Die Handschriften der UB Augsburg, 2. Reihe, 1. Band), S. 106–112 (ohne Abbildung dieser Miniatur).

787 **Basel**, Kupferstichkabinett, Inv.-Nr. U III 67: Nachzeichnung des Epitaphs des Abtes Konrad Mörlin von St. Ulrich und Afra in Augsburg. Getuschte Federzeichnung auf Papier, 30,6×31 cm. Jörg Schwaiger (?), nicht vor 1499. Siehe Nr. 785.
*Abb.:* NORBERT LIEB/ALFRED STANGE: Hans Holbein der Ältere. München o. J. (1960), Abb. 165.

788 **Berlin**, Kupferstichkabinett, Hs. 78 B 5: Gebetbuch, illuminiert in Augsburg um 1520. Deckfarben auf Pergament, Blattformat 14,6×11 cm. Initiale fol. 95v: Hl. Paulus, in der Rechten das Schwert, in der Linken ein Beutelbuch: Streicheisenlinien, zwei Doppelbünde, das Oberleder endet lose.
*Lit.:* ULRICH MERKL: Ein Augsburger Gebetbuch des frühen 16. Jahrhunderts im Berliner Kupferstichkabinett. In: Pantheon 52 (1994), S. 61–78 (ohne Abbildung dieser Miniatur).

789 **Berlin**, Kupferstichkabinett, Inv.-Nr. 1947: Kanonblatt aus einem Missale, fränkisch, um 1480/90. Deckfarben auf Pergament, 29×20 cm. Gekreuzigter zwischen Maria und Johannes, dieser hält in der Linken ein Beutelbuch mit fünf Buckeln.
*Abb.:* PAUL WESCHER: Beschreibendes Verzeichnis der Miniaturen – Handschriften und Einzelblätter – des Kupferstichkabinetts der Staatlichen Museen Berlin. Leipzig 1931, S. 216.

1 LISL und HUGO ALKER: Das Beutelbuch in der bildenden Kunst. Ein beschreibendes Verzeichnis. Mainz 1966 (Kleiner Druck der Gutenberg-Gesellschaft. 78).

2 HEINZ und DAG-ERNST PETERSEN: Unbekannte Beutelbuchdarstellungen. In: Philobiblon 11 (1967), S. 279–282 (Nr. 498–501). – LISL und HUGO ALKER: Das Beutelbuch in der bildenden Kunst. Ein beschreibendes Verzeichnis: Ergänzungen. In: GJ 1978, S. 302–308 (Nr. 448–497). – RENATE NEUMÜLLERS-KLAUSER: Auf den Spuren der Beutelbücher. In: GJ 1980, S. 291–301 (Nr. 502–530). – GERHARD WERNER: Beutelbücher in der Saalfelder Kunst. In: Marginalien 109 (1988), S. 28–32 (Nr. 531–536). – ULRICH-DIETER OPPITZ: Beutelbuchdarstellungen in Südtirol. In: Der Schlern 66 (1992), S. 566–569 (Nr. 538, 544, 545, 565, 575). – DERS.: Weitere Spuren von Beutelbüchern. In: GJ 1993, S. 311–318 (Nr. 537–577). – DERS.: Weitere Darstellungen von Beutelbüchern und Hülleneinbänden. In: GJ 1995, S. 228–239 (Nr. 578–709). – RENATE NEUMÜLLERS-KLAUSER: St. Theodul mit dem Beutel. In: Lusus Campanularum. Beiträge zur Glockenkunde. Festschrift Sigrid Thurm. München 1996 (Arbeitshefte des bayerischen Landesamtes für Denkmalpflege, H. 30), S. 76–81 (Nr. 710–718). – RENATE NEUMÜLLERS-KLAUSER/ULRICH-DIETER OPPITZ: Beutelbuch-Darstellungen in der Kunst der Spätgotik. In: Anzeiger des Germanischen Nationalmuseums 1996, S. 77–92 (Nr. 719–783).

790 **Donaueschingen**, Fürstenbergsammlungen, Inv.-Nr. 88: Hl. Paulus als Einsiedler, Öl auf Holz, 54×33 cm, linker Standflügel eines ehemaligen Flügelaltars. Meister von Messkirch, um 1536/38. An der rechten Seite des Heiligen hängt ein ungewöhnlich großes Beutelbuch. Das Oberleder und dessen Befestigung am Gürtel sind durch den rechten angewinkelten Arm verdeckt. Streicheisenlinien, eine Schließe, der Schnitt ist sichtbar.

*Abb.:* CLAUS GRIMM/BERND KONRAD: Die Fürstenberg Sammlungen Donaueschingen. Altdeutsche und schweizerische Malerei des 15. und 16. Jahrhunderts. München 1990, S. 241.

791 **Freiburg**, Augustinermuseum, Inv.-Nr. 11407: Christus und die zwölf Apostel, Tempera auf Holz, Predella eines Altares. Veringer Werkstatt der Malerfamilie Strüb, um 1515. Petrus mit Beutelbuch: fünf Buckel, eine Schließe, Schnitt sichtbar.

*Abb.:* GRIMM/KONRAD 1990 (siehe Nr. 790), S. 153, Abb. 29.2.

792 **Heidelberg**, Kurpfälzisches Museum, Hs. 28.6: Neues Testament für Pfalzgraf Ottheinrich (»Ottheinrichs-bibel«), illuminiert in Lauingen von Mathis Gerung 1530/32. Deckfarben auf Pergament, Blattformat 53×37 cm. Band 6, fol. 225v: Christi Himmelfahrt, ein Apostel mit Beutelbuch.

*Lit.:* Bibliotheca Palatina (Katalog zur Ausst. in Heidelberg). Bd 1. Heidelberg 1986, S. 491 f., Nr. H 5.6 (ohne Abbildung dieser Miniatur).

793 **Kalchreuth**, Pfarrkirche St. Andreas: Gekreuzigter zwischen Maria und Johannes, Tempera auf Holz, ca. 100×50 cm, Teil eines Altarflügels. Meister des Kalchreuther Altars, um 1498. Johannes hält in der Linken ein Beutelbuch. Fünf Buckel, eine Schließe, der Schnitt ist sichtbar.

*Abb.:* PETER STRIEDER: Tafelmalerei in Nürnberg 1350–1550. Königstein 1993, S. 219.

794 **Kassel**, LB, 4° Ms. math. et art. 50: Konvolut illuminierter Einzelblätter, davon 18 von Simon Bening, Brügge, um 1511/15, ursprünglich im Stundenbuch Stockholm, Kgl. B, Cod. Holm A. 227. Deckfarben auf Pergament, Bildformat 17×12 cm. Ganzseitige Miniatur fol. 3r: Hl. Bartholomäus mit einem Beutelbuch in der linken Hand: unverzierter Einband, das Oberleder endet lose.

*Abb.:* BIERMANN 1975 (siehe Nr. 784), S. 108, Abb. 135.

795 **Meister der Jakobsleiter**, Holzschnitt in: Luther-Bibel, Leipzig, Valentin Schumann, 1526, Blatt 18 der Apokalypse. Der Engel mit dem Mühlstein. Unter den Zuschauern ein Geistlicher mit einem Beutelbuch: fünf Buckel, zwei Schließen.

*Abb.:* HILDEGARD ZIMMERMANN: Beiträge zur Buchillustration des 16. Jahrhunderts. Straßburg 1924 (Studien zur deutschen Kunstgeschichte. 226), Taf. V.

796 **Modena**, Galleria Estense: Mariae Verkündigung. Tafelbild, ca. 80×30 cm. Elsaß/Lothringen (?), um 1460. Vor Maria liegt auf einem Pult ein großes, geschlossenes Beutelbuch: Streicheisenlinien, vier Eckbuckel, fünf Bünde, das Oberleder hängt vorne vom Pult herab.

*Abb.:* FRIEDRICH WINKLER: Ein deutsch-niederländischer Altar in Oberitalien. In: Zeitschrift für Kunstwissenschaft 2 (1948), S. 15–18, Abb. 2.

797 **München**, BSB, clm 4301: Psalterium für St. Ulrich und Afra in Augsburg, geschrieben von Balthasar Kramer, illuminiert von Georg und Leonhard Beck 1495. Deckfarben auf Pergament, Blattformat 54,4×39,8 cm. Initiale fol. 177r: Der Tod tritt an einen Benediktinermönch heran, dieser hält vor dem Körper ein Beutelbuch: Streicheisenlinien, fünf Buckel, zwei Schließen, das Oberleder endet lose.

*Lit.:* ERICH STEINGRÄBER: Die kirchliche Buchmalerei Augsburgs um 1500. Augsburg, Basel o. J. (1956) (Abhandlungen zur Geschichte der Stadt Augsburg. 8), S. 21–27, S. 62, Nr. 27 (ohne Abbildung dieser Miniatur).

798 **München**, BSB, clm 23014: Graduale für Kloster Medlingen bei Lauingen, illuminiert in Augsburg von Nikolaus Bertschi um 1500. Deckfarben auf Pergament, Blattformat 61,5×42 cm. Initiale fol. 333r: eine Nonne (wahrscheinlich die Schreiberin Dorothea Deriethain) mit Beutelbuch kniet anbetend vor der Madonna.

*Abb.:* Unpubliziert.

799 **München**, Staatliche Graphische Sammlung, Inv.-Nr. 37842: Blatt aus einem Musterbuch, südwestdeutsch, um 1460/70. Feder in Schwarz, grau laviert, auf Papier, 10,1×15 cm. Rectoseite: Drei stehende Apostel. Der Rechte hält in der linken Hand ein Beutelbuch: Streicheisenlinien, zwei Bünde, das Oberleder endet lose.

*Abb.:* TILMAN FALK (Hrsg.): Staatliche Graphische Sammlung München. Die deutschen Zeichnungen des 15. Jahrhunderts. München 1994, Abb. 17.

800 **Nördlingen**, Stadtmuseum: Fastentuch für die Kirche St. Alban in Wallerstein. Tempera auf Leinwand, 243×415 cm, Hans Schäufelin 1517. Vorne links: Maria wird gestützt von Johannes, an dessen Gürtel ein Beutelbuch hängt: braunes Leder mit losen Enden, fünf Beschläge.

*Abb.:* JOHANNA GENCK-BOSCH: Hans Schäufelin. Ein Nördlinger Stadtmaler. München, Zürich 1988 (Schnell & Steiner Kunstführer 1697), S. 6.

801 **Petrarca-Meister**, Holzschnitt in: Cicero, De officiis, Augsburg 1520/21, fol. 59a. Ein Richter, ein Geistlicher und ein Bader unterhalten sich angesichts gegeneinander kämpfender Bauern und Söldner. Der Kleriker hält mit angewinkeltem Arm ein kleines Beutelbuch vor den Körper: fünf Buckel, das Oberleder ist oben geknotet.

*Abb.:* WALTHER SCHEIDIG: Die Holzschnitte des Petrarca-Meisters zu Petrarcas Werk Von der Artzney bayder Glück des guten und widerwärtigen. Augsburg 1532. Berlin 1955, S. 17.

802 **St. Florian**, Gemäldegalerie: Vielfigurige Kreuzigung, Tempera auf Holz, ca. 150×90 cm. Meister des Hersbrukker Altares, Bamberg, um 1480/85. Johannes mit Beutelbuch: schwarzes Leder, eine Schließe, vier Buckel.

803 **Venedig**, Museo Civico: Hl. Barbara. Tafelbild, ca. 80×30 cm. Kreis des Meisters von Flemalle (?), um 1460. Die stehende Heilige liest in einem aufgeschlagenen Beutelbuch.

*Abb.:* WINKLER 1948 (siehe Nr. 796), Abb. 6.

**Abb.** Nr. 797.

804 **Wien,** Graphische Sammlung Albertina, Inv.-Nr. 1928–252: Die Heilige Familie mit der Heuschrecke. Kupferstich, 23,7×18,4 cm. Monogrammist A, bald nach 1495. Kopie des Dürer-Stiches B. 44 von ca. 1495, hinzugefügt wurden am rechten Bildrand ein Kartäusermönch und auf dem Erdboden vor der Madonna ein Beutelbuch: Streicheisenlinien, drei Bünde, eine Schließe, am Ende des Oberleders ein Metallknopf.
*Abb.:* Vorbild Dürer. Kupferstiche und Holzschnitte Albrecht Dürers im Spiegel der europäischen Druckgraphik des 16. Jahrhunderts (Katalog zur Ausstellung in Nürnberg). München 1978, S. 30.

805 **Wien,** ÖNB, cod. 1880: Gebetbuch für Johann II. von Pfalz-Simmern, illuminiert in Nürnberg von Albrecht Glockendon 1534/35. Deckfarben auf Pergament, Blattformat 21×15 cm. Fol. 188$^{r}$, unterer Rand: Mönch mit Beutelbuch.
*Lit.:* Barbara Daentler: Die Buchmalerei Albrecht Glockendons und die Rahmengestaltung der Dürernachfolge, München 1984, S. 58–76, Nr. 3.1.4 (ohne Abbildung dieser Miniatur).

806 **Wolfenbüttel**, HAB, Cod. Guelf. 25.13/14. Extrav.: Neues Testament für Herzog Johann Friedrich den Großmütigen von Sachsen, illuminiert in Nürnberg von Nikolaus Glockendon 1522/24. Deckfarben auf Pergament, Blattformat 28×18,6 cm. Bd 2, S. 1298, unterer Rand: Drei diskutierende gelehrte Männer auf einem Weg, der zu einem Stadttor führt. Der Rechte hält ein Beutelbuch in der linken Hand.

*Lit.:* HERBERT SCHNEIDLER: Die Septemberbibel Nikolaus Glockendons. Diss. München 1978 (ohne Abbildungen dieser Miniatur).

807 Wie **806**, ganzseitige Miniatur, Bd 2, S. 2232: Johannes sieht das brennende Babylon, ein Engel wirft einen Mühlstein ins Meer. Unter den Zuschauern links vorne ein Mann mit einem Beutelbuch in der linken Hand.

*Lit.:* wie 806.

808 **Privatbesitz**, Hl. Katharina. Zeichnung. Die stehende Heilige liest in einem aufgeschlagenen, großformatigen Beutelbuch, dessen Oberleder von den oberen (nicht von den unteren) Einbandkanten herabhängt.

*Abb.:* WINKLER 1948 (siehe Nr. 796), Abb. 7.

809 **Privatbesitz**, lateinisches Gebetbuch, Eichstätt (?), Ende 15. Jahrhundert. Deckfarben auf Pergament, Blattformat 14,5×10,5 cm. Ganzseitige Miniatur fol. $34^r$: Hl. Willibald mit einem Beutelbuch in der linken Hand: braunes Leder mit losen Enden, fünf goldene Buckel, drei Bünde, eine Schließe.

*Abb.:* Antiquariat Dr. Jörn Günther, Kat. 3: Mittelalterliche Handschriften und Miniaturen. Hamburg 1995, S. 147.

810 **Privatbesitz**, Gekreuzigter zwischen Maria und Johannes. Süddeutsch, 15. Jahrhundert. Deckfarben auf Pergament, 23×15 cm. Einzelblatt aus einer Handschrift. Johannes hält in der Rechten ein Beutelbuch in rotem Ledereinband.

*Abb.:* Unpubliziert (Antiquariat Dr. Jörn Günther, Hamburg).

811 **Privatbesitz**, ganzseitige Miniatur aus einem Gebetbuch, Süddeutschland, um 1520. Deckfarben auf Pergament, Blattformat 13,7×10,2 cm. Pfingstwunder, vorne links kniender Apostel mit Beutelbuch, das Oberleder durch den Gürtel gesteckt, Streicheisenlinien, fünf Buckel.

*Abb.:* Les Enluminures. Catalogue 1, Paris o. J., S. 92, Nr. 38, Abb. S. 93.

812 **Privatbesitz**, Lateinisch-französisches Stundenbuch, Avignon (?), Ende 15. Jahrhundert. Deckfarben auf Pergament, Blattformat 26×17,5 cm. Zwölfzeilige Miniatur fol. $120^v$: Hl. Clara mit Lilie und Beutelbuch.

*Lit.:* Antiquariat Heribert Tenschert, Kat. XXI: Leuchtendes Mittelalter. Passau 1989, S. 574–579 (ohne Abbildung dieser Miniatur).

813 **Privatbesitz**, Gebetbuch für einen Zisterzienser, Süddeutsch, um 1520. Deckfarben auf Pergament, Blattformat 12,8×9,7 cm. Ganzseitige Miniatur fol. $165^r$: Hl. Petrus, in der Rechten den Schlüssel, in der Linken ein Beutelbuch: Streicheisenlinien, zwei Bünde, das Oberleder endet lose.

*Abb.:* Antiquariat H. P. Kraus, Catalogue 88: Fifty Medieval and Renaissance Manuscripts. New York o. J., S. 89.

Ursula Bruckner (†)

# Das Beutelbuch und seine Verwandten – der Hülleneinband, das Faltbuch und der Buchbeutel

*Vorbemerkung*

Der folgende Aufsatz ist von Ursula Bruckner, Bibliothekarin an der Staatsbibliothek zu Berlin und verantwortlich für die Typenbestimmung in der dortigen Inkunabelabteilung, vor ihrem Tode vollendet worden und steht in Beziehung zu ihrer Übersicht über die heute noch nachweisbaren Beutelbücher.

Die Forschung ist inzwischen an einigen Stellen vorangeschritten, wie die von Professor J. A. Szirmai zur Verfügung gestellten Literaturhinweise zeigen. Es konnte deshalb im Blick auf die Arbeit von J. P. Gumbert der Absatz über die Faltbücher auf einen kurzen Hinweis beschränkt werden. Sonst sind nur einige Bemerkungen angefügt worden, die die beabsichtigte Gliederung verdeutlichen.

*Dr. Konrad von Rabenau*

**W**illiam Caxton, der erste englische Drucker, hat seine zweite verbesserte Ausgabe von Geoffrey Chaucers *Canterbury Tales* mit zahlreichen Holzschnitten geschmückt[1]. Auf einem erblickt man den Friar, d. h. den Ordensbruder, hoch zu Roß, mit der Kutte bekleidet, einen großen Rosenkranz (?) um die Schultern geschlungen[2]. In der linken Hand hält er einen kleinen Gegenstand, den der heutige Betrachter vielleicht nicht ohne weiteres zu identifizieren vermag. Ein gediegenes kunsthistorisches Werk[3] aus dem Jahre 1935 sieht in ihm »a small box«. Dies ist allerdings ein Mißverständnis, wie es bei Objekten dieser Art oft anzutreffen ist. Unbefangene, buchkundlich nicht Vorbelastete denken vielleicht an einen Geldbeutel oder eine Laterne. Das undefinierbare Gebilde ist jedoch ein Buch, und zwar ein Buch mit einem besonders originellen Einband: ein Beutelbuch.

Über Beutelbücher lag bereits 1935 die grundlegende Untersuchung von Glauning vor, der sowohl Beutelbücher in der bildenden Kunst als auch eine Liste der Beutelbuch-Originale zusammengestellt hatte. Diese Arbeit dürfte dem Autor ebenso unbekannt geblieben sein wie das einzige Beutelbuch-Original in England[4], und Darstellungen in der bildenden Kunst sind dort anscheinend nicht häufig. Obwohl in anderen Ländern die Situation günstiger ist, muß Alker noch im Jahre 1966 feststellen: »Das Beutelbuch [...] ist dem Gedächtnis der Gegenwart völlig entschwunden, ja sogar oft genug nicht einmal mehr Bibliothekaren oder Bibliophilen geläufig.«[5]

Definitionen des Begriffes »Beutelbuch« findet man zunächst in buchkundlichen und kunstgeschichtlichen Nachschlagewerken, ja sogar in Konversationslexika, außerdem natürlich in der Literatur über historische Einbände. Aber auch sonst fehlt es nicht an Informationsmöglichkeiten. Dieser Gegenstand, so wenig er einer breiteren Öffentlichkeit bekannt ist, hat doch im Laufe der Zeit eine beachtliche Fülle von Publikationen hervorgerufen. Es handelt sich fast ausschließlich um Zeitschriftenaufsätze oder, wie oben erwähnt, um Beiträge zu Werken mit umfassenderer Themenstellung[6]; als einzi-

1 GW 6586.
2 Bl. $a^7$ b u. $s^8$. ALKER 249.
3 EDWARD HODNETT: English Woodcuts 1480–1535. (First printed 1935. Reprinted with add. and corr. 1973.) Oxford 1973, S. 129, Nr. 219 und Fig. 4.
4 London BL (BRUCKNER 13).
5 ALKER, S. 7.
6 HANS LOUBIER: Hülleneinbände des ausgehenden Mittelalters. In: Bibliografiska studier tillägnade Friherre Johannes Rudbeck på hans femtioårsdag den 7 mars 1917. Stockholm 1917, S. 39–51. Mit drei Abb. – HANS LOUBIER: Ein Original-Hülleneinband in Göteborg. In: Werden und Wirken. Ein Festgruß Karl W. Hiersemann zugesandt ... zum siebzigsten Geburtstag ... Leipzig 1924, S. 178–183. Mit sechs Abb. Das Ex. Göteborg (BRUCKNER 7), das Loubier für einen Hülleneinband hält, gilt bei allen übrigen Autoren als Beutelbuch. – ILSE SCHUNKE: Einbände aus der bremischen Staatsbibliothek. Bremer Hüllenband aus dem Anfang des 15. Jahrhunderts. In: Bremisches Jahrbuch 33 (1931), S. 492-493. Mit Abb. – HEINRICH SCHREIBER: Buchbeutel und Hüllenband. In: Archiv für Buchgewerbe und Gebrauchsgraphik 76 (1939), S. 492–496. – SCHREIBER. – PAVLÍNA HAMANOVÁ: Z Dějin knižní vazby. Praha 1959, S. 255, Nr. 38–43 u. Abb. – ADOLF RHEIN: Falsche Begriffe in der Einbandgeschichte. In: GJ 1960, S. 368, Abb. 5 u. S. 369, Abb. 6 – MAZAL, Abb. 49, dazu Text S. 117. – Germanisches Nationalmuseum Nürnberg. The Metropolitan Museum of Art in New York: Nürnberg 1300–1550. Kunst der Gotik und Renaissance. (München 1986), S. 170–172, Nr. 41. Text u.

**Abb. 1** Beutelbuch. Dessau Anhaltische Landesbücherei. Signatur: Georg 276.

ge Monographie, trotz qualitätsvollen Inhalts auch diese nur von bescheidenem Umfang, ist das Verzeichnis der Beutelbücher in der bildenden Kunst von Lisl und Hugo Alker zu nennen. Eine Bibliographie der Beutelbuchliteratur wäre wünschenswert, doch hat sich bis jetzt zu dieser mühsamen Arbeit noch niemand bereit gefunden.

Beutelbücher sind zwar das wesentliche Thema dieses Artikels, aber zur Klärung ihrer besonderen Funktion sollen auch andere Gestaltungsmöglichkeiten behandelt werden, die der sorgsamen Aufbewahrung oder dem leichteren Transport von Büchern im Mittelalter dienten.

## Hülleneinband

Der Hülleneinband diente wie das Beutelbuch dem Zweck, den Buchkörper vor äußeren Einwirkungen wie Staub, Feuchtigkeit oder Beschädigung zu schützen. Es fehlt bei ihm aber jede Vorrichtung, die für den Transport des Buches am Gürtel seines Besitzers bestimmt war. Beim Hülleneinband wurde über den eigentlichen Einband ein großes Stück Leder oder Stoff gezogen, das zuweilen gemeinsam mit ihm durch Metallknöpfe am Holz der Einbanddeckel befestigt war und den Band an allen oder mehreren Seiten überragte, so daß dieser ganz darin eingewickelt werden konnte. Die Hülle, soweit aus Leder, war öfters kunstlos und unregelmäßig oder auch, zumal am unteren Schnitt, von beachtlicher Länge; im letzteren Fall tritt die Ähnlichkeit mit Beutelbüchern deutlich hervor. Manchmal waren die Langriemenschließen am hinteren Einbanddeckel durch die Hülle gezogen und hielten sie auf dem Vorderdeckel zusammen. Es gibt auch Hülleneinbände mit einer Kette, wie sie in Klosterbibliotheken üblich war, um aus Sicherheitsgründen das Buch am Pult zu befestigen[7]. Wenn z. B. bei kleinen Andachtsbüchern die Hülle aus einem weichen Stoff bestand, so konnte dieser sorgfältig in eine regelmäßige Form gebracht, an den Rändern mit verzierten Säumen und an den Ecken mit Quasten geschmückt sein.

Abb. — VRIENDSCHAP, S. 34—37, Nr. 1 mit Abb. 6 u. 7.: ein kleines Livre d'heures, Handschrift u. Einband Spanien, ca. 1460; Hülleneinband aus rotem Samt mit verziertem Saum und Kügelchen an den Ecken in KglB 's-Gravenhage (MS 135 J 55). Über denselben Band u. a. STORM VAN LEEUWEN an verschiedenen Stellen, vor allem S. 287—292, u. Abb. 1—4.

7 Dessau Anhaltische Landesbücherei, GEORG 264. — Erfurt WissAllgB CA 4° 281. CA 2° 247.

**Abb. 2** Hülleneinband. Erfurt WissAllgB. Signatur: CA 4° 215.

Hülleneinbände kommen bei Büchern aller Formate vor, auch bei sehr großen Folianten. Sie sind weniger selten als Beutelbücher. Als Beispiel seien eine größere Anzahl der Bibliotheca Amploniana in der wissenschaftlichen Allgemeinbibliothek Erfurt und einige eindrucksvolle Stücke der Bibliothek des Národní Muzeum in Prag erwähnt, viele davon in Folio[8]. Ebenso wie Beutelbücher sind Hülleneinbände oft in der bildenden Kunst dargestellt worden[9]. Seit wann sie verwendet wurden, ist nur mit Vorsicht zu sagen. Einige Hülleneinbände der Amploniana enthalten Handschriften des 13. Jahrhunderts. Sie sind nicht in der für die Bibliothek des Amplonius Ratinck (etwa 1363/64–1435) charakteristischen Weise gebunden, in dessen Besitz sie vom Ende des 14. bis zum ersten Jahrzehnt des 15. Jahrhunderts gelangten; man darf also annehmen, daß die Einbände zwischen 1300 und 1400 entstanden sind. Die Prager Handschriften mit Hülleneinbänden gehören dem 14. und 15. Jahrhundert an. Auch im 16. Jahrhundert sind noch Hülleneinbände

8 Erfurt WissAllgB CA 2° 17, 249, 264, 340 usw., außerdem Bände in Quart und Oktav. Prag NM XII A 19, B 17, XIII A 8, A 10, B 8, XV A 5, XVI A 8.

9 Vgl. Anm. 6.

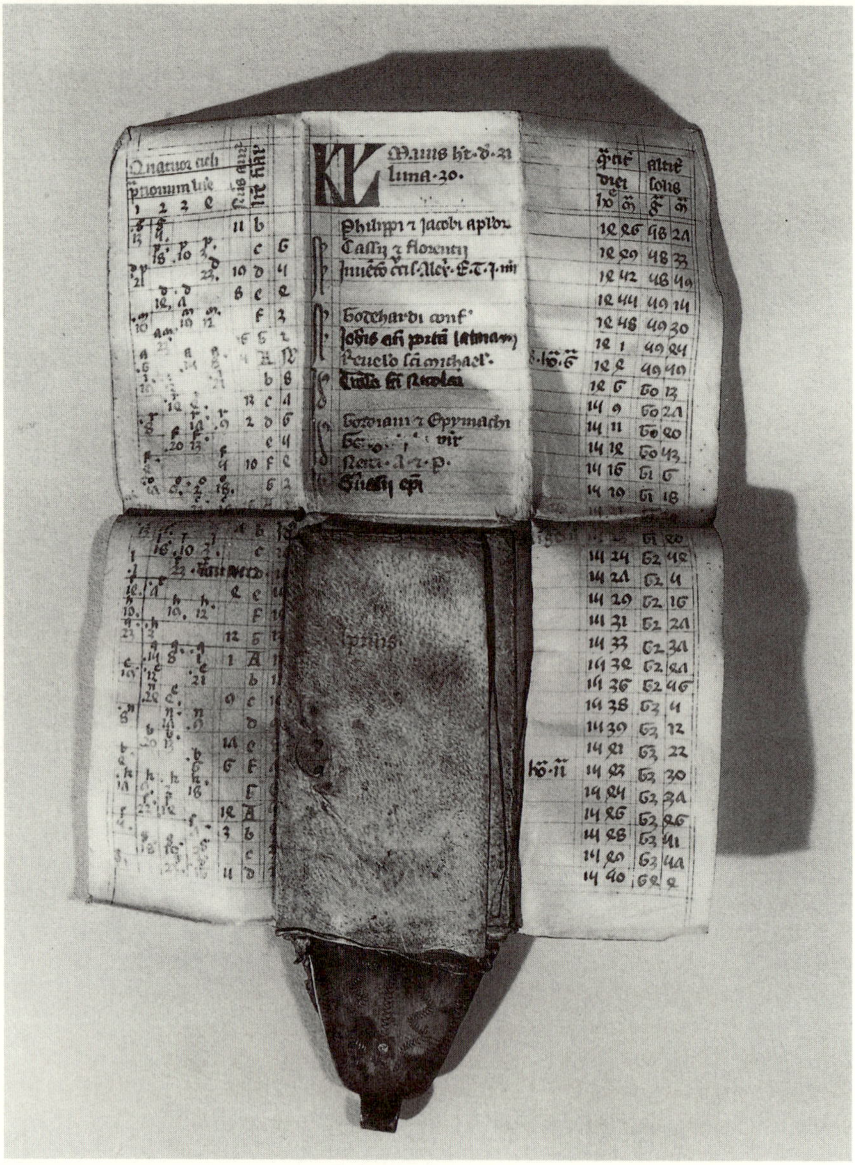

**Abb. 3** Faltband. Leipzig UB. Signatur: Rep. II 12° 170.
Die Kalenderblätter sind gefaltet; das erste zeigt den Monatsnamen »Aprilis«.
Der Kalender für Mai ist ungefaltet. Unten die Metallklammer mit Öse.

nachzuweisen[10]. Sie lebten fort in den sogenannten Schmutzkanten von Pergamentbänden des 17. und 18. Jahrhunderts, die den Schnitt überragen, und in den Einbänden von englischen und amerikanischen Gesangbüchern und Bibeln neuerer Zeit, bei denen das weiche Leder der Einbanddecke in allen Rändern erheblich übersteht[11].

Zu den Hülleneinbänden muß eigentlich auch ein sehr merkwürdiger Einband gezählt werden, der sich äußerlich von ihnen zwar erheblich unterschied, aber ganz genau dieselbe Funktion hatte, nämlich den Schutz des Buchkörpers: ein Kastenband der Sächsischen Landesbibliothek Dresden,

10 LOUBIER, S. 97, Hinweis auf Gemälde und Stiche des 15. und 16. Jahrhunderts und ein Gebetbuch Marias der Katholischen *(Horae in laudem beatissimae virginis Mariae, Lyon 1558)* in einem Hülleneinband aus rotem Samt (jetzt Stonyhurst College).

11 Vgl. LGB, Bd 2, S. 123 (Hülleneinbände), Bd 3, S. 223 (Schmutzkante).

der leider als Kriegsverlust zu beklagen ist[12]. Er enthielt eine hebräische Bibelhandschrift auf Pergament. Die beiden Einbanddecken griffen wie die Hälften eines Kastens mitten über dem Schnitt ineinander und wurden durch Schließen zusammengehalten. Sie waren an allen Seiten mit Lederschnitt verziert und wiesen Metallbeschläge mit Buckel auf. Der Einband dürfte bald nach der Handschrift entstanden sein, die 1331 ff. datiert worden ist.

### Faltbuch

Während der Hülleneinband mit dem Beutelbuch die besondere Schutzaufgabe für das Buch teilt, wird beim Faltbuch wie beim Beutelbuch die Befestigung des Buches am Gürtel und damit eine leichtere Mitnahme ermöglicht. Doch schafft das Faltbuch noch eine weitere Erleichterung, da es die größeren und damit besser lesbaren Seiten faltet und so das Format des Buches verkleinert. Das Beutelbuch ändert dagegen an dem Format des geschriebenen oder gedruckten Buches nichts.

Da auch Beutelbücher am Gürtel getragen wurden, pflegt man im Englischen beide Kategorien unter demselben Terminus »girdle book« zusammenzufassen, obwohl sie sich im übrigen sehr deutlich voneinander unterscheiden. Eine umfassende Zusammenstellung der vorhandenen und bekanntgewordenen Faltbücher ist in Vorbereitung[13]. Faltbücher sind nicht gebunden. Die Reduzierung des Formates wurde durch Faltung der einzelnen Blätter in horizontaler und vertikaler Richtung erreicht.

Von dem unteren Rand jeden Blattes ging in der Mitte ein Dreieck oder eine Art Zunge aus. Diese Teile und damit alle Blätter wurden durch eine Metallklammer zusammengehalten, die oben eine Öse für die Schnur bildete, mit der das Bändchen am Gürtel befestigt werden konnte. Manchmal ist außer der Öse auch noch ein Ring für die Schnur vorhanden. Die Teile waren zuweilen auch zusammengenäht, wobei manchmal ein Stück Leder oder Pergament als Unterlage zu größerer Haltbarkeit dienen sollte. Es gab noch eine andere Möglichkeit der Verstärkung. Die gefalteten Blätter wurden bei manchen Exemplaren vorn und hinten mit einer lose darüber gelegten »Einbanddecke« geschützt, die wie die Blätter selbst von der Metallklammer festgehalten wurde oder aber auch die zusammengenähten Dreiecke oder Zungen bedeckte und mit ihnen fest verbunden war. Diese Einbanddecke konnte aus ganz schlichtem Pergament oder Leder bestehen, aber auch Schmuckelemente aufweisen wie weiß oder rot gefärbtes Leder, Blinddruckstempel u. a.

Da die Blätter durch Faltung und Klammer oder Nähte sehr strapaziert wurden, bestehen alle bekannten Exemplare aus Pergament. Die Bändchen hingen am Gürtel kopfabwärts und konnten, wenn man sie aufhob, sogleich gelesen werden. Die meisten der erhaltenen Faltbücher enthalten Kalender, die von computistischen Hilfstafeln begleitet waren und der Vornahme des Aderlasses dienten. In die gleiche Richtung weist eine lateinisch-italienische Rezeptsammlung für den ärztlichen Gebrauch. Die restlichen Exemplare dienten den persönlichen Andachtsübungen von Geistlichen und Laien.

Die Entstehungszeit der Faltbücher fällt in das 13. und 15. Jahrhundert. Sie enthalten nur Handschriften, keine Inkunabeln[14]. Nicht bei allen ist das Herkunftsland zu ermitteln; nachweislich stammen aber mehrere Exemplare aus Italien, England und Frankreich[15]. Während Beutelbücher zu Hunderten

12 Martin Bollert: Ein Kasteneinband mit Lederschnitt in der Sächsischen Landesbibliothek zu Dresden. In: Buch und Bucheinband. Aufsätze ... zum 60. Geburtstage von Hans Loubier. Leipzig 1923, S. 95–104 mit drei Abb. Signatur des Bandes: Mscr. Dresd. A 46.

13 Professor Dr. J. B. Gumbert, Thorbeckestraat 4, NL–2313 HE Leiden, hat etwa 50 Nummern gesammelt und sie in dem im Literaturverzeichnis erwähnten Aufsatz besprochen. Hinweise auf neu entdeckte Faltbände würde er gern entgegennehmen.

14 Vgl. Degering, der nicht nur das Ex. Berlin SB, sondern auch eine kleine Anzahl von weiteren Faltbänden beschreibt, deren Nachweise er z. T. recht alten Quellen entnommen hat. Es wäre zu untersuchen, ob diese Stücke noch existieren.

15 Jacques-Paul Migne: Patrologia cursus completus. Series Latina prior. T. 185. Paris 1863 col. 1729–1735. Mit Skizzen. Dijon. Hinweis aus Garand (siehe unten), S. 18 Anm. 3. – Degering. – A Fifteenth-Century Folding Manuscript Calendar. In: The Princeton University Library Chronicle no. 13 (1951/52), S. 164–165. Mit zwei Abb. – Storia di Milano 6. (Milano) Fondazione Treccani degli Alfieri per la storia di Milano (1955) Abb. S. 91 u. 92. – Howard Millar Nixon: Broxbourne Library. Styles and Designs of Bookbindings from the 12th to the 20th Century. London 1956, S. 8–9, Nr. 3 u. zwei Abb. – Tenth Report to the fellows of the Pierpont Morgan Library 1960. New York 1960, S. 15–16. – Monique-Cécile Garand: Livres de poche médiévaux à Dijon et à Rome [vielmehr Città del Vaticano]. In: Scriptorium 25 (1971), S. 18–24 u. Pl. 7 u. 8. – Caterina Santoro: I codici Medioevali della Biblioteca Trivulziana. Milano 1965, S. 77, Nr. 130. – Margaret M. Manion und Vera F. Vines: Medieval and Renaissance Illuminated Manuscripts in Australian Collections. Melbourne, London, New York (1984), S. 109–110, Nr. 44, S. 103 plate 27, figs. 94 u. 95. – A Catalogue of an Exhibition of The Philip Hofer Bequest ... in the Houghton Library. Cambridge, Massachusetts 1988, S. 20, Nr. 10 u. zwei Abb.

und Hülleneinbände auch nicht selten in der bildenden Kunst wiedergegeben worden sind, ist keine Darstellung eines Faltbandes bekannt.

Faltbücher werden in der Literatur[16] auch als pugillares oder pugillaria bezeichnet (pugnus lat.: die Faust; pugillaria sind also Gegenstände, die man mit einer Faust fassen kann, z. B. Schreibtäfelchen), und es wird behauptet, daß diese Bezeichnung im Mittelalter gebräuchlich gewesen sei[17]. Leider werden dem Leser entsprechende Belegstellen vorenthalten. Mittellateinische Lexika vermerken das Wort nur in einer ganz anderen Bedeutung: pugillaris heißt in sehr frühen römischen Ordines ein silbernes oder goldenes Röhrchen, das bei der Eucharistiefeier dazu diente, etwas von dem Wein aus dem Abendmahlskelch zu saugen[18]. Die mittelalterliche lateinische Bezeichnung für Faltbücher ist also nicht bekannt; dasselbe ist, wie sich später zeigen wird, auch beim Beutelbuch der Fall.

## Haken und Ketten an Büchern

Ebensowenig wie die Faltbücher dürfen Vorrichtungen für den Transport von Büchern am Gürtel, die keine weitere Veränderung des Einbandes mit sich bringen, mit dem Beutelbuch verwechselt werden. Für die Befestigung eines Buches am Gürtel oder auch am Arm gab es mancherlei Möglichkeiten.

Kleine Gebet- und Andachtsbücher im Besitz hochgestellter Persönlichkeiten mit Einbänden aus Gold und Edelsteinen waren mit zierlichen Ketten versehen[19]. Auf dem Grabstein einer Pariser Kirche, der allerdings nicht erhalten und nur in einer älteren Zeichnung zu betrachten ist, hängt der Band an einer langen Schlinge (oder sind es zwei?), die in der Nähe des Buchrückens von dem Einband ausgeht[20]. Ein Band auf dem geschnitzten Hochaltar des Bernt Notke im Dom zu Aarhus zeigt einen breiten Riemen mit Schnalle[21]. Die Sächsische Landesbibliothek Dresden besitzt einen Band, an dessen Hinterdeckel ein ziemlich großer Haken zum Aufhängen befestigt ist[22], gleichsam ein verkürztes Verfahren der Haken an Beutelbüchern.

## Beutelbuch

Das Beutelbuch vereint zwei Anliegen in seiner Gestaltung: Auf der einen Seite schützt es das Buch stärker als der normale Einband auf einem Wege oder einer Reise vor äußeren Gefährdungen. Auf der anderen Seite erleichtert es durch eine entsprechende Vorrichtung die Mitnahme am Gürtel oder das Tragen mit der Hand. Alle anderen hier behandelten Buchformen dagegen dienen nur einem dieser beiden Anliegen.

*Herstellung und Material*

Bei einem Beutelbuch ist das Material der Einbanddecke am unteren Schnitt nicht wie bei anderen Büchern über die Kante des Holzdeckels gezogen und innen angeklebt, sondern es ist beträchtlich verlängert, so daß man es fassen und das Buch daran in der Hand tragen oder das Ende unter den Gürtel schieben konnte. Diese einfachste Form des Beutels wird in der Fachliteratur durch »Enden lose« charakterisiert[23]. Die losen Enden können mit einem Knopf, Knoten oder Haken zusammengefaßt sein[24]. Es sind auch zwei Exemplare bekannt, bei denen das Ende des Beutels mit einer Schnur zugezogen wird[25].

Bei einer offenbar seltenen Sonderform des Beutels ist nur der Bezug der beiden Einbanddecken verlängert, nicht aber das Rückenleder. Der Beutel besteht also aus zwei Teilen; wenn man diese oben verbindet, kann er über den Arm gehängt werden. Von dieser Art befindet sich das eine der beiden Beu-

16 Vgl. z. B. den Titel bei DEGERING.

17 Vgl. LGB, Bd 3, S. 65 Artikel »Pugillares«.

18 Vgl. J. F. NIERMEYER: Mediae Latinitatis Lexicon Minus. Leiden 1976, S. 871. – JOSEPH BRAUN: Das christliche Altargerät in seinem Sein und in seiner Entwicklung. München 1932, S. 247–265 u. Taf. 48, Abb. 166–170.

19 HISTORY, S. 262, Nr. 674 u. Abb. Taf. VI.

20 NEUMÜLLERS-KLAUSER, S. 296, Nr. 18 u. S. 298, Abb. 6.

21 Vgl. PAATZ, Abb. 35 links.

22 CHRISTIAN ALSCHNER: Ein »Hakenband« – Weiterentwicklung des Beutelbuchs? In: Marginalien 94 (1984), Heft 2, S. 57–61 u. Abb.

23 Die Angaben über die Charakteristika von Beutelbüchern überschneiden sich z. T. etwas mit entsprechenden Stellen in meiner Liste der Beutelbuch-Originale (zitiert: BRUCKNER). – Beutelbuch mit losen Enden siehe ALKER, Nr. 1, 5, 6 u. a., in der Hand getragen siehe ebd., S. 33, Abb. 3, am Gürtel getragen ebd. Bildanhang Abb. 9 (dritte Person von links).

24 Knopf siehe ALKER, S. 17, Abb. 1. – Knoten siehe ebd., S. 25, Abb. 2. Ein Knoten auch an dem Ex. Dessau StB (BRUCKNER 3). – Knoten, über das Ende des Beutels gestreift, der unten in Fransen geschnitten ist, Ex. Kremsmünster (BRUCKNER 12). – Knoten mit Metallring Ex. München BSB (BRUCKNER 14). – Haken Ex. Halle UuLB (BRUCKNER 8). Darstellungen von Beutelbüchern mit Haken sind in der bildenden Kunst selten; vgl. The book of hours of the emperor Maximilian the First ... Printed in 1513 by Johannes Schoensperger at Augsburg. Ed. ... by WALTER L. STRAUSS, New York 1974, S. 106: heiliger Bischof, der in einem aufgeschlagenen Beutelbuch liest. Am Ende des Beutels ein sehr großer Haken.

25 Wistrand (BRUCKNER 23), Königsberg i. Pr. (BRUCKNER 27).

telbuch-Originale in Kopenhagen. Auch in der bildenden Kunst sind solche Beutelbücher dargestellt: der Apostel Thomas auf dem vorher erwähnten Altar des Bernt Notke in Aarhus trägt eines am rechten Arm. Dieser Altar zeigt, wie verbreitet Beutelbücher im Norden waren; außer dem Apostel Thomas erscheinen noch zwei weitere Beutelbuchträger, deren Exemplare aber von normaler Form sind. Ein weiteres Beutelbuch der Sonderform kommt bei einer heiligen Katharina in der Kirche von Sønder Bjaerge vor[26].

Eine andere Sonderform ist durch kein Originalexemplar belegt, sondern nur zweimal in der bildenden Kunst nachzuweisen. Hier ist nicht ein Knoten am Ende des Beutels befestigt, sondern der besonders lange Beutel ist selbst zu einem Knoten geschlungen. Das ist nur denkbar bei einem leichten und schmiegsamen Material, also bei Stoff oder weichem Leder. Der rechte Flügel eines Altars etwa aus dem Jahre 1440, jetzt in den Musées Royaux des Beaux-Arts de Belgique, Brüssel, zeigt den Propheten Jeremias, der in leuchtend rotem Gewande lesend vor einer Nische steht, deren oberer Rundbogen von einem Bücherbrett ausgefüllt wird, auf dem einige Codices in zeitgenössischen Einbänden und auch ein großer tragbarer Buchkasten liegen. Das eine der Bücher ist in einen Beuteleinband aus rosa Seide (?) gebunden, dessen langes loses Ende zu einem Knoten geschlungen ist. Das zweite geknotete Beutelbuch wird von einer heiligen Agnes in Händen gehalten, einer holzgeschnitzten und bemalten Statue, entstanden um 1520/1530, die zu den Kunstschätzen der Katholischen Spitalkirche in Weil der Stadt (Württemberg) gehört[27]. Obwohl beide Sonderformen in Artikeln des Gutenberg-Jahrbuchs erwähnt werden, sind sie doch von der Beutelbuchforschung nicht zur Kenntnis genommen worden.

An dem Beutelbuch in Weil der Stadt ist noch eine Besonderheit festzustellen. Das Einbandmaterial ist am oberen Schnitt an Vorder- und Hinterdeckel und auf dem Rücken eingeschlagen und überdies am Hinterdeckel mit zwei (vielleicht auch drei) Knöpfen befestigt. Am Vorderdeckel und Rücken ist es anscheinend bis unten angeklebt, am Hinterdeckel aber schon unterhalb der Knöpfe lose, so daß es üppige Falten bildet. Die heilige Agnes hält die besonders lange Stofffülle gerafft in der Linken und berührt mit der Rechten den Knoten. Diese Art der Einbandgestaltung bei Beutelbüchern ist nur durch dieses eine Beispiel bekannt.

Die Kirche in Weil der Stadt besitzt eine weitere Beutelbuchdarstellung mit einem sonst unbekannten Detail. Zu dem holzgeschnitzten und bemalten Altar mit der heiligen Sippe vom Ende des 15. Jahrhunderts gehört auch die Figur des Salomas, nach der christlichen Legende der dritte Ehegatte der heiligen Anna. Er hält deutlich sichtbar ein Beutelbuch mit ziemlich langem Beutel in der Hand, dessen lose Enden etwa nach dem zweiten Drittel der Länge von einem geknüpften oder geflochtenen Lederband zusammengehalten werden, von dem ein kurzer dünner Riemen zum Tragen ausgeht. Ob das Lederband mit dem Beutel fest verbunden ist oder abgestreift werden kann und wie es funktioniert, ist nicht zu erkennen.

Beutelbücher hingen ebenso wie Faltbücher am Gürtel mit dem Kopf nach unten, denn auch sie sollten gelesen werden können, ohne daß man sie vom Gürtel lösen mußte. Es ist deshalb auffallend, daß bei zwei Originalen der Beutel vom oberen Schnitt ausgeht, wodurch Zweifel an der Echtheit aufkommen[28].

Nicht selten sind Beutelbücher doppelt eingebunden: über einen ersten Einband ist als zweiter ein Beuteleinband gezogen. Unter den Originalen sind diese doppelten Einbände etwa ebenso oft vertreten wie die einfachen[29].

Als Einbandmaterial kommt meist Leder vor, manchmal auch Samt[30] und, wie vorher erwähnt, wohl auch Seide. In Leder gebundene Beutelbücher entsprechen durchaus den spätgotischen Einbänden ihrer Zeit und weisen einzelne oder mehrere ihrer Merkmale auf: bezogene Holzdeckel, echte Bünde, Streicheisenlinien, Einzelstempel, verzierte Metallbeschläge mit Buckeln, Schließen.

Das Einbandmaterial, das unten den Beutel bildet, steht manchmal auch am oberen und am seitli-

26 Vgl. VIGGO STARCKE: Posebind og Posebøger. In: Bogvennen. Aarbog for Bogkunst og Boghistorie. Ny Raekke 4 (1949), S. 60–89. Über Ex. København KglB (Gl. kgl. Saml. Nr. 3423, BRUCKNER 10) S. 61 u. Fig. 1, Apostel Thomas S. 61 u. Fig. 7 (auch bei PAATZ Abb. 33), Katharina S. 61 u. Fig. 14. ALKER Ergänzungen 448-450, 493.

27 Ex. Brüssel, vgl. HIPPOLYTE FIERENS-GEVAERT et ARTHUR LAES: Musées Royaux des beaux-arts de Belgique. Catalogue de la peinture ancienne. 2. èd. Bruxelles 1927, S. 147, Nr. 950 u. Abb. – MAJKOWSKI, S. 336, Nr. 13. – Ex. Weil der Stadt vgl. NEUMÜLLERS-KLAUSER, S. 301, Nr. 25 u. S. 300, Abb. 8.

28 Schäfer (BRUCKNER 19), Wistrand (BRUCKNER 23).

29 Originale mit doppeltem Einband z. B. Elze (BRUCKNER 5), Isny (BRUCKNER 9), København (BRUCKNER 11), Kremsmünster (BRUCKNER 12), London (BRUCKNER 13), New Haven (BRUCKNER 16), New York (BRUCKNER 17), Stockholm (BRUCKNER 21).

30 Samt bei den Ex. Toruń (BRUCKNER 22), Wistrand (BRUCKNER 23), Königsberg i. Pr. (BRUCKNER 27).

chen Schnitt über, so daß dann eine Mischform von Beutelbuch und Hülleneinband vorliegt. Eine klare Unterscheidung zwischen Hülleneinbänden und Beutelbüchern zu treffen ist fast unmöglich, da die Übergänge zwischen beiden Kategorien vielfältig und fließend sind[31].

Es gibt auch Einbände, die von der klassischen Form des Beutelbuches um einiges abweichen, aber wohl doch als solche anzusehen sind. Ein sehr originelles Exemplar erscheint auf einem böhmischen Gemälde mit einer Heimsuchung Mariae, entstanden um 1430; Elisabeth trägt es am Gürtel. Schnitt und Beutel sind vergoldet; auf dem ebenfalls vergoldeten Einbanddeckel ist mit einer punktierten Linie die Kontur der gotischen Minuskel *a* wiedergegeben, die so groß ist, daß sie den Deckel ganz ausfüllt. Über dem aufrecht stehenden *a* ist das Einbandmaterial zum Beutel verlängert, so daß es den Anschein hat, als käme dieser hier am oberen Schnitt vor. Der ziemlich kurze und sich nach oben stark verjüngende Beutel hängt an einer langen Schlinge (oder ist es ein Haken?)[32]. Ähnlich ist das Beutelbuch in der Initiale einer Leipziger Handschrift, das in anderem Zusammenhang erwähnt werden soll.

Daß man Beutelbücher in der Hand, am Gürtel oder über dem Arm trug, erklärt ihre Seltenheit: sie verbrauchten sich. Sofern sie früher in Bibliotheken gelangten, wurde, wie in der Literatur öfters behauptet wird, der Beutel abgeschnitten, um sie in Regale stellen zu können. Solche Bände bekommt man aber nie zu sehen, und sie sind auch nirgends nachgewiesen. Verhältnismäßig oft, z.B. in der Erfurter Amploniana, begegnet man Bänden, die an allen drei Schnitten einen kurzen überstehenden Lederteil haben, der für eine Hülle eigentlich etwas klein ist. Ob es sich aber um abgeschnittene Beutelbücher handelt, läßt sich nicht mit Sicherheit beweisen[33]. Es ist auch erwogen worden, ob man vielleicht zu einer Zeit, die auf den Beutel keinen Wert mehr legte, bei doppeltem Einband den äußeren mit dem Beutel von dem inneren Einband abgelöst hat, was verhältnismäßig leicht durchführbar war[34].

*Format*

Immer wieder wird die Ansicht vertreten, Beutelbücher seien von kleinem Format. Es gibt aber auch solche von beträchtlicher Größe. Die Handschrift eines Meissener Rechtsbuches mit Beuteleinband mißt 292×204 mm und ist damit ein stattlicher Quartband[35]. Sehr groß ist auch das Exemplar in Isny (300×225 mm)[36] und vermutlich ein Beutelbuch auf einem Ölgemälde im Chorherrenstift St. Florian, das überdies noch ziemlich dick ist[37]. Von weiteren, außerordentlich großen Beutelbüchern in der bildenden Kunst wird später noch die Rede sein. Seinem eigentlichen Zweck konnte der Beutel hier gewiß nicht mehr dienen; war er nur noch Dekoration?

*Entstehungszeit*

Beutelbücher waren seit dem Ausgang des Mittelalters in Gebrauch. Genauere Angaben sind schwierig, da bei Originalen die Einbände nicht datiert sind und nur die eingebundenen Werke einen unsicheren terminus post quem zu bieten vermögen. Es ergibt sich, daß die Originale alle aus dem 15. oder der ersten Hälfte des 16. Jahrhunderts stammen. Kunstwerke mit Beutelbüchern sind meist nur annähernd zu datieren. Als früheste Daten erscheinen »Anfang des 14. Jahrhunderts«, »zweite Hälfte des 14. Jahrhunderts«[38]; als spätestes Vorkommen galten bisher Holzschnitte von Jost Amman(n) aus dem Jahre 1585[39]. Aber sogar noch im frühen 17. Jahrhundert ist ein Beutelbuch nachweisbar, und zwar auf einer Federzeichnung von Hans Heinrich Wägmann aus den Jahren um 1600–1610 in den Fürstlich Fürstenbergischen Sammlungen Donaueschingen[40]. Beutelbücher können also sowohl Handschriften als auch Inkunabeln und spätere Drucke enthalten. In den Originalen überwiegen bei weitem die Handschriften.

*Inhalt und Benutzer*

Nach landläufiger Meinung verwendete man Beuteleinbände vor allem bei Gebet- und Andachtsbüchern[41]. In der Tat enthalten die meisten Beutelbuch-Originale kirchliche Texte, außer den Gebet-

31 Über die Problematik der Abgrenzung Hülleneinband – Beutelbuch siehe BRUCKNER, S. 7–8 und die Beschreibung des Ex. Göteborg (BRUCKNER 7).

32 Pražský Hrad, Jiřský Klášter. Abb. siehe MATĚJČEK, Taf. 233.

33 Von ähnlicher Art ist ein Band, der 1953 von dem Antiquariat Karl & Faber, München, zum Kauf angeboten wurde, seitdem aber verschollen ist, siehe BRUCKNER Anm. 30.

34 ALKER, Oberösterreich, S. 286.

35 BRUCKNER 5.

36 BRUCKNER 9.

37 ALKER, Oberösterreich, S. 283 u. Abb. 2. Alker schätzt die Maße des Bandes auf 300×200 mm und 70 mm Dicke.

38 ALKER 87, 31.

39 ALKER 181–184.

40 HEINZ und DAG-ERNST PETERSEN: Unbekannte Beutelbuchdarstellungen. In: Philobiblon 11 (1967), Heft 4, S. 279–280 u. Abb. 1.

41 ALKER S. 7

büchern auch Breviere, eine Bibel und sogar einige Lutherdrucke. Aber es gibt auch vier Beutelbücher mit juristischem Inhalt, und selbst die *Consolatio philosophiae* des Boethius wurde am Gürtel getragen. Vielleicht war die inhaltliche Vielfalt erheblich größer, als die wenigen Originale ahnen lassen. Daß aber doch vor allem kirchlich-theologische Literatur im Beuteleinband vorkam, zeigt sich an den Personen der Beutelbuchträger in der bildenden Kunst[42], die zum durchaus überwiegenden Teil dem geistlichen Stand angehören. Da ist der gesamte Klerus vertreten: Mönche, Nonnen, Äbte, Äbtissinnen und alle Rangstufen der kirchlichen Hierarchie bis zum Bischof, Kardinal und Papst. Als »geistliche Person« ist wohl auch der Groß-Lama von Tibet anzusehen, der in einer Pariser Handschrift unter den Illustrationen der Reisebeschreibung des Johannes de Mandeville vorkommt. Er ist ähnlich wie ein Bischof gekleidet und trägt in der rechten Hand ein besonders großes Beutelbuch von mindestens Quartformat mit sehr langem Beutel[43]. Wie man Gestalten der Antike in mittelalterlichem Kostüm darstellte, so versah man mit Beutelbüchern ganz unbefangen Maria, Joseph, Johannes den Täufer, Apostel und Evangelisten, Kirchenväter und Heilige.

Selbst Christus und der Teufel werden mit Beutelbüchern in Verbindung gebracht[44]. Auf einer Tafel des Altars von Veit Stoß in der Marienkirche von Krakau nähert sich im Tempel ein Schriftgelehrter dem zwölfjährigen Jesusknaben und schwingt in seiner rechten Hand ein Beutelbuch, dessen Einzelheiten genau zu erkennen sind[45]. Das Triptychon des Meisters der Grooteschen Anbetung in der Gemäldegalerie der bildenden Künste in Wien zeigt im Mittelteil eine Abnahme Christi vom Kreuz. Neben dem Leichnam Christi liegt auf dem Boden ein ziemlich großes Beutelbuch mit Hüllenteil.

Der Teufel mit Beutelbuch kommt in einem der schönsten und kostbarsten Werke des frühen 16. Jahrhunderts vor: dem *Theuerdank*. Der Holzschnitt illustriert den Moment, als sich bei den drei argen Gesellen Fürwittig, Unfallo und Neidelhart, die den edlen Ritter Theuerdank während seiner Reise in das Land der Königin Ehrenreich aufhalten und möglichst zu Tode befördern sollen, der »böse Geist«, d.h. der Teufel einfindet und sie in ihrem Vorhaben bestärkt. Seine Teufelsgestalt verbirgt sich unter dem ansprechenden Äußeren eines Mannes von mittlerem Alter, würdig bekleidet mit Barett und Schaube, an dem nur die großen Vogelfüße seine wahre Natur verraten. Das Beutelbuch hält er an den losen Enden in der linken Hand[46]. Unsäglich ekelerregend ist ein Teufel auf einem der Gemälde des Isenheimer Altars von Matthias Grünewald, das die Versuchung des heiligen Antonius zeigt. Sein fast nackter Körper ist mit Pestbeulen besät, sein Bauch gedunsen; seine Beine enden in Entenfüßen mit Schwimmhäuten. Mit der rechten Hand hält er ein Beutelbuch fest, das neben ihm auf dem Boden liegt. Es ist schon fast ein Foliant zu nennen und wohl 100–120 mm dick. Der etwas zerrissene Beutel hat lose Enden; am oberen und seitlichen Schnitt steht das Material hüllenbuchähnlich über.

Von der verschwindend geringen Zahl der weltlichen Beutelbuchträger in der bildenden Kunst war bereits die Rede[47]. Es sind Unbekannte und Unberühmte verschiedenen sozialen Standes. In der Initiale einer Leipziger Handschrift erscheint auch einmal ein namhafter Mann: Eike von Repgow, der Verfasser des *Sachsenspiegels*[48]. Sein Beutelbuch ist von abweichender Form; der Beutel geht nur von den beiden Einbanddeckeln aus und verschmälert sich zum Riemen, den Eike in der Hand hält. Hier ist zu erinnern an die juristischen Texte in Beutelbuch-Originalen und ähnliche Sonderformen des Beutels.

Dem Nürnberger Bürgermeister Hieronymus Kreß (1413–1477) gehörte ein besonders schönes Exemplar, das noch heute in seiner Vaterstadt aufbewahrt wird[49]. Auch eine fürstliche Dame ist als

42 ALKER, Register: Träger der Beutelbücher S. 81–82, Ergänzungen S. 308. Die Sammlung von 497 Nummern ist umfangreich genug, um beweiskräftig zu sein.

43 Paris BN, Ms franç. 2810 fol. 223. Abb. in: Bibl. Nat. Département des Manuscrits. Livre des merveilles. T. 2. Paris [1907], pl. 193. — ALKER 151.

44 ALKER: Christus 165, 293, der Teufel 125, 152.

45 Die Szene kommt auf der Außenseite des linken Seitenflügels im Mittelfeld vor, vgl. MAJKOWSKI, S. 335, Nr. 5 u. Abb. 3. Kleiner Irrtum bei ALKER: nicht Jesus hält das Beutelbuch in der Hand.

46 In Berlin SBPK steht die Ausgabe Augsburg 1519 zur Verfügung, dort Bild 7. ALKER 152: »Der Teufel als Ratsherr«. Weshalb? Er erscheint in ähnlicher Kleidung auf Bild 10; in dem dazu gehörigen Text heißt es: »Beklaidt wie ein gelerter Doctor«. Barett und Schaube waren die Kleidung von Männern in ansehnlicher Lebensstellung.

47 ALKER: nur zehn von 447 Nachweisen des Hauptbandes betreffen weltliche Personen; in den Ergänzungen kommen sie gar nicht vor.

48 Leipzig UB, Ms Rep. IV fol. 1 (aus Leipzig StB) f. 3$^r$. Neben dem Dargestellten in einem Schriftband sein Name »Ecke«. Hinweis aus SCHREIBER, S. 24 u. Anm. 29.

49 Ex. Nürnberg GNM (BRUCKNER 18). Vgl. HARTMUT BOOCKMANN: Die Stadt im späten Mittelalter. Frankfurt am Main [u.a.] 1987, S. 339, Nr. 496 u. Abb.: geschlossen, Vorderdeckel; die Aufnahme läßt deutlich das Kress-Wappen an den Ösen der Schließen erkennen. Da dieses Werk mir damals noch nicht bekannt war, fehlt es bei BRUCKNER 18.

Beutelbuchbesitzerin zu nennen: Margarethe von Anhalt-Dessau (1473 oder 1477–1530)[50]. Der Überlieferung nach gehörte ihr das Exemplar der Stadtbibliothek Dessau[51]. Margarethe, eine geistig rege und charaktervolle Frau, war eine eifrige Leserin und Sammlerin der theologisch-kirchlichen Literatur ihrer Zeit und Verfasserin geistlicher Dichtungen. Mit Luther stand sie in persönlicher Verbindung und brachte ihm sympathisierendes Interesse entgegen, blieb aber selbst bis an ihr Lebensende der alten Kirche treu. Die bedeutende Büchersammlung ihres Sohnes wird als Fürst-Georg-Bibliothek in der Stadtbibliothek Dessau aufbewahrt.

*Terminologie*

Der Terminus »Beutelbuch«, der hier verwendet wird, ist in Vergangenheit und Gegenwart keineswegs unumstritten geblieben. In der Literatur des vorigen Jahrhunderts und der Jahre bis zum zweiten Weltkrieg dominiert die Bezeichnung »Buchbeutel«. Heinrich Schreiber, der zur Beutelbuchforschung Wesentliches beigetragen hat, stellte 1940 etwas resigniert fest: »Als man in den ersten Jahrzehnten einer wissenschaftlichen Buchkunde daran ging, solche Einbandformen zu beschreiben, da wurde der Begriff ›Buchbeutel‹ für das in seinen säckchenartigen Einband gehüllte Buch geprägt; und dieser Name ist geblieben, wenn auch gelegentlich der Versuch gemacht wurde, das richtigere ›Beutelbuch‹ dafür einzuführen und mit ›Buchbeutel‹ diejenigen Taschen zu bezeichnen, in denen Bücher aufbewahrt und getragen werden konnten.«[52] Versuche in dieser Richtung erschienen in den Fachlexika[53]: zunächst 1935 und 1948 immer noch der »Buchbeutel«, aber bereits mit der Alternative »Beutelbuch«. 1968 wechselt die Reihenfolge: »Beutelbuch, auch Buchbeutel«, und 1974 und 1987 hat sich das »Beutelbuch« scheinbar endgültig und allein durchgesetzt. Aber immer noch ist unausrottbar der »Buchbeutel« lebendig geblieben: von 1968 bis 1987 erscheint er in kunsthistorischen Werken und sogar in einem Handschriftenkatalog. Vergebens hat Alker 1955 temperamentvoll und kategorisch erklärt: »So ein Ding kann man aber im Deutschen lediglich als ›Beutelbuch‹ bezeichnen und keineswegs als ›Buchbeutel‹ [...]. Ein Buchbeutel wäre [...] ein Beutel für die Aufnahme [...] eines Buches, aber nicht, wie in unserem Fall, ein Buch, das die äußere Form eines Beutels hat.«[54] Alker hat natürlich völlig recht.

Über Komposita wie das Wort »Buchbeutel« sagt der Duden, daß sie aus einem Grundwort und einem Bestimmungswort bestehen, wobei das Bestimmungswort unflektiert vor das Grundwort tritt. Das Grundwort bezeichnet die eigentliche Bedeutung, die durch das Bestimmungswort näher charakterisiert wird. Demnach wäre ein Beutelbuch ein Buch, ein Buchbeutel aber ein Beutel. Es zeigt sich, daß die Formulierung »Beutelbuch« auch nicht recht gelungen ist, denn der Beutel ist kein Bestandteil des Buches, sondern des Einbands. »Beuteleinband« wäre besser und entspräche dem in der Fachliteratur üblichen »Hülleneinband«. Da nun aber nach langer Mühe und immer noch nicht endgültig das »Beutelbuch« durch Alker und andere zum terminus technicus der Einbandforschung geworden ist, muß es vorerst wohl dabei bleiben.

*Grimms Wörterbuch* nach Ursprung und Bedeutung beider Begriffe zu befragen, erweist sich als vergeblich: in Bd 1 (1854) und 2 (1860) kommen keine Artikel »Beutelbuch« und »Buchbeutel« vor. Bei »Beutelbuch« ist das nicht weiter erstaunlich, da dieser Begriff erst fast hundert Jahre später allmählich in Gebrauch kam. Seit wann aber gibt es die Bezeichnung »Buchbeutel« für diese Einbandart? War sie 1860 schon bekannt, so daß man sie in Bd 2 des Wörterbuches hätte erwarten dürfen?

Eine vorläufige Antwort ergibt sich aus den Beobachtungen, die im Zusammenhang mit den Untersuchungen zum Gegenstand Beutelbuch gemacht werden konnten.

Ein anonymer Artikel, erschienen im Jahrgang 1862 der Zeitschrift des Germanischen Nationalmuseums Nürnberg über das dortige Beutelbuch-Original, ist überschrieben: »Merkwürdiger Büchereinband von 1471«. Im Text heißt es: »[...] Bücher, deren Einband mit einem Behang und Beutel versehen ist [...]«. Ein spezieller Terminus wird nicht verwendet[55]. In einer Abhandlung aus dem Jahre 1865 ist das Kruzifix einer Hamburger Kirche beschrieben: »Das von Johannes in den gefaltenen [sic] Händen an einem Überzuge gehaltene Buch ist auch ein Kennzeichen der Zeit, wo solche Bücher öfterer [sic] vorkommen, bei denen die Decke des Ein-

50 Konrad Haebler: Deutsche Bibliophilen des 16. Jahrhunderts. Die Fürsten von Anhalt, ihre Bücher und ihre Bucheinbände. Leipzig 1923, S. 8–13. – ADB 20, S. 319–320.

51 Bruckner 3.

52 Schreiber, S. 13.

53 Es war aus Platzgründen nicht möglich, die Titel der Werke anzuführen, bei denen die Verwendung von »Buchbeutel« und »Beutelbuch« geprüft wurde.

54 Hugo Alker: Beutelbücher in Österreich. In: GJ 1955, S. 230.

55 In: Anzeiger 9 (1862), Sp. 323–325.

bandes an zwei Seiten derartig verlängert ist (›Booksbüdel‹) obendarauf ist ein Knopf.«[56] Zwar sieht der betreffende Gegenstand einem Beutelbuch nicht sehr ähnlich, aber hier interessiert der Ausdruck »Booksbüdel«. 1877 und 1878 taucht in der Zeitschrift des Germanischen Nationalmuseums der »Buchbeutel« als Bezeichnung für Beutelbücher zweimal hintereinander auf[57]; 1877 folgt ein kleiner sprachgeschichtlicher Exkurs: »[...] Buchbeutel [...], mit seinem niederdeutschen Namen Booksbüdel (= Buchbeutel), den die spätere Zeit aus Mißverständnis an das hochdeutsche Wort ›Bock‹ anlehnte und in ›Bocksbeutel‹ umdeutete [...]«. Dieses Mißverständnis ist in *Grimms Wörterbuch* eingegangen, denn in Bd 2, Sp. 206, erscheint ein Artikel »Bocksbeutel«, in dem zunächst verschiedene andere Bedeutungen des Wortes abgehandelt werden; am Schluß heißt es dann: »einige erklären booksbüdel, beutel worin die frauen ihr gesangbuch steckten [...]«[58]. Terminologisch ergiebig ist ein *Katalog der im germanischen Museum vorhandenen interessanten Bucheinbände und Teile von solchen* aus dem Jahre 1889, der auf S. 14/15 das dortige Beutelbuch beschreibt: »[...] die eigentümlichste Art der Gestaltung solcher Gebetbücher zeigen die Beutelbücher, Buchbeutel, niederdeutsch Bookbüdel [...]« und etwas später: »Beutel, wie der hier vorkommende, die ursprünglich den Namen Booksbüdel führten, woraus der mißverstandene Bocksbeutel als Bezeichnung für einen Pedanten entstand [...]«. Es ist erstaunlich, hier dem Begriff »Beutelbücher« zu begegnen, der dann für Jahrzehnte dem »Buchbeutel« weichen mußte. In einem alten Brockhaus, Bd 3 (1908), Sp. 147/148, ist nun folgendes zu lesen: »Bocksbeutel, niederdeutsch Booksbüdel (d. h. Bücherbeutel), ein im Mittelalter ganz allgemein [...] gebräuchlicher beutelartiger Überzug (die Fortsetzung des Lederüberzugs des Büchereinbandes) von Gebet-, Gesang- und Statutenbüchern [...]«. Hier ist nun wirklich ein Beutelbuch beschrieben. Wo aber ist ein Beleg aus der Zeit der Jahrhundertwende zu finden, in dem »Bocksbeutel« für »Beutelbuch« gebraucht wird?

*Grimms Wörterbuch* hat also nicht nachweisen können, wie die deutschsprachige zeitgenössische Bezeichnung für Beutelbücher lautete, obwohl es sie doch gewiß gegeben hat. In kirchlichen Kreisen muß auf jeden Fall eine lateinische in Gebrauch gewesen sein. Wo soll man diese aber suchen? Mittellateinische Lexika pflegen die Zeit der Beutelbücher nicht mehr zu erfassen. So bleibt nur die Hoffnung auf einen glücklichen Zufall, der Quellen zutage fördert.

Die modernen Sprachen gehen in der Regel von der Beutelform des Einbandüberzuges aus:

Posebind oder posebog im Dänischen
posebind oder posebok im Norwegischen,
posebok im Schwedischen,
oprawa sakwoowa im Polnischen,
sáčkova vazba im Tschechischen,
rilegatura a borsetta im Italienischen,
reliure a l'aumoniere im Französischen,
scuklayáskötés im Ungarischen.

Nur das Englische bezieht sich auf die Befestigung am Gürtel: girdle book. In der russischen Sprache steht ein Fachausdruck nicht zur Verfügung, da dort auch die Sache nicht geläufig ist[59].

## Buchbeutel, Buchkasten, Futteral

Da bei den vorher erörterten terminologischen Ungenauigkeiten immer wieder von dem Buchbeutel die Rede war, soll er nicht unberücksichtigt bleiben. Er unterscheidet sich von den oben beschriebenen drei anderen Kategorien grundsätzlich dadurch, daß er mit dem Buch nicht fest verbunden ist. Mit dem Hülleneinband hat er die schützende Funktion gemeinsam, mit Faltbuch und Beutelbuch die manchmal, aber nicht immer vorhandene Einrichtung zum Tragen. Man darf den Begriff nicht im engsten Sinne nehmen: jedes Behältnis, das zum Schutz von Büchern bestimmt ist, vom irischen Buchkasten bis zum heutigen Schuber oder der kunstgewerblichen Buchhülle, ja sogar die Büchertaschen der Schüler, alles das gehört seinem Wesen nach zur Gattung der Buchbeutel. Die Schutzfunktion hat deutlich Vorrang vor der Tragfähigkeit: es gibt mittelalterliche Buchkästen mit einem Tragriemen und andere ohne einen solchen.

Während das Beutelbuch erst im 14. Jahrhundert aufgekommen ist, hat es Buchbeutel und andere

56 Martin Gensler: Das Crucifix zu S. Georg. In: Von den Arbeiten der Kunstgewerke des Mittelalters zu Hamburg. Hrsg. vom Vereine für hamburgische Geschichte. Hamburg 1865, S. 35 u. Taf. 11.

57 Messmer: Ein Buchbeutel in der kgl. Hof- und Staatsbibliothek München. — Frommann: [Über das Wort »Booksbüdel«]. In: Anzeiger 24 (1877), Sp. 115–116. — Richard Steche: Ein Buchbeutel. In: Anzeiger 25 (1878), Sp. 112.

58 Vgl. hierzu auch Fridolin Dressler: Beutelbücher in der Bamberger Kunst. In: 95. Bericht des Histor. Vereins für die Pflege der Geschichte des ehemal. Fürstbistums Bamberg. Jahrbuch für 1956. Bamberg 1957, s. 258.

59 Mitteilung von Dr. C. G. Nesselstrauß, Leningrad, Repin-Institut der Akademie der Künste vom 19. 7. 1987.

Formen des Schutzes für wertvolle Bücher schon Jahrhunderte früher gegeben. Bei ihnen allen wird keine unmittelbare Verbindung zum Buchblock und dem mit ihm fest verbundenen Einband hergestellt.

Im irisch-schottischen Bereich kommen Säcke zum Schutz und Transport von Büchern bereits in sehr früher Zeit vor. Wundergeschichten, die mit dem Namen des heiligen Columba verbunden sind, eines irischen Missionars aus dem 6. Jahrhundert, der auf der Hebrideninsel Iona ein Kloster gründete und von dort aus das Christentum verbreitete, erwähnen »pellicii sacculi«, aus Fellen hergestellte Säckchen, in denen auf Reisen Bücher untergebracht wurden[60]. Die irischen Buchkästen (cumbdach) sind bis ins zwölfte Jahrhundert nachweisbar; nur acht Exemplare sind erhalten. Berühmte Handschriften galten als eigenhändige Werke heiliger Männer, genossen Verehrung als Reliquien und wurden wie diese für wundertätig gehalten. Daher sind die Buchkästen wie Reliquienschreine aufs kostbarste mit Bronze, Silber, Gold, Email und edlen Steinen geschmückt und von hohem Kunstwert. Während mittelalterliche Einbände über ihre Schöpfer nur selten Auskunft geben, tragen diese Buchkästen Inschriften in irischer Sprache, die nicht nur die Namen fürstlicher Auftraggeber, sondern auch die der Handwerker überliefern, die sie angefertigt haben[61].

Aus dem karolingischen Frankreich der Zeit Karls des Kahlen ist ein Schreiben bekannt, in dem ein Leihgesuch abgelehnt und der Gebrauch des Buchbeutels bezeugt wird. Lupus, Abt von Ferrières, teilt dem Erzbischof Hincmar von Reims mit, daß er ihm eine bestimmte Handschrift nicht zusenden könne, da der Band zu groß sei, um im Gewand des Boten oder einer pera, einem Buchbeutel oder -sack, untergebracht zu werden. Bei der Schönheit des Codex sei die Gefahr des Verlustes durch Raub zu groß[62].

Auch in den deutschen Ländern gab es kostbare Buchbehälter. Der Uta-Codex, eine bedeutende Regensburger Pergamenthandschrift mit den liturgischen Lesestücken der vier Evangelien (um 1025 entstanden) ist nur in einen einfachen Pergamentumschlag geheftet. Er ruht aber in einem Kasten, der wie ein Kleinodieneinband ausgestattet ist und ähnlich den irischen Buchkästen einem Reliquienschrein gleichkommt. Der Deckel zeigt einen thronenden Christus in plastischem Goldrelief, umgeben von den Evangelistensymbolen; der Rand ist mit Edelsteinen förmlich übersät[63].

Ein um 1100 entstandener Buchkasten weist einen ganz besonderen Schmuck auf: in den Deckel und den Boden sind außen jeweils die Hälften eines spätantiken Elfenbeindiptychons eingefügt, das »um 400« zu datieren ist und auf seinen beiden Tafeln Reliefdarstellungen des Rufius Probianus, vicarius urbis Romae, zeigt. Der Kasten ist dem besonders hohen und schmalen Format des Diptychons (300 bzw. 315×130 mm) genau angepaßt. Sogar die darin aufbewahrte Handschrift, eine Vita des heiligen Liudger vom Ende des 11. Jahrhunderts, richtet sich nach dem Diptychon und mißt dementsprechend 300×125 mm[64].

Auch schmucklose, nur dem täglichen Gebrauch dienende Buchkästen aus dem 15.–16. Jahrhundert sind bekannt. Ihr rechteckiges Format entspricht dem eines Buches; der Deckel ist an der oberen Schmalseite mit Scharnieren befestigt, an der unteren befindet sich ein Schloß. An den Längsseiten sind metallene Ösen angebracht, durch die ein Tragriemen gezogen wurde. Scharniere und Schlösser können sich auch an den Langseiten befinden. Das Material ist Holz, das mit Leder überzogen und mit Metallbändern beschlagen ist. Diese Kästen gab es in verschiedenen Größen; ein besonders zierlicher (120×90 mm×60 mm) aus dem Berliner Schloßmuseum[65] gehört jetzt zu den Depotbeständen des Kunstgewerbemuseums Schloß Köpenick in Berlin. Sechs ähnliche, aber größere Kästen aus dem Besitz des Berliner Kupferstichkabinetts werden heute im

60 Adamnan: Vita Sancti Columbae [lat. u. eng.]. Life of Saint Columba, founder of Hy. Ed. by WILLIAM REEVES. Edinburgh 1874 S. 157–158, Liber 2 Cap. 8. (The Historians of Scotland. 6). Hinweis aus SCHREIBER, S. 16 u. Anm. 6.

61 BERNARD MEEHAN: Irische Handschriften im frühen Mittelalter. In: Irische Kunst aus drei Jahrtausenden. Thesaurus Hiberniae. (Köln, Wallraf-Richartz-Museum, 26. Febr.–2. Juni 1983 ...). (Mainz 1983), S. 48–55. Buchreliquiare, S. 161–163, Nr. 75. »Soiscél Molaise« Reliquiar. 9. Jahrhundert und später. Mit Abb., S. 163–165, Nr. 76. Reliquiar für das Stowe Missale. Mitte des 11. Jahrhunderts und später. Mit Abb., S. 173, Nr. 83. Reliquiar für das Book of Dimma. 12. Jahrhundert und später. Mit Abb.

62 Monumenta Germaniae Historica. Epistolae VI. Berlin 1925, S. 70, Nr. 76, dort datiert 845–862. Hinweis aus SCHREIBER, S. 16 u. Anm. 5. Pera im klassischen Latein: der Ranzen, der Quersack.

63 München BSB. Clm 13601, siehe Thesaurus librorum. 425 Jahre Bayerische Staatsbibliothek. Ausstellung München 18. Aug.–1. Okt. 1983. Wiesbaden (1983), S. 72–75, Nr. 22. Mit drei Abb. (Bayer. Staatsbibliothek. Ausstellungskataloge 28)

64 Berlin SBPK Ms. Theol. Lat. fol. 323 Kasten, vgl. Zimelien. Abendländ. Handschriften des Mittelalters aus den Sammlungen der Stiftung Preußischer Kulturbesitz Berlin. Ausstellung 13. Dez. 1975–1. Febr. 1976. Wiesbaden 1975, S. 46, Nr. 39 (Handschrift), S. 267, Nr. 172 (Buchkasten), S. 283 Abb. des Kastens.

65 LOUBIER, S. 93, Abb. 83.

Kupferstichkabinett der Stiftung Preußischer Kulturbesitz in Berlin aufbewahrt. Bei einigen von diesen sind innen im Deckel Holzschnitte mit religiösen Darstellungen vermutlich aus Frankreich, Savoyen oder der französischen Schweiz eingeklebt. Diese hat Heinrich Schreiber in sein Handbuch der Holz- und Metallschnitte aufgenommen[66]. Schreiber führt an: »[...] klebt in einem Almosenkasten«, »[...] in einer Kassette«, »[...] in einem [...] gotischen Kästchen«, während Loubier den kleinen Behälter aus dem Berliner Schloßmuseum ausdrücklich als Buchkästchen bezeichnet. In der Tat liegt gerade bei diesem die Vermutung nahe, hier handele es sich um die schützende Hülle für ein kleines Andachtsbuch. Darf man in den Ösen der Tragriemen ein Argument dafür sehen, daß in den Kästchen Bücher transportiert wurden? Wenn der Kasten für ein ganz bestimmtes Buch hergestellt war, entsprach er gewiß genau dessen Format, so daß es sich nicht hin- und herbewegen konnte. Kleinere Gegenstände wären in den Kästen gerüttelt und geschüttelt worden. Sehr beweiskräftig für den Zweck solcher Kästen ist die oben erwähnte Altartafel in Brüssel[67], denn dort liegen auf dem Regal in unmittelbarer Nachbarschaft nicht nur das Beutelbuch mit dem geknoteten Beutel und sechs weitere Bände, sondern auch ein außerordentlich großer Buchkasten mit Trageriemen und Schloß, der genau den vorher geschilderten kleineren Kästen entspricht, aber offensichtlich für einen dicken Folianten bestimmt war.

In Köpenick gibt es noch drei weitere Futterale, die als Buchbehälter bezeichnet werden und italienische Arbeiten des 15. Jahrhunderts sind. Sie haben die Form aufrecht stehender Kapseln. Das Grundmaterial ist hier nicht Holz, sondern Pappe, deren Lederbezug mit Lederschnitt, Reliefs und gepunztem Grund verziert ist. Als Schmuckelemente dienen Blattwerk, Wappen und Inschriften mit gotischen Buchstaben. Die Ösen sind hier aus Leder; an einem der Kästen haben sie die Form fratzenhafter Männerköpfe, die dem Betrachter die Zunge herausstrecken. Eines der Tragbänder ist erhalten; es ist gewebt, beigefarben mit drei grünlichen Streifen und je einer Troddel als Abschluß, deren Kopf aus Goldfäden besteht. Die Höhe der drei Kästen ist 160–240 mm. Der kleinste war offenbar ein Geschenk, denn er zeigt am oberen Rand, den der Träger immer vor Augen hatte, die Worte »Memento mei«. Ein sehr ähnlicher Buchbehälter aus Oberitalien (entstanden 1480–1500) befindet sich im Besitz der Österreichischen Nationalbibliothek Wien[68].

Auch ein besonders schönes Beispiel der französischen Einbandkunst aus der ersten Hälfte des 15. Jahrhunderts ist erhalten; es gehört The Cloisters, Metropolitan Museum of Art in New York. Sein Format ist ähnlich dem des kleinen Kästchens in Köpenick (122×93×48 mm). Es ist kostbar ausgestattet mit Schildpatt, geschnitzten Elfenbeinrosetten, die gotischen Kirchenfenstern nachgebildet sind, und silbernen Schließen. Elfenbeinerne Zylinder an den Langseiten sind für die Trageschnur bestimmt[69].

Daß ein böhmischer Bischof des 13./14. Jahrhunderts an seiner Kleidung Bücher mit sich führte, teilt sein Biograph (ca. 1365) mit: »[...] habensque in subteriore veste sacculum ab utroque latere dependentem, certos in eo libellos et memorabilia deferebat [...]«. Hier handelt es sich nicht um Kleidertaschen; ob aber die Säckchen, die an beiden Seiten seiner Soutane herniederhingen, mit dieser fest verbunden oder nur am Gürtel aufgehängt waren, geht aus dem Text nicht hervor[70].

Wo finden sich nun aber wirkliche Buchbeutel älterer Zeit? Soweit sie aus Stoff bestanden, einem leicht vergänglichen Material, mögen sie sich verbraucht haben. Glauning erwähnt zwei Buchbeutel und die Bücher, für die sie bestimmt waren, aus Schloß Ambras in Tirol, die sich 1926 aber nicht mehr dort, sondern im kunsthistorischen Museum in Wien befanden. Einer der beiden ist nicht mehr nachweisbar, der andere aber, aus violettem Samt mit Goldborten und Quasten, wird jetzt wieder in Schloß Ambras aufbewahrt. Der Band, zu dem er gehört, ist ebenfalls dort: die reich illuminierte Pergamenthandschrift eines Gebetbuches der Philippine Welser aus der Mitte des 16. Jahrhunderts, gebunden in schwarzen Samt mit emaillierten Goldbeschlägen[71].

Im Zusammenhang mit dem Buchbeutel ist ein Terminus zu erörtern, dessen Bedeutung unsicher ist: chemise. Im älteren Lexikon des gesamten Buchwesens erscheint er unter »Camisia (lat.), franz.

66 Nr. 1021a, 1633a, 1633b, 1981m.

67 Vgl. Anm. 27.

68 Vgl. MAZAL, Abb. 161, dazu Text S. 208, dort ausdrücklich als Buchbehälter bezeichnet. Signatur: Cod. Ser. n. 3783.

69 Vgl. History, S. 11–12, Nr. 17 u. Abb. Taf. VI.

70 Guilelmi de Lestkow, decanus Wissegradensis, Vita Arnesti Archiepiscopi. Ed. J. EMLER. Praha 1873 (Fontes rerum Behemicarum. 1), S. 390. Erzbischof Arnošt z Pardubic 1297–1364.

71 GLAUNING, S. 151–152. — Die Kunstkammer. (Kunsthistorische Sammlungen [Innsbruck]). Innsbruck 1977 (Führer durch das Kunsthistorische Museum. 24), S. 88, Nr. 194.

chemise, Säckchen aus weichem Leder, Seide oder Samt, worin kostbar gebundene Hss. im Mittelalter gelegentlich aufbewahrt und getragen wurden«; ähnlich lautet die Erklärung in der 2. Auflage des Lexikons (dort unter »Buchhülle«), wo ausdrücklich festgestellt wird: »nicht zu verwechseln mit dem ma. Hüllenband [...]«[72]. Auch in anderer buch- oder einbandkundlicher Literatur wird chemise immer als Buchbeutel interpretiert, der mit dem dazugehörigen Buch nicht fest verbunden ist.

Das Wort wird aber auch in anderem Sinn verwendet. Loubier erwähnt S. 97 einen Hüllenband aus rotem Samt im Stonyhurst College (England). Derselbe Einband wird aber in einem Schreiben des College vom 13. 5. 1987 als chemise bezeichnet. Ein Foto zeigt einen Band mit kürzeren Hüllenteilen am oberen und seitlichen Schnitt und einem etwas längerem Überhang mit gerader Kante und Troddel am unteren Schnitt. Ein kleines Livre d'heures, in der KglB 's-Gravenhage, das man ohne Zögern einen Hüllenband nennen würde, erscheint in der Literatur als chemise[73]. Der Autor Jan Storm von Leeuven[74] will nur Bände mit lederner Hülle als Hülleneinbände gelten lassen und unterscheidet davon als chemises Bände mit einer Hülle aus Textilien. Das ist wenig einleuchtend, da die Einbandtechnik in beiden Fällen die gleiche ist. Auch versteht er unter den in älterer französischer Literatur angeführten chemises de soie, chemise de drap de damas u. a., die immer als Buchbeutel angesehen wurden, Hülleneinbände. Wattenbach weist nach Du Cange auf ältere Belege für die Bedeutung »Buchbeutel« hin, einen, der bereits aus dem Jahre 915 stammt, und einen zweiten aus alten Statuten des Kartäuserordens, dessen Wortlaut eindeutig bezeugt, daß die camisia von dem Buch völlig zu trennen ist: »§ 36. de Sacrista: Librorum Camisias [...] lavat«[75]. Die Bezeichnung chemise = Hemd ist gewiß mit Bedacht gewählt worden, da auch ein Hemd nur über den Körper gestreift wird, aber nicht mit ihm verbunden ist.

## Anhang 1: Verzeichnis neuhergestellter Beutelbücher

In den letzten Jahren sind Beutelbücher öfter als Schauobjekt und Ersatz für ein nicht vorhandenes oder zu schonendes Original nachgebildet worden.

1. Die Restaurierungswerkstatt der SBPK verwendet ein schönes Exemplar als Gästebuch[76]. Diesem Zweck entsprechend ist es nicht besonders klein, sondern von mittlerer Oktavgröße. Es verkörpert den Typ mit nur einem Einband, von dem oben ein Hüllenteil und unten der lange Beutel ausgeht, der in einem Knopf endet. Die Einbanddeckel, sonst schmucklos, sind mit metallenen Eckbeschlägen und Mittelstücken verziert; sie werden von einer Schließe zusammengehalten. Sämtliche Metallteile sind Überreste alter Einbände und also echt.

2. Das Museum Meermanno-Westreenianum in 's-Gravenhage besitzt ein interessantes Beutelbuch-Original, das erst jetzt in einem längeren Aufsatz eingehend untersucht worden ist[77], nachdem es bisher weitgehend unbekannt war. Der Autor, J. A. Szirmai, selbst Einbandkünstler und Einbandforscher, hat eine Kopie geschaffen, die eine Vorstellung davon vermittelt, wie Beutelbücher, die wir heute immer nur beschädigt und oft genug sehr schlecht restauriert kennen, ursprünglich ausgesehen haben. Der Beutel endet in einem metallenen Haken, der ebenso wie Eckbeschläge, Mittelteil und Schließe dem Original nachgebildet ist.

3. Auch das Institut für Restaurierung der ÖNB Wien hat ein Beutelbuch nachgearbeitet; als Vorlage diente das Exemplar Kremsmünster. Leider ist nicht bekannt, in wessen Besitz sich die Kopie heute befindet[78].

4. Im Muzeum Knihy in Žďár nad Sázavou (ČR), verwaltet vom Národní Muzeum Prag, wird eine Beutelbuch-Kopie gezeigt, da in der ganzen Tschechischen Republik keine Bibliothek ein Original besitzt. Man hat hier ein Werk des 16. Jahrhunderts mit einem Einband versehen, der eine Übergangsform vom Hülleneinband zum Beutelbuch darstellt; Abschluß des Beutels ist ein Knopf.

5. Im VEB Polygraph Leipzig ist 1975 ein schmuckloses Beutelbuch hergestellt worden, das zu Werbezwecken verwendet wird[79].

6. Die Buchbindereiwerkstatt Kohlschmidt in Mermuth (Kreis Sankt Goar, Rheinland-Pfalz) hat

72 LGB, Bd 1, S. 340 chemise, S. 319 camisia. LGB², Bd 1, S. 101 chemise, S. 57 camisia, Bd 1, S. 612 Buchhülle.

73 Siehe Anm. 6 am Schluß.

74 Storm van Leeuwen, S. 302, Note 2.

75 Wilhelm Wattenbach: Das Schriftwesen im Mittelalter. 3., verm. Aufl. Leipzig 1896, S. 403. Nach: Charles Du Fresne, Du Cange: Glossarium medii et infimae Latinitatis. T. 2. (Paris 1842), S. 57, Sp. 1 oben »Camisiae librorum«.

76 Hergestellt von Restaurator Herbert Purz.

77 Bruckner 20. J. A. Szirmai: The girdle book of the Museum Meermanno-Westreenianum. In: Quaerendo 18 (1988), S. 17–34.

78 Alker, Abb. 17. – Schreiben von Prof. Dr. Otto Mazal, Wien ÖNB, 18. 7. 1988.

79 Horst Kunze: Das große Buch vom Buch. 2., verb. Aufl. Berlin (1986), S. 59 mit Abb.

**Abb. 4** Stendal, Pfarrkirche St. Marien.
Bronzener Taufkessel von 1474 mit der Darstellung eines Beutelbuches.

zu den von ihr nachgebildeten Beutelbüchern eine kleine Veröffentlichung herausgegeben[80], in der auf S. 5 zu lesen ist: »Einmal war der Beutel nach oben offen, ein anderes Mal nach unten offen. Bei der zweiten Art konnte man das Beutelbuch im Gürtel lassen, man brauchte nur das Buch zu heben und hatte den Text richtig vor sich«. Die Abbildung der Kopien zeigt, daß bei allen der Beutel vom oberen Schnitt ausgeht.

7. Der Buchbinder und Restaurator Dag-Ernst Petersen (Wolfenbüttel) hat ein Exemplar hergestellt, das von seinem Vater (Heinz Petersen: Bucheinbände. 2. erweiterte Aufl. Graz 1991, S. 194–195) abgebildet und erläutert worden ist. Es handelt sich um den Typ mit nur einem Einband. Der Beutel

80 Jost Kohlschmidt: Das Beutelbuch. Eine bemerkenswerte Einbandform der Gotik und Renaissance. (Mermuth 1985.)

geht vom unteren Schnitt aus, hat die einundeinhalbfache Länge des Buchblocks und endet in einem Knoten mit Ring. Dag-Ernst Petersen hat in der gleichen Art ein weiteres Exemplar hergestellt und bei Kursen für Buchrestauratoren von den Teilnehmern etwa 20 Exemplare binden lassen. (Ergänzung von Konrad von Rabenau aufgrund freundlicher Mitteilung von Dag-Ernst Petersen)

## Anhang 2: Neue Nachweise von Beutelbüchern in der Kunst

Auch mit Alkers Liste zum Thema *Das Beutelbuch in der bildenden Kunst* mit ihren Nachträgen, die fast 500 Nummern aufweist, läßt sich weiter ergänzen. Dazu soll das genannt werden, was ich gefunden habe[81]. Bei der geringen Zahl von erhaltenen Beutelbüchern zeigen die Darstellungen an Schnitzereien und auf Gemälden oft wertvolle Details, die unsere Kenntnis dieses Gegenstands erweitern kann.

1. Lutherstadt Eisleben, Luthers Geburtshaus.
   Spätgotischer Flügelaltar aus St. Spiritus, Eisleben, 15. Jahrhundert. Im rechten Flügel unten links der Apostel Matthias, in der rechten Hand ein Beil, in der linken ein rotes Beutelbuch. Beutel mit Knopf, Einbanddeckel mit Muster, Schnitt nach vorn, eine Schließe.
2. Erfurt, Angermuseum.
   Standfiguren aus einem Altar der Kirche Ingersleben/Thüringen, darunter der Apostel Paulus. Er hält in der rechten Hand ein Schwert, dessen Klinge fehlt, in der linken ein Beutelbuch. Beutel mit Knopf, Schnitt nach vorn, eine Schließe.
3. Halle (Saale), Dom.
   An der Kanzel, die selbst ihr Entstehungsjahr 1526 nennt, ist auf der rechten Seite als Relief ein Bischof dargestellt, der in der linken Hand ein pfeildurchbohrtes Herz trägt und sich durch dieses Attribut als der heilige Augustinus zu erkennen gibt. Seine rechte Hand hält ein Beutelbuch mit Knoten, zwei Doppelbünden, einer Verzierung wie von Streicheisenlinien auf dem Einbanddeckel und einem Hüllenteil am oberen Schnitt mit Languetten am Rand; zwei Schließen.
4. Köthen, St. Agnus-Kirche.
   Spätgotischer geschnitzter Flügelaltar, Anfang des 16. Jahrhunderts. Im rechten Flügel Jakobus der Jüngere, der in der linken Hand ein Beutelbuch hält, das er aber nicht am Beutel faßt, sondern am Buchkörper.
5. Plaue (Thüringen), Stadtkirche Unserer Lieben Frau.
   Holzgeschnitzter Flügelaltar im Chor, erste Hälfte des 15. Jahrhunderts. Im Mittelteil ein Kruzifixus und sechs Heilige; derjenige rechts von Christus, vom Beschauer aus gesehen, trägt in der linken Hand ein Beutelbuch mit losen Enden, rotem Einband, fünf Buckeln auf dem Vorderdeckel und zwei Schließen[82].
6. Prag, Národní Galerie v Praze, Pražský Hrad, Jiřský Klášter.
   Von dem Gemälde mit einer Heimsuchung Mariae war bereits oben bei den Sonderformen der Beutelbücher die Rede[83].
7. Stendal, Pfarrkirche St. Marien.
   Bronzener Taufkessel von 1474. Am äußeren Rund ein barfüßiger bärtiger Mann in langem faltigen Gewand, in der rechten Hand ein Beutelbuch. Beutel mit Knopf, eine Schließe.
8. Themar, Stadtkirche St. Bartholomäus.
   Spätgotischer geschnitzter Flügelaltar, um 1526, von Hans Nußbaum aus Bamberg. Auf der gemalten Predella reicht die junge liebliche Maria dem Jesuskind, das auf dem Schoß der heiligen Anna sitzt, einen Apfel. An ihrem Gürtel hängt, durch ihr langes lockiges Haar etwas verdeckt, ein Beutelbuch, von dem einige Details zu erkennen sind: roter Einband, vier Eckbeschläge, ein Mittelteil, eine Schließe, alle Metallteile goldfarben. Der Beutel ist nicht sehr lang; das Ende verschwindet unter Marias Haar. Da die Entfernung bis zum Gürtel aber ziemlich groß ist, darf vielleicht ein langer Haken vermutet werden.
9. Wernigerode, Rathaus.
   An der Südwestecke des Ratskellers das Waghaus, 15. Jahrhundert. Die Knaggen mit geschnitzten Figuren; als achte von links eine Männergestalt, die in der linken Hand einen Kelch (?), in der rechten ein Beutelbuch hält[84].

81 Genutzt 1800 von NEUMÜLLERS-KLAUSER »in den Randzonen beruflicher Tätigkeit und privater Liebhabereien« (29 Nummern) und von GERHARD WERNER: Beutelbücher in der Saalfelder Kunst. In: Heimatgeschichtlicher Kalender des Bezirkes Gera 1983, S. 77–80 (9 Nummern, 5 Abb.); derselbe Artikel auch in: Marginalien 109 (1988) Heft 1, S. 29–32 (4 Abb.).

82 Vgl. KLAUS MERTENS: Die Stadtkirchen in Thüringen. Berlin (1982), Abb. 105.

83 Abb. siehe Anm. 32.

84 HEINRICH BERGNER und EDUARD JACOBS: Beschreibende Darstellung der älteren Bau- und Kunstdenkmäler des Kreises Grafschaft Wernigerode. 2. Bearb. Halle (Saale) 1913. (Beschreibende Darstellung der älteren Bau- und Kunstdenkmäler der Provinz Sachsen. 32), Liste der Figuren S. 197–198; dort als Nr. 8 »Heiliger (?) mit Buchbeutel und Kelch«. Abb. Taf. 14 neben S. 200. Die Figuren sind dort sehr klein, aber das Beutelbuch ist doch gut zu erkennen.

(*Anm. d. Red.*: Nrn 2, 3, 5 sind inzwischen bei OPPITZ, GJ 1993 und 1995, beschrieben.)

Wie schon bei früheren Arbeiten, so habe ich auch bei dieser vielseitige und freundliche Hilfe erfahren. An erster Stelle ist Herr Professor Dr. J. A. Szirmai (Oosterbeek, Niederlande) zu nennen, der mir immer wieder seinen guten Rat gewährt und mich mit Informationen der verschiedensten Art, Kopien und anderem Material reichlich versorgt hat; ihm verdanke ich auch den Hinweis auf den Leipziger Faltband. Herr Dr. Dario Canale † (Berlin) vermittelte mir die Kenntnis der Faltbände in Rom und Milano, die beide auch Herrn Professor Dr. Gumbert (vgl. Anm. 13) ganz unbekannt waren. Herr Dr. Debes (UB Leipzig) unterstützte mich bei der Beschreibung des Leipziger Faltbandes. Herr Dr. Kristian Jensen (Bodl. Oxford) übersandte mir Mitteilungen über die zahlreichen Faltbände seiner Bibliothek und Kopien aus dortigen Katalogen. Von Frau Dr. Dana Martínková (ČAV Praha) erhielt ich den Hinweis auf eine Stelle in der Vita des böhmischen Bischofs Arnošt z Pardubic, die seine Buchbeutel betrifft. Herr Wolfgang Schütz stellte mir zwei vorzügliche Farbfotos der beiden Beutelbuchträger in der Katholischen Spitalkirche Weil der Stadt zur Verfügung. Frau Jacqueline Sclafer (BN Paris) machte sich außerordentlich viel Mühe damit, mir in selbstgefertigten Skizzen die Details der Pariser Faltbände darzulegen. Herr Gerard van Thienen (KglB 's-Gravenhage) verschaffte mir die neueste Literatur über den kürzlich erworbenen schönen Hülleneinband seiner Bibliothek. Herr Edgar Ytteborg (UB Oslo) machte mich mit dem Aufsatz von Viggo Starcke (Titel siehe Anm. 26) bekannt, der wertvolle Informationen enthält. Zahlreiche weitere Namen können aus Platzmangel leider nicht angeführt werden. Ich danke sehr herzlich für so viel freundliches Entgegenkommen.

**Literaturverzeichnis**

ALKER
Alker, Lisl und Hugo: Das Beutelbuch in der bildenden Kunst. Ein beschreibendes Verzeichnis. Mainz 1966. (Kleiner Druck der Gutenberg-Gesellschaft. 78)

ALKER Ergänzungen
Alker, Lisl und Hugo: Das Beutelbuch in der bildenden Kunst. Ein beschreibendes Verzeichnis: Ergänzungen. In: GJ 1978, S. 302–308.

ALKER Oberösterreich
Alker, Hugo: Beutelbücher aus Oberösterreich. In: GJ 1956, S. 282–287.

ANZEIGER
Anzeiger für Kunde der deutschen Vorzeit. N. F. Organ des Germanischen Museums. Nürnberg.

BRUCKNER
Bruckner, Ursula: Beutelbuch-Originale. In: Studien zum Buch- und Bibliothekswesen 9 (1995), S. 5–23.

DEGERING
Degering, Hermann: Ein Calendarium pugillare mit Computus aus dem Jahre 1294. In: Buch und Bucheinband. Aufsätze ... zum 60. Geburtstage von Hans Loubier. Leipzig 1923, S. 79–88.

GLAUNING
Glauning, Otto: Der Buchbeutel in der bildenden Kunst. In: Archiv für Buchgewerbe und Gebrauchsgraphik 63 (1926), S. 124–152.

HISTORY
The history of bookbinding 525–1950 A. D. An exhibition held at the Baltimore Museum of Art November 12, 1957 to January 2, 1958. Baltimore, Maryland 1957.

LOUBIER
Loubier, Hans: Der Bucheinband von seinen Anfängen bis zum Ende des 18. Jahrhunderts. 2., umgearb. Aufl. Leipzig 1926 (Monographien des Kunstgewerbes. 21/22).

MAJKOWSKI
Majkowski, Edmund: Neues zum Buchbeutel in der bildenden Kunst. Beiträge aus Polen, den Niederlanden, Deutschland und der Schweiz. In: GJ 1939, S. 331–339.

MATĚJČEK
Matějček, Antonín und Jaroslav Pešina: Gotische Malerei in Böhmen. Tafelmalerei 1350–1450. Prag (1955).

MAZAL
Mazal, Otto: Buchkunst der Gotik. Graz 1975 (Buchkunst im Wandel der Zeiten. 1).

NEUMÜLLERS-KLAUSER
Neumüllers-Klauser, Renate: Auf den Spuren der Beutelbücher. In: GJ 1980, S. 291–301.

PAATZ
Paatz, Walter: Bernt Notke und sein Kreis. Text, Tafeln. Berlin 1939.

SCHREIBER
Schreiber, Heinrich: Vom Buchbeutel und seinen Verwandten. In: Sankt Wiborada. Ein Jahrbuch für Bücherfreunde 7 (1940), S. 13–28.

STORM VAN LEEUWEN
Storm van Leeuwen, Jan: The Well-shirted Bookbinding. On chemise bindings and Hülleneinbände. In: Theatrum Orbis Librorum. Liber Amicorum presented to Nico Israel on the occasion of his seventieth birthday. Utrecht 1989, S. 277–305.

VRIENDSCHAP
Vriendshap in vereniging. Catalogus van de tentoonstelling ter gelegenheid van het vijftigjarig bestaan van de Vereniging »Vrienden der Koninklijke Bibliotheek« 's-Gravenhage 1988.

*Ergänzungen*

FREDERICK A. BEARMAN: The Origins and Significance of Two Late Medieval Textile Chemise Bookbindings in the Walters Art Gallery, 1996 (in press).

CHRISTOPHER CLARKSON: English Monastic Bookbindings in the Twelfth Century. In: Matériaux et techniques du livre antique et médiéval. Colloque international, Erice, 18–25 septembre 1992. MARILENA MANIACI & PAOLA F. MUNAFÒ (eds.): Ancient and Medieval Book Materials and Techniques. Città del Vaticano (Studi e Testi. 358), S. 181–200.

JOHANN P. GUMBERT: Über Faltbücher, vornehmlich Almanache. In: Rationalisierung der Buchherstellung im Mittelalter und in der frühen Neuzeit. Hrsg. von PETER RÜCK. Marburg an der Lahn 1994 (Elementa Diplomatica. 2), S. 111–121.

AIRES AUGUSTO NASCIMENTO & ANTÓNIO DIAS DIOGO: Encadernaçao Portuguesa Medieval Alcobaça. Lisboa 1984.

AIRES AUGUSTO NASCIMENTO: Les reliures médiévales du fonds Alcobaça de la Bibliothèque Nationale de Lisbonne. In: Calames et cahiers. Festschrift Léon Gilissen. Bruxelles 1985, S. 107–117.

ULRICH-DIETER OPPITZ: Weitere Spuren von Beutelbüchern. In: GJ 1993, S. 311–318.

ULRICH-DIETER OPPITZ: Weitere Darstellungen von Beutelbüchern und Hülleneinbänden. In: GJ 1995, S. 228–239.

Annelen Ottermann

# Erfassung und Erschließung historischer Bucheinbände in Deutschland: Rückblick und Zukunftsperspektiven[1]

»Unter den wissenschaftlichen Hilfsmitteln, welche für die Berufsarbeit des Bibliothekars in Betracht kommen, steht die Geschichte des Bucheinbandes nach allgemeinem Dafürhalten an letzter Stelle, ja es wird ihr die Zugehörigkeit zu diesem Kreise vielleicht ganz abgesprochen. Selbst wenn man zugiebt, dass dem Bibliothekar nichts fremd sein soll, was das Buch betrifft, wird man doch einwenden, dass der Einband etwas Willkürliches und Accessorisches ist, das mit dem Begriffe des Buches eigentlich nicht zu thun hat. [...] Und wenn der Bibliothekar aus praktischen Gründen einen Schritt weiter gehen muss, so hat er doch, wie es scheint, seine Schuldigkeit gethan, wenn er dafür sorgt, dass das Buch mit einem Einband versehen ist, welcher seine Erhaltung und Benutzung gewährleistet.«[2]

Dieses Zitat von Paul Schwenke, dem 1921 verstorbenen Leitenden Direktor der Preußischen Staatsbibliothek Berlin, stammt aus einem programmatischen Aufsatz, in dem sich Schwenke 1898 vor der 44. Philologenversammlung in Dresden als erster deutscher Bibliothekar vehement dafür einsetzte, der Sammlung und Erforschung von Einbänden in den Bibliotheken mehr Beachtung zu schenken, da sie nach seiner Auffassung in besonderem Maße Aussagen zur Geschichte des Buches und damit auch der besitzenden Bibliothek lieferten. Für den buch- und bibliothekshistorisch arbeitenden Bibliothekar sei — so Schwenke — »nichts [...] wichtiger als die Beachtung des Einbandes; denn in neun Zehnteln der Fälle ist er das einzige, worin die Geschichte des Exemplars uns eine sichtbare Spur hinterlassen hat.«[3] Mit diesem Anspruch setzte Schwenke neue Maßstäbe, die für die Zukunft wegweisend werden sollten: Waren es zuvor fast ausschließlich Bibliophile und Buchbinder gewesen, die sich aus Sammelleidenschaft und unter ästhetisch-künstlerischen Fragestellungen für den schönen Bucheinband interessiert hatten und das Sammeln von dekorativen Einbänden zu einer rein bibliophilen Angelegenheit hatten werden lassen, so appellierte Schwenke nun an die Bibliothekare, sich den Einbänden unter kulturhistorischem Aspekt zu nähern. Auch Theodor Gottlieb, ein Wiener Bibliothekar, der 1906 eine große Einbandausstellung in Wien präsentierte[4], forderte die Bibliothekare auf, ihre Einbände bekannt zu machen. Er selbst legte bewußt den Schwerpunkt seiner Beschäftigung mit dem Einband auf die Geschichte des Buchbindens, also den technischen Aspekt, in eindeutiger Absetzung von der kunsthistorisch-ästhetischen Betrachtungsweise. Nachdem Paul Adam, ein Düsseldorfer Buchbinder, 1890 sein technisch und historisch bestimmtes Werk über den Bucheinband veröffentlicht hatte[5], legte der Berliner Buchforscher Hans Loubier 1904 mit seinem einbandkundlichen Werk die erste Entwicklungsgeschichte des Bucheinbandes vor, die in ihrer 2. Auflage von 1926 noch heute maßgeblich ist[6]. Auch für Loubier, der in seiner Bucheinbandforschung die allgemeine Kunstgeschichte stark miteinbezog, waren die Bibliothekare »als die bestellten Hüter der Bücherschätze [...] die selbstverständlichsten Bearbeiter«[7] der Bucheinbände.

Kehren wir zurück zu Paul Schwenke: Sein Augenmerk bei der einbandkundlichen Forschung lag

1 Überarbeitete Fassung des gleichlautenden Vortrags im Rahmen des »2. Tübinger Symposiums Handschriften/Alte Drucke« vom 4.—6.11.1996 in Blaubeuren.

2 Paul Schwenke: Zur Erforschung der deutschen Bucheinbände des 15. und 16. Jahrhunderts. In: Beiträge zur Kenntnis des Schrift-, Buch- und Bibliothekswesens. Leipzig 1898 (Sammlung bibliothekswissenschaftlicher Arbeiten 11), S. 114—125, hier S. 114.

3 Ebd., S. 115.

4 Theodor Gottlieb: Katalog der Ausstellung von Einbänden Hofbibliothek 1906. Wien 1908.

5 Paul Adam: Der Bucheinband. Seine Technik und seine Geschichte. Leipzig 1890. Reprint München 1993.

6 Hans Loubier: Der Bucheinband von seinen Anfängen bis zum Ende des 18. Jahrhunderts. Leipzig 1904. 2. umgearb. u. verm. Aufl. 1926 (Monographien des Kunstgewerbes. XXI/XXII).

7 Ebd., Vorwort.

nicht allein auf den von den Bibliophilen so geschätzten Prachteinbänden, sondern auf der Gesamtheit aller Bucheinbände in Bibliotheken, unabhängig vom Grad ihrer künstlerischen Gestaltung, da der Einband für Schwenke nicht mehr die bloße Hülle des Buches darstellte, sondern zusammen mit dem Buchblock eine Einheit bildete, die als solche zum Träger wichtiger buch- und bibliothekshistorischer Informationen wurde.

Vor dem Hintergrund dieser entscheidenden Erkenntnis ergab sich für Schwenke zwangsläufig die Notwendigkeit einer systematischen und vor allem methodischen Erforschung der Bucheinbände. In dem Bemühen um Beschreibung sowie zeitliche und lokale Einordnung der Bucheinbände als Quellenmaterial griff Schwenke zu einer Methode, die bis heute als wichtiges technisches Hilfmittel der Einbandforschung gilt, der Durchreibung, oder wie man damals sagte, der Abreibung von Stempeln und ganzen Einbänden. Dabei konnte er auf die Praxis des englischen Bibliothekars Weale zurückgreifen, der dieses Verfahren bereits in seinem 1894–98 erschienenen Werk *Bookbindings and rubbings* ...[8] angewandt hatte.

In Weiterführung der Methode Weales legte Schwenke eine umfangreiche Sammlung von Einbanddurchreibungen sowie ein Verzeichnis der Einzelstempel an und erkannte den Wert der Stempelvergleichung für die Zuordnung von Bucheinbänden zu Regionen, Orten, Werkstätten und Zeiträumen. Mit der Entwicklung dieser Methode der Einbanddurchreibung und der vergleichenden Stempelforschung war der entscheidende Schritt zur hilfswissenschaftlichen Funktion der Bucheinbandforschung im Rahmen der Buch- und Bibliotheksgeschichte getan. Innerhalb kurzer Zeit erlangte die Einbandforschung, deren Fragestellung nun nicht mehr »das einzelne Buch als Träger eines schönen Kleides, sondern die Gesamtheit der Einbandentwicklung unter historisch-philologischem Blickwinkel«[9] war, so an Bedeutung, daß ihr »als jüngster Zweig der Buchwissenschaft«[10] von den wenigen, aber engagierten einbandkundlichen Forschern ein gleichwertiger Platz neben der Handschriften- und Inkunabelkunde zugebilligt wurde. Der bereits erwähnte Hans Loubier trat 1913 mit dem vielbeachteten Beitrag »Methodische Erforschung des Bucheinbands« in der Festschrift zu Paul Schwenkes 60. Geburtstag[11] nochmals an die bibliothekarische Öffentlichkeit und leistete mit seinem an die Bibliothekare adressierten Appell, sich der Einbandkunde in Einzelforschungen anzunehmen, einen entscheidenden Beitrag zur »Etablierung einer wissenschaftlich betriebenen Einbandforschung in Deutschland«[12]. Loubier faßte in seinem Aufsatz, in dem er die Verdienste Schwenkens für die einbandkundliche Sensibilisierung der Bibliothekare ausdrücklich würdigte, zusammen, welche technischen Details am Einband neben der Beschreibung des Dekorationsmusters, also der Durchreibung von Stempeln, festgehalten werden mußten, wenn eine gesicherte Zuweisung des Einbands gewährleistet sein soll und nannte dabei u.a.: Art der Heftung, Art und Zahl der Bünde, Material der Deckel, Rückentechnik, Form des Kapitals, Form und Anbringung der Schließen und Beschläge u.v.m. Auch bemängelte Loubier das Fehlen einer verbindlichen Terminologie für die Einbandkunde.

Im Zusammenhang mit der Neubesinnung auf den Beruf des Bibliothekars und seiner Standortbestimmung kam es Ende der 20er Jahre zu einer Fülle von einbandkundlichen Publikationen. Hier sei im Rahmen dieses Parforceritts nur an Ernst Philip Goldschmidt und Geoffrey Dudley Hobson erinnert, beides Bibliophile und Antiquare aus der Schule Theodor Gottliebs. Diese beiden Forscher »haben die Methodik der Einbandkunde zu ihrer heutigen Vollkommenheit entwickelt, die eine gleichwertige Berücksichtigung der technischen, stilhistorischen und individuell-ästhetischen Momente zur Bestimmung des Bucheinbandes verlangt«[13]. Für eine so differenzierte Sichtweise setzte sich wesentlich auch Wolfgang G. Fischer mit seiner Dissertation von 1935[14] ein, in der er neben den bereits bekannten Fragen der Lokalisierung und Datierung von Ein-

8 WILLIAMS H. JAMES WEALE: Bookbindings and rubbings of bindings in the National Art Library South Kensington Museum. 1.2. London 1894, 1898.

9 MAX JOSEPH HUSUNG und FRIEDRICH ADOLF SCHMIDT-KÜNSEMÜLLER: Geschichte des Bucheinbandes. In: Handbuch der Bibliothekswissenschaft I. Schrift und Buch. 2. Aufl., Stuttgart 1950, S. 782–848, hier: S. 783.

10 FRIEDRICH ADOLF SCHMIDT-KÜNSEMÜLLER: Hundert Jahre Einbandforschung. Eine auswählende Retrospektive. In: Die Erforschung der Buch- und Bibliotheksgeschichte. Paul Raabe zum 60. Geburtstag. Wiesbaden 1987, S. 156–166, hier: S. 156.

11 HANS LOUBIER: Methodische Erforschung des Bucheinbands. In: Beiträge zum Bibliotheks- und Buchwesen. Paul Schwenke zum 20.3.1913 gewidmet. Berlin 1913, S. 175–184.

12 FRIEDRICH ADOLF SCHMIDT-KÜNSEMÜLLER: Loubier, Jean (Hans). In: LGB² Bd 4, S. 612.

13 HUSUNG/SCHMIDT-KÜNSEMÜLLER (siehe Anm. 9), S. 784.

14 WOLFGANG G. FISCHER: Die Blütezeit der Einbandkunst. Studien über den Stil des 15.–18. Jahrhunderts. Diss. Leipzig 1935.

bänden, der Erforschung von Stempeln und Bindetechnik etc. als erster die stilkritische Analyse des Einbands unter Anwendung der formgeschichtlichen Methode[15] einführte. Zwar gestand Fischer zu, daß es den deutschen Einbandforschern gelungen sei, die beiden Hauptströmungen innerhalb der Einbandkunde zu verbinden, die zum einen von rein ästhetischem Interesse, zum anderen von technischen Fragestellungen getragen waren. Jedoch bemängelte er, daß ein Aspekt bei der Betrachtung der Bucheinbände gänzlich außer acht gelassen worden sei, eben jene Durchdringung der formgeschichtlichen Entwicklung vor dem Hintergrund der allgemeinen Kunstgeschichte. Die von Fischer in die Einbandforschung eingebrachte stilkritische Methode wurde in voller Konsequenz nur von Ilse Schunke, die zu den größten deutschen Einbandforschern zählt, übernommen. Die für ihre Einzelforschungen kennzeichnende Bildung von Schulen und Stilgruppen blieb nicht bei allen Kollegen unwidersprochen[16].

Daß die Methode der vergleichenden Stempelforschung für sich genommen keine ausreichenden Indizien für die Einordnung von Einbänden liefern konnte, war spätestens seit Loubiers Aufsatz von 1913 im Bewußtsein aller Einbandforscher. Dennoch sah sich Goldschmidt noch 1928 veranlaßt, in seinem Beitrag »Prinzipien zur Lokalisierung und Datierung alter Einbände«[17] mit Nachdruck diejenigen Elemente am Buch vorzuführen, die zur zuverlässigen und begründeten Einbandbestimmung notwendigerweise berücksichtigt werden müssen und die für ihn weitaus stärkeres Gewicht als der Stempelvergleich hatten. Den Wert der umfangreichen Durchreibungssammlungen gotischer Einzelstempel und ganzer Einbände, wie sie Paul Schwenke für das 14./15. Jahrhundert angelegt und Konrad Haebler, der Vorsitzende der GW-Kommission, in enger Anlehnung an Schwenke für die Rollen- und Plattenstempel des 16. Jahrhunderts[18] ausgeweitet hatte, bezweifelte Goldschmidt stark und befürchtete, daß durch einseitige und voreilige Zuweisungen von Einbänden auf der Grundlage des Stempelmaterials der Einbandforschung eher ein Schaden zugefügt werde als daß sich die Kenntnisse über den Bucheinband erweiterten.

Die Vehemenz, mit der methodische Divergenzen unter den Forschern ausgetragen wurden, ist für uns heute ein sinnfälliges Indiz für die Ernsthaftigkeit, mit der man sich seit Beginn des Jahrhunderts mit einbandkundlichen Fragen auseinandersetzte. Die Bedeutung der Einbandwissenschaft für die buch- und bibliotheksgeschichtliche Forschung war in weiten Kreisen akzeptiert.

In diesem Rahmen wurde sehr bald die mangelnde Kenntnis über das in den Bibliotheken überlieferte Material deutlich. Was fehlte, waren eine Koordination der bislang disparaten Einzelforschungen sowie eine zentrale Erfassung aller Bucheinbände in einem nach einheitlichen Regeln aufgebauten Katalog. Im Bewußtsein dieses Desiderats ergriff Johannes Hofmann, seit 1925 Direktor der Leipziger Stadtbibliothek, die Initiative und forderte 1926 auf der VDB-Tagung in Wien die systematische Verzeichnung der Einbände in den Bibliotheken: »Um das zahlreiche, besonders in den älteren Bibliotheken noch verborgene Material der wissenschaftlichen Forschung dienstbar zu machen, müssen in Zukunft andere Wege eingeschlagen werden. Nicht nach Laune und Zufall, sondern systematisch müssen in allen Bibliotheken und möglichst auch in den Archiven die alten Bucheinbände gesammelt, verzeichnet und veröffentlicht werden. Einbandkataloge müssen vor allem angelegt werden, um die Funde festzuhalten und der Allgemeinheit leichter zugänglich zu machen.«[19]

Hofmanns Anliegen fand fast überall ungeteilte Unterstützung, und noch im selben Jahr wurde die von ihm geforderte Kommission zur Erarbeitung einheitlicher Regeln für die Einbandkatalogisierung ins Leben gerufen. Sie versandte als erstes ein Rundschreiben an 440 deutsche und österreichische Bibliotheken, in dem erfragt wurde, inwieweit die Einbände bereits gesammelt und erfaßt seien und ob Interesse an der Teilnahme am Projekt der einheitlichen Einbandkatalogisierung bestehe. Hofmann schloß aus der sehr positiven Resonanz auf die Umfrage, daß die Bereitschaft zur aktiven Mitarbeit groß sei. Im folgenden Jahr verabschiedete die Kom-

15 Vgl. dazu: HEINRICH WÖLFFLIN: Kunstgeschichtliche Grundbegriffe. Das Problem der Stilentwicklung in der neueren Kunst. München 1915.

16 Vgl. u. a. die Kritik von Hans Fürstenberg im Vorwort zu seinem Abbildungsband: Die italienischen Renaissance-Einbände der Bibliothek Fürstenberg. Hamburg 1966, S. 26 ff.

17 ERNST PHILIP GOLDSCHMIDT: Prinzipien zur Lokalisierung und Datierung alter Einbände. In: Jahrbuch der Einbandkunst 2 (1928), S. 3–13.

18 Zusammen mit Ilse Schunke erarbeitete Konrad Haebler sein zweibändiges Repertorium: Rollen- und Plattenstempel des 16. Jahrhunderts. Leipzig 1928/29. Reprint Wiesbaden 1968.

19 JOHANNES HOFMANN: Der Bucheinbandkatalog und seine Bedeutung für die Bucheinbandforschung. In: Zentralblatt für Bibliothekswesen 43 (1926), S. 470–473, hier: S. 471.

mission die *Richtlinien für die einheitliche Katalogisierung der Bucheinbände*[20]. Ziel des geplanten Unternehmens war also die Unterstützung und Vorbereitung der methodischen Bucheinbandforschung durch das Bereitstellen des geordneten Materials. Von Anfang an wurde diese Funktion der Einbandkatalogisierung betont und davor gewarnt, die Katalogisierung zu einer reinen Verwaltungsaufgabe und damit zum Selbstzweck degenerieren zu lassen. Leider stellte sich jedoch schnell heraus, daß die Bereitschaft zur Mitarbeit unter den Bibliothekaren rapide sank, da die praktische Durchführung auf enorme Schwierigkeiten stieß. Die wesentlichen Gründe dafür waren Personalmangel und finanzielle Probleme sowie der Mangel an entsprechend geschulten Bibliothekaren. Die Klagen über die Mängel bestimmen die regelmäßigen Berichte, die Hofmann über die Arbeit der Kommission im *Zentralblatt für Bibliothekswesen* veröffentlichte. Diese unbefriedigende Tendenz hielt auch an, nachdem das Hofmannsche Unternehmen 1929 auf dem Weltkongreß der Bibliophilen in Rom internationale Anerkennung fand und man die Einbandkatalogisierung im Dienste der Buchforschung und zur Werterhaltung und -steigerung des Bibliotheksbesitzes ausdrücklich unterstützte. Mitte der 30er Jahre konnte Hofmann über einige herausragende Ergebnisse berichten, die aber eher auf die Initiative einzelner engagierter Einbandforscher zurückzuführen waren und nur wenig mit der Arbeit der Einbandkommission zusammenhingen: So waren insbesondere der Einbandkatalog der UB Erlangen, den Ernst Kyriß erarbeitet hatte[21], zu erwähnen sowie die Arbeiten von Ilse Schunke[22], die u.a. die Bestände der Bibliotheken in Bremen und Emden auf bemerkenswerte Einbände durchgesehen hatte.

Während des Dritten Reiches erfreute sich die Arbeit der Einbandkommission auch der Gunst des Reichministeriums für Wissenschaft, Erziehung und Volksbildung, das in einem Erlaß vom 22.12. 1937 das Unternehmen als große dienstliche Aufgabe der Bibliotheken im Deutschen Reich anerkannte. Der Bucheinbandkatalog war nun in seiner offiziellen Bewertung den Arbeiten am *Gesamtkatalog der Wiegendrucke* und am *Gesamtverzeichnis der Handschriften* gleichgestellt. Allerdings änderte auch diese amtliche Wertschätzung nichts an den bekannten personellen und finanziellen Schwierigkeiten. Ende der 30er Jahre mußte daher auch Hofmann erkennen, daß das Ziel des *Gesamtkatalogs der Bucheinbände* ein Projekt von Jahrzehnten sein würde. Angesichts mangelnder finanzieller Unterstützung des Projekts bei gleichzeitigem Stellenabbau zeigte sich, daß die Einbanderschließung »gegenüber den unabweisbaren allgemeinen Benutzungsanforderungen«[23] zurückstehen mußte. Die Richtlinien von 1927 behielten zwar ihre Gültigkeit, doch kam die Einbandkatalogisierung während des 2. Weltkriegs völlig zum Erliegen. 1950 forderte Schmidt-Künsemüller mit aller Entschiedenheit die Wiederaufnahme der Einbandkatalogisierung[24].

Zwar gestand er ein, daß die Probleme, mit denen die Einbandkatalogisierung von 1926–1939 hatte kämpfen müssen, weiterhin bestanden, ja durch den Krieg eher noch verschärft worden waren, doch sah er deutlich, daß die vielen offenen Fragen im Zusammenhang mit der Einbandkatalogisierung nur unter der Voraussetzung geklärt werden könnten, daß die systematische Erfassung der Bucheinbände in den deutschen Bibliotheken wieder in Angriff genommen würde. Angesichts der Zerstörungen während des Krieges hielt Schmidt-Künsemüller die Verpflichtung zur Erschließung der noch erhaltenen Kulturgüter für wichtiger denn je. Im folgenden Jahr beschloß der VDB die Wiederaufnahme der Einbandkatalogisierung. Da man allgemein der Ansicht war, daß das von Hofmann und Glauning entwickelte Katalogisierungsschema zu starr gewesen war, sah die 1952 wieder gegründete Einbandkommission die Entwicklung eines elastischeren Schemas als ihre erste Aufgabe an. In Anbetracht der sehr unterschiedlichen Vorarbeiten in den einzelnen Bibliotheken und besonders auf Grund der Tatsache, daß die fachlichen Voraussetzungen für eine sichere Erschließung der Einbände weitgehend nicht gegeben waren, entschied sich die Kommission für ein Schema, das auch provisorische Kurzaufnahmen als interimistische Lösungen nach einem

20 JOHANNES HOFMANN: Richtlinien einer einheitlichen Bucheinband-Katalogisierung. In: Zentralblatt für Bibliothekswesen 44 (1927), S. 489–503.

21 ERNST KYRISS: Die Einbände der Handschriften der Universitätsbibliothek Erlangen. Erlangen 1936 (Kataloge der Handschriften der UB Erlangen. 6).

22 ILSE SCHUNKE: Einbände der Bremischen Staatsbibliothek. In: Bremisches Jahrbuch 33 (1931), S. 490–501; DIES.: Die Einbände der Kirchenbibliothek Emden. Ein Arbeitsbericht. In: Archiv für Buchbinderei 1936, S. 57–59; 68–71.

23 WOLFGANG G. FISCHER: Die Stellung der deutschen wissenschaftlichen Bibliotheken zur Einbandforschung. In: Jahrbuch der Einbandkunst 4 (1937), S. 131–145, hier: S. 142.

24 FRIEDRICH ADOLF SCHMIDT-KÜNSEMÜLLER: Wiederaufnahme der Einbandkatalogisierung. In: Nachrichten für wissenschaftliche Bibliotheken, Beiheft 1 (1950), S. 71–75.

vorgegebenen Schema vorsah[25] und wählte als technisches Hilfsmittel das damals gerade modern gewordene Lochkartenverfahren beim Aufbau des Zentralkataloges[26].

Soweit die Situation der Einbandkatalogisierung am Ende der 50er Jahre. 1974 und 1977 widmete Ilse Schunke dem Thema der Einbandbestimmung eine ausführliche Darstellung als Synthese ihrer zahllosen Einzelforschungen. Ihre *Einführung in die Einbandbestimmung*[27] enthält neben einem historischen Überblick auch ein sehr instruktives Kapitel zu methodischen Fragen der Einbandbeschreibung.

Nach mehr als einem halben Jahrhundert erschien im Jahr 1979 auf Initiative von Horst Kunze, dem Generaldirektor der Deutschen Staatsbibliothek Berlin-Ost, endlich der 1. Teil der von Ilse Schunke bearbeiteten Einzelstempelabreibungen, die Paul Schwenke 1921 bei seinem Tod ungeordnet hinterlassen hatte. Band 1 enthält die Einzelstempel, Band 2, der Werkstättenteil, wurde von Konrad von Rabenau fortgeführt und erschien 1996[28].

Im November 1981 fand in Wolfenbüttel ein Fortbildungsseminar für Bibliothekare statt, das sich mit einbandkundlichen und restauratorischen Fragen beschäftigte. Die Beiträge und Diskussionen während dieser Tagung machten deutlich, daß sich der Entwicklungsstand der Einbandkatalogisierung auch nach weiteren 20 Jahren nicht entscheidend verbessert hatte. Die in Wolfenbüttel wieder erwogene Idee einer Zentralisierung der Einbandforschung fand angesichts der Vielfalt disparater Bestrebungen an den einzelnen Bibliotheken keine Unterstützung. Mehrheitlich hielt man entsprechende Pläne »aus sachlichen und organisatorischen Gründen (für) nicht durchführbar«[29].

## Und heute?

Die Zahl der in Deutschland einbandkundlich arbeitenden Bibliothekare ist noch geringer geworden. Von Hofmanns eingangs erwähnter Forderung, die Einbandkatalogisierung müsse zu einem festen Bestandteil bibliothekarischer Arbeit werden, sind die meisten Bibliotheken weit entfernt. Hier und da haben einzelne Handschriften- und Altbestandsbibliothekare die Bedeutung der Einbandforschung für ihre buch- und bibliothekskundlichen Arbeiten erkannt und räumen der Erschließung ihrer Einbände größeren Raum ein. Der Altbestand nimmt in der Ausbildung des gehobenen und höheren Bibliotheksdienstes einen relativ geringen Stellenwert ein (sieht man einmal von der Ausbildungsordnung in Bayern ab!)[30]. Wie sollte da noch Platz sein für spezielle Themen wie die Einbandkunde? Ohne solide einbandkundliche Grundkenntnisse aber kann der Bibliothekar kein ernstzunehmender Gesprächspartner für Restaurator und Buchbinder sein. Wieviel weniger ist er ohne dieses Rüstzeug befähigt und motiviert, die bemerkenswerten Einbände seiner Bibliothek zu sammeln und zu erschließen!

An einigen wenigen Bibliotheken sind lokal begrenzte Projekte zur EDV-gesteuerten Einbandkatalogisierung in Planung. Fast allen diesen Plänen ist eines gemeinsam: daß sie unkoordiniert sind und – da weitgehend unter Ausschluß der bibliothekarischen Öffentlichkeit erfolgt – von den Erfahrungen anderer einbandkundlich arbeitender Kollegen nicht profitieren können!

Die Beneluxländer sind uns in der Entwicklung hier weit voraus: Sie haben bereits 1984 eine Arbeitsgemeinschaft aller einbandkundlich arbeitenden Personen gegründet, die sich in Untergruppen mit den stilistischen und den technischen Fragen des Bucheinbandes beschäftigen. Hier wurde als Reflex auf das terminologische Wirrwarr in der Einbandforschung besonderer Wert auf die Entwicklung einer einheitlichen einbandkundlichen Terminologie gelegt, und aus diesen Bemühungen sind bereits mehrere Publikationen hervorgegangen[31]. Auch die

25 Friedrich Adolf Schmidt-Künsemüller: Vorschläge für eine rationelle Einbandkatalogisierung. In: Zeitschrift für Bibliothekswesen und Bibliographie 6 (1959), S. 329–335.

26 Friedrich Adolf Schmidt-Künsemüller: Zur Entwicklung und Methodik der Einbandkatalogisierung. In: GJ 1959, S. 226–232.

27 Ilse Schunke: Einführung in die Einbandbestimmung. München 1974. 2. Aufl. Dresden 1977.

28 Die Schwenke-Sammlung gotischer Stempel- und Einbanddurchreibungen: nach Motiven geordnet und nach Werkstätten bestimmt und beschrieben.
1. Einzelstempel / von Ilse Schunke. Im Auftrag der deutschen Staatsbibliothek zu Berlin hrsg. von Hans Lülfing ... Berlin 1979. (Beiträge zur Inkunabelkunde: Folge 3; 7)
2. Werkstätten / von Ilse Schunke; fortgeführt von Konrad von Rabenau. Im Auftrag der Staatsbibliothek zu Berlin, Preußischer Kulturbesitz hrsg. von Hans Lülfing ... Berlin 1996. (Beiträge zur Inkunabelkunde: Folge 3; 10)

29 Ulrich Kopp: Probleme der Einbandgeschichte. Elftes Fortbildungsseminar für Bibliothekare in der Herzog August Bibliothek Wolfenbüttel. In: Wolfenbütteler Notizen zur Buchgeschichte 7 (1982), S. 430–432, hier: S. 431.

30 Vgl. dazu Wolfgang Müller: Der Altbestand in der modernen Bibliothek und in der Ausbildung. In: Bibliotheksforum Bayern 23 (1995), S. 251–260.

31 U. a. Kneep en binding. Een terminologie voor de beschrijving van de constructies van oude boekbanden. Voor het Belgisch-Nederlands Bandengenootschap samengesteld door W. K. Gnirrep, J. P. Gumbert, J. A. Szirmai. Den Haag: Koninklijke Bibliotheek 1992.

Vorarbeiten zur Erfassung der Einbände per EDV nach einem einheitlichen Schema sind weit gediehen. Hier ist insbesondere die Initiative von Jan Storm van Leeuwen von der Königlichen Bibliothek in Den Haag zu erwähnen, der das niederländische Zentralarchiv für Einbanddurchreibungen verwaltet und ein spezielles EDV-Programm zur Erfassung der ca. 10.000 Stempel entwickelt hat[32].

Unter den wenigen deutschsprachigen Einbandforschern wird seit geraumer Zeit auch der Ruf nach Bildung einer solchen Interessengemeinschaft laut. Die entscheidende Initiative ging dabei von Dr. Konrad von Rabenau, Schöneiche bei Berlin, aus, einem der engagiertesten Einbandforscher in der zweiten Hälfte unseres Jahrhunderts. Im Verlauf des 1. Tübinger Symposiums Handschriften / Alte Drucke von 1994 erläuterte von Rabenau seine bereits 1984 publizierten Überlegungen zur Erarbeitung eines neuen Repertoriums der figural geschmückten Bucheinbände des 16. Jahrhunderts in der Nachfolge Konrad Haeblers[33], dessen Verzeichnis maximal 50% der figürlichen Schmuckelemente enthält.

Von Rabenau skizzierte den von ihm vorangetriebenen Aufbau einer umfangreichen Materialsammlung, die im wesentlichen auf den Haeblerschen Einbanddurchreibungen[34] und eigenen Durchreibungssammlungen insbesondere aus mitteldeutschen Bibliotheken sowie nord- und süddeutschen und ungarischen Sammlungen basiert. Zusätzlich wurden die im Rahmen der Arbeiten am VD 16 durch Andreas Wittenberg entstandene Durchreibungssammlung der Berliner Staatsbibliothek, die Sammlungen Ilse Schunke, Paul Schwenke, Otto Glauning, Anna Marie Floerke, Helmut Döring sowie die Durchreibungen von Susanne Rothe zur Grundlage der Arbeiten genommen. Das gesamte Material wurde unter drei Aspekten abgelegt, nach dem gegenwärtigen Aufbewahrungsort, nach Buchbinderwerkstätten sowie nach Motiven. Das etwa 70.000 Durchreibungen umfassende Einbandarchiv verkaufte von Rabenau 1987 an die Staatsbibliothek zu Berlin.

In Anbetracht dieser Materialfülle, zu deren Pflege sich die Staatsbibliothek verpflichtet hat, sowie angesichts ihrer eigenen Einbandsammlung und insbesondere der ständig anwachsenden Durchreibungssammlung von Bänden des 16. Jahrhunderts in der Abteilung Historische Drucke war es naheliegend, die Direktion der Berliner Staatsbibliothek für eine Arbeitsgemeinschaft der Einbandforscher zu gewinnen.

Von Rabenau legte der Staatsbibliothek 1995 eine unveröffentlichte »Überlegung zur Zusammenarbeit auf dem Gebiet der Einbandforschung« vor, in der er die Bildung einer deutschsprachigen Arbeitsgemeinschaft propagierte. Gemeinsam mit Helma Schaefer vom Deutschen Buch- und Schriftmuseum der Deutschen Bücherei Leipzig, einer Einbandforscherin, deren Augenmerk insbesondere dem Bucheinband des 19. Jahrhunderts sowie dem modernen Handeinband gilt, lud von Rabenau im März 1996 zu einem »einbandwissenschaftlichen Arbeitsgespräch« nach Leipzig ein. Mit der Wahl des Tagungsortes Leipzig wurde bewußt an die entscheidenden Impulse von Johannes Hofmann, dem Leiter der Leipziger Stadtbibliothek, angeknüpft. Das Arbeitsgespräch führte zur Gründung des »Arbeitskreises für die Erfassung und Erschließung historischer Bucheinbände (AEB)«, der institutionell an die Staatsbibliothek Berlin angebunden ist und dessen Geschäftsführende Stelle in der dortigen Abteilung II C, »Historische Drucke« angesiedelt ist. In die Geschäftsführung des AEB wurden folgende Personen gewählt: Gerhard Karpp (UB Leipzig), Dr. Holger Nickel (SBB-PK Berlin), Annelen Ottermann (StB Mainz), Dr. Konrad von Rabenau (Schöneiche bei Berlin), Helma Schaefer (Deutsche Bücherei Leipzig), Andreas Wittenberg (SBB-PK Berlin). Letzterer vertritt als Mitarbeiter der Abteilung Historische Drucke der SBB-PK die Geschäftsführende Stelle.

Der Arbeitskreis für die Erfassung und Erschließung historischer Bucheinbände hat es sich zum Ziel gesetzt, die durch den 2. Weltkrieg unterbrochene einbandkundliche Forschung an deutschen Bibliotheken wieder zu einem festen Bestandteil bibliothekarischer Arbeit werden zu lassen und die Kontakte sowie den Erfahrungsaustausch zwischen den einbandwissenschaftlich arbeitenden Kollegen zu fördern. Eine Zusammenarbeit mit der ausländischen Forschung, insbesondere dem erwähnten Arbeitskreis in Belgien und den Niederlanden, wird angestrebt.

Die wichtigsten Aufgaben, die der neu gegründete AEB formuliert hat, stellen sich wie folgt dar:

32 Siehe Anm. 37.

33 Konrad von Rabenau: Ein ›neuer Haebler‹. Überlegungen zur weiteren Arbeit an dem Repertorium des figürlichen Einbandschmucks aus dem 16. Jahrhundert. In: De libris compactis miscellanea / coll. G. Colin. Bruxelles: Bibliotheca Wittockiana 1984, S. 99–115.

34 Von den in der Sächsischen Landesbibliothek Dresden aufbewahrten Originalen wurden Kopien hergestellt.

1. Übersicht über Einbandsammlungen an deutschen Bibliotheken und Museen sowie deren Erschließungsstand[35];
2. Nachweis und Erschließung der Nachlässe von Einbandforschern[36];
3. Erarbeitung einer einheitlichen Terminologie für die Einbandbeschreibung sowie für die Beschreibung des Schmuckmaterials auf Einzelstempeln, Rollen und Platten von Einbänden der gotischen und nachreformatorischen Zeit;
4. Auswahl eines EDV-Programms für die Erfassung der Einbände[37];
5. Herausgabe eines Mitteilungsblattes[38];
6. Haupt- und Fernziel aller Bemühungen des AEB wird der bereits von Johannes Hofmann in den 20er Jahren geforderte Einbandcensus sein.

Ausgehend von den Hauptprojekten des AEB hat die Geschäftsführung inzwischen zwei Arbeitskreise ins Leben geufen: einen »Arbeitskreis Terminologie« und einen »Arbeitskreis EDV«, deren bisherige Ergebnisse auf der 1. Jahrestagung im Dezember 1996 vorgestellt wurden[39].

In ersten Berichten über die konstituierende Sitzung des Arbeitskreises wurden alle einbandkundlich arbeitenden oder interessierten Bibliothekare, Buchwissenschaftler und Sammler aufgerufen, sich mit dem AEB in Verbindung zu setzen, um in die im Aufbau befindliche Kartei aufgenommen zu werden und zu gegebener Zeit im Rahmen der Tagungen über ihre eigenen Sammlungen oder die von ihnen betreuten Bestände sowie ihre Arbeiten zu berichten.

*Geschäftsstelle:*
*Staatsbibliothek zu Berlin – Preußischer Kulturbesitz, Abteilung II C*
*Andreas Wittenberg*
*Tel. 0 30/20 15 12 39*

35 In Anknüpfung an das erwähnte Rundschreiben der Einbandkommission in den 20er Jahren habe ich einen Fragebogen an 28 deutsche Bibliotheken versandt, auf dem nach der Existenz einer (realen oder virtuellen) Einbandsammlung gefragt wurde. Die Ergebnisse dieser Umfrage werden in die Arbeit des AEB miteinfließen, wobei der Kreis der ausgewählten Institute weiter gezogen und die Kriterien der Sammlung und Erschließung bei der Umfrage verfeinert werden sollen. Denkbar ist die Beantragung eines DFG-Projektes im Rahmen der Quellen zur Bibliotheksgeschichte.

36 Zu nennen sind hier folgende Nachlässe: Paul Schwenke, Ilse Schunke (SBPK Berlin), Konrad Haebler (LB Dresden), Ernst Kyriß (WLB Stuttgart), Adolf Rhein (ÖWB Erfurt), Paul Adam (LB Düsseldorf).

37 Das in der Königlichen Bibliothek in Den Haag verwendete Programm »Inmagic« wurde im Rahmen der ersten Zusammenkunft durch Storm van Leeuwen demonstriert; es wird bei der Erarbeitung eigener Kategorien für Einbanddatenerfassung mit berücksichtigt werden. Die Einbanddatenbank des AEB wird in Anbetracht der umfangreichen Vorarbeiten und Erfahrungen der SBB-PK/Referat Informationstechnik auf der Grundlage von Allegro-C aufgebaut werden.

38 Als beispielhaft darf das von der Arbeitsgemeinschaft in Belgien und den Niederlanden herausgegebene Informationsblatt *Bifolium* gelten. Auch das vom Arbeitskreis für Papiergeschichte herausgegebene Nachrichtenblatt *DAP-INFO* wird bei der Konzipierung eines eigenen Informationsblattes berücksichtigt werden.

39 Beide Arbeitskreise konnten bereits auf Arbeiten der belgisch-niederländischen Arbeitsgemeinschaft zurückgreifen. Eine wichtige Grundlage für den Arbeitskreis Terminologie stellt die Arbeit von Elly Cockx-Indestege und Jan Storm van Leeuwen: Boekbandstempels. Systeem voor het ordenen van wrijfsels. In: Archief- en Bibliotheekwezen in Belgie Di. LXII Nr. 1–2 (1991), S. 1–98 dar.

Vladimir Magić

# Die Bibliothek Valvasors

Die ursprünglich im slowenischen Bogensperg (heute Bogenšperg) unterbrachte Privatbibliothek des Freiherrn Johann Weikhard Valvasor (1641–1693) wurde 1690 vom Agramer Bischof Aleksander Mikulić gekauft und als zukünftiger Bestandteil der Bibliothek des Zagreber Erzbistums nach Kroatien gebracht. Laut einem Abkommen aus dem Jahr 1914 wurde sie zunächst in der Kroatischen Nationalbibliothek aufbewahrt, und seit 1996 befindet sie sich im Kroatischen Staatsarchiv in Zagreb.

Heute zählt die Bibliothek Valvasors 1530 Bände[1] – 115 Bände sind 1987 bei einem Einbruch in die National- und Universitätsbibliothek »Metropolitana« entwendet worden. Insgesamt sind 2626 Titel vorhanden. In der Literatur findet man manchmal die Angabe, daß der Bischof Mikulić dem ursprünglichen Besitzer 10.000 Bücher abgekauft hat. Dies kann jedoch nicht zutreffen, denn so viele Bände hätten aus der Bibliotheca Metropolitana nicht spurlos verschwinden können. Vielmehr bezieht sich die Zahl 10.000 auch auf die Graphiken, die der Bischof von Valvasor als Bestandteil seiner Bibliothek gekauft hat. Diese Graphiken sind nach dem 2. Weltkrieg aus dem Korpus der Bibliothek ausgesondert und als »Graphische Sammlung Valvasors« im Graphischen Kabinett der Kroatischen Akademie der Wissenschaft und der Kunst deponiert worden. In der jüngsten Zeit wurden Vorbereitungen getroffen, diese Graphiken der Bibliothek Valvasors wieder einzugliedern.

### Die Entstehung der Bibliothek

Eine ansehnliche Anzahl von Büchern hat J.W. Valvasor auf seinen vielen Reisen erworben. Er hielt sich in den meisten Kulturzentren des damaligen Europas auf, wo er viele Freunde hatte. Valvasor war ein kreativer Geist, den mittelmäßige Leistungen nicht befriedigen konnten.

Seine umfangreiche, im Jesuitenkollegium erworbene Ausbildung vervollkommnete er auf seinen zahlreichen Reisen. Er wollte an Ort und Stelle, durch Gespräche mit Gelehrten das Leben, die Gebräuche, Sitten und Gesetze einer Region oder eines Volkes kennenlernen, bediente sich also des fremden Wissens, um sein eigenes zu erweitern. Dabei nahm er nicht alles kritiklos auf, sondern versuchte, seine Erkenntnisse aus verschiedenen Blickwinkeln zu überprüfen und zu korrigieren. Auf all seinen Reisen schaffte er sich die notwendige Literatur an, durch die er das Gehörte und Gesehene bestätigt fand. Es verwundert daher nicht, daß man in seiner Bibliothek Bücher aus fast allen Buchdruckmetropolen Europas findet. Er hielt sich in London, Lyon, Amsterdam, Paris, Nürnberg, Venedig und in anderen bedeutenden Städten auf. Die meisten Bücher kommen aber aus den größten damaligen Buchdruckzentren: aus Frankfurt (mehr als 200 Titel), Amsterdam (105 Titel), Augsburg (ca. 140 Titel), Nürnberg (beinahe 60 Titel), Venedig (40 Titel), Basel (35 Titel) – die Zahlen können leicht abweichen – usw. Die meisten Bücher stammen also aus dem deutschen Sprachgebiet, sind in deutscher Sprache verfaßt und in deutscher Schrift gedruckt. Neben denjenigen aus den Niederlanden und aus Frankreich gibt es auch einige Exemplare aus Böhmen und selbstverständlich aus Slowenien. In seinem Schloß Bogensperg unterhielt er in den 70er Jahren des 17. Jahrhunderts auch eine Druckerei, aus der in der Bibliotheca Metropolitana heute noch drei Werke aufbewahrt werden.

Unbekannt bleibt jedoch, auf welchen Wegen ein im frühen 16. Jahrhundert in Kroatien gedrucktes Buch in die Bibliothek Valvasors gelangt ist. Es handelt sich um das *Misal hrvacki* (siehe Abb. 2–4), gedruckt 1531 mit glagolitischen Lettern in Rijeka, in der Druckerei von Šimun Kožičić. Das Besondere in diesem Fall liegt darin, daß es sich hier nicht nur um das einzige kroatisch-glagolitische Buch in der Bi-

1 1996 wurde ein Katalog zur Bibliothek Valvasors veröffentlicht. Bibliotheca Valvasoriana: katalog knjižnice Janeza Vajkarda Valvasorja / kataloška obdelava Božena Kukolja. Preradba, predgovor i indeks Valdimir Magić (vođa projekta in urednik Lojze Gostiša). Ljubljana: Valvasorjev odbor pri Slovenskoj akademiji znanosti in Umetnosti. Zagreb: Nacionalna i sveučilišna knjižnica 1995.

**Abb. 1** Exlibris J. V. Valvasor

bliothek Valvasors handelt, sondern um ein seltenes Buch schlechthin: bekannt sind nur 12 Exemplare.

Bei der Revision der Bibliothek Valvasors habe ich bemerkt, daß in 48 Bänden ein handgeschriebenes Exlibris mit dem Namen »P. C. Vinckher« existiert, mit dessen Wappen auf der Rückseite des Vorderdeckels, das Valvasor mit seinem eigenen Wappen überklebt hat. Die Aufschrift auf dem Wappen lautet: »Peter Carl Vinckher von Erckheim Röm: Kay: May: Rath und Zeigleitnant«. Sein Motto war »Plus etre que paroistre«. Über diesen Mann, der offenbar kaiserlicher Rath und Artillerieoffizier gewesen ist, konnte ich keine näheren Angaben finden. In welchem Verhältnis Valvasor zu dieser Person stand, bleibt vorerst unklar, aus dem Exlibris kann man jedoch vermuten, daß Valvasor von Vinckher eine Anzahl von Büchern gekauft oder auf andere Art erworben hat.

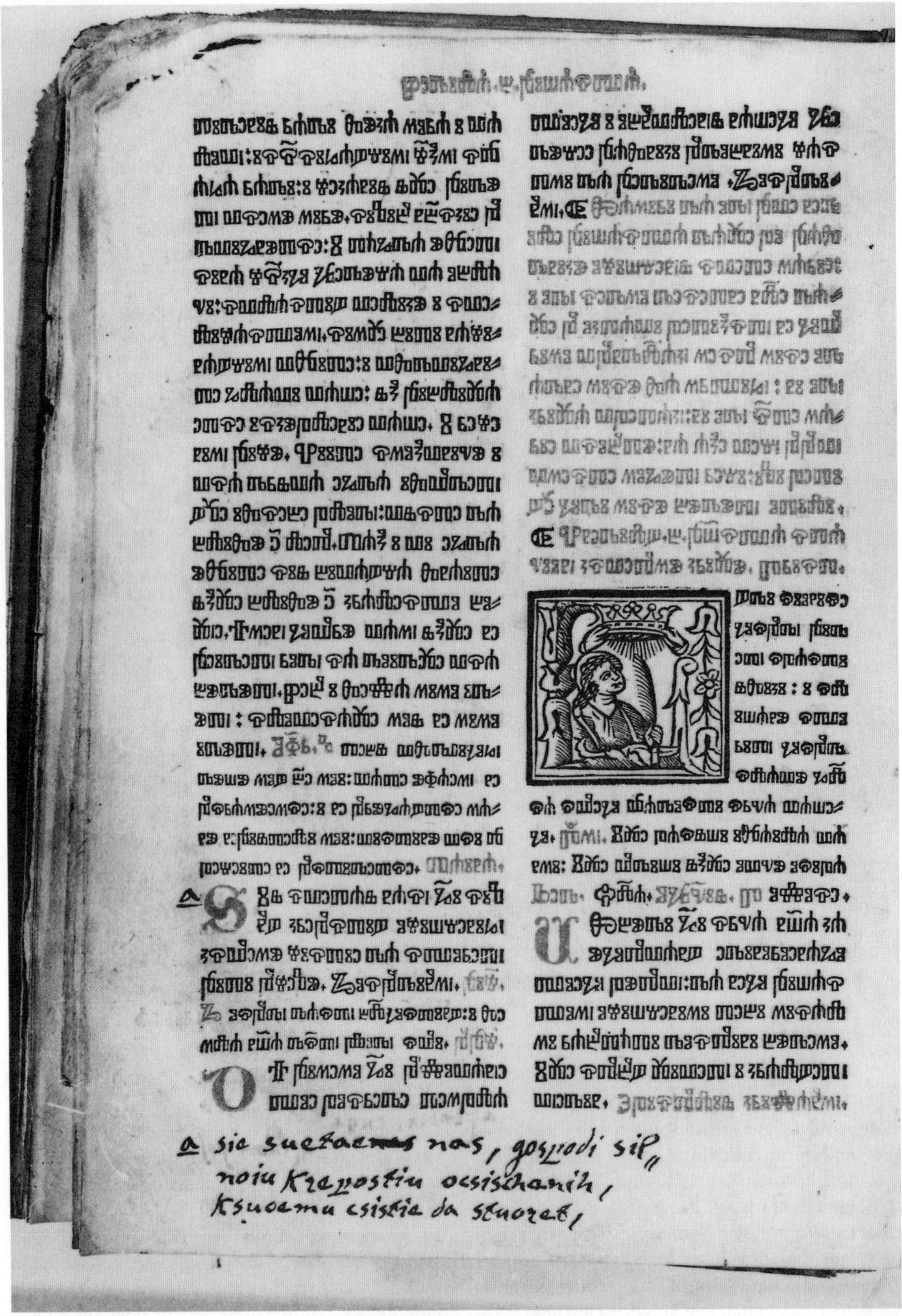


**Abb. 2** Misal hrvacki

In der Bibliothek Valvasors sind noch zwei Bändchen mit eingebundenen Messkatalogen von den Buchmessen, die jährlich in Frankfurt stattfanden, erhalten. Es wäre eine interessante Aufgabe, zu erforschen, welche der Bücher in der Bibliothek Valvasors in den Messkatalogen aus Frankfurt verzeichnet sind. Dieses Unternehmen verlangt jedoch viel Zeit sowie eine gründliche Analyse. Trotzdem will ich hier ein paar Titel notieren, die in den Katalogen erwähnt werden und in der Bibliothek Valvasors noch heute präsent sind. Man findet beispielsweise ein wertvolles Buch von Böchler über Heraldik, das im Katalog für die Frühlingsmesse 1688 in Frankfurt annonciert wird: *Ars heraldica, das ist: die hoche edle teutsche Adels-Kunst ...*, Nürnberg 1688, Sign. M. 9047. In den Messkatalogen findet man auch die Ankündigungen für viele Topographien und Reisebeschreibungen von M. Zeiller, die heute auch im Besitz der Bibliothek Valvasors sind. Freilich, aufgrund von Katalogankündigungen wissen wir nicht ganz genau, in welchem Jahr ein bestimmtes Buch erschienen ist, wir können aber vermuten, daß dies im laufenden oder im nächsten Jahr gewesen sein kann. Ein Beispiel dafür findet man im Katalog für das Jahr 1688. Darin wird das Lebenswerk von Valvasor *Die Ehre des Herzogtums Krain* angekündigt, das Buch selbst erschien erst im folgenden Jahr. Es ist nicht ausgeschlossen, daß Valvasor sein Buch für die Messe angemeldet hat, es aber nicht rechtzeitig fertigstellen konnte. Jedenfalls bezeugen diese Beispiele, daß Valvasor alle Ereignisse auf dem Gebiet der Buchproduktion aufmerksam verfolgt hat.

### Die Einbände

Die meisten seiner Bücher hat Valvasor ungebunden gekauft und nach seinem Wunsch einbinden lassen. Im großen und ganzen sind die Einbände in gutem Zustand erhalten.

Aus der Art des Einbindens und des Einbandmaterials kann man schließen, daß Valvasor, wie die meisten Besitzer von Privatbibliotheken in seiner Zeit, seine Bücher nach eigenen Bedürfnissen und Möglichkeiten einbinden ließ. 80% seiner Bücher haben ähnliche Einbände: Pappdeckel mit braunem Leder überzogen. Andere Bücher (etwa 20%) sind in Pergament oder in Blätter älterer aufgelöster Handschriften eingebunden. Der Rücken ist durch Rippen je nach Format in 3, 4 oder 5 kleine Felder geteilt. Auf der Rückseite des Vorderdeckels ist das Exlibris Valvasors aufgeklebt. Auf dem Rücken fast aller seiner Bücher ist mit weißer Farbe ein großer Buchstabe nebst einer Nummer aufgeschrieben, was in der Bibliotheca Metropolitana normalerweise nicht vorkommt. Auch dies ist ein Kennzeichen für die Zugehörigkeit dieser Bücher zur Bibliothek Valvasors.

Alle Zeichen: Buchstabe, Nummer sowie Exlibris koinzidieren. Dank ihnen erkennt man sofort die Exemplare aus der Bibliothek Valvasors, die in der Bibliotheca Metropolitana nicht als geschlossene Sammlung aufgestellt sind.

### Beibände

Betrachtet man die einzelnen Bände der Bibliothek Valvasors, bemerkt man oft, daß in einem Band mehrere selbständige Werke zusammengebunden sind. Dies betrifft mehr als 1000 Titel. So zählt die gesamte Bibliothek etwa 1500 Bände, aber fast 2700 Titel. Durch das Einbinden mehrerer Werke in einen Band wollte Valvasor an Material (Leder, Holz, Pappe, Klebstoff) sparen. Hätte der Besitzer jeden Band extra einbinden lassen, hätte er fast doppelt so viel Material benötigt.

Die inhaltliche Ähnlichkeit war kein Kriterium bei der Herstellung der Einbände, denn die Inhaltsanalyse der Bücher zeigt, daß die in einem Band eingebundenen Werke inhaltlich meistens verschieden sind. Entscheidend war nur das Format des Buches, was vermuten läßt, daß die Bücher in der Bibliothek nicht nach sachlichen, sondern nach formalen Kriterien geordnet waren.

Diese Art des Einbindens verursacht natürlich auch gewisse Schwierigkeiten bei der Abfassung des Katalogs. Es gibt nämlich in der Bibliothek Valvasors eine Reihe von Werken, die in mehreren Exemplaren in verschiedenen Bänden eingebunden sind. Es gibt auch Beispiele dafür, daß zwei Exemplare ein und desselben Werkes in einem Band an verschiedenen Stellen eingebunden sind!

### Illustrationen

Die relativ große Anzahl illustrierter Werke gibt der Bibliothek Valvasors ihren besonderen Wert. Viele Bücher sind mit Kupferstichen, Radierungen und Holzschnitten illustriert. Es ist allgemein bekannt, daß die Buchproduktion eine große Blüte im 16. Jahrhundert erlebt hat. Das war die Zeit des aufstrebenden Bürgertums und der Städte, des Handels und der Entdeckung der neuen Welt, der Wissenschaft, aber auch der Kriege, der »Türckengefahr«, der Reformation und Gegenreformation. All die Er-

**Abb. 3** Misal hrvacki

eignisse spiegeln sich in den Inhalten der Bücher und insbesondere in der Buchillustration, nicht nur im 16., sondern auch im 17. Jahrhundert wieder. Auch in der Bibliothek Valvasors sind zahlreiche Bücher und Illustrationen der Türkenthematik gewidmet. Viele sind mit Porträts von Herrschern, mit den Darstellungen der Schlachten, der Eroberungen und der Waffen bereichert.

Als Folge großer Entdeckungen in der neuen Welt erscheinen zahlreiche Reisebeschreibungen, geographische Werke, Atlanten, Werke über Sitten und Gebräuche fremder Völker usw. In der Gestaltung der Illustration wird der spätgotische Geschmack zuerst durch die in der Renaissance übliche und dann im 17. Jahrhundert, durch die barocke Mode in den Zeichnungen und Dekorationen verdrängt.

In vielen Büchern sind die Titelseite und das Frontispiz als Kupferstich oder Radierung gefertigt. Oft sind diese Seiten reich und kunstvoll illustriert. Eine reich verzierte Titelseite war fast selbstverständlich, denn sie stellte eine Art Werbeträger dar. Im 16. Jahrhundert wurde der Text des Titelblatts häufig von einem antikisierenden »Portal« eingerahmt, das meist mit verschiedenen ornamentalen Motiven verziert ist. Später, in der Barockzeit, wird die Verzierung üppiger, und in der Technik der Ausführung hat man sich fast ausschließlich zugunsten des Kupferstiches und der Radierung entschieden.

In der Bibliothek Valvasors sind theologische und kirchliche Werke nicht besonders stark vertreten, daher findet man auch weniger Illustrationen aus diesem Gebiet. Im Gegenteil dazu sind in der Bibliothek Werke mit naturwissenschaftlichen, geographischen, ethnographischen, medizinischen, geschichtlichen, militärischen u. ä. Illustrationen besonders reich vertreten.

Die Illustratoren gehörten zu den besten ihrer Zeit: Virgil Solis, ein Autor von den »Biblischen Figuren« aus der zweiten Hälfte des 16. Jahrhunderts, Matthaeus Merian d. Ä., der große deutsche Illustrator aus dem 17. Jahrhundert, sein Schwiegervater, der Niederländer Johann Theodor De Bry, der das monumentale Werk *India Orientalis* (1603–1628) in Frankfurt verlegt hat und bei dem auch Merian beschäftigt war, usw. Die illustrierten Werke von Merian sind in der Bibliothek Valvasors besonders stark vertreten. Man findet hier sein *Theatrum Europeum* (1635–1652) und die zwei Ausgaben von Johann Ludwig Gottfrieds *Archontologia cosmica* (1638 und 1647). Unzählige Illustrationen Merians befinden sich in den Topographien und Reisebeschreibungen von Martin Zeiller.

## Wiegendrucke

Die Bibliothek Valvasors besitzt auch drei Wiegendrucke, die besondere Aufmerksamkeit verdienen. Der erste Wiegendruck ist das *Büchlein der Titel aller Stände,* (GW 5700), ca. 1490, quarto. Diese Inkunabel trägt auf der Deckelrückseite das Exlibris Valvasors. Sie hat gedruckte Initialen und ist als drittes Werk in den Band eingebunden. Auf der letzten Seite steht die Inschrift: »Maria Zart von Edler artt Bamberg Fürnsperg abensperg.« Das Buch ist in weißes Pergament eingebunden.

Die zweite Inkunabel ist die *Erklärung der zwölf Artikel des Christlichen Glaubens,* (BMC II 534, POLAIN 1419, GW 9370, GOFF E 102, STILLWEL E 77), Ulm 1484, folio. Sie enthält sowohl gotische Initialbuchstaben, handgeschrieben mit roter Tinte, als auch Holzschnittinitialen. Auf dem ersten Blatt recto oben liest man: »Parochiae Radkerspuagensis (Radgona) catalogo inscriptus A 1615«. Und danach: »1561 Thaman v. Khatschich«, mit einer Zeichnung einer Waage und den Initialen TvN. Auf dem ersten Blatt verso steht aber: »Inventario parochiali ascriptus A 1692«. Das Buch hat einen Holzeinband, der mit braunem Leder überzogen ist. Die Rückseite des Deckels ist mit einem älteren Pergamentblatt überzogen, auf das Valvasor sein Exlibris aufgeklebt hat. Die dritte und wertvollste Inkunabel mit dem Exlibris Valvasors ist die berühmte *Weltchronik* von Hartmann Schedel: Das Buch der Croniken und Geschichten. Nürnberg: Anton Koberger 1493, folio (H 14510, BMC II 437, POLAIN 3471, Ind. gen. 8830, GOFF S 309).

## Inhaltliche Einteilung

Das beste Zeugnis für die breite kulturwissenschaftliche Ausbildung Valvasors ist seine Bibliothek. Es gibt keine wissenschaftliche Disziplin der damaligen Zeit, die in seiner Bibliothek nicht vertreten ist. Es ist schon erwähnt worden, daß jedes Buch auf dem Rücken mit weißer Farbe, einem Großbuchstaben und einer Nummer markiert ist. Die Buchstaben laufen von A–K. Man hat vermutet, daß sie verschiedene Sachgebiete bezeichnen. Das kann aber nicht zutreffen, weil unter einzelnen Buchstaben die Bücher aus verschiedenen Disziplinen versammelt sind (etwa Geschichte und Chemie). Ich bin eher der Meinung, daß die Buchstaben und die Nummern den Platz der Bücher in den Regalen bezeichnen.

Der ganze Bestand der Bibliothek Valvasors war schon früher, wahrscheinlich nachdem die Bibliothek nach Zagreb versetzt wurde, in einem Zettelkatalog verzeichnet. Auf jedem Zettel befindet sich eine lateinische Nummer, die das dem Buch entsprechende Sachgebiet bezeichnet. Man hat den Bestand in folgende Sachgruppen eingeteilt:

1 allgemeine Werke, Bibliographien, Wörterbücher;
2 Philosophie, okkulte Wissenschaften, Psychologie, Magie;
3 Theologie, Kirchengeschichte;
4 politische Werke;
5 Ökonomie;
6 Jura;
7 Erziehung;
8 Kunst, Kunstgeschichte;
9 Philologie, Geschichte der Schrift;
10 Literatur;
11 Geschichte und historische Disziplinen;
12 Geographie und Reisebeschreibungen;
13 Mathematik;
14 Naturwissenschaften: Chemie, Erdkunde;
15 Medizin, Gesundheit;
16 Technologie, Erzkunde, Architektur;
17 Technik;
18 Landwirtschaft;
19 Handel und Seewesen;
20 Militärkunde;
21 Sport, Gymnastik und Spiele.

Wenn man eine statistische Analyse aller Titel durchführte, würde man feststellen, daß die geschichtlichen Werke, Chroniken, Kalendare, die Reisebeschreibungen und die Militärkunde-Bücher den größten Teil ausmachen.

Von den zahlreichen Chroniken, die in der Bibliothek Valvasors erhalten sind, ist hier an erster Stelle Gottfrieds *Chronik*, gedruckt in Frankfurt 1674, zu erwähnen. In diesem Werk schildert der Autor aufgrund derzeitlicher Quellen alle wichtigen Ereignisse der Weltgeschichte seit der Erschaffung der Welt bis auf das Jahr 1617. Diese Chronik ist stellenweise eine interessante Quelle von Beschreibungen historischer Ereignisse in Slowenien und Kroatien. Besonders ausführlich sind die Türkenkriege und Eroberungen geschildert worden, wie etwa die berühmte Belagerung der Festung Sigeth 1566. Der Autor drückt seine Begeisterung über den heldenhaften Tod des Grafen Nikola Zrinski von Sigeth aus.

Am Anfang des 17. Jahrhunderts erschien auch die *Ungarische Chronik* ein Werk des deutschen Graphikers und Geschichtsschreibers Wilhelm Dillich[2]. Dieses Buch erschien in drei Ausgaben: 1600, 1606, 1609 — ein Beweis für seine Popularität. Die Bibliothek besaß die erste und die zweite Ausgabe. Das Exemplar der ersten Ausgabe ist aus der Bibliothek entwendet worden, im Exemplar der zweiten Ausgabe befinden sich beispielsweise die Ansichten von Petrinja und Sisak, in der dritten Ausgabe auch die Ansichten einiger dalmatinischen Städte.

Die *Chronologia oder historische Beschreibung* von Hieronymus Ortelius ist ebenfalls in mehreren Ausgaben im 17. Jahrhundert erschienen. In der Bibliothek Valvasors ist noch die Ausgabe aus 1620, gedruckt in Nürnberg, erhalten. Darin befinden sich auch die Darstellungen der großen Türkenschlachten bei Sigeth (1566), Sisak (1593) und Petrinja.

Hier muß noch etwas über die berühmte Publikation *Theatrum Europaeum* hinzugefügt werden. In der Bibliothek Valvasors befinden sich 11 Bände dieses Werkes, in der Kroatischen Nationalbibliothek in Zagreb ist aber die komplette Folge von 21 Bänden erhalten. Diese erschienen in Frankfurt am Main von 1633—1738. Die darin geschilderten Ereignisse umspannen den Zeitraum vom Ausbruch des dreißigjährigen Krieges (1618) bis zum Frieden in Požarevac 1718. Es wird darin sowohl die Teilnahme der Kroaten im Religionskrieg, wie auch das große Erdbeben von Dubrovnik im April 1667 erwähnt. Die Publikationen sind mit schönen Kupferstichen von M. Merian d. Ä. ausgestattet.

In der Fülle von Kalendaren, die in der Bibliothek erhalten sind und die alle eine ähnliche Inhaltsstruktur haben, möchte ich als Beispiel den Kalender für das Jahr 1672 hervorheben. Am Anfang stehen die Erklärungen für einzelne Zeichen, die im Kalender verwendet werden. Der Verfasser schildert einige Ereignisse aus der Vergangenheit, die in der Weltgeschichte und in der Geschichte des vergangenen Jahres von besonderer Bedeutung gewesen sind. So liest man: »Jahreskalender auf das Jahr nach Geburt Christi 1672, nach der Erschaffung der Welt 5782, nach dem Kaiser Konstantin dem Großen 1347, nach der Entdeckung der Neuen Welt 179.« Danach folgt der Kalender für das betreffende Jahr. Zuerst werden die Jahreszeiten und die Mondwechsel dargestellt, dann liest man die Wettervorhersage für das ganze Jahr usw. Es gibt unter anderem auch ein Kapitel über ansteckende Krankheiten, deren Eintritt auch vorhergesagt wird: Im 1672. Jahr werden die

2 Siehe zu Dillichs *Chronik:* GEORG RÓZSA: Die Ungarnchronik Wilhelm Dillichs. In: GJ 1996, S. 157—164.

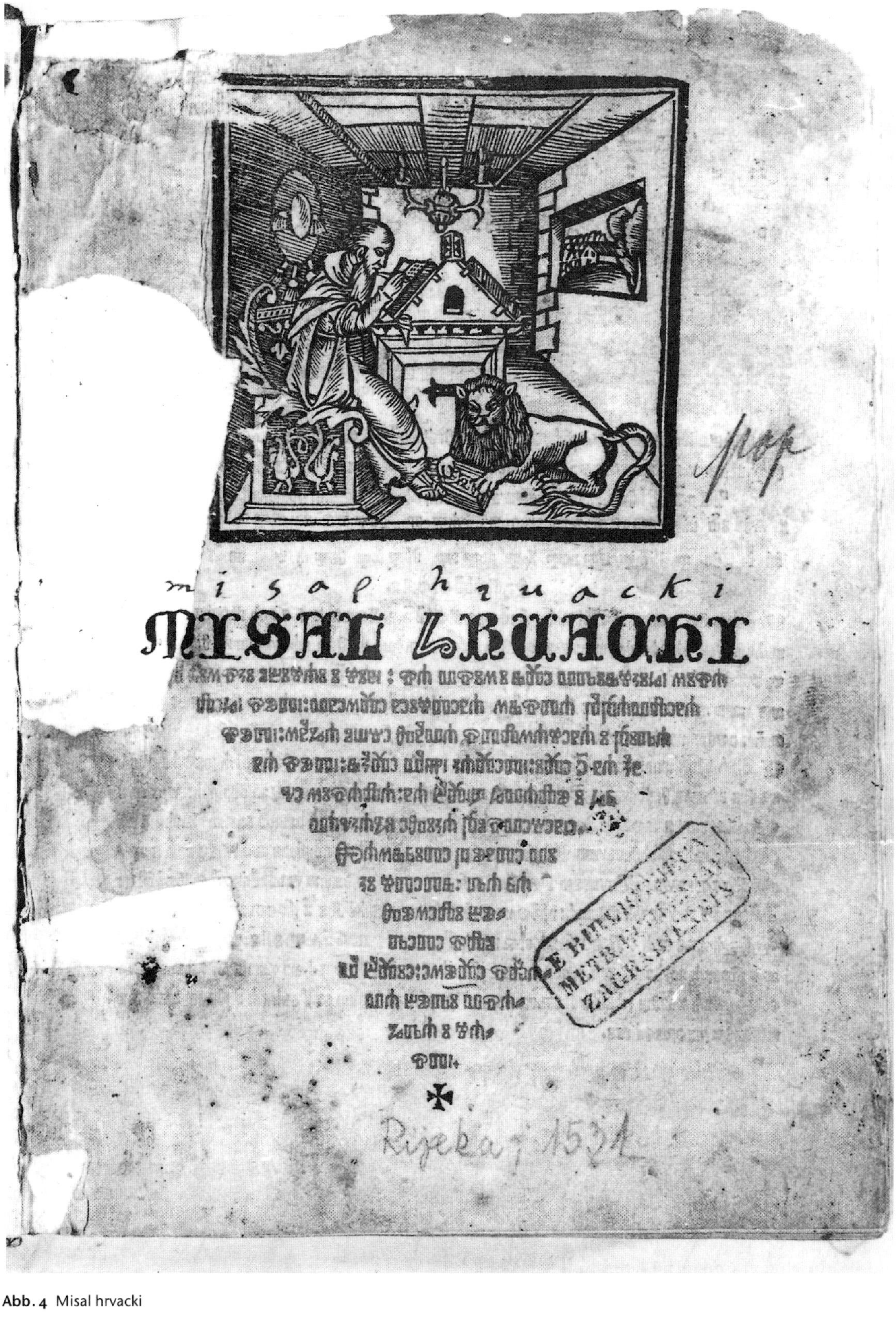

Abb. 4 Misal hrvacki

Menschen von Gelbsucht, dann von einem Todesfieber und von einem »roten Fieber« heimgesucht. Im Sommer droht die Schwindsucht, Augenentzündung usw. Im Kalender findet man auch den Fahrplan der Post für einzelne Ortschaften.

Es ist schon bemerkt worden, daß Valvasor mit mittelmäßigen Werken nicht zufrieden zu stellen war, daß er immer nach dem Besten strebte. Dabei führte ihn die sichere Fähigkeit, das Wertvolle richtig einschätzen zu können. So besitzt seine Bibliothek unter den kartographischen Werken ein *Theatrum orbis terrarum* von Ortelius in der deutschsprachigen Ausgabe von 1580. In der Bibliothek Valvasors befand sich auch der *Atlas novus,* Amsterdam 1641, aus der Werkstatt der Blaeus. Er enthält 146 kolorierte Landkarten, das Werk ist aber bei dem schon erwähnten Einbruch entwendet worden. In der Bibliothek von Valvasor ist auch Janszons *Atlas minor,* Amsterdam 1651, erhalten. Dieser Autor gab mehrere Atlanten heraus, die Bibliothek besaß aber gerade diese Ausgabe in zwei Bänden.

Die Bibliothek Valvasors enthält zahlreiche Topographien der bekanntesten Autoren. Der besondere Wert dieser Werke liegt in den Illustrationen von M. Merian, die den Text begleiten. Unter den topographischen Werken möchte ich noch die *Topographia provinciarum Austriacarum,* Frankfurt 1649, hervorheben. Darin sind die damaligen österreichischen Provinzen beschrieben: Steiermark, Krain, Kärnten und Tirol. Anschließend seien noch einige Titel angeführt: *Topographia Bohemiae, Moraviae et Silesiae,* 1650; *Topographia Braunschweig,* Frankfurt 1654, usw. Der Autor des Textes dieser Topographien war Martin Zeiller. Von dem berühmten Atanasius Kircher, Schriftsteller der Societas Iesu, besitzt die Bibliothek folgende Werke: *China monumentalis,* Amsterdam 1667, und *Oedipus Aegipticus,* Rom 1652–1654. *China monumentalis* ist mit Kupferstichen verziert, der Text ist nach mündlichen Berichten verfaßt, trotzdem hat das Buch einen großen kulturgeschichtlichen Wert. Mit seinem Werk über Ägypten ist Kirchner gewissermaßen ein Vorläufer Champolions.

Ein berühmter englischer Arzt, Naturwissenschaftler und Reisender Edward Brown (1644–1708) hat in seinem Werk *Durch Niederland, Teutschland, Hungarn ...,* Nürnberg 1685 (deutsche Ausgabe), die südslawischen Städte, unter anderem Osijek und Belgrad beschrieben. Dieser Schriftsteller hat auch das gesamte heutige Slowenien bereist. Er besuchte und beschrieb den Cerknicersee und die Quecksilbergruben in Idrija, wie auch andere Naturschönheiten und Sehenswürdigkeiten in Slowenien. Seine Aufsätze veröffentlichte er u.a. in der Zeitschrift *Philosophical Transactions* von 1669. Wir wissen nicht, ob Valvasor E. Brown persönlich gekannt hat, aber es ist sicher, daß er seine Texte für den Entwurf der *Ehre des Herzogtums Krain* benutzt hat. Es ist bezeichnend, daß dieses und andere Bücher von Brown in der Bibliothek Valvasors ihren Platz gefunden haben.

Ein besonders wertvolles Exemplar aus dem Gebiet der graphisch ausgestatteten Bücher ist die Handschrift *Opus insignium armorumque regum et regnorum, nec non tam aliarum quam Carniolia principum, baronum, nobilium, civitatem et oppidum ...,* in der genau 2134 Wappen kunstvoll handgezeichnet und koloriert sind. Die Wappen hat J.W. Valvasor gesammelt und Jernej Ramschüssel hat ihnen die künstlerische Form gegeben.

Diese Wappensammlung ist allem Anschein nach nicht bei Valvasor, sondern in Zagreb eingebunden worden. Zu dieser Schlußfolgerung komme ich durch den Vergleich der Einbände in der Bibliotheca Metropolitana. Die kostbarsten Kodices aus der »Metropolitana« haben nämlich einen ähnlichen Einband: Holzdeckel mit braunem Leder überzogen. In den Deckelrand sind vier dekorative Leisten eingeprägt. Die inneren Deckelseiten sind mit marmoriertem Papier überzogen, das man in keinem Buch Valvasors findet, sondern in vielen Exemplaren aus dem Bestand der »Metropolitana«. Unlängst ist die Faksimile-Ausgabe dieses prächtigen Wappenbuches erschienen.

In der Bibliothek Valvasors befinden sich auch vier sogenannte »Skizzenbücher«. Sie enthalten die Entwürfe für die Hauptwerke Valvasors: die Topographie von Krain, Steiermark und Kärnten und das *Theatrum mortis humanae tripartitum.* Von seiner *Ehre des Herzogtums Krain* besitzt die Bibliothek ein Probedruck-Exemplar.

Die Bibliothek Valvasors mit seiner Kupferstichsammlung, die über 8000 Blätter eingebunden in 18 Grossfolio-Bände beinhaltet, bildet ein kulturgeschichtliches Denkmal, das im südslawischen Gebiet ohnegleichen ist. Durch ihre Einverleibung in die Bibliotheca Metropolitana in Zagreb wurde diese einzigartige Privatbibliothek eines Adeligen der Voraufklärung in ihrem ganzen Umfang und mit allen ihren Eigenschaften als ein besonders wertvolles Erbe für die Nachwelt erhalten.

### Literaturverzeichnis

BUDIŠA, DRAŽEN: Slika u knjizi: katalog izložbe. Zagreb 1987.

DESPOT, MIROSLAVA: Ilustrirana knjiga 17. st.: katalog izložbe. Zagreb 1981.

DESPOT, MIROSLAVA: Nekoliko vrijednih kulurnohistorijskih djela XVII. st. zagrebačke Metropolitane. In: Bulletin Instituta za likovne umjetnosti 5 (1975), Heft 2, S. 152–156.

La grande encyclopédie, Paris 1885–1902, sv. 25.

IVANČAN, LJUDEVIT: Metropolitanska knjižnica u Zagrebu. In: Narodna starina 4 (1925), Heft 10, str. 191–193.

IVANČAN, LJUDEVIT: Zagrebački kaptol 1093–1932. In: Croatia sacra 2 (1932), S. 216–219.

IVEKOVIĆ, FRANJO: Knjižnica prvostolne crkve Zagrebačke. In: Katolički list (1902), Heft 42, S. 528–432.

JURIĆ, ŠIME: Zbirka inkunabula Metropolitanske knjižnice u Zagrebu. In: Vjesnik bibliotekara Hrvatske 8 (1962) Heft 3–4, S. 107–132.

KLAIĆ, VJEKOSLAV: Život i djela Pavla Rittera Vitezovića. Zagreb 1914.

KRANJEC, SILVO: Valvasor Janez Vajkhard. In: Enciklopedija Jugoslavije. Zagreb 1971, sv. 8., S. 452.

MARKOV, ANTUN: Metropolitanska knjižnica. In: Kulturnopoviestni zbornik zagrebačke biskupije 1094–1944. I. Zagreb 1944, S. 493–550.

PELC, MILAN: Biblija priprostih. Zagreb: Institut za povijest umjetnosti 1991.

RADICH, PETAR: Johann Weikhard Freiher von Valvasor. Laibach 1910.

REISP, BRANKO: Kranjski polihistor Janez Vajkard Valvasor. Ljubljana 1983.

STELE, FRANCE: Valvasor, kulturna skica. In: Čas 7 (1913), S. 25–36.

STIPČEVIĆ, ALEKSANDAR: Povijest knjige. Zagreb: Nakladni zavod Matice hrvatske 1985. Valvasorejev zbornik ob 300 letnici izida Slave vojvodine Kranjske: referati s simpozija v Ljubljani 1989. Ljubljana 1990.

Bernt Ture von zur Mühlen

# Erhaltene und verschwundene Fürstenschulbibliotheken in Anhalt und Sachsen

Die Wiedervereinigung Deutschlands hat in den letzten Jahren auch die Bibliotheken in den neuen Bundesländern verstärkt in das Interesse wissenschaftlicher Forschungen gerückt. Nach wie vor ist es nicht leicht, sich über den Erhalt oder die Art und Weise des Verschwindens alter Bibliotheken auf dem Gebiet der inzwischen untergegangenen Deutschen Demokratischen Republik Informationen zu beschaffen. Diskussionen über den Verbleib wertvoller alter Büchersammlungen und das Verschwinden ganzer Bibliotheken hat es in der DDR nicht gegeben. Wer nach Veröffentlichungen zu diesem Thema sucht, der bemüht sich vergebens. In diesem Staat war das Verschwinden von traditionsreichen, oft im Laufe von Jahrhunderten gewachsenen Büchersammlungen ein Tabu, an das nicht gerührt werden durfte. Dieses Tabu betraf nicht nur die als Beutegut von den Trophäenkommissionen der Roten Armee unmittelbar nach dem letzten Weltkrieg in die Sowjetunion transportierten Büchersammlungen, sondern es berührte auch die zur Zeit der Sowjetischen Besatzungszone und sogar zur Zeit des Bestehens der DDR aufgelösten Bibliotheken.

Über die als Beutegut abtransportierten Bibliotheken und ihren Verbleib in Rußland und den Nachfolgestaaten der Sowjetunion herrscht inzwischen einige Klarheit[1]. Da aber die Beschlagnahme und der Abtransport der deutschen Kulturgüter wie Bibliotheken, Kunst- und Antiquitätensammlungen durch die Trophäenkommissionen der Roten Armee außerhalb der vereinbarten Reparationszahlungen Deutschlands und auch außerhalb aller Vereinbarungen der Alliierten geschah, ist es nach wie vor schwierig, die Art des Verschwindens und den Verbleib dieser Kulturgüter restlos aufzuklären. Nicht weniger schwierig gestaltet sich die Suche nach den Büchersammlungen jener Bibliotheken, die von den Machthabern in der Sowjetischen Besatzungszone und von den Herrschenden in der DDR aufgelöst oder gänzlich vernichtet worden sind. Einige Beispiele sollen hier für viele andere genannt werden. Der Verbleib der Bibliothek des Dessauer Bauhauses ist völlig ungeklärt. Die Auflösung der Bibliothek könnte auch schon vor dem Kriegsende besorgt worden sein. Die Bibliothek der Stadt Ballenstedt rätselt über das Verschwinden von Tausenden alter Bände, auch hier ist der Zeitpunkt ungewiß. In einigen Fällen läßt sich heute durch Recherchen vor Ort herausfinden, in welchem Zustand sich die Bibliotheken befinden. So hat die Bibliothek der alten Fürsten- und Landesschule Schulpforta nur einige wenige Verluste durch Mitnahmen amerikanischer und sowjetischer Offiziere zu melden. Die Bibliothek der Fürsten- und Landesschule St. Afra in Meißen ist vollkommen aufgelöst worden, etwa zwei Drittel der Buchbestände wurden in korrekter Form anderen Bibliotheken übergeben, das restliche Drittel ist bis heute verschwunden. Die Bibliothek der Fürsten- und Landesschule St. Augustin in Grimma wurde von den neuen Machthabern schon bald nach Kriegsende zum Ausverkauf und zur Plünderung freigegeben, von den wertvollen alten Buchbeständen ist heute nichts mehr erhalten. Nicht selten sind Bibliotheken in der DDR, wenn sie die Kriegs- und Nachkriegsjahre glücklicherweise überstanden hatten, in den siebziger und achtziger Jahren von Vertretern einer staatlichen Firma aufgesucht und regelrecht ausgeplündert worden.

Diese Firma Kunst & Antiquitäten GmbH, deren Name noch mehrfach in der Diskussion um den Verbleib der Bibliotheken der Fürsten- und Landesschulen genannt werden wird, war ein selbständig arbeitender Außenbetrieb der Kommerziellen Koordination in der DDR[2]. Die am 20. Februar 1973 gegründete Kunst & Antiquitäten GmbH hatte den Auftrag, Gemälde und Altmeisterzeichnungen,

1 Zeitschrift für Bibliothekswesen und Bibliographie. Sonderheft 64 (1996).

2 Günter Blutke: Obskure Geschäfte mit Kunst und Antiquitäten. Berlin 1994.

Bücher- und Münzsammlungen, Graphiken, Kunsthandwerk und Antiquitäten aus öffentlichen Museen, Bibliotheken und privaten Sammlungen herauszuholen und auf dem internationalen Kunstmarkt zu verkaufen. Auf diesem Wege wollte sich die in immer größere wirtschaftliche Not geratene DDR die notwendigen Devisen beschaffen. Was den Ausverkauf alter Büchersammlungen betrifft, die aus öffentlichen Bibliotheken und schließlich auch aus privatem Besitz, teilweise unter Gewaltandrohung, herausgeholt wurden, so sind bisher erst wenige Fälle restlos aufgeklärt worden[3].

Am Beispiel der alten Bibliotheken der Fürsten- und Landesschulen in Schulpforta, Grimma und Meißen, zweifellos Glanzlichter in der an bedeutenden Bibliotheken nicht armen Länder Anhalt und Sachsen, lassen sich die so verschiedenartigen Schicksale dieser traditionsreichen Büchersammlungen in der Zeit nach dem Weltkrieg exemplarisch aufzeigen. Kurfürst Moritz von Sachsen hatte diese drei Fürsten- und Landesschulen im Jahr 1543 gegründet. Der Staat benötigte dringend protestantische Geistliche und fähige Staatsdiener, erfolgreiche Wissenschaftler und qualifizierte Lehrer. Die drei Gymnasien in Schulpforta, Grimma und Meißen hießen zwar Fürsten- und Landesschulen, sie wurden aber vor allem von Bürgersöhnen besucht; darunter waren viele Stipendiaten aus armen Familien. Privilegien aufgrund der Herkunft hat es nicht gegeben. Strengste Disziplin, bescheidene Lebensverhältnisse und ein harter Leistungsdruck prägten die Schüler. Die Benutzung der schuleigenen Bibliotheken war an diesen Gymnasien von Anfang an eine Selbstverständlichkeit. Recht bald profitierten die Bibliotheken von ihren früheren Benutzern. Die ehemaligen Schüler schenkten oder vererbten später als erfolgreiche Wissenschaftler, Lehrer, Bürgermeister und Staatsmänner ihren alten Schulbibliotheken nicht nur die selbst verfaßten Bücher, sondern sie übergaben nicht selten ihre kompletten Privatbibliotheken.

Über das Gymnasium in Schulpforta ist viel geschrieben worden. Zuletzt erschien zum 450jährigen Bestehen eine ausführliche Dokumentation der Schule[4]. Eine Geschichte der Bibliothek dieser ruhmreichen Schule muß allerdings noch geschrieben werden[5]. Mit dem Aufbau einer Büchersammlung begann man in Schulpforta 1573, und zwar auf direkte Weisung des Landesherrn. Aus der Abtei der Benediktiner in Zeitz kamen zuerst 34 mittelalterliche Handschriften und 306 Inkunabeln, die übrigens auch heute noch Bestandteil der Bibliothek sind. Damit die Schüler des Gymnasiums die Bücher auch ausleihen konnten, mußten alle Bände auf Weisung der Landesregierung von den Bücherketten befreit werden. Das Gymnasium in Schulpforta hat in hohem Maße davon profitiert, daß es zahlreiche bedeutende Geister hervorgebracht hat: die Philosophen Johann Gottlieb Fichte und Friedrich Nietzsche, den Dichter Friedrich Gottlieb Klopstock und den Historiker Leopold von Ranke, den preußischen Ministerpräsidenten Otto von Manteuffel und den Reichskanzler Theobald von Bethmann-Hollweg, den Altphilologen Ulrich von Wilamowitz-Moellendorff und den Germanisten Erich Schmidt; die Liste der berühmten Schüler ist imponierend lang. In Zeiten großer Bedrängnis fand Schulpforta immer wieder in ehemaligen Schülern, die in hohe Positionen aufgestiegen waren, Fürsprecher bei den jeweiligen Machthabern. Als das Gymnasium während der nationalsozialistischen Zeit in eine Nationalpolitische Erziehungsanstalt umgewandelt worden war, engagierten sich hohe Generäle für den Erhalt der Bibliothek und für eine Fortsetzung des Lateinunterrichts. Und wenn die Büchersammlungen dieser Bibliothek auch die Zeit der Deutschen Demokratischen Republik unbeschadet überstanden haben, dann verdankt das Gymnasium Schulpforta diesen Fortbestand der Bibliothek ebenfalls dem Engagement ehemaliger Schüler, von denen einer als Leiter der Schulbibliothek alle Gefahren abhalten konnte.

Unmittelbar nach dem Ende des letzten Weltkriegs kam es zu Überprüfungen der Buchbestände durch die Vertreter der Alliierten. Bei dieser Gelegenheit haben sowohl amerikanische als auch sowjetische Offiziere einige Kostbarkeiten mitgenommen, aber die Sammlungen blieben weitestgehend vollständig erhalten. Mit viel List und Geschick gelang es in den folgenden Jahren dem Bibliotheksdirektor Rudolf Konetzny, die Buchbestände vor begehrlichen Zugriffen zu schützen. Mit dem Hinweis auf den »Schutz des nationalen Kulturerbes«, wie es zu Zeiten der DDR hieß, verhinderte er sowohl die versuchte Überführung der Büchersammlungen in

3 Bernt Ture von zur Mühlen: Der Ausverkauf der Stadtbibliotheken in Altenburg und Döbeln. In: Aus dem Antiquariat 12 (1990), S. 509.

4 Schulpforta 1543—1993. Ein Lesebuch. Leipzig 1993.

5 Kostbarkeiten in Bibliotheken Sachsen-Anhalts. Mitteilungsblatt der Bibliotheken in Niedersachsen und Sachsen-Anhalt. Sonderheft 92 (1994). Alle Angaben über die Geschichte der Bibliothek ab 1945 entstammen einem Interview mit dem ehemaligen Bibliotheksleiter Rudolf Konetzny vom 23. Juli 1996.

die Universitätsbibliothek Halle als auch eine Einverleibung durch die Lehrerbibliothek in Berlin. Um die überfallartigen Beutezüge der stets auf Kostbarkeiten erpichten Kunst & Antiquitäten GmbH von vornherein zum Scheitern zu verurteilen, änderte der engagierte Direktor der Bibliothek die Ordnung der Bücher. Die Inkunabeln standen in der Abteilung Jura, die Leichenpredigten wanderten zu den Naturwissenschaften, die Schulprogramme vertraten vorübergehend die Theologie. Ohne sachkundige Hilfestellung hätte sich kein Benutzer der Bibliothek ausgekannt. Heute präsentiert sich die Bibliothek in bestem Zustand.

Zu den Kostbarkeiten des Hauses gehören 40 mittelalterliche Handschriften. Das Hauptwerk des Handschriftenbestandes ist des Augustinus *De civitate dei,* um 1180 geschrieben und ausgestattet mit prachtvollen Initialen in Tier- und Rankenornamentik am Anfang aller 22 Kapitel. Die ältesten Stücke der Handschriftensammlung sind Fragmente des *Glossarium Ansileubi sive Liber Glossarium* aus der zweiten Hälfte des 10. Jahrhunderts. Ein außerordentlich seltenes Stück mittelalterlicher Memorialliteratur ist eine farbenfroh und phantasievoll ausgestattete *Biblia memorativa* aus der Mitte des 16. Jahrhunderts. Unter den Orientalisten gilt als besondere Rarität der Kommentar *Sadr al sari'a* zum arabischen Rechtsbuch *al-Vikaja* in einer Abschrift von 1459. Der Inkunabelbestand hat die Jahrhunderte überdauert. Von den 306 Inkunabeln seien hier genannt die seltene Ausgabe von Johannes Thaulers *Sermon des groß gelarten doctoris Johannis Thauleri* im Leipziger Druck von 1489 und Eike von Repgows *Sachsenspiegel,* Augsburg 1481. Es gibt nicht viele Bibliotheken, die in ihren Sammlungen alter Drucke die Erstausgaben der Werke des Kopernikus und des Galilei haben. Die Autographensammlung enthält die Briefe zahlreicher Humanisten, darunter die des Melanchthon. Und auch zahlreiche ehemalige Schüler sind mit eigenhändigen Briefen vertreten, so beispielsweise Klopstock. Zum Schluß sei hier noch erwähnt, daß sich in der Bibliothek eine der umfangreichsten Schulprogrammsammlungen Deutschlands befindet. Das Schularchiv hat seit 1543 sämtliche Schüler registriert. Die Sammlung der Nekrologe ab 1820 ist komplett vorhanden. Mehrere Sachgebiets- und Verfasserkataloge befinden sich in gutem Zustand. Heute ist Schulpforta wieder ein humanistisches Gymnasium, das seine Bibliothek gern allen Besuchern öffnet.

Von den drei ehemaligen Fürsten- und Landesschulen besitzt nur noch Schulpforta seine alte Bibliothek. Wenn heute über die Bibliothek der Fürsten- und Landesschule St. Augustin zu Grimma gesprochen wird, dann spricht man von einer verschwundenen Bibliothek. Von den Büchersammlungen dieser Schule ist so gut wie nichts mehr vorhanden. »Verramscht, verteilt, verfeuert, veruntreut, makuliert«[6], treffender kann das Verschwinden dieser Bibliothek nicht beschrieben werden. Nicht nur die Bücher und Handschriften, Gemälde und Antiquitäten sind aus dem Besitz der Schule verschwunden, auch der von Martin Stephanus in den dreißiger Jahren dieses Jahrhunderts erarbeitete Katalog der Bibliothek ist verschollen. Eine Übersicht über die Bestände und die Geschichte der Bibliothek kann nicht mehr rekonstruiert werden. Nur vereinzelte Publikationen und Hinweise von ehemaligen Schülern liefern bruchstückhafte Informationen über die Sammlungen und ihre Geschichte. Die schuleigene Zeitschrift *Augustiner Blätter* veröffentlichte 1937 eine Aufstellung von 14 Inkunabeln[7]. Darunter befanden sich ein *Sachsenspiegel* von 1474, die neunte deutsche Bibelausgabe im Koberger-Druck von 1483, ausgestattet mit 109 Holzschnitten, die *Opera* des Aristoteles im venezianischen Druck des Aldus Manutius von 1495 und die erste deutsche Übersetzung des Terenz in einem Grüninger-Druck, Straßburg 1499. Ein von den Mitgliedern des Lehrerkollegiums 1930 herausgegebener Sonderdruck stellt etwas ausführlicher einige Kostbarkeiten aus dem Besitz der Bibliothek vor[8]. Unter den damals etwa 14.000 Bänden befanden sich demzufolge nicht nur die oben erwähnten Inkunabeln, sondern auch zahlreiche wertvolle alte Drucke, darunter die seltene zweite Ausgabe des *Theuerdank* von 1519, zahlreiche Aldinen, Erstdrucke der Schriften Martin Luthers, handgeschriebene und gedruckte Musikalia aus dem 16. und 17. Jahrhundert, alte Landkarten und Stiche und schließlich eine bedeutende Sammlung Saxonica. Zu den Kostbarkeiten gehörten auch 15 kleine Kurfürstenbilder in Öl auf Holz, darunter fünf aus der Schule Lucas Cranachs. Von diesen Kulturschätzen ist so gut wie nichts mehr vorhanden.

Ein Ergebnis ihrer Nachforschungen haben 1995 zwei ehemalige Absolventinnen des Gymnasiums zu

6 KLAUSJÜRGEN MIERSCH: Der Theuerdank, ein Juwel in der Bibliothek St. Augustins. In: Augustiner Blätter. Hrsg. vom Gymnasium St. Augustin in Grimma (1995/96), Heft 1, S. 22.

7 MARTIN STEPHANUS: Die Wiegendrucke der Schulbibliothek. In: Augustiner Blätter XIV (1937), Heft 3, S. 83 ff.

8 Die Fürsten- und Landesschule St. Augustin zu Grimma in Vergangenheit und Gegenwart. Hrsg. von Mitgliedern des Lehrerkollegiums. Grimma 1930.

Grimma veröffentlicht[9]. Es steht inzwischen fest, daß die Bibliothek der Schule die Kriegs- und unmittelbaren Nachkriegswirren unbeschadet überstanden hat. Dann aber haben in der Folgezeit die Direktoren der Schule die Auflösung und teilweise Vernichtung der wertvollen Sammlungen verfügt oder zumindest zugelassen. Auf wessen Veranlassung diese Auflösung und teilweise Vernichtung erfolgt ist, läßt sich nicht mehr ermitteln. Gesetzliche Vorgaben dafür hat es weder zur Zeit der Sowjetischen Besatzungszone noch zur Zeit der DDR gegeben. Die Bibliotheksauflösung vollzog sich in einem Zeitraum von über zwei Jahrzehnten. »Die Bibliothek wurde freigegeben zur Selbstbedienung, große Bestände wurden im Treppenhaus gelagert und für 2 Mark pro Buch verhökert ohne Rücksicht auf den Wert des Buches. Bücher wurden gestohlen – natürlich die wertvollsten (es gab doch noch Kenner) – wurden von Gewinnsüchtigen an Leipziger Antiquariate verkauft. Den oder die Sachsenspiegel wollte ein Lehrer zur Landesbibliothek nach Dresden bringen, wo sie jedoch nie angekommen sind, wie Recherchen ergaben. Und schlimm auch, daß Bücher LKW-weise zur Makulatur nach Golzern in die Papierfabrik verfrachtet wurden. Was für Werte sind da eingestampft worden!«[10]

Diese Darstellung stammt von Kurt Schwabe, dem heute über achtzigjährigen Archivar der Schule, der seit der Wende vergeblich versucht, per Suchanzeigen in Zeitungen und Zeitschriften das Schicksal der alten Bände und der Handschriften, der Gemälde und der Antiquitäten aufzuklären. Der Archivar kannte die Sammlungen noch aus seiner Schulzeit, er war Abiturient des Jahrgangs 1936. Bisher sucht er vergebens. Bei seinen Nachforschungen stößt er auf Schweigen, Unkenntnis und Gedächtnislücken. Nicht nur die Inkunabeln und alten Drucke sind verschwunden, auch was die magistri et alumni quondam an Dissertationen, Habilitationen und Schriften aus ihrem Berufsleben im Laufe der Jahrhunderte ihrer alten Schulbibliothek vermacht hatten, ist nirgendwo mehr aufgetaucht. Es muß angenommen werden, daß die in lateinischer und griechischer Sprache abgefaßten Briefe von Melanchthon und anderen Humanisten von den sozialistischen Neulehrern, die damals nach einer nur wenige Monate dauernden Ausbildung an die Schule kamen, in Unkenntnis des kulturellen Wertes in die Papierfabrik Golzern zur Verarbeitung abtransportiert worden sind. Noch in den Jahren nach dem Mauerbau 1961 erfolgten Abtransporte, wie sich nachweisen läßt. Drucke aus der vorreformatorischen Zeit haben sich nachweislich noch 1962 in der Bibliothek befunden. Aus einem im Schularchiv entdeckten Protokoll geht hervor, daß die damalige Schulleitung in diesem Jahr eine Inkunabel zum Preis von 1.000 Mark verkaufen wollte. Glücklicherweise wurde im Jahr nach dem Mauerbau die damals noch vorhandene Musikaliensammlung nach Dresden in die Sächsische Landesbibliothek gebracht, dort wissenschaftlich bearbeitet und teilweise veröffentlicht. Einen Restbestand der alten Bibliothek hat man der Universitätsbibliothek Leipzig überstellt. Und schließlich gelangten die noch vorhandenen Rektorenbildnisse, die komplette Gemmensammlung und ein alter Mönchskelch in den Fundus des Heimatmuseums zu Grimma. Von diesen wenigen erhaltenen Schätzen abgesehen ist von der alten Bibliothek der Fürsten- und Landesschule zu Grimma nichts mehr erhalten. Natürlich drängt sich auch hier die Frage auf, ob die für den Abtransport und den Ausverkauf alter Bibliotheksbestände verantwortliche Firma Kunst & Antiquitäten GmbH in den siebziger Jahren an der endgültigen Auflösung der Bibliothek beteiligt war. Aber bisher liegen für diese Vermutung keinerlei Beweise vor.

Ein etwas glücklicheres Schicksal hat die Bibliothek der Fürsten- und Landesschule St. Afra zu Meißen gehabt. Über die Geschichte ihrer Büchersammlungen ist zwar nicht viel, aber immerhin einiges bekannt[11]. Es läßt sich nur vermuten, ob schon sofort nach der Gründung der Schule im Jahr 1543 mit einem Aufbau einer Büchersammlung begonnen worden ist. Man kann allerdings davon ausgehen, daß auch diese Fürsten- und Landesschule von der Auflösung der Kloster- und Stiftsbibliotheken profitiert hat, indem die Büchersammlung des Klerus der Schule übergeben worden ist. Von solchen Übertragungen auf Weisung der Landesherren haben damals bekanntlich recht viele Schulbibliotheken ihre alten Handschriften und Drucke bekommen. Das Chorherrenstift der Augustiner in Meißen war zu dieser Zeit jedenfalls im Besitz zahlreicher alter Bände, die in der St. Afra Kirche in ei-

9 UTE REIBETANZ und ULRIKE ZWEYNERT: Was geschah mit der Bibliothek von St. Augustin zu Grimma? In: Sapere aude, Bote von St. Afra, Augustiner Blätter (1995), Heft 40, S. 706 ff.
10 KURT SCHWABE: Habent sua fata libelli. In: Augustiner Blätter (1995/96), Heft 1, S. 25.
11 BEATE BRÜCK: Die Geschichte der Bibliothek der Fürsten- und Landesschule St. Afra zu Meißen von ihren Anfängen bis zu ihrer Auflösung im Jahr 1948. Diplomarbeit an der Hochschule für Technik, Wirtschaft und Kultur Leipzig. Fachbereich Buch und Museum, Studiengang Wissenschaftliches Bibliothekswesen, Meißen 1992.

nem der Kapellenräume lagerten. In den Jahresrechnungen von 1555 bis 1557 findet sich ein Hinweis auf »300 bücher groß und klein, von bergamen und pappir«. Es liegt nahe, daß es sich hier um die aus dem Chorstift gekommenen Bände gehandelt hat. In einem Schulprogramm von 1756 wird schon ganz selbstverständlich von einer Bibliotheksvergrößerung gesprochen und dafür Geld bereitgestellt. Wie die anderen Schulbibliotheken auch, wuchs die Bibliothek in Meißen vor allem durch die Schenkungen ehemaliger Rektoren und Schüler, die ihre oftmals beträchtlichen Büchersammlungen ihrer alten Schule und deren Bibliothek vermachten. Bis zum Jahr 1887 hatte sich der Bestand in der Meißner Bibliothek auf 14.500 alte und zum Teil wertvolle Bände erweitert. Wie umfangreich die verschiedenen Sammlungen gegen Ende des letzten Weltkriegs waren, ist offensichtlich nicht mehr genau feststellbar. Es ist jedenfalls bekannt, daß die wertvollen alten Bände in den Jahren 1943 und 1944 im Heizungskanal des Kellers des Schulgebäudes ausgelagert worden sind. Damit war man den *Richtlinien zur Durchführung des Luftschutzes in Bibliotheken* gefolgt, die im August 1942 vom zuständigen Reichsministerium für Wissenschaft erlassen worden waren. Am 6. Mai 1945 wurde die Fürsten- und Landesschule St. Afra von Soldaten der Sowjetischen Armee besetzt, die erst am 19. Dezember jenes Jahres wieder abzogen. Erst dann konnte man wieder an die alten Büchersammlungen heran. Zuerst mußten, wie berichtet wird, die Heizräume von Unrat und Müll geräumt werden. Schon die erste Besichtigung zeigte ein erschreckendes Bild. Im Oktober 1944 war ein Brand im Heizkeller mit Wasser gelöscht worden. Zahlreiche Bände waren durch erhebliche Brandspuren und durch das Löschwasser zerstört worden. Weitere Verluste waren durch Zerstörungen oder Plünderungen der Soldaten entstanden. Genaue Aufstellungen über die Verluste wurden damals nicht angefertigt.

Zu Beginn des Jahres 1946 wurde mit Genehmigung des Schulamtes eine Arbeitsgruppe eingesetzt, die sich um die Rettung der noch vorhandenen Bücher bemühen sollte. Die alten Bände wurden zum Trocknen ausgelegt, von Schimmel und Moder befreit, soweit das möglich war, und systematisch geordnet. Anhand noch vorhandener Katalogteile konnte das Fehlen zahlreicher wertvoller Bände festgestellt werden. Danach mußten weitere Teile der Bibliotheksbestände von jenen Titeln gesäubert werden, die auf der Verbotsliste der Sowjetischen Militäradministration standen. Da die Fürsten- und Landesschule nicht wieder in der ursprünglichen Form weitergeführt werden sollte, da sie als Relikt aus feudalen Zeiten galt, stellte sich bald die Frage nach dem zukünftigen Verbleib der noch vorhandenen Bücher. Die Entscheidung fiel zwei Jahre später. Auf Anordnung des Ministeriums für Volksbildung des Landes Sachsen vom März 1948 mußten die Bibliotheksbestände nach Dresden in das ehemalige Kriegsarchiv gebracht werden. Allerdings gestattete man der Schule, eine nicht festgesetzte Zahl von Büchern aus den einzelnen Wissensgebieten in Meißen zu behalten. Welche Bücher nun ausgewählt und zurückbehalten wurden und wo sich diese für den Wiederaufbau einer neuen Bibliothek selektierten Bücher heute befinden, ist unbekannt. Laut Übergabeprotokoll aus dem Jahr 1948 wurden von etwa 13.000 erhalten gebliebenen Bänden ungefähr 4.400 Bände der Bibliothek der alten Fürsten- und Landesschule überlassen. Ihr Verlust kann heute nur noch zur Kenntnis genommen werden. Die Übergabe des Hauptbestandes der Bibliothek, etwas über 8.600 Bände, wurde von zwei eigens hierfür von der Sächsischen Landesbibliothek und der Stadtbibliothek Dresden abgeordneten fachkundigen Mitarbeitern geleitet, wie berichtet wird. Der Abtransport erfolgte in der Zeit vom 12. bis zum 25. März 1948. Ursache für die sich über Gebühr hinziehende Aktion waren Benzinmangel und das häufige Fehlen von Lastwagen.

In dieser Zeit wurden auch andere Bibliotheken aus den aufgelösten Rittergütern, beschlagnahmten Schlössern und alten Gymnasien abtransportiert und im ehemaligen Kriegsarchiv in der Marienallee in Dresden eingelagert. Bei der Aufteilung dieser Buchbestände sollten auf Weisung des zuständigen Ministeriums für Volksbildung in erster Linie diejenigen Bibliotheken berücksichtigt werden, die besonders große Kriegsverluste zu verzeichnen hatten. An erster Stelle wurde dabei die Sächsische Landesbibliothek genannt. Über die Verteilung der Bücher entschied eine Kommission, die sich aus Vertretern der großen Bibliotheken und drei Abgesandten der Landesverwaltung, Ressort Volksbildung, zusammensetzte. Aus den spärlichen Informationen geht hervor, daß sich die Sächsische Landesbibliothek etwa 2.000 Bände gesichert hat, einige Institutsbibliotheken der Leipziger Universität reklamierten für sich etwa 1.000 für sie interessante Bücher. Auch die Pädagogische Fakultät der Technischen Universität Dresden verlangte einen kleineren Posten an alten Bänden für ihre Bibliothek. Der noch immer stattliche Rest der alten Bibliothek der Meißner Fürsten- und Landesschule wurde schließlich an verschiedene kulturelle Institutionen in Sachsen aufgeteilt. Die Verantwortlichen haben damals darauf verzichtet, präzise Übergabeprotokolle mit ausführlichen Hinweisen auf den Verbleib der einzelnen Bände anzufertigen. Nicht einmal der zukünftige Verwahrort der verschiedenen Büchersammlungen, die nach dem Ausräumen aus dem alten Heizkeller wieder systematisch zusammengestellt worden waren, ist protokolliert worden. Den Schlußakt der Bibliotheksauflösung bildet ein Schreiben der Landesregierung Sachsen, in dem die Übertragung aller dieser Buchbestände in den Besitz der nun als neue Eigentümer geltenden Bibliotheken für rechtmäßig erklärt wurde.

Eine erhaltene Bibliothek, eine verschwundene Bibliothek, eine aufgelöste Bibliothek, das ist das Schicksal der Büchersammlungen der alten Fürsten- und Landesschulen in Anhalt und Sachsen. Jetzt beginnen die wieder ins Leben gerufenen Gymnasien in Grimma und Meißen mit dem Aufbau neuer Büchersammlungen. Auf die finanzielle Unterstützung von Staat, Ländern und Kommunen können sich die Gymnasien dabei in Zeiten immer spärlicher fließender öffentlicher Gelder nicht verlassen. In Grimma und Meißen besinnt man sich wieder auf das, was die Schulbibliotheken in den vergangenen Jahrhunderten hat groß werden lassen. Private Stiftungen und generöse Schenkungen haben in der Vergangenheit den Aufbau der Bibliotheken ermöglicht. Jetzt bemühen sich ehemalige Absolventen und Freundeskreise der alten Gymnasien darum, durch Stiftungen und Schenkungen einen Bibliotheksaufbau zu ermöglichen.

# Henri Friedlaender – In Memoriam

**H**enri Friedlaender, the noted typographer, type designer and teacher, died last November at the age of 92. He was a highly respected figure in Germany and the Netherlands, and perhaps less so in his final land of adoption, Israel. Most importantly for the readers of the Gutenberg-Jahrbuch, he was the second Gutenberg Prize winner in 1971.

Friedlaender was born in Lyon in France – his mother English and his father a Berlin Jew dealing in the silk trade. This already gives an idea of his multicultural and linguistic background. At the age of six he was taken back to Berlin, where he matriculated at the Mommsen Gymnasium. He then spent two years study with Willi Simon, followed a period of self study in calligraphy, chiefly at the library of the Kunstgewerbemuseum in Leipzig. In 1925 he started his Meisterprüfung in handsetting at the Akademie für Grafische Kunst und Buchgewerbe. He then spent time in various further training, i.e. handsetting at Teubner and Wirth, both in Dresden, Jakob Hegner in Hellerau and Gebr. Klingspor in Offenbach. Here Friedlaender entered into the Koch circle where he assisted in the printing supervision of Koch's *Apostolische Schriften*. He also was active during this period as a typographic designer for Hartung in Hamburg, and Haag-Drugulin in Leipzig, where he worked in the oriental department from 1929 to 1932.

The rise of National Socialism and anti-Semitism in Germany in 1932 convinced him to leave Germany for Holland together with his wife Maria. There he quickly established himself as a freelance book designer and calligrapher for such firms as Mouton & Co in the Hague, Allert de Lange, Stols, Elsevier and Querido. From 1936 he began to teach these subjects and produced, in 1939, the noted guide *Typografisch ABC*, published by L. J. C. Boucher.

During the war years Friedlaender, as other German Jews in exile, was ordered to report for deportation, but instead his wife Maria hid him in Wassenaar in an attic for 1018 days. In spite of the dangers both to him and his wife, he continued to work and produced various projects under a pseudonym, as

well as continuing his own study of Latin, Greek and Hebrew Calligraphy, and the designs for a new Hebrew typeface, a project he had begun in the early 30s. He also published various translations from the Bible and texts by Martin Buber in his own private press "Pulvis Viarum".

In the post war years Friedlaender continued to work as a freelancer, winning the Duvaer Prize of the City of Amsterdam in 1950. Yet when the call came to become the head of the Hadassah Apprentice School of Printing in Jerusalem, he did not hesitate. As he said in his speech of thanks when receiving the Gutenberg Prize in 1971, ". . . apart from ideological motives in the first place, I had had enough of designing logos, and book jackets. I wanted to do something else." The challenge of building up a printing school in a new country with meagre resources and low standards, was just that and he served in this position until his retirement in 1970. Friedlaender's name and work may not be well appreciated in Israel today, but his influence is felt in his many former students, now in positions in the printing and publishing trade in Israel. His most constant memorial and perhaps his crowning achievement is his typeface "Hadassah", which was issued in 1958 and is considered one of the important contemporary text faces in Hebrew today. He also designed three other typefaces for the IBM Selectric typewriter: Aviv, Hadar and Shalom.

In his life Henri Friedlaender lived through momentous changes in the printing industry, yet he remained true to the Johnstonian ethic of basic letterform design: "No creative revival can be hoped for without a thorough understanding of what makes a letter, and that understanding can only be acquired by writing, writing, writing." He further added in the same article: "This does not mean that a type ought to be a copy of a written letter, but that in order to arrive at a good design of even the most technical or abstract type, calligraphic training is essential." The poverty of many of the new digital faces shows that we have lost sight of the wisdom of Friedlaender's teaching.

In this speech of thanks in 1971, Henri Friedlaender quoted two texts which he said had epitomised his work and life. The first was a passage from the Book of Jeremiah:

Ah Lord God, *I answered,* I do not know how to
speak: I am only a child.
*But the Lord said:*
Do not call yourself a child;
For you shall go to whatever people I send you
and say whatever I tell you to say.
Fear none of them, for I am with you
and will keep you safe.
(Jeremiah 1, 6–8)

And Friedlaender added: "What is written here has been important for me for my entire life. I have always been afraid and I start each new job with fear and finally I do it, as best I can."

שיר המעלות
בשוב יהוה את שיבת ציון
היינו כחולמים:
אז יימלא שחוק פינו
ולשוננו רינה
אז יאמרו בגוים הגדיל יהוה
לעשות עם־אלה:
הגדיל יהוה לעשות עמנו
היינו שמחים:
שובה יהוה את שיבתנו
כאפיקים בנגב:
הזורעים בדמעה ברנה יקצורו:
הלוך ילך ובכה נושא משך־הזרע
בוא־יבוא ברנה נושא אלמותיו:

The second text was a quote from Theodore de Vinne, the American printer, scholar: *The last thing to learn is simplicity.* And his comment was: "These two texts contain the key, perhaps not to my work, but to how I imagine my work ought to be."

There is much that one could write in appreciation of Henri Friedlaender and his work. To those of us who had the privilege to know and draw inspiration from him, his death is a deep blow. His life was not an easy one and his last years tinged with illness and sadness at the loss of his wife Maria. Yet as with all prophets, the lesson from his teachings may yet have significance.

*Stephen Lubell*

## Autorenanschriften
(Stand: 1. Februar 1997)


ALCORN BARON, SABRINA
PhD., The George Washington University (Department of History), Washington DC 20052, USA

BEZZEL, IRMGARD
Dr. phil., (BSB München), Orthstraße 20, 81245 München

BOGHARDT, MARTIN
Dr. phil., HAB Wolfenbüttel, Postfach 1364, 38299 Wolfenbüttel

BRANDIS, TILO
Prof. Dr., SBB-PK Berlin, Handschriftenabteilung, 10772 Berlin

BREKLE, HERBERT E.
Univ.-Prof. Dr., Universität Regensburg (Allgemeine Sprachwissenschaft), Universitätsstraße 31, 93040 Regensburg

BRUCKNER, URSULA (†)
*Nachlaßverwalter:*
Dr. Konrad von Rabenau, Ahornstraße 30/31, 15566 Schöneiche

DESPRES, JOANNE M.
Dr., 31 Rocky Hill Road, Hadley, MA 01035, USA

DICKINSON, LAURA K.
University of Minnesota (Department of English), 207 Lind Hall, Minneapolis, MN 55455, USA

DOLGODROVA, TATIANA
Dr., Russische Staatsbibliothek, Vosdvijenka 3, 101003 Moskau, Rußland

DREYFUS, JOHN G.
38 Lennox Gardens, London SWIX ODH, Großbritannien

DRIVER, MARTHA
Prof., Pace University, 1 Place Plaza, New York N.Y. 10038, USA

KÖNIG, BARBARA
M.A., Kakteenweg 5, 55126 Mainz

KVARAN, GUÐRÚN
Ordabok Háskólans Neshaga 16, Pósthólf 722, 127 Reykjavík, Island

LUBELL, STEPHEN
Maale Habanim 6, Ramat Gan 52381, Israel

MAGIĆ, VLADIMIR
Bibliotheca Metropolitana, Hrvatski Drzavni Arhiv, Marulicev trg 21, 10000 Zagreb, Kroatien

MARSHALL, ALAN
Dr., (Musée de L'Imprimerie Lyon), 27 rue Pascal, 38100 Grenoble, Frankreich

MAUSS, DETLEF
Dr. jur., Rechtsanwalt, Adelheidstraße 82, 65185 Wiesbaden

MCGUINNE, DERMOT
Dublin Institute of Technology, Mountjoy Square, Dublin 1, Irland

MERKL, ULRICH
Altenhainer Straße 9a, 09227 Einsiedel

MÜNCH, ROGER
Dr. phil., M.A., Johannes Gutenberg-Universität Mainz (Institut für Buchwissenschaft), 55099 Mainz

OTTERMANN, ANNELEN
M.A., (StB Mainz), Wormser Straße 171 B, 55130 Mainz

RESKE, CHRISTOPH
Dipl.-Ing., Hegelstraße 27, 55122 Mainz

RHODES, DENNIS E.
Dr., formerly Deputy Keeper, The British Library, Great Russell Street, London WC1B 3DG, Großbritannien

ROMMEL, PAUL
Rheinschanze 5, 56070 Koblenz

SCHANZE, FRIEDER
Dr. phil., Universität Tübingen (Deutsches Seminar), Wilhelmstraße 50, 72074 Tübingen

SOLTÉSZ, ELISABETH
Dr., (Abteilungsleiterin a. D., Széchényi-Nationalbibliothek) XII. Kálló esperes – u. 2.1.7., 1124 Budapest, Ungarn

SOULIER, NATALIE
M.A., Anton-Reuter-Straße 2, 56072 Koblenz

TAFELMAIER, LEONIE
M.A., Auf der Schütte 8, 71686 Remseck

VON ZUR MÜHLEN, BERNT TURE
M.A., Diesterwegplatz 52, 60594 Frankfurt/Main

WADSWORTH, SARAH A.
1877 Yorkshire Avenue, Saint Paul, MN 55116, USA

WILKE, JÜRGEN
Univ.-Prof. Dr., Johannes Gutenberg-Universität Mainz (Institut für Publizistik), 55099 Mainz

ZAPF, HERMANN
Seitersweg 35, 64287 Darmstadt

## Ehrentafel der Gutenberg-Gesellschaft

*Gutenberg-Preisträger*

1968 GIOVANNI MARDERSTEIG, Verona / Italien († 1977)

1971 HENRI FRIEDLAENDER, Jerusalem / Israel († 1996)

1974 HERMANN ZAPF, Darmstadt

1977 RUDOLF HELL, Kiel

1980 HELLMUT LEHMANN-HAUPT, Columbia, MO / USA († 1992)

1983 GERRIT WILLEM OVINK, Amsterdam / Niederlande († 1984)

1986 ADRIAN FRUTIGER, Bremgarten-Bern / Schweiz

1989 LOTTE HELLINGA, London / Großbritannien

1992 RICARDO J. VICENT MUSEROS, Valencia / Spanien

1994 PAUL BRAINERD, Seattle, WA / USA

1996 JOHN G. DREYFUS, London / Großbritannien

*Senatorenrat der Gutenberg-Gesellschaft*

WOLFGANG A. HARTMANN, Barcelona / Spanien

HEINZ KNAUER, Tarasp / Schweiz

Dr. WILHELM KUCHER, Bad Dürkheim († Dezember 1996)

Dipl.-Ing. EBERHARD KÜHL, München

HEINZ KÜHNBERGER, Gütersloh († April 1996)

Dipl.-Ing. WOLFGANG C.-O. KURZ, Feuchtwangen

Dipl.-Kfm. ERNST-ERICH MARHENCKE, Molfsee

HANS-OTTO REPPEKUS, Gelsenkirchen

CARL RITTER, Wiesbaden

Dr. phil. h. c. OTTO SCHÄFER, Schweinfurt

Generalkonsul HANNETRAUD SCHULTHEISS, Mainz

EMIL VAN DER VEKENE, Niederanven/Luxemburg

Dr. WOLFGANG ZIMMERMANN, Heidelberg

*Ehrenmitglieder der Gutenberg-Gesellschaft*

JOHN F. FONTANA, Huntington, NY / USA

RENE HIGONNET, Paris / Frankreich

Dr. LEOPOLD SENGHOR, Dakar / Senegal

*Träger des Ehrenringes der Gutenberg-Gesellschaft*

Dr. HELMUT BEICHERT, Mainz

FRITZ KINDT, Gütersloh

HANS KLENK, Mainz († 1983)

Prof. Dr. ALOYS RUPPEL, Mainz († 1977)

Dr. LUDWIG STRECKER, Mainz († 1978)

*Mitglied auf Lebenszeit*

MARGIT BOSSHARD-REBMANN, Basel / Schweiz

## Präsidium und Vorstand der Gutenberg-Gesellschaft
(Stand: 31. Dezember 1996)

*Präsident*

Herman-Hartmut Weyel, Oberbürgermeister der Stadt Mainz

*Ehrenpräsident*

Jockel Fuchs, Mainz

*Vizepräsident*

Generalkonsul Hannetraud Schultheiss, Mainz

*Schatzmeister*

Generalkonsul Hannetraud Schultheiss, Mainz

*Schriftführer*

Karl Delorme, Mainz

Dr. Eva Hanebutt-Benz, Mainz

Univ.-Prof. Dr. Josef Reiter, Mainz

Rudolf Bödige, Mainz

Dr. Friedrich W. Burkhardt, Darmstadt

Hermann Dexheimer, Mainz

Prof. Dr. Heinz Finger, Neuss

Univ.-Prof. Dr. Stephan Füssel, Mainz

Staatssekretär Harald Glahn, Mainz

Manfred Grupp, Lenningen

Dr. Walter Hesse, Wiesbaden

Dr. Anton M. Keim, Mainz

Günter Lindner, Mainz

Prof. Dr. Klaus Ring, Mainz

Oswald Ring, Mainz

Hans-Joachim Schulze, Mainz

Dr. Manfred Schumacher, Mainz

Ricardo J. Vicent Museros, Valencia / Spanien

*Geschäftsführerin der Gutenberg-Gesellschaft*

Gertraude Benöhr, Oberursel

*Geschäftsstelle*

Liebfrauenplatz 5, D-55116 Mainz, Telefon (0 61 31) 22 64 20

## Jahresbericht der Gutenberg-Gesellschaft für das Geschäftsjahr 1996

Erstattet von der Geschäftsführerin

Dieser Bericht über das Geschäftsjahr 1996 beginnt mit einem herzlichen Dank an alle Mitglieder und Freunde unserer Gesellschaft. Ohne ihre Hilfe wäre es uns nicht möglich, in einer Zeit der immer knapper werdenden Mittel bei wachsenden Ausgaben und der allgemein schwierigen wirtschaftlichen Lage einen positiven Bericht über das hinter uns liegende Jahr vorzulegen. Dank gemeinsamer Anstrengungen gelang es, im Jahr 1996 wieder 78 neue Mitglieder für die Gutenberg-Gesellschaft zu gewinnen, darunter zwanzig aus den europäischen Nachbarländern und den USA. Zu unserer Freude waren unter den neuen Mitgliedern des Jahres 1996 auch wieder 19 Studenten. Dies ist ohne Zweifel eine sehr erfreuliche Bilanz, die jedoch beeinträchtigt ist durch eine ungewöhnlich hohe Zahl von Kündigungen – besonders aus der graphischen Industrie – und den schmerzlichen Verlust von 19 verstorbenen Mitgliedern. So kamen wir unserem Ziel, bis zum Jahr 2000 die Zahl unserer Mitglieder auf mindestens 2000 zu erhöhen, nur einen winzig kleinen Schritt näher.

Zu den Toten des vergangenen Jahres gehörten zwei unserer Senatoren. Am 6. April 1996 verstarb Heinz Kühnberger, dem 1974 die Würde eines Senators verliehen wurde. Mit dieser hohen Auszeichnung ehrte die Gutenberg-Gesellschaft damals eine der profiliertesten Persönlichkeiten der graphischen Industrie der Bundesrepublik, einen Unternehmer, der sich hervorragende Verdienste um die Sache Gutenbergs erworben hatte.

Kurz nach Vollendung seines 80. Lebensjahres verstarb am 27. Dezember 1996 Dr. Wilhelm Kucher in Bad Dürkheim. Als Dr. Kucher 1966 zum Senator der Internationalen Gutenberg-Gesellschaft ernannt wurde, war dies Ausdruck der Dankbarkeit für die besonderen Verdienste, die er sich schon damals um die Gutenberg-Gesellschaft und das Gutenberg-Museum erworben hatte. Ihm war es zu verdanken, daß der Beschluß des Vorstands, für das Gutenberg-Museum ein zweites Exemplar der Gutenberg-Presse herstellen zu lassen, 1963 in die Tat umgesetzt werden konnte. Mit seiner Hilfe war es möglich, daß die Schnellpressenfabrik Frankenthal Albert & Cie dieses zweite Exemplar ebenso als Stiftung für das Gutenberg-Museum herstellte, wie schon 1925 bei der Einrichtung der durch die Frankenthaler Schnellpressenfabrik gemeinsam mit der Schriftgießerei D. Stempel AG gestifteten rekonstruierten Gutenberg-Werkstatt.

Wie sehr er sich mit unserer Gesellschaft verbunden fühlte, stellte er wenige Wochen vor seinem Tod erneut unter Beweis. Aus Anlaß seines 80. Geburtstages spendete er der Gutenberg-Gesellschaft DM 10.000,– für ihren 100. Geburtstag im Jahr 2000.

Mit Senator Dr. Wilhelm Kucher haben wir einen verständnisvollen Freund und Förderer verloren. Wir werden uns seiner stets mit großer Dankbarkeit erinnern.

Im November 1996 erreichte uns aus Israel die Nachricht vom Tode unseres Gutenberg-Preisträgers 1971, Henri Friedlaender. Auch mit ihm, dem feinsinnigen stillen Künstler und großen Lehrer, haben wir einen Freund verloren, der trotz der großen räumlichen Entfernung die persönliche Verbundenheit zu unserer Gesellschaft pflegte. Er war es, der in einem seiner Briefe schrieb, »wie gut, daß es die Gutenberg-Gesellschaft gibt!«

Wir trauern auch um

Lina Baillet, Colmar/Frankreich
Prof. Dr. Johannes Binkowski, Stuttgart
Horst Erlenkämper, Bottrop
Rudolf Häsle, Mainz
Paul Christian Klein, Gießen
Dr. Hans Leutiger, Hofgeismar
Josef Loos, Bingen
Dr. Walter Müller-Römheld, Oberursel
Dr. Walter Noack, Ingelheim
Ignaz Reinwald, Zweibrücken
E. D.W. Rikkert, Zandvoort/Niederlande
Leopold Roschütz, Wien/Austria
Gerhard Sonntag, Niedernhausen
Dr. Anna Sowula, Mühlheim
Christian Weiffenbach, Mainz
Horst Wissel, Frankfurt/Main

Wir werden ihnen allen ein ehrendes Andenken bewahren.

*Mitgliederversammlung*

An der 95. Ordentlichen Mitgliederversammlung am 22. Juni 1996 im Vortragssaal des Gutenberg-Museums nahmen neben 92 Mitgliedern auch viele Freunde und Gäste aus dem In- und Ausland teil. So konnte Oberbürgermeister Herman-Hartmut Weyel nicht nur den Präsidenten des Stiftungsrats des Schweizer Gutenberg-Museums, Dr. Hugo Baeriswyl, sondern auch den Präsidenten und den Vizepräsidenten der Gesellschaft der Freunde des dortigen Gutenberg-Museums, Rico F. Bühler und Joseph Mauron, sowie Alfred Hoffmann als Vorstandsmitglied der Stiftung Basler Papiermühle und den Präsidenten der American Typecasting Fellowship, Harold Berliner, unter den Gästen begrüßen.

Bei der Überreichung des neuesten Gutenberg-Jahrbuchs an den Präsidenten ging Prof. Dr. Stephan Füssel kurz auf den Inhalt des vorliegenden 71. Bandes ein. Auch in diesem Jahrbuch werde der internationale Charakter des weltweit führenden buchwissenschaftlichen Organs mit Beiträgen zur spanischen, irischen, italienischen, ungarischen und deutschen Druck- und Verlagsgeschichte, zur polnischen Pressegeschichte und mit einer ersten wissenschaftlichen Untersuchung über den Buchhandel in Pakistan nachhaltig dokumentiert. Neben detaillierten Untersuchungen zur Geschichte der Buchkunst widme sich der neueste Band auch den modernen Entwicklungen der Druckkunst bis hin zu der Frage, wie der Digitaldruck konsequent die Gutenbergische Erfindung fortsetze.

Den Bericht der Geschäftsführerin über die günstige Entwicklung der Gesellschaft im zurückliegenden Jahr ergänzte Dr. Eva Hanebutt-Benz mit ihrem Jahresrückblick über die wichtigsten Ergebnisse und Ereignisse und die in der Tendenz positive Entwicklung des Gutenberg-Museums. Auch die Vizepräsidentin und Schatzmeisterin, Senator Hannetraud Schultheiß, konnte mit ihrem Bericht zur Jahresrechnung 1995 ein positives Ergebnis vorlegen. Trotz der angespannten finanziellen Situtation sei es dank größter Sparsamkeit gelungen, das Geschäftsjahr mit einem Einnahmenüberschuß von DM 3.003,63 abzuschließen.

Der Haushaltsplan 1996 wurde einstimmig genehmigt. Zu ehrenamtlichen Rechnungsprüfern wurden erneut die Herren Franz Magel und Dr. Wilhelm Mettner gewählt.

*Gutenberg-Preis*

Festlicher Höhepunkt der Jahresversammlung war auch 1996 die Verleihung des Gutenberg-Preises im Ratssaal der Stadt Mainz im Beisein des Königlich Britischen Generalkonsuls in Frankfurt, Colin Bright, und zahlreicher Gäste, darunter der Past President der Association Typographique Internationale, Senator Ernst-Erich Marhencke, und Dr. Georg Girardet, Stadtrat für Kultur der mit Mainz und unserer Gesellschaft freundschaftlich verbundenen Buchstadt Leipzig.

Der 1968 gemeinsam von der Stadt Mainz und der Internationalen Gutenberg-Gesellschaft gestiftete Gutenberg-Preis ging 1996 zum ersten Mal an einen Engländer, den in London geborenen Typographen und Druckhistoriker John Gustave Dreyfus. In seinem Grußwort erinnerte Senator Ernst-Erich Marhencke daran, daß wir gerade in unserer Zeit einer total vernetzten Multimedien-Gesellschaft dem Erbe und dem Vermächtnis Gutenbergs treu bleiben müssen. »Dies ist nicht zu verstehen als Flucht auf eine Insel typographischer Glückseligkeit, sondern im Bewußtsein der Erkenntnis, daß das gedruckte Wort aus vielerlei Gründen nicht nur ein unverzichtbarer Träger der Kultur der Völker ist, sondern in seiner ganz besonderen Weise die Verbreitung von Information bewirkt und so einen unschätzbaren Beitrag zur Humanität und Demokratisierung der Gesellschaft leistet.

Die sich uns heute bietenden technologischen Möglichkeiten begreifen wir in diesem Zusammenhang als eine nie zuvor geahnte Erweiterung dessen, was vor über 500 Jahren durch Gutenberg auf den Weg gebracht wurde. Die Ergänzung und gegenseitige Durchdringung der Elektronischen und Druckmedien werden dem Gutenbergschen Erbe eine neue Dimension verleihen, die weit in die Zukunft wirkt. So ist das Gutenberg-Zeitalter Vergangenheit, Gegenwart und Zukunft zugleich.«

Mit John Dreyfus, dem 11. Träger des Mainzer Gutenberg-Preises, wurde ein Mann geehrt, »der als einer der bedeutendsten Experten in der Kunst Gutenbergs angesehen wird. In zahlreichen Beiträgen und in einer Reihe von wichtigen Ämtern hat er entscheidend dazu beigetragen, unser Wissen über die Druckgeschichte, die Typographie und die Buchproduktion zu erweitern«, so Generalkonsul Colin Bright.

*Wirtschaftliche Daten*

Den Gesamteinnahmen von DM 326.056,26 standen 1996 Ausgaben in Höhe von DM 326.025,71 gegenüber. Daß die Gesellschaft trotz finanzieller Engpässe ihrer satzungsgemäßen Aufgabe, das Gutenberg-Museum ideell und materiell zu unterstützen, mit Erfolg nachkommen konnte, verdankten wir u. a. der verständnisvollen Hilfe durch unsere Mitglieder. Neben einer weiteren Teillieferung der Microfiche-Sammlung der bedeutendsten Inkunabeln der Welt für die Bibliothek des Museums konnten wir wiederum Teile einer wertvollen Schriftprobensammlung aus Privatbesitz für das Museum erwerben und darüber hinaus den Ankauf einer seltenen »Britannia-Presse« für die Museumsabteilung »19. Jahrhundert« mitfinanzieren. An dieser Stelle sei besonders unserem Mitglied Prof. Dr. h. c. Dietrich Oppenberg und der Rheinisch-Westfälischen Verlagsgesellschaft mbH in Essen sowie unserem Vorstandsmitglied Dr. Friedrich W. Burkhardt herzlich gedankt.

Zu unserer Freude konnten wir unseren Mitgliedern zum Jahreswechsel die neueste Veröffentlichung in der Reihe der »Kleinen Drucke der Gutenberg-Gesellschaft« überreichen, Stephan Füssel: Die Welt im Buch. In diesem reich bebilderten kleinen Band zum buchkünstlerischen und humanistischen Kontext der Schedelschen Weltchronik von 1493 stellt der Autor diese prachtvoll illustrierte Chronik, die einen der Höhepunkte der Buchdruckerkunst des 15. Jahrhunderts darstellt, detailliert vor.

Daß wir unseren Mitgliedern diesen »Kleinen Druck« Nr. 111 wieder als kostenlose Jahresgabe überlassen konnten, verdankten wir in besonderem Maße der Papierfabrik Scheufelen in Lenningen, die uns das gesamte Textpapier stiftete.

*Öffentlichkeitsarbeit*

Ein wichtiger Aspekt der Arbeit unserer Gesellschaft ist die Öffentlichkeitsarbeit. Durch die Pflege der seit vielen Jahren bestehenden freundschaftlichen Beziehungen zur Association Typographique Internationale, zur American Typecasting Fellowship und zu anderen internationalen Vereinigungen, durch die Teilnahme an Kongressen, Seminaren und Arbeitstreffen – im Berichtsjahr beispielsweise in den Niederlanden, in Großbritannien, in der Tschechischen Republik und den USA – konnten weitere Mitglieder gewonnen und wertvolle neue Kontakte geknüpft werden. Dank der engen Zusammenarbeit mit dem Internationalen Arbeitskreis Druckgeschichte gelingt es auch in verstärktem Maße, Verbindung mit Bibliotheken, Universitäten, Druckhistorikern und Fachwissenschaftlern in den osteuropäischen Ländern aufzunehmen und persönliche Kontakte zu pflegen.

Daß dabei das Gutenberg-Jahrbuch eine wichtige Rolle spielt, ist unbestrittene Tatsache. Eine wertvolle Hilfe bei unserem Bemühen um eine verstärkte Öffentlichkeitsarbeit ist auch die enge Zusammenarbeit mit dem Institut für Buchwissenschaft der Johannes Gutenberg-Universität, mit der Stiftung Buchkunst, dem Bundesverband Druck und den Führungskräften der Druckindustrie und Informationsverarbeitung (FDI).

Auch dieser kurze Rückblick auf das Jahr 1996 endet mit einem herzlichen Dank an das Ministerium für Bildung, Wissenschaft und Weiterbildung des Landes Rheinland-Pfalz, das 1996 erneut die Herausgabe unseres Gutenberg-Jahrbuchs aus Landesmitteln förderte, an die Verlagsgruppe Rhein Main GmbH & Co. KG, Mainz, und die Sparkasse Mainz, die Heidelberger Druckmaschinen Aktiengesellschaft, die Firmen AGFA GEVAERT AG Grafische Systeme, Wiesbaden, und Lapeyra & Taltavull, S. A., Barcelona, sowie an den Bundesverband Druck e.V., Wiesbaden, und die IFRA, Darmstadt. Sehr dankbar sind wir auch der Stadt Mainz, die uns bei der Bewältigung unserer vielfältigen Aufgaben in verständnisvoller Weise unterstützt.

In ganz besonderem Maße aber gebührt unser Dank unserem scheidenden Präsidenten und neuen Ehrenpräsidenten, Herman-Hartmut Weyel, der sich in den zehn Jahren seiner Amtstätigkeit als Oberbürgermeister der Stadt Mainz in hervorragender Weise für die Gutenberg-Gesellschaft einsetzte. Unter seiner Präsidentschaft konnte sich unsere internationale Vereinigung nicht nur mit großem Erfolg ihren satzungsgemäßen Aufgaben widmen, sie konnte auch ihr Ansehen im In- und Ausland weiter steigern. Heute gehört die Gutenberg-Gesellschaft mit rund 1.700 Mitgliedern in 36 Ländern der Welt zu den führenden internationalen Vereinigungen ihrer Art.

Wir danken unserer Vizepräsidentin für ihren unermüdlichen Einsatz zum Wohle unserer Gesellschaft und allen Mitgliedern des Vorstands und des Senatorenrates für ihre tatkräftige Unterstützung.

Der Bericht endet aber auch mit der herzlichen Bitte an unsere Mitglieder, Freunde und Gönner, uns auch in Zukunft zu unterstützen und dazu beizutragen, daß sich unsere Gesellschaft, die im Gutenbergjahr 2000 ihr 100jähriges Bestehen feiern kann, weiterhin positiv entwickelt. Helfen Sie uns bei unserem Bemühen, neue Mitglieder zu gewinnen, damit bis zum Jahr 2000 die Zahl unserer Mitglieder in der ganzen Welt auf mindestens 2000 steigt.

*Gertraude Benöhr*

# Jahresbericht des Gutenberg-Museums 1996

*Besucher*

1996 verzeichnete das Gutenberg-Museum 87.666 Besucher, davon 31.223 Jugendliche und Kinder. Die Angebote des Druckladens wurden von ca. 4.000 Personen genutzt.

## Ausstellungen

*Sonderausstellungen*

09.02.–31.03. Professor Wilhelm Neufeld und sechs seiner Studenten (Heidi Hübner-Prochotta, H. H. Kropp, Peter Malutzki, Manfred Prochotta, Paul Stein, Heinrich Thomas);
19.04.–30.06. Fernando Arrabal. Der Lyriker und die Künstler (In Zusammenarbeit mit der Galerie »Chapel Art Center«, Hamburg; mit Katalog);
10.07.–22.09. Auf der Suche nach dem idealen Buch. William Morris und die Chaucer-Ausgabe der Kelmscott Press von 1896 (mit Katalog);
02.10.–17.11. Mechthild Lobisch: Von Taschenbuch bis Raumbuch (mit Katalog);
27.11.–08.12. Das Lemberger Evangeliar. Eine armenische Handschrift des 12. Jahrhunderts;
14.12.–29.12. Künstler für das Gutenberg-Museum (Verkaufsausstellung zugunsten des geplanten Erweiterungsbaus).

*Kabinett-Ausstellungen im 3. Stock*

01.02.–07.04. 10 Jahre »Quetsche«. Verlag für - Buchkunst 1985–1995;
01.04.–12.05. Venezia – Venedig – Venice. Zeichnungen für ein Buchprojekt von Guido Ludes;
21.06.–25.08. Schreibmeisterbücher aus dem Bestand des Gutenberg-Museums;
11.09.–03.11. Beate Emde: Mainzer Stadtdruckerin 1996;
10.11.–29.12. Liesel Metten – Malbriefe.

*Kleine Ausstellung zum Thema Exlibris*

06.08.–18.09. 100 Jahre Olympische Spiele der Neuzeit – Internationale Wettbewerbsarbeiten für ein Exlibris für die Olympia-Bibliothek in Lausanne.

*Ausstellungen außerhalb des Gutenberg-Museums*

02.06.–18.08. Plakate der Jahre 1900–1930 aus dem Bestand des Gutenberg-Museums im Mainz-Pavillon auf dem ega-Gelände Erfurt.

Die rekonstruierte Gutenberg-Presse wurde in Schlettstadt (Elsaß) und im ega-Pavillon (Erfurt) mit einer begleitenden Ausstellung gezeigt.
Ein Modell der Gutenberg-Presse wurde in Ausstellungen in Leisnig (Sachsen), Friesenheim und Mainz-Ebersheim gezeigt.

Leihgaben aus dem Gutenberg-Museum wurden in folgenden Ausstellungen gezeigt:

23.02.96–31.03.96 Leihgaben zur Ausstellung »Peter Apian – Astronomie, Kosmographie und Mathematik am Beginn der Neuzeit«, Leisnig;
26.02.96–11.04.96 Leihgaben zur Ausstellung »Gutenberg und die Anfänge der Buchdruckerkunst«, Schlettstadt (Frankreich);
12.05.96–10.06.96 Leihgaben zur Ausstellung »185 Jahre Papier aus dem Gartetal«, Gleichen;
07.09.96–29.09.96 Leihgaben zur »Dombrowski-Ausstellung«, Städt. Galerie Traunstein;
05.12.96–09.03.97 Leihgaben zur Ausstellung »Zur Geschichte des Klosters Unser Lieben Frauen«, Magdeburg.

## Veranstaltungen

*Vorträge im Gutenberg-Museum*

20.03. Wolfgang Rasch, Frankfurt: Die Stiftung Buchkunst;
24.04. Dr. Cornelia Schneider, Mainz: Leseglück in der bildenden Kunst;
15.05. Dr. Eva Hanebutt-Benz, Mainz: Die Welt der Ornamentstiche;
19.06. Prof. Dr. Stephan Füssel, Mainz: Das Blockbuch »ars moriendi«;
17.07. Kai Sprenger M. A., Mainz: Schreibmeisterbücher;
11.09. Hans Eckert, Hattersheim: Frühe englische Privatpressen in der Nachfolge der Kelmscott Press;
16.10. Dr. Karl Heinz Staub, Darmstadt: Handschriftenfragmente in Einbänden des 15. und 16. Jahrhunderts;
27.11. Prof. Dr. Anton von Euw, Köln: Das Lemberger Evangeliar. Eine armenische Handschrift aus dem 12. Jahrhundert (mit begleitenden Kurzvorträgen von Prof. Dr. Günter Prinzing, Mainz, und Prof. Dr. Andrea Schmidt, Armenologin in Louvain-la-Neuve).

**Museumspädagogik**

*Sonntagsmatinee*
*(öffentliche Führungen zu speziellen Themen)*

17.03. Dr. Cornelia Schneider: Blockbücher. Geschichte und Technik;
09.04. Dr. Eva Hanebutt-Benz: William Morris und die Kelmscott Press;
14.04. Dr. Cornelia Schneider: Blockbücher. Geschichte und Technik;
25.08. Hans Eckert: William Morris und der Kelmscott-Chaucer von 1896 (zur Sonderausstellung);
15.09. Hans Eckert: William Morris und der Kelmscott-Chaucer von 1896 (zur Sonderausstellung);
29.09. Kai Sprenger M.A.: Die Welt im Buch. Landkarten und Weltbilder;
27.10. Ulla Dörner M.A.: Buchherstellung vor Gutenberg. Die Arbeit in mittelalterlichen Schreibstuben;
17.11. Annette Lang-Edwards: Buchbinderei im 19. Jahrhundert. Vom handwerklichen Bucheinband zur industriellen Fertigung;
05.10., 02.11., 07.12. Dr. Otto Martin: Samstagsführungen für Kinder.

*Veranstaltungen im Druckladen des Gutenberg-Museums*

- 192 Lerngruppen und 500 Einzelpersonen haben das Angebot des eigentätigen Druckens mit historischen Pressen wahrgenommen.
- Ein- und mehrtägige Fortbildungsveranstaltungen wurden in Zusammenarbeit mit Lehrer-Fortbildungsinstitutionen in Mainz (ILF) und in Speyer (SIL) durchgeführt.
- Auf große Resonanz besonders vor Weihnachten stieß das Angebot »offene Werkstatt«. Jeweils donnerstags (jour fixe) konnten kostenlos ›Drucksachen aller Art‹ für private familiäre Anlässe hergestellt werden (Geburtsanzeigen / Hochzeitskarten / Urkunden / Jubiläumsdrucke etc.).
- Schüleraustauschgruppen kamen aus Frankreich, England, Polen und Weiß-Rußland.
- Unter der Leitung von Künstlern, Typographen und Buchbindern fanden zwölf jeweils ganztägige Wochenend-Workshops statt: ›Buchdruck im Experiment‹ und ›Buchbinde-Seminare‹. Ein weiterer Workshop wurde zusammen mit dem LiteraturBüro organisiert.
- Teilnahme am UNICEF-Weltkindertag in Mainz (›Mainz ... und Deins‹) mit ›Druckstation‹ auf dem Liebfrauenplatz;
- Film-Matinée ›Telekommunikazjon‹ mit ›Dr. Treznok‹;
- Schüler der Maler-Becker-Schule (Mainz) vollendeten ihr Projekt ›Entstehung eines Buches‹ mit der Titel-/Rahmengestaltung: ›Trotzmännchen‹;
- Druckladen-Edition Nr. 1: ›Raben‹ von Reinhard Kaufmann, Handpressendruck, 99 Exemplare;
- Druckladen-Edition Nr. 2: ›Buchdruck im Experiment‹ Mappe mit Handpressendrucken, 150 Exemplare.

*Ausstellungen im Druckladen*

- Susanne Hüglin-Wagner ›Druckspuren‹, Assoziative Collagen. Druckvorführungen (Tiefdruck);
- Artur Dieckhoff u. Tita do Régo Silva ›Toi, toi, toi ...‹. Holzschnitte und Texte (mit Filmabend);
- Buchdruck im Experiment ›Projekt mit FH-Studenten‹;
- Hermann Rapp ›Verloren ins weite Blau‹. Texte und Bilder zu Friedrich Hölderlins ›Hyperion‹;
- Michael Rausch ›Mainzer Stadtdrucker 1995‹. Druckvorführungen (Tiefdruck);
- Karin Klemm ›Holz-Wege‹ Holzdrucke. Druckvorführungen (Hochdruck);
- ›Escaparate‹. Schaufenster-Druckaktion der Schierlingspresse, Dreieich;
- Rita Trzaskalik ›Acryl auf Acryl‹. Experimentelles Drucken, Druckvorführungen;
- Rainer Lieser ›Zeichnungen übers Drucken‹ (didaktische Serie), fünfzehn großformatige Aquarelle.

**Weitere Aktivitäten**

22.06.–24.06. Antiquarischer Büchermarkt zur Johannis-Nacht 1996;
10.09. Verleihung des Mainzer Stadtdrucker-Preises, dotiert mit DM 8.000,– an die Malerin und Grafikerin Beate Emde für ihre Stempeldruckarbeiten;
12.10.–13.10. Besuch der Leipziger Bibliophilen mit Vorträgen von Gertraude Benöhr zur Gutenberg-Gesellschaft und Dr. Eva Hanebutt-Benz zur Geschichte des Gutenberg-Museums sowie Führung durch das Museum.

Der Gutenberg-Bücherflohmarkt fand regelmäßig jeden ersten Samstag im Monat im Hof des Museums statt.

*Publikationen*
*Dr. Eva Hanebutt-Benz*
Zur Gestaltung der Bücher der Kelmscott Press. In: Auf der Suche nach dem idealen Buch. William Morris und die Chaucer-Ausgabe der Kelmscott Press von 1896. Ausstellungskatalog Gutenberg-Museum Mainz 1996, S. 43–60; Il museo Gutenberg a Magonza. In: Museoscienza, Mailand 1996, S. 6–9; Einführung in: Von Taschenbuch bis Raumbuch. Mechthild Lobisch, München 1996, S. 7; Die Anfänge des Buchdrucks mit beweglichen Lettern und der Buchdruckerpresse. In: Ausstellungskatalog »Gutenberg e Roma«, Museo Barracco, Rom 1997; Es gibt noch einen großen Künstler zu entdecken (Nachruf auf Wilhelm Neufeld). In: Mainzer Vierteljahreshefte, Heft 4, Mainz 1996, S. 83–86.
*Dr. Adolf Wild*
Arrabal. Der Lyriker und die Künstler. Ausstellungskatalog zur Ausstellung. Einführung, S. 7–11.
*Dr. Cornelia Schneider*
Das Blockbuch »Ars moriendi«. In: Patrimonia. Heft 108. Hrsg. von der Kulturstiftung der Länder, in Verbindung mit dem Gutenberg-Museum Mainz. Mainz 1996.
*Dr. Otto Martin*
DUO, Katalogbeitrag in: Wolfgang Heuwinkel / Nja Mahdoui. Kunstverein Rinteln 1996, S. 2.
*Dr. Elke Schutt-Kehm*
Katzen-Exlibris. Cat-Bookplates. 2. jetzt zweisprachige Aufl. Wiesbaden 1996; Die Goethe-Exlibrissammlung des Dr. Tropp. Frankfurt / Main 1996. In: Exlibriskunst und Graphik, DEG-Jahrbuch 1996; Exlibris: Vom Zauber des Verborgenen. In: Handelsblatt / Tagesspiegel. Beilage »Literatur« zur Frankfurter Buchmesse 1996.
Außerdem: Kooperation mit Karel Falleyn, Blankenberge / Belgien, bei der Erstellung des Kataloges »Exlibris en Gelegenheidsgrafiek met Schaakmotieven II«.

*Reisen, Vorträge und Lehre*
*Dr. Eva Hanebutt-Benz*
Reisen nach Paderborn (Vorbereitung der Ausstellung »Leander van Ess«) am 16. 01.; nach Münster zur Tagung »Einblattdrucke« der Universität am 01. 03.; nach Leipzig zur Jury des Leipziger Gutenberg-Preises, vom 04.–06. 12.; Festvortrag zum 40jährigen Bestehen von Zonta Mainz: »Frauen und Buchherstellung«; Ausstellungseinrichtung und Eröffnung »Plakate 1900–1930« in Erfurt vom 27.–28. 06.; Ausstellungseröffnung »Albrecht Genin« im Kunstverein Essenheim am 10. 05.; Vortrag über Bucheinbände des 15. und 16. Jahrhunderts an der Universität Essen, Fachbereich Germanistik / Mediävistik, am 24. 06.; Ausstellungseröffnung »Finther Künstler« in Finthen, am 16. 11.; Teilnahme an Fortbildungskursen »Mitarbeiterführung« vom 26. 02.–28. 02. und 07.–08. 05.
*Dr. Cornelia Schneider*
Dienstreise nach Berlin am 28.–30. 10., Deutscher Museumsbund. Veranstaltung zur Museumsdokumentation.
*Kai Sprenger M. A.*
Gastvortrag am Kunsthistorischen Seminar der University of East Anglia in Norwich am 21. 11. »Writingmasters and their printed manuals from the 16th to the 19th century«; Gastvortrag in der Arbeitsgruppe »Historisches Praktikum« des Historischen Seminars der Johannes Gutenberg-Universität Mainz über das Gutenberg-Museum am 04. 12.; Workshop (im Druckladen, in Zusammenarbeit mit Dr. Martin): »Tinten selbst gemacht« am 19. 09. (zwei Kurse für Kinder); Kurierfahrten nach Leipzig, Köln, Den Haag und Brüssel; Teilnahme am Arbeitstreffen zur Vorbereitung der für 1998 geplanten deutsch-französischen Ausstellung »Les trois révolutions du livre« in Saint-Denis am 16. 12.
*Dr. Otto Martin*
Lehrauftrag am Institut für Buchwesen der Johannes Gutenberg-Universität Mainz und Stiftungs-Lehrauftrag (Rotary Mainz 50 Grad Nord) der Fachhochschulen in Wiesbaden und Mainz.
*Annette Lang-Edwards*
Teilnahme am Kursus »Erkennen von manuell gefertigter Druckgraphik« vom 17.–19. 04.; veranstaltet von Wissenstransfer Universitätsbund Tübingen in Blaubeuren; Teilnahme am Seminar »Research into the history of temporary and inexpensive bindings of the fifteenth and sixteenth centuries in the Herzog August Bibliothek Wolfenbüttel«, veranstaltet durch Dr. Niklas Pickwood in der Herzog August Bibliothek, Wolfenbüttel, am 2. 11. 1996; Kurierfahrten nach Schlettstadt (Elsaß) und Hamburg.

*Abgeschlossene und laufende interne Projekte*
Einführung der EDV-gestützten Inventarisierung (Graphiksammlung, Akzidenzen); Einführung des Bibliotheksprogramms »Allegro« für die Inventarisierung in der Bibliothek; Inventarisierung der Plakatsammlung Jo Erich Kuhn, Lerum, Schweden (durch Dr. Cornelia Schneider und Praktikantinnen); Einrichtung der Abteilung Schreibmeister-

bücher in der Schriftabteilung des Museums; Katalogisierung einer größeren Siegelsammlung, die dem Museum als Dauerleihgabe übergeben wurde (darin befindlich ein Originalsiegel des Johannes Gensfleisch aus der Sörgenlocher Linie der Familie aus dem 15. Jahrhundert); Bibliographie der Schreibmeisterbücher des Gutenberg-Museums (Kai Sprenger M.A.). Für den Gesamt- und Motivkatalog wurden ca. 10.500 Exlibris im Computer neu erfaßt (gleichzeitig Vorarbeit zur Veröffentlichung des »Exlibris-Kataloges des Gutenberg-Museums Teil II«) (Dr. Elke Schutt-Kehm); das »Lemberger Evangeliar« wurde der Öffentlichkeit präsentiert und restauratorisch betreut (z.T. neu geheftet) durch Frau Annette Lang-Edwards; das Informationsfaltblatt für Besucher wurde in Zusammenarbeit mit Mainzer Stadtführern überarbeitet und ins Englische und Französische übersetzt; viele Räume der Museumsverwaltung konnten renoviert werden (Herr Scheiber); das Museum erhielt auf Contracting-Basis eine neue Ausstattung mit Beleuchtungskörpern im Ausstellungsgebäude.

## Förderung des Gutenberg-Museums

*Stiftungen und Geschenke*

Die Internationale Gutenberg-Gesellschaft erwarb für die Bibliothek zwei weitere Folgen der Microfiche-Edition »INCUNABULA« und stiftete einen beträchtlichen Anteil zum Erwerb der zweiten Hälfte der Schriftprobensammlung H. Reichardt sowie ein Faksimile von Aesops »Vita et Fabulae«, Ulm 1476.

Eine seltene Britannia-Buchdruckerpresse von ca. 1840 konnte dank der Spenden folgender Stifter angekauft werden:

- Vorstand der Landeszentralbank in Rheinland-Pfalz und im Saarland;
- Prof. Dr. h. c. Dietrich Oppenberg, Vorsitzender des Aufsichtsrates der Rheinisch-Westfälischen Verlagsgesellschaft mbH;
- Dr. Friedrich W. Burkhardt, Darmstadt;
- Dr. Walter J. Meizer, Geschäftsführer der IBM Deutschland;
- Massa Center Mainz, Herr Elsässer;
- Internationale Gutenberg-Gesellschaft.

Der Rotary-Club Churmeyntz (Mainz) stiftete zwei Bände von Bertuchs *Bilderbuch für Kinder* (1798 und 1821), eine lateinische Bibel mit Holzschnitten von Jost Amman, Frankfurt am Main: Sigmund Feyerabend 1571, sowie ein in Kupfer gestochenes Gebetbuch von J. Kaukol von 1729.

Der Zonta-Club Mainz machte dem Museum den Ankauf einer »Tabula ABCDARIAE« von ca. 1550 möglich.

Die Vereinigung Pfälzer Kunstfreunde stiftete dem Museum die Mappen: Apollinaire, »Am grünen Ufer«, und Hermann Rapp, »Verloren ins weite Blau«, sowie elf druckgraphische Blätter verschiedener Künstler.

Prof. Wilhelm Neufeld vermachte dem Museum mehrere Konvolute seiner gebrauchsgraphischen Entwürfe sowie von Akzidenzen, die er gesammelt hatte. Geschenkt wurde eine »Adrema«-Maschine vom Akkordeon-Orchester Mainz; zwei Schriftkeramiken (Würfel) von der Künstlerin Mary White, Wonsheim, sowie ein Konvolut Druckgrafik des Künstlers Charles White, Wonsheim; weiterhin ein Porzellan-Schreibzeug im Stil des Rokoko von Annette Lang-Edwards.

Der amerikanische Künstler Andrew Castrucci, New York, stiftete ein wertvolles Künstlerbuch: »Your house is mine«, 1991; Dr. Friedrich Middelhauve, Bergisch-Gladbach, eine Dingler-Kniehebelpresse; Frau M. Thomas, Raunheim, eine bedruckte persische Decke mit Schriftbordüre, wohl 19. Jahrhundert.

Paul Meersmann, Wiesbaden, schenkte dem Museum eine Mappe Radierungen.

Von der Archäologischen Denkmalpflege Mainz (Amtsleiter Dr. Gerd Rupprecht) wurden dem Museum 6 zum Teil fragmentarische Lithographiesteine aus dem späten 19. sowie den 20er und 30er Jahren des 20. Jahrhunderts geschenkt, welche bei Ausgrabungen in Mainz-Weisenau als Lesefunde geborgen wurden.

Prof. Walter Wilkes, Darmstadt, schenkte eine große Zahl von Pressendrucken aus verschiedenen Ländern. Diverse Bücher für die Bibliothek des Museums wurden von Gottfried Borrmann, Mainz, Gertraude Benöhr, Oberursel, dem Bundesverband Druck, Wiesbaden, H. Bartkowiak, Hamburg, Hans Eckert, Hattersheim, Dr. Eva Hanebutt-Benz, Mainz, Walter Keller, Mainz, Hans Reichert, Frankfurt/Main, Reinald Wolf, Oberursel, der Universitätsdruckerei Schmidt, Mainz, u. a. geschenkt. Durch Tausch und Schenkungen kamen 1996 insgesamt 375 Exlibris in die Sammlung des Gutenberg-Museums. Mehrere Künstler komplettierten wieder mit ihren neuesten Arbeiten ihre bisherigen Schenkungen an Exlibris.

Bleilettern kamen zusammen mit alten Holzregalen als Geschenk von Herrn Wolf (Oberursel) in den Druckladen.

Der Copy-Shop ›Lattreuter‹ (Nierstein) spendete einen Boston-Tiegel (DIN A 4).

Größere Geldspenden verdankt das Museum der Rhein-Zeitung, Mainz, der Casino-Gesellschaft, Mainz (Prof. Dr. Gerhard Haase), dem Kraftwerk Mainz-Wiesbaden, dem Zeitungsverlag der Heilbronner Stimme (Frank Diestelbarth).

*Neuerwerbungen aus Spenden meist ungenannter Freunde des Museums (in Auswahl)*

Ein englischer Holzschnitt, London 1632, (dreiteiliges Flugblatt); zwei birmesische Manuskripte; weitere druckgraphische Werkstattdarstellungen und Abbildungen von Druckmaschinen; eine Lithographie »Gutenberg in seiner Werkstatt«, 19. Jahrhundert.

*Personelle Mitteilungen*

Der Setzer, Herr Rudolf Häsle, der sich über 30 Jahre lang um das Museum verdient gemacht hatte, starb am 03.01.; Dr. Adolf Wild verließ das Museum im Juni und wechselte zur Stadtbibliothek Mainz; als Volontär begann Herr Kai Sprenger M. A. am 01.06.; Frau Anne Willberg begann am 01.06.; Frau Schüler schied am 30.06. aus. Herr Wolfgang Steen begann als Bibliotheksassistent und Aufsicht; Herr Scheiber begann am 18.09.; Frau Hemmati (Mitarbeiterin im Druckladen) schied am 30.11. aus, dafür kam Frau Slavica Mayer-Malobabic. Im Gutenberg-Museum wurden 4 Praktikanten, im Druckladen des Gutenberg-Museums 5 Praktikanten sowie ein Praktikant für die Vorbereitung der Mainzer Minipressen-Messe beschäftigt, die so Berufserfahrung sammeln konnten.

*Sonstiges*

Dr. Eva Hanebutt-Benz wurde in den Beirat der Senefelder-Stiftung, Offenbach, gewählt.

Am 06.02. wurde der Schweizer Schriftsteller Peter Bichsel als Mainzer Stadtschreiber im Gutenberg-Museum eingesetzt.

Der Zonta-Club Mainz führte am 11.05. seine Festveranstaltung zum 40jährigen Bestehen im Gutenberg-Museum durch.

Die Belegschaft des Zeitungsverlags »Heilbronner Stimme« begann ihren Ausflug zum 50jährigen Betriebsjubiläum im Gutenberg-Museum am 15. Juni 1996.

Die Leipziger Bibliophilen führten ihre Jahrestagung in Mainz vom 12.–13.10. durch (im Erbacher Hof und im Gutenberg-Museum).

Die Casino Gesellschaft Mainz feierte am 03.07. mit Festvortrag und festl. Beisammensein im Hof des Gutenberg-Museums.

*Dr. Eva Hanebutt-Benz*

# Jahresbericht 1996 des Instituts für Buchwissenschaft der Johannes Gutenberg-Universität Mainz

**A**ls im Sommersemester 1947 Aloys Ruppel die akademische buchwissenschaftliche Forschung in Mainz mit einem Seminar über Gutenberg eröffnete, konnte er 8 Hörer begrüßen. Zum Wintersemester 1996/97 immatrikulierten sich 86 neue Studierende, darunter 46 im Hauptfach. Trotz der sehr großen Zahl von 36 Examina im Jahr 1995 nahm damit die Zahl der eingeschriebenen Studierenden wiederum deutlich zu. Zu unserer großen Freude konnten die meisten Absolventen unmittelbar nach ihrem Examen eine adäquate erste Position in der Verlagsbranche antreten.

Das festangestellte wissenschaftliche Personal wurde durch Lehrbeauftragte unterstützt: Prof. Dr. Hans Altenhein, PD Dr. Alfred Estermann, Prof. Dr. Wolfgang Milde, Prof. Dr. Elmar Mittler, W. Robert Müller, Dr. Rainer Weiss, Dr. Falk Eisermann. Darüber hinaus konnten wir im Sommersemester 1996 als Gastprofessor Dr. Eckhard Bernstein vom College of the Holy Cross, aus Worcester/Mass., USA, begrüßen, der eine Vorlesung zum Thema »Humanismus und Buchdruck« und ein Hauptseminar über »Hans Sachs und das Nürnberger Druckgewerbe im 16. Jahrhundert« anbot.

Zum Sommersemester konnte ebenfalls das Graduiertenkolleg »Geistliches Lied/Gesangbuchforschung« seine Arbeit aufnehmen, das von Prof. Füssel gemeinsam mit den Theologen Prof. Becker (FB 01), Prof. Volp (FB 02), den Germanisten Proff. Ruberg und Kurzke (FB 13) und den Musikwissenschaftlern Proff. Beer und Mahling (FB 16) betreut wird. Als Studierende wurde Frau Natalie Soulier M.A., mit einem Promotionsstipendium aufgenommen. Sie wird den Einfluß der Lithographie auf die Gesangbücher im 19. Jahrhundert untersuchen.

Prof. Füssel übernahm zusätzlich die kommissarische Leitung des an-Instituts »Lesen und Medien der Stiftung Lesen«, Geschäftsführer ist Bodo Franzmann. Gemeinsam wurde die Erstellung eines Forschungsdienstes zum Thema »Lesen und Medien« vereinbart, ebenfalls gemeinsame Tagungen und Vortragsserien.

Die DFG bewilligte Prof. Füssel einen Sachmittelantrag zur Katalogisierung und Erschließung des Verlegernachlasses Eugen Diederichs im Deutschen Literaturarchiv Marbach a. N. – Bearbeiterin seit dem 1.4.96 ist Frau Gabriele Schweikert M.A.

*Examina*

Im Jahr 1996 wurden promoviert:

*Christina Killius:* Die Antiqua-Fraktur-Debatte um 1800 und ihre historische Herleitung.

Betreuer: Prof. Füssel

*Susanne Buchinger:* Stefan Zweig – Schriftsteller, Vermittler und literarischer Berater. Eine Untersuchung der Beziehungen zu seinen deutschsprachigen Verlegern 1901–1942;

*Heike Kornfeld:* Die Entwicklung des Druckgewerbes in Mainz vom Beginn des 19. Jahrhunderts bis zum Ausbruch des Ersten Weltkrieges (1816–1914);

*Hedwig Nosbers:* Polnische Literatur in der Bundesrepublik Deutschland 1945/49–1990. Buchwissenschaftliche Aspekte.

Betreuer: jeweils Prof. Koppitz

Aus der Vielzahl von Magisterarbeiten seien erwähnt:

*Annegret Bischof:* Zwischen Medienverbund und Medienkonkurrenz. Buch und Hörfunk im Dritten Reich;

*Matthias Frech:* Christian Heinrich Kleukens und die Kleukens-Presse;

*Clemens Hammacher:* Die Entwicklung der optischen Speichermedien als Buchersatz in Publikumsverlagen;

*Kerstin Wilke:* Der Börsenverein der Deutschen Buchhändler zu Leipzig im Dritten Reich;

*Sylvia Wohofsky:* »... wo hab' ich schon einen Verleger im Stich gelassen«. Annette Kolbs Schreib- und Publikationspraxis im Exil 1933–1945.

Betreuer: jeweils Prof. Fischer

*Sabine Berg:* Leseforschung und Leseförderung im Seniorenalter;

*Christine Böhme:* Der Buchillustrator Wilhelm M. Busch;

*Rieke Ludovici:* Kalender der Arbeiterbewegung in der Kaiserzeit;

*Jutta Martini:* Druckgewerbe der kalvinistisch geprägten Residenz- und Gewerbestadt Hanau (17./18. Jh.);

*Susanne Misterek:* Polnische Dramatik in der DDR am Beispiel des Bühnenvertriebs henschel SCHAUSPIEL;

*Anja Schatz:* Die »Frankfurter Meßrelationen« (1591–1806);
*Andrea Sinn:* Female Readers and their Reflection in Literary and Autobiographical Sources (17th and 18th Century, England);
*Annette Trass:* Die Ernst-Ludwig-Presse zu Darmstadt (1907–1914).
Betreuer: jeweils Prof. Füssel

*Veranstaltungen*
Durch die finanzielle und ideelle Förderung des Börsenvereins des Deutschen Buchhandels in Frankfurt/M. ist es dem Institut möglich gewesen, im Januar 1996 das 3. Mainzer Kolloquium zum Thema »Das Lektorat – eine Bestandsaufnahme« durchzuführen. Unter der Moderation von Prof. Füssel und Dr. Ute Schneider diskutierten Dr. Wolfram Göbel (Ullstein-Verlag, Berlin), Dr. Rainer Weiss (Suhrkamp-Verlag, Frankfurt/Main), Dr. Angela Praesent (Rowohlt-Verlag, Reinbek), Dr. Dietrich Bode (Reclam-Verlag, Stuttgart), Jürgen Frühschütz (Deutscher Fachverlag, Frankfurt/Main) und Gabriele Hardt (Hardt & Wörner Unternehmensberatung, Friedrichsdorf). Ergänzt um weitere Beiträge aus der Praxis des Lektorates gibt Dr. Schneider die Vorträge in der Reihe »Mainzer Studien zur Buchwissenschaft« heraus.

Im Sommersemester 1996 wurde gemeinsam mit dem Institut »Lesen und Medien« und mit Unterstützung des Börsenvereins von Prof. Fischer eine Vortragsserie moderiert. Es sprachen:
*Dr. Elisabeth Lukas* (Südd. Institut für Logotherapie, Fürstenfeldbruck): Logotherapie und Bibliotherapie – Geschichten mit Heilkraft;
*Prof. Dr. Manfred Heinemann* (Klinik für Kommunikationsstörungen, Mainz): Zur Entwicklung von Sprache als Voraussetzung des Lesens – Neue Erkenntnisse über Störungen der Sprachentwicklung;
*Prof. Andreas Henrich* (Institut für Mediengestaltung, Mainz): Lesen im Internet;
*Ralph Möllers* (Navigo Multimedia, München): Vom Leser zum User;
*Prof. Heiner Boehncke* (Hessischer Rundfunk u. Universität Frankfurt/Main): Leseförderung durch das Radio?;
*Bodo Franzmann* (Stiftung Lesen, Mainz): Leser und Lesen auf der Schwelle zur Multimedia-Kultur – Neue Forschungsergebnisse.
Sowohl bei der Buchmesse in Leipzig als auch bei der Buchmesse in Frankfurt im Oktober war das Institut an dem Gemeinschaftsstand »Studium rund ums Buch« vertreten. Auf der Frankfurter Messe konnte eine Reihe von neuen Publikationen und Aktivitäten präsentiert werden:
– Das erste Internet-Buch des Instituts: *Buchwissenschaft international,* ein kommentiertes Verzeichnis von buchwissenschaftlichen Forschungseinrichtungen in (vorerst) 15 Ländern Europas und Nordamerikas, das von Prof. Fischer mit einer Gruppe von Studierenden erarbeitet wurde. Es ist seit der Messe im Netz, ein weiterer Ausbau dieser Kommunikationsplattform wird erarbeitet.
– Die Broschüre *Medienzugriff Rhein-Main,* die von Dr. Roger Münch mit Studierenden erarbeitet wurde, wurde am Stand von Rank Xerox on demand hergestellt und verteilt.
– Ebenfalls war am Stand ein Druckbogen mit einer 16seitigen Information über das Institut erhältlich, das ebenfalls von einer Studierendengruppe sowohl inhaltlich erarbeitet als auch formal in der Lehrdruckerei unter Quark-X-Press gestaltet wurde.

Gemeinsam mit der Sendung »Kulturzeit« von 3sat wurde eine Fernsehserie entwickelt, in der Prof. Füssel gemeinsam mit Dr. Michael Schmitt Geschichten um Bücher und das Buch in 5-Minuten-Features präsentiert.
Erste Themen waren:
– Buchdistribution durch Reclams Bücherautomat
– Wie mache ich einen Bestseller?
– Vertriebsmarketing am Beispiel von Hildegard Knefs *Der geschenkte Gaul*
– Die Welt im Buch: *Schedelsche Weltchronik* von 1493
– Die Gattung der *Ars moriendi.*

Diese Fernseh-Filme brachten große Resonanz für die Arbeit des Instituts in den drei Ländern Deutschland, Österreich und der Schweiz und werden 1997 fortgesetzt werden.

*Ausstellungen und Exkursionen*
Die Institutsexkursion 1996, organisiert von Dr. Roger Münch und Dr. Ute Schneider, führte in die Königliche Bibliothek nach Brüssel, in das Museum Plantin Moretus in Antwerpen, in die Universitätsbibliothek, das Institut für Sozialgeschichte und das Pressemuseum in Amsterdam.

Im Rahmen von Seminaren arbeitete Dr. Ute Schneider mit dem Proseminar »Von der ›Damenbibliothek‹ zur ›Frauenoffensive‹« im FrauenMediaTurm in Köln.

Dr. Roger Münch führte ein Gastseminar zusammen mit Dr. Martin Boghardt in der Herzog August Bibliothek in Wolfenbüttel zum Thema »Methoden der analytischen Druckforschung« durch; er leitete ebenfalls eine Exkursion zum Deutschen Literaturarchiv / Schiller-Nationalmuseum nach Marbach und zur Firma Koch, Neff & Oettinger nach Stuttgart.

Dr. Rosamunde von der Schulenburg besuchte mit der Übung »Druckgraphische Techniken und die graphischen Künste« die Hochschule für Gestaltung in Offenbach, die Städt. Galerie im Städel, Frankfurt, das Institut für Mediengestaltung der Fachhochschule Rheinland-Pfalz und die Papierrestaurierungswerkstatt im Gutenberg-Museum.

Dr. Ute Schneider gestaltete mit Studierenden die Dauerausstellung der Institutsbibliothek »Der Verlag Wilhelm Langewiesche-Brandt in der ersten Hälfte des 20. Jahrhunderts«.

*Aktivitäten der Institutsmitglieder (in Auswahl)*
*Prof. Dr. Ernst Fischer*
Vortrag: »Verlegen à font perdu – Gustav Kiepenheuer 1909–1944«. Vortrag auf der Tagung der Ranke-Gesellschaft: »Medienunternehmer im 19. und 20. Jahrhundert« am 19. 4. 96 in Büdingen;

Durchführung einer Tagung gemeinsam mit Prof. Georg Jäger, München, zum Thema »Schriftsteller als Intellektuelle: Literatur und Politik im Kalten Krieg« vom 1. bis 3. Oktober in Berlin;

im März Interviews für das Oral History-Archiv des Börsenvereins in New York mit aus Deutschland emigrierten Antiquaren.

*Prof. Dr. Stephan Füssel*
Leitung der wissenschaftlichen Tagung der Willibald-Pirckheimer-Gesellschaft zum Thema »Die humanistischen Sodalitäten« gemeinsam mit Prof. Pirozynski von der Jagiellonischen Universität in Krakau, 15. bis 19. Mai 1996;

Mitveranstaltung der Tagung der Leipziger und Wolfenbütteler Arbeitskreise für Geschichte des Buchwesens »Ein Loch in der Mauer«. Deutsch-Deutsche-Literaturbeziehungen 1949–1989. 11. bis 14. September 1996;

10. bis 12. Juni Vortrag zur Erstellung des *Briefrepertoriums Göschen* bei einem Kolloquium im Deutschen Literaturarchiv Marbach a. N.;

19. Juni Vortrag zur Gattung der *Ars moriendi* im Gutenberg-Museum;

16. Juli Vortrag in Augsburg zur *Druckgeschichte liturgischer Bücher;*

3. September Vortrag in der Landesbibliothek Karlsruhe: *Fabeln der Inkunabelzeit;*

30. Oktober Eröffnungsvortrag beim Wissenschaftshistorischen Kolloquium der ETH und Universität Zürich *Humanismus und Buchdruck.*

*Dr. Doris Lösch*
Promotion zum Dr. phil. mit der Dissertation *Property, Order and Civil War. Zum Diskurs über Eigentum in England 1580–1649* (Universität Regensburg);

Vertretung des Instituts bei der SHARP Conference in Worcester / Mass., USA, im Juli 1996.

*Dr. Roger Münch*
Weiterführung des DFG-Projektes: Die Anfänge der modernen Fotosatztechnik: Die Uher-Type. Dazu Archivreisen nach Gotha, Augsburg und München;

Teilnahme an der Jahrestagung des Internationalen Arbeitskreises Druckgeschichte in Prag, 5. bis 8. September 1996;

Leitung eines Forschungsprojektes (zusammen mit der Deutschen Arbeitsschutzausstellung DASA in Dortmund) zum Thema »Ermittlung von Arbeitsbedingungen an Tiegeldruckpressen, die nach Arbeitsschutzgesichtspunkten relevant sind«, 21. bis 23. Oktober 1996.

*Dr. Rosamunde von der Schulenburg*
Vortrag im Jüdischen Museum, Frankfurt / Main: »Kunst im Exil oder im Land der Väter? Anmerkungen zum graphischen Werk von Jacob Steinhardt und Lea Grundig in Palästina und Israel«;

Kurs an der Jüdischen Volkshochschule Frankfurt / Main über jüdisch-deutsche Künstler des 20. Jahrhunderts;

Lehrauftrag im Wintersemester 96 / 97 am Kunsthistorischen Institut der Universität Heidelberg: »Die sinnliche Seite des Buches. Buchkunst zwischen Dekoration und Konstruktion«.

*Publikationen*
*Prof. Dr. Stephan Füssel*
»Man verschaffe der Börse Fond, Würde und Dauer«. In: Börsenblatt für den Deutschen Buchhandel Nr. 23 vom 19. 3. 96, S. 4–19;

(Artikel) »Buch / Verlag / Bibliothek«. In: Fischer Lexikon Literatur. Hrsg. von Ulfert Ricklefs. Frankfurt / Main 1996, Bd 1, S. 336–355;

Die Welt im Buch. Buchkünstlerischer und humanistischer Kontext der Schedelschen Weltchronik von 1493. Mainz 1996 (= Kleiner Druck der Gutenberg-Gesellschaft Nr. 111);

Lexikon des Gesamten Buchwesens. 2. Aufl., Hrsg. gem. mit Severin Corsten und Günther Pflug. Lieferungen 35, 36, 37;

Gutenberg goes electronic. In: GJ 1996, S. 15–22;

Das Buch in der Medienkonkurrenz der zwanziger Jahre. In: GJ 1996, S. 322–340;

Gutenberg-Jahrbuch 1996 (Hrsg.);

Gem. mit Sabine Doering: Repertorium der Verlagskorrespondenz Göschen (1783–1828). Berlin: de Gruyter 1996;

Gem. mit H. J. Kreutzer: Historia von D. Johann Fausten. Kritische Edition. 2. Aufl. Stuttgart: Reclam 1996.

*Dr. Roger Münch*
150 Jahre Druckmaschinenbau im Rheingau 1846–1996. Hrsg. von der MAN Roland Druckmaschinen AG. Offenbach 1996;

Vor 150 Jahren fing alles an. Traditionspflege bei MAN Roland. In: Journal für Druckgeschichte. Neue Folge 2 (1996) No. 1. Beihefter zur Zeitschrift Deutscher Drucker. Nr. 10/96, S. w17–w18;

50 Jahre Graphischer Maschinenbau Mainhausen. Hrsg. von der MAN Roland Druckmaschinen AG. Offenbach 1996.

*Dr. Ute Schneider*
Lektürebudgets in Privathaushalten der zwanziger Jahre. In: GJ 1996, S. 341–351;

»Wer in aller Welt liest denn noch die Anzeigen so viel unnützer Dinge?« – Ernst Theodor Langer und das Ende der *Allgemeinen Deutschen Bibliothek*. In: Fördern und Bewahren. Studien zur europäischen Kulturgeschichte der frühen Neuzeit. Festschrift anläßlich des zehnjährigen Bestehens der Dr. Günther Findel-Stiftung zur Förderung der Wissenschaften. Hrsg. von Helwig Schmidt-Glintzer. Wiesbaden 1996 (Wolfenbütteler Forschungen. 70), S. 91–105.

*Dr. Rosamunde von der Schulenburg*
Aspekte der literarischen Buchillustration im 20. Jahrhundert. Hrsg. von Rosamunde Neugebauer (d. i. R. v. d. Schulenburg). Wiesbaden 1996 (Einleitung S. 7–15);

Gem. mit Thomas Röske: Barbara Feuerbach – feurige Bacchantin? In: Barbara Feuerbach. Werkkatalog. Wiesloch 1996, S. 5–66.

Ein besonderes Geschenk sei eigens erwähnt: Aus Anlaß der 50-Jahr-Feier der Universität Mainz schenkte Don Ricardo Vicent Museros, Verlag Vicent Garcia Editores, unserer Institutsbibliothek das Faksimile der Gutenberg-Bibel (B 42) aus der Stadtbibliothek Burgos zusammen mit einem repräsentativen Querschnitt seiner herausragenden Faksimile-Produktion und Beispielen moderner spanischer Buchkunst.

*Univ.-Prof. Dr. Stephan Füssel*

# Anzeigen

**KBA COLORA:** Wirtschaftlicher Mehrfarben-Zeitungsdruck durch moderne Modulbauweise

**KBA COMET:** Die Offsetrotation für exzellente Qualität bei Zeitungen und Semicommercials

**Koenig & Bauer-Albert AG**
**Werk Würzburg**
Postfach 60 60, D-97010 Würzburg
Tel. (09 31) 9 09-0
Fax: (09 31) 9 09 41 01

**Produktbereiche:**
Zeitungsdruck
Wertpapierdruck
Bogentiefdruck

**KBA COMPACTA:** Rollenoffsetrotationen für den Hochqualitäts-Akzidenzdruck

**KBA TR 7B:** Höchste Leistung im Rollentiefdruck bei über 3 m Papierbahnbreite

**Koenig & Bauer-Albert AG**
**Werk Frankenthal**
Postfach 11 22, D-67225 Frankenthal
Tel. (0 62 33) 8 73-0
Fax: (0 62 33) 8 73 32 22

**Produktbereiche:**
Publikations-Rollentiefdruck
Akzidenz-Rollenoffsetdruck
Bücherdruck

**KBA RAPIDA 130-162:** Die neue Dimension im Großformat (91 x 130 cm bis 120 x 162 cm)

**KBA RAPIDA 104:** Spitzenleistung ohne Kompromisse im Mittelformat (72 x 104 cm)

**KBA-Planeta AG**
Postfach 02 01 64
D-01439 Radebeul
Tel. (03 51) 8 33-0
Fax: (03 51) 8 33 10 01

**Produktbereiche:**
Bogenoffset für Akzidenz- und Verpackungsdruck

KBA.I.201d

# KBA: Mehr Leistung im Druck

*Innovation is timeless*

**KBA** ist der drittgrößte Druckmaschinenhersteller der Welt mit dem breitesten Produktionsprogramm der Branche. Die Koenig & Bauer-Albert AG, Muttergesellschaft der KBA-Gruppe, ist einer der führenden Hersteller von Zeitungsdruckmaschinen, internationaler Marktführer bei Publikations-Rollentiefdruckrotationen, einer der großen Anbieter von Akzidenz-Rollenoffsetrotationen und weltweit die Nr. 1 bei Banknoten- und Wertpapierdruckmaschinen. KBA-Planeta zählt zu den renommierten Lieferanten von mittel- und großformatigen Bogenoffsetmaschinen.

**Produktionsprogramm**

• Doppeltbreite Zeitungsrotationen für alle gängigen Druckverfahren • Einfachbreite Offsetrotationen für Zeitungs- und Semicommercial-Druck • Telefonbuch-Offsetrotationen • Wertpapierdruckmaschinen • Akzidenz-Rollenoffsetmaschinen • Publikations-Rollentiefdruckrotationen • Bogenoffsetmaschinen für den Akzidenz- und Verpackungsdruck • Bogentiefdruckmaschinen für Luxus-Kartonagen und Etiketten. Wir liefern Qualitäts-Druckmaschinen für besondere Ansprüche.

KBA
Innovation ist zeitlos

Eine außergewöhnliche Bereicherung jeder Sammlung

# Lucas Cranach d. Ä.: 70 Einblattholzschnitte

auf der Grundlage des Geisberg-Archivs

**Einmalige Edition**
noch ein kleiner Rest vorhanden,
daher: Angebot freibleibend!
Lieferbarkeit kann
nicht garantiert werden!

70 faksimilierte Einzelblätter in drei Mappen gedruckt auf wertvollem Büttenpapier im Format der Originaldruckstöcke bis zu 40,5 x 55 cm.

Jedes Blatt auf Karton mit den vollständigen ikonographischen Daten: Titel, Entstehungsjahr, Format und Ordnungsnummern nach Bartsch, Passavant und Geisberg, sowie ausführlicher Herkunftshinweis.
Wissenschaftliche Einführung von Dr. Anni Wagner.
Erschienen 1972 in einer auf 250 Ex. limitierten Auflage, davon 120 Mappen vorrätig.
Die Edition besteht aus drei Mappen, die nur geschlossen abzugeben sind:
Mappe I: Altes und Neues Testament, Mariendarstellungen (22 Blätter),
Mappe II: Heiligendarstellungen (28 Blätter) und
Mappe III: Profandarstellungen, Porträts, Wappen (20 Blätter).

Gesamtpreis für alle drei Mappen: DM 980,– (früher DM 2400,–)

**Belser Verlag**
**Stuttgart**

**Bestellungen über jede Buchhandlung oder direkt beim Belser Verlag**
**Tel. (07 11) 21 91 403**

# Kompetenz verbindet

Innovative Druckmaschinentechnik, eine marktgerechte Modellpolitik und beispielhafte Fertigungsqualität haben uns zum anerkannten Partner der Drucker überall in der Welt gemacht. Doch Heidelberg bietet mehr als Spitzentechnik. Kompetente Beratung über Verfahren und Systeme bis hin zur Planung kompletter Druckereien, praxisgerechte Druckvorführungen, wirtschaftliche und technische Dokumentationen, Schulung, Instruktion, Seminare und technischer Service mit Expertensystemen per Datenfernübertragung rund um den Globus – das alles ist Heidelberg.

HEIDELBERG

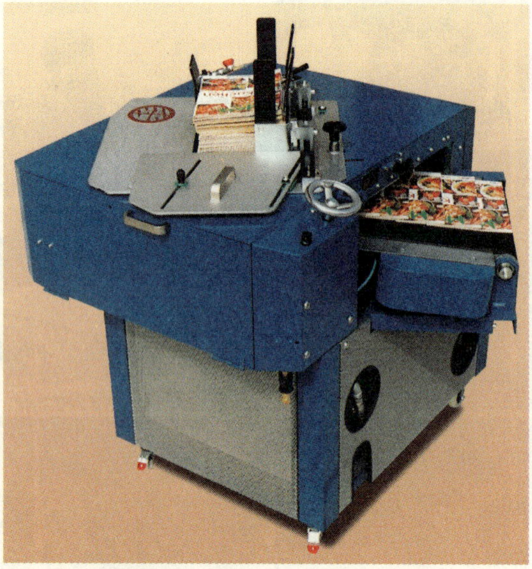

[Dahinter steckt immer ein kluger Kopf.]
Frankfurter Allgemeine
ZEITUNG FÜR DEUTSCHLAND
Herausgegeben von Jürgen Jeske, Hugo Müller-Vogg, Günther Nonnenmacher, Johann Georg Reißmüller, Frank Schirrmacher
Der Bund will im kommenden Haushaltsjahr
SPD und Grüne legen Koalitionsvertrag unterschiedlich aus
ZEITUNG FÜR DEUTSCHLAND.
[Zwei Wochen kostenlos. Bestellen Sie zum Ortstarif: Telefon 0180-2-52 52.]
Frankfurter Allgemeine
ZEITUNG FÜR DEUTSCHLAND

Das Gutenberg-Jahrbuch 1997 wurde gesetzt von der SZ Satzherstellung GmbH in Darmstadt.



Gedruckt wurde das Gutenberg-Jahrbuch 1997 von der Eduard Roether KG in Darmstadt.